见识城邦

更新知识地图　拓展认知边界

INDIANS, EMPIRES,
AND REPUBLICS IN THE GREAT LAKES REGION,
1650–1815

全球史译丛

大湖区的印第安人、帝国和共和国

1650—1815年

中间地带

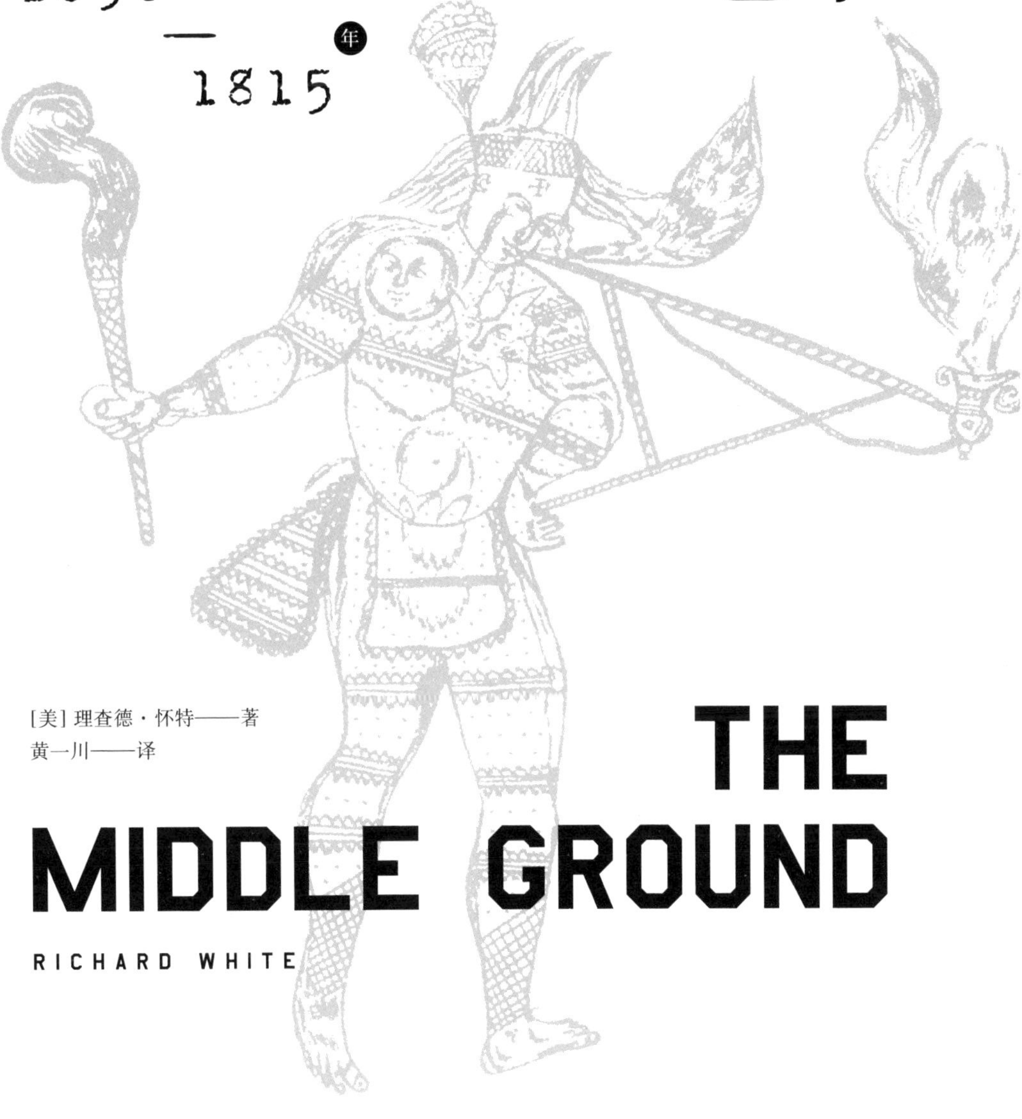

[美] 理查德·怀特——著
黄一川——译

THE MIDDLE GROUND

RICHARD WHITE

中信出版集团 | 北京

《全球史译丛》

“全球史译丛”总序

全球史（global history）也称“新世界史”（new world history），20世纪下半叶兴起于美国，起初只是在历史教育改革中出现的一门从新角度讲述世界史的课程，之后演变为一种编纂世界通史的方法论，近年来已发展成为一个新的史学流派。

一般认为，1963年麦克尼尔出版《西方的兴起》一书是全球史诞生的标志。40多年来，全球史在西方史学界蓬勃发展。在美国，2000年全美已有59％的公立大学开设了全球史课程，5年后又提高了10个百分点；加利福尼亚州政府甚至以法律形式要求所有中学讲授全球史。在加拿大，全国26所研究型大学中已有14所开设了名为“全球史导论”的研究生课程；2005年有些大学把全球史列入了本科生教学计划；在不列颠哥伦比亚和魁北克两省，75％以上的中小学校开设了全球史课程。在德国，世界史教育已有上百年历史，但近来出现了有关如何讲授世界史问题的热烈讨论，不少教师和学者主张用“全球史观”改造乃至取代传统的世界史教育体系；2005年在德国召开的“欧洲全球史学大会”更把这一讨论推向高潮，年轻一代史学家多数是全球史的积极拥护者。在意大利，2001年全球史课程进入中学；在2002年意大利历史学家大会上，虽然仍有许多史学家坚持认为世界历史只能是国别史和地区史的总和，不可能存在全球一体的历史，但同时他们也承认，进行国别史和地区史研究也应该具有全球视野。在哥伦比亚，虽然全球史尚未列入正式课程，但全球史的理念和方法已被史学界广泛接受；许多历史学家主张，由于拉丁美洲的历史与印第安人的历史，与欧洲史、非洲史以及其他许多民族和地区的历史都有密切关系，因此应当将拉美各国、各个地区的历史放在全球史的宏观背景之下重新进行审视和描述。

全球史的魅力在于其学术取向，也即“把全球化历史化，把历史学全球化”。

所谓“把全球化历史化”，是要追溯全球化的发展历程。当今全球经济一体化的趋势使得人们，首先是西方人，越来越热切地想要了解世界一体化的起源与过程，这种热切的要求促使史学家从一体化的角度对世界历史进行新的观察与思考。西方国家的学校课程设置一向注重适应和满足社会需求，因此全球史首先被当作“教学内容”，然后才逐渐发展为一个学术研究领域。这个过程就表明，全球史是时代和社会需求的产物。

所谓“把历史学全球化”，体现了全球史的学术立场。如果说历史学家追溯全球化的发展历程是由于时代的使命和社会的要求，那么怎样追溯这一历程则是当代学术思潮决定的。后现代主义思潮构成了全球史产生的最重要的学术背景。后现代主义从批判现代社会的弊端出发，颠覆了现代主义“神话”，进而对以解释“现代主义神话”为己任的西方人文社会学科进行反思。深受后现代主义影响的全球史学者指出，当前学术的任务不是“解释”，而是“重新理解和认识”人类历史；因为“解释”是从既定的理论框架出发，戴着有色眼镜来看历史，而“重新理解和认识”则意味着突破旧框架，还原历史的“本来面目”。西方人类学家对文化因素的高度重视和平等对待异质文化的主张对全球史学者也有重要影响。近半个世纪以来，东西方之间学术交流扩大，西方学者对非西方世界历史文化的认识明显加深，这为他们破除成见、将非西方历史文化纳入研究视野提供了条件。基于以上背景，全球史学者将自己的学术任务确定为：在阐述全球史的同时，建立“全球普适性的历史话语系统”，“使历史学本身全球化”。

经过40余年努力，全球史在以下四个方面获得了令人瞩目的突破和进展。

第一，否定了“国家本位”，以“社会空间”而不是“国家”作为审视历史的基本单元。现代人文社会学科形成于19世纪的德国，当时的德国内忧外患，内部四分五裂，外部强敌环伺，在这种形势下，增进民族认同、促进国家统一就成为包括历史学在内的人文社会学科的使命之一。同时，当时德国盛行科学崇拜，历史学也追求“绝对客观”，主张“让史料自己说话”，档案特别是国家档案成为描述历史的唯一可靠依据。这样的结果就是，历史学刚一问世即成为以国家为本位的政治史学。后来先后出现的经济史、社会史、文化史、国际关系史等历史学分支学科，同样都以国家作为基本分析单元。

在西方史学中，最早突破“国家本位”的是20世纪七八十年代兴起于意大利的“微观史学”。“微观派”认为，人们的日常生活是最值得关注的研究对象，而与日常生活关系最密切的并非国家，而是一个个具有内聚力的生活圈子，这个生活圈子就是“社会空间”。

全球史接受了“社会空间”概念，但将其从微观放大到宏观。全球史学者认为，在描述人类历史进程时，以国家为单元存在两个明显缺陷：一是物种（包括农作物、动物等等）传播、疾病蔓延、气候变化等等“超越国家”的现象被忽略，而这些现象对全球历史发展曾经产生过重要影响；二是每个社会都是全球的组成部分，但每个社会都不是孤立存在，社会与社会之间互为发展条件，相互之间的竞争、交融、碰撞以及力量对比关系都是推动全球发展的重要动力，但是由于这些动力不发生在国家政治框架之内，因而长期被忽视。全球史学者认为，世界历史的基本叙述单元应该是具有相互依存关系的“社会空间”，这个“社会空间”可能覆盖一个局部地区，也可能覆盖整块大陆、整个大洋、半球，乃至全球。

第二，关注大范围、长时段的整体运动，开拓新的研究领域。全球史学者认为，社会空间是因不同原因、以不同方式、不断进行重组的统一体；决定其统一性的因素既可能是自然地理环境，也可能是人类自身的组织行为；无论由哪种因素决定，“社会空间”的不断重组都使世界日益成为一个彼此密切关联的人类生存空间。基于这一认识，全球史学者的视野空前开阔，他们所关注的不仅是跨越国家和种族的经济互动、技术转移和帝国扩张，而且包括影响各个文明之间互动的自然环境变化、移民潮流、疾病传播、观念和信仰的演变等等，许多被传统史学研究所忽略的重要现象因而被揭示出来。在公元600年以后的上千年时间里将中国、印度、波斯、阿拉伯、印度尼西亚甚至东非等文明区连为一体的“环印度洋网络”，以及从生态变化和物种交流角度重估地理大发现意义的“哥伦布交流说”，就是由全球史学者提出并震动世界史坛的“新发现”和新见解。

第三，重估人类活动与社会结构之间的关系。在西方史学史上，20世纪是科学化的世纪，强调客观社会结构对社会发展的决定性作用，认为人类主观行为在社会结构的“铁律”面前无能为力。布罗代尔高度宏观的“大结构、大过程、大比较”叙事是结构主义史学的代表，而后现代主义总体而言是反对结构主义的，认为所有结构框架都是启蒙运动以来理性主义话语系统编织的神话，是约束人类行动、剥夺人类选择权的欺人之谈。全球史学者虽然深受后现代主义影响，但他们并未彻底否定“结构说”，而是对这一理论进行丰富和补充。比如关于地理大发现，全球史学者指出，由于欧洲殖民者带来的病毒造成印第安人大量死亡，而殖民者从非洲贩来充当劳动力的黑人奴隶具有适应热带气候的天然优势，这一点在很大程度上使得欧洲殖民者对美洲的征服获得了成功，而由于欧洲殖民者成功地征服了美洲，玉米、马铃薯等美洲作物品种才能在世界各地广泛种植，从而造成全球的粮食产量和人口数量显著增加；由此可见，地理大发现之后的全球巨变并不是社会经济结构运动的必然结果。但是全球史学者也提出，社会经济结构运动也并非对这一历史巨变毫无影响，因为地理大发现毕竟始于哥伦布等人的冒险远航，而这些人之所以冒险远航，也是由于各种利益和愿望驱动，是当时欧洲的社会经济条件决定的。由此全球史学者得出结论：人类活动虽然具有多向性，虽然有着选择的余地，但选择并非凭空进行，也不是绝对自由的，而是由既定条件决定的；因此，既不能认为社会经济结构决定一切，也不能忽视社会经济条件的决定作用，而应当把自然生态变化、人类主观活动以及自由选择余地等等因素与社会经济结构放在一起，综合考虑人类历史的发展进程，从而避免片面性。

第四，从学理上破除“欧洲中心论”。对“欧洲中心论”的批评由来已久，既包括意识形态层面的批判，也包括在学术实践层面上对非西方世界给予更多关注。但这样是否就意味着摆脱了“欧洲中心论”呢？自20世纪末以来，已经有越来越多的学者对此表示怀疑。他们认为，仅仅宣称抵制西方立场，或仅仅在历史著述中增加非西方世界的比重，并不能真正超越“欧洲中心论”；因为“欧洲中心论”本质上是学术话语权的问题，是现代话语系统的一种表现形式；只要无法改变欧洲国家在当代世界的强势地位，只要资本、市场、帝国等等一系列与现代性相关的概念依然是欧洲乃至全世界知识界感知、解释和评价世界的基本出发点，那么就不可能彻底摆脱“欧洲中心论”。所以美国学者迪佩什·查克拉巴蒂（Dipish Chakrabarty）悲观地预言，既然整个现代知识体系都是欧洲人确定的，并且已经被全世界所接受，那么彻底改造历史学中的欧洲中心主义就是无法想象的。

全球史学者却不像查克拉巴蒂那样悲观。作为西方学者，他们承认跳出自身的局限是很困难的，但他们并不愿意因此而无所作为。在学术实践中，全球史学者为从学理上颠覆“欧洲中心论”的确做出了很多努力，这主要表现在两个方面：一是他们自觉地抵制“从现实反推历史”的思辨逻辑，即反对从欧美国家处于强势地位的现实出发，苦心孤诣地在欧洲国家内部寻找其“兴起”原因，围绕“西方有什么而东方没有什么”的问题兜圈子，不遗余力地挖掘“欧洲文化的优秀传统”，为其贴上理性、科学、民主、进取精神、宗教伦理等等光彩的标签，直至将欧洲树立为全球的榜样。全球史学者通过宏观综合分析指出，所谓“欧洲兴起”，只是人类历史上特定时期的特定产物，从中挖掘“普世性”的“文化特质”只能是制造神话。二是他们自觉地突破强调社会特殊性、文化排他性、经验地方性的史学传统，转而强调各社会之间发展的相关性和互动性，突出影响各个社会的共同因素，将每个地区的发展都视为更为宏大的自然与社会结构运动的一部分，淡化单一地区或国家的个性和特殊性，这样也就淡化了欧洲国家的榜样作用。

作为时代的产物，全球史反射出当今世界的七色光。尤其值得注意的是，这一纯粹学术现象透射出的明显的政治色彩。在意大利，在21世纪初中左派政府当政期间，全球史教育在中学和大学全面启动，而中右派在大选中获胜以后，全球史教育普及的趋势戛然而止。在美国，全球史的积极鼓吹者和推动者大多属于左翼知识分子。由于全球史试图纠正西方人在认识人类文明史，特别是世界近代史方面存在的傲慢和偏见，带有消解西方传统价值观的倾向，所以它在西方的影响力超出了史学界，乃至学术界，逐渐变成一种政治态度，以至出现“全球史信仰”之说。全球史略显激进的政治倾向也导致了学术上的得与失，这是我们在评价全球史时需要注意的。

作为一种建构世界历史的新方法和新理论，全球史观目前还不能说完全成熟，还存在明显的理论缺陷，举其要者，至少有两点。其一，忽略社会内部发展的作用。虽然全球史学者承认，无论是对社会自身的发展而言，还是从推动全球发展的角度来看，各社会内部的发展即内因的作用都是重要的，但也许是考虑到前人的研究已经比较充分的缘故，他们对这一方面的关注显然还很不够。其二，作为深受后现代主义思潮影响的史学流派，全球史学者从解构现代主义出发，否认“终极真理”的存在，但是与此同时，他们又对探讨自然与社会相结合的整体结构影响人类历史的规律孜孜以求；两者之间，岂非矛盾？

如何构建世界历史体系，是我国史学界一个历久不衰的话题。20世纪80年代吴于廑先生曾经指出，对世界各地之间横向联系的研究不足，是我国世界史学科的薄弱环节。吴先生此说在史学界同人中得到广泛的认同。但是四分之一个世纪过去了，对横向联系的研究仍然没有明显起色。由此可见，借鉴全球史观，在全球整体视野下着重审视各个地区、各个社会、各个民族和各个国家之间的横向互动关系，这对于我国世界历史学科的发展来说，的确是很有意义的。但是我们也不能全盘照搬全球史观，中国学者对于人类历史进程应该有自己独特的理解和表达。目前世界各国的全球史学者正在共同努力搭建世界史学科平等对话的平台，我们应当利用这种有利条件，发出我们自己的声音。

刘新成

2006年5月

目 录

缩略语表

DHNY *Documentary History of the State of New York*, edited by E. B. O'Callaghan (Albany, N.Y.: Weed, Parsons, 1850–51)

HBNI *Handbook of North American Indians*, edited by William C. Sturtevant (Washington, D.C.: Smithsonian Institution, 1978–)

IHC *Collections of the Illinois Historical Library* (Springfield, III.: The Trustees of the Illinois State Historical Library, 1915–40)

JP *The Papers of Sir William Johnson*, edited by James Sullivan et al. (Albany: University of the State of New York, 1921–65)

JR *The Jesuit Relations and Allied Documents*, edited by Reuben Gold Thwaites (Cleveland, Ohio: Burrows Brothers, 1898)

MPA *Mississippi Provincial Archives, French Dominion* (Jackson: Press of the Mississippi Department of Archives and History, 1927–84)

MPHC *Michigan Pioneer Historical Society: Collections and Researches* (Lansing, Mich.: The Society, 1877–1929)

NYCD *Documents Relative to the Colonial History of the State of New York; Procured in Holland, England and France, by John R. Brodhead*, edited by E. B. O'Callaghan (Albany, N.Y.: Parsons, Weed, 1853–87)

PA *Pennsylvania Archives* (Philadelphia, Pa.: Joseph Severns; Harrisburg: Commonwealth of Pennsylvania, 1852–1949)

PCR *Minutes of the Provincial Council of Pennsylvania from the Organization to the Termination of Proprietary Government*, edited by Samuel Hazard (Harrisburg, Pa.: Theophilus Fenn, 1838–53)

RAPQ *Rapport de l'Archiviste de la Province de Québec* (Quebec: Ls-A. Proulx, 1921–28; Redempti Paradis, 1929–44)

WHC *Collections of the State Historical Society of Wisconsin*, edited by Lyman C. Draper and Reuben G. Thwaites (Madison, Wis.: The Society, 1855–1911)

二十周年版序

《中间地带》写成已经二十年了，从那时起，这本书独自开始了它自己的奇遇。它跨越学科边界，影响到文学批评、人类学、考古学、政治学领域，并且旅行到了全世界。出乎我意料的是，它不仅影响了北美其他地区的研究，还影响到在非洲、亚洲、澳大利亚和欧洲的研究。另外，它还进行了“时间旅行”，在有些案例中被应用在了古代。

在本书出版并取得初步成功后，我很快明白，对书本身来说是好事的，未必同样对作者也是好事。对我来说，危险在于我可能被困在这本书中，剩下的职业生涯都将担任“中间地带”这个法庭上的法官，必须裁决“被拽上庭的所有案例到底是真正的中间地带，还是只是一些平淡无奇的妥协行为被做成了更宏大的样子”。

我不想这样，原因有几点。首先，“疑犯”们都来自那些我所知甚少的世界。我花了十年时间写《中间地带》，写这本书的快乐和写任何历史著作的基本乐趣一样：我到陌生的地方，那儿的人们逐渐鲜活起来，我对他们越来越熟悉，以至于他们仿佛比我日常所见的人物更加真实。这让我太太感到担忧——直到现在还是。但是，我对产生“疑犯”的非洲、亚洲、南美、澳大利亚、新西兰等世界根本不熟悉，我怎么能判决它们是不是也制造出了中间地带呢？我虽然认为某些案例存在嫌疑，但并不足以做出“有罪”还是“无罪”的判决。

导致我迟疑的第二个原因纯属实际：我还有别的事要做。我是个幸运儿，至少在职业上如此。我想要研究的比我过去能探索的更多，我希望过去写的书能自己说话，这样我就可以继续做别的事了。《中间地带》一出版，就任它自生自灭了。

最后一点原因既不像第一点那样出于我的无知，也不像第二点那样出于自私，而是在于我如何理解“中间地带”这个概念。《中间地带》这本书讲述的一点就是，相互的误解以及由此产生的新意义，重点在于误读所产生的好处。如此一来，作者若扮演法官指控读者误读该书，将会陷入很尴尬的境地。这并不是说对该书已经存在误读。我 XII
相信误读是有的，但是我从写作此书中学到的是，这种误读本身也可能具有意义。

那些使用“中间地带”这个概念并提出批评意见的学者，他们帮了我很大的忙，也使我感到非常荣幸。他们帮助我澄清自己对这个概念的思路。我可以借以修正自己对这个术语的使用方法，而非宣布我就是该用法的最终裁判，甚至不存在其他合法的、可能还更有效的使用方法了。对于我所指的“中间地带”，我意识到写书时并未完全领会的使用方式——两个并行的方式。首先，我试图描述这样一个进程，它产生于“有人愿意……用他们所理解的对方的文化预设来使自己的行为显得合理合法”。这些行动者追求文化上的“共通，不管是自己感知到的还是真实存在的”。这“通常像是误解或偶然的产物——实际上也是如此”。这种解读也许荒谬可笑，但是没有关系。“任何共通之处，不管多么微小，只要双方接受，它便可以投入使用，并有自己的生命。”这个过程充满彼此的误解，而且是创造性的误解。过去如是，现在也如是。[1]

不过，在发展这个理念时，我一直没有将它脱离《中间地带》中的另一个层面。我试图描述一个特定的历史空间，它是这个更大进程的产物，占据了本书的主要篇幅。这个空间就是高地（pay d' en haut）。由于“中间地带”本身是一个空间的隐喻，该术语允许合并我所讨论

---

[1] 此处我想到了菲利普·德洛里亚（Philip J. Deloria）富有同情心却尖锐的批评：“到底什么是中间地带？”见《威廉玛丽季刊》（*William and Mary Quarterly*）第 63 期（2006 年 1 月）；理查德·怀特《中间地带》，第 52 至 53 页。

的手段、创造性误解、真实空间：高地或法属加拿大的高地。

我想我已经把构成这种空间的要素说得非常具体了：帝国或国家政权与无国家式社会组织的遭遇，势力基本持平。双方都想获得对方所拥有的东西，而且双方都不能调动足够的武力迫使对方服从。军队、暴力在创造与维持中间地带的过程中并不鲜见，但其中的关键因素是调解。

调解的过程不仅仅指妥协。如果“中间地带”的全部意义就是相互冲突的利益之间的妥协，那它就是个毫无用处的概念，因为妥协已
XIII 经被学者、政治家及一般大众广泛接受了，为何还要给它起个新名字？部分地通过创造性的误读，中间地带创造出了一系列实践、仪式、职位和信念，尽管这些产物由相关群体的诸多元素组成，但在整体上独立于这些群体的实践和信念。在某种意义上，它也是列维-斯特劳斯（Claude Lévi-Strauss）所说的“修补术”（就地取材制成的物品）：就地取材，去克服一个新的障碍。但列维-斯特劳斯同样对“修补物”能做的事及其可用的工具做了限定——稍后我会对此进行讨论，相比较而言，“中间地带”比他的“修补术”概念范围更广。[1]

我始终认为，作为一种进程的中间地带在其他地点、其他时间也存在。但是，我认为其他研究者每次在研究工作中，发现的并非都是与法属加拿大高地完全一样的空间。有些时候该进程可能已经初步显露，但并未出现该空间。法国人深入北美，来到密苏里河西部，中间地带的许多实践在那儿也进行，包括联盟长官、卡柳梅特（calumet）仪式、礼物交换和天主教传教所。那些地方同样有大量适宜的、有创造性误解的案例，但并未出现和法属加拿大高地一样长久存在的空间。[2]中间地带的空间有赖于一种能够支持并扩大其进程的基础结构，而这种基础结构只在双方大体上势均力敌且存在相互的需求时才会产

[1] Claude Lévi-Strauss, *The Savage Mind*（Chicago: University of Chicago Press, 1980）, 16-17.

[2] Richard White, “Creative Misunderstandings and New Understandings”, *William and Mary Quarterly* 63（January 2006）: 9-14.

生。尽管作为一致空间的中间地带很难产生，但我并不惊讶有学者在西半球其他地区发现了中间地带，比如克劳迪亚·加西亚（Claudía Garcia）在研究17世纪末的莫斯基托印第安人时使用了这个概念。[1]

作为进程的中间地带在产生和高地相同的空间时，不必精确符合我在《中间地带》中描述的模型。我十分愿意承认中间地带的进程和乔纳森·李普曼（Jonathan N. Lipman）在《熟悉的陌生人：中国西北穆斯林史》（*Familiar Strangers*：*A History of Muslims in Northwest China*）中所称的“人们因处于文化交界处而需调整其差异的地方”并不一定需要精确复制高地发展中的一系列事件，或者类似的机构。当李普曼发现“双方陷入长时间的误解状态，这种误解有时候对彼此是有利的，有时却是致命的”，我感到自己正处于熟悉的领域，尽管除了李普曼告诉读者的东西以外，我对中国西北部特定地区的穆斯林一无 XIV
所知。[2]

当别的学者强调了我已经意识到却并未深入探索的内容，并发展出自己的独特的思考时，我特别高兴。我一直欣赏詹姆斯·斯科特（James C. Scott）的著作，并运用在我的研究中。当他在《不被治理的艺术》（*The Art of Not Being Governed*：*An Anarchist History of Upland Southeast Asia*）中指出“开始将家户作为初级单位，并将村庄、部落和联盟作为临时的不稳定联盟的情况”时，他强调了高地的一个特殊方面，尽管他赞扬我将之用出了“杰出的效果”，但其实他用得更加有效。他将我有时天真的经验主义论述变成令人钦佩得多的比较分析，并且带有更全面的理论洞察。[3]斯科特对“不服从的地带”感兴趣，特别是碎片地区，在那里，大群体形成的碎片组织在寻求国家或征服者

[1] Claudía Garcia, “Ambivalencia de las representaciones colonials: Líderes indios y zambos de la costa de Mosquitos a fines del siglo XVIII”, *Revista de Indias* LXVII: 241（2007）: 673–694.

[2] Jonathan N. Lipman, *Familiar Strangers: A History of Muslims in Northwest China*（Seattle: University of Washington Press, 1997）, xxxiii. 关于运用该术语理解蒙古族与满族的关系，见 Johan Elverskog, *Our Great Qing: The Mongols, Buddhism, and the State in Late Imperial China*（Honolulu: University of Hawaii Press, 2006）, 11。

[3] James C. Scott, *The Art of Not Being Governed: An Anarchist History of Upland Southeast Asia*（New Haven, CT: Yale University Press, 2009）, 38.

鞭长莫及的庇护所和机会。他的大计划是理解“佐米亚”（Zomia）——包括越南、柬埔寨、老挝、泰国和缅甸，并且延伸到印度及中国境内四个省份的东南亚高原地带。数个世纪以来，此地区都是逃避国家工程的人群的避难所，形成了“广大的对抗国家的边缘地带”。[1]他将“佐米亚”与拉美、巴西、安第斯山脉及其他类似地区的避难所联系起来。[2]和高地类似，在佐米亚，身份认同常常是多重的，地方群体往往是自治的，并且随时面临分裂的危险。[3]

当人们试图寻找一个中间地带却最终失败时，我也会如同他们找到了一样高兴，因为寻找本身已经意味着他们认真对待这个概念了。亨利·雷诺兹（Henry Reynolds）直接说“在澳大利亚没有‘中间地带’”。[4]由于常常在帝国性质的公司中发现这个概念，故而其是具有帝国性的。但我从未对此概念本身怀有帝国式的野心。毕竟，如果中间地带无处不在，那它可能同样在哪儿都不存在。最好的史学概念是便于思考的，而且当我发现学者们在积极使用“中间地带”这个概念，严格地将它用于自己的材料，然后解释为何他们所发现的并非真正的
XV 中间地带时，我为这本书感到骄傲，因为它做得很好。在佩卡·海迈莱伊宁（Pekka Hämäläinen）最近的书《科曼奇帝国》（*The Comanche Empire*）中，没有出现“中间地带”，但这个概念多少帮助了海迈莱伊宁完善他自己关于其在科曼奇利亚（Comancheria）发现的有趣且重要的社会组织的想法，并且这些想法都取得了成效。[5]

当“中间地带”的概念传入其他学科后，学者们往往（但并不总是）关注美洲印第安人。在文学批评中，阿梅莉亚·卡坦斯基（Amelia V. Katanski）在印第安寄宿学校里发现了“中间地带”，并用这个概

[1] Scott, *Art of Not Being Governed*, ix, 129–131.
[2] Scott, *Art of Not Being Governed*, 131–137.
[3] Scott, *Art of Not Being Governed*, 210–211.
[4] Henry Reynolds, *The Other Side of the Frontier*（Sydney: University of New South Wales Press, 2006）, 7.
[5] Pekka Hämäläinen, *The Comanche Empire*（New Haven, CT: Yale University Press, 2008）, 8, 54, 130.

念来解释关于这些寄宿学校的文本。[1]哈维格·伊泽恩哈根（Harwig Isernhagen）发现，在20世纪30年代至40年代美国中西部的“联邦作家计划”文本中有了中间地带的回应，但并没有重新创造中间地带。[2]还有学者发现中间地带在描述当前的政治发展时也很管用。贝丝·康克林（Beth A. Conklin）和劳拉·格雷厄姆（Laura R. Graham）发现这个概念在理解亚马孙河流域的环境冲突时很有用，特别是在“亚马孙印第安人与外部的环境相关者的互动场景”中。他们的中间地带是“一种政治空间，跨文化交流、交换及联合政治行动的场域”。[3]

这本书不可能没有争议，但是对它的攻击——不管是含蓄的还是直率的——从未使我有过改变这个概念本身的想法，也没有改变它在高地的特殊呈现。这些批评如果对我有什么影响的话，那就是更加坚定了我的立场，因为我认为存在非常重要的问题亟待回答。我不准备逐一回应关于《中间地带》的所有批评，我有信心让读者去决定这些批评有多少学术价值。但是我将会讨论两本著作，这两本著作提出了更加宏大的问题，关于帝国与前国家社会的关系的本质，以及跨文化的理解和和解的可能性。这两个主题对我来说不仅极其重要，也具有持久的吸引力。

对《中间地带》主要的经验性批评来自贾尔斯·阿瓦尔（Giles Havard），他调查了书中涉及的较早时期，认为在高地并不存在中间地带。阿瓦尔还做出了一个有趣的理论攻击，但是最强劲的概念攻击来自詹姆斯·梅里尔（James Merrell）。我们的书有一些共同特征，但梅里尔只触及高地的边缘，并且几乎没有提及《中间地带》。不过，他挑 XVI
战了我所描述的成功调停、创造共同世界的可能性。

---

[1] Amelia V. Katanski, *Learning to Write "Indian": The Boarding-School Experience and American Indian Literature*（Norman: University of Oklahoma Press, 2005）, 17, 105.

[2] Harwig Isernhagen, "Identity and Exchange: The Representation of 'the Indian' in Federal Writers Project and in Contemporary Native American Literature", 载 Gretchen M. Bataille（ed.）, *Native American Representations: First Encounters, Distorted Images, and Literary Appropriations*（Lincoln: University of Nebraska Press, 2001）, 186–187。

[3] Beth A. Conklin and Laura R. Graham, "The Shifting Middle Ground: Amazonian Indians and Eco-Politics", *American Anthropologist*, New Series, 97（Dec. 1995）: 695–710.

阿瓦尔在他的《帝国与异族交融：印度人与法国人在新法兰西》（*Empire et métissages: Indiens et Français dans le Pays d' en Haut, 1660—1775*）中对《中间地带》做出了相当细致的批评，在最近关于《中间地带》法文版的评论中，又再次做出了更细致的批评。阿瓦尔是个令人钦佩的学者，《帝国与异族交融》也是一本很棒的书，但它关于法国控制的观点在很多方面看来纯属对帝国权力和支配概念的再概念化，这个概念我已经在《中间地带》进行过批判。阿瓦尔至少承认中间地带的运作，只不过他把这看作法国操纵印第安人的工具。他将强调印第安人操纵欧洲人的阐释都看作用西方观点强行解释印第安人的行动，而事实上，后者的行为出于十分不同的文化预设。[1]

阿瓦尔认为调解本身也可能是权力的工具，这一点，我不同意。这也是《中间地带》的论题之一，该书并没有否定帝国的权力，而是限定权力并使之复杂化了。阿瓦尔和我的分歧在于，他把调解看作法国的发明和强加行为。调解在欧洲确实有参照物，但在高地，它的形式和灵感来源都具有本土性。如同巴克维尔·德拉波特里（Bacqueville de la Potherie）（也叫克劳德-查理·勒罗伊［Claude-Charles Le Roy］）在他的《北美历史》（*Histoire de I' Amerique septentrionale*）中提到的，帕塔瓦米人（Potawatomis）是原生的调停者，同时也是法国人的竞争者。欧洲帝国政治仍然存在，但正如我所主张的，联盟“结合了法兰西帝国政治与村庄血缘政治”。调解根本不是一个简单的帝国统治工具，而是耗时、费力并且昂贵，以致法国官员往往反对这种方式，特别是新到加拿大的法国官员。就如路易斯·安托万·德布干维尔（Louis Antoine de Bougainville）所抱怨的那样，这项工作是“无尽的细枝末节，烦琐，并且欧洲人完全不了解”。[2]如果调解是单纯的权力，那么在高地，它是自相矛盾的权力。

---

[1] Giles Havard, *Empire et métissages: Indiens et Français dans le Pays d' en Haut, 1660-1775*（Sillery, Quebec: Les Editions du Septentrion, 2003）, 400-403, 759. *Revue D' Histoire Moderne Et Contem-poraine* 57-61（2010）: 204-206.

[2] *Middle Ground*, 35, 37, 173.

> 当法国人看似（至少在他们自己看来）最弱小的时候，其实是他们最强大的时候。当他们免费提供商品时，当他们调停争端时，当他们制止住阿尔冈昆人手中扬起的战斧并安葬死者时，他们获得了其他群体无法匹敌的地位。相反，当他们看起来最为危险和强大时，其实是最脆弱的，当昂提奥（不管是出于自己的意愿还是被盟友们挑唆）放弃调解而使用武力时，他的特殊地位就 XVII
> 开始消解了。人们一方面欢迎仁慈的父亲，另一方面在一位报复心强的父亲之下却只能求自保。联盟没有想到竟然有一个父亲不是在调解争端而是掺和进孩子们的争端。[1]

阿瓦尔不仅想复活一种极其老派的经验主义——其中总是欧洲人在掌控局面，他还倾向于将一种现已过时的结构主义人类学，根植于列维－斯特劳斯那个很成问题的假设的简化版。阿瓦尔使我回到列维－斯特劳斯的著作，他曾经在一段时间对我的思想产生了很大影响，我也很欣赏他的著作和魄力。阿瓦尔批评我忽略了热社会（有历史的、崇尚进步的、累积叠加的社会）和冷社会（所谓的原始社会，脱离了“历史”和进步，致力于循环性的重复）之间的区别，他是对的。我不接受在两种人类之间划分鲜明的区别，认为一种人类是有历史的，另一种则既“没有历史”，也拒绝历史性地理解他们的经验。创造了中间地带的社会是混合性的。他们固然有否定历史纷扰的仪式，力图使万物恢复平衡，回到最初的状态；但是，这些仪式本身可能是全新的、历史性的，不仅如此，人们为了达到新的目的，还可能有意识地制造和篡改仪式。它们可能是为了塑造新的事件，并创造新的结构（如果有必要的话）。我认为实质上所有的社会都同时包含循环的和历史的思想，但在这一点上除了一些细微差异，我与列维－斯特劳斯并无显著不同。

---

[1] *Middle Ground*, 182–183.

列维-斯特劳斯是一个聪明、复杂的思想家，在他漫长的一生中，他的思想并不是一成不变的。他的结构主义使他倾向于从二元对立入手，他十分相信“原始思维的特征就是无时间性，其目标就是将世界作为一个同时具有共时性和历时性的整体来把握”。[1]随着时间流逝，他的观点变得更加微妙和复杂。这微妙之处很容易被人忽略，因为“野性的思维”（savage mind）这个术语扭曲了他的观点，他的经典著作的英译名就叫这个。他把思维方式分为两种，一种是“神话的”或“野性的”，另一种是“科学的”。二者在所有人身上都存在，故并非能够由此划分社会类型。不过实际上他列举的以“野性”思维为主的例子都取自前现代或无国家的社会，人们很容易误解为他将“野蛮”社会和文明社会对立起来。由于他的历史研究有时看起来存在大量假设，
XVIII 而他的分类思想又是如此著名，所以他不得不频繁地否定那些指责他“形式主义、理想主义”的说法，并表明他对历史阐释的拥护。[2]

看到阿瓦尔这样一个历史学家却引用列维-斯特劳斯的非历史观点让人感到十分奇特。第一，说印第安人是没有历史的人群，或者他们的社会是缺乏历史思维的冷社会，一个历史学家首先就应该质疑这样的既成观点；第二，这忽略了列维-斯特劳斯在对待历史时的古怪态度：他在此处拥抱历史，彼处又否定历史。列维-斯特劳斯把历史学家的抱负定义为努力“重建已逝社会的图景——若历史学家处在那些对应于当下的历史时刻中，而民族学家则尽力重建在现存的形式之前的历史阶段”。典型的表现是，他从一个简单的二元对立开始，认为人类学家在当下的空间里研究多样性，历史学家穿越时间研究多样性。[3]现代历史学家几乎没有人能接受这个劳动分工，但列维-斯特劳斯对两者都没有一以贯之地坚持并常常在自己的人类学里给了历史学很大的分量。在1960年的一个访谈里，列维-斯特劳斯澄清了他对“热”

[1] Lévi-Strauss, *Savage Mind*, 263.

[2] Claude Lévi-Strauss, *The Raw and the Cooked: Introduction to a Science of Mythology*（New York: Harper and Row, 1970）1: 8–11.

[3] Levi-Strauss, *Savage Mind*, 256.

社会的解释。他说："我们试图视祖先为对立面来定义自身。改变太快了，我们不只是知道历史的存在，我们更希望借助对于自身过去的知识去调整未来、使我们社会的演化合法化或者能够对其做出批判。"[1]我们自己好像生活在一个与我们的祖先不同的世界，并且使用"我们掌握的关于过去的知识来重新定向未来"，在这个意义上，"热"，与许多历史学家使用"现代"一词时所指的意义十分相似。"热"社会和"冷"社会是列维－斯特劳斯研究体系里的两个极端，而真实的社会存在于一个连续体中。他并不打算以完全抽象、不可度量的思维方式来描述社会。

《中间地带》的主旨就是认为高地的印第安人是现代的，他们是有历史的族群，被重大事件逼迫着走上一条全新的通向未来的道路，并且危机四伏。他们并没有被某种缺少历史的状态所禁锢。我不认为列维－斯特劳斯会赞同我，但我也不认为他必定会采纳阿瓦尔的观点。列维－斯特劳斯抨击萨特（Sartre）制造出一个无历史的监狱，其中"每个主体的团体和存在时间取代了永恒的意识"，并且由于"自我中心和天真"，认为存在性真理存在于西方的单独的历史时期中，这时列 XIX
维－斯特劳斯是在主张开放的社会边界并贯穿时空去理解。[2]

1952年，第二次世界大战和法西斯主义带来的冲击余威尚存，列维－斯特劳斯写了一本小书——实际上是一本小册子，联合国教科文组织为之题名"种族与历史"（Race and History）。[3]虽然该书的部分内容现在已经过时了，但很多内容仍然新鲜、引人入胜。根植于其中的主题是反对把文化当作密封的容器，从而无法对"任何其他文化做出真实的判断，因为没有一种文化能够超越自身的局限"。[4]关于殖民地人民如何适应殖民者存在的问题，尽管他的论述是概括性的、粗略的、道听途说的，但他清楚地认识到这很大程度上是权力导致的结果，而

[1] Manuel Osorio, "Interview with Claude Levi–Strauss, " *UNESCO Courier*（Oct. 1990）.

[2] Lévi–Strauss, *Savage Mind*, 249, 254.

[3] Claude Lévi–trauss, *Race and History*（Paris: UNESCO, 1952）.

[4] Lévi–trauss, *Race and History*, 30.

且在各种权力大致持平的情况下，一个社会在调整、适应时并不一定要放弃其“世界观”（Weltanschauung）。[1]但是，不止于此，他还断言：“所有文化上的进步都有赖于文化之间的联合”——广义上的人类进步既在于通过联合来消除差异，也要靠再造差异——因为人类的活力在于多样性，这是历史变迁带来的具有矛盾性的挑战。在这个非常宽泛的意义上，列维–斯特劳斯所认为的现代性挑战，在高地和中间地带即可以预见。[2]

在引用列维–斯特劳斯的概念时，是取其原文还是引用与其不同的概念，取决于讨论的是他思想中哪一个特定方面。当涉及类型学时，我很少利用他的著作，但他经常创造出一些其他的概念和隐喻。他的“修补术”（bricolage）概念是一个聪明的隐喻，但他仅仅视之为一种封闭系统的标志，处于系统之中的人们无法想象具有科学性的设计和技术，所以这个概念就对我没什么用处了。但没有理由必须让“修补术”保持单一的内涵并把它限定在前现代社会。“修补术”可以包括新的元素——例如那些列维–斯特劳斯标记为现代或“科学”的元素。[3]这样一结合，它就能制造出被我们视为现代性标志的可量化的变化。比如，特库姆塞（Tecumseh）这样的领袖可以被视作一个利用现有条件做出改变的人，但他同样也是现代的、革命性的。

詹姆斯·梅里尔在他的《走进美洲森林》（*Into the American Woods*）里对《中间地带》的批评比较含蓄，不那么直接。在某些方面他和阿瓦尔刚好相反，因为在阿瓦尔看来殖民权力无坚不摧，并且把调解
xx 描述成欧洲人成功维护统治地位的工具，梅里尔则说调解行为主要出于印第安外交实践的需要。而且在最广泛的意义上来说，梅里尔描述了这样一个轨迹：印第安人对欧洲人来说一度很重要，因为他们既是个威胁，又是必需的伙伴，但他们后来变成了“被怜悯、被研究的物

[1] Lévi-Strauss, *Race and History*, 31.
[2] Lévi-Strauss, *Race and History*, 47–48.
[3] Lévi-Strauss, *Savage Mind*, 22.

种”。这其实也是中间地带的轨迹。[1]不过，他最终的意思又和阿瓦尔很像，因为他同样质疑了在帝国强权和无国家观念的行动者对抗时产生和解的可能性。但是在宾夕法尼亚边境，即处于高地边缘的地方，梅里尔没有发现中间地带存在的证据，他认为调解最终是失败的。调解者自身“无法为了拥抱共性而忽略彼此的差异”。[2]如果梅里尔的主张是，在宾夕法尼亚，调解失败了，并且并没有出现中间地带，那这很难构成对《中间地带》的批评，因为我从未宣称整个殖民地都是高地，而且我所说的中间地带只出现在法国人的殖民地而非英国人的殖民地。但梅里尔的研究也不应轻易被忽略，他书中的一些人物比如蒙图尔一家（the Montours）、乔治·克罗根（George Croghan）同样是我书中的主要人物。我再次说明，人们完全可以在一个场景中成功而在另一处失败。更重要的是，梅里尔不只将失败部分地归罪于调解者，还简单地认为误解和不信任是一条死胡同。他发现“误解和不信任统治着”宾夕法尼亚，[3]实际上误解和不信任同样充斥着高地，但这种误解和不信任在高地得到了创造性的利用。不过，对梅里尔来说，似乎误解和不信任除了它们本身以外，什么也不能创造出来，完全不可能有相互理解的世界。而那些被设计出来建造一个共同世界的特定工具——条约和会议，使理解和信任成为可能，而穿越森林的道路则没有出路。[4]

为了确保梅里尔和我没有在自说自话，最好重申我关于中间地带及跨文化理解的立场。格雷格·德宁（Greg Dening）的优秀著作《岛屿与海岸》（*Islands and Beaches*）是对我思考中间地带帮助最大的书之一。德宁细致地描述了波利尼西亚（Polynesia）海岸的文化碰撞，并将其转变为接触地带的隐喻——海岸——和无法从海岸一窥全貌的现有土著文化。在《中间地带》中，我对观察内部的文化世界——土

---

[1]　Lévi-Strauss, *Savage Mind*, 58, 314.

[2]　James H. Merrell, *Into the American Woods: Negotiators on the Pennsylvania Frontier*（New York: W.W. Norton, 1999）, 294.

[3]　Merrell, *Into the American Woods*, 37.

[4]　Merrell, *Into the American Woods*, 256, 278–279.

著群岛——并没有多少兴趣，相较而言，有着丰富的历史资料的海岸
XXI 更加值得研究。用德宁的话来说，中间地带就是一种海岸，一个土著世界是否存在在海岸之外，是可以透过它一窥究竟的，但海岸的存在并不依赖于欧洲人充分理解或同情海岛内部的事务。[1]

中间地带并不代表欧洲人和印第安人之间已经取得了广泛的相互理解和欣赏，人们并未和睦相处。“中间地带”这个概念也不预示着土著文化或欧洲文化的消失，更不意味着会有某种共同的混合文化将其取而代之。我认为在创造新文化的同时，旧的文化在许多层面一直存在，如同我在书中所写：

> 尽管可识别的法国人与可识别的印第安人仍然继续存在，但一种特定行为或做事方式到底是法式还是印第安式的，在一段时间之后却不再那么明显。这并非由于印第安个体变得“法国化”了或法国个体变得本土化了——尽管两者都有可能发生。而是因为，阿尔冈昆人对自己作为印第安人的地位和实践十分满意，法国人也自信于法国方式的正当性。不过，由于需要跟既不与他们拥有共同价值观也无共同责任的人们打交道，因此在合适的行事方式方面，他们必须达成某些共识。[2]

詹姆斯·梅里尔和我都思考了同样的问题：拥有两种不同文化的人们是否能够在一定程度上理解对方，以接纳彼此的差异？在两种类似的历史情境下，我们不仅得出了不同的答案，而且似乎在寻找不同的东西。我认为，法国人及我统称为阿尔冈昆人的人们在高地创造出了一个混合的世界，尽管它脱胎于已有的法国及印第安世界，但它是一个新生事物。我并没有说这两个群体是通过欣赏对方的文化观念而

[1] Greg Dening, *Islands and Beaches: Discourses on a Silent Land, Marquesas, 1774–1880*（Honolulu: University Press of Hawaii, 1980）.

[2] *Middle Ground*, 50.

做到这点的，而是主张他们充分利用了富有创造性的误解。梅里尔似乎更倾向于将相互之间的理解视作达到妥协的途径。

出于这样的考虑，梅里尔和我就是在寻找两种不同且不可比的东西，我可以置之不论，但这样会忽略梅里尔所提出的非常严肃的问题。在他书的末尾有一句话——也许只是为了制造宣传效应，他谈到“印第安人和白人”不可能在宾夕法尼亚边缘相处下去，除非“永远纷 XXII
争”，并且将此结论推广到关于整个美国历史的论述中。与他对宾夕法尼亚森林的谨慎思考相反，他对这个说法根本没有给出证据。他提到“受伤的膝盖”（Wounded Knee），暗示在20世纪情况也没有变化。与该问题很相近，尽管他明确提出北美从来没有出现过中间地带，但考察《走进美洲森林》的文本，文本中已经有了中间地带的迹象。如果印第安人和白人在宾夕法尼亚并未达成接纳和理解，如果他们在这片大陆上几个世纪的相互接触中从来没有达成和解，那么必将得出一个结论，在西方文化遭遇非西方人群时，达成接纳即便不是全无可能，过程也极其困难。[1]

显然我认为，印第安人与欧洲人之间的理解和接纳在历史上是可能的，他们的后裔也是如此，尽管其中难免出现纷争和暴力；毕竟，这就是《中间地带》所要阐述的。不过我最感兴趣的不是梅里尔和我如何解读各自手里那一段历史记录，而是他的断言背后有着怎样的预设。他断言将近五百年间充斥着不理解和冲突，以致在北美理解他人、与他人和解事实上根本不可能。

如果断言18世纪的印第安人和殖民者从来没能够相互理解和接纳，不顾历史当事人自己相信至少偶尔可以做到的事实，历史学家就必须自称，过去连历史当事人自身都无法理解的事物，历史学家们却可以理解。原则上我同意这个说法，而且在一些简单的案例中它是成立的。当18世纪的人描述一些我们也可以直接观测的自然现象，比如日食、

[1] Merrell, *Into the American Woods*, 301.

月食、地震、传染病时，当然有理由说我们的理解更胜一筹。但是，当他们描述文化现象时则不然了——何况他们的描述常常是我们仅有的资料来源。此处的问题是，比起绝对真理性的断言，他们理解周围社会环境的能力以及进行沟通和共同行动的能力更为可靠。当一个历史学家否认这种沟通存在时，我们和他们都坠入了迷雾，而且我们和他们一样面临着各种各样阐释上的困难。那我们怎么能知道发生了什么？

我假定梅里尔写这本书是因为他认为自己既理解殖民者，也理解印第安人。尽管作者常常不能理解笔下的对象，但如果一本书的目的就是显示作者未能理解其研究对象，那就太奇怪了。既然梅里尔已经做到了他笔下的对象理应做不到的事，剩下的问题就是他是怎么做到
XXIII 的。毕竟，他是在顶着难以克服的困难的情况下工作。他与那个土著社会之间相隔两个世纪甚至更久，而且该社会自身没有留下任何书面记录。倒是有殖民者记录印第安人行为的资料，但在梅里尔看来这些东西主要记录的是记录者自身的疑惑和不解。

似乎只有通过两种方式我们才能自称了解18世纪的宾夕法尼亚印第安人。第一种是通过现存的历史记载，这些历史记载几乎全是非印第安人写的或转录的，梅里尔视之为误解或不解的证据。既然这些记录都没有理解印第安人，梅里尔一定有其他途径去理解殖民者和印第安人。这就产生了第二种常见于民族志史学家的说法：他们通过认识现在来认识过去。他们认为土著文化传统穿越时光完好无损地持续到晚近或者当下，而且进入了人类学者的记录，或者在特殊的印第安族群或本土知识分子中保存了下来。此处存在各种棘手的方法论问题，但我最关心的是“普遍理解是可能的”这个说法。在某种意义上，当代的历史学家声称要理解美洲印第安人文化，并且已经在一些印第安族群中取得了某种可行的和解。他们认为自己总结出的含义可以用来理解过去。

民族志史学家试图将现存文化与过往的碎片迹象结合，产生出一

种关于过去的杂交知识。民族志史学这种上溯技术——通过现存文化实践反推过往——利用了一个假设：当代学者能够做到梅里尔认为18世纪殖民者做不到的事，即理解作为他者的印第安人并与他们共享普遍惯例。我对上溯方法有严肃的疑问（不过在此处关系不大），但我对其背后的预设没有疑问，那就是印第安人群可以并且确实教会了外来学者更好地理解他们的社会。

我将此假设延伸到过去，并且假定在过去，人们也能够生发出跨越文化边界的一致理解和一致实践——正如他们现在所做的那样。我并不认为过去人们能够完全理解彼此——现在也不能，但对我来说这正是中间地带的美妙之处：它允许人们从相似、误解之中逐步发展出相互理解。一个学者若是否定这种可能性，那便是不当地授予了自己一种能力的同时否认所研究的人群也具有该能力，这个推论既傲慢又站不住脚。考虑到文化实践的传播，考虑到人们情愿或不情愿地从甲社区迁移到乙社区，也考虑到人们会通婚、通商、打斗等，我就很难继续认为他们不可能有成功的沟通及间歇的和解了。尽管那并不总是能催生出中间地带，但这不是重点。重点是我想要对这种可能性保持 XXIV
开放的态度。最安全的方法是，假定我们的原始资料一定是过去的行动者之间某种程度上可靠的交流的产物和留存。我并非认为所有这些资料都显示出精确的理解，但至少它们确实反映了沟通，也就至少存在有部分的相互理解。否则，那就是砍断了我们所处的知识分枝。一个历史学家唯一的诚实反应就只能是闭口不言，或者只写关于记录者本身的东西，并断言殖民者所作记录只能提供关于殖民者自身的知识。采取这种立场的后现代主义者是诚实的，但这同样导致某种文化唯我论。列维－斯特劳斯早在后现代主义出现之前就批评了这一点。

跨越文化边界进行言说，并逐步建立新的意义体系，这在21世纪初对我来说十分重要。出于相同的原因，在20世纪中叶相似的问题对列维－斯特劳斯来说一样重要，当时他正在写作《种族与历史》一书。《中间地带》是一本历史著作，但又不仅仅如此。它探索和解和社会变迁，探索持续存在的共识和差异及其产物。我希望“中间地带”这个概念能在这个世界有所作为。如同乔纳森·李普曼所说：“当今世界多数（即使不是全部）民族国家都在处理国内少数族群的问题——那些同时归属于不止一种文化的族群，他们居住于‘中间地带’，并且创造了新的混合文化。”[1]不仅如此，拥有很多观点却缺乏知识的专家们又一次告诫全人类，远离那无法理解现代性的过往。因此对我来说中间地带就是希望之地。

[1] Lipman, *Familiar Strangers*, xxxvi.

导　论

文化接触与变迁的故事往往由一种普遍的二元论构成：被他者吸收或抵抗他者。其中贯穿着对失去认同的恐惧、混杂了信念和清教徒（Puritan）的禁忌。但如果身份认同并非一种需要坚守的界线，而是一个主题之下一组活跃的关系和事务呢？关于相互作用的叙事一定更为复杂，淡化了线性和目的性。

——詹姆斯·克利福《文化的困境》

（James Clifford, *The Predicament of Culture*）

印第安人－白人的关系史通常并未制造出复杂的故事。印第安人好比岩石，欧洲人则是海水，而历史好像是永不停歇的风暴，只会有两种结果：海水磨损和分解了岩石，或者海水侵蚀了岩石但最终无法吸收其顽固的残余碎片。第一种结果产生了征服和同化的故事，第二种则产生了文化反抗的故事。讲述这些故事的人都没有撒谎，某些印第安族群确实消失了，也有一些确实进行了抵抗。但讲述者们都没有看到更为宏大的进程和更大范围的真实场景：大海和陆地的相遇不是只有破坏，也有创造，就如白人和印第安人的相遇一样。

许多学者已经说过，在某种意义上，美国神话的存在很可能是因为历史学家们否认了美国的历史。这些神话将文化接触描绘成发明创造。随着丹尼尔·布恩（Daniel Boone）及其后继者的活动，白人和印第安人的相遇创造了一种“新人”，它是白人暴力吞噬印第安人的产物。但是，神话只比占领与抵抗的故事好一点点。只有白人改变了，而印第安人却消失了。白人征服了印第安人，使之成为理查德·斯洛特金（Richard Slotkin）所谓的“通过暴力进行再生产”的牺牲品。

本书所讲的故事跳出了这些简单的论述，并将它们整合进一种更为复杂、非线性的叙事中。本书的主旨是关于寻求接纳和共识，其结构几乎是圆形的。它讲述了欧洲人和印第安人如何相遇，如何将对方视为异己、他者，甚至非人的存在；在接下来两个世纪中，又是如何
XXVI 在五大湖区（the Great Lakes）周边法国人称为高地的区域营造出一个共有的、可以相互理解的世界。这个世界并非世外桃源，不应将之浪漫化。事实上，此处可以充满暴力，间或令人恐惧。但正是在这儿，阿尔冈昆人及形形色色的欧洲人所依存的旧世界交叠在一起，混合创造出了一套新的意义体系和交换体系。然而，这种接纳和共识最终破裂了，印第安人被重新视为异己、异域风情的他者。

在这个故事中，我所说的“接纳”并非换个说法的“同化”。在惯常的用法中，“同化”描述了如下过程：一个群体通过借用独立的文化特征，变得越来越像另一个群体。同化通常发生在主导性的群体基本上可以对从属群体直接发号施令的时候。本书描述的接纳过程当然也包括了文化变迁，但它发生于我所说的中间地带。中间地带处于事物“之间”：它在文化之间、族群之间，也在帝国与无国家的村庄社会之间。此处生活着许多北美国民以及帝国的同盟者。这片区域处于欧洲侵略和占领的历史前线及印第安人战败撤退的背景之间。

在中间地带，不同人群通过一种创造性过程适应彼此之间的差异，这个过程充满权宜之举和误解。他们试图通过自己理解的关于对方的价值和行事方式，去说服不同于自身的人群。他们常常误会和曲解了与之打交道者的价值观和行事方式，但从这些误解中产生了新的意义和行为体系——中间地带的意义和行为体系。

彼此接纳之所以能达成，是因为长期以来，在殖民地的大部分地区，白人既无法主宰印第安人，也不能无视他们。白人需要印第安人，需要他们作为同盟、贸易伙伴、性伴侣和友善的邻居。中间地带的进

程当然不仅限于此处讨论的群体。实际上，早在本书描述的时代之前，毫无疑问，易洛魁人（the Iroquois）和休伦人（the Hurons）之间就已经开始形成中间地带。中间地带也不只是高地才有的现象，只因为此处长期存在广泛的相互接纳。高地，指的是蒙特利尔上游地区，不过严格说来，范围一直延伸到休伦湖东岸的休伦尼亚（Huronia）。高地包括伊利湖周边地带，但不包括靠近安大略湖南部的地区，那里属于易洛魁地区（Iroquoia）。高地涵盖了整个五大湖区，并延伸至密西西比河。在17世纪，高地包括密西西比河沿岸直到五大湖北部，湖区 XXVII
南部直到俄亥俄河区域。随着法国皮毛贸易扩大，高地也相应地扩大，但在本书框架内，高地仍指其最初范围。

我有些不情愿地将高地内居住的民族称为阿尔冈昆人，这个术语确实存在问题。阿尔冈昆指的是一个语系，其主要使用者远远超出高地范围，而且并非高地上的所有民族都说阿尔冈昆语。休伦-佩图安人（the Huron-Petuns）就说易洛魁语（Iroquoian），如同稍后出现的易洛魁人的分支——明戈人（the Mingos），而温尼贝戈人（the Winnebagos）说苏语（Siouan）。然而，由于使用阿尔冈昆语的民族在高地占主导地位，同时也因为受到易洛魁人的屠戮，阿尔冈昆人形成了一种集体认同，以与易洛魁联盟（the Five Nations）或易洛魁人本身相区别和对抗，所以我仍然使用“阿尔冈昆人”这一术语来统称高地居民。绝大多数（往往是全部）高地居民还是苏人（Sioux）及俄亥俄河南部民族的敌人。作为个体很弱小的族群　此前的难民——组成的集体，这些居民发展出了“昂提奥（Onontio）[1]的孩子”的身份认同。我使用“阿尔冈昆人”称呼他们，将他们与昂提奥的其他孩子——彼此接触极少——区分开来。

写作这部高地历史时，我使用了“新印第安史”的写法。不过在新的史学时代，尽管偷偷地吸收了新史学想要取代的旧史学的元素，

[1] 即法国总督，后文有解释。——译者注

旧元素多少变成了新的正统。本书之所以是“新印第安史”，是因为它将印第安族群置于舞台中心，并试图理解他们行动背后的逻辑。这本书只是基于关注白人对印第安人政策的“旧史学”的附带研究，但这本书也主要研究印第安人与白人之间的关系，因为我发现印第安人和白人的世界之间并不能画出清晰的界线。当然，不同人群的身份仍然可以辨别，但他们彼此有重合。

基于本书的目的，新旧史学的许多惯例对于理解我想要解释的这个世界都是有用的。比如，我确实描述了帝国主义和世界体系，但帝国主义在它的边缘已经变得虚弱了。权力之手牢牢控制着中心，但是连接的绳索在某种意义上已经严重磨损甚至已经被切断了。在这个世界体系里，占少数的代理人、同盟甚至边缘地带的国民往往引导着帝国的道路。这是一个奇特的帝国，一个复杂的世界体系。类似地，欧洲人在印第安人的时代所书写的关于野蛮人的、数不清的著作，在理解这样一个世界时几乎无用，那些与印第安人共同生活的欧洲人获得
xxx 的知识比欧洲哲人们要详尽、精确得多。卢梭对印第安人的想法虽然重要，但在理解高地时，它不如住在温森斯（Vincennes）和卡斯卡斯基亚（Kaskaskia）的居民的想法重要，或者昂提奥即魁北克的法国总督的想法重要。

描写印第安人的惯例同样无用，就像关于帝国主义、世界体系或者野蛮人的刻板印象一样无用。民族史学家越来越不相信“部落”是一个有意义的历史学单位了，在高地，对部落的忠诚绝对也没有主导人们的行动。本书中我使用了“部落”这个名词，但应当把它们理解为族群名称，而不是政治名词甚至文化名词。此项研究中有意义的政治单位是村庄，并且印第安村庄通常包括多个部落的成员，就像偏远地区的英裔美国人村庄通常也包括多个不同族群的成员一样。

我同样避免使用民族历史学的“回溯”方法，尽管勤勉的读者肯定会发现有些地方我仍然陷入了这种窠臼中。这种回溯技巧是使用19世纪或现今印第安族群的民族志去解读过去的印第安社会。如果说同

化主义的研究对早期文化的消失有固定偏见，那么回溯方法就在文化的连续性上存在偏见。

我同样避免使用“传统”一词去指除了“老、旧”之外的任何意义。本书中描述的印第安人不存在本质上的“印第安属性”。他们很长时间以来都坚决反抗欧洲人将他们塑造为“他者”的行动。他们坚持独有的身份，但在那个共享的世界里，他们也宣称自己具有普遍的人性。在建立认同的战争中，他们失败了，而本书正是讲述这失败故事的一部分。正如人类学家和民族学家开始意识到自己的研究如何塑造了他者并用作研究，历史学家和民族史学家也是时候需要更加注意自己过去在延续和推进这种制造中所扮演的角色了。

实际上，高地的世界并非一个传统的世界——不是企图维持自身不变，就是在白人的压力下消亡——其实它是印第安人和白人共同创造之物。在这个过程中，出现了许多如雷贯耳的欧洲人和英裔美国人：弗隆特纳克伯爵（the Comte de Frontenac）、杰弗里·阿默斯德爵士（Sir Jeffrey Amherst）、威廉·约翰逊、丹尼尔·布恩、乔治·华盛顿、本杰明·富兰克林和托马斯·杰斐逊。同样，也有一些印第安名人如庞蒂亚克（Pontiac）和特库姆塞。如此之多的人虽然在更大范围的美国历史上声名显赫，但在这个故事中，却不曾占据主导地位。这说明美国历史的参数需要进行调整。研究殖民地和早期美国历史的历史学家在其描述的时代中将印第安人边缘化了，在印第安人出力营造的世界中，历史学家却将他们当作奇异之物。

这个世界产生于巨大且影响深远的变动中，在读者看来，它总是 XXXI
危机不断。但这是我在讲述故事时有意为之，以及资料的性质所致。我从易洛魁人的进攻讲起，他们就像是剧情中的神转折。然而，易洛魁战争，或者说易洛魁联盟（后来是六大联盟）的战争，其实是复杂变迁的结果，就和我此处讲的变迁一样复杂。读者不应将他们的战争错认为北美“老生常谈”的印第安战争，实际上，它仍然是欧洲人扩张所造成的复杂产物。在本书第一部分我重点讲了福克斯人（Fox），并且我在全书中间部分着重讲了俄亥俄沿岸的对抗，这样就突出了联盟的主要危机。这种讲述技巧是必要的，因为这些人群的关系在危机中表现得最为清楚，也因为危机产生了大量的文字记录。但是，我们应当牢记，在1680年至1763年间，绝大多数阿尔冈昆人仍然是昂提奥忠诚的孩子。

当印第安人不再有能力迫使白人进入中间地带时，真正的危机就出现了，这个世界也从而逐渐解体。在那时，白人想要自己规定双方和解条件的渴望就已初露端倪，随之，中间地带便开始遭受侵蚀。美利坚合众国成功做到了法国和英国两个帝国做不到的事，美国发明了印第安人，并迫使他们生活在这发明之中。美国人的胜利使本书实现了一个循环：欧洲人遇到了他者，发明了一个长期存在而重要的共同世界，但最后他们重新发明了作为他者的印第安人。从那时起直到现在，我们通过“他者”这面棱镜可以看到殖民地和早期共和国人的历史。

如果我早知道写作本书所需要的工作量，我可能就不会做这项研究并写这本书了。我原本认为这本书将围绕着特库姆塞，实际上它变成了印第安史上的《项狄传》(*Tristram Shandy*)，它最终结束于曾经的起始之处。特库姆塞变成旧历史的产物，而不是新历史的创造者。

在广泛研究了法国、加拿大、英国及美国档案之后，我写就了该书。在脚注中引用时，我决定尽可能使用最容易获得的资料。所以只要可以，我就引用公开的文献；只有在没有可靠的版本时才使用手稿。如果有翻译文献看上去不可靠或不完整，我已在脚注中注明使用的是手稿。

在进行本书的研究时，我发现了如此之多令我震惊的材料，并且我对那个时期的观点也在不停改变，所以我尽量避免将部分材料提前发表（只有一次小例外），只因为我害怕后来不得不推翻它们。不过，
XXXII 我曾将本研究的部分内容作为论文提交在不同的学术论坛上，包括芝加哥大学、亚利桑那大学、密歇根州立大学、犹他大学、加州大学圣

地亚哥分校及纽贝雷图书馆的麦克尼克尔（D' Arcy McNickle）中心。我感谢曾经阅读过全部或部分手稿的人，首先当然是这本书所在的丛书编辑们，剑桥大学出版社的弗莱德·霍克斯（Fred Hoxie）、尼尔·索尔兹伯里（Neal Salisbury）和弗兰克·史密斯（Frank Smith），还有比尔·克罗农（Bill Cronon）、詹姆斯·克利夫顿（James Clifton）（幸好他驳倒了我最初的一些构想）、马蒂·桑格尔（Marty Zanger）、拉蒙·古铁雷斯（Ramon Gutierrez）、帕特·阿尔贝斯（Pat Albers）和贝弗利·波林顿（Beverly Purrington）。我还要感谢迪恩·安德森（Dean Anderson），很幸运，他在密歇根州立大学的学位论文与我自己对皮草贸易的调查不谋而合。迪恩著作中对于贸易中的物品交换比我这儿引用的一小部分要翔实、全面得多，感兴趣的读者可以查阅他的论文。本书中的地图主要来自海伦·坦纳（Helen Tanner）的《五大湖区印第安人历史地图册》（*Atlas of Great Lakes Indian History*），十分感谢她在学术上给予的帮助。

我还要感谢洛克菲勒基金会（Rockefeller Foundation）、古根海姆基金会（Guggenheim Foundation）的资金支持，以及我为此书做准备工作时任教的犹他大学。洛克菲勒基金会和古根海姆基金会特别慷慨、耐心，感谢他们的资助。在犹他大学，拉里·格拉赫（Larry Gerlach）主持着历史系的工作，使这儿的工作氛围既愉悦，又富有激励性。只有和犹他大学高层管理部门打过交道、体验过犹他州对教育束缚的人，才能真正懂得这项成就的不容易。

1 第一章

难民：碎片组成的世界

各个族群在彼此互动中构建他们的文化，而不是孤立地构建。

——埃里克·沃尔夫《欧洲与没有历史的人民》

（Eric Wolf, *Europe and the People Without History*）

一

当法国人旅行到高地（他们如此称呼休伦尼亚［Huronia］另一边的地区）时，以为自己发现了一个新世界。其实比这更有趣的是，他们正在参与创造一个新世界。之前那个现成的世界已不复存在，它遭到粉碎性的破坏。17世纪40年代的战争是当地族群中有史以来爆发的最为残酷的一次，就像玻璃刀划在玻璃板上一样，在这一带刻下了第一道异常危险的裂痕。当闻所未闻的传染病夺走了成千上万条性命，十室九空，千里无人烟时，裂痕变得更加巨大。接下来，从1649年到17世纪60年代中期，易洛魁人就像铁锤一样锤遍了五大湖沿岸，并下至俄亥俄谷地（Ohio Valley）。

易洛魁人想得到河狸和出产河狸的猎场，还想要俘虏来补充自己的死亡人口，或者在虐囚柱上折磨这些俘虏，发泄自己的仇恨。对毛皮贸易的需求，加上易洛魁文化中对获取战俘和受害者的执着，共同制造出了一部极具破坏性的发动机，击碎了该地区各族群。北美印第安人之间的相互征战再没有这么大规模、这么残暴的了。在这场大屠杀中，人群逃亡到西部。易洛魁地区西部说阿尔冈昆语的世界基本上坍塌了，易洛魁人还把它的残余再往西赶。[1]

破碎的族群大都从历史上消失了，好多易洛魁族群——比如伊利人（Eries）、诺伊特拉尔人（Neutrals）——在传染病和战争到来之前业已衰落，作为有组织的群体整体消失不见。但大部分阿尔冈昆人并 2
没有消失，反而和法国人一起用碎片补缀出了一个新世界。他们利用进口的“帝国牌”胶水重建了一个村落世界，这个村落世界供养了法兰西帝国，反过来又受法兰西帝国供养。

本书就从这个新世界的创建讲起，在此之前，不得不提及支离破碎的旧世界。为了讲述易洛魁铁锤猛击阿尔冈昆玻璃的完整故事，历史学家们追溯了这起沉重打击。在描绘易洛魁人手下的牺牲者之余，他们也写到了其他的易洛魁族群——休伦人、佩图安人、诺伊特拉尔人和伊利人——因为要么这些人中有耶稣会传教士，要么就是与之相邻的群体里有传教士。历史学家并没有专注于正在碎裂的阿尔冈昆世界，因为要讲述关于碎片的故事极其困难。并且，随着易洛魁铁锤越来越往西，砸中的都是法国人几乎毫无了解的族群，特定的事件也变得越来越模糊。当法国人开始了解这些族群时，铁锤仍在敲打，故事仿佛只剩下混乱。

易洛魁铁锤造成的结果就是，形成了一种主要由模糊暗影构成的历史景象。其中有部落传说——在史实发生之后一个半世纪或更久后搜集到的；有法国商人的记忆——他们晚年回忆起年轻时在异族人中的经历；有当代的各种解释和对事件的生动描绘，其中的细节显得新奇陌生而又缺乏明显的意义。就这样，一个破碎的世界被保存在了破

---

[1] 关于易洛魁战争的最新研究，见 Francis Jennings, *The Ambiguous Iroquois Empire*（New York: W.W.Norton, 1984）, 84–113; Daniel Richter, “War and Culture: The Iroquois Experience”, *William and Mary Quarterly* 40（1983）: 528–559; 以及 Bruce Trigger, The Children of Aataentsic: A History of the Huron People to 1660, 2 vols.（Montreal: McGill–Queens University Press, 1972）, 2: 767–797, 820–821。

碎的记忆中，若要假装这个世界不存在是一种欺骗。不管怎样，这个破碎、扭曲的世界对历史学家来说已经算不错了。对于此处讨论的17世纪中晚期那段可怕的历史，人们试图洞察它、理解它，并努力把碎片整合起来。旧模式和惯例都在瓦解，对法国人和难民来说都是如此；对所有相关者来说，这个世界里美梦与噩梦并存。这是一个绝望的世界，其中，偶然的一致与眼前利益构成了意义和结构，碎片即历史。因此，倒不如像阿尔冈昆人和法国人那样，通过碎片去感知这个世界，并试着理解它的危险、陌生与恐怖。

另一个易洛魁语系族群组成的联盟最先预示了易洛魁人将要带给高地的恐惧，那就是诺伊特拉尔人（很快他们也将成为易洛魁人的牺牲品）。当西部的敌人还在靠石器作战时，诺伊特拉尔人已经从欧洲人那儿获得了铁制武器。17世纪40年代中期，一个“有2000人”的
3 大型诺伊特拉尔战队袭击了密歇根一个阿尔冈昆村寨。诺伊特拉尔人把这一支阿尔冈昆人叫作“火族”——很可能是福克斯人或麦斯科顿人（Mascoutens）。经过十天的围攻，诺伊特拉尔人攻下了寨子。他们当场处决了很多人，不过留下800个俘虏，其中男女老少都有，接着又烧死了其中70个战士。老年人就更惨了，诺伊特拉尔人把他们的眼睛戳瞎，把嘴塞住，然后扔在他们自己再也看不见的土地上任由其饿死。[1]

易洛魁人的攻击使安大略湖周围人口锐减，难民向西逃亡，易洛魁人亦紧随其后。随着易洛魁人带来的压力逐步增大，渥太华（Ottawa）难民和休伦人及佩图安人的残余都分批逃走。1653年，800名易洛魁人将他们的猎物逼到绿湾（Green Bay）——向西坎坷逃亡中的一站。事实上，进攻方中有许多人是“被攻击者的后代”。在远离故土的地方，易洛魁人收养的休伦人攻击了休伦难民。长期以来，易洛魁人都会围攻要塞和村庄，但这次是攻方而不是守

[1] *JR* 27: 25–27.

方最先因饥饿而体力不支，最终双方同意休战。易洛魁人得到了食物，并可以安全地撤退，作为交换，他们愿意交出自己阵营中的休伦人。

但是，有些被俘的休伦人已经和易洛魁人有了感情。易洛魁人离开前夕，绿湾的渥太华人给了每个易洛魁战士一条有毒的玉米面包。有个休伦妇女知道这个秘密，她曾经嫁给易洛魁人，现在又跟着难民向西逃亡。她告诉自己的儿子别吃那面包——这个儿子自然是属于易洛魁人的阵营一方，他向易洛魁人透露了这个阴谋，于是他们逃过一劫。

然而易洛魁人只是暂时获救。他们分成了两支，较小的一支往北去，被一群战士袭击并打败，几乎无人逃脱，那群战士的族人即将演变成齐佩瓦人（Chippewas）和密西沙加人（Mississaugas）。较大的那一支向南来到平原地带，到达一个小小的伊利诺伊人（Illinois）的村庄，村里的男人逃跑了，易洛魁人杀光了妇女儿童。但附近还有其他伊利诺伊人，他们把易洛魁人杀了个措手不及，大获全胜，但此战中易洛魁人的伤亡为新的战斗埋下了伏笔。[1]

易洛魁人的猛攻并未使高地上的其他战事平息，在易洛魁战争期
间，四五百名迈阿密战士出征攻打南部的敌人。趁迈阿密的战士们不 4
在，一队塞内卡人摧毁了他们的村庄。只有一个老妇人侥幸留了下来，并告诉归来的迈阿密人（Miamis），塞内卡人将妇女和儿童都带往了东边。

这些塞内卡人归家途中，每晚都会杀一个迈阿密小孩来吃。每天 5
早上他们也要找个小孩，拿根棍子捅穿他的头，再让他坐在路上，面朝着他们离去的迈阿密村庄的方向。迈阿密人随后追来，在每个塞内卡营地，都有伤心欲绝的父母认出自家孩子。

---

[1] Nicolas Perrot, "Memoir on the Manners, Customs, and Religion of the Savages of North America", Emma Helen Blair（ed.）, *The Indian Tribes of the Upper Mississippi Valley and Region of the Great Lakes*, 2 vols.（Cleveland: Arthur H. Clark, 1911）, 1: 151–156。

虽然这幅肖像突出了印第安人身上的异域风情，但那贸易得来的毯子、珠子，还有他身上的缠腰布，无不见证了欧洲世界和印第安人世界的融合。（麦基诺州立历史公园授权使用）

在到达自己村庄的前一天，塞内卡人给族人送信，叫他们准备好大壶和勺子，以便享用他们带回来的美味肉汤。正是在这最后一个营地，追来的迈阿密战士赶上了塞内卡人，但是塞内卡人有枪而迈阿密人没有，于是迈阿密人决定埋伏在周围，而不是直接攻打营地。

两个迈阿密探子监视着塞内卡人的营地。那天晚上，和往常一样，有个塞内卡人砍下一个孩子的脑袋，然后在壶里烹煮孩子的身体。这位厨子听到营地外有响动，以为有狼藏在灌木丛中，就将砍下的脑袋扔了过去，对他以为潜伏在那里的狼说，给它一个迈阿密人的脑袋当晚餐。探子把人头带回去给自己的同伴，他们伤心地认出了这是谁。

满载而归的塞内卡人进入迈阿密人的埋伏圈，被打得落花流水。迈阿密人几乎将他们全部杀光，只有6个人没死。其中两人逃了出来，四人被俘。迈阿密人杀死了两名俘虏，并把脑袋砍下来，戳穿两只耳朵穿进一根绳子，再把这头颅挂在剩下两名俘虏脖子上——并且这两名俘虏的手、鼻子和嘴唇都给切掉了。随后迈阿密人打发他们两个回家去报信，这导致塞内卡村子里人心惶惶，迈阿密人则和他们那些幸免于难的亲戚一起返回家乡。[1]

皮埃尔·埃斯普里·拉迪森（Pierre Esprit Radisson）和他的姻兄梅达尔·舒瓦尔（Médard Chouart）——他的另一个名字格罗塞那（Des Groseilliers）更出名——是追随难民西去的法国人中胆子最大、经验最丰富的。在17世纪50年代末、60年代初，当易洛魁的作战团体把持着河流和陆路时，拉迪森等人多次出行去寻找皮货，最远至密西西比河。有时他们与耶稣会士同行，后者则去寻找待拯救的灵魂；而更多的时候他们与休伦-佩图安人、渥太华人及其他难民一道，这些人去蒙特利尔购买枪支和别的商品。出行将他们带进一个恐怖的世界，拉迪森等人记录下了自己理解不了的现象。

[1] C. C. Trowbridge, Vernon Kinietz, *Meearmeear Traditions: Occasional Contributions from the Museum of Anthropology of the University of Michigan*, no.7, ed.（Ann Arbor: University of Michigan Press, 1938）: 75–76.

1658年，拉迪森和格罗塞那踏上旅途（最后到了密西西比河）。他们自己的团队有29个法国人，这些人只有在为了自己的利益时，才可能竭尽所能；还有6个印第安人，全部或大部分都是休伦人。依照惯例，他们与其他一起去西部的人共同组建了一支护卫队。法国人中只有拉迪森和格罗塞那有去西部森林的经验，别的新手们漫不经心地往
6 上游航行，嘲笑拉迪森和格罗塞那小心谨慎得像女人一样。三天后，他们看见岸边出现一个易洛魁人，独自一人，手里拿着把斧子，这个易洛魁示意法国人靠岸。即便易洛魁人扔掉斧子坐在地上，那些初次旅行的人仍然不敢接近他。易洛魁人最终站起来，走进水中，（用拉迪森手稿中记录的蹩脚英语）说："我本可以逃出你们的视线，但我更愿意救你们的性命——我可不怕死。"最后独木舟队包围住他，上面的人把他捆起来放在船上，他开始唱死亡之歌。

唱完歌，这个易洛魁人讲了一番话。"弟兄们，"他说道，"太阳选中我的那一天，它派我在死前告诉你们，你们很愚蠢。"他告诉他们，敌人就在周围，并监视着他们，注意听他们的动静，认为他们不难抓住。"因此，我愿意冒死提醒你们……为了救你们的命，我把自己交给死神。"他指示法国人想自救的话应当如何前进。"可怜的家伙，"拉迪森写道，"说出了真相，同时给了我们很好的引导。"第二天，旅行团在河上遇到了易洛魁战士。最初的惊慌过后，法国人和休伦人筑起要塞自卫。然后他们将那个俘虏带上来，"很快他就被处死，被烤后吃掉，易洛魁人也曾如此招待他们"。法国人永远不会知道，为什么那个易洛魁战士会投降来救他们。最后，除了拉迪森和格罗塞那，别的法国人都决定回到法国人定居点。这两兄弟一度身陷险境，但又莫名其妙地获救了。之后，他们继续与印第安人结伴。他们能解释残酷，却无法理解善意——如果河边那个易洛魁人是在表达善意的话。[1]

---

[1] Arthur Adams（ed.）, *The Explorations of Pierre Esprit Radisson*（Minneapolis: Ross & Haines, 1967）, 80–84; 另外参见本书导论。

西部的难民村子都很欢迎拉迪森和格罗塞那一行，那些没有商人来过的村子尤其期盼他们的到来。在17世纪60年代，从绿湾来此内陆定居的迈阿密难民和麦斯科顿难民邀请尼古拉·佩罗（Nicolas Perrot）和一个同伴去做客。当法国人踏入麦斯科顿的村子时，只见一位老人拿着红色的石制卡柳梅特——这是一根装饰着羽毛的长烟管，还有一个女人扛着口袋，里面装着一罐玉米面。他们后面是200个年轻人，“戴着各种各样的头饰，身上……布满各种形象的黑色刺青”，随身携带着武器。老人先将卡柳梅特献给太阳之下的法国人，再将卡柳梅特献给太阳、大地以及四面八方，他还抚摸了佩罗的头部、背部、腿和脚。

老人铺开一张彩绘的水牛皮，让佩罗和同伴们坐在上面，他用燧 7
石打火，但没能点着。佩罗掏出自己的打火钢，很容易就打出了火，“老人对那块铁惊叹了好久，在他看来那就像个精灵”。老人点燃卡柳梅特后，大家开始吸烟，还吃了粥和干肉，吮吸嫩玉米汁。他们将卡柳梅特重新装满，麦斯科顿人把烟吹到佩罗脸上，佩罗感到自己就像一块正在被熏制的干肉，但他并没有表现出不悦。麦斯科顿人打算将法国人背进村子，佩罗阻止了他们，并说能铸造铁器的人是有力气走路的。

到了村子又开始了新一轮仪式。迈阿密酋长们在村口会见了佩罗等人，他们全身赤裸，只穿着绣花鹿皮鞋，唱着歌，手里拿着卡柳梅特。一名战斗酋长将佩罗举到肩上扛进了村，这里给他安排了住所和宴席。

第二天，法国人送给印第安人一支枪、一只壶作为礼物。佩罗还告诉迈阿密人和麦斯科顿人，与法国人来往会改变他们的生活：“我就像晨曦出现在你们的土地上，预示着太阳很快就会普照大地，令你们重生，就像到另一个世界，在那儿你们将轻易得到极为丰富的生活必需品。”他告诉印第安人，枪给年轻人，水壶给老年人。他还把一些锥子和小刀抛给妇女，外加一些布匹给她们的孩子。法国人想要河狸皮作为回礼，结果发现迈阿密人边唱歌边把河狸放在火里烧，烧光了皮毛再吃，所以他们并没有得到河狸皮。

一周后，领头的迈阿密酋长设宴感谢太阳给他们送来了佩罗，他以一个祭祀盒之名设宴，包里装着“所有给他们托梦的东西”。佩罗不赞同设这样的祭坛，他告诉酋长，他所信奉的上帝不会允许他吃献给恶灵的食物，也不能吃动物的皮。迈阿密人非常惊讶，他们问道，如果关上那个祭祀盒，佩罗是否会吃东西，佩罗同意了。随后酋长便希望信奉佩罗的神，“酋长喜欢他甚于喜欢自己的神，因为后者没有教他们制造斧头、水壶及其他一切人类所需的物品”。佩罗离开后，迈阿密人和麦斯科顿人想理解他的想法，他也想理解他们的世界。彼此都不明白对方意欲何为，却都清楚自己想从对方那儿得到什么。[1]

难民从来都不确定应当如何对待天主教神父。1665年8月8日，克
8 劳德-让·阿卢埃（Claude-Jean Allouez）神父在三河城与另外6个法国人和400名印第安人一同登船。印第安人是来三河城开展贸易的，他们不想带上阿卢埃，认为他是个巫师，且其施行的洗礼会造成儿童死亡。一名头目扬言，如果阿卢埃非要跟着他们的话，到时就把他扔在荒岛上。后来阿卢埃的独木舟坏了，休伦人才勉强同意载他。不过，第二天他们又变卦了。阿卢埃和同伴们不得不去修补坏掉的独木舟，并努力跟上印第安人。

最后印第安人又大发慈悲，同意带上除阿卢埃以外的所有法国人。他们解释道，因为阿卢埃在水上不会划船，在陆地上又没力气搬东西。只有在阿卢埃祈祷上帝保佑后，印第安人才同意带上他，不过他成了笑柄，印第安人还偷走他衣柜每一样能拿到的东西。

在通往湖区的凶险旅程中，阿卢埃不光要忍受已有的困难，还自找了别的麻烦。他不仅要和印第安人一起喝苔藓煮的汤，有一次还吃

[1] Claude Charles Le Roy, Sieur de Bacqueville de La Potherie, “History of the Savage Peoples Who Are the Allies of New France”, 载 Blair（ed.）, *Indian Tribes*, 1: 322-332. 之后被引用，见 La Potherie, History。

了已经死了五天的变质鹿肉。此外，他们毛手毛脚地对待运送的炸药，结果导致爆炸，4名战士严重烧伤。当萨满要医治一个伤者时，阿卢埃插手干预，萨满怒气冲冲地砸烂了阿卢埃坐的那条独木舟。

9月，阿卢埃到达切夸美光（Chequamegon）圣埃斯皮里（Saint Espirit）的传道所。他发现那里的印第安人已经不再相信洗礼会致人死亡，而是认为仪式对长寿来说必不可少。不过事实证明并非所有印第安人都这么看待基督教仪式。阿卢埃曾向十余个来参观的族群传教，却总是遭到嘲笑和无理取闹。[1]

五大湖区北部的艰辛，阿卢埃还只算是浅酌轻尝；拉迪森和格罗塞那则是深有体会。1661年、1662年之交，他们与一队休伦－佩图安人一起过冬，这群人是一个农业群体，正被驱赶往荒凉的苏必利尔湖畔。休伦－佩图安人并不像周边的克里人（Crees）、奥吉布瓦人（Ojibwas）甚至渥太华人那样善于打猎，他们只有很少的食物储备。通常下雪有助于狩猎，但是这个冬天雪下得这么多，又相当轻盈，猎人们几乎寸步难行。即使他们做了六英尺长、一英尺半宽的雪地鞋，那雪依然无法支撑住他们。有些人好不容易可以挣扎着前进，但在雪地上举步维艰，动静很大，野兽远远听见就逃跑了。最终，饥荒击倒了休伦－佩图安人。

显然（拉迪森手稿中蹩脚的英语不是很好读），这群饥馑的休伦－ 9
佩图安人又迎来了150户渥太华人加入，然而后者带来的食物比休伦人还要少。渥太华人也需要分得自己的一份食物，尽管拉迪森认为他们是“我所见过的80个族群中最残忍、最无能、最籍籍无名又最懦弱的”。印第安人不仅吃掉自己的狗，还返回早先打猎的路上，吃掉之前扔掉的骨头和内脏。男人们吃掉了弓弦——他们连拉弓的力气都没有了，由于饥饿，妇女失去了生育能力。饿坏的人惨叫一声然后死去，活人听了都汗毛倒竖起来。活着的人刮下树皮在火上烤干，这就算作

[1]　*JR*, 1666–1667, 50: 249–299.

一顿饭了。他们还吃兽皮，把皮衣煮来吃；包括给小孩子做尿布的河狸皮，尽管小孩子已经“在上面拉过上百回屎了”。在天气回暖之前已经有五百人死去，不久后，表层的雪冻硬了，鹿踏破冻硬的雪便被困住，猎人于是可以走近，拿刀割断它们的喉咙。[1]

在这趟艰辛的旅程过去四年后，福克斯人最终对阿卢埃表示欢迎，把他当作曼尼通，那是一种神灵般的存在。1668 年冬天，塞内卡人袭击了一个福克斯村子，当时战士们都出去打猎了。塞内卡人屠杀了 70 名妇女儿童和几个留在村中的男人，还掳走了三十多名妇女。于是阿卢埃送给福克斯人一些礼物，来抚慰他们遭到易洛魁人攻击后的悲恸。随后他向他们讲解“我们信仰中的主要信条，传播上帝的律法和诫命”。

后来，有个福克斯人私底下告诉阿卢埃，他的祖先来自天堂，并且“他的祖先传道说，只有一位至高无上的上帝，其他神祇皆由他所创造；祖先还向他们保证，自己死后将去天堂，在那里他将获得永生；而在他的葬身之处将再也找不到尸体”。这个福克斯人还说，这事真的发生了，他正在遣散自己的众多妻子，只留下其中一个，并且决心祈祷和顺服上帝。

至于其他福克斯人，阿卢埃写信给他的上级说：“哦，上帝！这些可怜人的所作所为与福音书简直背道而驰，需要多么强大的恩典才能征服他们的心啊！”他们接受了至高无上的神只有一位的说法，但是“论及其余，他们不置一词”。阿卢埃把他们的抗拒归罪于之前来过的“两个做河狸皮生意的商人”，如果这两个法国人“表现得当，我就不必费劲地向这些可怜人展示整个法兰西民族的另一面了”。福克斯人请阿卢埃住在他们附近，教他们向那位“大曼尼通”祈祷。阿卢埃能保护他们免受敌人骚扰，还能够向易洛魁人求情，放回他们的亲属。阿
10 卢埃并未马上同意教福克斯人如何祷告，而是告诉他们要遵从真神：“仅仅依靠真神，他们就能获得自己的所求，并且比那更多。”不过，

[1]　Adams（ed.）, *Radisson*, 131–133.

那天晚上4个迈阿密战士带来了更直接的慰藉：他们给了死者亲属3张易洛魁人的头皮和一条熏黑的手臂。[1]

几天后，阿卢埃来到麦斯科顿人的村子，受到了和佩罗之前一样的待遇。当时麦斯科顿人在请求阿卢埃时，生存的恐惧尽显无遗：

> 黑袍者，你莅临我们中间，多好。垂怜我们吧，你是曼尼通，我们献上我们的烟草。纳杜锡思人（Nadouessious）和易洛魁人吃我们的肉，请你垂怜我们。我们经常生病，我们的孩子垂死挣扎，饥饿是家常便饭。听我说，曼尼通，我献上烟草。请你让土地为我们产出玉米，让河流给我们带来鱼儿；不再让疾病杀死我们，或者让饥荒不再如此折磨我们吧！

黄昏时分，阿卢埃把麦斯科顿人召集起来。他说，自己并非主宰他们生活的曼尼通，他只是曼尼通的造物。他记录道，麦斯科顿人"半懂不懂"，但他们"看上去很高兴学到了关于真神的知识"。[2]

1677年冬末，阿卢埃前往伊利诺伊地区，途经绿湾周边的帕塔瓦米村庄附近。他得知有个接受自己施洗的年轻人被熊杀死了，死状极为恐怖。熊"撕下他的头皮，掏空他的内脏，并肢解其全身"。也就是说，熊所做的就和战士对待敌人的尸体一样。阿卢埃与这个猎人的父母熟识，于是绕道来安慰他们。他与这对父母一同祈祷，并尽其所能安慰悲恸的母亲。

后来，"为了替死者……报仇"，死者的亲友向熊宣战。他们杀了五百多头熊，分给耶稣会士们（Jesuits）一些熊肉和熊皮，他们说，因为"是上帝把熊交付到他们手中，以清偿那位被熊残忍杀死的年轻人"。[3]

---

[1] *JR* 54: 219–227.
[2] *Ibid.*, 229–231.
[3] *JR* 60: 151–153.

二

从这些文化接触、文化变迁的片段中，我们可以窥见一个失序的
11 世界，以及人们如何利用一套新旧混杂的逻辑试图重建秩序。易洛魁人的攻击塑造了阿尔冈昆人的反应。因为阿尔冈昆人与易洛魁人的地理距离在一定程度上与安全感成正比，阿尔冈昆人与另一些易洛魁语族的人群（易洛魁人只是众多说易洛魁语的群体中的一个）的残部向西逃亡；加之易洛魁人有枪，而其对手们一开始并没有枪，所以难民们聚拢来，希望以自身人数的优势抗衡易洛魁人的火力。[1]

这样就形成了难民中心，占据着湖区西部及密西西比河之间南北走向的条状地带。难民西迁是为了躲避易洛魁人的“铁锤”，却又遭遇了苏人的“铁砧”——耶稣会士把苏人比作西边的易洛魁人。难民的侵入惹恼了苏人，结果证明他们不只能够对抗休伦人、佩图安人，还有反对他们的各种阿尔冈昆族群。[2]

难民们蜷缩在一块倒三角形地带，“三角形”的顶点位于伊利诺伊地区的“饥饿岩”（Starved Rock），底边穿过东部的苏圣玛丽、麦基诺和西边的切夸美光之间，绿湾大致位于中心。居住在此三角地带的有说易洛魁语的族群（休伦-佩图安人）和说苏语的族群（温尼贝戈人），不过，为了表述方便，我把此地居民统称为阿尔冈昆人，因为说阿尔冈昆语的族群占主导，包括渥太华人、帕塔瓦米人、福克斯人、索克人（Sauks）、基卡普人（Kickapoos）、迈阿密人、伊利诺伊人等。这个村落集群的核心以东和以南是俄亥俄河和五大湖北岸之间的广大区域，由于易洛魁人的洗劫而空无人烟。高地在地理上分为两块——

[1] 关于这些攻击，见 Trigger, *Children of Aataentisic*, 2: 767–797, 820–821; *JR* 47: 145–149; Lettre du découvreur à un de ses associes, 1679, 29 sept. 1680, 载 Pierre Margry, *Découvertes et établissements des Franqais...de l' Amerique Septentrionale, 1614-1698*, 6 vols.（Paris: Maisonneuve et Cie, 1879, repr., New York, AMS, 1974）, 2: 33。其后引用，见 Margry, *Découvertes*。关于绿湾周边的战争，见 La Potherie, *History*, 1: 293–294, 310。

[2] 关于渥太华人和佩通人逃至密西西比河的情况及其后他们与苏人的战争，见 Perrot, *Memoir* 1: 159–165; Adams（ed.）, *Radisson*, 95–96; *JR* 49: 249; *JR* 50: 279; *JR* 51: 53; *JR* 54: 115。

难民区和无人区，居民最初的凝聚力主要来源于：第一，他们都无家可归；第二，他们有共同的敌人。所以这片区域的意义不仅在于它与外部势力的隔离，也在于上述力量的交互影响。

不同族群如此聚集，对社会结构和环境都产生了影响。原有的地域观念被打破，难民之间很难维持各自的地理边界。族群或地域的区分仍然存在，但现在不同群体居住的村子相互紧挨，甚至此前相互隔 14
绝的群体杂居在一个村子里。这些从易洛魁人扫荡区逃脱，又在战前战后的瘟疫中幸存下来的人们，变成了抬头不见低头见的邻居和亲戚。

比如，17世纪50年代和60年代期间，福克斯人、索克人、麦斯科顿人、帕塔瓦米人、基卡普人、诺奇人、大迈阿密人（Atchatchakangouen，或者说狭义上的迈阿密人）、一些威人和迈阿密联盟下的其他族群成员、渥太华人、避难的佩图安人和休伦人，都涌入了绿湾原先由本地温尼贝戈人和梅诺米尼人（Menominees）占据的土地。由于疾病和与其他民族的战争，梅诺米尼人和温尼贝戈人数量大为减少，因此他们别无选择，不得不接受这些不速之客。最后，甚至有少量伊利诺伊人也居住于此。不同群体不断迁入、迁出，此地人群的实际组成也一直在变动。这块地方变成了族群的大杂烩，往往有好几个群体居住在同一个村落。有的族群即便单独占据一村，通常也紧邻着别的村子。比如17世纪50年代中期在严格意义上的绿湾地区，一个被称为黑貂族的族群和一些佩图安人杂居一村，挨着一个大型的帕塔瓦米人村，旁边还有个梅诺米尼人、温尼贝戈人、诺奇人和附近其他渥太华人杂居的村落。1670年的情况也很类似，耶稣会士发现一个索克人、福克斯人、帕塔瓦米人和温尼贝戈人杂居的村落，附近是两个其他族群的独立村子。更靠近内陆的迈阿密人和麦斯科顿人居住在同一屋檐下，还有好几个外族加入了福克斯人的村庄，使它像巴别塔一样充斥着多个部族、多种方言。如此一来，绿湾之内就不存在与世隔绝的土地了。据耶稣会在17世纪70年代所估算的，这儿住着15000人至20000人，他们起初都是住在绿湾沿岸或距绿湾两三天路程的地方。在伊利诺伊地区的

“饥饿岩”周边，17世纪80年代甚至有更多人口挤在一块空间更为局促的地方。[1]

混杂的族群展现了高地的元素，体现了一种特殊的社会形成机制，但也需要有政治的黏合剂才能够使这些族群凝聚起来。共同的住所加上共同的敌人尚不足以在难民之间创造出社会纽带；实际上，比邻而居加上紧张气氛反而更容易造成冲突。17世纪，西部的阿尔冈昆人经常在狩猎时互相杀戮。有时候，各族人还会认为，最好是出卖其他族群，以转移易洛魁人的威胁，而不是联合起来共同对抗易洛魁联盟。遇到亲人病死，难民们哀痛之余，还要追究原因，于是总会指控这是外族人施行巫术所致。对阿尔冈昆人来说，世上几乎没有偶然事件，绝大多数都是人祸，他们要么归因于别的人类，要么归因于曼尼通——那种与他们共享这片土地的神灵。阿尔冈昆人认为必须要有人为事情负责，如果罪魁祸首是人类，他们便会将这死亡及耻辱铭记在心，伺机报复，或者要求补偿。[2]

法国商人尼古拉斯·佩罗大半生都和阿尔冈昆人一起生活，对他们不同族群之间的仇恨之深、争端之剧有深刻体会。他最后得出结论，认为难民们皆是背信弃义之徒，处心积虑要打垮其他族群——不然就是在算计着如何杀法国人。这个评价也许有点夸张，但这毕竟是一个在西部阿尔冈昆人中生活了四十多年的人做出的结论，他熟知他们，也受到他们的尊敬。佩罗的失望可以理解，他的大部分时间都用来解决数不清的纷争，阻挠各种阴谋诡计，还差点在缓慢燃烧的火刑中送了命——就和当初麦斯科顿人把他当作曼尼通来欢迎而生的火一模一样。他的抱怨尽管有所夸张，但这正表明了这些族群之间积怨甚深的

[1]　关于相互紧邻的杂居村庄，见 *JR* 44: 245–249; *JR* 54: 197; *JR* 55: 199、219。

[2]　关于杀人事件，见 La Potherie, *History*, 1: 310–311; *JR* 58: 49, 55; James Clifton, *The Prairie People: Continuity and Change in Potawatomi Indian Culture*（Lawrence: Regents Press, 1977）: 62–63; Perrot, *Memoir*, 163, 182。关于导致事件的人为原因，见 Irving Hallowell, “Ojibwa Ontology, Behavior, and Worldview”，载 A. Irving Hallowell, *Contribution to Anthropology: Selected Papers of A. Irving Hallowell*（Chicago: University of Chicago Press, 1976）, 381–383; *JR* 57: 233; *JR* 61: 149. La Potherie, *History*, 2: 83。关于曼尼通造成的事件，见 *JR* 56: 125–127。

事实。恰恰因为难民之间的分歧、猜疑、危险和竞争如此根深蒂固，阿尔冈昆人才会试图努力去克服它们。[1]

出于对外来入侵者的惧怕，每个难民群体都试图与陌生人建立联系。阿尔冈昆人行动背后的总体逻辑是：如果难民想要在饥饿、疾病和易洛魁人的攻击中生存下来，就必须把危险的陌生人转变成真实的或象征性的亲戚。过去他们当然也会制造这种联系，但那时空间充足、环境稳定，需求不像现在这么迫切。以前一个群体对陌生人可以选择战斗或远离，但在难民中心内，不管是战是逃都要难得多。

为了创造出真实或隐喻性的亲属关系，阿尔冈昆人既采取熟悉的文化手段，也借用新的做法。通过互惠的惯例，礼物交换开掘出了相互帮助的渠道，通婚产生了亲属关系与义务的纽带。阿尔冈昆人热衷于举行卡柳梅特仪式——一种表示和解的政治仪式，它阻止了复仇之手，促人反思，并建立起象征性的亲属联结。每处难民混杂的地方都 16
发展出了一张紧密的义务网络。久而久之，每一个嫁（娶）了外族人的人，每一根用来吸烟的卡柳梅特，每一份被送出和接受的礼物，都将这些绝望族群之间的联系变得比之前更为紧密。战争、饥荒和疾病是刽子手，消灭了阿尔冈昆人熟悉的旧世界；同时它们又是面目狰狞的接生婆，催生了高地上的新世界。

当我们试图理解这些社会纽带时，通常论述的印第安人的社会单元（有清晰领地、有酋长的部落）就会误导人。这些族群几乎是埃尔曼·瑟维斯（Elman Service）所描述的复合群体的典型例子，“疾病导致人口锐减，加上土著居民遭遇共同的敌人时不再相互敌对，使原本没有交集的族群融合了”。长期以来，族群之间的联系与其说是清晰的政治实体之间的外交纽带，不如说是小得多的社会单元之间的社会联系。[2]

---

[1] Perrot, *Memoir*, 252, 258, 260; La Potherie, *History*, 2: 83.

[2] Elman Service, *Primitive Social Organization: An Evolutionary Perspective*（New York: Random House, 1972）, 97.

必须谨慎地审视关于这些族群的民族志细节。难民们从狩猎群体（比如各种奥吉布瓦群体）到迈阿密人（他们可能一开始就已经接近于酋邦）都有；从结构上来说，他们整个范围包括从东部联盟的残部（比如休伦人、佩图安人）直到相对完整的西部部落，比如福克斯人。除了属于母系继嗣的休伦-佩图安人，和起初似乎缺乏民族组织的奥吉布瓦人和渥太华人，其他族群都是父系继嗣，以外婚制宗族的形式组织起来，并且有举办仪式的功能。这种氏族有时形成若干对的偶族，有时又组织成多个胞族的形式。研究这些部落并将它们规范化的早期民族学家的解释充满了内在矛盾，因为他们企图在一个变动中的世界使之规范化。[1]

可以肯定的是，从社会上和政治上来说，这是一个村落世界。所谓部落、民族、联盟等都只是村落间松散的联盟。一个帕塔瓦米村子和迈阿密村子里权威的性质可能非常不同——至少在起初是这样，但是权威都不可能延伸至村庄之外。高地的状态与之前都极为不同。因而，法国人所说的“民族”以及后来称呼的部落，都只是极其局限性
17 的政治状态。民族有共同的语言、文化和种族认同，但是同一民族的不同村庄未必在同一个地方。不管这些村民原先来自多么不同的故土，但是易洛魁人引发的大流放都使得差异不再重要了。诸多难民族群现在居住在紧邻的村庄中，甚至杂居一村。例如，区分切夸美光是休伦人、佩图安人、渥太华人还是奥吉部瓦人的地盘，这既无足轻重也毫无意义。在没有清晰的民族疆界，也缺乏基础的民族性政治统治的情况下，同属一个民族的村庄，尽管往往居住在不同的难民中心，但能够并且确实采取了一致的政策。相比于切夸美光的渥太华人，绿湾的渥太华人在特定时刻可能与他们的帕塔瓦米邻居有更亲近的关系，也

[1] Charles Callender, “Social Organization of the Central Algonkian Indians” , Milwaukee Public Museum, *Publications in Anthropology 7*（Milwaukee: Milwaukee Public Museum, 1962）: 19–28、34–35、38–41、65、70、82–83.

有更大的共同利益。[1]

既然在超越村庄的层面缺乏政治上的凝聚，各群体就必须在村庄层面产生联结。根据标准的民族学认知，男性对祖先血统的继承是定义一个人在村落中地位的关键因素。例如，存在于福克斯人、索克人、帕塔瓦米人和基卡普人的亲属体系中的结构性原则，被描述为“父系世系的团结和整合”。而且和梅诺米尼人及肖尼人（Shawnee）一样，这些部落包含“由实际的或观念上亲缘的世系组成”的外婚制父系氏族。尽管缺乏足够的证据，但实际上除了说易洛魁语、母系继嗣的休伦-佩图安人之外，高地上几乎所有其他族群都共享这套体系。[2]

尽管他们在观念上非常强调父系继嗣，但现实中却不尽如此。这些族群是父系继嗣，却不是从父居住的；也就是说，一个男人结婚后，他不一定与自己世系的人住在一起。他一般搬到妻子的世系中居住，实际上，这些族群是双边居住的。鉴于部落间非常盛行通婚，此种双边居住就具有非常大的意义。佩罗等法国人观察到，部落间通婚使难民之间有了更大的共同利益。通婚巩固了与外族人的联系，他们可能在战争或饥荒中互相帮助，不过其代价就是父系继嗣的削弱——成年男子离开了自己的父系继嗣、自己的村庄，搬去和他们仅有姻亲关系的村中居住。不过这在难民营里的杂居村庄中就无所谓了，一个男人住在妻子的家族中，仍然可以和自己的村庄保持着紧密联系——后来村庄解体后，这种紧密也随之减弱了。随着村庄的分散，一个男人居 18
住的社区里更多是妻子的亲戚，而不是自己的亲戚。

这个父系社会中还发生了其他惊人的变动：若一个男人在自己群体之外婚娶，生下的孩子们不一定要追随他的氏族认同；除非这位父亲开创了一个新氏族（这种情况偶尔也有），不然通婚所生的孩子们都属于母亲的氏族，由母亲的氏族抚养。在温尼贝戈人、索克人、梅诺

[1] Patricia Albers and Jeanne Kay, “Sharing the Land: A Reevaluation of Native American Territoriality”，未刊稿。

[2] Callender, *Social Organization*, 25–27, 35.

米尼人、福克斯人及帕塔瓦米人中，外甥有极大的义务在战时帮助舅舅。母系氏族抚养孩子，而外甥对舅舅承担义务，二者结合起来，将通婚中的男人的孩子与其母亲的村落联系在一起，而不管他的父系传承。[1]

因此，亲属认同过程的技术性细节与部落认同并未支配难民世界中的政治行动。所有的亲属义务都是依情况而定的，因为它们必须由采用它们的人来运作和维持。每一个阿尔冈昆人出生时，由于他/她的血统，自然都归属于一个父系氏族和一个母系氏族，但是在日常生活中，氏族或世系并非简单有效地由自然的谱系构成。如果一个人住得离他/她的父系氏族很远，分别在不同的难民营，那么他必然无法在日常生活中履行对父系氏族的义务。不过在紧急情况下，这种纽带也会发挥作用，并且亲戚之间会非常愿意互相帮助。人口减少、领地损失、通婚范围扩大以及相邻群体之间创造出各种真实或象征的亲属关系，都极大地改变了实际的父系氏族组织。

在实际生活中，亲属关系作为一种组织原则，可能与真实的血统谱系相去甚远。普遍的收养习俗产生了与出生毫不相关的社会纽带。如果有人收养了一个毫无亲戚关系的人，被收养者就获得了附带的亲属关系——新的母亲、父亲、姐妹和兄弟，同时也保留着原来的父母兄弟。如果这个人是俘虏，收养就会除去俘虏之前的社会身份，并代之以某个去世之人原本的社会身份。这个过程通常很有效果，却很少完整执行。很多俘虏尽管被整合进了一个新的群体，却与旧群体藕断丝连。在另一个层面上，泛部落组织的整合也构成了超越亲属关系的单元。天主教会在这一时期就呈现出跨部落的形式，不过最著名的泛
19 部落组织还是大药师会（the Midewinwin）。高地的大多数村庄都能见

[1]　关于通婚、习俗和关系，见 Perrot, *Memoir*, 69, 188, 270; Callender, *Social Organization*, 23, 26; La Potherie, *History*, 1: 277, 301。弗兰特拉克和渥太华人之间的会议，见 15 Aug. 1682, *NYCD* 9: 176。关于外甥，见 *HBNI* 15: 612。关于氏族，见 *ibid*, 614, 694–695. 又见 Marshall Sahlins, *Tribesmen*（Englewood Cliffs, N. J.: Prentice Hall, 1968）, 54。

到它的集会场所和疗愈仪式。[1]

正如法国人所意识到的，不同部落之间的边界已不再清晰。佩罗在向绿湾的阿尔冈昆人进行的一次演讲时，着重指出难民传统和难民中心普遍的通婚所导致的结果："你们帕塔瓦米人，部落中半数是萨基人（Sakis）；萨基人又有一部分勒纳尔人（Renards）血统；所以你们的堂/表亲和姻亲便是勒纳尔人和萨基人。"类似的，据拉波蒂埃（La Potherie）所说，温尼贝戈人同样主要由被收养者和通婚族群构成。[2]

这种紧密关系可能带来的最极端的政治后果，就是旧族群的消亡和新族群的产生。不同的父系群体——阿米瓜人（Amikwas）和马拉梅戈人（Maramegs）——合并成了奥吉布瓦人的两大分支——齐佩瓦人（或者说西南奥吉布瓦人）和密西沙加人（或者说东南奥吉布瓦人）。在新聚合的村庄之内，原先的不同群体显然变成了一个新的氏族。这个进程直到难民时期结束还没有完成，但它显然从若干前奥吉布瓦群体和索尔托人在苏圣玛丽融合时就已经开始了。[3]

较大族群的残支同样发生了融合。逃至西部的佩图安人或蒂奥农塔蒂人（烟草族）的残部以及小股休伦人融合形成了休伦-佩图安人，不过法国人仍然管他们叫休伦人。这些原本都说易洛魁语，属于母系继嗣的休伦人，在周围说阿尔冈昆语、父系继嗣人群中间保持着相一致的独立性，在此种意义上，他们的融合就是顺理成章的了。在原先两大联盟的诸多残部融汇成一个村庄共同体的过程中，许多部落都消失了。休伦-佩图安人把自身组织分为三个胞族（phratries），其中的

[1] 关于收养，见 Callender, *Social Organization*, 64。关于行为与正式关系之间的联系，见 Ladslav Holy, "Kin Groups: Structural Analysis and the Study of Behavior", *Annual Review of Anthropology*（1976）: 107–131。关于大药师会，见 Harold Hickerson, "The Sociohistorical Significance of Two Chippewa Ceremonials", *American Anthropologist* 65（1963）: 67–85。

[2] 引文见 Perrot, *Memoir*, 270。关于通婚这种纽带，见 La Potherie, *History*, 1: 277。温尼贝戈人的情况见 La Potherie, *History*, 1: 301。法语资料以法语本义来使用"联盟（alliance）"一词，往往将通婚等同于政治结盟。

[3] Harold Hickerson, "The Feast of the Dead among the Seventeenth–Century Algonkians of the Upper Great Lakes", *American Anthropologist* 62（1960）: 81–107.

鹿族（the Deer）和狼族（the Wolf）显然来自佩图安人。原来的休伦人形成了鹿族中的熊家族。第三个胞族是龟族（the Turtle），其起源仍不清楚，且存在争议，但极有可能由隶属于休伦－佩图安人的外族人
20 组成。萨斯塔勒奇——鹿族中的较高等级家族的首领在仪式中使用的名字，是休伦－佩图安人名义上的首脑。[1]

多重关系、社会单位的解散和再造，这些都使难民中心内的社会和政治忠诚网络变得异常复杂。在特定的情境下，若一个人效忠的不同社会群体发生冲突，他很可能就需要做出选择。因此，在历史记录中，由于人们会对其相互冲突的忠诚对象进行有意识的衡量，故而部落、村庄、氏族的简单分类时而成立时而不成立。

法国编年史家拉波蒂埃记录了绿湾帕塔瓦米人的一次争端，说明了这些关系的复杂性。一个法国商人袭击了帕塔瓦米人中红鲤氏族（the Red Carp clan）的头目，导致一场斗殴，当时红鲤氏族的战士把另一个法国人打晕了。不过，这个昏迷的法国人又是“熊家族（或氏族）头目”的好朋友。熊氏族的头目抓起一把斧子，宣称他要为那个法国人战死。熊氏族头目的女儿嫁给了一个索克族头目，索克族头目闻讯召集起他的索克族追随者，跑来加入岳父的阵营。好在法国人康复了，两个群体之间才避免了流血冲突。在这个案例中，氏族身份和婚姻关系胜过了部落归属关系。在高地，由于诸多潜在的忠诚网络，故用部落归属来预测社会行动或政治行动是最不可靠的。[2]

通婚和收养是缔造和平与团结的道路之一，不过在公开的缔结和平的方式中，卡柳梅特更具政治性和仪式性，并且其本身是和平的重

---

[1] 休伦－佩图安人的组织形式存在一些争议，见 Lucien Campeau, *La Mission des Jesuites chez les Hurons, 1639–50*（Montreal: Editions Bellarmin, 1987）, 362–367。又见 *HBNI* 15: 404–405, 及 James Clifton, “The Re–emergent Wyandot: A Study in Ethnogenesis on the Detroit River Borderland, 1747”, The Western District: *Papers from the Western District Conference*, ed. K. G. Pryke and L. L. Kulisek(Essex County Historical Society and Western District Council, 1983）: 7–8, 12–13。又见 Raudot lettres, AN, C11A, v.122（carton 64）, f. 200f. Parolles, 14 juillet 1703, AN, C11A, v.21。部分该文献见于 *NYCD* 9: 752–753。Claude Charles Le Roy, “Sieur de Bacqueville de la Potherie”, Histoire de l’ Amerique septentrionale...（Paris: J–L Nion & F. Didot, 1722, microcard, Lost Cause Press, Louisville, 1967）, 3: 298–299。若想查阅详尽的法文文本而非简略的英文文本，请参考 La Potherie, *Histoire*。

[2] La Potherie, *History*, 1: 319–321.

要象征。“卡柳梅特”这个名字指装饰漂亮的烟管，即佩罗和阿卢埃第一次出现在麦斯科顿人和迈阿密人的村庄时收到的东西。1679年，亨内平（Hennepin）神父这样描述了卡柳梅特这件物品： 21

> 一根很大的烟管，用红、黑或白色的大理石做成，头部精心抛光，管身通常有两英尺半长，用一根特别长的芦苇或植物茎秆做成，装饰着五颜六色的羽毛，夹杂一束束妇女的头发。他们在上面绑了两只他们所能找到的最奇特的鸟的翅膀，这让卡柳梅特不那么像墨丘利的手杖，或是大使们正装出席象征和平的宴请时带上的那种东西。他们用潜鸟颈部的羽毛或另一种在树上做窝的鸭子的毛装饰芦苇做成管身……不过，每个民族都选用符合他们自身精神气质、在自己居住的地方能够找到的鸟来装饰。[1]

有一种烟管代表和平，另一种代表战争，其他的烟管也各有用途，以羽毛颜色来区分。根据早期传教士格拉维耶（Gravier）神父的说法，卡柳梅特是“决定和平与战争的上帝，生与死的裁决者。只需带上它、出示它，一个人就能安全地走过激烈交战的敌人中间，他们会放下武器”。同样，亨内平称：“在送出它的民族及其盟友中，它相当于通行证。”佩罗经常使用卡柳梅特，他写道，它能够使印第安人服从，印第安人会为持有卡柳梅特的人举行仪式，并通过“歌唱”向其表达敬意。它能使战士停止战前的吟唱，阻止他们的复仇。当卡柳梅特被献给另一个人并且对方也接受时，它就止息了敌意，谈判的大门也随之打开。[2]

---

[1] Reuben Gold Thwaites（ed.）, *Father Louis Hennepin's A New Discovery of a Vast Country in America*（facsimile ed., Toronto: Coles, 1974 repr. of 1903 ed.）, 125.

[2] 格拉维耶的引文见 *JR* 63: 123。亦见 Perrot, *Memoir*, 185; *JR* 65: 123–125; Reuben Gold Thwaites（ed.）, New Voyage to North America by the Baron de Lahontan, 2 vols.（Chicago: A. C. McClurg, 1905）, 1: 75–76。

卡柳梅特仪式源于密西西比河另一边的波尼人（Pawnees），他们号称从太阳那儿得到了它。它传到苏人中，又传到伊利诺伊人中，直到17世纪中期被五大湖区的民族采用。法国人同样会使用它，最终，易洛魁人也会在鹰之舞（Eagle Dance）中使用它。[1]

卡柳梅特仪式的重要性怎么强调也不为过。它形成了一部分本区域内关于和平、结盟、交换以及自由迁徙的意识框架。卡柳梅特能够阻止战士战斗，达成休战，并让这期间的谈判得以进行；当谈判成功
22 后，完整的卡柳梅特仪式使和平得到确认，并在敬献卡柳梅特的双方中形成假想的亲属关系。这些人就有维持和平的责任。[2]

据佩罗所说，违背卡柳梅特是不可饶恕的罪行。不过，佩罗也承认自己见过违背卡柳梅特的情形。实际上，卡柳梅特在已经缔结盟约的群体之间解决争端更加有效——在本书聚焦于反抗苏人和易洛魁人的联盟，而在该联盟外，卡柳梅特则效果不佳。这不能怪苏人，他们比任何别的群体都更加认真对待卡柳梅特的权威性，但阿尔冈昆人曾经背弃了苏人的信任。大约在1669年某个时候，西纳格渥太华人（Sinago Ottawas）杀死并吃掉了苏人派去的使者。这场战斗是他们的头目斯纳格允许的，而苏人曾经与其举行过卡柳梅特的赞美仪式。斯纳格在休伦–佩图安人的施压下背弃了卡柳梅特，因为他们是渥太华人长期的盟友。此处盟友胜过了卡柳梅特，但是对苏人来说，当他们打败渥太华人、俘虏斯纳格并将他处以恐怖的死刑时，卡柳梅特烟斗的权威得到了维护。[3]

不过，在与易洛魁人的关系中，却是西部阿尔冈昆人对卡柳梅特给予了更多尊敬。勒内–罗贝尔·卡弗利耶，西厄尔·德·拉萨莱

[1] Perrot, Memoir, 186; Clifton, *Prairie People*, 124; William Fenton, "The Iroquois Eagle Dance: An Offshoot of the Calumet Dance", *Bureau of American Ethnology Bulletin* 56（Washington D. C. : Government Printing Office, 1953）.

[2] Perrot, *Memoir*, 186; Donald Blakeslee, "The Calumet Ceremony and the Origin of Fur Trade Rituals", *Western Canadian Journal of Anthropology* 7（1977）: 81–82. 亦见 Alice C. Fletcher, "The Hako: A Pawnee Ceremony", *Twenty-Second Annual Report of the Bureau of American Ethnology to the Secretary of the Smithsonian Institution, 1900–1901*（Washington, D. C. : Government Printing Office, 1904）, pt. 2。

[3] Perrot, *Memoir*, 186–190.

（René–Robert Cavelier，Sieur de La Salle）称，直到1680年，卡柳梅特都是伊利诺伊地区中止战争的惯常手段。较弱的一方带上卡柳梅特，并送礼物给“征服者”，防止了仇杀升级成为旷日持久的战争。但是，这对易洛魁人并不奏效，他们就算收了和平烟斗仍会继续攻击。[1]

通婚、礼物交换以及卡柳梅特之类的仪式对生活在同一个难民中心内的各族群最为有效，其效力随着距离递增而减弱。但它们确实也将不同的难民中心联结起来。比如，切夸美光的渥太华人就靠和绿湾族群的亲属关系而获得援助，以对抗苏人；伊利诺伊人还和远至麦基诺的族群通婚。然而，最终联合起各大难民中心的重担并没有落在阿尔冈昆人的肩上，而是由法国人完成的。[2] 23

三

法国人一开始追随逃亡的休伦人和渥太华人到达西部，他们并未有意识地想要将难民们团结起来。耶稣会士前来寻找被易洛魁人驱散的早期改宗者，以及寻找新的待拯救的灵魂；商人则为了毛皮而来。在这一过程中，他们也不知不觉地成为区域性的阿尔冈昆联盟调停者。

毛皮贸易和传教活动使得难民中心更具吸引力。法国人有炫目的小玩意、简易要塞、枪支，还有强大的萨满——黑袍的耶稣会士，他们在若干难民村落中变成了强有力的角色。不过法国人的活动需要放置于更大的背景之中，传教与要塞并不是吸引印第安人聚拢的磁铁。传教并没有吸引印第安人，而是印第安人吸引传教士来到已有的村落。

[1] Lettre du découvreur à un de ses associes, 29 sept. 1680, and Lettre de Cavelier de La Salle, automne de 1681, in Margry, *Découvertes*, 2: 33, 141–142, 145; “Narrative of...Occurrences...1695, 1696”, in NYCD 9: 644.

[2] Perrot, *Memoir*, 188, 270; La Potherie, *History*, 1: 277, 301; Conference between Frontenac and the Ottawas, Aug. 15, 1682, *NYCD* 9: 176.

有时传教活动确实先于印第安聚落的形成，但那明显是传教士参与了印第安人的迁徙。例如，17世纪60年代晚期，在印第安人移民至苏圣玛丽之前，已有耶稣会传教活动在此进行，但这是因为耶稣会士知道这里曾经是一个古村落，在此处捕鱼十分方便。由于与苏人重新开战、与易洛魁人之间的暂时和平，这个地方又有了人气，因为不管是和基威诺（Keweenaw）还是切夸美光相比，它都离苏人更远。耶稣会的传教活动至多具有次要的吸引力。要是说这次传教或之后在麦基诺兴建的要塞和布道所促使印第安人在这一区域定居，就好比说人们去机场是被宗教狂热分子招揽的，只不过恰好赶了个飞机一样。[1]

24 布道所和要塞可以巩固人口的聚集，却不能维持它。耶稣会士费尽心机想让印第安人停留在麦基诺，然而失败了。同样，17世纪80年代中晚期在伊利诺伊地区的“饥饿岩”，拉萨莱确实帮助建成了可容纳18000人至20000人的大型难民中心，但这只是重新安置了之前被易洛魁人毁掉的卡斯卡斯基亚的“大村”难民中心。当易洛魁人施加的压力稍有缓和之后，拉萨莱就无法维持该居住点。内部的紧张状态致使该社区分崩离析，法国人也抛弃了自己的要塞并跟随伊利诺伊人来到皮奥里亚湖（Lake Peoria）。[2]

同样，在难民中心可以获得珍贵的法国商品，这固然增加了它对

---

[1] 关于欧洲人的统治的经典描述，见 Louise Kellogg, *The French Regime in Wisconsin and the Northwest*（Madison: State Historical Society of Wisconsin, 1935）, 137–138。另外，较晚的学者们持有的观点也大体类似，见 *HBNI* 603–604。Harold Hickerson, “Fur Trade Colonialism and the North American Indians”, *Journal of Ethnic Studies 1*（1973）: 21–31.
17 世纪 60 年代苏圣玛丽作夏季渔场的情况见 *JR* 50: 266。到 1669 年，此地已有两千人，还建起了一个耶稣会布道所，但并不清楚这儿是一直有人居住还是只在夏季捕鱼时才有人，*JR* 52: 213。夸大法国人作用的描述见 *HBNI* 603。耶稣会意识到传教并非印第安人定居某地的原因，见 *JR* 55: 161; *JR* 56: 115–117。

[2] 关于“饥饿岩”，见 Le Clercq Memoir, 载 Isaac J. Cox, *The Journeys of Robert Cavelier de La Salle*, 2 vols.（New York: A. S. Barnes, 1905）, 2: 155; “Recit de Nicolas de La Salle. 1682”, Margry, *Découvertes*, 1: 570; “De La Salle arrive aux Illinois, c. 1682”, Margry, *Découvertes*, 2: 175–176; “Lettre de Caveier de La Salle, 22 aout a l’ automne de 1681”, Margry, *Découvertes*, 2: 149–158; Feuille détaché, n.d., *ibid.*, 2: 201–202. “La Salle à M. de la Barre, nov.1683”, *ibid.*, 2: 314, 317–318.Tonty à M.Cabart de Villermont, 24 aoust 1686, *ibid*, 3: 559; “Voyage of St.Cosme” 载 Kellogg（ed.）, *Narratives*, 350。关于 17 世纪 80 年代至 90 年代在伊利诺伊地区的行动，见 Emily J. Blasingham, “The Depopulation of the Illinois Indians,” *Ethnohistory* 3（Summer 1986）: 198–201. 关于法国人后来又想重新定居的情况，见 Narrative of...Occurrences, 1694, 1695, *NYCD* 9: 623。

阿尔冈昆人的吸引力，但这些商品并没能改变阿尔冈昆人对毛皮贸易的态度。法国人发现，不管难民有多想要他们的货物，阿尔冈昆人最迫切的需求仍然是食品和安全。当法国商品能帮助难民满足这两方面需要时，他们就会极度渴求这些商品；如若不然，难民们对商品的需求就会大大降低。只有在不受易洛魁人威胁、食物又充足的年代，阿尔冈昆人才可能为了贸易而捕捉河狸，并艰难跋涉运到蒙特利尔。而在17世纪50年代和60年代，阿尔冈昆人首先看重安全、防卫，一再无视法国人扩大贸易规模的要求。正如拉波蒂埃（La Potherie）抱怨17世纪60年代晚期生活在绿湾周围的族群那样："野蛮人为了填饱肚子，他们宁愿花精力捕猎那些能够供家人吃的野兽，也不肯寻找市场上供应不足的河狸。"

法国人敦促印第安人到蒙特利尔购买铁制武器和枪支，以打败敌人。易洛魁人在渥太华河（Ottawa River）边虎视眈眈，更为先进的武器则有着显而易见的优势，印第安人在武器和战争之间徘徊不定。结果，在17世纪50年代到60年代里，印第安人照旧止步不前。即使在17世纪60年代晚期和70年代早期，各族群与易洛魁人已经处于和平状态，毛皮贸易也已经稳固建立，各族群还是把自卫看作头等大事。1675年，帕塔瓦米族老人阻止年轻人出去贸易和打猎，要他们留在家 25
抵抗苏人。[1]

为了解决这种顾虑，个别法国商人很快发现，最有效的策略便是，宣称只要参与贸易就有可能打赢和易洛魁人、苏人的战争，但凡有任何一个族群不肯继续做生意，法国人便会去找别的盟友和顾客。这种威胁当然使阿尔冈昆人更积极地捕猎和贩卖河狸，但也促使法国人明确保证要帮助他们。17世纪70年代的贸易之旅也就兼具外交使命，可以巩固参与贸易的印第安人和法国人之间的同盟关系。于是，对法国

[1] 引文见 La Potherie, *History*, 336–337。印第安人害怕出门做生意的情况见 La Potherie, *History*, 371–372, and Adams（ed.）, *Radisson*, 99–100。帕塔瓦米老人拘住年轻人的事见 *JR* 59: 165。麦斯科顿人担心捕猎不到足够的食物，见 La Potherie, *History*, 372。

人和印第安人双方来说，贸易和结盟这两件事都变得不可分割了。[1]

不过，在 17 世纪 60 年代和 70 年代，成立一个法国人领导下的泛阿尔冈昆联盟还是太早了，实际上只有若干小联盟存在。最早在 1671 年，就有人提出成立一个更大的地区联盟的想法，行政长官塔隆（Talon）希望由法国人来调停印第安人之间的所有争端，但没人同意这个雄心勃勃的想法，也不知如何实施。虽然法国人在西部很强大，但其早期地位除了建立在现实的物质力量上，还有赖于阿尔冈昆人对他们的误解。[2]

阿尔冈昆人把 17 世纪 50 年代和 60 年代最早来到密歇根湖和密西西比河地区的法国人视为曼尼通。曼尼通用作名词时指一种超人类的存在，这种精神性的存在可以化为各种各样的物质形式。不过，阿尔冈昆人在和佩罗或阿卢埃打招呼时，似乎更加谨慎地把曼尼通一词用作形容词，因为他们是陌生而有威力的，其真正的能力还没有显现出来。而渥太华人、休伦人和佩图安人则知道法国人的能力有限，就倾向于
26 严苛地对待首批传教士。他们嫌弃阿卢埃既不会划船，在陆地上也不会干活。不过，更偏西的族群则将耶稣会士当作有威力的人，恭恭敬敬地对待他们和早期欧洲商人。佩罗来到帕塔瓦米人中时，他们说：“汝乃大神之一，盖汝使铁器，治理保卫万民。赞美太阳，造汝降汝来此土。”[3]

阿尔冈昆人期望从这些有威力的人那儿获得好处，但他们显然不只是想获得商品。耶稣会士意识到了这一点，比如说，他们经常获邀

[1] 法国人的观点见 Adams（ed.）, *Radisson*, 98–100; La Potherie, *History*, 337; Lettre du decouvreur à un de ses associes, 1679–1729 septembre 1680, Margry, *Découvertes*, 2: 39; W. J. Eccles, “The Fur Trade and Eighteenth–Century Imperialism”, *William and Mary Quarterly* 40（July 1983）: 341–362。贸易和结盟的联系引发了一些争论，双方主要观点见 Abraham Rotstein, “Trade and Politics: An Institutional Approach”, *Western Canadian Journal of Anthropology* 8（1972）: 1–28。亚瑟·雷（Arthur Ray）和唐纳德·弗里曼（Donald Freeman）在哈得孙湾没有发现这种联系，但这解决不了什么问题，因为这一带的族群以打猎和采集为生，而不是更靠南边的定居农业族群。Arthur J. Ray and Donald Freeman, *Give Us Good Measure: An Economic Analysis of Relations Between the Indians and the Hudson's Bay Company Before 1763*（Toronto: University of Toronto Press, 1978）, 6, 232.

[2] Talon au roi, 2 nov. 1671. AN, C11A, v.3, f.159–160.

[3] La Potherie, *History* 1: 309. *JR* 54: 219, 229; Perrot, *Memoir*, 37, 332; Adams（ed.）, *Radisson*, 128, 130; *JR* 55: 203–205, 217. *JR* 50: 255–257, 303–305.

赴宴，阿尔冈昆人“并不是为了宴会，而是想通过我们获取点什么，要么是治病，要么是保佑他们狩猎成功、战争获胜”。阿尔冈昆人想被法国人保护，并在战时得到帮助，还希望法国人为他们治病，以及持续供应物资。一言以蔽之，他们想要的远超出法国传教士或商人能给予的。[1]

为了摆脱这种困境，神父们否认自己是曼尼通，说自己只是生命之主基督派出的使者。神父们设法强调基督教具有变革性的方面，但是在对抗本土信仰以争取阿尔冈昆人改宗基督教的过程中，他们常常策略性地接受本土的文化预设。耶稣会士揶揄曼尼通，但他们也是用阿尔冈昆人的词汇进行描述。一般他们并不挑战阿尔冈昆人关于鱼或猎物为何出现或没有出现的说法，而是说，这并非曼尼通而是基督的功绩。战争获胜，打猎成功，掉进冰里又活着出来，全都是基督权柄的证明。虽然耶稣会士在此类关于事件原因的辩论中获胜，但这对阿尔冈昆人来说无非意味着过去在宴会上献给曼尼通的动物脑袋改为献给耶稣了，公共祭品也改献给十字架和基督教的上帝，即“大曼尼通”。与其说印第安人改宗了基督教，不如说基督被改造成了曼尼通。正如索克人中一个头目对阿卢埃神父说：“我们毫不关心是魔鬼还是上帝给了我们食物。我们有时梦见这个，有时梦见那个，不管什么东西在睡梦中出现，我们就相信那是我们应当设宴献祭的曼尼通，因为是他给我们食物，是他保佑我们顺利地捕鱼、打猎和做所有事情。”[2]

起初印第安人对法国人及其上帝的评价非常务实。不出所料，随 27

[1] *JR* 55: 03.

[2] 关于传教的较新著述强调传教士改变了印第安文化，但这些作者着重指出，这些族群的生活必须是已经被白人严重破坏了的，才能够使传教士改变印第安文化；白人的统治是个先决条件，而非结果。见 Neil Salisbury, “Red Puritans: The Praying Indians of Massachusetts Bay and John Eliot” , *William and Mary Quarterly 31*（*1974*）: 27–54; Robert Conkling, “Legitimacy and Conversion in Social Change: The Case of French Missionaries and the Northeastern Algonkian” , *Ethnohistory* 21（1974）: 1–24, James P. Ronda, “We are Well as We Are: An Indian Critique of Seventeenth–Century Christian Missions”, *William and Mary Quarterly 4*（*1977*）: 66–82。传教士是生命之主的使者，见 *JR* 55: 201。法国人否认自己是曼尼通，见 *La Potherie*, *History 309–310*, *JR* 54: 231。宣扬基督保佑，见 *JR* 57: 209, 223, 231–233, 261, 289; *JR* 55: 123–31; *JR* 60: 151; *JR* 58: 61; *JR* 61: 149; *JR* 56: 145。将宴会和祭品献给基督而不是曼尼通，见 *JR* 57: 23, 287–291; *JR* 58: 63; *“Jolliet and Marquette, ”* 233–234。该索克人的话见 *JR* 57: 283。

着法国人并没能给予许诺过的一切，阿尔冈昆人开始重新评价法国人的能力。例如，耶稣会士宣称是上帝而非米斯蒂佩（Mitsipe）曼尼通（伟大的水精灵）或太阳，带来了春天的鲟鱼。或许在某一季里祷告刚好使鲟鱼丰产，但是把基督的威力押在一种大鱼的生殖习惯上，这就难以让耶稣会在此地长盛不衰。当鱼的数量减少，基督便也失败了。基督仍然是一个强大的曼尼通，但印第安人只在他能够稳定起作用时才会求助于他。同样的，耶稣会士也从神灵的地位降格，至多算厉害的萨满；最坏的情况是，印第安人把他们当作危险的巫师。最终耶稣会士将会深深改变某些阿尔冈昆人的世界观，但对其他人来说，只不过是现存的宗教可以轻松容纳这些神父及其上帝罢了。[1]

其他法国人的地位比耶稣会士跌落得更厉害，因为商人们在满足阿尔冈昆人的期待这件事上失败得更为迅速和严重。1686年，尼古拉·佩罗给了绿湾的方济各·格扎维埃（Saint François-Xavier）布道所一枚银质太阳，那明亮的太阳上有一个十字架，意在让人记起"太阳王"路易十四（Louis XIV）的荣耀。但是，在阿尔冈昆人看来，这件装饰物更让人想起他们最初接待佩罗的情形，把他当作太阳本身的使者，而不是太阳王的使者。到17世纪80年代，这种地位就只在记忆中存在了。法国人表现得并不像曼尼通，他们毕竟不是来向阿尔冈昆人提供庇护与帮助的强大且富有的生物。法国人不仅贪婪，往往还十分脆弱，对陈旧油腻的河狸皮袍子有着无法餍足的欲望。据佩罗描述，印第安人一开始把法国人当作厉害的恩人，后来则"把法兰西民族视作卑贱的仆人、天底下最惨的人"。[2]

---

[1] 关于鲟鱼，见 *JR* 57: 287–289, 293; *JR* 58: 275。耶稣会宣扬改宗，见 *JR* 61: 69, 71, 103, 153–154, 131; *JR* 57: 233。有人怀疑这些改宗天主教者到底有多虔诚，见 *"Journey of Dollier and Galinee,"* Milo Quaife（ed.）, *The Western Country in the Seventeenth Century: The Memoirs of Lanothe Cadillac and Pierre Liette*（Chicago: Lakeside Press, 1917）, 206。*JR* 59: 229.

[2] 关于那枚太阳，见 facing page, *JR* 65。佩罗的引文见 Perrot, *Memoir*, 63–64。亦见 La Potherie, *History*, 319, 333; *JR* 54: 225; *JR* 55: 185–187; Thwaites(ed.), *Hennepin's A New Discovery*, 82; "Duchesneau to de Seignelay, 10 Nov.1679" , *NYCD* 9: 133, "Duchesneau' s Memoir on the Western Indians, Sept.13, 1681" , *NYCD* 9: 161–162; Perrot, *Memoir*, 263–264; "Denonville à M.de Seignelay, aoust 1688" , AN, IIA, v.10。

一旦法国人不再是曼尼通了，在印第安人眼里，他们就仅仅是富 28
有、强壮、傲慢并且好辩的陌生人，必要时可与之妥协，有时甚至会对其直接劫掠。他们一直也没有将阿尔冈昆人团结起来，这几乎是不可能的任务，实际上他们自己比任何一个单独的阿尔冈昆部族都更为分裂且暴躁。毕竟，法国人是怀着相互冲突的目标来到西部的。拯救灵魂、搜集毛皮、召集盟友共同抵抗易洛魁人，这些目标并不那么容易调和。譬如，非法游商——置法国人的努力于不顾的非法商人——难以从西部清除掉，这些非法商人曾经分裂了抵抗易洛魁人的迈阿密作战团体，告诉他们假消息，说昂提奥也就是法国总督希望他们改去捕猎河狸。[1]

即便粗略检视一下耶稣会布道所对合法商人与非法游商的指控、总督对耶稣会士的指控、蒙特利尔商人对总督的指控以及不同商业派别之间互相指控，也能发现法国人彼此间存在深深的怀疑。像拉萨莱这样想在高地开创自己的毛皮贸易帝国的人，按理说应该比阿尔冈昆人更能接受事情往往存在运气、偶然的成分这一现实，但他其实更喜欢去调查每次灾祸背后的恶毒阴谋。他怀疑耶稣会士煽动易洛魁人与伊利诺伊人为敌，就是为了毁掉他；他认为商业对手可能曾策划弄沉他的船的悲剧——那艘船在密歇根湖上消失得无影无踪；对手还热衷于挖他的人，似乎每次撤退时他都会被手下抛弃。拉萨莱的支持者认为，易洛魁人劫掠法国人是奉了加拿大总督拉巴尔（La Barre）之命。可见，有时法国人中的族群差异和文化分歧似乎比难民们更为显著。1678年，亨内平神父感到纳闷，跟随拉萨莱西去的是一群“利益不同、气质各异”的意大利人、诺曼人（Normans）、佛兰芒人（Flemings）和法兰西人组成的乌合之众，怎么能指望他们合作呢？显然不能。其中大部分人一遇到困难便离开了拉萨莱。这种情况下很难形成前后一致的政策，而法国人在惩戒非法商人上的无能为力只是其最明显的一

[1] 关于战争团体分裂，见 La Potherie, *History*, 2: 97。

个表现罢了。[1]

29 如果不是易洛魁人再次迫使高地族群（法国人和印第安人都包括在内）进一步走向联合的话，可能阿尔冈昆人与法国人之间的政治凝聚性永远无法超出单个的难民地的层面。早在1667年，法国人就已与易洛魁人达成和平，而在17世纪60年代末及70年代，这种和平好不容易延伸到西部广大地区——因为当时易洛魁人正在应付其他的战争。但是，易洛魁人与宾夕法尼亚的萨斯奎哈纳人（Susquehannas）之间战事的结束，以及后者重回易洛魁亚居住，这两个因素都使易洛魁人变得更加强大，使易洛魁联盟再次把目光转向西部。1680年，他们袭击了伊利诺伊人，发动第二阶段的易洛魁战争，摧毁了卡斯卡斯基亚的“大村”，新的战事即将席卷整个高地。[2]

这些袭击让难民中心和魁北克方面都产生了危机感。在易洛魁人压力稍缓的年代，阿尔冈昆人之间又恢复了争斗，福克斯人得罪了绿湾大部分族群。迈阿密人与易洛魁人密谋摧毁伊利诺伊人，结果他们自己倒被易洛魁人出卖了，易洛魁人在成功袭击卡斯卡斯基亚的“大村”后，又袭击了迈阿密人。在塞内卡酋长安南黑（Annanhae）于麦基诺的基斯卡康的渥太华村子被一个伊利诺伊人谋杀之后，渥太华人

[1] 耶稣会与弗隆特纳克的冲突见 W. J. Eccles, *The Canadian Frontier*（Albuquerque: University of New Mexico Press, 1974）, 126。文官之间的分歧见 “Duchesneau to Seignelay, Nov.10, 1679” , *NYCD* 9: 131。对拉萨莱旅行的谴责见 “Le Clercq Memoir” , 载 Cox, *Journeys of La Salle*, 98, 109–110, 126–127。“Lettre de La Salle au Ft. Frontenac, 22 aoust 1682” , Margry, *Découvertes*, 2: 214–220, “Lettre de Cavelier de La Salle à un de ses amis, Oct. 1682” , *ibid.*, 2: 295–301 和 Extrait du mémoire（1682）, *ibid.*, 2: 347–348; “De la Barre à Colbert, 14 nov.1682” , Margry, *Découvertes*, 2: 303–304. “La Salle à M.de la Barre, 2 avril 1683” , Margry, Découvertes, 2: 320–331, Lettre de Cavalier de La Salle（1681）, *ibid.*, 2: 116, 121, and “Lettre de Cavalier de La Salle, 22 aoust 1680–automne 1681” , *ibid.*, 2: 145–147. 关于亨内平的引文，见 Thwaites（ed.）, Hennepin' s A New Discovery, 73. Mémoire...1687, Margry, *Découvertes*, 2: 346–347; Relation des découvertes and des voyages, 1679–1681, Margry, *ibid.*, 1: 504–513。

[2] 关于易洛魁人，见 Jennings, *Ambiguous Empire*, 137–140, 155–156。Chrétien Le Clercq, *The First Establishment of the Faith in New France*, 2 vols.（New York: J. G. Shea, 1881）, 139–145; Relation du voyage de Cavelier de La Salle, du 22 Aout 1680 a l' automne de 1681, Margry, *Découvertes*, 2: 128–135. Duchesneau' s Memoir on Western Indians, Sept.13, 1681, *NYCD* 9: 163–164. De la Barre au Ministre, n.d.（1682）, AN, C11A, v.6, f.60–61; “Enjairan to de la Barre, Aug. 26, 1683” , *WHC* 16: 110–113. 易洛魁人想与法国人保持和平，声称自己并不希望西部爆发战争，但若发生战争他们会自卫。Conference de M. de Frontenac avec un deputation des Iroquois, 11 sept. 1682, AN, C11A, v.6, f.14.

与他们在麦基诺的盟友并没有帮助遭遇易洛魁人袭击的受害者，而是极力与易洛魁人和解以逃避新的战事。阿尔冈昆人内部虽然存在分歧，但他们都同样与法国人不和，法国商人深深触怒了阿尔冈昆猎人，以致贸易中总是伴随着谋杀。[1]

因此渥太华人和伊利诺伊人迫切需要法国人的援助，但他们又极不信任法国人。1681年，渥太华人可怜地祈求法国人保护，用他们 30
的话说，如果没有法国人的保护，他们认为自己早就已经死掉了，但他们并不确定是否有些法国人在和易洛魁人合谋消灭他们。高地上谣言四起，而且法国人和印第安人都认为，是几小撮法国人煽动了易洛魁人的进攻。拉萨莱的上司亨利·德·通泰（Henry de Tonti），确实在易洛魁人攻打伊利诺伊人时受伤了，但拉萨莱及其他人也普遍相信是耶稣会士纵容了易洛魁人的攻击。在魁北克，总督弗隆特纳克（Frontenac）含糊其词，他打算与易洛魁人维持和平，同时许诺提供给阿尔冈昆人新的保护——但他对此并没有采取什么实际行动。[2]

魁北克和蒙特利尔的法国官员收到来自西部的援助请求，并犹豫该做何选择。他们逐渐认识到有必要团结阿尔冈昆人成立法国人－印第安人的联合同盟，以打败易洛魁人。法国战略家们推断，如果伊利诺伊人战败，绿湾和渥太华人也会紧随其后遭到陷落；毛皮贸易就会随之落空；加拿大将陷于孤立，且容易遭受易

[1] 关于迈阿密人，见 Le Clercq, *First Establishment of the Faith*, 139; “La Salle, Relations des découvertes” , Margry, *Découvertes*, 1: 525–529。关于拉萨莱最初希望中立，见 Relation des découvertes, Margry, *ibid.*, 1: 502–503; 渥太华人的情况见 “Duchesneau’ s Memoir on Western Indians, Sept.13, 1681” , *NYCD* 9: 163–164; 福克斯人的情况见 La Durantaye, 22 avril 1684, AN, C11A, v. 6, f. 521; 关于谋杀事件见下一章。

[2] 通泰的做法见 Tonty Memoir, 载 Cox, *Journeys of La Salle*, 1: 8–13。关于弗隆特纳克维持和平的举措，见 Discours de M. de Frontenac au deputé de Iroquois, 12 sept. 1682, AN, C11A, v. 6, f. 46. *JR* 62: 151–155; lettre à M. de la Barre, 14 aoust 1684, AN, C11A, v. 6, f. 293–294, Enjairan à M. La Barre, 7 mai 1684, AN, C11A, v.6; 送给昂提奥的礼物，见 5 Sept. 1684, *DHNY* 1: 119。拉萨莱对阿卢埃及其他耶稣会士的指责见 Lettre de La Salle au Ft. Frontenac, 22 aoust 1682, Margry, *Découvertes*, 2: 214–220, “Lettre de Cavelier de La Salle à un de ses amis, oct.1682” , *ibid.*, 2: 295–301, and Extrait du mémoire（1682）, *ibid.*, 2: 347–348。

洛魁人攻击，而英国（法国人认为是他们在赞助易洛魁人）将控制北美大陆。[1]

在这些讨论中，法国人之间的分歧并没有消失，但在西部活跃分子、魁北克和蒙特利尔的政策讨论者以及那些在巴黎监管政策的人之间，浮现出了需要联合西部各部落的共识。他们一致认为，这
31 样的联盟有赖于法国的保护和供给，最重要的是能否调和他们之间的分歧。1681 年，行政长官迪歇纳奥（Duchesneau）建议："使这些人保持团结并认识到他们之间的分歧，这符合我们的利益。尽管这些分歧可能微不足道，但仔细观察就会发现，没有我们从中调解，并在所有事情中担任他们的仲裁者和保护者，纷争是从来不会止息的。"西部的勒克莱尔（Le Clercq）神父（他曾经陪同过拉萨莱）也得出了同样的结论："如果我们要在这些地区站稳脚跟，并在信仰上取得进展，那就绝对有必要使所有这些部落（包括地处偏远的部落）保持和平、团结，以对抗共同的敌人——易洛魁人。"最后，在 1684 年，一位匿名请愿者重申此政策，同时提醒要谨防这一政策被私利所破坏：

> 留意他们的计划、他们之间的分歧，并且不允许任何冲突在没有国王的代理人参与、命令的情况下终结。不应让调解本身奇货可居，致使他们（印第安人）被迫置之不理，从而不求助于我

[1] 拉萨莱的行为鼓励了西部村民结盟，Le Clercq, *First Establishment of Faith*, 156; Relation des découvertes, Margry, *Découvertes*, 1: 525–534。其他官员和拉萨莱（他担忧自己的生意）想与易洛魁人保持和平，Lettre de Cavelier de La Salle à un de ses amis, oct. 1682, *ibid.*, 2: 294–296。"Duchesneau' s Memoir on Western Indians, Sept. 13, 1681" , *NYCD* 9: 164–165; "Conference on Intelligence Received from Iroquois, Mar. 23, 1682" , *NYCD* 9: 171, also JR 62: 157–165. 关于弗隆特纳克决定签署"拉努韦勒保护措施"打击易洛魁人，见 Mémoire...à l' egard des sauvages..., 12 sept. 1682, RAPQ, 1948–1949, 141–142。关于国王下令法国人与盟友保持和平并保卫他们免受易洛魁人攻击，见 king to La Barre, May 10, 1682, Theodore C. Pease and Raymond C. Werner（eds.）, *The French Foundations*, 1680–1693, Collections of the Illinois Historical Library（Springfield 111.: Illinois State Historical Library, 1934）, *IHC* 23: 17。拉巴尔的举措见"Abstract of Letters Received from Canada" , *NYCD* 9: 196–197。他和其他法国官员一样，认为易洛魁人背后有英国人撑腰，De la Barre au ministre, n.d.（1682）, AN, C11A, v. 6, f. 60–61; "M. de la Barre au ministre, nov. 1683" , Margry, *Découvertes*, 2: 331。

们就自行达成妥协。[1]

即使当在魁北克的法国人还在辩论是否应当联合西部的部落时，西部的法国人——他们比起魁北克的官员们更加受到易洛魁人的切身威胁——首先踏出了犹豫的步伐来保证这种联盟。为了抵抗易洛魁联盟，他们开始尝试弥补自己和阿尔冈昆人之间、阿尔冈昆各族群之间的裂隙，尽管方法有些笨拙。由于易洛魁战士劫掠西部的法国人，拉萨莱在“饥饿岩”设防驻军，并召集起迈阿密人、伊利诺伊人和肖尼人。迪吕特男爵（Daniel Greysolon Sieur du Lhut）采取了有力行动制止祸害贸易的谋杀行为，并试图调解交战的阿尔冈昆集团。弗隆特纳克的继任者拉巴尔总督驻守麦基诺并为其供应物资。1684 年法国人和阿尔冈昆人在伊利诺伊联合阻止了易洛魁人的攻击，总督拉巴尔也召集了西部战士对易洛魁人发动反攻。奥利弗·莫雷尔·德·杜兰塔耶（Oliver Morel de la Durantaye），法国在西部的统帅，他在麦基诺的巧妙工作有效地保护了战士们。联盟似乎已经实现。[2]

不幸的是，拉巴尔败得很惨。由于法国民兵大量病倒，总督拉巴 32
尔惊慌失措，于是签署了一个尴尬的条约，将伊利诺伊让给易洛魁人，阿尔冈昆人最担心的事好像成真了：法国人懦弱、不可信。为了挽回败局，法国宫廷撤换了拉巴尔，并宣布不承认他签的条约。其继任者雅克－勒内·德布里塞·当翁维尔（Jacques-René de Brisay Denonville）高度重视保护西部盟友和动员他们抵抗易洛魁人。他

[1] 纷争见 Lettre de La Salle au Ft. Frontenac, 22 aoust 1682, Margry, *Découvertes*, 2: 214–220, “Lettre de Cavelier de La Salle à un de ses amis, oct. 1682” , *ibid.*, 2: 295–301 and “Extrait du mémoire（1682）”, *ibid.*, 2: 347–348; “Lettre M. de la Barre à M. Colbert, 14 nov. 1682” , *ibid.*, 2: 303–304。迪歇纳奥的话见 “Duchesneau’ s Memoir on Western Indians, Nov. 13, 1681” , *NYCD* 9: 162。关于勒克莱尔的引言，见 First Establishment of Faith, 156.Mémoire sur quelques...dans la ferme de Canada（1684）, AN, C11A, v.6, f.480。

[2] “Recit de Nicolas De La Salle, 1682” , Margry, *Découvertes*, 1: 570, “Tonti Memoir” in Cox, *Journeys of La Salle*, 1: 31; “M. de la Barre to M. de Seignelay, 4 Nov. 1683” , *NYCD* 9: 202; De Baugy, 24 mars 1684, AN, C11A, v. 6; “Memoir of M. de la Barre, Oct. 1, 1684” , *DHNY* 1: 109–116. 关于杜哈特，见 Thwaites（ed.）, *Lahontan’s Voyages*, 1: 73; “Enjairan to M. de la Barre, 26 aug. 1683” , Margry, *Découvertes*, 5: 3–7。关于杜兰，见 “M. de la Barre to M. de Seignelay, 4 Nov. 1683” , *NYCD* 9: 202。

送给伊利诺伊人及其他盟友枪支作为礼物，不仅在麦基诺和“饥饿岩”建哨所，也在圣约瑟夫（Saint Joseph）、马拉梅克（今卡拉马祖［Kalamazoo］附近）及其他多地建哨所，并于1687年召集起阿尔冈昆人再次反攻易洛魁人。[1]

这一切都只是让盟友们稍稍放心了一点，特别是一直担心法国可能会抛弃他们的渥太华人。易洛魁人嗅到了渥太华人的担忧，在英国人的鼓动下，利用它来诱惑敌人。易洛魁人向渥太华人及休伦－佩图安人保证，如果他们离开法国人，易洛魁联盟将确保他们能与英国人做生意，以更低的价格获得更优质的欧洲商品。即使当翁维尔的进攻重启了法国－易洛魁战争，并在1689年使其成为法国和英国之间的帝国战争的一部分，法国人和西部印第安人（特别是渥太华人和休伦－佩图安人）仍然互不信任，这两个民族多次几乎背弃法国人。印第安人有时是因为受到英国商品的诱惑，另一些时候则是对法国可能出卖他们的合理担忧。法国人曾经抛开盟友单独和易洛魁人进行和谈的行为，使盟友们也倾向于各自谋求和平。[2]

法国－阿尔冈昆联盟有赖于恐惧和诱惑的微妙平衡。易洛魁人的新
33 一波攻击使成立联盟显得尤为迫切，但与易洛魁人的英国盟友进行贸易，这又始终使联盟有解散的危险。法国人谴责他们的盟友一贯不忠、背信弃义、自私自利，这么说也基本上是成立的。特别是对麦基诺的休伦－佩图安人和渥太华人来说，他们总要权衡与法国结盟的替代选

[1] 拉巴尔的失败见 “Presents Made by the Ononotagues to Onontio, 5 Sept. 1684” , *DHNY* 1: 117–119; “De Meulles to Minister, Oct. 10, 1684” , *DHNY* 1: 120–271。宫廷的否认见 Instructions to M. de Denonville, Mar. 10, 1685, *IHC* 23: 68–78; Mémoire: De Denonville, Sept. 8, 1686, AN, F3, Moreau–St. Mery, v.6, f.270–271; Mémoire instructif, AN, F3, Moreau–St. Mery, v.2, f.218。

[2] 对联盟的不满见 “Denonville Memoir Concerning Present State of Canada, Nov. 12, 1685” , *DHNY* 1: 199–200。Instruction to M. Denonville, Mar. 10, 1686, *IHC* 23: 68–78. 同样见 Denonville' s letter to Seignelay and reply, Aug. 20, Sept. 3, Nov. 12, 1685, *NYCD* 9: 274; 起初英国人的威胁及法国人的反应见 Thwaites（ed.）, *Lahontan' s Voyages*, 1: 98–101; Denonville au Ministre, 13 nov. 1685, AN, C11A, v.7, f.105; “Denonville to Seignelay, May 8, 1686” , *NYCD* 9: 287–292, and “Oct. 9, 1686” , *NYCD* 9: 286–303; Denonville to Seignelay, June 8, 1687, *NYCD* 9: 324–325; *ibid.*, Aug. 25, 1687, *NYCD* 9: 336–337; Denonville au Ministre, 15 juillet 1687, AN, C11A, v.9, f.36。休伦－佩图安人搅扰法国人－易洛魁人谈判的举措见 Thwaites（ed.）, *Lahontan' s Voyages*, 1: 220–225; 另见 Mémoire: Chevalier de Callières, 1689, AN, C11A, v. 10。各自缔结和平的情况见 Relation de cequi s' est passé d l' anneé 1694 jusqu' au mois de nov. 1695, AN, F3, Moreau–St. Mery, v.7, f.341。

择：与易洛魁人修好并与英国贸易。只要上述风险性的替代选择仍然存在，法国人就不能获得阿尔冈昆人的忠诚并对他们发号施令。[1]

从成立之时起，联盟并非简单的穷人和破碎的族群寻求分享法国财富和权力的自然结果，相反，它岌岌可危，其存废不仅关系到阿尔冈昆人的生存，对加拿大方面来说也一样重要。联盟的存续不是因为法国人和印第安人之间存在某种神秘的亲和性，也不是因为阿尔冈昆人已陷入必须依赖法国人的地步，而是因为二者已经创造出一个精密的经济、政治、文化和社会的关系网络，以满足特定历史情境下的需求。这些纽带将各个难民中心编织在一起，也将每个中心和法国人编织在一起。整个进程的核心是调解法国与他们不同的盟友之间的冲突，以及调解各个盟友之间的冲突。在17世纪的最后20年，法国人和阿尔冈昆人建立了联盟，它最终依赖于法国人承担这种调解工作的意愿和有效执行的能力。在印第安人理解的联盟中，动员兵力反抗外人只不过是其次要任务。联盟首先要确保的是其成员之间的和平。当然，理论上所有的盟友都会同意对付共同的敌人，但在那之前，所有成员都必须同意互不对抗。正如翁维尔总督所意识到的，“在想要从他们身上获得任何好处之前，绝对有必要调停他们之间的纷争”。因为调解能确保和平，所以调解是维系联盟的核心工作。[2]

四

由于我们习惯性地认为欧洲人的支配地位体现在军事占领和商业优势上，所以很难把调解看作权力的来源，但它确实是种权力。诚然， 34
如果没有把商品作为礼物送给阿尔冈昆人，或者法国军队没有支援阿尔冈昆人抵抗易洛魁人，调解就无从谈起。不过同样真实的是，单靠

[1] 这种情况下的认可和受挫见 Mémoire instructif de l' estat des affaires de la Nouvelle France...Denonville à M. de Seignelay, aoust 1688, AN, C11A, v.10, f.64–70。

[2] Memoir of Denonville, Nov. 12, 1685, *DHNY* 1: 198–199.

贸易或军事力量并不足以将联盟凝聚起来，而是法国人在争吵不休、怀恨在心的盟友之间斡旋和平的能力在维持联盟。但凡在拉波蒂埃的《历史》（*History*）中读到过佩罗等人进行的复杂而危险的谈判，或者了解过亨利·德·通泰或迪吕特男爵的职业生涯，都会意识到这是一项多么艰巨、多么难以取得成就的任务。甚至在1685年，易洛魁人的新一轮攻击迫在眉睫时，通泰也不得不送出价值一千埃居[1]的商品作为礼物，以调解迈阿密人和伊利诺伊人的矛盾。在谋求此种和解时，法国人发现了阿尔冈昆政治体系的一个可供利用的破绽，如同后来的行政长官罗陀（Raudot）注意到的，其组织形式使宣战比维持和平来得更容易。[2]

联盟在1680年遭受易洛魁人攻击后初具规模，并挺过了17世纪80年代和90年代仿佛永无止境的一连串内部危机，联盟构成了打败易洛魁人的基础。有了联盟，阿尔冈昆人不再惊慌失措地挤在几个贫穷的定居点，而是信心满满地扩张起来，夺回了易洛魁人霸占已久的土地。一旦有组织地武装起来，阿尔冈昆人自身就成了加拿大的守护者，他们一直打到易洛魁联盟的老巢。如同后来总督菲利普·德里戈·德沃德勒伊（Philippe de Rigaud de Vaudreuil）在18世纪初强调的那样，正是阿尔冈昆人打败了易洛魁人，易洛魁人最怕的是他们，法国人的安全极大地依赖他们。曾经的难民们完全明白他们的军事胜利意味着什么，并且，如佩罗所说，滋生出"傲慢自大的想法，认为法国人不能没有他们，少了他们帮忙我们在殖民地便无法生存"。[3]

该联盟基于调解而组成，但必须有支持联盟本身的可以称作基础

[1]　法国古货币的一种，法语盾徽的意思。——译者著

[2]　佩罗的情况见 La Potherie, *History*, 1: 309、311, 2: 61–78, 84–85, 111–113。其他人见 Boisguillot à M. de la Barre, 7 mai 1684, AN, C11 A, v.6, f.528; Tonti à M. de Villermont, Margry, *Découvertes*, 3: 559; Raudot lettres, AN, C11A, v. 122（carton 64）f.200ff。

[3]　攻击的例子见"Narrative...of Occurrences, 1697–1698", *NYCD* 9: 680–681; "Narrative...of Occurrences, 1696–1697", *ibid*., 672; "Vaudreuil & Raudot to Minister, Nov.14, 1708", *MPHC* 33: 402; Yves Zoltvany, "New France and the West, 1701–1713", *Canadian Historical Review* 46（1965）: 304。同样见"Tonti à M.de Villermont, 28 mars 1689", Margry, *Découvertes*, 3: 564; *JR* 64: 37。引文见 Perrot, *Memoir*, 262。

设施的东西，才有实行调解的可能。17世纪晚期，这种基础设施包括以下几项：诸多难民中心，大量印第安人集中于此，易于调动；难民中心内部的法国传教士和要塞；和贸易的许可制度和系统，不仅向西部提供货物，而且给予了官员对商人部分的控制权，使得官员们成为 35
潜在的法国使节和外交官。法国人的财富加上阿－法联合的军事力量维持了这些基础设施。此外，法国人识文断字（至少耶稣会士、政府官员和个别商人具备这项能力），加上他们遍布各大难民中心，将各个盟友联系在了一起。法国人可以远程操控事件的进展，让他们在关键时刻能恰当地干预印第安政治，并以印第安人所无法比拟的精确性和保密性协调己方行动。法国人多次利用这套网络阻挠了印第安人的危及联盟稳固的“阴谋”，以及为了共同的事业而将四散的族群召集起来，足见此交流网络的重要作用。[1]

从这个角度来看，是法国人建立了联盟，但换个角度观察却会得出不同结论。联盟的预设是：是调解产生了影响力。而这本是阿尔冈昆人的想法。帕塔瓦米人才是联盟的先驱，实际上是他们让法国人意识到调解是可行的。根据拉波蒂埃的记载，帕塔瓦米人作为调停者的角色让他们成为绿湾最具影响力的族群。

> 老人是审慎、明智、从容的，他们很少承担任何不合时宜的任务。由于他们对待陌生人非常友善，因而受到同样的关怀时他们也会很高兴。他们自我感觉极其良好，认为其他民族不如本民族。他们已经成为湾区部落及邻里间的仲裁者，并竭尽全力维护这方面的声誉。[2]

---

[1] 例子见 Boisguillot à M. de la Barre, 7 mai 1684, AN, C11A, v.6, f.528; M. De la Barre au Ministre, 9 juillet 1684, AN, C11A, v.6, f.284; Denonville à M.de la Durantaye, 6 juin 1686, AN, C11A, v.8, f.51–56; “Tonty Memoir” in Cox, *Journeys of La Salle*, 1: 37–38; Mémoire instructif des mesures que M. Denonville a prises pour la guerre...26 aoust 1686, AN, C11A, v.8, f.98. Thwaites（ed.）, *Lahontan's Voyages*, 1: 149–163. “Denonville to Seignelay” , Jan.1690, *NYCD* 9: 440.

[2] La Potherie, *History*, 1: 302.

17世纪80年代初，不管是易洛魁人的攻击，还是与法国人之间冲突，帕塔瓦米人的应对方式都是尝试强化自己作为调停者的角色，甚至试图调解伊利诺伊人和迈阿密人的矛盾——那时伊利诺伊人和迈阿密人已移居密歇根湖南岸。然而，这么做反而加剧了帕塔瓦米人与法国人、绿湾的耶稣会士和拉萨莱的矛盾，而拉萨莱正在谋求法国人在“饥饿岩”的支配地位；这么做还过度使用了帕塔瓦米人的资源。而且帕塔瓦米人认为是耶稣会士施行巫术导致了瘟疫，作为报复，他们毁
36 坏了耶稣会士的赠礼——法国势力在绿湾的一番展示曾让帕塔瓦米人将领袖地位拱手让给法国人。[1]

最终是法国人而不是帕塔瓦米人领导联盟，阿尔冈昆人认可加拿大的法国总督为联盟首脑。总督拥有“昂提奥”头衔，这是个易洛魁语词汇，意思是“大山”。莫霍克人最先用它代表较早的法国总督夏尔·雅克·德于奥·德·蒙马尼（Charles Jacques de Huault de Montmagny），易洛魁人和阿尔冈昆人都用它来称呼后来所有的法国总督。昂提奥握有实权，但是领导联盟的法国总督并不会被视为征服者。相反，西部印第安人把昂提奥及其治下的法国人看作他们的盟友、保护人、供养者，以及他们之间的调解员。或者用阿尔冈昆人的话来说，昂提奥是他们的“父亲”，因此他们在会议上向他致敬。法国人被当作“父亲”，这在某种意义上是降级了。因为他们原本已经是曼尼通——在亲属关系的隐喻中是祖父的位置，而现在他们在世代阶梯中降了一级。[2]

昂提奥施展权力的方式是通过阿尔冈昆的各种渠道来分配法国的资源，确切地说，是将来自法国社会的商品按照阿尔冈昆社会的

---

[1] “Lettre du Pere Enjairan à M.de la Barre, 26 aoust 1683” , Margry, *Découvertes*, 5: 3-7; Perrot, *Memoir*, 188.

[2] 昂提奥一词的起源见 Eccles, *Canadian Frontier*, p.201, n.15。我要感谢雷·福格尔森（Ray Fogelson）指出此处的世代级别问题。要想厘清阿尔冈昆人用以统领政治及社会关系的复杂隐喻，还有许多有趣的工作需要做。有人在易洛魁人中做了尝试，见 Mary A.Druke, “Linking Arms: The Structure of Iroquois Intertribal Diplomacy”, in *Beyond the Covenant Chain*: *The Iroquois and Their Neighbors in Indian North America*, *1600–1800*, ed. Daniel K.Richter and James H. Merrell（Syracuse: Syracuse University Press, 1987）。

习俗来分配。我们将会看到，“联盟是法国的还是阿尔冈昆的”这样的言论越来越没有意义——它两者都是。正如佩罗指出的，阿尔冈昆人相当慷慨大方，慷慨既是地位和权力的标志，也是获取它们的途径。若少了礼物往来，那么任何请求都没有意义，协议也不具有约束力。用行政长官迪歇纳奥的话说：“这些部落办任何事都不会不送礼，他们用礼物来进一步解释和确认他们的话语。”任何协议的重要性都用伴随它而来的礼物来衡量。法国人恰当地送出商品，这标志着他们的领导地位，也是发挥影响力的途径，这便是法国人所采取的路线。[1]

不过，联盟中的法国代理人——教士、官员和商人——只有在阿
尔冈昆领导人的配合下才能行动。该联盟实质上融合了法国的帝国政 37
治和村庄中的亲缘政治。能够在两种政治中自如行动的人即文献中所说的“领导者”（“chief”可以指各种首领而不只是酋长），既包括法国人也有阿尔冈昆人。法国人往往将任何一个在他自己的社会有影响力的印第安人都称作酋长，所以无法给该词下个可操作的定义，阿尔冈昆社会的酋长职位还没有法国社会的长官多。法国人通常视为酋长的有影响力的男人（有时也有女人）其实是奥卡马（Okama），也就是村子里的民事领袖。在大多数群体里，领袖地位基于宗族和世系，此外还有单独的军事领袖与和平领袖。[2]

因此，联盟领袖通常也是他们自身社会中的领袖。正如昂提奥在作为新法兰西总督时与在联盟中工作拥有完全不同的职责、义务和利益，酋长在其自身社会中的地位也可能不同于其在联盟中的地位。不过，阿尔冈昆村庄领袖与昂提奥及其手下的法国官员不同，他们并非统治者。法国人将领袖地位等同于政治权力，而权力带有强制性，领

[1] Perrot, *Memoir*, 291; 引文见 “Duchesneau’ s Memoir on the Western Indians, Nov.13, 1681” , *NYCD* 9: 161。“Frontenac to Duchesneau” , July 28, 1682, *NYCD* 9: 175, “Lettre de Cavelier de La Salle, 22 aout à l’ automne de 1681” , Margry, *Découvertes*, 2: 150. “Callières au Ministre” , 20 oct. 1699, AN, C11A, v.17, f.7。

[2] *HBNI* 15: 649, 693, 712–713, 732.

袖命令，手下服从。但阿尔冈昆政治与欧洲政治的显著区别是，它不具备强制性。

只在迈阿密人中，才依稀可见拥有法国人所理解的拥有“权力”的领袖。耶稣会士最先谈及此话题，认为迈阿密人的领导者是“该民族的王”。后来迈阿密人中的齐奇卡特洛（Chichikatolo）在法国人看来似乎是等级社会中的一位强大首领。1701 年拉波蒂埃在蒙特利尔见到了齐奇卡特洛，拉波蒂埃记述他有着罗马皇帝一般的派头。当他发号施令时，其族人便响应服从——至少法国人是这么认为的。但齐奇卡特洛是个特例，之后的迈阿密酋长再没有过这样的权力。[1]

通常阿尔冈昆奥卡马的影响力远不及此。比如索尔托酋长齐加贝（Chigabe），还很可能是苏必利尔湖区一个前奥吉布瓦群体的世系头目，他告诉总督弗隆特纳克：“父亲，我们的情况和你们不同。你一声令下，所有法国人都遵命上战场，而我的族人并不会这样听令于我。所以，除了我自己的事、与我切身利益相关的事，其他的我都回答不了。”[2]

除了战争领袖在作战时可以发号施令，通常酋长命令不了其他人。阿尔冈昆人中的确有人拥有权力和影响，但正如皮埃尔·克拉斯特
38 （Pierre Clastres）所主张的，他们的权力中并没有强制因素；欧洲人不了解这种权力。在阿尔冈昆村落社会中，人们认为权力来自外部，是曼尼通将权力赋予某些人，或是赋予族群的祖先们。宗族的力量通常来自祖先的启示，权力在祭祀盒中得到具体的体现，祭祀盒由象征了最初的启示的物品组成。每个祭祀盒都有其对应的仪式。宗族领袖负责这些仪式。村中酋长往往是主要宗族中的高级世系的头目，不过并非总是如此。通常领袖职位并非世袭，即便是世袭的，其候选人也可

[1]　迈阿密酋长的情况见 La Potherie, *History* 2: 330–331。1704 年 7 月 30 日在底特律的谈话见 *MPHC 33*: 192, *JR* 55: 215。关于齐奇卡特洛，见 La Potherie, *Histoire*, 4: 202, 207–208。

[2]　齐加贝的话见 “Narrative of...Occurrences, 1694–1695” , *NYCD* 9: 612。

能并不合适。在这种情况下，就由长老及头面人物们组成的村庄会议选举并任命这一职位。[1]

在许多法国观察者看来，在村子里当酋长似乎是件吃力不讨好的差事。酋长必须对人有求必应。而村庄并非同质化的：它们包含不同的世系、宗族和家庭。酋长有义务出面调解争端，但人们没有义务听从他的建议。酋长和长老们需要慎重考虑本村应该采取的方针，但没人有义务服从他们。酋长责任虽大，但可利用的资源稀少，即便如此，酋长也被公认为是有影响力的人，并与其他人区别开来。[2]

法国人希望将这种非强制性的领导力转化为强制性的领导。一开始阿尔冈昆人把法国人当作曼尼通，他们也正像曼尼通一样从外部带来了权力。酋长需要商品来分配给其他人，也需要有人协助他们保卫村庄，所以他们与法国人结盟是顺理成章的。并且，由于法国人挑选出特定领袖作为法国权力渗入村庄的渠道，他们创造出一种新型的酋长，极其适合做联盟的领导者。

在17、18世纪的法国联盟内，"领导者"一词既用于阿尔冈昆人也用于法国人。对外，联盟领导者们代表独立于外界的社会体系。他们调解盟友之间的争端，并集中联盟的军事力量对抗外敌，不论他在自己的社会中政治地位或社会地位如何。执行这些任务的人都是联盟的领导者，德卢维尼阁下（Sieur de Louvigny）是指挥法国人征伐福克斯 39
人的军官，尼古拉·佩罗则是一个商人，尽管他们在法国社会中的地位差异相当大，在联盟中却一样是领导者。不过，他们作为联盟领导者时实际上失去了法国意义上的权力：发号施令的能力。他们获得了阿尔冈昆人赋予的权力及其义务：调解争端，以及将货物分发给需要

[1] 关于北美、南美酋长政治最迷人、最具启发性的探讨是 Pierre Clastres, *Society Against the State*: *Essays in Political Anthropology*（New York: Zone Books, 1987）; 特别是 7 至 47 页的内容。
克拉斯特认为酋长是群体的代言人，这并非完全适用于阿尔冈昆人的情况。酋长通常雇请特殊的发言人在会议中代替自己发言。同样，在阿尔冈昆人中，一夫多妻制尽管有重要地位，但似乎并不像克拉斯特研究的南美村民中那样具有重要政治意义，不过这又是另一项研究课题了。阿尔冈昆人的情况见 *HBNI* 15: 617–618, 649–650, 661, 732。

[2] 关于酋长作为调解人的讨论见 Clastres, *Society Against the State*, 59–60。

的人。阿尔冈昆人中的联盟领导者也不能够发号施令，他们需要征得他们内部会议的同意。[1]

阿尔冈昆人中的联盟领导者的典型例子是帕塔瓦米人中的奥南吉塞（Onanghisse）。很难说他在帕塔瓦米人中的社会地位到底如何，不过就像法国人中的佩罗一样，奥南吉塞也因为在外人中斡旋调解的能力而扩大了在自己人中的影响力。17世纪80年代初，奥南吉塞曾试图带领帕塔瓦米人与迈阿密人、伊利诺伊人成立一个反法同盟，但随着法国联盟诞生，他顺理成章地成为它的领袖人物之一。他在邻族和法国人之间进行调解，一如他在本族中的调解工作一样，这使他的地位节节攀升。1701年，在终结了易洛魁战争的和平会议中，奥南吉塞做的事极具代表性。索克人曾在苏人中杀害了一名法国人，他代表索克人向法国人商谈赔偿事宜；麦斯科顿人曾抢劫佩罗的货物，还差点把他放在虐囚柱上烧死，现在他们甘受惩罚，奥南吉塞代表他们与法国人交涉。在这场大会中的不同场合，他分别替帕塔瓦米人、福克斯人及温尼贝戈人说话。总之，他是联盟中所有居住在绿湾周围的族
40 群的调解员，他的活动还不只局限于此，甚至涉足伊利诺伊地区。难怪他如此强烈地认同于法国的联盟领导者们，他告诉德·卡利埃（de Callières）总督，佩罗就是他的“身体”，协助他在阿尔冈昆人的土地

[1] 印第安人与法国酋长的关系见“Marest to Vaudreuil, Aug.14, 1706”, *MPHC* 33: 268; “Marest to Vaudreuil, July 2, 1712”, *MPHC* 33: 557; “Speech of Illinois, 1725”, *WHC* 16: 456–457; Narrative of de Boucherville, 1728–1729, *WHC* 17: 40。关于国王作为联盟领导者，见 La Potherie, *History*, 1: 347。关于法语中“chief”的用法，见“Pontchartrain to Vaudreuil, June 9, 1706”, *NYCD* 9: 777; Parolles des Outtauois de Michilmakina...23 juillet 1708; Reponse, AN, C11A, v.28, f.215; Beauharnois & D' Aigremont au Ministre, 1 oct.1728, AN, C11A, v.50, f.32。

关于酋长称自己的权力由议会或长老授予，见“Narrative of...Occurrences”, 1694–1695, *NYCD* 9: 610; Conseil, 27 sept. 1703, AN, C11A, v.21（Niquimar）; “Words of Ottawas, Sept. 24, 1707”, *MPHC* 33: 346–347; “Words of Ottawas, 23 June 1707”, *MPHC* 33: 327。

阿尔冈昆人中的联盟领导者和当地奥卡马之间的关系，并不等同于普韦布洛人内部的宗教领袖和处理西班牙人事务的独立领导人之间的关系。阿尔冈昆人中的联盟领导者可能是，也可能不是奥卡马、萨满，或者宗教首领。阿尔冈昆人的这种体系也不能同西班牙人在佛罗里达吸纳当地领导人作为附庸相提并论；参见 Amy Turner Bushnell, “Ruling ‘the Republic of Indians’ in Seventeenth–Century Florida,” Peter Wood, Gregory A.Waselkov, and M.Thomas Hadey, *Powhatan's Mantle: Indians in the Colonial Southeast*（Lincoln: University of Nebraska Press, 1989）, 134–150。

上落实昂提奥的指示。[1]

该联盟将帝国政治和乡村亲缘政治嫁接在一起，二者成了一棵树上的不同分枝。在村庄和毗邻的族群中，亲缘政治依然占据主流。这种政治难以达到和谐的状态，派系斗争分裂了乡村会议，并且因为村庄边界本身被渗透，各派系与外部力量勾结。首领们竭力调解这些纷争，但亲缘政治随着距离增加而效力越来越弱。帝国政治则相反，地理规模越大，其力量越强。相距遥远的族群在法国联盟内部团结起来，不是因为他们真实的或隐喻性的亲属关系，而是因为他们同为昂提奥的孩子，而昂提奥代表了法国国王。联盟有一个中心，那是帝国的中心，从这个中心出发，法国人集中力量影响阿尔冈昆族群——他们是盟友而非帝国的臣民。在亲属纽带不起作用的地方，法国和阿尔冈昆的长官就出面发挥调停的作用。他们带来了卡柳梅特，也带来礼物祭奠死者（即提供赔偿），或是带着俘虏来代替或弥补因死亡造成的人口减少。那些拒绝接受联盟领导者调解的族群就会面临全联盟力量联合起来反对他们的威胁。[2]

五

由难民和法国人费尽心力缔造的社会、政治纽带并不足以将各难民中心凝聚起来。难民中心是由一群绝望的人建立起来的，他们寻求政治、军事上的安全，希望借此创造稳定的生态和经济环境。难民中心内聚集了庞大的人群，他们总是免不了挨饿和生病。“处女地”流行病在西半球肆虐，这些人最容易成为目标。

---

[1] 原文为法语。——译者注。James Clifton, “Potawatomi Leadership Roles: On Okama and other Influential Personages, ” William Cowan（ed.）, *Papers of the Sixth Algonquian Conference, 1974, National Museum of Man, Mercury Series, Canadian Ethnology Service Paper* no.23（Ottawa: National Museum of Canada, 1975）, 43–99, Onanghisse, 58, 63, 65–69. 还可见 “Lettre du Pere Enjalran à M. de la Barre, 26 aoust 1683” , Margry, *Découvertes*, 5: 3–7; La Potherie, *Histoire*, 4: 208–211, 212–213, 224, 234; Le Clerq, “Memoir from Membre Papers” , 载 Cox, *Journeys of La Salle*, 125。

[2] 据马歇尔·萨林斯（Marshall Sahlins）观察，部落居民克服地方分裂的唯一办法就是军事上的胜利，Sahlins, *Tribesmen*, 45。

41 美洲印第安民族从来不曾遭遇这些在欧洲流行已久的疾病。印第安人并不曾被上苍选中去抵抗这些疾病，也从没有人由于童年时期染病而发展出抗体。天花、麻疹传染了西半球这些没有免疫力的人群，所谓的“处女地”流行病夺走了无数生命。即便印第安人营养良好、生活安定，遇上这些传染病仍然免不了会有相当比例的人口死亡；更何况这些被战争逼到拥挤不堪、犬牙交错的定居点的饥饿人群，死亡人数只会更加庞大。易洛魁人实际上把阿尔冈昆人逼到了一片死亡之地，在17世纪末，比起易洛魁人的滑膛枪和剥头皮刀，天花和麻疹杀死的阿尔冈昆人要多得多。死亡人数缺乏可靠的统计，但从几个部落的统计结果来看，17世纪末到18世纪初，它们各自的人口下降了25%到90%不等。[1]

饥饿和疾病已经使难民不堪重负，由于他们在尽力打造一个安全和熟悉的世界时对大自然索取过度，饥饿已是家常便饭。原本可以预测的大自然变得难以捉摸。这颗行星上伟大的自然规律，使地球存在食物丰裕的季节和食物匮乏的季节，阿尔冈昆人已经发现了这个规律，也赖此安排生计。有的季节里鱼儿产卵，鹿也发情，很容易抓住它们；有的季节里猎物体壮膘肥，皮滑毛密；还有些时节它们却虚弱消瘦，难以果腹。妇女们春天里播种，秋天便能有收成。难民们的生计周期随着这些节律而变，仅根据他们各自的工艺技术水平和文化偏好而稍有差别。大体的气候模式循环往复，可以被预测和控制，印第安人注意到了这些，并且会未雨绸缪以对抗预料之中的食物匮乏时期。

[1] 17世纪60年代，疾病使渥太华人人口减少，（*JR* 50: 287）。稍后，麦斯科顿人祈祷能够摆脱杀死他们孩子的疾病（*JR* 53: 229）。1670年至1671年，痢疾肆虐于渥太华人之中，见（*JR* 55: 117–131）。1672年，苏圣玛丽的人口由于疾病而严重减少（*JR* 57: 223）。1676年，福克斯人在一场大饥荒后又遭遇瘟疫（*JR* 60: 199, 151）。1677年，休伦湖边某种不知名的疾病杀死了许多人（*JR* 61: 69–70）。1679年至1681年，里蒙特利尔的易洛魁人中天花流行（*NYCD* 9: 129, 154），这很可能还蔓延到了西部，1683年，有种瘟疫在绿湾杀死许多人（La Potherie, *History*, 1: 354），17世纪80年代早期，梅诺米尼人中也有疾病，但不清楚是否为天花（*JR* 62: 205）。
温尼贝戈人的情况见 La Potherie, *History*, 293–300。索克人、福克斯人、温尼贝戈人和梅诺米尼人的情况见 Jeanne Kay, “The Fur Trade and Native American Population Growth, ” *Ethnohistory* 31（1984）: 265–287。关于易洛魁人人口统计的讨论见 Ann F. Ramenofsky, *Vectors of Death: The Archaeology of European Contact*（Albuquerque: University of New Mexico Press, 1987）, 71–102。

在五大湖区的村落，晚冬和早春时节食物匮乏，其时猎物瘦弱，肉量极少。这一地区的农民靠储存的玉米撑过难关，直到鲟鱼洄游， 42
预示着丰裕季节的到来。而在伊利诺伊地区，从冬末直到夏初，食物都很稀少。这时青黄不接，已经过了狩猎水牛的时候，却还不能收获新一季的农作物，伊利诺伊人只能靠风干的水牛肉和储存的玉米过活。在食物丰足时期，印第安人会储存余粮以应对将要到来的匮乏季节。[1]

而在难民营，环境不再那么稳定。易洛魁战争爆发之前，由于干旱或严冬，有些年份难免会狩猎困难，鱼类种群数量自然会有波动，恶劣的天气阻碍鱼类迁徙产卵，五大湖区的风暴也会阻止深秋捕鱼，还有旱灾、虫灾或早霜冻都可能使玉米减产甚至死亡。显然，整个系统中任一环节出了问题都会使人们更加依赖其他环节。从这个意义上讲，从来没有过一轮“正常”的生计周期，每年都有若干突发事件影响食物供应。难民中心不仅受制于这些正常的波动，更因为它们恰好位于贫瘠的土地和过于拥挤的猎场上，资源枯竭，所以在匮乏时节就更加难熬。从生存的角度来说，阿尔冈昆人所能依赖的资源种类变少了。

几乎所有法国人的记录都表明，在伊利诺伊地区之外，是玉米和鱼维持着难民中心的运行。在五大湖区周边，没有一个难民中心不是既方便捕鱼又能种植玉米的。根据耶稣会士的记载，切夸美光地区的族群仅靠玉米和鱼维生。在绿湾，帕塔瓦米人靠玉米免于饥馑，“在这一带，这种情况实在是太普遍了”。在麦基诺，法国哨所周围方圆三里格[2]的土地都被清空用来种玉米，而且绿湾和麦基诺的法国人都会吃印

---

[1] 食物储藏见“Lettre du découvreur à un de ses associes...29 sept. 1680”, Margry, *Découvertes*, 2: 36–37。De Gannes（Deliette）Memoir, IHC, 23: 310–314; Thwaites（ed.）, *Hennepin's A New Discovery*, 154; *JR* 54: 223, *JR* 51: 27; *JR* 57: 265; *JR* 55: 111; Thwaites（ed.）, *Lahontan's Voyages*, 1: 143–148, 168. 麦基诺和绿湾有充足的玉米可以卖给法国人，见 Memoir and Joutel's Journal, Cox, *Journeys of La Salle*, 1: 128, 2: 228–229。

[2] 里格，旧时长度单位，相当于 3 英里或 3 海里。——译者注

第安人的玉米余粮。[1]

43 在印第安文化中，玉米和安全感紧密相连。正如佩罗指出的：

> 这些野蛮人最喜欢吃并最卖力去种的食物就是印第安玉米、菜豆和南瓜类的食物。如果没了这些，他们就认为自己好像在禁食一般——无论他们还有多少肉和鱼。印第安玉米之于他们就像面包之于法国人。[2]

对玉米的需求使这些绝望的流亡族群在生态条件并不乐观的地区寻找可耕地，这里的农业产出只能勉强维持生存。玉米至少需要160天的基本生长期，耕种技术熟练的休伦族和佩图安族农民逃到苏必利尔湖地区，这儿的气候已不适合玉米生长。不过这儿也有些小块的土地还可以，其小气候适合进行农业生产。这些地方能有140天的生长期，虽然对农业来说有风险，但还可以勉强进行。难民们最终定居在苏必利尔湖南岸、密歇根湖北岸那些弹丸之地——苏圣玛丽、基威诺、麦基诺、切夸美光。在更远的南方，绿湾难民村的边界几乎与160天的生长期地带的边缘完全重合。然而，因为难民们居住在玉米生长地带的边缘，农作物总是面临歉收的风险。特别是在切夸美光和麦基诺，农业总是面临着晚春和早秋霜冻的严峻挑战。1690年在麦基诺，玉米作物屡屡受损，导致休伦人和佩图安人最终只得放弃这块地方。绿湾的收成更稳定一些，但1675年也歉收了。看来，稍后17世纪中发生在麦

---

[1] Perrot, *Memoir*, 120; La Potherie, *History*, 305; *JR* 54: 151, 166; Thwaites（ed.）, *Hennepin's A New Discovery*, 116; Thwaites（ed.）, *Lahontan's Voyages*, 1: 146–148. 关于密奇利马，“Journey of Dollier and Galinee”, 207; 和“The Memoir of Lamothe Cadillac”, Quaife（ed.）, *The Western Country*, 12–15; 及“Letter of Cadillac, Aug. 3, 1695”, E. M. Sheldon, Perrot, *Memoir*, 120; La Potherie, *History*, 305; *JR* 54: 151, 166; Thwaites（ed.）, Hennepin's A New Discovery, 116; Thwaites（ed.）, *Lahontan's Voyages*, 1: 146–148. 关于密奇利马，“Journey of Dollier and Galinee”, 207; 和“The Memoir of Lamothe Cadillac”, Quaife（ed.）, *The Western Country*, 12–15; 及“Letter of Cadillac, Aug. 3, 1695”, E.M.Sheldon, *The Early History of Michigan from the First Settlement to 1815*（New York: A. S. Barnes, 1956）, 74; “Narrative of...Occurrences in 1694”, *NYCD* 9: 587。关于绿湾，见 *JR* 56: 121; *JR* 57: 265–267。关于印第安人将鱼和玉米作为必要的主食，见 Perrot, *Memoir*, 237, 和“Narrative of...Occurrences, 1695”, *NYCD* 9: 606。

[2] Perrot, *Memoir*, 102.

基诺的作物歉收在绿湾也发生了，当时法国行政官罗陀声称，玉米已不能给福克斯人、麦斯科顿人和基卡普人提供多少安全感。[1]

玉米生长岌岌可危，而人口规模庞大，因而渔业成了一项重要资源。弗朗索瓦·多利耶·德卡松（François Dollier de Casson）和勒妮·德布雷奥·德加利内（Renée de Bréhaut de Galinée）称，单是渔业就能养活麦基诺的一万人。安东尼·洛梅·德拉莫特，即西厄尔·德·卡迪亚克（Antoine Laumet de LaMothe，Sieur de Cadillac）估计得稍微保守一点，他声称仅凭渔业最多可养活该地区的6000名至7000名印第安人。法国人对绿湾的推测更为谨慎。他们认为，张网捕鱼，加上套住的潜水鸟类、迁徙的水禽，够维持三个月的生计；显然这还不包括春季在鱼梁上捕到的鲟鱼或秋季捕获的鲱鱼——鲱鱼熏制后储存起来，可供过冬时吃。1672年11月，安德烈神父（Father André）发现舒斯库瓦这个地方的帕塔瓦米人的木屋里装满了渔网和鲱鱼，东西满到他几乎无法入内。[2] 44

渔业往往比农业更可靠，因为阿尔冈昆人处于渔业地带的中心而非边缘。五大湖区所有大型难民中心均位于苏必利尔湖和密歇根湖上最好的捕鱼地点。在17、18世纪这些定居点中，存在最久的麦基诺，在阿尔冈昆人的说法里，它是鱼类本身的“祖源地”。然而，捕鱼仍然是个不稳定的营生，它要求精密的手艺和恰当的技术，并非所有难民都能掌握。捕鱼的部落总要看老天爷的脸色。鱼类产卵季节若逢风

---

[1] 关于村庄选址如何与气候带相关联有生动的示意图，见 Helen Hornbeck Tanner（ed.），*Atlas of Great Lakes Indian History*（Norman: University of Oklahoma Press, 1987），20–21。公元1400年，气候似乎变得寒冷湿润，见 David Baerreis, Reid Bryson, and John Kutzbach, “Climate and Culture in the Western Great Lakes Region”, *Mid-Continental Journal of Archaeology* 1（1976）: 52。玉米减产见“Narrative of...Occurrences...1695”, *NYCD* 9: 607; *JR* 60: 199; Antoine Raudot, “Memoir Concerning the Different Indian Nations of North America”, W. Vernon Kinietz, *The Indians of the Western Great Lakes*（Ann Arbor: University of Michigan Press, 1965）; Cadillac’ s Account of Detroit, Sept. 25, 1702, *MPHC*, 33: 138。

[2] La Potherie, *History*, 305. *JR* 54: 151, 167; Thwaites（ed.）, *Hennepin’s A New Discovery*, 116; Thwaites（ed.）, *Lahontan’s Voyages*, 1: 146–148. 关于密齐利马，见“Journey of Dollier and Galinee”, 207; 和“The Memoir of Lamothe Cadillac”, Quaife（ed.）, *The Western Country*, 12–15; 和“Letter of Cadillac, Aug.3, 1695”, 载 Sheldon, *Early History of Michigan*, 74; “Narrative of...Occurrences in 1694”, *NYCD* 9: 587。关于绿湾，见 *JR* 56: 121; *JR* 57: 266–57。

暴，或暖冬冰薄，都可能摧毁渔业。捕鱼最成功的时候也只能保证一季丰产。尽管阿尔冈昆人的干燥技术能将秋季捕捞的鲱鱼和白鱼储存
45 起来越冬，但春天捕获的洄游的鲟鱼在温暖潮湿的夏天就无法长期保存了。[1]

难民中心的食物循环中，最后一个重要部分就是狩猎。尽管产出并不多，但它仍是季节性的重要资源，也是备荒的最后一道防线。在大多数年份，狩猎民族经常请求渔民和农民给予食物，但在农作物歉
46 收或捕捞不利的年份，只有狩猎和采集能使阿尔冈昆人免于饥饿。这些地方的主要优势是捕鱼，猎人并不能大展拳脚，然而猎人却聚集在这本就拥挤不堪的土地上，这看起来很反常。不过，只要放在更宏观的情境下来看，就可以解释了。那就是，玉米和鱼类维持了大型定居点，猎人想要进行贸易，也为了获得保护，朝这些定居点靠拢。有些种植农民非常依赖渔业来补充食物，而他们周围也有其他的村民（有的是农民，有的不是）更加依赖狩猎。这种模式比毛皮贸易更早出现，但毛皮贸易使之进一步巩固。[2]

贫瘠的农业、不稳定的渔业，加上寻求保护和贸易的猎人聚集起来，这种组合为环境灾害搭好了舞台。狩猎使难民中心周围猎物枯竭，如果捕鱼失败或玉米收成不佳，饥荒便接踵而至。拉迪森和休伦 - 佩图安人一起经受了这种饥荒，死了五百人。而饥饿一直持续到 1661 年夏天，当时梅纳尔（Menard）神父在去找休伦 - 佩图安人的途中去世。1670 年，耶稣会士发现帕塔瓦米人及绿湾本地其他部落饥饿难耐。17

[1] Charles Cleland, “The Inland Shore Fishery of the Northern Great Lakes: Its Development and Importance in Prehistory” , *American Antiquity* 47（1982）: 761–784; 引文见 *JR* 55: 159–161。早期福克斯人的村庄贝尔（Bell）遗址中有大量鱼类残留，但它们主要来自该村附近的河流和小湖，见 Paul W. Parmalee “Vertebrate Remains from the Bell Site, Winnebago County, Wisconsin” , *The Wisconsin Archeologist*, NS 44（March 1963）: 62。缺乏使用独木舟的技能的情况见 *JR* 58: 63. La Potherie, *History*, 2: 20。

[2] 前文已经提过不捕鱼的部落。切夸美光、基威诺、绿湾和苏圣玛丽附近的奥吉布瓦群体通常不种玉米，福克斯人种玉米，但也极为依赖狩猎，详见 Parmalee, “Vertebrate Remains, ” *Wisconsin Archeologist*, 65。关于定居点的狩猎动物，见 *ibid.*, 65, and James E.Fitting, “Patterns of Acculturation at the Straits of Mackinac, ” in Charles Cleland（ed.）, Cultural Change and Continuity: Essays in Honor of James B. Griffin（New York: Academic Press, 1976）。

德卡尔·德格朗维尔（Decard de Granville）作的这幅草图展示了1700年前后五大湖区印第安人的捕鱼技术和设备。（感谢纽约公共图书馆惠准使用）

世纪70年代，麦斯科顿人、福克斯人和其他边远地区的村民都在抱怨饥荒。即使在最好的年头，由种植农业储存的余粮也并不算多。在1671年，阿卢埃神父声称，有十袋或十二袋玉米的家庭都算富有的了。帕塔瓦米人可能会努力将自己的小屋装满鲱鱼，但如果冬末没有鱼了，他们便焦急地等待着春天鲟鱼游来。[1]

冬天变得尤其可怕。不经常捕鱼的族群一般定期出发进行冬季狩猎，但当玉米和鱼类丰足时，捕鱼的族群更喜欢待在自己的村子里，在附近打猎。待在家里他们能够避开漫长的冬季狩猎——那已成为难民的生存周期中最危险的时段。进行冬季狩猎就要将存储的补给抛诸
47 身后；没有驮畜，而独木舟在冰冻的河流或湖泊上毫无用处，旅程中只能带上一点玉米和鱼。冬季狩猎时遭遇的意外在《耶稣会关系》（*Jesuit Relations*）及其他早期法国文献尚有记载。1673年，雅克·马凯特（Jacques Marquette）刚刚开始他的密西西比河航行，他报告说，晚秋和冬天，当麦斯科顿人、迈阿密人和基卡普人搬进他们的狩猎营地时，最担心的就是饥荒，他后来描述这种狩猎疲劳至极，“法国人简直受不了”。然而，阿卢埃神父经受住了这些。他和迈阿密人及一些肖尼人一起，住在80间木屋里，被迫吃草根充饥——这些草根还是妇女们在半冻的沼泽地上蹒跚着挖来的。阿卢埃神父后来说，这种事对猎人来说乃是意料之中的。迈阿密人逃过此劫，但其他族的猎人饿死了，他们没能打到猎物，也不能回去拿储备的食物。而狩猎中的饥荒情况又是变幻莫测的。1675年、1676年之交的那个冬天，在易洛魁战争的间歇期，65个密西沙加人在伊利湖北部饿死；而几天之后，渥太华人

[1]　拉迪松的描述见Adams（ed.），*Radisson*, 131–134; 以及梅纳尔神父的去世，*JR* 48: 127–137。确切的日期很难从Radisson这份手稿中确定，亚当斯（Adams）追溯到1661年至1662年饥饿的冬天，但是《耶稣会关系》显然认为时间应该是1660年到1661年。似乎可以肯定的是，这应该是同一个冬天，因为这两个版本都记载了和苏人有关的死亡盛宴。*JR* 46: 143. 关于其他饥荒时期的饮食情况，见Perrot, *Memoir*, 102–103; *JR* 48: 119; *JR* 50: 177; Adams (ed.), *Radisson*, 130–133; *JR* 46: 139–143, *JR* 48: 119, 261–265; *JR* 51: 171。关于绿湾in 1670, 见*JR* 54: 203, 207, 213。关于麦斯科顿人、福克斯人等的情况，见*JR* 59: 229。关于阿卢埃神父的宣称，见*JR* 55: 111。

则享用了丰富的猎物。[1]

这些灾害并不只是狩猎生活中出现的突发状况那么简单，而是难民们面临的特殊问题——他们拥挤的土地已无法承受狩猎带来的压力。难民中心附近的大型猎物最终被猎人们消灭殆尽。据巴龙·德拉翁唐（Baron de Lahontan）所说，到1688年时，麦基诺周围方圆二十里格已经不存在大型猎物了。这也得到了考古发掘的证实，在村落留下的灰坑中很少有大型哺乳动物的遗骸。1675年，一个法国人从绿湾的帕塔瓦米村庄出发旅行时，注意到鹿的数量明显增多了。到1680年，卡斯 48
卡斯基亚的“大村”周边的水牛已显著减少。[2]

在被易洛魁人清空的土地上，猎物仍然最为丰足。法国人描述得很清楚，这儿是战争地带，闯入者即置身险境。有些狩猎民族局限在相对较小的范围内活动，因而将本地猎物捕杀至枯竭，即使本地之外可能就有丰富的猎物。当几个民族争夺（或者说被压缩在）同一块狩猎地时，通常保护猎物资源的文化观念似乎就没有用了。德拉翁唐和法国商人都提及，狩猎中有注意保存种畜的惯例，但在17世纪70年代

[1] 狩猎模式见 Fox: *JR* 54: 223; *JR* 58: 47–49; Miamis: *JR* 54: 23; *JR* 68: 63; *JR* 59: 225, 171; Perrot, *Memoir*, 109, 118–119。Le Clercq 称易洛魁人以大规模的村庄集体的形式狩猎。“Le Clercq Memoir” Cox, *Journeys of La Salle*, 1: 102. 根据 Margry（Découvertes, 1; 460）记载，La Salle 说，伊利诺伊州以家庭或部落为单位组织狩猎，显然指的是氏族。每部分由 200 到 300 人组成。到 1699 年，仅由身强体壮的男子和女子组成的狩猎队从冬季大本营出发，*JR* 65: 73, 83。靠捕捞为生的人们狩猎方式多种多样，参见 *JR* 51: 29; *JR* 54: 203–205, 211, 213; *JR* 55: 191; *JR* 57: 265–267, 291–293; *JR* 58: 39, 63, 289; *JR* 55: 43; *JR* 59: 165–167. *JR* 57: 249–255, 261; *JR* 61: 103–105。这些狩猎团体的人口组成随时间变化，Thwaites（ed.）, *Lahontan's Voyages*, 1: 143。1685 年到 1686 年，易洛魁人在同一地区突袭冬季狩猎营地时俘获了儿童和成人。“Denonville to Seignelay, June 12, 1686”, *NYCD* 9: 293–294. La Potherie, 在 18 世纪早期写道，17 世纪 90 年代，由纯男性组成的狩猎团体在 Michilimackinac 进行狩猎，La Potherie, *History*, 1: 281–282。
关于马凯特的声明，见“Jolliet and Marquette” in Kellogg,（ed.）, *Narratives*, 233–234, and *JR* 59: 171。关于阿卢埃，见 *JR* 62: 207, 208。关于小型狩猎团体的饥饿，见 Perrot, *Memoir*,103, 及 La Potherie, *History*, 1: 280。关于福克斯狩猎地区的赞美，见 *JR* 54: 219。关于在福克斯中的食物短缺和饥饿情况，见 *JR* 59: 229。关于米西索加人的死亡，见 *JR* 60: 215, 229。米西索加人显然死在易洛魁人经常狩猎的土地上。

[2] 在绿湾用于初始狩猎，并作为夏季狩猎站的夏季岛屿，参见 David S.Brose, “Summer Island III: An Early Historic Site in the Upper Great Lakes,” *Historical Archaeology* 4（1970）: 24。麦基诺、苏圣玛丽及周边地区，在 17 世纪 60 至 70 年代被誉为良好的狩猎区，Perrot, *Memoir*, 221; *JR* 50: 263。Compare this to Lahontan's statements in Thwaites（ed.）, *Lahontan's Voyages*, 1: 148; Perrot, *Memoir*, 120, and Cadillac Memoir in Quaife, *The Western Country*, 15, and Fitting, “Patterns of Acculturation,” 325。关于帕塔瓦米人附近鹿的递减，参见 *JR* 59: 173。By 1699 St. Cosme 报告该地区几乎一直缺少肉类，“Voyage of St.Cosme” in Kellogg（ed.）, *Narratives*, 343。关于水牛，参见 Voyage de M. de La Salle à la riviere Mississippi, Margry, *Découvertes*, 2: 95。

和80年代期间，这种做法难以贯彻。易洛魁人对伊利诺伊人的不满之一，就是他们杀光了所有河狸而没有留下任何种畜。[1]

难民中心成了反映阿尔冈昆人命运的晴雨表：战败时，它便膨胀；战胜时，它便收缩。对防卫的需求是一股向心力，将难民聚拢在难民中心周围；而饥饿和疾病则发挥了离心力的作用，将人们推开。因防御而聚集，其代价往往十分惨重。人们能够忍受难民中心的生活，只是因为替代选择更糟糕而已；一旦能逃离，就绝不会再回来。有三个可能来自卡斯卡斯基亚的“大村”的肖尼人，他们描述了难民们的恐怖遭遇。1682年拉萨莱沿密西西比河进军时，这些肖尼人被墨西哥海湾（Gulf of Mexico）地区的圣路易斯湾（Saint Louis Bay）的族群俘虏并收养，但他们表示并不愿意回到高地。当法国人要他们回到自己的村庄时，这些肖尼人回答：

> 他们并非不近人情到愿意抛妻弃子……此外，处于世界最肥
> 49 沃、健康、和平的土地上，他们不愿意离开它而去往另一个冬天寒冷难耐、夏天没有猎物并且永远战火纷飞的地方，况且路上还要冒着被伊利诺伊人的战斧砍死或者被易洛魁人烧死的危险。[2]

到了17世纪90年代，法国人和阿尔冈昆人将易洛魁人逼至守势，高地的恐怖得到缓解。法国人和阿尔冈昆人入侵易洛魁地区，焚烧村庄，杀死战士，并打乱了易洛魁人的生活周期，使易洛魁地区陷于饥饿和贫困。易洛魁联盟的损失与日俱增，易洛魁人徒劳地寻求英国援助。易洛魁的战争有时是更大的帝国战争的一部分，有时是单独的争

[1] 关于中立的理由，参见 Lettre de Cavelier de la Salle, 11 aoust 1682, Margry, *Découvertes*, 2: 236–237, and Lettre du Découvreur à un de ses associes, 1679–29 sept.1680, Margry, *Découvertes*, 2: 59–60, and Thwaites（ed.）, *Lahontan's Voyages*, 1: 318–320。亨利・努维尔神父在 1676 年描述的底特律河和伊利湖周围的地区是一个古老的中立地带，现在正在被猎杀，*JR* 60: 219–221, 227。关于养护项目的尝试，参见 Thwaites（ed.）, *Lahontan's Voyages*, 1: 82, 114; Mémoire que la direction...16 avril 1703, AN, C11A, v.24.For Iroquois complaints of Illinois, see Du Chesneau's Memoir on *Western Indians*, Nov. 13, 1681, *NYCD* 9: 162–163; Thwaites（ed.）, *Lahontan's Voyages*, 1: 82。

[2] 卡弗利耶关于拉萨莱赴密西西比河河口行程的描述，见 Cox, *Journeys of La Salle*, 277, 283。

斗，它一直持续到1701年，精疲力竭的易洛魁人向加拿大方面及其盟友求和。其结果是，1701年双方达成了所谓的大和解，带来了普遍的和平。易洛魁人基本上放弃了底特律（Detroit）以西的狩猎领地，并且同意由昂提奥来仲裁他的盟友与易洛魁之间的冲突。易洛魁人还承诺在未来所有的英法战争中保持中立。[1]

17世纪90年代，联盟对易洛魁人的胜利也就意味着催生了联盟的共同体即将瓦解。保护人们免受易洛魁人攻击的难民中心解散了，其居民搬进了易洛魁人撤退后留下的更为肥沃、气候也更为温和的土地。不过，诞生于难民中心的联盟及欧洲－阿尔冈昆世界并没有消亡，它们仍在继续生长。

[1]　关于这些战争的终结及大定居点，见 Richter, “War and Culture, ” 546–553。

50 **第二章**

中间地带

每当我们认为他人只是我们自己独自发明的“现实”的一部分，否认他人的创造性，独占创造的权利，我们就利用了他们和他们的生活，使之屈从于我们。

——罗伊·瓦格纳《文化的发明》

（Roy Wagner，*The Invention of Culture*）

在行动中，人们将他们的概念和分类放进世界的明示关系中。这种参照用途调动了文化符号（signs）既定意义之外的其他规定，即现实世界和相关的族群。

——马歇尔·萨林斯《历史之岛》

（Marshall Sahlins，*Islands of History*）

一

由于法国人和阿尔冈昆人是生意伙伴，是盟友，所以阿尔冈昆人的世界和法国人世界的边界消失了，两个世界开始融合。尽管还是能一眼认出谁是法国人、谁是印第安人，但一段时间后，某种特定的行为、做法是法式的还是印第安式的就不那么明显了。这并非因为印第安个体变得“法国化”了，或者法国个体“土著化”了——尽管两者都可能发生，而是因为，虽然阿尔冈昆人对自己作为印第安人的地位和习俗都感到很自在，法国人也对法式之道的正当地位感到无比自信，但他们都不得不同那些与他们的价值观和行事方式都不一致的人打交道，他们不得不走到一个行为恰当的共识地带，不得不创造出我所说的“中间地带”。[1]

在创造中间地带的过程中，法国人和阿尔冈昆人相互影响。这个过程经过了几个阶段，其中最早的阶段最引人注意，也是最无趣的。在这一阶段，法国人简单地把印第安人纳入自己的观念体系来理解。
他们认为印第安人是野蛮人，还把印第安宗教简化为恶魔崇拜和巫术。 51
阿尔冈昆人则是把第一批欧洲人当作曼尼通。双方都是把陌生族群机械地塞进自己原有的分类体系中。[2]

读写能力赋予这初始阶段一种欧洲人可能缺乏的潜力和持久性。因为法国人会读写文字，因此关于印第安人的知识在远离实际接触的地方广泛传播。这种知识并未被后来与印第安人真实接触的经验所推翻，而是成为一种文学遗产留存下来。实地生活在印第安人中的法国人抛弃上述知识之后的很长一段时间内，法国的知识分子和政治家仍然把印第安人视为十足的野蛮人，认为他们要么具备天然的美德，要么天生残暴。欧洲人围绕这些想象中的印第安人形象展开争论，那是夏多布里昂（Chateaubriand）和卢梭笔下的印第安人。虽然这些想象

---

[1] 我们无法孤立地看待任何社会，这是埃里克·沃尔夫《欧洲与没有历史的人民》中的主题之一，详见 Eric Wolf, *Europe and the People Without History*（Berkeley: University of California Press, 1982）, 3–23, 385。这种观点同样存在于 Anthony Giddens, *A Contemporary Critique of Historical Materialism*（Berkeley: University of California Press, 1981）, 23–24。

[2] 关于欧洲形象的研究，见 Bernard Sheehan, *Savagism and Civility: Indians and Englishmen in Colonial America*（Cambridge: Cambridge University Press, 1980）; Olive P.Dickason, *The Myth of the Savage and the Beginnings of French Colonialism in the Americas*（Edmonton: University of Alberta Press, 1984）; 科尼利厄斯·杰宁（Cornelius Jaenen）指出，法国人缺乏力量迫使美洲印第安人适应他们的文化，他说得对。详见 Cornelius Jaenen, *Friend and Foe: Aspects of French-Amerindian Cultural Contact in the Sixteenth and Seventeenth Centuries*（New York: Columbia University Press, 1976）, 195。一般倾向于将印第安人和白人进行静止的分类，而詹姆斯·阿克赛尔（James Axtell）的著作是个例外，以及卡伦·库珀曼（Karen Kupperman）怀疑从早期的描述中获得的概念究竟在多大程度上支配着两者的关系，详见 Karen Ordahl Kupperman, *Settling with the Indians: The Meeting of English and Indian Cultures in America*, 1580–1640（Totowa, N. J.: Rowman & Littlefield, 1980）。

中的印第安人形象也有其意义，但它们与阿尔冈昆人和欧洲人持续接触的真实情况相去甚远。在高地，因为种种原因，真实的印第安人和遍布各个阶层、地位的白人必须相互依存，以达到特定的目的。正是这些法国男人（因为法国女人要到很久后才出现）和阿尔冈昆男女创造了共同的世界——中间地带，并在这里活动。[1]

在新的情境下，人们仍然试图遵循常规去行动，于是自然开启了创造的过程。双方以不同的方式追求不同的目标。法国官员和商人想要使他们眼中捉摸不定的野蛮人的世界合理化，并且具有秩序；阿尔冈昆人在某种意义上则追求相反的目标。阿尔冈昆人希望通过诉求对个人的偏袒或豁免来改变或调整既定秩序。他们向曼尼通寻求特殊
52 的力量来调整植物、动物和神灵世界的秩序，他们也以同样的方式向法国人寻求对社会领域的有效改变。在接下来的例子中，法国人往往想强推一些不可违逆的规则，阿尔冈昆人则追求打破秩序平衡而来的“力量”，主张在自然世界中人的例外性。双方将自身的文化预设应用在新的情境中，往往导致文化本身改变。双方试图保持自身世界原本的秩序，各个群体使用的规则逐渐变化，以合乎特定情况的紧急需求。这些行为的结果是产生了一系列新的共同惯例，而这些惯例又作为新的基础试图规范或影响行动。[2]

双方都无法通过武力达到目标，人们需要找到武力之外的方法来与外邦人达成合作与共识，中间地带于是应运而生。为了成功达到自己的目的，在中间地带活动的人理所应当地要尝试去理解并消化他人

---

[1] Cornelius J.Jaenen, “Les Sauvages Ameriquians: Persistence into the Eighteenth Century of Traditional French Concepts and Constructs for Comprehending Amerindians,” *Ethnohistory* 29（1982）: 43–56.

[2] 对此进程的有用讨论见于 Roy Wagner, *The Invention of Culture*（Chicago: University of Chicago Press, 1981）, 1–70, 特别是 46 页至 52 页的论述，87–88。许多农民出身的法国人对此进程的有用讨论见于 Roy Wagner, *The Invention of Culture*（Chicago: University of Chicago Press, 1981）, 1–70, 特别是 46 页至 52 页的论述，87–88。许多农民出身的法国人很可能更接近于瓦格纳（Wagner）所说的分化模式（differentiating mode）, 而不是法国官员的系统化模式（systematizing mode）。
避开基本静态结构的约束模型，结合一般短暂的历史的这种尝试，已经得到最彻底的发展，参见 Anthony Giddens, *Central Problems in Social Theory: Action, Structure and Contradiction in Social Analysis*（Berkeley: University of California Press, 1979）; *Critique of Historical Materialism*; 和 *The Constitution of Society*（Berkeley: University of California Press, 1984）。与此同时，它在人类学中也出现了，见 Marshall Sahlins, *Islands of History*（Chicago: University of Chicago Press, 1985）。

的世界和逻辑。特别是在外交会议中，中间地带就是一个持续充满变化的领域，并以惯例的方式呈现出来。在新的惯例之下又产生了新的目标，如是循环。[1]

或许中间地带的核心要义在于，人们愿意创造它来为自己的行动正名，使之符合他们所理解的对方的文化观念。中间地带的行动者谋求的利益源于其自身文化，但他们必须说服来自另一种文化的人们，某些共同措施是公平合理的。在尝试说服对方时，人们很自然地找到了两种文化之间的交集，不管是真实的还是人们自认为的。不过看起来似乎是误解或意外才导致双方达成一致，事实上也确实如此。实际上，过后看来，甲社会的成员对乙社会成员的所作所为所提供的解释可能荒唐可笑，但这不要紧。任何交集，不管它多么脆弱，只 53
要被双方接受，就可以拿来用，而且它会有自己的生命。文化上的惯例并不一定非要是真实的才能起效，就像法律判例一样，只要人们接受它就行。

高地的中间地带在两个不同层面上存在。它既是日常生活的产物，又是不同民族之间正式的外交关系的产物。不过对于历史学家来说，一开始还是通过正式场合中的清晰阐述来认识中间地带比较容易。[2]

1695年6月，休伦–佩图安人、渥太华人和法国人之间的联盟正在经历其反复出现的危机之一。渥太华人和休伦–佩图安人担心法国人会与易洛魁人单独讲和，于是自行与易洛魁联盟进行了秘密谈判。这些谈判还被额外的刺激所推动，那就是英国承诺以大大低于法国的价格与他们进行贸易。麦基诺的法国统帅卡迪亚克怀疑此和谈确有其事，但是不知详情，于是他招募战队，由渥太华人中的亲法分子领导，试图以此阻止和谈。虽然人数很少，但也威胁到了易洛魁人，阻挠了他们的媾和计划。那些倾向于媾和的领袖——特别是一个名叫巴龙的休

[1] 关于此事，见 Wagner, Invention of Culture, 52–55。
[2] 中间地带的创建或许可以佐证吉登斯（Giddens）所说的结构化（structuration），见 Giddens, *Central Problems in Social Theory*, 2–7, 69–73, 82。

伦酋长——他们想要阻止战队行动，同时避免提及休伦－佩图安人与易洛魁人的谈判。要想成功，巴龙有两条路可走。他可以给出一个法国人及亲法分子都能接受的理由，说明为何战队不应出发。若此计不成，他就必须设法将亲法的渥太华人与卡迪亚克及耶稣会士隔开。为达到上述目的，他召集麦基诺各民族召开了一次“盛大而人数众多”的协商会议，让他们互相见面，也与卡迪亚克、耶稣会士和“哨所最受尊敬的法国人”会面。[1]

会上除了听巴龙讲故事之外并没有做什么。巴龙告诉听众，最近在萨吉诺湾（Saginaw Bay）周边发现了一对百岁老夫妇。自从休伦人被赶出自己的故土后，他们就一直居住在那儿。这位老先生了解并讲述了休伦人在遭到打击之后西部战争中发生的所有事情，并且特别注意到易洛魁人向昂提奥派遣的使团。老先生说知道这些，是因为他能与生命之主交流，生命之主能直接对他说话，并且给他送来动物，还让他地里的玉米和南瓜丰收。这位老人也知道目前与易洛魁人确实有
54 停战协议，并暗示首先打破它的一方必将遭到毁灭。[2]

这位老人劝勉印第安人要关注黑衣教士们，并致力于祷告，因为，如果不服从那“由三者合一组成的唯一精神和意志”的生命之主，他就会像去年那样让玉米死去。老人最后说，第八天应遵守安息，停止工作并进行祷告，使之成为圣洁的一天。关于死人，他说，应该有支架墓葬而不是被埋在地下，以方便他们出发去天国。最后，老先生敦促他们都听从昂提奥，服从他的意愿。复述完这位老人传达的消息后，巴龙献给卡迪亚克一件礼物，是那位老人送上的河狸。卡迪亚克认为整个故事中只有这只河狸不是虚构的，他拒绝了礼物，因为“他并未听见类似的声音”。[3]

巴龙讲的故事就是在尝试利用并扩大中间地带，借以维护自己的

---

[1] Callières au Ministre, 20 oct. 1696, AN, C11A, v.14, ff.216–217. “Narrative of...Occurrences...1694, 1695” , *NYCD*, 9: 604–609.

[2] “Narrative of...Occurrences...1694, 1695” , *NYCD* 9: 607.

[3] *Ibid.*; 有趣的是，有些渥太华人最终接受了支架墓葬，*HBNI* 15: 777。

利益——与易洛魁人维持和平。休伦文化的正常形式并不能保障和平。如果这件事只取决于渥太华人和休伦-佩图安人中的非基督徒，巴龙就不一定要搬出充满基督教意味和预言性质的老人故事了。如果他只需向印第安人讲述，那在大会上就要说做了一个梦，其内容和前面一样。不过，巴龙非常清楚，对那些正在敦促其盟友采取行动的法国人来说，梦并没有什么合法性。对他们来说有合法性的是天启，所以巴龙给出了一个启示。不过巴龙的企图落空了，因为正如那位愤愤不平地看他演讲的编年史家所说，法国人只信服“带有特定启示和图景的信仰……因为它们具有权柄”。那位老人则没有权柄，只是个拙劣的工具，只是为了在欧洲人那里获得合法性。[1]

尽管如此，巴龙的策略还是很聪明和具有启发性的。他故意在老人传达的信息中嵌入了些许基督教教义（三位一体、勤做祷告、关注传教士），还有命令人们遵从法国总督昂提奥意愿，以加强其合法性。法国人对这一切几乎不可能有异议。不过，巴龙也给这消息抹上了鲜明的休伦色彩。故事中的先知是个印第安人，他将安息日从第七日改为第八日，这不可能是偶然。早在1679年，耶稣会士就曾称赞休伦-佩图安人十分认真地遵守礼拜日和斋戒日。休伦-佩图安人中甚至有 55
专管信仰的官员，会在聚会日里通知他们。巴龙会忘记这些才怪。看来更可能是巴龙故意更改了安息日，加上支架墓葬，都是为了把离世的老人装扮成一位传递印第安信息的印第安先知，而与基督教的上帝区别开来。不知道巴龙是否真的相信法国人会承认一位印第安先知，但该故事制造了一种情境，即使老人遭到否定，仍然有助于巴龙达到目的。当卡迪亚克和耶稣会士否定该老人时，他们也就否定了勤做祷告、服从传教士和昂提奥。更进一步来说，法国人拒斥该故事时似乎在暗示，上帝只会直接与白人对话，而不会与印第安人对话。[2]

[1] “Narrative of...Occurrences...1694, 1695” , *NYCD* 9: 607.
[2] 关于休伦-佩图安人和安息日，见 *JR* 61: 105。

卡迪亚克斥责那故事荒谬可笑，嘲讽巴龙在安息日的问题上明显混淆概念，并要求这些印第安人去攻打易洛魁人。他让大会陷入僵局。对在场的渥太华人和休伦－佩图安人来说，似乎现在是“法国人不愿意听他们声称的上帝代言人的话语，他们说：‘黑衣教士们非常渴望有人能了解保罗和古代隐士的故事时，为何我们的老人就不能享有相同的荣光呢？’”[1]

这次大会只是易洛魁战争期间麦基诺印第安人大型外交战中的一次小练兵，但它揭示了中间地带的形成过程，并且使法国人和阿尔冈昆社会之间的界限变得模糊。为了获取更大的利益，每一方都必须在对方那儿获得文化合法性。巴龙和卡迪亚克尽管都有可能误解、忽略了对方文化观念中的微妙深意，但他们终究创造了一个可供交流和相互理解的平台。他们通过（出于自己的目的，根据自己的理解）利用对方的文化形式做到了这一点。巴龙将基督教的预言传统置于印第安人的意义体系中，他以印第安人的方式送出河狸作为礼物，以证实此事。卡迪亚克出现在印第安人的协商大会上，遵循阿尔冈昆人的方式，知道接受礼物意味着什么，所以他拒绝了礼物。接受礼物就等于认可那位老人，然后巴龙就会借该人之口“随时说出对他的险恶用心有利的话语”。而卡迪亚克也利用阿尔冈昆人－易洛魁人的外交方式拒斥了印第安人对基督教元素的改装。即便还比较粗糙，但双方都巧妙地运
56 用了对方的文化形式。巴龙对基督教的理解还很粗浅，而卡迪亚克精于印第安外交，但这都不要紧，关键是他们都需要利用这些异邦的元素。他们将这些元素混合成某种新东西，与这些元素的来源——阿尔冈昆文化、易洛魁文化和法国文化都不相同。

巴龙与卡迪亚克的相遇发生在外交场域，双方代表各自的文化去处理一套足以清晰表达出来的理念与实践。这是中间地带的一个方面，也是文献记录最多、其方法运用最多的一个方面。但是，中间地带本

[1] “Narrative of...Occurrences...1694, 1695”, *NYCD* 9: 608. 另一个类似的例子见 *JR* 59: 223。

身并非源于会议或官方接触，而是一个个印第安人和法国人日常接触的结果，其中充满问题和争议，并需要及时的解决之道。很多问题涉及性、暴力、物资交换。解决这些问题的需求或许比结盟更迫切，它更有力地推动了中间地带形成。不过这么说并不全面，因为在阿尔冈昆社会中，官方事务和个人事务之间的界线非常模糊，令人迷惑。众所周知，在阿尔冈昆社会中，强制性机制和层级结构十分薄弱。

虽然法国官员以经济、政治以及（较少的）宗教术语来谈论他们和阿尔冈昆人的关系，但矛盾的是，经济和政治机构并不能控制双方接触的环境。在西方国家的日常关系中，阿尔冈昆人和法国人作为贸易伙伴和盟友的关系是抽象事物，或许和总体概念的印第安人、法国人有关，但与实际的面对面的人际关系毫无关联。若是在另一个由精英管理的更具强制性的社会，法国外来者和本地社会成员之间可能只有极少的个人接触，而且影响甚微。商人可能会被限定在特定地区活动，并享有某些特权；他们可能受特殊政策管理，并以给定税率交税。然而在阿尔冈昆人中绝不可能有这种隔离政策，他们没有国家及其强制机关，并且在他们的社会中既没有服从权威这回事，也并不视之为美德。[1]

阿尔冈昆社会中政治权威虚弱，且缺乏从属关系，这是阿尔冈昆人和法国人之间的主要差异，令双方都感到震惊。对法国人来说，缺乏从属关系这一点才是阿尔冈昆人最“野蛮”的地方，而不在于他们的物质生活或技术发展水平。据西厄尔·戴艾格勒蒙（Sieur d'
Aigremont）所说，北部印第安人“彼此之间不存在从属关系……反对 57
所有的管束。此外，这些族群对皇家威严或国王陛下没有概念，也不知道上级对下级的权力”[2]。

1682年，芒布雷（Membre）神父与拉萨莱沿着密西西比河南下，

[1] “Narrative of...Occurrences...1694, 1695” *NYCD* 9: 608. 贸易飞来的发展见 Philip D.Curtin, *Cross-cultural Trade in World History*（Cambridge: Cambridge University Press, 1984）, 11–12, 38, 46–49, 111–115。

[2] 关于西厄尔·戴艾格勒蒙，见 D' Aigremont to Pontchartrain, Nov.14, 1708, *WHC* 16: 250。

他显然不仅把权力视为社会的要义，更视之为人性的要义。严格说来，纳切斯人（Natchez）和密西西比河的等级社会与阿尔冈昆人类似，他们都生活在石器时代，但他们“和加拿大印第安人房屋、着装、礼仪、性情和习俗都不一样……他们的酋长拥有无上权力……酋长有仆人和官员贴身跟随服侍，他们按自己的心意施恩送礼。总的来说，我们在那儿发现了人类”[1]。

法国人注意到北部阿尔冈昆人中没有阶级分化、国家和宗教机构，这并没有错，但他们错在把这视为社会失序。传统是部落存放本族群知识的宝库，也是人们的行动指南。当战争和疾病使人口减少，以及迫使以前独立的民族进行融合，幸存者似乎就会更加坚持他们的传统。但是这就像婴儿从死去的母亲身上吸奶一样，传统已支持不了他们。[2]

如果法国的权力正式覆盖了西部，阿尔冈昆人中没有强制性权威这件事就没那么要紧了。然而，随着贸易集市减少，法国官方监管贸易就变得心有余而力不足。印第安人不再不远万里到设防的欧洲城镇或前哨站交换毛皮。有限的此类贸易发生在伊利诺伊地区的圣路易斯要塞（Fort Saint Louis）、麦基诺和佩罗建在苏人的哨所，但大多数贸易是小部分法国人前往印第安村庄和狩猎营地时进行的。一旦这些商人失去了作为曼尼通的地位，他们在阿尔冈昆村庄就只是没有社会地位的陌生人。同时他们是富裕的陌生人，拥有的货物远远超过当地人眼前的需要，又几乎毫无防备。如果他们想做成功的商人，就不得不找到手段来保护自己，要么靠武力，要么在他们交易的社区内建立个人关系。[3]

---

[1] Chrétien Le Clercq, *The First Establishment of the Faith in New France*, 2 vols.（New York: J. G. Shea, 1881）, 192.

[2] 见 Giddens, *Critique of Historical Materialism*, 93–94, 160, 对这些问题进行了大致讨论。

[3] *JR* 65: 239.W. J. Eccles, *The Canadian Frontier*（Albuquerque: University of New Mexico Press, 1974）, 110; Champigny au Ministre, 4 nov. 1693, AN, C11A, v.12; Memoire...Denonville, aoust 1688, AN, C11A, v.10（765–766）; Callières au Ministre, 15 oct. 1694, AN, C11A, v.15; Memoire sur le ferme...10 fev. 1696, AN, C11A, v.16; Commerce ducastor...1696, AN, C11A, v.14; Milo Quaife（ed.）, Western Country in the Seventeenth Century: The Memoirs of Lanothe Cadillac and Pierre Liette（Chicago: Lakeside Press, 1917）, 16–18.Unitided mémoire（Par tout ce qui...）AN, C11A, v.17（f.193）.

法国精英人士担心这种接触会带来不良后果。法国当局认为，除 58
非严加管制，否则法国人在阿尔冈昆社会内活动会缺少约束。法国官员认为非法游商破坏了经济，而令他们同样惊骇的是，非法游商对社会秩序的威胁。官员说，非法游商正在彻底转变成野蛮人，也就是不服从合法权力监管的人。更可怕的是，“野蛮”的非法游商们似乎反倒以此为荣，他们拿自己的自由来取笑那些坚信自己优于他们的人。1680年，拉萨莱回到伊利诺伊，发现他的人已经全跑了，还拆除了要塞，偷走他的货物，在一个拉萨莱认出是巴黎人（Le Parisien）字迹的板子上草草写着离别致辞：Nous sommes touts Sauvages（我们都是野蛮人）。[1]

当然，巴黎人并不比拉萨莱更像野蛮人。拉萨莱只是与他的上司们都有一个常见的误解，认为阿尔冈昆社会是一个特许的、没有秩序的地方。正是这种误解赋予了“野蛮人”一词一种隐喻的权力——摆脱了从属地位，官员视其为危险，而像那位巴黎人一样的人们则从中看到了机遇。说大多数非法游商完全摆脱了国家和教会的约束有些夸张，然而，在另一个意义上说，对统治机构的恐惧和巴黎人的希望不全是错位的。法国人在西部时能获得极大的独立——即便只是暂时的，他们在阿尔冈昆人中居住和旅行时能够与之达成和解。他们使接触成为一个复杂的社会过程，使之只部分地受到教会和国家的控制。在西部，这一过程集中在一些法国人身上，而法国当局并不认为他们是其社会的合法代表，实际上还将他们视为威胁。在这些人和那些拥有合法地位的法国人之间一直存在紧张的关系，后者包括像拉萨莱这样拥有国王许可的人、耶稣会士这样的传教士、军事指挥官或持证商人。在西部的法国人通常会合作，但不能预设他们始终是合作关系。

[1] “Duchesneau to M.de Seignelay, 10 Nov.1679”, *NYCD* 9: 133–134; Denonville à Seignelay, 13 nov. 1685, AN, C11A, v.7; Champigny Memoir, 10 mai 1691, AN, C11A, v.11; Denonville to Seignelay, Jan. 1690, *NYCD* 9: 442–443. 引文见“Relation du voyage de Cavelier de La Salle, du 22 Aout 1680 a l’ automne de 1681”, Margry, *Découvertes*, 2: 133。非法游商的情况见 Jaenen, *Friend and Foe*, 115; Eccles, *Canadian Frontier*, 90。

因此印第安人必须与形形色色、纷争不断的法国群体建立适当的社交关系。[1]

59 与之对应，这些各式各样的法国人中有些人会威胁到阿尔冈昆社会秩序，因为他们主张，文化传统并非与生俱来，而是可以从一个族群传播到另一个族群，这带给阿尔冈昆人的身份认同致命一击。在这个意义上讲，传教士和基督教具有潜在颠覆性的力量，如果阿尔冈昆文化不能吸纳它们，它们便可反过来摧毁信徒原有的身份认同。只有伊利诺伊地区很快意识到这一威胁，那里全面地面临基督教的危险，反对传教士者的主张颇能说明问题。他们攻击教会的部分理由是，祷告无效，而且洗礼会致人死亡；但他们也说，基督教破坏并取代了很多对伊利诺伊群体的身份认同至关重要的文化传统。在一种随后将会诉诸“印第安方式”的论证中，伊利诺伊长老们争辩说，因为身份认同是与生俱来的，所以基督教适合法国人，而伊利诺伊人的信仰适合伊利诺伊人。正如一位皮奥里亚（Peoria）酋长——基督教的反对者所述：

> 我将举行一场盛宴……我会邀请所有元老和所有群体的酋长……讲完我们的药物和我们祖先们的教导，这个远方来的人难道会有比我们更好的药物，要我们采用他的习俗吗？他的寓言只在他自己的国家才是好的；我们有我们的寓言，而且不会像他的寓言那样致人死亡。

用一位卡斯卡斯基亚老人的话说，他“对该地的古老习俗充满热情，并且他认为，如果族人们接受基督教，则他的荣誉会减少，社会地位（或与之相似的东西）会下降”，他说：

---

[1] 路易斯·德舍纳（Louise Dechene）检视了 1708 年至 1717 年间人们去西部的记录，发现总共有 373 个不同的人，其中 179 人只去过一次，112 人去过三次以上，这 112 人构成了“内部贸易框架”（I’ armature du commerce interieur）。其他人的旅行则是“临时或偶尔的活动”（une activité temporaire ou occasionnelle）；见 Louise De Chêne, *Habitants et Marchands de Montréal au xvii Siécle*（Paris: Libraire Plon, 1974）, 219–220。

> 听过黑衣教士讲道的人都进我的木屋来，我也要把我从祖父那儿学来的东西教给你们——而这才是我们应当信奉的。把教士讲的神话留给那些远方的人吧，让我们坚守自己的传统。[1]

我们必须在双重语境下理解中间地带的运作。第一，在阿尔冈昆村庄中层级控制很弱，而法国官员也很难对西部的法国人施加影响。第二，双方社会似乎都对对方的精英阶层造成了文化上的威胁。在实践中这意味着，法国人和阿尔冈昆人之间的社会关系的程度和意义，很大程度上取决于村庄本身内部面对面的互动，而这些关系并不为法国当局或阿尔冈昆长老所喜。这种现象并不意味其中不涉及任何官方 60
行为，而只是说官方决策并不能主宰实际关系的发展。

二

在中间地带形成的关系有很多种，不过我们暂且把酒类贸易放在一边，先看一看在两个领域内的接触中存在的特别严重的问题，那就是性和暴力。法国男性和印第安女性之间的性关系，法国男性和印第安人之间的暴力，二者一直伴随着西部的贸易。一个促进了贸易，另一个则可能破坏贸易，但二者都提出了文化接触中需要协商解决的问题。性和暴力不仅就其自身性质来说十分重要，也是理解中间地带在文化和解上是如何实际发挥作用的。

西部的法国男性与印第安女性的性关系在双方交往中之所以能够长期处于核心地位，是因为直到18世纪30年代，也只有极少数法国女性来到了西部。在高地，法国女性极其罕见。17世纪90年代勒叙厄尔（Le Sueur）夫人来到圣路易斯要塞，引起不小的骚动，因此，正如印第安人造访欧洲一样，她必须同意进行一次公开露面，让好奇的人

[1]　*JR* 64: 173, 183.

们能够看见她。缺少法国女性，意味着法国男性热衷于找印第安女性作为性伴侣。当然，并非所有法国男人都这么做。耶稣会士是禁欲的，他们的杂役仆从也往往如此。如果阿尔冈昆人对此并非一无所知的话，那么他们看待这种情况的眼光混合着猎奇与厌恶，就像法国人看待伊利诺伊人中的异装癖以及许多阿尔冈昆民族接受同性恋的态度一样。[1]

阿尔冈昆人最终接受了耶稣会的禁欲要求，但耶稣会士从没有接受过阿尔冈昆人的性风俗，特别是当其他法国男性表现出他们对这些性风俗的狂热之时。性从来不是个人的事，而是由特定的权威支配与管制。法国人内部性的最高权威恰恰是（理论上）实际经验最少的
61 人——教士。耶稣会士对法国人与印第安人的性生活都津津乐道。[2]

正是由于耶稣会士关注异族人的性行为，加上佩罗、拉翁唐、德利特（Deliette）等人更直接的经验和观察，我们得以复原当时的性关系图景，不过这些信息来源的性质决定了我们一定要谨慎使用它们。要理解阿尔冈昆人和法国人之间产生的性关系，我们必须拂去法国人的掩饰之词，那是性幻想、社会批评及詹森主义[3]的混合物。关于性关系，也只有极少数相对直接的描述，但其信息源往往引发公开的争论。耶稣会士热衷于谴责和制止他们眼中的阿尔冈昆人和法国人伤风败俗的行为——多妻制、通奸和卖淫。不过，另一个极端表现是，有时拉翁唐又喜欢利用印第安人作为武器来攻击欧洲人虚伪的法律和习俗。[4]

尽管目的不同，但是几乎所有的法国人的描述都是一致的。第一，他们无法理解在婚姻关系以外女性之于男性的地位；第二，他们倾向

[1] 勒叙厄尔夫人的情况见 De Gannes（Deliette）Memoir, *IHC* 23: 338。异装癖和同性恋的情况见 De Gannes（Deliette）Memoir, *IHC* 23: 329–330; Le Clercq, *First Establishment*, 135; Relations des découvertes, Pierre Margry, *Découvertes et établissements des Français...de l' Amerique Septentrionale, 1614-1698*, 6 vols.（Paris: Maisonneuve et Cie, 1879, repr. New York, AMS, 1974）, 1: 488。

[2] *JR* 54: 179–183; *JR* 65: 235–245; Cadillac, Account of Detroit, Sept. 25, 1702, *MPHC* 33: 143. Ordonnance du M. le Comte de Frontenac pour la traite et commerce du outaouacs...8 avril 1690（avec remarques faites par l' intendant）, AN, F3, v.6, f.366.

[3] 詹森主义，17 世纪荷兰天主教中反正统派神学詹森（Cornelius Otto Jansen）所创立的宗教学院，认为教会最高权力属于公议会而不属于教皇，反对天主教教皇的荒淫。——译者注

[4] *JR* 65: 193–199, 229–243; Reuben Gold Thwaites（ed.）, *New Voyage to North America by the Baron de Lahontan*, 2 vols.（Chicago: A. C. McClury, 1905）, 2: 455–456, 460–461, 605–618.

于将两种相反的性行为归入同一类性关系之中，一端是婚姻，另一端是卖淫和通奸。为了把阿尔冈昆女性的行为放进他们自己的文化分类，依照欧洲人的标准，法国人往往有选择性地放大那些看起来不守规矩又放荡的妇女的行为，而不是展示一个遵循完全不同的社会逻辑的民族。其直接后果就是把一个女性基于这样一个人来定义——她真实的或潜在的丈夫——不一定总是该女性生活中最重要的角色。根据其自身的部落身份，一个阿尔冈昆女性和她的母亲、父亲、兄弟、姐妹或者祖父母及其他没有亲属关系的妇女之间的关系，往往比她与丈夫之间的关系更为多重和重要。一个女人的社会地位也绝不仅仅取决于其丈夫，在仪式组织中的成员或者在某些部落如肖尼人、休伦－佩图安人及迈阿密人中，其在某些仅限女性的职务上所具有的政治地位比她丈夫的地位更具有影响力。[1]

然而，即使最谨慎和敏锐的欧洲观察者在谈到妇女地位和性关系 62
时，也简化了许多真实的社会世界中的社会关系——其中一些关系展现了全部的意义。比如，佩罗和拉菲托（Lafitau）神父对阿尔冈昆婚俗做了客观的记录。他们确认婚姻是家族之间的社会契约——就和在欧洲一样；但礼物是送给新娘家族的，佩罗说这是用来交换新娘的身体，在欧洲礼物是送给新郎。在阿尔冈昆社会的其他地方，强制性的权威十分虚弱，而在婚姻中，这种权威得到了加强。一旦结婚，女人就必定从属于她的丈夫。伊利诺伊人和迈阿密人对妇女通奸施以严厉处罚，法国人将此视为妇女从属地位最直接的证据。德利特称他在伊利诺伊人中生活的七年里见证了上百个妇女因为通奸被处死。其他人强调通奸的妇女会被其丈夫施以惩罚，比如割鼻子、割耳朵，丈夫还

[1] 欧洲人要想观察印第安妇女的生活时存在的普遍障碍见 Katherine Weist, “Beasts of Burden and Menial Slaves: Nineteenth–Century Observations of Northern Plains Indian Women, ” 以及 Alice Kehoe, “The Shackles of Tradition”，均载 Patricia Albers and Beatrice Medicine, *The Hidden Half: Studies of Plains Indian Women*（Washington, D. C.: University Press of America, 1983）, 29–52, 53–73。伊利诺伊妇女能够通过幻视获得权力，有可能成为萨满。文化上与之极为相近的迈阿密人中也有女性酋长，其责任与男性酋长一样，且她们是从父亲那儿继承地位，而非通过丈夫获得。见 *HBNI* 15: 675, 677, 684–685。

会请人轮奸不忠的妻子。对男人通奸却没有相应的惩罚。对法国人来说，这些财产交换，妇女的从属地位以及在性事上的双重标准，使阿尔冈昆社会成为一个严苛但却熟悉的、可理解的世界。[1]

问题是这种描绘并不完整，法语文献本身已经清楚表明了这一点。妇女对其丈夫的从属地位不一定是永久的，她可以召集男性亲属来保护她、证明她的清白，她还可以随时离开丈夫回娘家。而且很多族群并不会严厉惩罚通奸。据卡迪亚克所说，渥太华人和休伦－佩图安人中已婚妇女拥有极大的性自由，以致“通奸”一说已经毫无意义。实
63 际上正是这些概念本身存在问题，欧洲关于婚姻、通奸和卖淫的概念根本无法涵盖高地实际上多样的性关系。[2]

耶稣会士及其他欧洲人并未将这些文化范畴上的区别施加于人种学实践，他们这么做是为了理解并规范性行为。耶稣会士将此任务视为他们在西部的主要目的之一。这里当然存在通奸、卖淫和婚姻，但大多数性接触都发生在法国男性和单身印第安女性之间，这些单身印第安女性享有极大的性自由，但并非妓女。对于阿尔冈昆人中这种自由的未婚女性，法语中并没有恰当的说法。

由于在法国社会中没有对应的事物，加上拥有等级制度的迈阿密人与伊利诺伊人和阿尔冈昆人都存在差别，法国人对阿尔冈昆人中未婚女性的性事标准的描述五花八门，往往还自相矛盾。比如，德利特说阿尔冈昆女人很重视贞操，但又说实际上所有女性甚至已婚妇女都有情人。[3]

---

[1] 佩罗和拉菲托对婚俗的记载见 Nicolas Perrot, *Memoir on the Manners, Customs, and Religion of the Savages of North America*, 载 Emma Helen Blair（ed.）, *The Indian Tribes of the Upper Mississippi Valley and Region of the Great Lakes*, 2 vols.（Cleveland: Arthur H.Clark, 1912）, 1: 64–65; Joseph–François Lafitau, *Customs of the American Indians Compared with the Customs of Primitive Times*（Toronto: Champlain Society, 1924–1977）, 1: 336–37, 339。伊利诺伊中的通奸见 De Gannes（Deliette）Memoir, *IHC* 23: 327, 335–337; Reuben Gold Thwaites（ed.）, *Father Louis Hennepin' s A New Discovery of a Vast Country in America*（facsimile ed., Toronto: Coles, 1974, repr. ed. of 1903 ed.）, 167–168; Jolliet and Marquette, in Louise P. Kellogg（ed.）, *Early Narratives of the Northwest, 1634–1699*（New York: Charles Scribner' s Sons, 1917）, 243。

[2] 卡迪亚克的描述见 Quaife（ed.）, *The Western Country*, 63。卖淫的情况参考 *JR* 65: 241; Memoire touchant l' yvrognerie des sauvages, 1693, AN. C11A, v.12, f.384。

[3] De Gannes（Deliette）Memoir, *IHC* 23: 328–337; Thwaites（ed.）, *Lahontan' s Voyages*, 2: 453. 尤特尔（Joutel）给出了相反的解释，与德利特的说法相近，见“Joutel' s Memoir”, 载 Isaac J. Cox, *The Journeys of Robert Cavelier de La Salle*, 2 vols.（New York: A.S.Barnes, 1905）, 2: 222。

拉翁唐相信未婚阿尔冈昆女性实际上在性方面完全自由：

> 人们允许年轻女性做她喜欢的事；让她自行其是，父母兄弟姐妹都不能假装控制她。他们说，年轻女性是她自己身体的主宰，因为她生来便是自由的，她可以做任何自己喜欢的事。

婚前性行为的唯一社会障碍是害怕怀孕，女性怀孕就不能嫁给高级阶层的丈夫了，但拉翁唐说女人们知道如何把不想要的孩子流产掉。在多数族群中，这种性自由显然在结婚后就结束了。不过也有些女人根本不结婚。据拉翁唐所说，有一类女人叫作“Ickoue ne Kioussa”，或者叫“猎女”，“因为她们通常在猎人临时外出时陪伴他们”。此种女人宣称她们无法忍受“婚姻义务”，无法抚养孩子，也“毫无耐心在村子里过冬”。拉翁唐认为这纯属是“为淫荡找的借口”，但他指出，这些女人并不会遭到父母、亲戚的谴责，他们会 64
说：“他们的女儿们有权主宰自己的身体，并把身体交给她们认为合适的人。”这些女性生下的孩子由她们的家族抚养，并且会“被视为合法后代”，除了不能与著名的战士家族或议会家族婚嫁，他们享有一切权利。[1]

我们一定要谨慎阅读拉翁唐写的内容，因为印第安人只是他借以批判法国社会的工具而已，并且他的分析经常与那些更为资深的观察者相悖。譬如，拉翁唐认为离婚在阿尔冈昆人中微不足道，佩罗则不这样看，而佩罗可是在西部印第安人中度过了大半生。而且，即使在伊利诺伊人中，女性婚前也并非完全自由；男性对其姐妹的性关系有极大话语权。虽然拉翁唐有过度概括和哗众取宠之嫌，但也不能把他的论断简单视为浪漫化的捏造。资深观察者们对于阿尔冈昆年轻姑娘

[1] 引文见 Thwaites（ed.）, *Lahontan's Voyages*, 2: 453; *ibid.*, 454, 463。怀孕的情况见 *ibid.*, 454, 463; 猎女的情况见 *ibid.*, 463–464。

的其他描述也有和拉翁唐相一致的。尤特尔（Joutel）关于伊利诺伊人的记载佐证了拉翁唐的描述，尽管其中把男性与猎女的同居关系混同于婚姻了。据尤特尔所说，伊利诺伊人的婚姻长不过两人愿意待在一起的时间，因为他们“在一轮捕猎结束后一别两宽，各走各路，而不必举行任何仪式”，他还指出，“有些女性毫不掩饰地和法国人厮混”。卡迪亚克也指出，女性“可以尽情享乐，婚姻生活想过多久就多久，想找多少男人就找多少，并不会受到谴责”。[1]

因此，年轻姑娘及猎女享有相当的自由去和法国人发生性关系，并且在阿尔冈昆人与法国人建立约定俗成的性关系时扮演主要角色。起初，很多法国人——比如耶稣会士，会认为这种关系纯属卖淫，或者像尤特尔一样，认为这是一种松散的、易于解除的婚姻关系，但是到了17世纪90年代，他们意识到这是伴随毛皮贸易而生的一种独立、惯常的关系形式。基本上，女性把猎女和猎人的关系搬用到了毛皮贸易的新情境下。这些女性不只是和他们的法国伴侣发生性关系，还替
65 他们做饭、洗衣、做衣服和砍柴。耶稣会神父卡雷伊（Carheil）用了和拉翁唐很相似的话来谴责这些女人：

> 商人们变得如此习惯于在贸易地点有女人可用，这变成了必需，以致他们在旅途中不能没有女人……我说的是单身女性、没丈夫的女人、主宰自己身体的女人、能把身体送给这些男人的女人，以及男人知道她们的行为是出于自愿——一句话，她们都是蒙特利尔的妓女，自愿被带到这儿来又被带回去；她们也全都是这个地方的妓女，以同样的方式被带到蒙特利尔，又从蒙特利尔被带回来……他们把女人带来所用的借口是，女人比男人花费少，

[1] 关于离婚可比较拉翁唐、佩罗和卡迪亚克的说法，见 Thwaites（ed.）, *Lahontan's Voyage*, 2: 453; Perrot, *Memoir*, 64–65; Quaife（ed.）, *The Western Country*, 38–39。弟兄对姐妹的控制见 De Gannes（Deliette）Memoir, *IHC* 23: 332, 337; Raudot, “Memoir,” 载 W. Vernon Kinietz, *The Indians of the Western Great Lakes*（Ann Arbor: University of Michigan Press, 1965）, 389。尤特尔的说法见 Joutel Memoir, 载 Cox（ed.）, *Journeys of La Salle*, 2: 222。卡迪亚克的话见 Quaife（ed.）, *The Western Country*, 45。

> 也满足于更低的工资。他们说的是事实，但是满足于低工资正是她们放荡的明显证据……这些堕落的女人想要男人，反过来这些男人在旅途中也想要女人。旅途过后……各自分开。他们分开只是为了去找新欢。[1]

其实，被卡雷伊神父误解和谴责为“卖淫”的行为与通常意义上的卖淫完全无关。这些女人并未引诱顾客，也不会单纯出售性服务。她们做的是阿尔冈昆社会期待女人做的工作，性只是附带的。这也不是短暂的婚姻关系。因为在婚姻中，妻子不会从丈夫那里取得报酬，妻子也不能像猎女那样自由地解除一段关系、开始下一段；再者，这也并非两个家族之间的契约。这种关系是通往中间地带的桥梁，是毛皮贸易中跨种族性关系的调节与适应，各自原本关于性关系的认识在新的关系中逐渐达成一致。既可暂时帮佣，又能提供性陪伴，非法游商们显然被这种结合所吸引，但这种关系之所以盛行可能是因为战争导致阿尔冈昆社会性别比例严重失调。

17世纪晚期有很多关于阿尔冈昆人口压力的描述，包括性别失衡和姐妹共夫——丈夫娶了两姐妹或更多姐妹。与非法游商的性关系提供了多妻制之外的替代选择。多妻制也是耶稣会传教士攻击的靶子之一，他们不愿意承认饥荒、传染病和多偶婚姻三者之间存在联系。在 66
麦基诺地区，耶稣会对一夫多妻的抵制似乎一度奏效。1670年，为了对付传染病，苏圣玛丽的男人们仅带回他们的第一任妻子，并且将他们自第一次婚姻之后所娶的妻子们都打发走。结果，基斯卡科恩渥太华人（渥太华人中最为基督教化的，也是多偶婚姻最少的渥太华群体）和卡斯卡斯基亚人大概到18世纪初就全面禁止了多偶婚姻。耶稣会士从未在其他地方取得全面禁绝多偶婚姻的成绩，但这局部的胜利也带来了极具讽刺意味的后果：由于男女人口失衡，单身女性增加，导致

[1] 约定俗成的关系见 *JR* 65: 233。引文见 *ibid.*, 241。

更多女性愿意与法国人发生关系。[1]

耶稣会抨击多妻制，反而可能造成更多妇女与法国人厮混，这只是法国人和阿尔冈昆人试图达成双方都理解的性关系模式时出现的众多反讽现象之一。猎女在与非法游商私通时，她们作为一个群体将一种阿尔冈昆式的性关系引入了毛皮贸易中，并对其进行了调整；但另一小撮信仰基督教的印第安妇女同样具有影响力，她们在自己与阿尔冈昆男人及法国男人的性关系中创造出了别的模式。这些女人的影响并非随处可见，仅仅只限于被耶稣会士成功吸引而大量改信基督教的人群中：休伦－佩图安人、基斯卡科恩渥太华人，最重要的是伊利诺伊联盟中的卡斯卡斯基亚人。[2]

基督教妇女带来的影响在伊利诺伊人中最为明显。17 世纪末、18 世纪初，伊利诺伊人中出现了性别危机的迹象。性别比例严重失调，德利特（可能有所夸大地）估计男女比例为一比四。伊利诺伊人自己认为他们的传统婚姻形式正在衰落，而据法国人讲述，一方面他们严厉惩罚通奸，另一方面，印第安女性与法国男性私通的现象仍然广泛存在。到 1692 年，伊利诺伊人基本上放弃了“饥饿岩”，并在皮奥里
67 亚湖南端修建了村庄，因此在皮米图伊（Pimitoui）形成了新的村落群。生活在伊利诺伊人中的法国人在这些村庄附近修建了第二个圣路易斯要塞。皮米图伊也是耶稣会向伊利诺伊人及周边民族传教的大本营。格拉维耶神父自 1688 年或 1689 年开始在伊利诺伊人中传教，1693 年他在那儿建立了一个固定的传道所。到 1696 年，这位神父在过去六年中已经替大约两千人施洗。其中许多人是在临终受洗，而受洗婴儿长大后不一定都过天主教生活，即使剔除这两个因素，上述数字仍然

---

[1] 性别失衡及姐妹共夫的情况参见 Relation du voyage de Cavelier de la Salle, du 11 aout 1680 à l’ automne de 1681, Margry, *Découvertes*, 2: 157; *JR* 54: 219, 229; La Salle on the Illinois Country, 1680, *IHC* 23: 10; De Gannes（Deliette）Memoir, *IHC* 23: 329; *JR* 54: 219。耶稣会对多妻制的攻击以及多妻制与疾病之间的关系等，见 *JR* 57: 215–219; *JR* 57: 231; *JR* 56: 113。遣散诸位妻子的事见 *JR* 55: 129–131。多妻制的衰落见 *JR* 61: 1312; *JR* 57: 231, 81; Emily J. Blasingham, “The Depopulation of the Illinois Indians,” *Ethnohistory* 3（Summer 1986）: 386–387。

[2] *JR* 65: 67, 79; De Gannes（Deliette）Memoir, *IHC* 23: 361. 耶稣会士重视基斯卡科恩渥太华人及卡斯卡斯基亚人的性行为，见 *JR* 54: 179–183, and *JR* 65: 67–69。

很庞大。格拉维耶的宣教事业在伊利诺伊人中取得了持续的成功，特别是在年轻女性中，据德利特所说，她们“经常从教义中受益，还嘲笑本民族的迷信。这总是使老人怒不可遏”[1]。

到17世纪90年代，天主教教义对性诉求的区别对待开始在伊利诺伊人中产生极大反响，它反过来影响了法国人和伊利诺伊社会相联结的方式。17世纪90年代耶稣会对伊利诺伊人中的教导加强了对圣母玛利亚的崇拜，随之而来的是对贞洁的强调。这个强有力的女性宗教形象，她的权威（就像耶稣会士一样）与禁欲联系在一起，她吸引了一群女教众，尤其是年轻的妇女和年老的处女。无从得知这些女性如何理解基督教及其对圣母的崇拜。她们可能将之理解为女性的仪式组织，不过鉴于她们喜欢嘲笑伊利诺伊传统文化，她们也可能清晰地感觉到它是对现存宗教习俗背道而驰。在一个充满战乱、耶稣会士赤裸裸的文化挑战、人口下降以及（如果法国人的描述正确的话）男性普遍暴力对待女性的时期，这些妇女的行为就有明确的社会和文化内涵。女性借助阿尔冈昆人的普遍信条，即未婚女性“是她们自己身体的主人”，不光使性体验合法化，也使禁欲合法化。于是她们检验了她们从祷告和天主教信条中获得的宗教力量，以及反对老人们从幻象和传统中获得的力量。她们的行为触怒了年轻男性——因为男人们发现自己在性事上的机会减少了。她们也触怒了老人和萨满——因为他们遭遇 68
了直接挑战。[2]

在此分歧中，基督教和阿尔冈昆的社会及文化世界正在变成单一

[1] De Gannes（Deliette）Memoir, *IHC* 23: 329–330, 335–337; Joutel Memoir, 载 Cox（ed.）, *Journeys of La Salle*, 2: 222。埃米莉·布拉辛格汉姆（Emily Blasingham）估计成年战士与其余人口之比为 1∶3.17，显然没有将德利特的估计计入其中，但相比起来她的估计更像是猜测。见 Blasingham, “Depopulation of the Illinois,” 364。村庄地址见 J. Joe Bauxar, “The Historic Period,” 载 Elaine Bluhm（ed.）, *Illinois Archaeology Bulletin No.1, Illinois Archaeological Survey, Urbana*（Carbondale, 111.: Southern Illinois University Press, 1959）, 49。格拉维耶传教见 Mary Borgian Palm, “The Jesuit Missions of the Illinois Country（1673–1763）,” Ph. D. diss., St. Louis University, 1931（Cleveland, privately printed, Sisters of Notre Dame, 1931）, 22, 24–25。格拉维耶施洗见 *JR* 65: 33。冲突的情况见 *JR* 65: 67, 以及 Fr. Rade 的引用，见 Mary Elizabeth Good, “The Guebert Site: An Eighteenth–Century Historic Kaskaskia Indian Village in Randolph County, Illinois,” *Central States Archaeological Societies Memoir*, 2（n.p., 1972）, 14。

[2] 童贞玛利亚见 *JR* 59: 187; 193, 201, 207, *JR* 63: 217–2019。年轻男子的反对见 *JR* 65: 67。

的行动场域的一部分，而且其结果不只影响了阿尔冈昆社会，也影响了法国人。西部法国人开始与伊利诺伊的男人一样对基督教在伊利诺伊妇女中的影响感到反感。法国人也对耶稣会士的新能力感到愤恨，后者通过影响女人而控制了非法游商和旅行者的性生活。此外，他们的愤恨还远不止对性生活的限制。

耶稣会造成的影响不仅威胁到性行为，也威胁到商人和非法游商与阿尔冈昆社会创造联结的能力，而他们的生意甚至生活都有赖于该社会。此处重要的议题不是随意私通，而是婚姻。17 世纪时印第安女性和法国男性之间的正式婚姻极为稀少。根据阿尔冈昆当地习俗，跨种族联姻是有可能发生的，但是一直到 17 世纪 90 年代的资料都极少提及任何形式的跨种族联姻。1698 年，圣科姆（St.Cosme）神父提到过有些旅人娶了伊利诺伊妻子，大约同一时期，卡雷伊神父也提到麦基诺有些旅人也在印第安人中有婚娶。理论上说，我们会以为耶稣会士和殖民地精英赞同法国男性和印第安女性结婚，以取代高地不受约束的性关系；同样的道理，法国旅行者们在一个性爱机会充足的环境中活动，我们可以推测他们并不热衷于缔结正式的婚姻关系。然而，事实上在 17 世纪 90 年代的情况恰恰与此相反。17 世纪 90 年代，跨种族联姻的情况激增，可能与法国人越来越认真地要把非法游商赶出高地有关——直到 17 世纪 90 年代末法国人放弃西部大部分哨所而告终。非法游商可能想通过婚姻与印第安人建立起必要的亲属关系，从而维持其在西部的安全。[1]

69 这种尝试与法国统帅们的想法不谋而合，统帅们往往也有自己的

[1] 婚姻见 *JR* 65: 241; *JR* 65: 69; St.Cosme, 载 Kellogg（ed.）, *Narratives*, 251。关于湖区通婚最好的著作是 Jacqueline Peterson, “Prelude to Red River: A Social Portrait of the Great Lakes Metis, ” *Ethnohistory* 25（1978）: 41–68。西北部通婚见 Olive Dickason, “From One Nation in the Northeast to New Nation in the Northwest: A Look at the Emergence of the Metis”, 载 Jacqueline Peterson and Jennifer S. H. Brown, *The New Peoples: Being and Becoming Metis in North America*（Lincoln: University of Nebraska Press, 1985）。最近两本书讨论了毛皮贸易后期的跨种族婚姻，但两者研究的情境都与 17 世纪晚期的西部大不相同，其中神父们已经主持了最早一批天主教婚姻。见 Sylvia Van Kirk, *Many Tender Ties: Women in Fur-Trade Society, 1670–1870*（Norman: University of Oklahoma Press, 1980），以及 Jennifer S. Brown, *Strangers in the Blood: Fur Trade Company Families in Indian Country*（Vancouver: University of British Columbia Press, 1980）。

商业利益，他们所负责制定的并不是宏大的政策，而是与印第安人的日常关系。圣路易斯要塞的通泰与西厄尔·德·拉福雷（Sieur de la Forest）都赞成借助通婚巩固与伊利诺伊人的关系。卡迪亚克在18世纪早期对底特律的规划就包括鼓励士兵与印第安女性婚配。他解释道："此类婚姻将巩固这些部落之间的友谊，正如罗马人与萨宾人（the Sabines）能保持永久和平，依靠的就是罗马人从萨宾人那里娶来的女人居中调解。"[1]

与法国统帅一样，印第安人也把通婚视为与法国人的盟约中不可或缺的一部分。至少各家族的男性家长极力推崇通婚。比起法国人与猎女之间的风流韵事，婚姻更是直接将性放在了政治舞台上。双方都认可，婚姻不只是配偶两人的事，更是涉及更多人的家族间的盟约。不仅仅是财富流向了新娘的家族，新建立的亲属关系还确保了双方家族可以征求双方的援助和保护。由于婚姻比起猎女式的关系具有更广泛的社会内涵，所以印第安女性会发现，比起与法国人的风流韵事，她的家族更关心她是否能找到一个法国人作为终生伴侣。[2]

不过，耶稣会士和更高级的法国官员则对通婚不甚热衷，既因为它使旅人和非法游商在高地获得了独立的地位，也是出于对种族因素的考量。17世纪的耶稣会士不赞同跨种族通婚。对于性道德问题，他们更青睐的解决方案是驱逐高地的大多数法国人，并把剩下的人置于耶稣会的严格监督下。不过，上路易斯安那的耶稣会士及其他神父逐渐开始容忍跨种族婚姻，只需那位妻子是天主教徒即可。在卡斯卡斯 70
基亚的法国村落中，1704年至1713年间有记载的二十一起洗礼中，受洗人母亲是印第安人、父亲是法国人的有十八例。1714年路易斯安那

[1] *JR* 64: 201–203; Cadillac to Minister, 18 Oct. 1700, *MPHC1* 33: 189. 卡迪亚克后来的反对见 Mariage des francais avec les sauvagesses, 1 sept. 1716, AN, C13A, v.4, f.255。
尚不清楚当时是谁在管理伊利诺伊的圣路易堡。1694 年是通泰在那儿，见 Declaration de Henri de Tonti, 11 avril 1694, AN, C13A, Louisiana, v.1（fol, 27），但 1693 年秋天他在蒙特利尔。见 Engagement of Viau to La Forest and Tonti, Sept.11, 1693, *IHC* 23: 273–275。鉴于通泰和拉福雷都不在，可能是德利特在管理。

[2] *JR* 64: 195, 197, 207, 211. Quaife（ed.）, *The Western Country*, 39, 45; Perrot, *Memoir*, 64–69; Lafitau, *Customs*, 1: 336–337.

的本堂神父西厄尔·德·拉旺特（Sieur de la Vente），称通婚是充实殖民地人口的一种方式。他认为伊利诺伊及邻近部落的妇女比其他东部和南部的印第安妇女“肤色更白，更耐劳，更灵巧，更会持家，也更温顺”。[1]

殖民地的主要官员比神父们还要更加坚定地反对通婚。在加拿大，他们更赞成法国男性在魁北克和蒙特利尔附近结婚定居。既然官方政策打压非法游商并让他们迁出西部，官员们就不可能公开表示对该处婚姻的支持。他们将这种政策上的考虑与出于种族偏见反对法-印通婚的观念混为一谈。1709年，沃德勒伊总督在底特律解释反对种族间通婚的原因：“好坏绝不能混同。我们在此地的经验使我们禁止此类婚姻，因为所有与野蛮人通婚的法国人都淫荡、懒惰、无法无天；他们的孩子也和野蛮人一样懒惰无比。”在卡迪亚克任路易斯安那总督时，他一度提倡通婚，而他手下的行政长官杜克洛（Duclos）则以类似于沃德勒伊总督的说辞反对通婚。他们说印第安女性生性淫荡，还会离开无法取悦她们的男性，而且就算婚姻持续下来了，结果也只会是生出一群“杂种、懒汉、浪子，甚至比西班牙殖民地更多的无赖”。[2]

鉴于这一系列社会和文化的考虑，加上两个社会各自的内部分歧以及不可避免地要将各自社会中的全体成员以一个统一集体的形式来决定结果，一个伊利诺伊女基督徒与一个法国男性结婚会在中间地带引发一场极具决定性的危机，这就毫不奇怪了。1694年，米歇尔·阿科（Michel Accault）试图迎娶阿拉梅（Aramepinchieue）所做的努
71 力，既揭示了两个社会之间关系的复杂性，也开启了中间社会生成的进程。

[1] 官方对婚姻的态度见 Jaenen, *Friend and Foe*, 164。德拉旺特神父的话见 Mariage des francais avec les sauvagesses, 1 sept. 1716, AN, C13A, v.4。禁令与监管见 *JR* 65: 233–245。洗礼见 Palm, “Jesuit Missions,” 43–45。

[2] 总督的反对见 Vaudreuil and Raudot to Minister, Nov. 14, 1709, *MPHC* 33: 454。杜克洛和卡迪亚克的说法见 Mariage des francais avec les sauvagesses, 1 sept. 1716, AN, C13A, v.4, f.255。1730 年的重新考虑见 Bienville et Salmon au Ministre, 16 mai 1735, AN, C13A, v.20, f.85。Memoire concernant les Illinois, 1732 AN, F3, v.24.

围绕阿科和阿拉梅婚姻的争议并未导致伊利诺伊人非要与法国人较量一番不可，反而使各族群视新郎和新娘的社会地位而站队。阿拉梅是一个重要的卡斯卡斯基亚领导人鲁昂撒（Rouensa）的女 72
儿，她是一位虔诚的基督徒，是伊利诺伊布道所的骄傲。阿科是个法国男子，最初与拉萨莱一起来到西部，后来陪伴亨内平神父旅行到苏人中。此后他在西部广泛贸易，并在耶稣会士中留下了浪子的名声，被视为信仰的敌人。阿拉梅与卡斯卡斯基亚精英阶层和格拉维耶神父都有关系，阿科则与圣路易斯要塞的亨利·德·通泰及其身边的法国人为盟，然而他是格拉维耶的敌人。他与阿拉梅结婚将会加强一个显赫的卡斯卡斯基亚家族与法国人的联系，对双方都有利。鲁恩沙正是以这些说法来宣布婚讯的，他试图巩固自己与法国人的结盟。[1]

问题是这次求婚在联结起法国人和阿尔冈昆人的同时也凸显了他们各自的内部分歧。阿拉梅拒绝嫁给阿科，格拉维耶神父支持她的决定。格拉维耶神父的直接目标是阿科，他无法允许一个在他看来放荡的法国人向印第安社会施加影响。他也许勉强能同意一个信天主教的法国男人和信基督教的印第安女人结婚，但只有在能够促进真正的信仰事业时才可以。他告诉阿拉梅的父母和向她求婚的人："上帝并未命令她不许结婚，但同样也不能强迫她结婚；嫁不嫁人只有她自己能做主。"格拉维耶的表述显示，不管事后看来天主教的道德有多严厉，它仍然可以用来扩大妇女对她自身生活及其家庭的影响力。阿拉梅这样的女子总是能在选择婚姻伴侣这件事上有一定的自主权，但基督教提供给她们一种新的掌控途径。其独特之处不在于女性有能力拒绝自己不喜欢的求婚者，更在于可以集结起盟友来帮她顶住家族压力坚持自己的决定。[2]

---

[1] 阿科的情况见 *JR* 64: 213, 180。阿拉梅和鲁昂撒见 *JR* 64: 179–181, 193–237。阿拉梅的基督教名为玛丽或玛丽亚，见 Palm, "Jesuit Missions, " 38。

[2] *JR* 64: 205–207, 213, 280. *JR* 64: 211, 195. 阿拉梅的情况见 *JR* 64: 193–195, 205–207, 213–229。

这幅图由德卡尔·德格朗维尔约作于1700年，显示一个文身的苏人酋长带着一管卡柳梅特。（感谢纽约公共图书馆惠准使用）

一方面，阿拉梅的决定是对阿尔冈昆法则的明确拒绝，并诉诸异国标准；但在另一方面，阿拉梅诉诸异国标准又仅仅是为了强调阿尔冈昆意义上的妇女自决。格拉维耶声称她“做主嫁或不嫁”终究呼应了那个阿尔冈昆信条：未婚女子是她自己身体的“主人”。格拉维耶试图颠覆传统的伊利诺伊性实践，因为它们与天主教教义相悖；而阿拉 73
梅利用天主教教义来维持那些同样实践背后的价值观，最终两人却发现他们成了同盟。从定义上来说，法国人和印第安人双方的卷入，两个集团中的成员想要得到另一方成员的帮助，以满足己方社会中生起的欲望，加上不管法国道义还是印第安道义都不能控制局势，这就是中间地带的冲突。

一开始新娘拒婚造成了僵局，鲁昂撒和法国指挥官都曾尝试用他们可用但有限的强迫手段来打破僵局。鲁昂撒把阿拉梅从家里赶走，但她受到格拉维耶神父保护，格拉维耶神父安排她住在一户新入教的家庭。拒绝父母的意愿令阿拉梅非常受伤，但她通过诉诸天主教教义使自己的行为合理化。村庄会议的酋长们试图阻止人们在小教堂中做天主教礼拜，以此作为报复，但至少有50人仍然坚持去教堂，基本上都是妇女和姑娘。村庄会议（尽管他们表示否认）派出一名武装战士带着棍棒去干扰礼拜。女人们反抗了他。伊利诺伊人中对抗的双方明显以性别为界。并非所有女人都背弃了酋长们，但这时基督教的确是一个违抗男性主导会议的女性宗教会社。在法国人中，分歧自然存在于男人中。那位法国指挥官不仅没有制止这种阻挠传教的行为，反而幸灾乐祸，还当着法国人和印第安人的面公开谴责格拉维耶。当这些伎俩都没能使神父动摇时，不管指挥官还是鲁昂撒都不太敢将暴力升级，尽管卡斯卡斯基亚人并不排除会有武力升级的可能。[1]

这样的对抗对双方都没有好处。阿拉梅心里很乱，因为她与最亲近的父母疏远隔离。格拉维耶发现在村庄会议的反对者面前完全无法

[1] *JR* 64: 195–205.

开展进一步的传教活动，村庄会议威胁要把他本充满希望的传教活动限制起来，将那群姑娘媳妇教众团团包围。另一方面，格拉维耶和准新娘一道阻碍着一桩卡斯卡斯基亚人和法国人都极其盼望的婚事。

这状况最终经由一系列斡旋而解决了。阿拉梅实际上和她父亲谈判并达成妥协。她告诉格拉维耶："我想，如果我同意这门婚事，以后他就会认真听从你，还会劝说所有人都这么做。"如果她父母"保证做到我所要求的"，她就会同意结婚。阿拉梅的父亲答应了。鲁昂撒在整个村庄会议面前否认自己反对基督教，并敦促在场的人"现在要遵从
74 黑衣教士们"。他是真心同意，并且他和妻子开始准备受洗。同样，阿科也重新变成了一位身体力行的天主教徒，成了耶稣会士们的盟友。作为回报，这位卡斯卡斯基亚酋长给联盟中的其他头目送上可观的礼物，告知他们"将要与法国人结盟"。[1]

因而这桩婚事对格拉维耶来说是大获全胜。它使卡斯卡斯基亚人中最负盛名的民事领袖和他的兄弟都进了教堂，他的兄弟是一位同样显赫的军事领袖，开启了卡斯卡斯基亚人成为西部阿尔冈昆人中最为天主教化的道路。这些事件中的主要媒介就是一位十七岁的女子，她诉诸异国标准，既掌控了自身的情况，最终也改变了她的民族的状况。到1711年，据说卡斯卡斯基亚人实际上全民皆为天主教徒，并且传教士们在其他伊利诺伊群体中也取得了长足进展。阿拉梅维持并增强了对她最为重要的关系——与父母的关系以及与女性基督教友的关系。其代价是嫁给阿科，但作为补偿，这帮助她维持了更有利的社会安排。基督教并没有马上改变婚姻的形式。后来法国官员称，那些不如阿拉梅虔诚的伊利诺伊女基督徒们仍然觉得自己可以随时自由地离开法国丈夫。[2]

---

[1] 阿拉梅的话见 *JR* 64: 207–209; 其他内容见 *JR* 64: 179, 213, 211。

[2] *JR* 64: 79–81, 231–235; Palm, "Jesuit Missions, " 38; André Penicault, *Fleur de Lys and Calumet: Being the Penicault Narrative of French Adventure in Louisiana, ed.Richebourg Gaillard McWilliams*（Baton Rouge: Louisiana State University Press, 1953）, 139–140. 宣称在其他伊利诺伊民族中获胜，见 Callières et de Champigny au Ministre, 18 oct. 1700, AN, C11A, v.18。

像阿拉梅这样的女性尽管在文献中极少见到，但到处都是她们的踪迹。外交谈判和战争，大型远程贸易，这些是男人的工作；但出现在阿尔冈昆村庄中的法国男性要么与阿尔冈昆女性同行，要么与她们有私情。他们开展的许多小型贸易活动极有可能有女性参与，他们购买的劳力也往往是女性提供的。日积月累，女性比男性付出了更多，从而将法国人编织进阿尔冈昆－法国生活中。这些女性怀上了法国人的孩子——婚内婚外的都有，其中有些人将形成一个独立的族群——混血儿，他们在法国人和阿尔冈昆人之间斡旋，在该地区发挥着重要作用。

格拉维耶的传教继续在伊利诺伊妇女中取得成功，但在联盟的其他部落中，他并没能得到阿拉梅那种地位的盟友。1706年，格拉维耶回到皮米图伊。当时卡斯卡斯基亚人已经迁居到密西西比河，法国人放弃了圣路易斯要塞，而留在那儿的佩奥里亚人对格拉维耶咄咄逼人
的手段感到愤恨，甚至对他进行人身攻击。他们弄伤了他，扔下他光 75
着身子被“一些祈祷的女人”照顾，直到鲁昂撒派来卡斯卡斯基亚人将这位神父解救。格拉维耶神父的伤再也没能痊愈，最终他死于并发症。他的死正是中间地带摇摆、脆弱的写照，但也催生了变革，提出法－阿合作的第二个议题：暴力与种族仇杀。[1]

三

尽管并非所有的谋杀都出于贸易原因，但正如格拉维耶神父之死所证实的，暴力和种族仇杀作为一个整体与商业活动难舍难分。仅1684年有一份总结，这一年中就有39名去西部做生意的法国男子死于他们的阿尔冈昆盟友之手。印第安人杀死法国人的缘由包括抢劫、杀

[1] *JR* 65: 101–103; Palm, “Jesuit Missions,” 36, 47; Blasingham, “Depopulation of the Illinois,” 201; Baux-ar, “Historic Period,” 49. 格拉维耶的情况见 *JR* 66: 51–63。

人、债务或礼物交换产生的争议，袭击法国人以防其武器落入敌人之手，为法国人杀死的印第安人报仇，以及随着酒类贸易扩张，在醉酒争吵中杀死法国人。反过来，法国人对盗贼使用武力，但这并不能防止偷窃，这与讨价还价的礼物交换一样，成为交换体系的一部分。[1]

总之，通商并非一件和平的事，获取商品或保卫商品时人们都可能诉诸武力。在某种程度上，在早期的贸易中暴力如此盛行，是因为基于交换自身特质的普遍契约只能逐步地发展出来。法国人并不总是满足印第安人对礼物的要求，他们的行为也不像朋友或盟军应该做的那样慷慨；印第安人很快发现，法国人对商品的要价比英国人更高；另外，法国人还向其盟友的敌人提供武器。与之对应，印第安人会偷东西。法国商人干脆按照偷东西的不同习性来划分阿尔冈昆各族：福克斯人偷东西；伊利诺伊人会拿走他们能弄到的任何东西；苏必利
76 尔湖北岸的齐佩瓦人一遇到落单的法国独木舟就会劫走。索克人也是盗贼，不过他们没有邻居福克斯人那样的技能。当法国人给苏人运送补给时，有组织的劫掠取代了小偷小摸，以致努韦尔神父（Father Nouvel）认为没有法国人能在苏人地区安全地往来。最后，偷窃行为本身变得制度化了，因为法国人学会了放些小东西在外面供人偷，但贸易中仍然盛行相当程度的暴力。[2]

也许最令法国人和阿尔冈昆人头疼的跨文化议题是，在西部还不存在能够垄断武力和建立秩序的权力机关时，该如何减少贸易中的凶杀事件。暴力问题成为中间地带的中心议题之一。当阿尔冈昆人和法

[1] 有些历史学家一直把印第安人 – 白人的关系划分为和平通商和暴力冲突，这种观点见 Francis Jennings, *The Ambiguous Iroquois Empire*（New York: W. W. Norton, 1984）, 83。事实上，暴力无法从贸易中区分出来，暴力扮演了何种角色这个更大的问题最近被提出来，见 Curtin, *Cross-Cultural Trade*, 41–45。这个问题还被阐明在 Frederic Lane, *Venice and History*（Baltimore: Johns Hopkins University Press, 1966）, 412–428; 特别是 "Economic Consequences of Organized Violence"。杀人案的数量见 Raisons qu' on a proposee a la Cour, 1687? , AN, C11A, v.15, f.271。

[2] 福克斯人的事见 *JR* 54: 225; 伊利诺伊人见 Joutel Memoir, 载 Cox（ed.）, *Journeys of La Salle*, 2: 212; 齐佩瓦人见 Raudot and De Gannes（Deliette）Memoir, *IHC* 23: 328, Memoir 载 Kinietz, *Indians of the Western Great Lakes*, 374; 索克人，见 *ibid.*, 381–382。与福克斯人贸易的危险见 Pere Nouvel à M. de La Barre, 23 avril 1684, AN, C11A, v.6, f.523。偷盗变得制度化，见 Gary C.Anderson, *Kinsmen of Another Kind: Dakota-White Relations in the Upper Mississippi Valley, 1680–1862*（Lincoln: University of Nebraska Press, 1984）, 63。

国人之间发生了凶杀，双方各自用极其不同的文化惯例去处理同一件事。对西北部的印第安人（阿尔冈昆人和易洛魁人都包括在内）来说，被盟友杀死的人可以靠送礼物或送奴隶来赔偿，如果这些都不成的话，还可以杀死犯事一方的另一名成员。事情如何了结由死者的亲属决定，不过巨大的社会压力往往让他们接受除了血亲复仇以外的赔偿，因为杀死对方的人往往只会导致冤冤相报。对法国人来说，这事就简单了，社会作为一个整体负责惩处杀人罪行，不是由死者的亲属而是由国家施行惩罚，理论上的补偿是处死凶手。[1]

这些明显的差异中，有两点尤为重要。在法国体系中，究竟谁杀了人非常重要，因为该凶手有责任承担罪行。只有在某个群体拒不交出一个众所周知的杀人犯时，才会产生集体的责任。而对印第安人来说，确认凶手并不像确认该凶手所属的群体那么重要，因为是集 77
体——家族、亲属、村庄或部落——对杀人行为负有责任。对于死者的补偿，双方都已建立起等价的文化措施，但法国人的等价措施向来都是另一桩死亡。就像法国人在后来的案例中一再强调的那样，死亡只能由更多的死亡来补偿。印第安人在必要的时候也会援引同样的复仇信条，但这并非首选。用他们的话说，要么“复活死者”，也就是向受害者的群体提供一名奴隶，以此归还死者一命；要么“掩埋死者”，即给死者亲属呈献礼物作为对等补偿。[2]

发生在西部的大多数杀人案都没有在文献里留下踪影，不过检视一下那些记录在案的案件也很有帮助。三起特别的冲突事件可以为我们的文化分析提供足够材料。第一起发生于1682年或1683年，两个

[1] 接下来双方想澄清这些形势，见 e.g., extract from a letter by Dulhut, April 12, 1684, *WHC* 16: 120, 其后也引用于迪吕特男爵的信中。阿尔冈昆习俗见 Jaenen, *Friend and Foe*, 123。关于杀人、复仇及赔偿，强调在切罗基人中复仇而不是补偿的讨论见 John Phillip Reid, *A Law of Blood: The Primitive Law of the Cherokee Nation*（New York: New York University Press, 1970）, 73–112。Reid 称报复性的杀人不会再带来复仇了（78）, 这在阿尔冈昆人中看来并不成立，注意迪吕特案件中阿迟是送礼物来赔偿他儿子之死。

[2] “Report of Boisbriant Diron Desursins Legardeur De L’ isle Ste.Therese Langloisere, June 17, 1723”, 载 J. H. Schlarman, *From Quebec to New Orleans: Fort De Chartres*（Belleville, 111.: Beuchler, 1929）, 226–231。同样可见 Jaenen, *Friend and Foe*, 97。杰宁（Jaenen）区分了法国人看重惩罚和印第安人看重赔偿。

法国人在苏必利尔湖上的基威诺半岛遭到一个梅诺米尼人和几个齐佩瓦人的伏击，并被杀死。这些杀人事件发生时，高地正处于近乎混乱的状态。此前摧毁了伊利诺伊人的易洛魁之战尚未雪耻，最近易洛魁联盟又攻打了伊利诺伊人和麦斯科顿人，正逼近绿湾本土。法国人似乎不能有效保护他们的盟友，加上流行病刚刚肆虐湾区的村庄，而帕塔瓦米人将之归罪于耶稣会士使用了巫术。为了报复，帕塔瓦米人杀死两个法国教会的仆役，还开始努力创建一个更大规模的反法联盟。一个苏尔特人和苏人亲信组成的联盟——迪吕特男爵也曾帮助密谋此事——进一步煽动了绿湾民族的反法情绪，他们试图阻断法国人与苏人的贸易。福克斯人已经打败了一大股苏人－齐佩瓦人联合武装，福克斯人自己也损失惨重，似乎全面的齐佩瓦－福克斯战争已迫在眉睫。不过，显然并非所有齐佩瓦人都期盼新的联盟。阿迟（Achiganaga）是一位重要的基威诺头目，他攻打了苏人并打算进一步进攻。和绿湾民族一样，他的战争团体也威胁着法国旅人的性命。[1]

78 在这种动乱纷争中，由阿迟的儿子们带领的一队人——至少包括一个梅诺米尼人及绿湾部落的一个成员——杀死了两个法国人。他们的动机可能是抢劫。或许阿迟也曾想要阻挠苏人的贸易，打破其他先前奥吉布瓦人群体与苏人结成的新联盟，并阻止他们加入湾区部落更大的反法运动。不管是哪种情况，总之他的儿子们杀死了两个法国人并劫走了货物。迪吕特男爵不顾被指控的杀手之间极近的亲属关系，在苏圣玛丽抓住了那个梅诺米尼人，并派出一队人马在基威诺成功抓获阿迟和他的所有孩子。当地阿尔冈昆民族对迪吕特男爵该行动的反应是诉诸传统程序。苏尔特人向法国人献上卡柳梅特——建立和平友

[1] 绿湾的情况见 Enjalram; lran à Lefevre de La Barre, 16 aoust 1683, Margry, *Découvertes*, 5: 4–5。苏尔特人和福克斯人之间的冲突见 *ibid*., 5; Claude Charles Le Roy, Sieur de Bacqueville de la Potherie, *History of the Savage Peoples Who Are the Allies of New France*, 载 Emma Helen Blair（ed.）, *The Indian Tribes of the Upper Mississippi Valley and Region of the Great Lakes*, 2 vols.（Cleveland: Arthur H.Clark, 1912）, 1: 358–363; Dulhut letter, *WHC* 16: 114. Durantaye a A.de la Barre, 11 avril 1684, AN, C11A, v.6, 1.521–522。法国商人的活动及面临的危险见 Denonville au Ministre, aoust 1688, AN, C11A, v.10,（f.66）; Nouvel a M.de la Barre, 23 avril 1684, AN, C11A, v.6。

好关系的标准仪式——然后提供奴隶去“复活”死去的法国人，来了结这件事。迪吕特男爵派出的使者拒绝了这一切进献，并否认这样的等价文化的合法性，使者告诉苏尔特人：“哪怕是一百个奴隶、一百袋河狸皮也无法让他在兄弟的血泊中做买卖。”[1]

到这里，一切都只不过像是文献中经常出现的情况罢了：一个民族中心主义的欧洲人把“恰当”的文化形式强加给他所认为的“野蛮人”。不过，用“野蛮性”来看待丛林中的印第安人，其作用很有限。如果没有印第安人的文化传统，迪吕特男爵几乎寸步难行。法国政府在西部并没有垄断暴力，其权力也很微弱，并不存在一个已有的司法体系可供迪吕特男爵求助，除非他想把俘虏送进魁北克或蒙特利尔的监狱。如果将杀人犯处死，迪吕特男爵一帮人仍然要在周围的印第安人中穿行，印第安人可不会忘记迪吕特男爵的所作所为，他们对此事不能视若无睹，但迪吕特男爵不仅拒绝了印第安法则，还对其嗤之以鼻。

在麦基诺，迪吕特男爵和各种渥太华族、休伦–佩图安族和齐佩瓦族头目及长老们随后努力创造出一个中间地带，以解决这件事，结果造成了一系列极为反常的临时拼凑之物。自始至终，迪吕特男爵都主要依靠诉诸法国法律及习俗，但他一再企图将这些东西与印第安传统等同起来（有时候还带着几分无知），以此为自己的做法正名。他拒绝了通常盟友之间解决杀人事件的方式——掩埋或复活死者，而是坚持 79
要采取敌人之间的惩罚方式：血债血偿。法国人在乎论罪行罚是否适当，而印第安人对此毫不在意，他们只想向生者提供适当的补偿以重建社会秩序。[2]

其结果是产生了一系列古怪的文化杂交产物。多个渥太华人、齐佩瓦人和休伦–佩图安人族群与迪吕特男爵召开了大会，结果发现自

[1] 关于此次杀人仅存的详细描述是迪吕特男爵自己做出的，由于他在裁决这行为，他提供了大量细节。见 April 12, 1684, *WHC* 16: 114–115, 123。

[2] Dulhut letter, April 12, 1684, *WHC* 16: 119.

己被法国人变成了陪审团，审判梅诺米尼人、阿迟及其两个儿子。被告的亲戚被选作律师，他们的证词还被记录下来，而凶手中除了阿迟都对罪行供认不讳。长老们配合法国人完成了这场仪式，他们显然认为表演结束后法国人就会接受合理的赔偿。然而并没有，迪吕特男爵要求印第安人自己处死杀人犯们。而对印第安人来说，阿迟不认罪就代表他无罪，与此事再无瓜葛；但拒绝赔偿并处死另外三个人，这就等于行刑者们对苏尔特人和梅诺米尼人宣战了。这个要求令长老们震惊不已、不知所措，他们甚至没有做出回应。[1]

这时，迪吕特男爵单方面决定处死那个梅诺米尼人及阿迟的两个儿子，因为他们认罪了。这个决定不仅打击了麦基诺的印第安人，也吓坏了在基威诺过冬的法国人，他们提醒迪吕特男爵：如果他将杀人犯处死，那些印第安人的亲戚就会向法国人报复。他们请求迪吕特男爵谨慎行动。强推法国式的标准不可能不遭受惩罚。于是迪吕特男爵向西厄尔·德·拉图尔（Sieur de La Tour）请教，后者在湖区部落中待得最久，对他们的习俗也最熟悉，然后迪吕特男爵再次转向印第安习俗，并回到中间地带的问题上来。他又尝试在法国法律和他认为的印第安习俗之间找出一些联系。因为死了两个法国人，所以迪吕特男爵只能杀死两个印第安人——梅诺米尼人和阿迟两个儿子中年长的那个——因为“以命抵命，野蛮人也没什么好说的，因为他们自己也会这么做”。他在一个渥太华头目（法国人叫他勒布罗谢［Le Brochet］）的木屋中宣布了这个决定，并补充道，尽管法国法律和习俗要求处死参与抢劫的所有人，但他也会认可一命抵一命的方式。[2]

80 通过这个决定，迪吕特男爵在阿尔冈昆习俗和法国习俗之间建起了微弱的联系——一命抵一命——但他也揭示了这句话在两种文化中的不同意义。据迪吕特男爵所说，直到现在渥太华人才相信法国人真

[1] Dulhut letter, April 12, 1684, *WHC* 16: 118–120.
[2] Dulhut letter, April 12, 1684, *WHC* 16: 119–121.

的会处死其中两个人。塞布尔渥太华人（Sable Ottawas）和西纳格渥太华人的头目们并没有参与杀人，但他们请求迪吕特男爵放过凶手。他们也在寻求一片中间地带，并诉诸法国先例。那次是由于昂提奥求情，使得渥太华人曾经释放一名易洛魁俘虏，而现在法国人也应当为他们做同样的事。迪吕特男爵则认为这两件事没有可比性，那个易洛魁人是战争俘虏，这些人却是杀人犯——此处体现了渥太华人和法国人在文化分类上的显著区别。[1]

血亲复仇在两个社会都是合适的，但是是针对不同种类的杀人。对阿尔冈昆人来说，有两种杀人——死于敌人之手和死于盟友之手，采取哪种反应要看杀人犯归属什么群体。如果凶手来自盟友，就采取复活或掩埋死者的方式；如果凶手不肯赔偿，那他的群体就变成了敌人，而对敌人应当采取的恰当措施就是：血亲复仇。对法国人来说，也有两种杀人——战争中杀人和谋杀。一旦战争结束，理论上战时杀敌不必受到惩罚。在法国人看来，战场这个文化场域独立于生活中其他场域，所以只有放了那个易洛魁人才是对的，他是士兵而不是杀人犯。而阿尔冈昆人并没有这样一个叫作“战场”的文化场域，他们随时随地发现敌人都会当场将他们杀死，除非后者正受到仪式性的保护。在法国人眼里，现在这件事是谋杀，需要血亲复仇；而在阿尔冈昆人眼里，这是被敌人杀死，也就是法国人认为的“战时杀人”。法国人坚持要求血亲复仇是恰当的，这就制造了很大的混乱。渥太华人无法理解这种反应背后的逻辑：上次放走了敌人，这次却要处死盟友。[2]

解开这个死结的方法是一个叫乌马门斯（Oumamens）的人提出的，他是一位阿米瓜人（一个前奥吉部瓦群体）头目。他在会议中替那个苏尔特人说话，并诉诸往往伪装成文化变迁先例的文化幻象。他站起来称颂所有事物，称颂迪吕特男爵仁慈，因为他放了阿迟和他其

[1] Dulhut letter, April 12, 1684, *WHC* 16: 120–121.

[2] Dulhut letter, April 12, 1684, *WHC* 16: 119. 又见 Jaenen, *Friend and Foe*, 132–134。值得注意的是，到 1690 年，法国人开始学易洛魁人那样虐待和杀害战俘，见 Narrativeof...Occurrences 1690, 1691, *NYCD* 9: 518。

他的儿子。实际上，乌马门斯故意强调迪吕特男爵的做法中与阿尔冈
81 昆习俗相符的那些内容。他宣称苏尔特族对此结果表示满意。在他看来，迪吕特男爵重在表达仁慈，而非体现威慑。如果长老们“当初就让年轻人知道，一旦他们做了什么坏事就会被部落抛弃，那么他们就会更明智，而那些法国人还会活着”。所以说双方都应尽力强调这次事件中对他们的文化有意义的那一面。一小时后，在480名法国人和400名印第安战士的围观下，迪吕特男爵将那两名印第安人处死。[1]

这次行刑并没有使法国式司法获得正统地位。事实上，在接下来的日子里，印第安人对待法国人的方式似乎让人觉得还有更多的谋杀案尚未解决，而且迪吕特男爵同意了他们的做法。由于阿迟的儿子和那个梅诺米尼人是在休伦－佩图安人和渥太华人居住地的边境被处决的，因而这些群体也受到牵连，于是他们开始采取措施来解决整件事。[2]

三个渥太华部落——塞布尔人，西纳格人和基斯卡科恩人——送给法国人两条贝珠带[3]，以此对死者进行赔偿；另外送了两条给阿迟和那个梅诺米尼人的亲戚。第二天，休伦－佩图安人也做了同样的事。迪吕特男爵为勒布罗谢——那位塞布尔头目，举行了宴会，为了“抚平我对他造成的伤痛，我在他的木屋里宣布了那两个野蛮人的死刑，却没有事先告知他”，接着迪吕特男爵给阿迟装上礼物。苏尔特人又额外送给基威诺的法国人贝珠带，“以确保他们兄弟的死亡不会再造成骚乱；给法国人佩戴这些项圈，也是为了约束任何潜在的心怀不轨者”。[4]

这起事件极具启发意义，正是因为它如此模棱两可，如此东拼西凑，正是因为法国式或阿尔冈昆式的文化法则都没能完全主导全局。

---

[1] Dulhut letter, April 12, 1684, *WHC* 16: 120–121.

[2] Dulhut letter, April 12, 1684, *WHC* 16: 119, 124.

[3] 印第安人把贝壳制成圆柱形珠子，再串成条带，称为串珠（wampum），既用于装饰，也用作货币。——译者注

[4] Dulhut Letter, April 12, 1684, *WHC* 16: 119, 124–125.

法国式和阿尔冈昆式习俗都受到了挑战，被人有意识地解读，又在实际运用中经过修改。迪吕特男爵并没能建立起法国法律的主导地位，也没能阻止更多的杀戮。在这起法国人被印第安杀害的事件中，他实际做的是动摇而并非根除阿尔冈昆法则主导事件进展的能力。现在双方都需要以他们理解的对方行为来证明自身规则的正确性。1683年发生的事情最终并没有完全符合法国人或印第安人任何一方关于罪与罚的概念。相反，它包括大量的临时拼凑，在不同文化的交界处创造出的中间地带，因而各方的期待至少都能得到一点满足。第二年春天，
在绿湾，努韦尔神父认为迪吕特男爵的刑罚已经产生了好的效果，但 82
同时他又把帕塔瓦米人和索克人与法国人和解的愿望归因于他们日益恐惧易洛魁人，而不是他们害怕法国人报复。努韦尔不要求更多的刑罚，他愿意接受帕塔瓦米人和索克人提出的赔偿，以补偿他们杀死的两个法国教会仆役。[1]

在1683年的麦基诺，迪吕特男爵的行为并没有得到法国政府的特别授权，他的决定是临时做出的。大约二十年后，1706年发生在底特律的杀人事件促使殖民地最高级的官员参与谈判，这时法－阿联盟已经制造出一片更精密的中间地带，印第安人和法国人都能在其中活动。事实上，正是联盟本身既制造了谋杀事件产生的条件，又提供了为之进行赔偿的仪式形式。

四

1706年，渥太华战士即将出发攻打苏人，一位帕塔瓦米人提出警告，休伦－佩图安人和迈阿密人会趁他们离开时突袭该渥太华村庄，杀死留在家中的人。渥太华战争领袖与民事领袖聚集一处，商量对策。

---

[1] Fr. Nouvel à M. de la Barre, 23 avril 1684, AN, C11A, v.6, f.523. 拉巴尔总督赞成迪吕特男爵的做法，他也推进了和解，但法国法庭对高地发生的事只有粗略的了解，这使迪吕特男爵在麦基诺处决一个易洛魁人的事变得复杂，他们还指责迪吕特男爵不该出现在边疆地带，见 De la Barre au Ministre, 5 juin 1684, AN, C11A, v.6.Louis XIV to De La Barre, July 21, 1684, *DHNY*, 1: 108–109。

尽管有些犹豫，但最后年高权重的塞布尔酋长（法国人叫他勒佩尚［Le Pesant］）说服他们先发制人。渥太华人伏击了一队迈阿密酋长，杀死五人，并攻入那个迈阿密村，将村民赶到法国要塞。法国人朝渥太华人开火，杀死了一名年轻人，而这位年轻人刚刚晋升为战争领袖。渥太华领袖们尽力避免与法国人交火，战士们却群情激愤，在要塞外杀死了一名法国“沉思教派”（Recollect）神父，还杀了一名前来营救他的士兵。[1]

渥太华人试图用各种仪式手段来与法国人和解，当时卡迪亚克不
83 在，代他理事的指挥官断然拒绝和解。在后续战斗中，法国人和休伦-佩图安人一起支持迈阿密人（渥太华人称是休伦-佩图安人策划了这起针对他们的阴谋）。在渥太华人撤退到麦基诺之前，共死了3个法国人，大约30个渥太华人，50个迈阿密人以及数目不详的休伦-佩图安人。但是，法国人和渥太华人之间的关键问题仍然是第一次交火中的死者：年轻的渥太华领袖、另一名在麦基诺有广泛亲属关系网络的渥太华人、“沉思教派”神父及第一个被杀的法国士兵。[2]

1706年底特律这场战斗源于法国人违背了联盟的基本原则，此战差点造成联盟彻底解散。1701年卡迪亚克建成底特律要塞，他大力鼓吹并召唤法国的盟友们来此定居，却忽略了他们彼此之间的严重分歧。1706年，要塞居民中包括三个渥太华部落的成员：西纳格人、基斯卡科恩人、塞布尔-休伦-佩图安人，还有迈阿密人。联盟的基本原则是

---

[1] 渥太华人对这些事件的讲述见 Speech of Miscouaky, Sept.26, 1706, *MPHC* 33: 288–292。法国人的调查见 Report of D' Aigremont, *MPHC* 33: 435。卡迪亚克的讲述见 Cadillac to de Vaudreuil, Aug. 27, 1706; E. M. Sheldon, *The Early History of Michigan from the First Settlement to 1815*（New York: A. S. Barnes, 1956）, 219。提及稍后被杀的第二名法国士兵，见 Instructions to D' Aigremont, June 30, 1707, *WHC* 16: 243。

[2] 渥太华人谈判的意图见 Speech of Miscouaky, 26 Sept. 1706, *MPHC* 133: 290–292; Report of D' Aigremont, *MPHC* 33: 435–436。该场战斗中各种伤亡者见“Council with Ottawas, June 18, 1707,”载 Sheldon, *Early History of Michigan*, 228, 其中让・勒勃朗（Jean le Blanc）称渥太华人死了 30 名；见 Speech of Miscouaky, Sept. 26, 1706, *MPHC* 33: 294, 其中称渥太华人死亡 26 人，迈阿密人死伤 50 人。重要的渥太华死者，见 Speech of Miscouaky, Sept. 26, 1706, *MPHC* 33: 290, 及 Fr. Marest to Vaudreuil, Aug. 14, 1706, *MPHC* 33: 262–269。法国人重视神父和第一个士兵的死，见 Council with the Ottawas, June 20, 1707, Speech of Vaudreuil, Sheldon, *Early History of Michigan*, 242; Speech of Vaudreuil, June 21, 1707, *ibid*., 245。

调解，这对这样多部落的定居点尤为重要。法国人必须确保能解决部落间的仇杀，让死者得到赔偿。卡迪亚克许诺做到这一点，但总有些死亡事件得不到补偿或复仇，这始终不利于迈阿密人同休伦－佩图安人、迈阿密人同渥太华人的关系。在那次关键性的出征之前，勒佩尚本人就曾列出一份未得补偿或未复仇的死者名单，而法国人拒绝采取行动，最终导致了1706年的交火，并威胁到了整个联盟。[1]

底特律的杀戮造成了法国人和渥太华领袖都不想看到的局面。沃德勒伊在向蓬查特兰伯爵（Count de Pontchartrain）报告此事时哀叹，84
底特律的惨败可能会“开启一场只会令我们损失惨重的战争，失去的不仅是一支忠于我们的部落，还有每年大量的贸易”。对渥太华人来说，后果也不如人意。没有了商品贸易，他们变得贫穷，失去自己的土地，还发现“大地都被震惊了，对我们的憎恨已经达到把我们敲骨吸髓的地步”。但是，要解决这样的冲突绝非易事。双方死者都地位显赫，这加大了处理的难度。那个渥太华死者的亲属势力强大；法国人则对一位神父之死感到格外震惊；而卡迪亚克则向迈阿密人和休伦－佩图安人许诺，要摧毁渥太华人的势力，替死去的法国人报仇。据沃德勒伊总督所说，为解决这些仇杀而进行的谈判乃是高地历史上最重要的事情之一。[2]

从一开始，渥太华－法国联盟的象征形式就奠定了谈判的基调。该联盟以昂提奥所在的魁北克为中心，而且它是以法国人和阿尔冈昆人都认为非常重要的亲属语言来表达的。法国和阿尔冈昆的首领在谈

---

[1] “Account of Detroit,” Sept. 25, 1702, *MPHC* 33: 137–138, 147; Cadillac to Pontchartrain, Aug. 31, 1703, 载 Sheldon, *Early History of Michigan*, 105–106。提及争吵与未解决的杀人事件，见 Cadillac to Vaudreuil, Aug. 27, 1706, 载 Sheldon, *Early History of Michigan*, 218–219。早期的攻击见 Memorandum of...Cadillac, 19 Nov. 1704, *MPHC* 33: 234; Report of D’ Aigremont, Nov.14, 1708, *MPHC* 33: 432–437。早在 1703 年，迈阿密人和休伦－佩图安人就重修旧好，见 Speeches of Ottawas...24 Sept.1703, *MPHC* 33: 223–225。沃德勒伊命令保持和平，见 Vaudreuil au Cadillac, 10 juin 1706, AN, Moreau St.Mery, F3, v.7, f.308。休伦－佩图安人的怨愤见 Vaudreuil to Minister, May 5, 1705, *MPHC* 33: 242。

[2] 沃德勒伊的话见 Vaudreuil to de Pontchartrain, Nov.4, 1706, *WHC* 16: 242。渥太华人的情况见 Words of Ottawas to Cadillac, Sept. 24, 1707, *MPHC* 33: 349。困难见 Father Marest to Vaudreuil, Aug. 14, 1706, *MPHC* 33: 262–269; Council with the Ottawas, Speech of Vaudreuil, June 20, 1707, 载 Sheldon, *Early History of Michigan*, 242。Cadillac to Vaudreuil, Aug. 27, 1706, *ibid*., 228–229. 谈判的重要性见 Vaudreuil to Father Marest, n.d.（1707）, Sheldon, *Early History of Michigan*, 273。

判中都将法国总督——昂提奥比作印第安人的“父亲”，渥太华人则是他的“长子”。法国人对这父权意味的表述感到非常自在，并对之赋予了特别的意义。对他们来说，所有权威都是父权性质的，从上帝、国王（人民的父亲），到家庭中的父亲。父亲下命令，儿子们服从。渥太华人对这种关系的理解则有所不同，父亲应当仁慈、慷慨、保护孩子。孩子应当尊重父亲，但父亲不能强迫孩子服从。在建设中间地带的过程中，一方采取了上述某一种意义的同时，另一方经过自己的理解最终做出了完全不同的意义分类。[1]

85 于是，在联盟内部，这种象征性的父子关系模棱两可，这必定会影响底特律之战后的谈判进程。在西部（苏圣玛丽和麦基诺）的谈判结果是赔偿了渥太华死难者，令该族人很满意，但如何赔偿法国死难者的问题就比较棘手了。争论的很多议题都围绕这个问题：“父亲”应该如何恰当对待犯错误的“儿子”？1706年秋天和1707年春天在与魁北克的谈判中，沃德勒伊坚持用基督教意义上的父权来表述联盟及渥太华人的义务。总督要求渥太华人在他面前要像罪人见到基督教的上帝一样表示忏悔，他认为渥太华习俗中为死者赔偿的做法不好、不当：

> 只要孩子们听我的话，我就是个好父亲，不会有坏事降临到他们身上……米斯夸基（Miscouaky），当孩子们违抗我，犯下你们这样的错误时，我要的不是珍珠串或礼物——河狸皮赔不起法国人洒下的鲜血。我对你们仁慈，你们也要对我非常信任，为犯下的错误真心悔过，并绝对服从我的意愿。当你的人民怀着这些

[1] 法国会议留下了许多案例，此处讨论的时期的例子见 Parolles des sauvages..., Archives Nationales, Archives Coloniales, F3, v.8, f.136–141; Talk between Marquis de Vaudreuil and Onaskin..., Aug. 1, 1707, *MPHC* 33: 258–262; Speech of Miscouaky...to Marquis de Vaudreuil, Sept. 26, 1706, *MPHC* 33: 288–296; Conference with Ottawas, June 18, 1707, 载 Sheldon, *Early History of Michigan*, 232–250。关于湖区印第安人和法国人对父子关系有何不同看法，见 Father Gabriel Sagard, *The Long Journey to the Country of the Hurons*（Toronto: Champlain Society 1939, facsimile ed., Greenwood Press）, 130–131; Pierre de Charlevoix, *Journal of a Voyage to North America*（London: R. & J. Dodsley, 1761, Readex microprint facsimile ed., 1966）, 2: 55, 89–90, 109, 114–115; Lafitau, *Customs of the American Indian* 1: 362; Perrot, *Memoir* 1: 67; Thwaites（ed.）, *Lahontan's Voyages* 2: 458. 同样可见 Jaenen, *Friend and Foe*, 94–97。

心态时，我就会安排好一切。[1]

面对这些要求，渥太华人的反应是去寻找两种文化的共通之处——如同中间地带惯常的操作方式。他们也关注父权，不过是另一种意义上的父权。奥顿塔安（Otontagan，又叫让・勒勃朗［Jean le Blanc］）是塞布尔酋长中影响力仅次于勒佩尚的，当渥太华人在第二年夏天到达魁北克时，奥顿塔安站在他们一边。他承认了自己的罪过（其实他曾试图营救那个"回忆派"神父），但想把此事的主要责任推到勒佩尚头上。然而，奥顿塔安的主要目的是想让沃德勒伊像渥太华人眼中的父亲一样行事，而不是法国式的父亲。他着重称颂沃德勒伊的仁慈。沃德勒伊当然有权力杀死勒佩尚，但"我没什么可害怕的，因为我有个好爸爸"。既然沃德勒伊明确拒绝接受赔偿，奥 86
顿塔安就推断他一定是想要死者"复活"。因此，印第安代表团献给沃德勒伊两个收养的俘虏"来让那灰袍教士复活"。然而，沃德勒伊坚持更严格的父权观念，他要求复仇，要取勒佩尚的首级，因为"我们法国人通常只愿意血债血偿"，但奥顿塔安告诉沃德勒伊，如此要求绝无可能实现——勒佩尚与五大湖区所有族群都结盟了，他们不会把他交出来受死。[2]

表面看来，魁北克的谈判像是法国人顽固不化、拒绝妥协的又一案例，实际上，情况要更为复杂。沃德勒伊明白，没有一个渥太华领袖拥有足够的权力交出任何一个人，更不要说勒佩尚这种地位的人了。

[1] 年轻的西纳格酋长米斯科基（Kischkouch）在底特律被杀，他的兄弟梅拉西拉（Merasilla）实际上已经去苏尔特人和阿米瓜人中召集远征队为哥哥报仇，并"恢复米斯科基的名字"。最终梅拉西拉退出了远征队，尽管被指为"不爱自己的兄弟"，他还是帮助促成了和平。该远征队在其他渥太华人陪同下到达底特律，但并未发动攻击。在底特律被杀的另一名渥太华人在麦基诺有两个亲戚是有地位的妇女，她们挨家挨户地哭泣，要求杀死法国人，直到谈判后得到补偿。Marest to Vaudreuil, Aug.14, 1706, *WHC* 16: 232–234; Marest to Vaudreuil, Aug. 16, 1706, and Aug. 27, 1706, *MPHC* 33: 262–271; Cadillac to Vaudreuil, Aug.27, 1706, 载 Sheldon, *Early History of Michigan*, 226–227。引文见 Reply of Vaudreuil to Miscouaky, Nov.4, 1706, *MPHC* 33: 295。

[2] 关于翁塔干，见 Vaudreuil to Minster, July 24, 1707; *MPHC* 33: 328–329, Council with Ottawas, June 18, 1707, Speech of Jean le Blanc, 载 Sheldon, *Early History of Michigan*, 233–239。沃德勒伊的观点见 Council with Ottawas, June 20, 1707, Reply of Vaudreuil, 载 Sheldon, *Early History of Michigan*, 242; Reply of Jean le Blanc, June 21, 1707, *ibid.*, 243–244。

他并不是一定要勒佩尚死，而是要把他赶出法国人的盟友圈子，破坏其影响力，让人知道只要哪个酋长敢杀法国人，都会遭遇相同的命运。由于沃德勒伊并没有指望勒佩尚会被交出来，实际上渥太华人修复联盟的诚意就多少打了点折扣。因为父权不能妥协，沃德勒伊便让渥太华人回到底特律，与卡迪亚克进行和谈。只要卡迪亚克没有对勒佩尚手软，沃德勒伊就会很乐意这样的和平。靠这样的策略，沃德勒伊既提出了一个不可能实现的要求，又把谈判的责任丢给了他的对手兼下属卡迪亚克，因为这样的谈判可能要做出尴尬的妥协。[1]

而在底特律仍然存在更大的问题：如何在双方文化能够容许的范围内修复联盟？勒佩尚被称为“凶恶的巨熊”，而离沃德勒伊所要求的“巨熊”死期也越来越近。为解决此事积极奔走的人都是为了自身的政治利益，而并不在乎勒佩尚或沃德勒伊。渥太华人的谈判代表奥顿塔安和麦基诺的奥纳斯基（Onaske）都是勒佩尚的政治对头，他们保护勒佩尚并非出于关怀之情，而是因为没有什么手段可以交出他，也害怕这样做产生的不良后果。卡迪亚克向来是沃德勒伊的死对头，只是
87 因为过于乐观，才不会利用此事谋私且给总督难堪。可以想见，卡迪亚克和渥太华酋长们都会利用外部人士的文化要求去达成自己在自身社会之内的利益，同时顺便修复联盟。[2]

卡迪亚克和渥太华谈判代表都想从自己当前的位置再向前一步，

---

[1] 关于1707年6月22日沃德勒伊对翁塔干的演讲，见 Sheldon, *Early History of Michigan*, 245–247; Vaudreuil to Minster, July 24, 1707, *MPHC* 33: 328–330。沃德勒伊和卡迪亚克的竞争，见 Vaudreuil to Minister, Nov. 12, 1707, *MPHC* 33: 371–372。

[2] 奥顿塔安（让·勒勃朗）、基努热、梅蒂南（Meatinan）和梅努尼克（Menukoueak）是通过卡塔欧劳伊布瓦尔（Kataolauibois）和奥纳斯基（Onaske）这位麦基诺的基斯卡科恩渥太华人的首领中途进入诉讼程序的。Council held at Detroit, Aug. 6, 1707, Aug. 8, 1707, *MPHC* 33: 331, 334; Speeches of Three Indians from Michilmackina（sic）Oct.7, 1707, *MPHC* 33: 362–364.

从谈判开始，奥顿塔安和他的兄弟米斯夸基就试图将这一事件归咎于勒佩尚。Speech of Miscouaky, Sept. 26, 1706, *MPHC* 33: 288–289; Council with Ottawas, Speech of Jean le Blanc, June 18, 1707, Sheldon, Early History of Michigan, 234–235. 奥纳斯基和勒佩尚就渥太华人是否应该把定居点集中在麦基诺或底特律展开了竞争。奥纳斯基指控勒佩尚送给易洛魁人礼物来攻击麦基诺的渥太华人。Father Marest to Vaudreuil, Aug. 14, 1706, *WHC* 16: 238. 卡迪亚克此前曾指责麦基诺渥太华人招募其他部族进攻底特律，迫使那里的渥太华人撤回麦基诺，Sheldon, Early History of Michigan, 196–197。卡塔欧劳伊布瓦尔也参与了使麦基诺的渥太华人重新统一的尝试。Marest to Vaudreuil, Aug. 27, 1706, *MPHC* 33: 271. 卡迪亚克的动机将在下文讨论。当然，法国人试图利用渥太华人的分歧，参见 Vaudreuil' s comments on Cadillac' s letter of Aug. 27, 1706, *MPHC* 33: 282。

反映出他们对自身政治优势的认识。他们也可能违反自身文化中通行的规范，因为联盟本身就是中间地带，它制造出自身的文化需求。卡迪亚克首先改变了自己的立场。他暗示，重点不是要勒佩尚死，而是把他交出来。他告诉奥顿塔安："我希望他由我掌控，不管赦免还是处死。"实际上，卡迪亚克把勒佩尚置于用来复活死者的奴隶或俘虏的位置。对渥太华人来说，这种文化逻辑比要求处死勒佩尚更容易理解，尽管并没有交出一个酋长这样的先例。这是非常时期，联盟本身岌岌可危。奥顿塔安同意交出勒佩尚："他是我的兄弟，我自己的兄弟，但我们又能怎么办呢？"奥顿塔安与另一个头目基努热（Kinouge）跟勒佩尚一样都是塞布尔渥太华人，他们愿意承担交出他的责任，这就使得这件事只是塞布尔的内部事务，将可能的后果限制在了一定范围内。实际上，双方合力制造了一种文化幻象。卡迪亚克和渥太华人表现得好像勒佩尚是提供给法国人用来补偿其死者的奴隶，然后再由卡迪亚克决定他的生死。这达成了处决勒佩尚所无法达成的文化意义，既维护了联盟，又满足了法国人和渥太华谈判所代表的各自私人利益。[1]

不过，这一方案仍然存在两个难以跨越的障碍。第一个是迈阿密 88
人和休伦－佩图安人，卡迪亚克让他们在整个事件中成了纯粹的旁观者。为了他们的利益，卡迪亚克对渥太华代表团颐指气使。他给休伦－佩图安人——也试图给迈阿密人——本属于沃德勒伊的渥太华俘虏，为了"使你们的死者复活一部分——我并不是说全部"。他甚至在协商会议推举休伦－佩图安人为法国联盟中的长兄，取代了渥太华人；但他否决了他们复仇的要求，并警告两族人，勒佩尚被交出后，此事就已了结，"不能再流更多的血了"。[2]

第二个障碍很现实：究竟该由谁去说服勒佩尚同意做法国人的奴

[1] Council Held at Detroit, Aug. 6, 1707, Speech of Cadillac *MPHC* 33: 332.Council Held at Detroit, Replies of Otontagan, Aug. 6, 1707, Seventh Council, Speech of Onaske, *MPHC* 33: 332–333, 335–336. Speeches of Three Indians from Michilimakina（sic）, Oct. 7, 1707, *MPHC* 33: 363–364.

[2] 休伦－佩图安人强烈质疑卡迪亚克为何要不辞辛苦地要求交出勒佩尚，尽管底特律有那么多渥太华酋长可供复仇。Council Held at Detroit, Aug. 7, 1707, Aug. 9, 1707, *MPHC* 33: 333–335; Speeches of Three Indians from Michilimakina（sic）, Oct. 7, 1707, *MPHC* 33: 363–364.

隶呢？不知道是谁为此提供了解决方案，但解决的过程被清晰地记录在案。原本半是做戏半是谈判的进程现在全部成了演戏。经过在麦基诺的一番谈判，勒佩尚同意去底特律自首，做法国人的奴隶。据沃德勒伊所说，接下来所有的事都是勒佩尚和卡迪亚克的密使预先安排好的，而其他渥太华人或法国人对这些知晓多少就不得而知了。[1]

卡迪亚克将勒佩尚现身底特律带来的震撼与热那亚总督（Doge of Genoa）莅临法国相提并论。实际上，在底特律做这场戏的唯一目的就是要激起类似的反应，让印第安人对以卡迪亚克为代表的法国人制造的文化奇迹表示惊叹。然而，卡迪亚克导演的“勒佩尚投降”必须演给一众满腹狐疑又吹毛求疵的观众看，即迈阿密人、休伦－佩图安人
89 和那些远远关注的法国官员。所有这些人都不太关心戏剧情节，而更关心赋予这出戏剧意义的文化符号。沃德勒伊对这场表演做了最详尽的评论，不过我们将会发现迈阿密人才是最挑剔的观众。[2]

勒佩尚就是这出戏中的“戈多”（Godet），他于1707年9月24日现身底特律。在独木舟上眺望岸上时，他说出了唯一一句有记录的台词。不知是因为疟疾还是因为害怕，他发抖着说道：“我看我已经是个死人了。”但沃德勒伊注意到的是护送他来的人。他与十个战士一起来，这些战士并非基斯卡科恩渥太华人或西纳格渥太华人，而是他本村的塞布尔渥太华人。沃德勒伊说，派他们来不是为了交出勒佩尚，而是保护他不被愤怒的休伦－佩图安人和迈阿密人所伤。卡迪亚克口头上辱骂了勒佩尚，说勒佩尚是他的奴隶，但卡迪亚克是在佩戴着贝

[1]　尚不清楚勒佩尚是如何被说服（或被迫）现身的。卡塔欧劳伊布瓦尔（Kataolauibois）告诉沃德勒伊，是奥纳斯基，萨基玛（Sakima），梅亚维拉（Meyavila）以及他自己，是来自麦基诺的所有基斯卡科恩和西纳格渥太华人逼勒佩尚上船的。他缩小了奥顿塔安在其中的作用，尽管奥纳斯基在底特律强调交出勒佩尚是奥顿塔安的责任。不过卡塔欧劳伊布瓦尔对该谈判过程的描述很粗略，他还告诉沃德勒伊，将由在场的西厄尔·德·圣皮埃尔进行详细讲述。不过看起来勒佩尚是在强大压力下决定去底特律。施加的压力很大，以至于卡塔欧劳伊布瓦尔担心会遭到勒佩尚的报复——如果他没有被卡迪亚克处决的话。见 Speeches of Three Indians from Michilimakina（sic）, Oct. 7, 1707, *MPHC* 33: 365。沃德勒伊听了西厄尔·德·圣皮埃尔的讲述，说勒佩尚与卡迪亚克的密使西厄尔·德·阿尔让特伊私下达成协议，同意去底特律。见 Vaudreuil to Minister, Oct.1, 1707, *MPHC* 33: 354。

[2]　Cadillac to Vaudreuil（copy made）, Oct. 1, 1707, *MPHC* 33: 352. Words of the Ottawas to Cadillac, Sept. 24, 1707, *MPHC* 33: 346–350. Vaudreuil to Minister, Oct. 1, 1707, *MPHC* 33: 350–353.

珠带对勒佩尚说话的，人们不会戴着贝珠带与奴隶说话，对部落代表才有这样的礼仪。接下来渥太华人请求饶恕勒佩尚的生命，并献上一个年轻奴隶，请求允许他们回到底特律。[1]

第一幕在勒佩尚象征性的投降中结束。沃德勒伊指出，勒佩尚已经达到了目的。现在他若继续露面，倒给卡迪亚克出了个难题。沃德勒伊已经下令处死勒佩尚，卡迪亚克之前也向迈阿密人和休伦－佩图安人保证会杀死他；但是如果卡迪亚克真的杀死勒佩尚，他就需要冒着与塞布尔渥太华人及其在五大湖区的盟友们交恶的风险。勒佩尚投降是好事，但却不能再继续露面。[2]

卡迪亚克和渥太华人的对策是在剧本里把勒佩尚写死。那天夜里，勒佩尚逃离底特律的要塞，只留下了鞋子、刀子和破帽子。卡迪亚克报复性地把勒佩尚的卫队锁了一整天，又放了他们，卡迪亚克声称勒佩尚可能会死在森林里，况且，他现在毫无影响力了。沃德勒伊则存有疑虑。勒佩尚（他的名字译成法语指“重家伙”或“胖子”）出了名的肥胖，又年近古稀，而且一年多来法国在高地所做的事就是为了让他投降，这么一个七旬胖子居然能够在被捕当晚就避开法国要塞的哨兵而脱逃，这令人难以置信。而卡迪亚克的唯一解释就是勒佩尚最近消瘦了不少。勒佩尚不见后，卡迪亚克向渥太华人保证，自己本来已经打算赦免他了；这样一来，如果勒佩尚被休伦－佩图安人或迈阿密 90
人抓住杀死，卡迪亚克就撇清了与他们串通的嫌疑。[3]

沃德勒伊虽然对此持怀疑和批评态度，尽管他看穿了这出戏，戳穿了它想要营造的假象，但却很欣赏这精彩的表演和巧妙的布置。渥太华人和法国人都照剧本演出，通过营造一个人为的、可控的舞台，一种特别的中间地带，他们实现了各自的文化诉求。沃德勒伊对此心

[1]　Cadillac to Vaudreuil（copy made）, Oct. 1, 1707, *MPHC* 33: 351–352; Words of the Ottawasto Cadillac, Sept. 24, 1707, *MPHC* 33: 346–348; Vaudreuil to Minister, Oct. 1, 1707, *MPHC* 33: 354–357.

[2]　Vaudreuil to Minister, Oct.1, 1707, *MPHC* 33: 355–358.

[3]　Cadillac to Vaudreuil（copy made）, Oct. 1, 1707, *MPHC* 33: 351; Vaudreuil to Minister, Oct. 1, 1707, *MPHC* 33: 355; Words of Ottawas to Cadillac Sept. 25, 1707, *MPHC* 033: 348–350.

领神会。[1]

迈阿密人和休伦—佩图安人的反响就不那么热烈了。他们对这出戏的反应如此尖锐，使得卡迪亚克并没有上报全部实情。实际上，他只报告了尾声部分，那是在勒佩尚逃跑后开的一个大会上，大会有迈阿密人、休伦-佩图安人、法国人和渥太华人参加。会上，在常规仪式之后，他使水流安静下来，移走倒下的树木，使土地平整，并开启了和平之路，让渥太华人重返底特律之路。[2]

不幸的是，对卡迪亚克来说，此类历史戏剧的观众得赞同那剧本才行，不然他们总有可能再加一幕尾声。结果勒佩尚乘坐来底特律时的那条独木舟，由同一帮战士护送又回到了麦基诺。然而这出戏还没有完。卡迪亚克赢得了渥太华人的支持，却失去了迈阿密人的心，后者很快不只是杀渥太华人，还杀了法国人，于是又开启了新一轮谈判。所以说底特律杀人事件的解决只能算部分成功，尽管如此，围绕它进行的谈判仍然极具启发性。它揭示了根本性的问题，并扩大了法-阿联盟创造的中间地带。在这里，普通的问题都可以解决，也能达成双方都能理解的方案。谈判同样展现了解决方案可以被多么精巧地编写成政治戏剧。这些虚构的假象深深影响了双方社会中发生的事件。[3]

五

中间地带一旦建立，就朝着令人惊奇的方向延伸。法国人原本以为有些杀人事件只是他们自己的事，结果变成了整个中间地带上
91 待解决的问题。1723年4月25日，一名法国士兵对一位名叫佩里约

[1] Vaudreuil to Minister, Oct. 1, 1707, *MPHC* 33: 355.

[2] Words of Ottawas to Cadillac, Sept. 25, 1707, *MPHC* 33: 348–350.

[3] 迈阿密人的报复及此后的事件见 Vaudreuil and Raudot to Minister, Nov. 14, 1708, *MPHC* 33: 403–405, 408; Father Marest to De Vaudreuil, June 4, 1708, *MPHC* 33: 383–387; De Vaudreuil to Minister, Nov.5, 1708, *MPHC* 33: 395–399; Report of D' Aigremont, Nov.14, 1708, *MPHC* 33: 937–940。渥太华人对交出勒佩尚一事的反应见 Speeches of Three Indians from Michilimakina（sic）, Oct. 7, 1707, *MPHC* 33: 365。

（Perillaut）的仓库管理员说话“不礼貌”，那人的反应是挥剑刺穿了士兵的身体。法国人审判了佩里约并判处他死刑，不过佩里约作为一个仓库管理员（或者印第安人说的货物总管）与伊利诺伊人有许多交易，于是其死刑判决令伊利诺伊人大为不安。4月29日，三名卡斯卡斯基亚酋长，由30名战士陪同，现身请求饶恕佩里约一命。五月初，又来了一队卡霍基亚代表，其中包括玛丽·龙皮耶舒埃（Marie Rompiechoue）（又叫罗基皮耶科（Rokipiekoue）。这个女人“在自己的村子以及在法国人中都很受尊敬”，她是卡霍基亚人约瑟夫·维萨卡奇阿库（Joseph Ouissakatchakoue）的妻子。玛丽·龙皮耶舒埃很可能就是阿拉梅，鲁昂撒的女儿，三十年前嫁给了米歇尔·阿科。这些代表的做法和陈词，特别是卡斯卡斯基亚酋长基拉维尔亚（Kiraoueria）及米歇尔的言行，展现了18世纪阿尔冈昆人看待谋杀和复仇的清晰图景，以及这些观念如何影响了法国人的行为。[1]

基拉韦尔亚，一位“做祷告”（基督教徒）的卡斯卡斯基亚酋长，在清晰表达印第安逻辑并将其扩展到法国事务中时占据了非常有利的位置。卡斯卡斯基亚人在处理重大事项之前会献上象征友谊和结盟的卡柳梅特。法国人从半个世纪以来积累的经验中知道，接受卡柳梅特就是同意敬献者的要求。基拉韦尔亚于是试着将法国人带入他们所能理解的世界中。“你会不会，”他问道，“让一个法国人的血来擦除另一个人的血迹？你会不会将一个人的损失加到另一个人的损失之上？”这显然是愚蠢的。如果法国人坚持以杀死另一个人来使先死去的人安息这种方式，那么他们应该去攻打他们的敌人福克斯人和奇克索人

[1]　这份描述部分来自 Boisbriant Diron Desurins Legardeur De L’ isle Ste 的报告。见 Therese Langloisere of June 17, 1723, in Schlarman, From Quebec to New Orleans, 225–231。源头见 Chefs du villages..., 17 juin 1793, AN, F3, v.24, f.157 Moreau St. Mery。卡霍亚人代表团的和玛丽·龙皮耶舒埃的描述来自一份文件，见 May 11, 1723, entitled Remis par M. Diron, AN, C13A, v.7, f.322。玛丽·龙皮耶舒埃很可能就是阿拉梅，原因有三点：第一，她们名字相像；第二，阿拉梅的教名是玛丽，见 *Palm, “Jesuit Missions,”* p.38; 第三，这两位妇女都在伊利诺伊人和法国人中享有较高的社会地位。1723 年时阿拉梅还活着，因为四年后法国人从福克斯人手中赎回“作为米歇尔·阿科妻子的伊利诺伊女人”，当时福克斯人正要烧死她。这时阿科应该已经去世了。见 Deliette to Lignery, Oct. 15, 1726, *WHC* 17: 18。关于杀人事件的进一步简述，见“Journal of Diron D’ Artaguiette...,”载 Newton D. Mereness, *Travels in the American Colonies*（New York: Macmillan Company, 1916）, 75–77。

92 （Chickasaws）。这些族群听到法国人实际上通过自相残杀替他们的死者报了仇，一定会兴高采烈。[1]

科拉利亚接着解释阿尔冈昆人对杀人的看法。阿尔冈昆人认为杀人犯是疯子，而且没有一个民族没有杀人犯；但他们也并非永久疯狂，他们可以被救赎，不是非杀死他们不可，被害人的亲戚们可以得到赔偿，被害者的鲜血也可以被遮盖，不应该再流更多的血了。不过科拉利亚并没有指望法国人能轻松接受阿尔冈昆人的逻辑，利用创造中间地带的惯常做法，他把自己所说的与法国文化挂钩，与基督教融合：

> 我知道那最伟大的精灵，那创造其他精灵的人——上帝、我父，禁止我们杀死自己的孩子……但是，当我们做了蠢事，祈求他不要生气时，难道不是上帝，那一切的主宰，抬起他的眼睛看着我们吗？因为他的博爱，他宽恕并如惯常一样赦免了我们。[2]

最后，基拉韦尔亚和战争领袖米歇尔诉诸中间地带背后的基础——联盟以及和平与结盟的象征——卡柳梅特。基拉韦尔亚恳请法国人不要拒绝他们，这会使他和他的酋长们受到羞辱。米歇尔提及有几次卡斯卡斯基亚人为法国人报仇而失去了生命，而且由于法国人求情，这些战士未能被报仇。那些应当被报仇的战士，仍然未得掩埋，现在法国人却要求卡斯卡斯基亚人t仇。[3]

法国指挥官布瓦布里昂（Boisbriant）意识到，这件事被这样表述，“是一件微妙的事”。毫不让步地把伊利诺伊人打发走是危险的，特别是米歇尔还拐弯抹角地提到了尚未掩埋的卡斯卡斯基亚死者。布瓦布里昂回应时还坚持说这事并无先例，但他同意向国王请求赦免佩里约

[1] Therese Langloisere of Jane 17, 1723, in Schlarman, From Quebec to New Orleans, 226–227. 基拉韦尔亚的看法并不奇怪；乔基姆（Joachim），一个密歇根的酋长，同时也是一位“祷告者”。他将三个女儿嫁给了法国人。见 St. Ange au Ministre, n.d.,（1733）AN, C13A, v.17, f.248。伊利诺伊人对父权关系的阐释见 Parolles de Chachagouesse...chez Illinois du 20 aoust 1712, AN, C11A, v.33。

[2] *Ibid.*, 227.

[3] *Ibid.*, 227–230.

并释放他。那些“死于替法国人报仇的卡斯卡斯基亚人，是他们掩埋了那位已被杀死的人。”法国人在伊利诺伊审判的第一起有记载的罪案就这样了结了。佩里约于当年五月获释。其获释与五十年前阿迟的儿子被处死一样，都是源于一种演进中的文化逻辑，它产生于两种不同文化体系在面对一系列共同问题时的交汇点，一些随机的、非常相近的东西。[1]

分开来看，迪吕特男爵与阿迟儿子的故事，勒佩尚与卡迪亚克的故事，佩里约与基拉韦尔亚的故事，这些事件分散在广袤的时空中； 93
但合起来看，它们构成了一种不断演进的投降、救赎仪式，并处于法-阿联盟的核心。这种中间地带仪式显然吸取了两种文化成分，但与其中任何一种都不是完全一致。这仪式靠类比来运行：杀人犯之于总督就好比罪人之于上帝，总督之于杀人犯就像一个严厉而宽恕的父亲对待犯了错的儿子。这种类比就像钩子一样，既把新仪式与纯阿尔冈昆式或纯法国式处理杀人犯的方式联系起来，又把旧做法中的元素吸收进中间地带。在法国式体系下，一旦对他们的罪行进行调查，印第安杀人犯就应当被关押；在阿尔冈昆体系下，印第安人及法国人的死亡应当进行掩埋或“复活”。

这套投降与救赎的仪式一旦形成，就成了中间地带的题中之义。1754年总督迪凯纳（Duquesne）向西厄尔·德佩昂（Sieur de Pean）传达的命令就很好地表达了其基本要素：“他必须设法确保杀人犯处于他的管制之下，然后才能按照约定俗成的方式赦免他们。”然而这仪式又总是存在张力，法国人目睹杀人犯被交出来，又希望看到他们被处决。而由于对暂时关押的将信将疑，阿尔冈昆人在其亲属“按照约定俗成的方式”被赦免之前，又迟疑不想交出他们。因此，每一次杀人、每一次投降、每一次赦免都考验着联盟是否结实稳固。如果昂提奥未能赦免，或者他的孩子未能投降，都标志着危机，只有更新仪式才能

[1] Therese Langloisere of Jane 17, 1723, in Schlarman, From Quebec to New Orleans., 228–231.

解决。就像文化中所有结构性要素一样，仪式仅仅是到现在为止尚有意义而已，它还需要在行动中不断再生。[1]

在社会行动中被创造出来的世界与历史学家期待在民族志故纸堆中发现的世界截然不同。印第安人虽然逐渐认同特定的欧洲价值观念，但这个世界的演化并不与文献的累积增长相一致。相反，两种文化中的成员建立了一个联盟，彼此都认为这会促进他们自身社会的福祉。他们通过仪式和典礼来维持此联盟，这些仪典基于文化的相似和一致，自始至终都存在着不精确和人工的痕迹。这些仪典并非联盟的表面装饰，而是其支柱。它们有利于凝聚起一个共同世界来处理问题，如谋杀等问题威胁到了联盟本身的存在。这些解决方案可能是精致的文化幻象——就像在底特律那样，但通过它们，改变真的发生了。这些改变在中间地带发生，并且可能极具影响，使双方社会产生重要的调整，也模糊了它们之间的边界。

---

[1] Instruction de Duquesne à Pean, 9 may 1754, 载 Fernand Grenier（ed.）, *Papiers Contrecoeur, et autres documents concernant le conflit anglo-français sur l' Ohio de 1745 à 1756*（Quebec: Les presses universitaires, Laval, 1952）, 122。

第三章 94

毛皮贸易

你们难道忘记了，原先你们的祖先使用陶罐和石斧，刀和弓箭；如果昂提奥抛弃你们，你们就不得不重新使用那些东西。如果他生气了，你们会如何呢？

——尼古拉·佩罗《回忆录》

（Nicolas Perrot, *Memoir*）

造物主为异域的经济活动赋予了与我们相同的动机和意图。

——斯蒂芬·古德曼《作为文化的经济》

（Stephen Gudeman, *Economics as Culture*）

一

按理说，关于毛皮贸易的任何讨论都是从印第安人与白人之间更为广大的社会关系、交换图谱中抽取出来的。然而，抽离出商品交换并进入一个规则与其社会生活其他方面都不相同的经济领域，并不是那么容易。毕竟，法国人与阿尔冈昆人每一次奋力团结起来对付共同的敌人时，会晤处理他们之间的谋杀事件时，请求援助以渡过饥饿、疾病、干旱和暴风雪时，发生性关系或缔结婚姻时，实际上都伴随着商品交易。这些交易通常不是被排除在毛皮贸易的范畴之外，就是被简化为纯粹的经济关系。不过，这只是尽可能去制造一幅相反的图景，其中毛皮贸易本身成了基于特定社会关系的更为全面且连贯的交换图谱中的唯一。毛皮贸易实际是法国和阿尔冈昆两种本地化交换模式的不断变化妥协的渠道之一。

从某种意义上说，在陈旧而疲乏的实质主义者与形式主义者的辩论中，在地方形式的“经济”与普世模式的争论中，本章展示的相反图景重新站在了实质主义者一边。在生产及交换商品时，阿尔冈昆人并没有像“理性”的人类一样行动。如果一系列复杂的人类活动可以被简化为纯粹的商业交易，如果每个人、每样东西都可以销售，那么买和卖就可以囊括、解释一切了，那么世界就是一个相对简单、一成
95 不变的所在。然而阿尔冈昆人行动的理由并不能被简化为普世的经济法则，其中缺乏对他们的社会及他们与欧洲人之间关系的生动具体的叙述。在17世纪和18世纪的高地，礼物并不只是贿赂或薪水；联盟并非唯利是图；女子并不只是妓女；传教士并不只是花钱买信徒；谋杀犯也并不只是为了获利而杀人，然后又收买那些想为受害人报仇的人。生活不是生意，这种简化描述只会曲解历史。[1]

目前为止，这都还只是再次陈述实质主义观点；让我们超越实质主义的是，认识到不管阿尔冈昆人如何看待交换，他们实际上都变成了世界市场的一部分，这个市场横跨大西洋，直抵欧洲。当他们接受欧洲货物并回馈以毛皮时，欧洲方兴未艾的市场体系已经开始影响他们的生活。作为个人的欧洲商人追求利润，至少有些法国人从贸易中获取了比他们投入的更多的财富。不过，正因为不能完全把毛皮贸易从“法国父亲－阿尔冈昆孩子”这种关系中剥离出来，也就是说不能从政治军事联盟关系中剥离出来，市场从未在本土阿尔冈昆村庄

[1]　形式主义与实质主义之争的文本太多了，无法在此一一引用。此处我所依据的实质主义文本主要是 Marshall Sahlins, *Stone Age Economics*（Chicago: Aldine, 1972）。
Arthur J. Ray and Donald Freeman, *Give Us Good Measure: An Economic Analysis of Relations Between the Indians and the Hudson's Bay CoMPAny Before 1763*（Toronto: University of Toronto Press, 1978），提供了迄今为止最为合理的、经过修正的形式主义观点。作者们承认贸易在不同地区有极大变化，贸易不仅是经济制度，同样是政治制度，并且它既不符合欧洲模式也不符合印第安模式。

占据直接优势。相反，出现了一种与原先的阿尔冈昆模式极其不同的体系，它受到市场的影响，然而又缓冲了市场的影响——缓冲器就是法-阿联盟。如果在毛皮贸易中只讲利润，联盟就会受到威胁；而且，必要时法国官员让毛皮贸易为联盟的需求让路，他们像“父亲”一样行事。[1]

毛皮贸易与世界市场相连，嵌入联盟的更大世界中，于是它变成中间地带的一部分。这片领域并非法国人支配印第安人。一位著名学者曾论断，到17世纪末，“抵制法国政策可能‘意味着贸易中断和随之而来的饥荒’”的观点是高估了贸易商品的存在，也忽视了印第安人对法国支配地位的长期抵制和替代选择。在毛皮贸易的最终阶段，印第 96
安人的生存依赖欧洲工业品和食物供给，而欧洲人对交易规则的控制，使印第安人陷于贫困。不过这是一个长期过程的结果，并非第一把斧子在北美的太阳下闪耀时就表现出来。[2]

如果预设商品自身制造了持续的依赖，我们就只是在重复早期法国商人所犯的错误。尼古拉斯·佩罗曾对渥太华人说：“你们难道忘记了，原先你们的祖先使用陶罐和石斧，刀和弓箭；如果昂提奥抛弃你们，你们就不得不重新使用那些东西。如果他生气了，你们会如何呢？”但是佩罗错解了阿尔冈昆人对刀、枪以及布匹的狂热，以及阿尔冈昆仪式语言的设计就是用来激起同情与慷慨的。实际上，他们并非可怜地依赖欧洲商品。佩罗后来认识到他预设中的依赖是不成熟的。在他发表最初的言论几年后，他更倾向于对法国政策的具有启发性的抨击。印第安人一再谋杀法国人，还与英国人做生意，迫使法国人对他们的要求做出让步。佩罗回顾了这些，宣称西部印第安人抱着“傲

[1] W. J. Eccles, “The Fur Trade and Eighteenth-Century Imperialism,” *William and Mary Quarterly* 40（July 1983）: 341-362.

[2] 引自 Harold Hickerson, “The Feast of the Dead among the Seventeenth-Century Algonkians of the Upper Great Lakes,” *American Anthropologist* 62（1960）: 99。
同样的问题在拉美也有有趣的争论，见 Steven J. Stern, “Feudalism, Capitalism, and the World System in the Perspective of Latin America and the Caribbean,” *American Historical Review*93（Oct. 1988）, 以及后文 AHR Forum, 829-897。

慢的念头，认为法国人离不开他们，没有他们的协助，我们在殖民地无法生存”。在一段时间内，究竟是谁能支配谁的行动，显然还是一个尚无定论的问题。[1]

将毛皮贸易作为中间地带的一部分来重建，涉及的并不只是追随商品流动的问题，必须去发现这些商品及其交换过程对阿尔冈昆人和法国人分别意味着什么。17 世纪、18 世纪期间，印第安人经常给欧洲人提供皮草，但同时也有树皮独木舟、玉米、浆果、肉、鱼；欧洲人
97 给阿尔冈昆人提供布匹及衣物、酒、优于本土品种的烟草，还有各种金属用具，从锥子、刀子到短柄斧、锅和火枪。双方都会给对方贝珠带——东部印第安人用蛾螺和硬壳蛤蜊做成的贝珠制成。另外，当印第安人提供劳力、军事服务或性方面的好处时，也会发生商品交换。[2]

双方心中都有各自的一套公平交易的样板。法国人的样板还没有完全脱离旧式的观念，商品要有个公道的价格，交易中要有一整套的监管措施。一个费米埃（fermier），通常是由法国商人组成的公司，大多数时候垄断了河狸出口，并在法国官员的建议下为河狸制定了固定价格。政府通过发行执照（商业许可证，congés）来控制商人数量，或者在不同时候也把西部要塞的商业专营权出租给武官、个体商人或商人集团。然而，不同的费米埃都把欧洲市场看作他们为皮草出价的最终决定因素，而且不管是费米埃还是个体商人都认为交易的重点在于从和印第安人的生意中获取利润。这从积累剩余价值的角度来看是合

[1]　佩罗的第一处引文见 Claude Charles Le Roy, Bacqueville de la Potherie, “History of the Savage Peoples Who Are the Allies of New France”, 载 Emma Helen Blair（ed.）, *The Indian Tribes of the Upper Mississippi Valley and Region of the Great Lakes*, 2 vols.（Cleveland: Arthur H.Clark, 1911）, 2: 77。第二处引文见 Nicolas Perrot, “Memoir on the Manners, Customs, and Religion of the Savages of North America”, 载 Blair（ed.）, *Indian Tribes*, 1: 262。
1667 年，法国人想当然地认为西部印第安人需要下到蒙特利尔获取商品，见 Mémoire sur le Canada, 1667, AN, C11A, v.2, f.352。法国人认为枪支、手斧等绝对是易洛魁人及其他民族所必需的，并将把控这些物品视为有效的强制手段。见 Description du Canada, 1671, AN, C11A, v.3, f.198。

[2]　贝珠带见 Lynn Ceci, “The Value of Wampum among the New York Iroquois: A Case Study in Artifact Analysis,” *Journal of Anthropological Research* 38（Spring 1982）: 97–107; Michael Foster, “Another Look at the Function of Wampum in Iroquois–White Councils,” 载 Francis Jennings, et.al（eds.）, *The History and Culture of Iroquois Diplomacy*（Syracuse: Syracuse University Press, 1985）, 99–144。如同克勒（Kerlerec）总督在很久之后所说，有一系列适用于交易的特定商品，见 “un gout particulier adopté par les sauvages,” Kerlerec au ministre, 4 mai 1753, AN, C13A, v.37。

理的，但在当时还并不十分为人赞同。17世纪时法国人正处于将（直系亲属之外的）买和卖从旧有的社会关系中分离的过程。例如，比起个人与商家的关系，供需关系更能决定交易的价格。大多数商品（并非全部）的价格靠谈判确定。

不过，这个市场的规则还不完整。在规定价格和促成交易中，并非所有行为都是允许的。一个诚实的商人不会偷盗，不会使用读数不准的砝码，不会故意贩卖劣质商品。从加拿大到英国，在1763年之前的大多数时间里，除非在特定的具体情况下，一个诚实的商人也不会卖给印第安人白兰地或其他烈性酒。17世纪及18世纪早期的法国人尚未将交易变成纯粹的经济活动，但他们在此方向上比印第安人走得更远。

阿尔冈昆模式源自另一套不同的逻辑，并且在若干重要之处都与法国人有区别。首先，交易的目的不一定是赢利或获取最大的物质收 98 益，而是为了满足各方的需要（besoins）。其次，买家和卖家的关系并非无足轻重，而是很重要。如果他们之前并没有关系，就必须先建立起一种关系。最后，在交换的逻辑中买家的需求是个重要因素，但它产生的影响与法国模式完全相反。在社会关系已经稳固建立后，买家的需求越多，买家对卖家的要求就越多。

要想理解这种交换体系，最好举一个阿尔冈昆人进行交换的特定例子。尼古拉·佩罗很好地描述了17世纪60年代发生在渥太华人和克里人之间的“贸易”：

> 渥太华人朝北走去，想要和那些部落进行贸易，后者把所有的河狸皮袍子给了他们，换取旧刀子、钝斧子、破烂的渔网，还有烂到用不了的锅。为此这些部落人非常谦卑地表示感谢，宣称他们欠了渥太华人一个极大的人情，因为渥太华人同情他们，便与他们分享从法国人那里获得的货物。由于心怀感恩，他们给渥太华人献上很多包生皮，希望这些客人们一定每年都要来，并带

> 来货物帮助他们。[1]

这段描述中有几个重要的层面。首先是双方拿出商品都不仅仅为了交易。在贸易发生前，双方都已经在生活中充分使用了贸易品。克里人拿出又脏又破、几乎没有用了的旧河狸皮袍子，来交换在他们看来很神奇的商品——能够使他们的日常生活大为方便的铁制工具。渥太华人拿出欧洲货物——它们并非仅仅作为交换媒介而存在的商品，在被交给缺乏它们的人之前，这些旧商品几乎已经被用坏了。

第二个重要特征就是，双方都用礼物而不是贸易的说法来陈述这次交换。克里人感谢渥太华人与他们分享东西，反过来另外送上一些生皮作礼物。他们赞扬渥太华人具有“同情”的社会道义，这次交换构成了一种非常普遍的社会关系。礼物“在潜在的敌对之人或群体之间创造了和平及一种有条件的友谊”。而且正是因为“中止送礼就是中止和平的关系”，人们特意让这种交换显得不对等。以旧河狸皮袍子换
99 回欧洲商品后，克里人进一步送出毛皮作礼物，引导或者迫使渥太华人在将来回礼。[2]

这种对社会工具的精密安排及其中建立的社会关系与贸易是不可分割的。友谊对此种交换来说是必不可少的。其他的社会关系（及其他种类的商品）则主宰着其他形式的交换。例如，凯迪拉克描述了猎人与其亲属及同村伙伴的交换。“好的猎人”，他得出结论：“从打猎中获利最少。”

> 他们经常宴请朋友和亲戚，或者将猎杀来的动物分发给村中

---

[1] Perrot, *Memoir*, 173–174.

[2] 见 George Dalton, “The Impact of Colonization on Aboriginal Economies in Stateless Societies,” *Research in Economic Anthropology* 1: 113–184, 引用见 138 页。此类不公平交易的全面解释见 Sahlins, *Stone Age Economics*, 302–303。一旦交易不再难得，且渥太华人在法国人那儿失去了地位，交易关系就可能变成战争，因为渥太华人和一些非法游商攻击和抢劫克里人。见 Dulhut á M.de Frontenac, 5 avril 1679, Pierre Margry, *Découvertes et établissements des Francais...de l' Amerique Septentrionale, 1614–1698*, 6 vols.（Paris: Maisonneuve et Cie, 1879, repr. New York, AMS, 1974）, 6: 30–31。

> 各家。他们的慷慨或虚荣的证据之一，就是当他们回到村庄时，在场迎接的人都可以占有猎人船上所有他打来的肉，而他只是笑脸相迎。[1]

这种在亲属与同村伙伴之间的再分配构成了交换的一个极端；陌生人和敌人则倾向于靠偷盗来交换商品，这是另一个极端。易洛魁人和阿尔冈昆人都很乐意劫掠对方。佩罗所描述的“贸易”则处于这两极之间。

二

阿尔冈昆人对商品的欲望和欧洲人对皮草的欲望，促成了两种交易模式之间的和解，但对商品的欲望既非自发也不简单。这里有令人好奇及引发联想的证据，表明阿尔冈昆人和易洛魁人一开始被欧洲商品吸引并不是因为商品的物质效用，而是其象征价值。例如，西北印第安人将玻璃珠等同于天然水晶，并认为镜子价值很高，因为它们可以映照出形象，于是，就像水一样，镜子变成了神圣的工具。对阿尔冈昆人来说，天然铜、水晶及贝壳已经具有丰富的仪式意义，于是其 100
欧洲等价物——玻璃和铜，一来就自然具有了现成的仪式价值。事实上，欧洲人一开始之所以被认为是精灵，是因为他们带来了世外珍品，所以印第安人一开始就“在隐喻中贸易”，贸易商品的价值也就“主要是仪式和意识形态上的”。[2]

在另一种意义上，欧洲货物也如同现存商品一样。比如贝珠带，

---

[1] 引文见 Milo Quaife 等，*The Western Country in the Seventeenth Century: The Memoirs of Lamothe Cadillac and Pierre Liette*（Chicago: Lakeside Press, 1917），21。

[2] 这种观点见 Christopher L. Miller and George R.Hamell, “A New Perspective on Indian–White Contact: Cultural Symbols and Colonial Trade, ” *Journal of American History* 73（Sept.1986）: 311–328, 引文见 326 页。在 “Strawberries, Floating Islands, and Rabbit Captains: Mythical Realities and European Contact in the Northeast During the 16th and 17th Centuries, ” *Journal of Canadian Studies* 21(Feb. 1987)中，哈迈尔（Hamell）更为细致地发展了该观点。

不只是因为这些货物是日常用品，更是因为它们也是仪式用品，一旦当作礼物来送，就能在社群之间创造出特殊的联结。凭借欧洲商品，阿尔冈昆人可以把潜在的敌人转化为朋友，并铺就联姻的道路，联姻可以将这种暂时性的联结加固为亲属和结盟关系。社会群体可能出于许多理由去扩展他们的和平社交网络。他们可能需要盟友来保卫自己，如果被迫逃难也能有避难之所。他们可能想要制造援助的来源，以防食物短缺或饥荒，而所有这些都能纳入一种全面却模糊的追求政治地位的欲望。根据早期最敏锐的法国观察家拉菲图神父所说，荣誉——他人给予的尊敬——是个体印第安人行事的主要动力。人们追求这些目标，即便他们发起的交易以经济利润来算的话，带来的也唯有亏损。[1]

到17世纪晚期和18世纪早期，贝珠带（当时它是一种通过欧洲人获得的交易物品）与欧洲货物在各种印第安群体的礼物交换中占首要地位。它们对外交性质的交换来说是必要的。通常阿尔冈昆人送给欧洲人的礼物包括贝珠带和河狸毛皮；印第安人之间发生重大事件时，送出商品和贝珠带作礼物，以为纪念。当蒙梭，一位麦斯科顿酋长，想让伊利诺伊人驱逐拉萨尔时，他送给伊利诺伊人锅、短柄斧和刀。1701年，当科迪亚朗克（Kondiaronk）或者说耗子（Rat），想要确保绿湾周边民族参与易洛魁人的和平大会，他就给了帕塔瓦米人中的奥南吉塞一口锅和一把枪。当休伦酋长米基皮奇（Michipichy）试图说服迈阿密人回到底特律定居时，他送出了贝珠带、锅、短柄斧、毯子、衬衫、一件斗篷、一把枪以及火药和子弹。总的来说，带来影响力、
101 声望和荣誉的礼物是稀有的欧洲货物，它们使赠予者影响到重要的社会纽带。由此，在欧洲货物成为生活必需品之前，对那些试图巩固难民社区的人和在这个新的异质社会中追求影响力和荣誉地位的人来说，

[1]　关于交易中政治动机的优秀讨论见 George Dalton, “Impact of Colonialization, ” 138–144。Joseph–François Lafitau, *Customs of the American Indians.Compared with the Customs of Primitive Times*（Toronto: Champlain Society, 1974–1977）, 2: 61。

它们早已成了文化必需品。[1]

拉波蒂埃对帕塔瓦米人礼物的描述可能是对货物政治处理的最佳说明。帕塔瓦米人送出这些商品，有意识地延伸了自身的政治纽带，并在绿湾周边村庄中建立影响。

> 他们已经让自己成为湾区部落及所有邻居中的权威角色，并努力在所有方面保持这种声望。他们取悦所有人的雄心自然招来了嫉妒和分裂，因为他们的家族都沿密歇根湖左右分散居住……为了获得特别的尊崇，他们倾其所有地送礼，甚至包括自身的生活必需品，他们热切地渴望被人视为慷慨大方的人。渥太华人与法国人贸易得来的大部分商品都落入了这些人群中。[2]

分发礼物会创造出义务并建立起社会地位，但在这儿，在扩展盟友及社会关系时，帕塔瓦米领袖们忽略了已有的内在义务，甚至导致自己的村庄和氏族分崩离析。阿尔冈昆人获得的政治和宗教利益不应被混淆为欧洲人理解的伴随财富带来的声望。阿尔冈昆人作为个人是不蓄积财富的。商品在阿尔冈昆社会中实际上并不属于单独的个人，尽管它们总是会停留在某个人手上一阵子。1675年耶稣会传教士曾提到，除了《玫瑰经》，阿尔冈昆人中的传道师并未保存教士送给他们的礼物。实际上，商品仅在接收者处暂留，然后就在已有的社会渠道中流动。这并不代表任何商品都由每一个人拥有——因为所有这些社会交流（social stream）都是不同的，人们只在特定的人之间分享——那些处于同一“社会分水岭”，比如家族、氏族或村庄的人会在一段时间内共享这个东西。每个接收者都同时肩负了对送礼者的互惠义

---

[1] 其他对于社会、政治纽带起关键作用的礼物见（Monso）Lettre du Découvreur...29 sept. 1680, Margry, *Découvertes*, 2: 41;（Michipichy）Paroles desquatre Hurons, 17 fevrier 1701, *ibid.*2: 266–267;（Kondiaronk）Claude Charles Le Roy, Sieur de Bacqueville de la Potherie, *Histoire de l' ? Amerique septentrionale...*（Paris: J–L Nion & F., Didot, 1722, microcard, Lost Cause Press, Louisville）, 4: 224。

[2] 引文出自 La Potherie, *History*, 1: 302–303; 又见 James Clifton, *The Prairie People: Continuity and Change in Potawatomi Indian Culture*（Lawrence: Regents Press, 1977）, 67。

务，这确保礼物一直都在流动。在这种情况下，很难定义什么是剩余
102 商品——超出基本的生存和生产需要的商品，因为是群体而非个人在蓄积商品，而且财产总在流动。在这些社交流中，能中止商品流动的“堤坝”唯有死亡。死者通过葬礼上的礼物获得商品，但他们再也不能回馈了。[1]

或许对于单纯以物质效用及积累来评估商品意义最有力的反对意见，是随着毛皮贸易开放，与死者一起埋葬的墓葬商品、分送出去以纪念死者的商品也急剧增多。例如在麦基诺地区，该历史时期的拉萨宁（Lasanen）遗址发现的墓葬商品比史前的云图宁（Juntunen）遗址多上 130 倍，而且这些商品 99% 产自欧洲或由欧洲传入的技术制造。[2]

据佩罗所说，当阿尔冈昆人临终前，“家族的所有饰品都会用来装饰他，他的血亲和姻亲”，“给他穿上最好的衣服，将他的武器和战斗用具放在他身旁，用贝珠和玻璃珠穿成的项链环绕他”。这些商品与他一同进入坟墓，而他的亲戚收集其他物品来分发给吊唁者。在湖区
103 北部的阿尔冈昆人中，如此分发剩余物品只不过是在死者之宴上更大规模分发物品的前奏，在持有个人积累财富观念的法国人看来，这种

[1] Perrot, *Memoir*, 67–70; *JR* 59: 231; La Potherie, *History*, 2: 127–128. 关于礼物的关键研究仍然是 Marcel Mauss, *The Gift: Forms and Functions of Exchange in Archaic Societies*（New York: W. W. Norton, 1967）, 特别是 67 页。Stephen Gudeman, “Anthropological Economics: The Question of Distribution, ” *Annual Review of Anthropology*（1978）: 347–377, 关于此类社会中剩余财富的创造和分配提出了启发性的问题，但关于阿尔冈昆人的资料有限，尚不足以分析得十分深入。

[2] 拉萨宁和云图宁两处遗址见 James E.Fitting, “Patterns of Acculturation at the Straits of Mackinac, ” 载 Charles Cleland, *Cultural Change and Continuity*（New York: Academic Press, 1976）, 330–331。在拉萨宁遗址，男性随葬品绝大多数都源自欧洲，墓葬中的装饰品也大多是进口的。玻璃珠、贝珠比烟斗泥或本土贝壳制成的珠子和吊坠要多得多。与装饰品相比，铁制品很少也更贵重。比如有一位重要男性的随葬品包括六把折刀、十把鞘刀、三把铁锥、一把铁鱼叉、一把火钳、一把铜锯、一把手锯、一块燧石、一只骨杯、一块河狸颌骨、一颗贝珠、一副贝壳饰领，还有一根雕着熊的烟斗。除了手锯、河狸颌骨或许还有烟斗之外全都是欧洲产品。见 Charles E. Cleland, *The Lasanen Site: An Historic Burial Locality in Mackinac County, Michigan*（East Lansing: Publications of the Museum, Michigan State University, 1971）, 90–91。Gros Cap 墓葬群有大量欧洲商品，见 Craign F. Nern 和 Charles E. Cleland, “Gros Cap Cemetery Site: St. Ignace, Michigan, ” *Michigan Archaeologist*（March 20, 1974）: 1–56。Fitting, “Patterns of Acculturation, ” 第 331 页，指出拉萨宁遗址包含的物品比邻近的原初印第安人的云图宁遗址多 130 倍，其中 90% 的陪葬品要么是贸易商品，要么是由欧洲技术制造的物品。其他遗址的随葬商品见 James E. Brown 等，“The Zimmerman Site: A Report on Excavations at the Grand Village of the Kaskaskia, La Salle County, Illinois, ” *Illinois State Museum, Report of Investigations*, no. 9（Springfield: Illinois State Museum, 1961）, 60–67。20 处遗址中有 6 处里有欧洲商品，但以上提及的随葬品事实上全是欧洲制品。

庆典近乎疯狂。“死者之宴”是阿尔冈昆说法，但是，逻辑上只有囊括了剩余物品和必需品的分配体系才能巩固社会关系，给接收者以敬意，并为送出者带来声望，使别人对他负有义务。[1]

死者在被暂时埋葬后还要重新埋葬，所以死者之宴也要进行几次，为之做准备时，作为东道主的村庄要囤积大量的欧洲及本地货物。这些东西用作坟前的祭品，以及作为礼物送给受邀赴宴的盟友群体。主人们往往要花费一整年来搜集必要的礼物。

> 他们慷慨送出自己拥有的全部贸易商品或其他东西，连一把短柄斧或一把刀也不留下，使自己陷于极端贫困。他们往往只留下一口旧锅自己用，而他们如此倾家荡产，唯一的目的就是使刚刚离开人世的魂灵可以在死者的国度过得更快乐、更受尊重。[2]

死者之宴这样的事情有助于解读出欧洲价值观在这个社会中有何意义。他们分发出去的剩余物品具有社会和政治的性质。在这些庆典中送出的许多物品都失去了其实用价值。送进坟墓的东西不会再回来，但其他商品却不会永久消失。吊唁者们会在自家发生丧事时进行回礼，但并不能把这些礼物视为隐性投资，它们真正的意义在于其社会性。它们将人们相互联结起来，村庄葬礼及其他交换场合通过重新分配商品，这种方式显示并强化了一个较大的社会关系网络。商品在如此的关系中流动，这在法国人看来是种退步：领袖不积累财富，反而要把它们送出去；死者没有给生者留下财产，反倒是生者将稀缺的商品给予死者。阿尔冈昆人一直将欧洲商品用于现实社会中的仪式。

欧洲商品进入村庄社会，被用于熟悉的实践和象征目的，但它们毕竟是颠覆性的。它们逐渐创造出新的意义，并改变了旧物品的意义。

---

[1] 引文见 Perrot, *Memoir*, 78–83。法国人对死者之宴的反对见 *ibid.*, 87–88。
[2] 引文见 Perrot, *Memoir*, 88。死者之宴的标准款待规格见 Hickerson, “The Feast of the Dead”。

104 比如，毛皮获得了特殊的社会意义，因为它和阿尔冈昆社会生产的其他商品不同，它可以被转化成欧洲商品。显然出于这个原因，阿尔冈昆人对待毛皮的态度变得和对待其他猎产不同了。例如，到17世纪晚期，任何一个饥饿的人都有权利捕猎，即使在他的村庄或部落通常的捕猎区域之外；但如果一个猎人在该区域原本无权捕猎，他就必须将其猎杀动物的毛皮送给那些拥有此权利的人。换句话说，为了获得食物，猎人可以杀死他在任一地方发现的动物；但是，为了获得锅或毯子，他只能杀死他拥有特定权利的动物。[1]

随着阿尔冈昆人将欧洲商品置于已有的社会生态，类似小的改变在别处也有发生，因为阿尔冈昆人在文化必需品上越来越依赖欧洲人。获取足够的欧洲商品成了阿尔冈昆人进行庆典和外交活动的必备条件。一方面，这些商品变成"印第安式"的了，就像莫卡辛软皮鞋一样；但与此互补的一面是，它们仍然带有异域气息，正是这一点赋予了它们价值。现在，印第安人显然对他们自身并不能生产的商品充满了渴求，不仅如此，他们还把这些有价值的商品整合进一系列社会关系中，荣誉、权力以及个人与群体的声望都有赖于此。有机会获得商品的人就有机会获得影响力，远远超出他送出商品本身的使用价值所能达到的效应。1683年至1684年，杜兰塔耶送出两支枪。从易洛魁战争的结果来看，这两支枪几乎没有什么实际效用，但作为礼物，它们在一场危机中发挥了将联盟维系在一起的作用，并将几百名战士安置在战场上。与此类似，孔迪阿龙克（Kondiaronk）送出的一支枪赢得了帕塔瓦米领袖奥南吉塞的信任，奥南吉塞投桃报李，于1701年将犹豫不决的绿湾民族送到蒙特利尔与易洛魁人讲和。欧洲商品的象征性与实用性融合在一起，获得了远超其使用价值的影响力。[2]

---

[1] 狩猎权利见 La Potherie, *Histoire*, 3: 176–177; 4: 179–181。到18世纪初，法国商人连未成年河狸的皮也愿意要，这和狩猎区域之间的矛盾导致资源严重耗竭，见 Mémoire que les Directeurs..., 26 avril 1703, AN, C11A, v.21, f.132–143。

[2] 见 Perrot, *Memoir*, 67–70; La Potherie, *History*, *WHC* 16: 3, 8。这些礼物见 Expense Account of La Durantaye, 1683–1684, *IHC* 23: 60–67。关于孔迪阿龙克见 La Potherie, *Histoire*, 4: 224。

三

法国式和阿尔冈昆式交换模式融合，就是法国在高地的毛皮贸易模式，这是由“法国父亲”对“阿尔冈昆孩子”支配性的政治关系决定的。这种联盟提供了一种方法，能够把首要强调社会关系的阿尔冈 105
昆交换体系与更大的世界经济体系相接轨。这种联系包括大量的文化调适，但这些调适不能作为孤立的变化去理解，而是要置于中间地带发生的整个系列变化中去理解，调适的出发点是反对易洛魁人的联盟。[1]

17世纪50年代及60年代，易洛魁人成为阿尔冈昆人的首要威胁，交易发生在一个公开的政治平台——蒙特利尔交易市集，其规则主要符合阿尔冈昆文化理念。在易洛魁人不再阻塞西部交易通道的那些年，由渥太华人、休伦－佩图安人、苏尔特人（及其他前奥吉布瓦群体）、尼皮辛人（Nippisings），有时还有帕塔瓦米人组成的大型船队来到蒙特利尔。无可否认，是对欧洲商品的强烈欲求促成了这些危险的旅程，但这并非他们的唯一动机。如同拉迪森和德·格罗塞那这样在西部的早期法国商人所发现的那样，结盟以对抗易洛魁人的愿望可以激励西部印第安人进行贸易，而纯粹的商业刺激并不足以做到这一点。印第安人将这些交易市集既当作联盟的年度复兴仪式，也当作商业交易。印第安人与法国官员举行庆典和正式会议，大摆筵席，交换礼物，巩固联盟，并参与到受监管的交易中，然后离去。[2]

---

[1] 对世界经济的依附见 Eric Wolf, *Europe and the People Without History*（Berkeley: University of California Press, 1982）, 158–194。

[2] M. Duchesneau' s Memoir on Western Indians, 13 Nov. 1681, *NYCD* 9: 20–21. 看上去帕塔瓦米人至少有一次同意陪法国人去蒙特利尔，既是为了获得商品，也是害怕失去法国人这个盟友；亚瑟·亚当斯（Arthur Adams）等，*The Explorations of Pierre Esprit Radisson*（Minneapolis: Ross & Haines, 1967）, 98–100; La Potherie, *History* 1: 337。

关于交易市集及其形式的讨论见 Abraham Rotstein, “Trade and Politics: An Institutional Approach, ” *Western Canadian Journal of Anthropology* 8（1972）: 13–22。休伦人的贸易仪式见 Bruce Trigger, *The Children of Aataentsic: A History of the Huron People to 1660*, 2 vols.（Montreal: McGill–Queen' s University Press, 1972）。当时的解释见 *JR* 42: 219–311。拉翁唐对博览会的描述见 Reuben Gold Thwaites（ed.）, *New Voyage to North America by the Baron de Lahontan*, 2 vols.（Chicago: A. C. McClurg, 1905）, 1: 92–95。

带着毛皮去蒙特利尔的印第安人是中间人，他们从广大的团体那里收来毛皮去交易市集上交换。不过，这些中间人的动机和身份很容易被混淆。“渥太华人”可能是17世纪晚期最著名的中间人，但在17世纪晚期使用“渥太华人”这个名字，却并不一定指某个特定的部落群体。在17世纪的大部分时间，西部的印第安人向东旅行去与法国人做生意，在法语里都通称为“渥太华人”。渥太华人貌似垄断了贸
106 易，但如同耶稣会士所说：“与法国人开展贸易的所有人，尽管来自不同的民族，但是都使用‘渥太华人’这个通称展开旅程。”既然其来源是明确的，显然奥吉布瓦人（特别是苏尔特人）、尼皮辛人，少数时候是帕塔瓦米人，和渥太华人自身一样，都曾在五大湖区的贸易中做中间人。[1]

法国行政长官迪歇纳奥为中间人的存在给出了三个理由：许多印第安族群与法国人距离遥远；他们没有能力制造或调用贸易需要的桦树皮独木舟；以及渥太华人的恐吓，他们想垄断与法国人的直接贸易。实际上，前两个原因比第三个重要得多。渥太华人本身似乎并未想要将其他部落排除在早期贸易之外，相反，他们试图怂恿其他部落参与远征。17世纪50年代到60年代，易洛魁战争集团虎视眈眈，远征蒙特利尔就是在与死神并行，而在尼古拉·佩罗看来，渥太华人“十分懦弱，根本不习惯战争”，并不愿意独自面对危险。问题不在于将其他族群排除在船队之外，而是召集他们并团结在一起。在易洛魁人的威胁之下，船队总是越来越小或被人抛弃。休伦人、苏尔特人和尼皮辛人不仅经常旅行至蒙特利尔，渥太华人还表示出极大的意愿帮助那些族群与法国人建立接触，而在此之前，这些族群只能与渥太华人进行贸易。17世纪60年代晚期他们陪同帕塔瓦米人去蒙特利尔，1664年渥太

[1] 耶稣会说渥太华人的话见 *JR* 51: 21；亦见 Mildred Mott Wedel, “Le Sueur and the Dakota Sioux, ” in Eldon Johnson（ed.）, *Aspects of Upper Great Lakes Anthropology*..., Minnesota Prehistoric Archaeology Series, no.11, Minnesota Historical Society（St. Paul: Minnesota Historical Society, 1974）, 159。作为贸易中间人的群体见 *JR* 45: 105; Adams（ed.）, Radisson, 112, 114–116; Letter of La Salle, 1682, *WHC* 16: 107; Margry, *Découvertes* 2: 252; *JR* 41: 77–78; Perrot, *Memoir*, 157; Clifton, *Prairie People*, 64。

华人带上了克里人——他们的主要皮货供应商，去蒙特利尔与法国人直接交易。渥太华人宣称自己是无可替代的中间人，在今天看来，是非常狭隘的想法。他们宣称对通往法国定居点的渥太华河航道拥有专有权，并期待从路过者那里收取礼物。因此，从纯粹的经济利益的角度看，他们所希望的是促进贸易而不是限制贸易。[1]

不过，中间人分享运输生意的普遍愿望也有一种重要的例外，它往往被误解为保持经济垄断的欲望。因为交换与结盟联系如此之紧密， 107
没有哪个民族能容忍与其敌人或敌人的盟友贸易，特别是武器交易。1680年，一位名叫蒙索（Monso）的麦斯科顿酋长是其他法国商人的代理人，他试图说服伊利诺伊人不要与拉萨莱结盟及开展交易关系，蒙索说这是因为拉萨莱是易洛魁人的盟友。随着法国人在运输生意中变得越发重要，各民族便不断干扰、妨碍其敌人与法国人的接触。渥太华人、福克斯人、休伦-佩图安人和伊利诺伊人苏人与法国人贸易的阻断，已是人尽皆知。对阿尔冈昆人来说，在环环相扣的家族、氏族、村庄和民族网络之外，就只剩潜在的敌人了。虽然与敌人之间也交换商品，但其方式是武力，交换本身就是偷窃。[2]

对阿尔冈昆人来说，在交易市集上，交易和结盟必然是相辅相成的。交易本身促成了和平。与陌生人之间的和平只能靠礼物达成，而

[1] 迪歇纳奥的分析见 Duchesneau Memoir, 13 Nov.1681, *NYCD* 9: 161。引文见 Perrot, *Memoir*, 211。抛弃船队、害怕攻击的情况见 *JR* 12: 219–233; *JR* 49: 245; *JR* 50–117; *JR* 45: 161–162; Perrot, *Memoir*, 175–176; Adams 等，*Radisson*, 96–99。渥太华人带上其他人去法国人处：帕塔瓦米人，见 La Potherie, *History*, 303, 313–314, 336–339; Clifton, *Prairie People*, 52–53; 克里人的情况见 *JR* 48: 237。渥太华人宣称独占河道见 *JR* 51: 21。

[2] 对垄断的阐释见 Harold A. Innis, *The Fur Trade in Canada: An Introduction to Canadian Economic History*（Toronto: University of Toronto Press, 1956）, 54–55。Louise De Chêne 在 *Habitants et marchands de Montréal au xvii siècle*（Paris: Librairie Plon, 1974）第 173 页中同样描绘了渥太华中间人的传统形象。拉萨莱认为蒙索是个迈阿密人，见（Lettre du découvreur à un de ses associés, 29 sept. 1680, Margry *Découvertes* 2: 41–42）, 但如同 Le Clercq 所说，蒙索更可能是麦斯科顿人，见（Le Clercq, “Narrative,” 载 Isaac J. Cox, *The Journeys of Robert Cavelier de La Salle*, 2 vols.（New York: A. S. Barnes, 1905）, 1: 102–103, 因为当时迈阿密人和伊利诺伊人处于争执中。阻碍法国人与自己的敌人通商见 “The Voyage of St. Cosme, 1698–1699” 载 Louise P. Kellogg（ed.）, *Early Narratives of the Northwest, 1634–1699*（New York: Charles Scribner' s Sons, 1917）, 344, 353; Thwaites 等，*Lahontan's Voyages,* 1: 175–176。La Potherie, *History* 1: 366; Licenses of Trade Revoked, De Champigny, 13 Oct. 1691, *MPHC* 33: 75; Narrative...of Occurrences, 1692, 1693, *NYCD* 9: 570; Parolles des sauvages...12 juillet 1699, AN, F3, Moreau de St. Mery, v.8, f.136–141。

且要靠持续的礼物往还才能维持和平。一旦停止交换礼物，这层关系便终止了。而在蒙特利尔的交易市集上，法国人使用中间地带的经典开场，证明了他们能够非常熟练地运用阿尔冈昆习俗来达到自己的目的。印第安人并非参与了礼物交换，而是发现自己受制于法国官员及其下属的一系列敲诈勒索。被派去守卫毛皮的士兵索要大量礼物；法国官员们不收传统的驼鹿皮和贝珠带，而是要索要大量河狸皮。而法国人回赠给印第安人的礼物则很少，这对印第安人来说有损身份。印第安男人在蒙特利尔被捕，而法国人索要大量河狸皮作为赎金；斗殴频发，印第安人常遭到殴打。在这种情况下，印第安人气愤、痛苦地回家，并伺机报复。帕塔瓦米人在蒙特利尔受到不公对待，其报复手
108 段是“辱骂、虐待法国人，劫掠他们的货物……并让他们遭受难忍的粗暴羞辱”。到17世纪70年代，交易市集显然已无法满足印第安人的期待。[1]

17世纪70年代至80年代间，交易市集逐渐减少。谩骂、虐待的滋生，以及非法游商和毛皮贸易公司雇佣的船工都大量涌入西部，这些都让交易市集衰落。在1666年与易洛魁人讲和后，15年间，法国商人将交易地点转移至西部的要塞、印第安村庄和狩猎营地。早在1671年，法国官员还抱怨，由于非法游商的存在，印第安人都不来蒙特利尔了。外交和军事行动还是会让一些西部印第安人来到蒙特利尔，这些印第安人通常也会进行贸易，但过去护送毛皮的队伍逐渐消失了。即便在17世纪70年代末期，毛皮护卫队暂时复兴，似乎也主要是印第安人在运送已经属于法国人的毛皮。[2]

---

[1] Mémoire sur le Canada, 1687, AN, C11A, v.2; Mémoire sur quelques...dans la ferme de Canada, 1684, AN, C11A, v.6; Duchesneau to Seignelay, 10 Nov.1679, *NYCD* 9: 134–135. King to Frontenac and Champigny, 1692 *IHC* 23: 257. 关于帕塔瓦米人对遭受不公对待的愤怒，见 *JR* 55: 185–187; La Potherie, *History* 333。

[2] Description du Canada, 1671 AN, C11A, v.3. 弗隆特纳克有时故意将这种外交的和法国的运输冒称为旧时的贸易运输，见 Frontenac au Ministre, 9 oct. 1679, AN, C11A, v.5; Frontenac au Ministre, 12 nov. 1690, *RAPQ*, 1927–1928, 38。其他来源的资料使人确信事实并非如弗隆特纳克所言，见 Duchesneau to Seignelay, Nov.13, 1681, *NYCD* 9: 154–155; Champigny au Ministre, 16 nov. 1689, AN, C11A, v.10; Narrative of...Occurrences...1692, 1693, *NYCD* 9: 562; Champigny au Ministre, 8 aout 1686, AN, C11A, v.10。

随着由蒙特利尔商人装备的雇佣船工复兴了高地本地的贸易，法国国王便想在西部发行有限的商业许可证，以重申自己的控制权。加拿大靠售卖许可证赚取收入来资助穷人，以及（至少在理论上）创造出一种限制加拿大毛皮供应的方法。国王并不直接收取这些收入，而是靠费米埃——通常是法国商人组成的公司——租用从加拿大出口河狸皮的权利盈利。由于费米埃获得了这项专有权，作为交换，他们有义务以固定价格收购所有达到特定标准的河狸皮。其他动物的毛皮不在此项专有权内。一旦费米埃必须买下太多毛皮或是毛皮定价太高，它就会面临破产的风险。[1]

事实证明，18世纪晚期的许可证制度只是部分有效，而且在17世纪70年代至80年代的交易中出现许多危机的迹象。无证经营的非法游商在高地穿梭，一直威胁着公序良俗。加拿大官员出于自身利益操纵 109
贸易许可证和军事行动。这套制度没能防止过度生产，也没能阻止人员流向西部，更没法维持秩序。这段时期被频繁提及的秩序混乱，部分是因为法国人和阿尔冈昆人没能协商出合适的交换机制。

在西部，作为个体的法国商人并不比他们在蒙特利尔时更接受阿尔冈昆人的交换逻辑。阿尔冈昆人要求他们慷慨大方，法国商人认为这很过分，拒绝配合，他们想获得市场能够提供的最大收益。拉波蒂埃说得好，法国商人把西部地区视为另一个“秘鲁”，因为“野蛮人无法理解这些人为何不远万里来搜罗他们穿破的河狸皮袍子；与此同时他们又叹赏法国人带给他们的东西，认为无比珍贵”。1670年，传教士多利耶和加利内吃惊地发现，在苏圣玛丽，一英寻的烟草或者六把刀子或者四分之一磅火药就可以换得一件河狸皮袍子。18年后，拉翁唐在麦基诺发现法国商品依旧价格“昂贵”，但在那时候法国人已经如愿深入西部，如亨内平描述1679年的拉萨莱：“买下了最偏远的野蛮人的

[1] Alice Jean Elizabeth Lunn, “Economic Development in New France, 1713–1760”（Ph. D.diss., McGill University, 1942）, 112–113, 136–155. 迟至1715年还有人怀念交易市集，见 Mémoire sur ce qui concerne le commerce des castors...（1715）, *RAPQ* 1947–1948, 69–73。

所有毛皮，而后者并不懂得它们的价值；于是商人们通过一趟旅行就能发财。”[1]

那些追寻“秘鲁”的法国商人如此成功地打消了福克斯人和帕塔瓦米人对他们要慷慨大方的期待，以至于1670年阿卢埃神父发现后者“对法国人印象很差”。据佩罗所说，印第安人一开始把他们视为强大的恩人，后来则对法国人贪婪攫取河狸皮感到厌恶，“将那些法国人视为卑劣的贱人，是世界上最卑鄙的人”。1670年，西部的塞内卡人也因为同样的原因而鄙视法国人，认为他们贪得无厌。去西部发财的法国人狂热地蓄积物资，并且只关注主要的挣钱机会，这让西部村民唾弃。行政官迪歇纳奥说，印第安人“因为我们表现出的贪婪而鄙视我们”。[2]

110 阿尔冈昆人既然开始鄙视和嘲笑贪婪的法国人，那就很难将后者视为朋友或同盟了。他们无疑将法国人重新归类为敌人，而与敌人做交易的恰当形式便是偷窃。商人们没能满足阿尔冈昆人在合法交易中的期望，于是他们就很容易遭遇敲诈和暴力，一如他们在蒙特利尔对阿尔冈昆人做的那样。阿尔冈昆人对唯利是图的商人给予差评，这不只影响法国人的生计，更给他们带来生命危险。贸易中暴力行为猖獗，仅在1684年，就有39名法国人死于西部阿尔冈昆人之手，事实证明，没有达到阿尔冈昆人的期望值就是这个下场。迪吕特男爵在麦基诺审判了凶手，紧接着又在绿湾展示武力，这些举动表明，和平的贸易关系已破裂，而且法国人感到为了自身安全有必要采取激烈手段。[3]

---

[1] 引文出自 La Potherie, *History*, 1: 307; 亦见“Journey of Dollier and Galinee,”载 Quaife 等, *The Western Country*, 207; Thwaites 等, *Lahontan' s Voyages*, 1: 148; Reuben Gold Thwaites 等, *Father Louis Hennepin' s A New Discovery of a Vast Country in America*（facsimile ed., Toronto: Coles, 1974 repr. of 1903 ed.）, 110。André Penicault, Richebourg Gaillard McWilliams, *Fleur de Lys and Calumet: Being the Penicault Narrative of French Adventure in Louisiana*,（Baton Rouge: Louisiana State University Press, 1953）, 53.

[2] 阿卢埃的话见 *JR* 54: 225。佩罗的话见 Perrot, *Memoir*, 63–64。迪歇纳奥的话见 Duchesneau to de Seignelay, 10 Nov. 1679, *NYCD* 9: 133。类似的断言见 Duchesneau' s Memoir on Western Indians, Sept.13, 1681, *NYCD* 9: 161–162; Perrot, *Memoir,* 263–264. De Dedonville à M. de Seignelay, aoust 1688, AN, C11A, v.10。

[3] Raisons qu' on proposee à la cour, 1697, AN, C11A, v.15; f.27.

学者们通常误以为贸易中的暴力行为源于阿尔冈昆人想要重获或保持中间人的地位。这种说法漏洞百出，因为实际上是法国官员更希望印第安人做中间人，而不是印第安人自己想保持这种身份。法国当局对加拿大的发展规划是重商主义的，他们害怕加拿大原本就不足的人力再流向西部。他们同样认为，渥太华人及其他中间人一定愤恨法国人非法抢夺了运输业，不过他们的根据似乎是因为任何追逐经济利益的理性人面对如此损失都会不满，而不是印第安人真的感到不满。[1]

法国国内官员认为，如果取消或限制许可证（运送货物到西部的
许可证），印第安人就会逐渐恢复中间人的身份。1698年，他们据此信 111
条采取了行动，其结果揭露了真相。西部印第安人并无兴趣将毛皮运到蒙特利尔。1701年确实重新出现了船队，但印第安人更主要是与大型的外交集会有密切联系。1701年的易洛魁和平大会、1702年围绕各种议题的谈判，以及1703年追悼卡利埃（Callieres）之死，这些和贸易一样吸引印第安人来到蒙特利尔。即便在这些年里，到来的船队数量也并不稳定。因为害怕当时肆虐蒙特利尔的传染病，1703年只有很少的印第安人在夏季贸易时期到来，只在卡利埃死时才有一小队使团在秋天赶来吊唁。然而，1703年印第安人的缺席却并未阻断毛皮的流通，因为这一年西部主要商品蓖麻的进账比1701年至1704年里其他任何一年都高。显然，除了西部印第安人，还有其他人仍在将毛皮送到

---

[1] 关于渥太华人厌恶失去中间人地位并渴望重新获得它的论断见 Commerce du Castor de Canada, 1699, AN, C11A, v.17; Pontchartrain to Frontenac, May 21, 1698, *NYCD* 9: 678; Mémoire du Roi, 17 avril 1697, *RAPQ* 1918–1929, 329; Mémoire, 1699, AN, C11A, v.17.f.193–195。历史学家们描绘出如下图景：福克斯人由于难以获得欧洲商品，便很难再做中间人，于是他们奋力维护自己作为中间人的地位。后来福克斯人重新得到法国商品，但他们不是用商品来获取经济利益，而是用其来巩固和苏人的联盟并为后者提供潜在的避难所。苏人难民见 letter of Ramezay, Jan.10, 1723, *WHC* 16: 422–423; Memoir, 1726, *WHC* 16: 464。这在部落居民中很常见，见 Dalton, " Impact of Colonization, " 154–155。法国人开放与苏人的贸易直接贸易，企图切断前述避难关系，见 Memoir, 1726, *WHC* 16: 464; *WHC* 3: 153–154。福克斯人害怕苏人被孤立，便没有试图完全切断该民族与法国人的接触。见 Extrait...Vaudreui l, 4 nov.1720, Margry, *Découvertes*, 6: 510; Charlevoix, *Journals*, 2: 74–75。如同 1725 年耶稣会神父沙尔东（Chardon）所认为的那样，福克斯人贸易的目的更像是政治性的而非经济性的，见 Longueuil & Begon au Ministre, 31 oct.1725, AN, C11A, v.47, f.134。法国人毫不费力地穿越了封锁，见 Relation of Father Guignas, May 29, 1728, *WHC* 17: 24。

蒙特利尔和魁北克。[1]

1704年后，到蒙特利尔的商旅最多只是偶尔出现。1710年，戴艾格勒蒙报告称，八九年来只有极少的西部印第安人来过蒙特利尔做生意，除了在1708年有60条独木舟来过，而且它们主要出于外交原因而来。就算戴艾格勒蒙的话有所夸张，那也最多只夸张了一丁点。1706年，沃德勒伊总督为蒙特利尔贸易被毁感到痛心，随后官员们在送回法国的备忘录中报告，低价几乎终结了贸易。法国官员及后来的学者普遍认为印第安人极其想做中间人，他们极大地误解了湖区贸易史。不管是什么驱使阿尔冈昆人进行交易，那都绝不可能是为了追求垄断利润。[2]

112 尽管交易中存在武力冲突，但交易本身从未破裂，因为它所从属的宏观政治关系仍在继续。法－阿联盟以及联盟与易洛魁人重新开战使得双方都有动力去抑制暴力。最后他们在交易中心照不宣地达成中间地带典型的妥协。法国人总体上接受了阿尔冈昆人的交易框架，但该框架中发生了重大的意义转变。尽管法国人曾有过零星的努力试图脱离二者交易框架，但阿尔冈昆人还是设法使交易限制在联盟自身范围内。交易的模式与联盟的模式一样带有家族色彩，法国人是“父亲”，阿尔冈昆人是“孩子”。这个核心隐喻带来了各种特定的结果。1730年，博阿努瓦

[1] 不可否认，加拿大官员们在内部交易中存在经济利益，他们更倾向于怀疑印第安人有来蒙特利尔的愿望，见 Frontenac et Champigny au Ministre, 9 nov. 1694, *RAPQ*, 1927–1928, 199; Mémoire...de Frontenac and de l' intendant Bochart de Champigny au Ministre, 26 oct. 1696, *PAPQ*, 1928–1929, 322; De Champigny to Pontchartrain, 13 oct. 1697, *MPHC* 33: 76; Narrative of...Occurrences...1694, by Lamothe Cadillac, *NYCD* 9: 586–587; Narrative of...Occurrences...1695, 1696, *NYCD* 9: 647。废除许可证及宫廷的主张见 Proclamation, Jean...de Champigny, 15 juin 1698, AN F3, Moreau St. Mery, v.8, f.85; Louix XIV to de Frontenac and Champigny, May 26, 1696, *NYCD* 9: 637–638; Mémoire du Roi pour le gouverneur de Frontenac et l' intendant Bochart de Champigny, 27 avril 1697, *RAPQ*, 1928–1929, 328–335, Pontchartrain to Frontenac, May 21, 1698, *NYCD* 9: 678。
到1698年时船队也没有恢复，Mémoire sur la Ferme, 1698, AN C11A, v.16, f.209–216, 1701年的会议见 La Potherie, *Histoire*, 4: 203–265。1702年的外交谈判见 Parolles de Outauoiiaes, 5 juillet 1702, AN, F3, Moreau St.Mery, v.8, f.310–311。1703年的毛皮收据见 Etat...des castors, 1705（mutilated copy, tide missing）, AN C11A, v.23; Vaudreuil et Beauharnois au Ministre, 15 nov. 1703, AN C11A, v.21; and Vaudreuil to Pontchartrain, Oct.14, 1703, *NYCD* 9: 743。

[2] 交易市集的萧条见 D' Aigremont Report, Nov.18, 1710, *WHC* 16: 266; Parolles des Outtauois...23 juillet 1708, AN C11A, v.28, f.205–211; letter of D' Aigremont, Oct. 18, 1710, *MPHC* 33: 488; Vaudreuil to Minister, 4 Nov. 1706, *MPHC* 33: 311; Copies, Traittes des Sauvages, 1711, AN C11A, v.32, f.190。即便法国人回归西部后，国王仍然试图让迈阿密人、伊利诺伊人（作为没有独木舟的印第安人，他们从未扮演这个角色）和渥太华人做中间人，见 Memoire du Roy, 10 juillet 1715, AN F3, Moreau St. Mery, v.9, f.306。

（Beauharnois）总督和行政官奥卡尔（Hocquart）向宫廷解释："阁下，您知道，加拿大所有民族都把总督视为他们的父亲，因此，按他们所想，总督就应当随时满足他们吃、穿、打猎的需求。"[1]昂提奥有义务满足孩子们的需求，这成了交易的基础；反过来，阿尔冈昆人作为心满意足的乖孩子，也有义务服从和支援昂提奥。正如1750年圣约瑟帕塔瓦米人的发言人所说："我们怎么会不爱法国人呢？我的父亲，您满足我们的一切需要，没有法国人，我们就没有刀子，也没有其他的一切。我们听从你们的命令，除了服从你们，心里再不想别的了。"在奥南吉塞之后半个世纪，帕塔瓦米人仍然把交易这个概念理解为"父亲"借以满足他们需求的手段——至少他们在口头上是这么说的。[2]

昂提奥显然是通过送礼对"孩子们"履行义务的，他会特别给到访蒙特利尔、魁北克或哨所的人送礼，还每年固定向他的"孩子们"送礼。不过，在17、18世纪法国人和阿尔冈昆人双方的期望不断妥协的过程中，礼物交换的性质改变了。法国人希望把礼物和印第安人提供的服务挂钩，他们觉得礼物实际上应该是付给已有服务的报酬，或者是某种贿赂，来购买未来的服务。他们希望在礼物和特定行为之间建立直接联系。[3]

比如，1683年、1684年中，在密立奇的指挥下，奥利弗·莫雷尔 113
和德拉杜兰致力于维持共同反抗易洛魁人的西部联盟，并让阿尔冈昆战士与法国人并肩作战。后来他提交了一份记录，记载了他在1683年7月到1684年7月送给麦基诺和绿湾民族的礼物与报酬。其中，纯粹的礼物（"给帕塔瓦米人……2磅烟草"）、劳动报酬（"给了8个人……他们为我带路，到这马塔加米人的村落"）、为了获取更大好处而送出的礼物（"给乌塔加米人送礼物，好让他们老实待在村子里"）都混在一起。但是，放在一起来看，这些礼物都指向一个明确的目标。杜兰

[1] Beauharnois et Hocquart au Ministre, 15 oct. 1730, AN C11A, v.51, f.33–36.

[2] Parolles des P8tet8atamis de la riviére St. Joseph, 29 juin 1750, AN C11A, v.95, f.249. "P8tet8atamis"中的"8"读作"dh"。

[3] 法国人称，回礼的价值总是比送出去的礼物价值低，见 Beauharnois et Hocquart au Ministre 25 oct. 1729, AN C11A, v.51, 在哨所送礼的情况见 Lease for Post at Green Bay, 1747, *WHC* 17: 454。

塔耶这些花销都是为了将联盟凝聚在一起，并把西部印第安人送上战场攻打英国人。[1]

不过，法国人并不能让付出的报酬与印第安人提供的劳务精确对应，也就是说让它们成为薪水或贿赂。法国人给予的大部分礼物都并非针对阿尔冈昆人的某个直接行动。易洛魁战争结束后，礼物变成每年都送，数量也增加了。1693年“野生动物”的礼物价值高达9527里弗。我们有必要注意这换算成实物意味着什么。在送出去的东西中，枪是最值钱的，尽管1935里弗也只意味着158支轻型燧发步枪（或83支手枪，值249里弗）。成衣方面，印第安人收到76件斗篷，13件紧身上衣，228件衬衫，216条毯子，还有布匹。从数量而不是价格上来说的话，火药、子弹、燧石和烟草在礼物清单中占大头，其中还包括分发给个体印第安人的小礼物：930磅烟草可以分给许多人。1693年后，礼物的花费显然还在增长。到1696年，国王每年花费25000里弗给印第安人（并非所有的西部印第安人）送礼物。接下来法国人采取了很多措施削减礼物开支，但到1716年，一年的礼物预算是20000里弗。面对英国人在贸易上的优势，礼物成了法国人维持阿尔冈昆人忠诚的重要手段，以后也是如此。[2]

---

[1]　见 Expense Account of La Durantaye, 1683–1684, *IHC* 23: 60–67。此处我并未区分对服务（比如为法国人带路）所付的报酬和纯粹的礼物。

[2]　1693年分发的货物和弹药状况，见 AN C11A, v.12; 对沿密西西比河而下所需礼物的另一种估计见 Tonti, Mississippi Navigation, Sept. 12, 1693, *IHC* 23: 280–282, 在齐佩瓦人达科塔人中确保和平，见 Wedel, “Le Sueur, ” 159–160。1696年的估算见 Memoire sur les affaires du Canada, 1696, AN C11A, v.14, f.305。

以后继续是每年20000里弗的预算（Projet de la dépense...1733, AN, C11A, v.60, f.191），但总是会超支。例如1729年就花了24662里弗（Hocquart et Beauharnois au Ministre, 15 oct. 1730, AN, C11A, v.51），1736年是24436里弗（Presens fait aux sauvages en 1736, AN, C11A, v.63, f.87）。此外，军官们还不得不花其他的钱来送礼，Statement of Boisbriant, Mar. 26, 1725, *MPA* 2: 422–423; Dupuy to Minister, Oct. 20, 1727, *WHC* 16: 470–471。18世纪40年代和18世纪50年代中花费陡增，招致财政大臣的抱怨，加拿大官员则为此道歉和找借口。1741年蒙特利尔的数据见 Extrait des munitions...jusqu' au premier septembre, 1741, AN, C11A, v.75, Beauharnois to Minister, Oct. 13, 1743, *NYCD* 9: 1098–1099; Bigot au Ministre, 2 nov. 1752, AN, C11A, v.08, f.308。事实上新总督上任及印第安人到访花费甚巨，Duquesne to Rouillé, Oct. 27, 1753, *IHC* 29: 841–843。到18世纪50年代每年印第安礼物的花费达150000法郎（或里弗），见 Bougainville Memoir, *WHC* 18: 195。

最早认识到礼物在印第安外交中的重要性，见 Wilbur R. Jacobs, *Diplomacy and Indian Gifts: Anglo-French Rivalry along the Ohio and Northwest Frontiers, 1748–1763*（Stanford, Calif.: Stanford University Press, 1950）。英国人的认知见 Thomas Elliot Norton, *The Fur Trade in Colonial New York, 1686–1776*（Madison: University of Wisconsin Press, 1974）, 41。

个体印第安人和商人之间的交换也成了这种妥协的一部分。阿尔冈昆人并未把交易的家庭性隐喻局限在昂提奥和他手下的长官那里。商人进村仍然必须送礼物，当然印第安人也会回馈。商人的礼物要么建立起了象征性的亲属关系，要么巩固了已有的关系，以便将来可以继续交易。在17世纪80年代的动乱中，西部的法国人明白了，若没有这些关系纽带，他们可能会送命。为了不被视为“贪婪的陌生人”，商人们送出礼物，但他们并未放弃对利益的追求——这仍然是第一位的。 114

因为中间地带多少有赖于接受另一族群的习俗并对之进行转化，所以法国商人可以同时接受送礼的做法并进行调整。礼物使法国商人有机会在更大程度上控制印第安人的毛皮产出。法国商人们在秋天狩猎开始之前送出火药和毯子，来年春天就会得到回赠的毛皮。法国人逐渐将这种礼物重新理解为需要按时偿还的债务，而不是在赠予者需要帮助而接收者又有能力提供帮助时才回馈。法国人想让礼物变质成为借贷，这成为贸易中永恒的冲突之源，以至于许多官员都希望禁止赊欠。赊欠仍然是贸易的核心，但印第安人从未真正把预付的东西视为债务。当他们应当偿付的毛皮数量过多，特别是当欧洲商品又稀缺的时期，印第安人便会拒绝履行回礼的义务。[1]

法国商人和官员都对必须送礼这件事感到不满，但他们要想使交易脱离中间地带、靠近市场的话，又面临极大的障碍。首先，并非所有法国人都希望交易由供需关系来决定。耶稣会士一直反对白兰地酒贸易——即使在英国人的朗姆酒贸易赚走了毛皮时，而且他们的反对往往会成功。其次，毛皮贸易自身无法摆脱政治、帝国的考量。涉足法国毛皮贸易的有商业企业、海运投资者、持证专营商以及政府监管者，多种利益交织，在考虑市场决策时，他们都想保证自己的主导权。 115

---

[1] 法国指挥官及总督们被指控贪污了礼物，并且没能使送出的礼物达到目的；见 Cadillac: Report of Sr. D’ Aigremont, Nov. 14, 1708, *MPHC* 33: 426; Vaudreuil: Raudot to Minister, *ibid*., 33: 465。建议禁止赊欠，见 Louvigny to Council, Oct. 15, 1720, *WHC* 16: 387–391。在18世纪40年代末的反抗中，印第安人拒不支付商人们预先供给他们的商品的费用，见 Bigot to Minister, Oct. 22, 1748, *WHC* 17: 502。

国王向费米埃出售河狸专营权，以此获得收入，因此希望毛皮贸易健康发展，能够补贴加拿大财政。另外，由于印第安人已经清楚地把联盟和贸易相联系，任何增加收入却排斥印第安人的举措都会反过来损害法国的政治和帝国利益。国王承担不起这么做的后果，因此无法对印第安人在交易过程中产生的不满视而不见。同样，费米埃需要靠皇室帮助打击走私、维护专营权，但费米埃也不能不对印第安政策的要求保持敏感。商人当然想在西部获得无限利润，但他们在理论上受限于法国武官，受限于加拿大文官的监管，还受限于神父——神父掌握着赦免他们的罪（比如卖给印第安人白兰地酒）的权力。在18世纪，像博阿努瓦总督的官员们担心政策变动，比如出租哨所，让商人自由追逐利润而忽略法国的父亲义务的政策。一项写于1758年的措辞严厉的备忘录表明，博阿努瓦的担忧已经成真：贪婪的租客已经排斥了印第安人，这将会使加拿大衰落。[1]

阿尔冈昆人唤起并加重了法国国王的担忧。阿尔冈昆人无法将自己的交换逻辑完全灌输给法国人，但他们迫使法国人做出妥协，限制了法国人在交易中的选择范围。“好买卖”（bon marché）这个概念体现了这种妥协。印第安人理解的“好买卖”接近于欧洲人说的“公道价格”。印第安人逐渐接受了商品有其单价的现实，但他们不能接受价
116 格随市场波动。物品的真正价值不会变，它是约定俗成的。这并不是说阿尔冈昆人希望价格绝对固定。因为他们把交易理解为“父亲”对“孩子”的慷慨付出，如果“父亲”变得更大方一点，他们是不会有意见的，他们只会在他变得不那么大方时才会抱怨。既然昂提奥和他手下的长官们扮演着父亲的角色，他们就有责任确保阿尔冈昆“孩子”能在昂提奥的法国孩子们（即商人）那儿有好买卖，阿尔冈昆人希望总督能在价格上涨时出面给商人做工作。

---

[1]　出租见 Beauharnois et D' Aigremont au Ministre, 1 oct. 1728, AN, C11A, v.59, f.31–32。抱怨其后果的备忘录见 Mémoire, Canada, 1758, AN, C11A, v.103, f.511。

正是因为阿尔冈昆人有这种期待，河狸专营权就给法国人带来了意想不到的好处。由于价格固定，基本上就能以预定的价格进行交易，就不存在讨价还价的情况了，至少在哨所中是如此。总督博阿努瓦和行政长官奥卡尔向国王报告，印第安人通常收到固定数量的商品来换他们的河狸。然而，当专营商由于各种原因（比如欧洲市场供过于求或商品价格下跌，或是国王为了削减开支而将哨所外包给个体商人或提高国王供应的商品的价格）而濒临破产时，法国人满足阿尔冈昆人期待的能力就捉襟见肘了，整个联盟也开始变得脆弱。正是在这种时候，才可以清晰地看出阿尔冈昆人对贸易开展方式的理解。[1]

这种揭示真相的危机最先发生在易洛魁战争结束时。法国市场上毛皮供过于求，河狸价格下跌，西部的商业许可证制度无法继续了，卡耶总督想劝来到蒙特利尔的西部印第安人接受较低的毛皮价格。他劝告酋长们不要指望作为“父亲”的他保证一个公道的价格，最好挨个和那些商人谈，看能不能卖个好价钱。这显然使渥太华人无所适从。1701年，渥太华领袖奥顿塔安就塞布尔渥太华人和苏尔特人的四包河狸皮告诉昂提奥：“叫你来保证公道价格是没用的，因为我们知道商品属于每个商人，更不要说让他们按去年那样的价格支付了。”奥顿塔安和商人们没谈成好价钱，于是愁眉苦脸地回来找卡耶，求他出面干涉。在两年后的底特律，渥太华人勒佩尚也说了一番类似的话，但他并不像奥顿塔安那样愿意讲好价钱和联盟分离开来。勒佩尚并没有请求昂提奥出面调停，而是威胁说他将转而投靠英国人。[2]

未能确保价格公道使联盟走到破裂的边缘。米基皮奇代表底特律所有的印第安人发言，愤怒谴责总督是个骗子。尽管卡迪亚克重申了之前总督提醒印第安人的话，商人们是“商品的主人”，所以有权调整价格，但米基皮奇仍然坚称印第安人之所以在底特律定居，只是因为得到承诺 117

[1] Beauharnois et Hocquart au Ministre, 15 oct. 1744, AN, C11A, v.81.

[2] La Potherie, *Histoire*, 4: 203, 205, 212; 勒佩尚的情况见 Conseil...29 aoust 1703, Margry, *Découvertes*, 5: 294–297。

可以以和蒙特利尔一样的价格获得商品。“我们来的时候，”米基皮奇称，“总督并未告诉我们商人才是商品的主人，他骗了我们。”[1]

印第安人在熟悉的联盟框架内解释他们未能以惯常的价格售卖毛皮这件事。这证明法国人不再“爱”他们了，法国人已经抛弃了他们，并“偷走”了他们的河狸。现在“爱”他们的是英国人。法国人可能谴责阿尔冈昆人“有奶便是娘”，但为了维持联盟，他们必须给阿尔冈昆人一些实际的好处来展示“父爱”。在西班牙王位继承战争（the War of the Spanish Succession）之后，英国越来越强硬地争夺西部贸易，专卖这一垄断地位被打破，阿尔冈昆人又将之归罪于“父亲”的失职。1717 年，一位来自萨吉诺的渥太华酋长沙姆古埃斯基（Shamgoueschi）解释了渥太华人和帕塔瓦米人离开底特律，改为和英国人做生意的原因，因为“我们视为父亲”的底特律指挥官萨布尔瓦（Sabrevois）并没有“把我们当作他的孩子”。未能实现公道的价格也归咎于“父亲”失职。萨布尔瓦没能宴请酋长们，没能赠予得体的礼物，还没能“给我们喝的”（指给印第安人白兰地酒喝），这些“严重得罪了我们的长老，……使我们改去奥兰治（Orange，奥尔巴尼［Albany］）”。在萨布尔瓦被解雇之后，通泰证明了法国人需要重视阿尔冈昆人对指挥官的反对。事实上，阿尔冈昆人的期待变成了试图保证指挥官在贸易中排除自身利益的依据。诺扬（Noyan）先生报告，指挥官若在贸易中存在重大利益关系，他就无法扮演父亲的角色，印第安人称这样的人不是父亲而是害人精。[2]

即使是战争和由于英国封锁而产生的商品短缺，也没有减轻法国人作为“父亲”的义务。1744 年至 1745 年，由于运输和保险方面费用增加，加上法国的物资无法送达，在尼亚加拉（Niagara）和弗隆特纳

---

[1]　Conseil tenu au fort Pontchartrain dans le Detroit...8 juin 1704, AN, F3, Moreau St.Mery, v.2, f.378.

[2]　印第安人认为法国人不再“爱”他们了，见 Mémoire á M.le Comte de Pontchartrain, AN, C11A, v.27, f.135; 亦见 Mémoire...les moyens de retablir lecommerce...1707, AN, C11A, v.27, f.1124。萨布尔瓦的情况见 A Talk with the Ottawasand Their Reply, June 24, 1717, *MPHC* 33: 584–585。诺扬的情况见 De Noyan, State of Canada in 1730, *MPHC* 33: 77。

克拥有农庄的沙莱（Chalet）先生发现，他无法在对印第安人提价的同时还能使联盟免于遭受威胁。阿尔冈昆人“已经习惯了以确定价格卖出毛皮……他们无法接受商品价格波动”。印第安人拒不接受用法国人遭遇的困难来作为价格变动的合理理由，于是行政长官怪罪当时主事的塞洛龙（Céloron）先生未能向费米埃不带敌意地恰当地解释原因。不过监督官奥卡尔最终直击了问题的本质。由于问题并不在于价格变化这件事本身，而是用于交换河狸的商品数量变动，他便说服印度公司提高河狸的收购价格，达到实际上恢复旧交易的效果。这个方式在尼亚加拉有用，但并未缓解更西部的商品短缺。[1] 118

印第安人威胁要脱离联盟，并且说昂提奥作为“父亲”就有责任保证公平价格，就和他们过去偷东西的策略一样，来缓冲市场对阿尔冈昆毛皮贸易的影响。约定俗成的定价或可追溯到当西部还是“秘鲁”的时期，但现在送礼负担重、运输成本高，加上来自英国人的压力，迫使法国人继续维持公平价格，这些都损害了法国人的利益。17世纪末、18世纪初，显然高地并未带来早期作家们许诺的好处。17世纪80年代初，拉萨莱计划在弗隆特纳克要塞的生意中获取1.5至2倍的利润；17世纪80年代中期，拉翁唐男爵预估运送两条独木舟的货物到西部可获得7倍的利润。即使在18世纪20年代，从蒙特利尔买货再运到西部卖掉也明显可以获得一倍的利润。在伊利诺伊，西印度公司卖货给商人们的价格比在法国进货时高出一半，运货的话每吨收费200里弗。路易丝·德·谢纳（Louise de Chêne）在评估这种潜在利润后谨慎地说：“尽管这样计算利润是合理的，但只有在我们把多种交易形式分开来看并从计算结果中除去一些后，它才比较真实。”她本人对于17世纪末、18世纪初各种交易形式及消费的分类显示，一船货物的利润

[1] Beauharnois & Hocquart au Ministre, 23 oct. 1744, AN, C11A, v.81, f.72; 引文见 Beauharnois & Hocquart, 15 oct. 1744, AN, C11A, v.81, f.43。持续的危机及维持与印第安人关系的需要见 Beauharnois & Hocquart au Ministre, 23 oct. 1745, AN, C11A, v.83。塞洛龙的情况见 Hocquart au Ministre, 23 oct. 1744, AN, C11A, v.81, f.406。奥卡尔的计划见 Hocquart au Controlleur General, 16 oct. 1744, AN, C11A, v.81, f.350。

大约是21%，而且她提醒说，这可能也只是特例。不过，只要国王继续负担庞大且不断上升的礼物花费以及提供使印第安人保持忠诚的必要服务，这仍然是足以维持贸易的健康利润。[1]

119 公平价格的理念有足够的弹性，既能保证法国人获利，又能满足阿尔冈昆人认为父亲应当对孩子慷慨的想法，但其中的调整空间仍然很有限。如果违反折中方案而在中间地带进行交换，那么过高的价格将威胁到整个关系的结构。1745年“国王的忠仆”勒诺尔芒（M. Lenormant）想解决路易斯安那一团糟的财政问题，打算从分发到该殖民地各哨所的商品中把国王抽取的利润翻倍，这遭到沃德勒伊总督的反对。总督说这种事不可轻易改变。

> 他（勒诺尔芒）从未近距离理解印第安人的生活方式，也不懂得该如何与他们打交道，他在这儿的时候对完成自己的使命这个目的太过投入了……以至于无法明白如何恰当地管理这些民族……但由于人们有时候太想保证国王的利益了，结果往往造成更大的花销，如果新的做法能撑得久一点的话，就是这个结果。

法国人在印第安人头上强加政策，不仅导致杀人事件，也使他们拒绝为已经收到的商品付钱，最后还让他们转投英国人。法国总督和行政官们开始看到，追求更大利润（尽管这也减轻了他们的工作量）对于殖民地整体的更大利益来说是有害的。[2]

---

[1] Louis Armand de Lam d' Arc, Baron de Lahontan, *Collection Oakes. Nouveaux documents de Lahontan sur le Canada et Terre' Meuve*, édités avec introduction par Gustave Lanctat（Ottawa: J. 0. Patenaude, 1940）, 27; Louise De Chêne, *Habitants et Marchands*, 引用见163页，170; Representation of Sieur de la Salle, 1682, *NYCD* 9: 220; Thwaites 等，*Lahontan' s Voyager*, 1: 53–54, 99–101, 146–147; Memorandum of Goods which M. de Boucherville Was Obliged to Give for the King' s Service, Oct. 12, 1728–1729, *WHC* 17: 83–86. 关于路易斯安那人，见 Mémoire, aoust 1724, AN, C13A, v.8, f.222。

[2] La Galissonière to Minister, Oct. 23, 1748, *WHC* 17: 503; Bigot to Minister, Oct. 22, 1748, *WHC* 17: 502; 派遣摘要 La Galissonière and Bigot, April 30, 1749, *NYCD* 10: 199–200。沃德勒伊的话见 Vaudreuil to Maurepas, Oct. 30, 1745, *MPA* 4: 251。

四

当然，是英国人给了阿尔冈昆人迫使法国人接受这种杂交式交换制度的自由。每当法国人想单纯以欧洲市场的供需关系来安排贸易，阿尔冈昆人就会转投英国人，后者总会给出比法国人更好的条件。17世纪90年代，阿尔冈昆人开始认真考虑与英国人做生意。正在与渥太华人和休伦－佩图安人议和的易洛魁人提供了渠道，而纽约的商人们 120
确实也想打入高地。不过这些人的做法都失败了，直接与英国人做生意暂时是行不通了，但到18世纪早期，法国人和去蒙特利尔办事的教团印第安人都热衷于私运毛皮到奥尔巴尼。英国人为毛皮付的价格更高，给的布匹质量也更好，非法游商和印第安使团便作为法国商人将大量河狸皮运送给英国人，导致1707年费米埃只收购到价值7000里弗的河狸皮。这和1699年价值将近300000里弗的河狸皮比起来，仅是九牛一毛。[1]

往奥尔巴尼走私毛皮，这是英国商业战的开端。1713年，随着西班牙王位继承战结束，乌德勒支和约（Treaty of Utrecht）第15条保证法国和英国都拥有平等权利进入印第安市场；英法在欧洲也进入和平时期，这阻止了法国人在北美对英国人使用武力，于是英国人利用这两点试图掌握西部贸易。纽约总督罗伯特·亨特（Robert Hunter，1710—1719年在位）及其继任者乔治·伯内特（George Burnet）利用不设限的白兰地酒贸易、优质英国羊毛粗呢、更好的壶、更低的价格以及更简便的毛皮分级方法拓展了此前与西部阿尔冈昆人极其有限的直接贸易。1713年纽约的河狸皮出口量翻了一番，1714年几乎又翻了

[1] 走私的情况见 Yves Zoltvany, *Philippe de Rigaud de Vaudreuil, Governor of New France, 1703–1725*（Toronto: McClelland and Stewart, 1974）, 75–76; Guy Fregault, "La Compagnie de la Colonie, " *Revue de l' Universite d' Ottawa* 30（1960）: 7–13, 143–148; Innis, *The Fur Trade in Canada*, 71–81; Ramezay au Ministre, 1708 AN, C11A, v.29。关于布匹，见 Lunn, "Economic Development, " 157–161。

一番。[1]

到1720年，纽约的官员们有足够的信心确保直接贸易的成功，从而取缔了蒙特利尔和奥尔巴尼之间的走私活动，西部最重要的工业制
121 品——英国粗呢也重创了法国。英国毯子和粗呢质高价优，印第安人很喜欢，这可能是英国人之于法国人最大的优势。红粗呢成了高地最受欢迎的商品。[2]

伯内特相信，新的法律会使蒙特利尔“一蹶不振”，并视之为“与北美整个湖区周边印第安人做生意”的开端，“我们可能获得从未想过的巨额贸易量，现在是法国人从蒙特利尔带出商品来开展贸易”。到1720年，沃德勒伊和他的行政官米歇尔·贝贡（Michel Bégon）报告说，英国人正在攫取“高地法国人和印第安人拥有的大部分生皮”；而在1721年7月，伯内特报告，“大量偏远的印第安民族”蜂拥至奥尔巴尼。来自斯克内克塔迪（Schenectady）的贸易数据反映了西部的商业巨变。1716年至1720年间只有30条“偏远”印第安人的独木舟来此，而1720年至1724年间则来了323条独木舟——呈十倍的增长。[3]

---

[1] 在1716年和1717年，亨特授予交易商在安大略湖上的尼亚加拉和奥斯威戈之间的伊朗德阔伊特证照，Norton, *The Fur Trade in Colonial New York*, 158–159。借助印第安密使，英国人同样往西部送去贝珠带和酒，告诉阿尔冈昆人，法国人是在抢劫他们，而英国人可以卖给他们更低价的商品。见 Vaudreuil au Conseil, 14 oct. 1716, AN, C11A, v.37; Conseil...dec. 1717, AN, C11A, v.37, f.379–380; Sabrevois to Vaudreuil, Apr. 8, 1717, *MPHC* 33: 582–585。实际出发见 A Talk with the Ottawas, and A Talk of the Poutouatamis, *MPHC* 33: 584–586, 以及 Vaudreuil to Council, 12 Oct. 1717, *MPHC* 33: 591–592。关于俄亥俄人，见 Outauacs et autres sauvages, 14 oct. 1716, AN, C11A, v.36, f.79。

英国人的计划见 Norton, *The Fur Trade in Colonial New York*, 134–135; State of British Plantation in America in 1721, Sept. 8, 1721, *DHNY* 5: 621–625; Beauharnois au Ministre, 22 sept. 1726. AN, C11A, v.48; 134–135。数据来自 Stephen Cutcliffe, “Indian Policy and the Rise of Imperialism, New York and Pennsylvania, 1674–1755,” 作者所藏未刊稿。

[2] Representation of Lords of Trade, July 14, 1724, *NYCD* 5: 707–408; Albany, Norton, *The Fur Trade in Colonial New York*, 137. 法国人努力制造品质相当的粗呢，见 Raudot to Minister, 14 Nov. 1709, *MPHC* 33: 460–461; Vaudreuil & Bégon au Ministre, 20 sept. 1714, *RAPQ*, 1947–1948, 285; Minutes, Conseil, 19 jan. 1717, AN, C11A, v.37, f.35; Vaudreuil au Conseil 30 oct. 1717, AN, C11A, v.38; Bégon & Vaudreuil au Conseil, 17 oct. 1722, AN, C11A, v.44; Vaudreuil & Bégon au Ministre, 14 oct. 1723, AN, C11A, v.45。同样参见 Lunn “Economic Development,” 157–160。

[3] 伯内特引文见 Burnet to Lords of Trade, Nov. 26, 1720, *NYCD* 5: 577, 580。沃德勒伊及贝贡引文见 Abstract of Vaudreuil and Bégon, Oct. 20, 1720, *NYCD* 9: 897; 亦见 Vaudreuil & Bégon au Conseil, 26 oct. 1719, AN, C11A, v.40。印第安人数量见 Burnet to Lords of Trade, 12 July 1721, *NYCD* 5: 587。1723年6月伯内特报告称春天里边远民族来了20个人，六月里麦基诺（显然还有底特律）来了80多人，还有高地来的四五十人正在路上，且这些群体都带着妇女儿童。见 Burnet to Lords of Trade, 25 June 1723, *NYCD* 5: 684–685; 来源见 Conference...Western Tribes, May 29, 1723, *NYCD* 5: 693–697。贸易数据见 Governor Burnet to Lords of Trade, Nov.21, 1724, *NYCD* 5: 739。

到1725年，法国商业损失惨重。英国人估算当年西部贸易中交易了1200包毛皮。而安大略湖东头的弗隆特纳克要塞和西头的尼亚加拉的总交易量在1723年是40911里弗，到1724年则只有29297里弗，1725年则猛降至9151里弗。纽约测绘员卡德瓦拉德·科尔登（Cadwallader Colden）兴高采烈地预测，对法国贸易如此蚕食鲸吞，将使法国失去其盟友，使加拿大对法国人毫无用处，最终迫使他们离开这整块殖民地。[1]

在这种情境下，1727年英国在易洛魁地区奥斯威戈（Oswego）建 122
的哨所对双方来说就好像一把尖刀插入了加拿大的心脏。它是安大略湖上为数不多的避风港之一，且去高地非常方便，奥斯威戈的英国人加上俄亥俄河上的英国商人的干扰，有可能使阿尔冈昆人脱离法国联盟，而加入英国人的易洛魁契约链。法国人害怕奥斯威戈，但他们大体上削弱了其威胁。如柱状图1所示，1730年至1757年间法国哨所的贸易量得到了增长。[2]

法国人化解英国人冲击的方法是一方面开拓新的贸易区，另一方面补贴旧的贸易区。补贴采取了多种形式。法国国王和个体商贩都给印第安人送礼，国王还向印第安人和法国要塞提供铁匠、枪匠服务。作为最终的直接补贴，国王还长期接管了尼亚加拉要塞和弗隆特纳克的贸易，并在多伦多建了一个哨所。印第安人在去找英国人的路上路过此哨所，便会发现有法国货卖得跟英国货一个价格，或价格相近。

---

[1] 1725年的估算数量见Norton, *The Fur Trade in Colonial New York*, 164。1725年隆格伊男爵（Longueuil）在去易洛魁亚路上见到100条以上的独木舟往返于从高地出发和英国人贸易途中。隆格伊男爵抱怨英国人在尼亚加拉旱路上贸易，尽管那儿有法国人的碉堡，并且在弗朗特纳克堡附近一天半路程内卖朗姆酒，见 Longueuil & Bégon au Ministre, 31 oct. 1725, AN, C11A, v.47。弗朗特纳克堡和尼亚加拉之间的贸易见 Bégon au Ministre, 30 oct. 1723, AN, C11A, v.45; Estat des Pelleteries...1724–1725, AN, C11A, v.47; Estat de les ventes des Pelleteries...1726, AN, C11A, v.49。关于科尔登，见 Of the Trade of New York by C. Colden, *NYCD* 5: 687。

[2] 奥斯威戈的建立见 Burnet to Board of Trade, May 9, 1727, *DHNY* 1: 447。法国人对它的害怕见 Beauharnois & D' Aigremont au Ministre, 1 oct. 1728, AN, C11A, v.50, f.27; Projet pour s' opposer à l' agrandissement des Anglais...15 oct. 1729, AN, C11A, v.51, f.467。奥斯威戈始终是法国人的眼中钉，见 Galissonière & Bigot au Ministre, 20 oct. 1748, AN, C11A, v.91; Jonquière & Bigot au Ministre, 1 oct. 1749, AN, C11A, v.93。Ohio, Mémoire concernant les Ilinois, 1732, AN, F3, v.24, f.138.

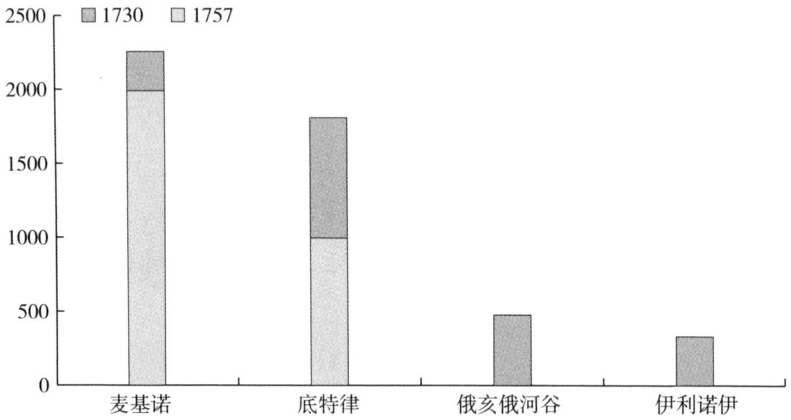

图1 毛皮总包数

注：麦基诺1730年的总量包括其附属要塞：圣约瑟夫、尼皮贡（Nipigon）、绿湾、伽马塞蒂戈亚（Gamasettigoya）、米基皮克顿（Michipicton）；1757年数据包括其在绿湾、圣约瑟夫、切夸美光、卡马尼斯蒂格亚（Kamanistigoya）、米基皮克顿和苏圣玛丽的附属要塞。

底特律1730年数据包括迈阿密诸要塞和威要塞（基亚特农［Ouiatenon］），1757年数据包括迈阿密、威和温森斯诸要塞。

俄亥俄河谷诸要塞中有贸易进行的是迪凯纳要塞和伯夫河。

伊利诺伊贸易包括整个联盟。

来源：Noyan，State of Canada in 1730，MPHC 34：73–85；Bougainville Memoir，WHC 18：167–195。

为了不让贸易落入英国人手中，国王愿意承担这种损失。[1]

以上还只是直接补贴。18世纪30年代有法国人－阿尔冈昆人联合抵抗福克斯人和奇克索人的战争，40年代、50年代有帝国战争，由于路途遥远，阿尔冈昆战士们无法打猎了。法国人不仅给阿尔冈昆战士们配置装备送他们毛皮作礼物、帮他们赎回俘虏，还帮助他们供养留在家中的妻子儿女。这几场战争的花费甚巨，例如，单是1728年打福克斯人那场失败的战役就花了28401里弗，1732年至1735年间从高地

[1] 新哨所见 Mémoire, Beauharnois & Hocquart au Ministre, 1737, AN, C11A, v.67, f.101; Réponse au Mémoire du Roy, 13 oct. 1745, AN, C11A, v.63, f.84。关于法国人所面临的问题，见 Hocquart au Mss.Les Directeurs de la Compagnie des Indies, 1 nov. 1739, AN, C11A, v.72, f.167。要塞无法获得利益，见 Hocquart au Ministre, 10 oct. 1734, AN, C11A, v.62, f.37–40。多伦多的情况见 La Jonquière au Ministre, 20 aoust, 1750, AN, C11A, v.95。英国人识破了法国人的诡计，见 Colden to Clinton, Aug. 8, 1751, *NYCD* 6: 743。

各哨所出发的远征花了33833里弗，其中大部分用于装备印第安战士。123
装备其他的西部大型远征军也带来了额外的巨额花费，至少其中有一部分最终是花在印第安援军身上了。比如1734年诺扬远征，花了33107里弗。这些花费使战士们既无必要也无机会从英国人那儿买货。[1]

法国人还调整他们的贸易习惯以适应阿尔冈昆人的需求。他们增 124
加了贸易许可证的数量，以至于到1740年，底特律指挥官诺扬抱怨商人实在太多，竞争白热化，商人们只好以成本价卖货了。这种情况并没有一直持续，但法国人确实在毛皮贸易中做出了其他的永久改变。他们并未修改那套精细的毛皮分级系统，但他们扩大了可以收购的毛皮种类。到18世纪20年代，易洛魁战争后，阿尔冈昆人从河狸主产区迁移南下，加上对河狸过度捕猎，高地毛皮贸易大幅下降。印第安猎人改为寻找所谓的“小生皮”，更明显的是交易鹿皮和熊皮，尽管法国人对这两者需求并不大。1726年，行政官迪皮伊（DuPuy）提议引进一批皮匠，或许是为这些毛皮在军队中找到用途，不然它们就会被走私到纽约，或者由印第安人在纽约直接交易。尽管路易斯安那想要鹿皮，加拿大人仍然将其视为非必需品。即使已经到了18世纪50年代，鹿皮已主宰了英国贸易，法国人仍然不想要它们。[2]

---

[1] 战争扰乱打猎，见 Réponse au Mémoire du Roy, 1735, 13 oct. 1735, AN, C11A, v.63, f.84; Mémoire, Beauharnois & Hocquart au Ministre, 1737, AN, C11A, v.67, f.104–105; 关于大致花费情况，见 Beauharnois and Hocquart to Minster, Oct. 9, 1732, *WHC* 17: 163–164。1728 年的福克斯战役见 Hocquart au Ministre, 4 oct. 1730, AN, C11A, v.53。战士家庭的例子见 Estat general de la depense...6 juillet 1739, AN, C11A, v.71。关于诺扬，见 Estat des cequi a eté a fourny...d' un party commandé par M. de Noyan, 6 sept. 1734, AN, C11A, v.62, f.156。高地的情况见 Estat des payements faits...pour le prix des munitions de guerre et de bouche et autres marchandises et effets qu' ils on fourny dans les pais d' en haut...depuis les anneés 1732, 1733, 1734...AN, C11A, v.63, f.132。1736 年高地为奇卡索之战花费达 8300 里弗，见 Detroit, De Noyan to Minister, Aug. 6, 1740, *WHC* 17: 326。

[2] 湖区河狸数量大幅下降，见 Mémoire, Beauharnois & Hocquart au Ministre, 1737, AN, C11A, v.67, f.100。绿湾河狸耗竭见 Jeanne Kay, “The Land of La Baye: The Ecological Impact of the Green Bay Fur Trade, 1634–1836”（Ph. D. diss., University of Wisconsin, 1977）, 158。鹿皮见 DuPuy au Ministre 21 oct. 1726, AN, C11A, v.48; Conseil, Louisiane, sept. 1725, AN, C13A, v.9, f.221。英国人的要求见 Clinton A. Weslager, *The Delaware Indians: A History*（New Brunswick, N. J.: Rutgers University Press, 1972）, 173–174; Beauharnois et D' Aigremont, 1 oct. 1728, AN, C11A, v.50; Mémoire, Duc de Mirepoix, 6 avril 1755, AN, C11A, v.100; Bienville & Salmon to Maurepas, Apr. 3, 1734, *MPA* 3: 645。作为加拿大贸易一小部分的皮货贸易，见 Mémoire, Due de Mirapoix, 6 avril 1755, AN, C11A, v.100。
分级制度调整见 Marchands & negotiants, 1728, AN, C11A, v.50, f.270; Ordonnance, DuPuy, 21 juillet 1727, AN, C11A, v.49, f.481。亦见 Lunn, “Economic Development, ” 172。

125 弗隆特纳克要塞和尼亚加拉要塞的收据反映了这种变化——设立这两个要塞的部分原因就是为了拦截从高地出发前往奥斯威戈和奥尔巴尼的贸易活动。（见表1）它们收到的毛皮主要是浣熊皮、鹿皮和熊皮，还有一些更值钱的小生皮。至于高地上的要塞，只有麦基诺、绿湾和切夸美光在18世纪30年代还保持着大量河狸皮交易。尽管这种趋势并不那么明显，河狸皮交易的减少还是影响了整个贸易。1728年至1737年间，加拿大出口拉罗谢勒（La Rochelle）的毛皮中，只有47.4%是河狸皮。[1]

表1　　弗隆特纳克和尼亚加拉要塞的毛皮贸易（毛皮总收据）

年份	1726	1728	1730	1733	1734	1736	1738
Value（livres）	8108	39948	52308	11844	24296	21410	21124
河狸[a]	28%	—[b]	30.5%	23%	17.8%	24.3%	11.3%

[a]河狸在总的毛皮贸易价值中所占百分比

[b]未提供的数据

来源：Estate de la vente des pelleteries，1726，1728，1730，1736，1738；Estat des pelleteries，1733，1734；都在AN，C11A，vis.48，50，52，53，62，66，70.这里没有列出1735年的数据，因为当年船只没能够及时到达以供应哨所物质（Beautharnois & Hocquart to Minister，October 12，1736，NYCD 9：1048–1049）.

讽刺的是，法国人因为无法和纽约官员一起做事情而成功保留了贸易。法国人从未成功制止走私商品到英国殖民地的活动。两个奥尔巴尼商人估计，1725年从纽约装船运往欧洲的河狸皮有80%来自法国走私者。因此，法国商人仍然能够获得红粗呢。法国人百般努力也未能成功制造出可与英国在质量和价格上媲美的粗呢，也无法说服有选择余地的印第安人接受法国同类商品。于是有法国商人从纽约走私粗呢到西部，换取阿尔冈昆人的毛皮。尽管法国官员一再明令禁止该走私行为，粗呢还是成了主要商品。费米埃要求打击走

[1] 除麦基诺、绿湾、切夸美光之外各地河狸数量减少，见 Mémoire, 1737, AN, C11A, v.67, f.100–101。1728 年至 1737 年间的货运见 E. R. Adair, “Anglo–French Rivalry, ” Culture 8（1947）: 435。

私，而印第安人又需要粗呢，两难之间，法国国王断断续续地发放皇家许可证，允许从英国直采粗呢并在加拿大销售，但粗呢的主要来源仍然是走私。[1]

整体来看，法国面对英国竞争所做的调整表明，商业和帝国之间 127
的关系跟殖民地早期的重商主义起源相比，已经发生了多么大的变化。在加拿大早期历史上，主要是毛皮贸易证明了加拿大存在的合理性。皮毛占据了殖民地的出口和收入最大的份额。不过在18世纪，贸易带来的政治利益胜过了它所带来的收入。高地贸易对加拿大的支持不在于其利润，而是由于它为使阿尔冈昆人留在联盟中起了一部分黏合作用。皇家官员之所以能接受阿尔冈昆人对贸易提出的限制条件，是因为加拿大的存续有赖于联盟的从属贸易。英国人的进逼让阿尔冈昆人可以极大地左右贸易条件和形式。法国人提高了河狸皮收购价格，调整河狸皮分级系统，增加白兰地供应，并在交易中接受了鹿皮，因为要想和阿尔冈昆人长期做生意就得这么做，为了维护联盟本身也得这么做。[2]

贸易带来的经济利益有限，而在政治上却无比重要，这一道理在这一时期末时对战略家们来说显而易见。1755年，一位法国战略家承认，五大湖区和俄亥俄谷地的毛皮贸易赚来的钱还比不上国王为它们所花钱的百分之一。他很乐意将所有贸易让给英国，来换取英国对法国沿俄亥俄河的边界的承认。将贸易让给英国人比巴结阿尔冈昆人成

---

[1] 走私见 Statement of John Groesback and Dirk Schuyler on Indian Trade, Feb. 15, 1724/25, Shelbourne Papers, v.45, Clements Library. For écarlatines, see Vaudreuil & Bégon au Conseil, 8 oct. 1721, AN, C11A, v.44; Bégon & De Vaudreuil au Conseil, 17 oct. 1722, AN, C11A, v.44; Hocquart à M.Controlleur general, 19 oct. 1738, AN, C11A, v.70, f.115; Lunn, "Economic Development, " 157–163。Beauharnois & DePuy au Ministre, 26 oct. 1726, AN, C11A, v.48; Abstract, 1 Oct. 1728, *NYCD* 9: 1011; Hocquart à Mss.les fermiers generaux, 12–20 oct. 1729, AN, C11A, v.51, f.349; Beauharnois & Hocquart au Ministre, 12 oct. 1731, AN, C11A, v.54; Hocquart à Mss.les directuers generaux de la Compagnie des Indies, 17 oct. 1737. AN, C11A, v.69, f.137–143; La Galissonière & Hocquart au Ministre, 26 sept. 1747, AN, C11A, v.87, f.116–117。这项需求一直持续到殖民地末期，见 Mémoire, 1758, AN, C11A, v.103, Le Comité a M. le Controlleur, juin 1758, AN, C11A, v.103。

18 世纪 50 年代走私的粗呢毯子逃脱了英国关税，可能在法国人那里卖得比英国人还便宜，Colden to Clinton, Aug. 8, 1751, *NYCD* 6: 741。

[2] 印第安人带来的压力，例子见 DuPuy au Ministre, 20 oct. 1727, AN, C11A, v.49, f.207; Beauharnois & Hocquart, 8 oct. 1741, Postes des Pays d' en haut, AN, C11A, v.78。

本更低。但法国人还是选择讨好阿尔冈昆人。英国人并不打算承认法国对俄亥俄谷地的占有，而且，如果英国人利用低价商品“使印第安人相信他们比法国人更关心印第安民族的利益”，那么法国人失去的不仅仅是毛皮供应，还会失去印第安盟友。法国人相当清楚“对殖民地来说，重要的是让他们留在联盟中”。如果法国人继续提高商品价格、压低河狸皮收购价格，他们危及的就不仅仅是商业，而可能是“殖民地本身”。[1]

法国人做出的让步看来满足了阿尔冈昆人“慷慨大方”的要求，至少到18世纪40年代末仍是如此。印第安人明白英国人的商品更为价廉物美，他们也不断提醒法国人这一点。当然，仍然有人被朗姆酒和便宜的羊毛吸引到奥斯威戈去。不过这种偏离可以很容易地被吸纳
128 进联盟的逻辑中，说这是对“父亲”不够慷慨的必要指责。如果朗姆酒导致了印第安人的相互杀戮，法国人就会反过来说他们管控酒类贸易是为了“孩子们”好，他们可不像英国人那样。无论如何，联盟都不仅仅是贸易，法国人还想要贸易之外的其他联结方式，并会提起过去易洛魁人和英国人背信弃义的行径，印第安人对这些也给予了回应。英国人自己也往往很“配合”地展示出，贸易中若没有联盟、没有主持公正的“父亲”，那将会非常危险。用纽约副总督蒙哥马利的话来说，商人“贪利，从不考虑什么是正义，他们有时靠高明的手段，有时靠坑蒙拐骗，偷偷把印第安人的毛皮弄到手。每当他们拥有这些毛皮，他们就迫使那些可怜的印第安人接受他们给予的东西，于是印第安人吓得不敢再来奥斯威戈，被逼得投向法国市场”。18世纪20年代渥太华人和休伦－佩图安人去找英国人，大湖区南部的村民也在40年代和50年代与英国人全面开展了贸易关系，但法国

[1] 贸易带来的经济利益较小，见 Mémoire sur la dêpeché de M. Le Due de Mirepoix du 6 avril 1755, AN, C11A, v.100。联盟的重要性见 Observations sur les Réponses fournies par la Compagnie des Indies...（1749）, AN, C11A, v.93, f.10–12。设定价格以免疏远印第安人，其理据见 Ordonnance de M. de Beauharnois et Hocquart...6 juin 1746, AN, C11A, v.85, f.3。

联盟总的来说还是维持住了，尽管到18世纪40年代末它陷入了永久性的危机状态。[1]

五

交易中的商品既有象征意义也有实用价值。同一只锅既能维系联盟，也能烹调鹿肉馅饼。目前为止，我更多地强调了交易的象征意义和政治作用，忽略了商品的实用价值。回头来看商品的日常使用就会注意到交易的另一个方面：依附的可能性。依附的问题在最近关于贸易的研究中被多次提及，这些研究探讨了没有欧洲商品和毛皮贸易阿尔冈昆人的衣食住行是否都将成为问题。要想确定在法国毛皮贸易中是否真是如此，就有必要评估商品在日常物质生活中的位置和流行程度，以及阿尔冈昆人对它们的依赖程度。

表面上，阿尔冈昆人关于这些事情的陈述和行动似乎他们的说法，
并显示出对法国人的物质依赖，但仔细检视就会发现，他们的这些观 129
点和行为只在特定的社会关系情境下才有意义，那就是商品本身参与建造的社会关系。说到交易，阿尔冈昆人会提到他们的需求，也就是他们的必需品，他们也把交易视为满足这些需要的方式。阿尔冈昆人用“需求”一词并不单纯指欲望，这个词在他们的社会中还有特殊的意义，因为一旦一种合适的社会关系被建立起来，对某事需求的声明可能成为对所需事物的特殊要求。“被需要”就是在激起同情，应该得到帮助。阿尔冈昆人在对曼尼通说话时会把自己描绘成弱小悲惨的样子，同样在对昂提奥、耶稣会士或商人说话时，他们也强调自己悲惨、有需要。阿尔冈昆人强调交易是满足他们需求的一种方式，其意义就

[1]　法国人诉诸其他关系（比如法国人是父亲、对神父们的感激、结盟对抗易洛魁人、为保卫印第安人而死的法国人），见 Parolles aux anciens chefs des illinois, oyatanons, et miamis...1736（misdated, actual date c.1715）, AN, C11A, v.65。引文见 Montgomerie to Lords of Trade, Dec. 1, 1730, *NYCD* 5: 907。继续抱怨欺骗，见 Colden to Clinton, Aug. 8, 1751, *NYCD* 6: 744。

和法国人把商业看作满足需要的方式的观点大不一样。[1]

阿尔冈昆人在说自己的需求时，实际上也在向法国人提出要求。由于他们需要商品，又是法国人的朋友和盟友，他们就应当获得法国人拥有的商品，但这些商品并不是他们立刻需要的。印第安人，比如初次见面的福克斯人，认为“客人无论拥有什么都应当白送给他们；他们什么都想要，却只有很少的河狸皮要卖”。法国人初见帕塔瓦米人时，由于要求对方为收到的商品付钱，酿成了暴力冲突。从阿尔冈昆人的文化逻辑来看，法国人作为盟友就应该像亲人一样做事，双方都应当满足对方的需求，双方都应当亲切赠予对方所缺乏的东西。[2]

这个观念可以清楚解释为何阿尔冈昆人不太在意自己能不能做中间人。如果法国人把商品带到村庄来，将会受到欢迎而不是反对。西部阿尔冈昆人认为商人是来供给他们必需品的，欢迎商人来为自己的村庄增加声望、财富和力量。激怒他们的不是失去了赴蒙特利尔获取必需品的机会，而是法国人在17世纪90年代宣布要撤出在高地的商人，希望阿尔冈昆人恢复贸易之旅。法国人原本以为帕塔瓦米人可以
130 成为中间人，却引发了帕塔瓦米领袖奥南吉塞暴怒：

> 父亲！我们想要火药、铁器和其他必需品，既然你们过去都会送来，现在为什么要我们去取呢？难道我们要把大部分只有一张或两张河狸皮的妇女送到蒙特利尔去换取一丁点东西吗？难道要托付那些什么也带不回来的醉鬼吗？所以，我们想要的东西现在一样也没有，而你们去年原本许诺会提供给我们缺乏的物品。法国人再也不来看我们了，什么也没有带来，你们再也不会见到我们了。如果法国人抛弃了我们，父亲，我保证，这是我们最后一次对你们说话了。[3]

---

[1] 这种需求可能被理解为依赖，当阿尔冈昆人表现得好像他们有依赖性或者在早期可以显示他们依赖欧洲的产品生存，但是这一点，以后会显示，并非如此。

[2] 福克斯人的话见 La Potherie, *History*, 319。

[3] 引文见 Narrative of...Occurrences...1696, 1697, *NYCD* 9: 673。

显然，奥南吉塞完全没有提到降价或是潜在利润，他是替女人们说话，我们可以看出来女性是村庄中从事交易的主力。他们和其他帕塔瓦米人依赖法国人提供必需品，以及他们的“一丁点东西”。在蒙特利尔的交易并非锱铢必较的中间人出门谋利的机会，而是“醉鬼”们把河狸皮换酒喝掉，却不会带回任何必需品的失败事件。尽管这些必需品是价值很高的商品，但并非帕塔瓦米人生存所必需。如果是的话，奥南吉塞怎么会扬言再也不见法国人，也就是说再也不和法国人打交道了呢？

面对法国人主宰过去转运货物到西部部落的贸易，麦基诺的渥太华人和休伦－佩图安人的反应也体现出这种看重必需品而非利润的态度。渥太华人、休伦－佩图安人和各种西部齐佩瓦群体继续和前几年一样在湖区搜集毛皮，但他们现在是在交易的边缘而非中心工作。渥太华人失去了和克里人的有利可图的交易，克里人现在开始在哈得孙湾开展贸易。只有苏尔特人——他们是苏人的盟友，为其运送法国货物——继续以河狸皮作为主要的交换物。为了获得必需品，麦基诺的休伦－佩图安人和渥太华人与绿湾的帕塔瓦米人一样变成了贸易中的粮食供应方。他们把玉米和鱼卖给法国人，据卡迪亚克说，后者在从蒙特利尔出发又回归的旅途中需要补给。为了抵消法国人之前为商品开的高价，他们把自己的商品价格也定得很高，弄得法国人号叫抗议。拉波蒂埃意识到，他们现在：

> 不必再为了过得舒适而去打猎了。当他们打算工作，就用桦树 131
> 皮做独木舟，一条卖两三百里弗。他们用两块盖木屋的桦木板可换得一件衬衫。他们卖给法国人草莓和其他水果，就可换来缀有红珠子、玻璃珠和瓷珠的装饰品。他们拿什么东西都能赚取利润。[1]

---

[1] 部落间交换见 Mémoire que la direction...26 avril 1703, AN, C11A, v.24, f.142–144; Speech of Ottawas, July 23, 1708, *MPHC* 33: 39。关于渥太华人、苏人－齐佩瓦人与克里人贸易的损失，见 Mémoire que la direction..., *ibid*., and Callières et Champigny au Ministre, 5 oct. 1701, AN, C11A, v.19。关于玉米和鱼，见 Quaife, *The Western Country*, 17–18。关于法国人长期持久的抗议，见 Declaration des marchands, 14 avril 1684, AN, C11A, v.6; Narrative of...Occurrences...1689, 90, *NYCD* 9: 481。关于引文，见 La Potherie, *History* 1: 282。

但是，拉波蒂埃称为利润的东西，印第安人却并不理解这种术语。因为，如同拉波蒂埃也已注意到的，除了休伦–佩图安人，他们全都不会蓄积任何东西，也不会意识到这种交易不可能永远获利。“如果他们有经济头脑，就会富裕得多”，但他们的社会和文化阻止他们蓄积财富。他们会把自己的最后一口食物送给来访的陌生人吃，再毫不犹豫地向过往的法国人讨要食物。这种交易模式的潜在逻辑便是：必需品优先于利润。他们对客人有义务，而法国人对他们有义务。[1]

法国人的毛皮生意结束于1760年，在这一个世纪的时间里，实际上阿尔冈昆人能够索要到的、他们定义为必需品的东西极其有限。18世纪20年代，夏勒瓦（Charlevoix）神父观察到，以欧洲人的标准来看，印第安人的需求非常少。他称印第安人是“真正的哲人，我们关于便利、富有、华丽的所有看法对他们毫无影响，而他们发现了摒弃这一切的生活艺术”，这并不是简单地沉浸在“高贵的野蛮人”的神话里。实际上印第安人要的东西确实很有限，即使在贸易高峰时期也是如此；而且他们的需求相对来说没有什么变动。除了获赠白兰地酒，阿尔冈昆人买的主要还是衣服和装饰品，以及一些金属工具和狩猎用的火药。对1715年至1750年，麦基诺、基亚特农、底特律和绿湾等地法国人账簿的分析表明，布匹、毯子、火药和衬衫在所有哨所都是主要的交易商品。这些东西再加上斗篷和底特律的白兰地酒，占交易量的60%至75%。从枪很少出现在交易清单中可以看出，印第安人并
132 没有买狩猎要用的枪。看来枪主要还是来自国王的赠礼。1720年后贸易量大增的主因是印第安人普遍采用毛织品和其他布料取代了皮袍子、皮衣。[2]

在本土经济中，商品满足了有限的必需品供应，毛皮贸易对本土生存系统影响较小。毛皮贸易中的产品来自狩猎，而狩猎并未从较大

[1] La Potherie, *History*, 28–82.

[2] 引文见 Pierre de Charlevoix, *Journal of a Voyage to North America*（London: R. and J. Dodsley, 1761, microprint facsimile ed., 1966）, 2: 107。关于这些账簿，见 Dean Anderson, “Variability in Trade at Eighteenth–Century French Outposts,” 作者藏未刊稿。

的生计周期中分离出来。狩猎成功仍然是猎人与控制猎物的曼尼通的关系起了作用，而且一次成功的狩猎后，换来的商品会继续按照曼尼通的要求分配，包括分给亲戚们必需品。在这种经济形式中，产出和分配并未形成独立的实践空间，所以它也并未在任何意义上使阿尔冈昆人在政治上依赖欧洲人。因此所有此类观点都有待证实。[1]

总的来看，17世纪至18世纪初，印第安人日常的物质生活显然是持续一致的。毛皮贸易对阿尔冈昆人的衣食住行影响甚微。一开始毛皮贸易确实使捕猎河狸变得更重要了，某些群体比如渥太华人和休伦—佩图安人也扩大了狩猎的范围，但对大多数族群来说，毛皮贸易并未立即或剧烈地改变他们的狩猎或生计模式。毛皮是狩猎的产物，狩猎时男人、女人还有小孩一起出动，以家族为单位消费肉类，同时将毛皮加工、保存，留待市场交易。毛皮贸易当然增加了女人处理毛皮的工作量，但在另一方面，购买的布匹和成衣同样减轻了做衣服的劳动量。它们最终是如何相互抵消的，从现有证据还无法推断。[2]

即便河狸生意做不成了，印第安人转而寻求其他猎物，也并没有 133
马上产生什么严重后果。俄亥俄谷地和大湖区主要提供毛皮的是鹿和熊，它们同样也能提供肉类。生计和猎取毛皮仍然紧密相连。当河狸离村子很远，而该地区其他猎物又很稀少时，生存的需求便会占据上风。即使在18世纪40年代中期的绿湾，已经长期参与贸易的印第安人仍然需要被大肆鼓动才肯去苏人的边境捕猎河狸，不然便会待在自己的村子附近捕猎鹿和熊。像苏人这样更晚参与贸易的部落，他们与贸易的联系就更微弱了。法国人担心抬高商品价格会使苏人“不再有热

[1] 早在1706年，就有观点认为，印第安人没有火药就会挨饿，但这种论断必须放在阿尔冈昆人的文化语境下看待，那就是他们想要恩惠时会把自己说得很悲惨（e.g., Extraits, De Tonti, 15 oct., AN, C11A, v.24, f.203）。实际上长期存在一种经过改进的弓箭技术，见 Charlevoix, Journal, 2: 208; Sabrevois Memoir, 1718, *WHC* 16: 373; La Potherie, *Histoire*, 4: 216。

[2] 1688年，拉翁唐男爵见证了四百至五百名渥太华人冬季在萨吉诺湾区狩猎后返回麦基诺，见 Thwaites 等，*Lahontan's Voyages*, 1: 143。这种规模的团体中当然有妇女和儿童，1685年至1686年间易洛魁人在同一地区突袭冬季狩猎营，除了抓到成人，也抓到了儿童。见 Denonville to Seignelay, June 12, 1686, *NYCD* 9: 293–294。拉波蒂埃在18世纪初的文字里显示，在17世纪90年代，纯粹由男人组成的狩猎团体主要发生在麦基诺之外，见 La Potherie, *History* 1: 281–282, 但18世纪实际上底特律和麦基诺地区全村人都会出动去狩猎。

情去寻找那些他们才刚刚了解其用途的物品”。直到18世纪晚些时候以及19世纪，为了市场而生的产品才构成了一个独立空间——而且只在少数部落中才如此，其中男人们离开家庭，出远门去狩猎，其唯一目的就是搜集毛皮用于市场交换。[1]

如果产品并不会改变一个社会，那么进入该社会的欧洲商品也不能改变它。印第安人对欧洲商品的依赖程度并非一蹴而就，现存的本土技术可能与新技术并存相当长一段时间。壶能烧水，刀能割肉，枪能打猎，但它们并未不可避免、不可阻挡地马上使使用者依附于供给者。如果商品短缺，还是可以采用效率低很多但仍然可以发挥作用的本土技术。

鉴于已有的对毛皮贸易的规模和重要性的阐释，“欧洲商品在高地几代人中仍然相对短缺，而本土技术又仍然可用”的论断一定会引起争论。如果说欧洲商品很快就完全取代了高地本土手工制品，基本上存在三个主要问题：第一，根据考古记录，本土技术继续存在了很长时间。第二，鉴于法国独木舟的运力有限，而且每年只有去西部的独
134 木舟，明显并不能运送本土人群必需的所有商品。第三，仔细阅读的话，当时的记录清楚说明，在18世纪时高地大部分地方，欧洲商品是比较稀缺的。

此处有必要提供少量例子为证。在17世纪末和18世纪初休伦湖和苏必利尔湖北岸奥吉布瓦人居住的遗址，石制工具与金属工具曾长期并存。麦基诺地区的遗址是交易的枢纽，但仍然存在同样的情况。在拉萨宁遗址，有一个可能是1690年至1700年间渥太华人和休伦-佩图安人的墓葬，“投掷器、刮削器和石刀显示出史前的技术和经济模式”。同样，在17世纪末绿湾的夏岛（Summer Island）遗址，石器也与欧洲

[1] 查尔斯·克莱兰（Chales Cleland）正确地指出，学者们过于关注 17、18 世纪的毛皮贸易，因而忽略了基本的生计模式仍在持续，见 Charles Cleland, “The Inland Shore Fishery of the Northern Great Lakes: Its Development and Importance in Prehistory,” *American Antiquity* 47（1982）: 776。很多时候，已有的本土经济所生产的富余物品供给了西部欧洲人。苏人的情况见 Copie de l’ article de la lettre du S.Chalet à mes. les directeurs...28 oct. 1746, AN, C11A, v.85。

金属工具并存。更南边的，1683年至1691年间卡斯卡斯基亚人居住的齐默尔曼（Zimmerman）遗址也显示了同样的石制器具与金属工具并存模式。即使在18世纪的葛伯特（Guebert）遗址，1719年后由卡斯卡斯基亚人居住，那儿也有石制器具残留。1687年，耶稣会士还能搜集到石制匕首，而且，据塞巴斯蒂安·拉勒（SebastianRale）神父所说，直到17世纪90年代，尖端为石制的箭仍然是主要的武器。本土陶器存在得甚至更久，在17世纪末至18世纪初的遗址中还很容易看到。[1]

其他商品进入此地还要更晚。1679年，福克斯印第安人——据说该部落贩卖毛皮仅有五年——已经得到了火器，但法国人遇到的一个120人的战队仍然只拥有8支火枪。当福克斯人从法国人那里获得了一件外套时，因为布料非常珍贵，他们撕下扣子，把布料剪碎，以便将之分成最大份数。即便威斯康星（Wisconsin）福克斯人曾经获得大量布料，在他们与法国人疏远后，布料贸易也中断了。1718年时他们仍然“很少穿布做的衣服”。同样，在17世纪80年代，拉萨莱远征队的成员称，伊利诺伊人是密歇根湖南部装备最好的部落，而他们实际上也没有枪支，其周边族群也缺乏金属刀具和斧子。1706年，伊利诺伊联盟成员之一的皮奥里亚人袭击了耶稣会的格拉维耶神父。这时枪支已经出现在他们中间将近半个世纪了，但他们还是用箭来袭击他，而且箭头装着燧石。同样值得注意的是，法国人的反应是不再供应火药给伊利诺伊人拥有的那种枪。这次事件清楚说明了旧技术仍然与新技术并存。在法国与印第安战争接近尾声时，底特律失去了火药供应， 135

[1] 旧技术存续，以及新技术缓慢推进，见 Warren L. Wittry, “The Bell Site, Wn9, An Early Historic Fox Village,” *The Wisconsin Archeologist*, N.S., 44（March 1963）: 35; James Fitting, *The Archaeology of Michigan*（Bloomfield Hills, Michigan: Cranbrook Institute of Science, 1975）, 210–211; Ronald J. Mason, *Great Lakes Archaeology*（New York: Academic Press, 1981）: 404; Cleland, *Lasanen Site*, appendix A.Nern and Cleland, “The Gros Cap Cemetery Site,” 9–16, 48; J. V. Wright, “A Regional Examination of Ojibwa Culture History” *Anthropoligica* 9 NS 7（1965）: 196, 202, 208; David S. Brose, “Summer Island III: An Early Historic Site in the Upper Great Lakes,” *Historical Archaeology* 4（1970）, 5–6, 13–23; Brown 等，“The Zimmerman Site,” 13, 72–73, 53–54; Mary Elizabeth Good, “The Guebert Site: An Eighteenth–Century Historic Kaskaskia Indian Village in Randolph County, Illinois,” *Central States Archaeological Societies Memoir* 2（n.p., 1972）, 78–79。石制匕首见 *JR* 63: 291。石制箭头见 Good, “Guebert Site,” 12。

那里的渥太华人、休伦-佩图安人、帕塔瓦米人和齐佩瓦人便恢复了用弓箭打猎。他们并不是很愿意这么做，但还是如此行动了。同一时期法国商人没有供给伊利诺人布匹，他们便穿兽皮代替。[1]

我们估算一下17世纪末18世纪初船舱可用的货物空间，就能理解欧洲商品为何没能迅速取代本土制品了。法国人未能运输足量的货物以供阿尔冈昆人获得工具和衣物，所以阿尔冈昆人无法抛弃本土制品。行政长官让·博沙尔·德尚皮尼（Jean Bochart de Champigny）估算，在17世纪80年代末，大约有七十条独木舟的货物抵达西部（见表2），而这个数字在17世纪90年代初期飞涨，因为当时弗隆特纳克总督以供给密奇利马及其他要塞为由允许大宗附加商品（包括白兰地酒）运往西部。[2]

表2　每年独木舟运往西部的货物概数

时间	1670s		1690	1680s—1690s		极限
	低	高	概数	低	高	
独木舟（艘）	40	55	70	85	100	130
枪（条）	320	440	560	680	800	1040
毯子（条）	60	825	1050	1275	1500	1950
烟草（里弗）	2560	3520	4480	5440	6400	8320
布匹（埃尔）	3160	4345	5530	6715	7900	10270
短柄斧（把）	1440	1980	2520	3060	3600	4680
刀（把）	16320	22240	28560	34680	40800	53040

说明：上述独木舟数量来自以下估值：40艘：17世纪70年代早期的最小贸易量；55艘：17世纪70年代毛皮收入最大范围的容量；70艘：尚皮尼1690年的数据，因为它接近估算的皮毛贸易总收入和走私到英国的皮毛的总和，因此是最佳的官方估算数据；85艘：最大值基于17世纪80年代和90年代皮毛贸易总收入；100艘：亨内平1679年的估算可能是17世纪90年代的最高数字；130艘：1684年的最高估算。

[1] 福克斯远征队见恩韦茨（Thwaites）等，Hennepin' s A New Discovery, 130–133。他们在皮货贸易中的角色见 La Durantaye au Gouverneur, 22 avril 1684, AN, C11A, v.6。关于 1718 年的福克斯人，见 Memoir on the Savages of Canada...1718, *WHC* 16: 371。关于 1680 年伊利诺伊人的情况，Chretien Le Clercq, "Narrative, " Cox, *Journeys of La Salle*, 1: 118。拉萨莱在伊利诺伊地区的情况见 enclosed with letter of Frontenac, Nov. 9, 1680, *IHC* 23: 12。Emily J. Blasingham, "The Depopulation of the Illinois Indians, " Ethnohistory 3（Summer 1986）: 197, 引用玛格丽（Margry）关于拉塞莱的论述，显示 1680 年伊利诺伊人有几百支枪，但我尚未找到文献支持。皮奥里亚人的情况见 *JR* 66: 53–57, 265–267。1718 年，基卡普人和麦斯科顿人仍然使用弓箭，伊利诺伊人也大量使用弓箭和穿兽皮，见 "Memoir, " *WHC* 16: 373。底特律印第安人的情况见 Conseil tenu le 28 novembre 1760 au detroit, AN, C11A, v.105, f.358, 重新穿兽皮袍子的情况见 Macarty à Kerlerec, 30 aoust 1759, AN, C13A, v.41.f.103。

[2] W. J. Eccles, *Frontenac: The Courtier Governor*（Toronto: McClelland & Stewart, 1959）, 275–278.

如果把这些船货和预计可供给的人口数量结合来看，本土技术继续存在的理由就更明显了。尽管疾病、迁徙和战争令人口减少，但直到1700年后人口数量仍然庞大。只算上主要的人口聚居地的
话，17世纪70年代绿湾周围城镇有15000人至20000人，17世 136
纪80年代“饥饿岩”一带伊利诺伊人、迈阿密人和肖尼人大约有20000人，17世纪60年代中叶切夸美光人口达到顶峰，有3200人，1695年麦基诺也有约6000至7000人。这还不包括苏人、克里人、尼皮辛人、密西沙加人和除苏尔特人以外的其他奥吉布瓦群体，他们都至少部分受益于法国毛皮贸易。在17世纪末，刀具和斧子或许能够满足需求；但其他商品，即使作最高估计，也无法取代本土制品。[1]

1720年后情况确实发生了变化，由于毛皮贸易中的英法竞争使
运往西部的商品数量增加。到18世纪20年代，“主人的小船”代替 137
了18世纪小得多的独木舟，考虑到西部据点的许可证数量，看起来一年（比如1739年）中有56条获得许可证的独木舟能够装载大约价值336000里弗的重量的船货（56×6000=336000），17世纪90年代末有175000里弗的货物被送往西部（100×1750=175000）。由于这些船货数据并不包括从伊利诺伊地区顺密西西比河到新奥尔良的贸易部分、从西部来到尼亚加拉和弗隆特纳克要塞的交易、无证非法游商经营的交易，奥斯威戈的交易也不包括，就连这个大幅增长也显然低估了总数。粗略估计，在18世纪30年代和40年代，尼亚加拉、奥斯威戈、弗隆特纳克通常额外向高地再供应10条独木舟的

[1] 关于该地区人口统计最好的讨论是 Jeanne Kay, “The Fur Trade and Native American Population Growth,” *Ethnohistory* 31（1984）, 265–287。让娜·凯（Jeanne Kay）有力地挑战了与欧洲人接触后人口持续下降的通行说法。流行病及最初的人口下降见 Marest to Vaudreil, Aug. 14, 1706, *WHC* 16: 237, 以及 Marest to Vaudreuil, 4 June 1708, *MPHC* 33: 386。俄亥俄谷地的情况见本书第五章。人口状况见 Green Bay: *JR* 56: 125（1671–1672）; *JR* 61: 149, 153–154（1679）; Starved Rock: Wayne C. Temple, *Indian Villages of the Illinois Country: Historic Tribes, Scientific Papers, Illinois State Museum*, vol.2, pt.2（Springfield: Illinois State Museum, 1958）, 27; Chequamegon: *JR* 50: 273, 301。我以4 ：1的比例将战士转化到总人口中。麦基诺的情况见 *HBNI* 15: 399, 773–774。卡迪亚克见 letter of Lamothe Cadillac, Aug. 3, 1695, 载 E. M. Sheldon, *The Early History of Michigan from the First Settlement to 1815*（New York: A. S. Barnes, 1956）, 74。

货物。[1]贸易规模大幅扩大主要是由于印第安人对布料和羊毛的消费上升。从17世纪晚期起，布料就是重要的贸易品，但在18世纪初，欧洲布料并没有取代本土衣料。1718年底特律周边的印第安人（应该还有与他们相邻的族群）既穿欧洲布料也穿本土衣物。比如，帕塔瓦米人夏天穿“红色或蓝色布料”，但他们冬天穿水牛皮袍子。再往西部，伊利诺伊人、福克斯人可能还有该地区其他族群，基本上都依旧穿动物皮做的衣服。[2]

138 到18世纪20年代和30年代，布料显然主导了贸易。（见表3）独木舟装满了走私的英国布料或进口的法国布料，驶往西部。检视现存的1732年至1747年间运往底特律和绿湾的船货清单，就会发现都是以布料和衣物为主，除了1732年航向底特律的一船货物，当时为抵抗福克斯人的战争准备往西部运送弹药。

然而，即使船货数量增多，欧洲衣物迅速传播，印第安人消费的商品仍然相对较少。以商人们服务的总人口来分析18世纪40年代运往绿湾的船货，很显然绿湾的毛皮贸易不足以供给绿湾贸易区每个印第安人一条毯子。不过，贸易当然可以给所有人供给刀、一件布衣服（毯子、衬衫或斗篷）和火药。在更往东部的地方，那里有丰富的进口

[1] 伊利诺伊贸易见 Bienville, Memoir on Louisiana, 1725–1726, *MPA* 3: 533。1729 年法国商旅保证每年船运价值 20000 里弗的河狸皮到新奥尔良，见 Perier de la Chasse to Director, Jan.30, 1729, *MPA* 2: 619。在温暖潮湿的新奥尔良如何保存毛皮，这个问题总是影响当地的毛皮贸易。

1750 年有 300 包毛皮从苏必利尔湖运往奥斯威戈，见 Jonquière to Minister, Sept. 20, 1756, *WHC* 18: 67。平均每条船能运送 7.1 包，这就表示需要 40 多条独木舟，但这些是较小的印第安独木舟，而且载着更多的人、更少的货物。

Louise De Chêne, *Habitants et Marchands*, 130, 称 1714 年有了大型货运独木舟，能装载 3000 里弗的货物。5000 里弗货物的运力见 De Noyan to Minister, Oct. 18, 1738, *WHC* 17: 295。为了避免低估运往西部的货物数量，我使用了较高的估值，6000 里弗货物每船，此数据依据 Beauharnois & Hocquart au Ministre, Mémoire, 1717, AN, C11A, v.67, f.104。此外，出于同样的原因，我还将每条船都按满载商品及毛皮计算，尽管约有三分之一的空间装的是旅程本身的供给。见 Carolyn Gilman, *Where Two Worlds Meet: The Great Lakes Fur Trade*（St. Paul: Minnesota Historical Society, 1982）, 36。由于“里弗”既是重量单位又是货币单位，很多船货数据所指就并不明确，我只引用了那些清晰地指重量的信息。

[2] 17 世纪 90 年代粗呢衣服使用量增加，见 Frontenac au Ministre, 25 oct. 1696, *RAPQ*, 1928–1929, 312–313。1685 年时切夸美光的齐佩瓦人才刚刚开始穿粗呢衣服，见 Narrative of...Occurrences, 1694–1695, *NYCD* 9: 611。1718 年布衣和兽皮衣物的情况见 Memoir on the Savages of Canada...1718, *WHC*16: 366–376。为了增加河狸皮的数量（从河狸皮袍子上获得的油滑的河狸皮，粗呢衣物正取而代之），有人提议禁止销售粗呢商品，这激怒了加拿大方面，见 Mémoire sur l' etat de la ferme des castors, 10 oct. 1698, AN, C11A, v.16, f.231–234。

表3　不同种类货物所占相对百分比（里弗/价值）

	纺织品和服装	武器和弹药	金属工具	酒
底特律 1732	358/25%	509/36%	200/14%	178/13%
底特律 1736	504/57%	68/8%	20/2%	167/19%
绿湾 1740	454/53%	2649/30%	541/6%	421/5%
绿湾 1747	14938/73%	3049/15%	1133/5%	628/4%

来源：Dean L. Anderson，“Merchandise for the Pays d' en Haut：Eighteenth Century Trade Goods and Indian Peoples of the Upper Great Lakes” 文章发表于加拿大考古学学会年会（1986年4月24日至27日，安大略省多伦多）。

货物，供应源也更多样，贸易很可能的确供给了印第安人衣服以及基 139
本的金属器具，但只在高峰年份才是如此，在其他年份里，印第安人不得不自己做衣服并使用由法国铁匠维修的旧刀、斧子等。对麦基诺要塞的发掘显示，即使1725年后贸易量增加，本土工艺仍然存在。陶器以及骨头、鹿角甚至石头做的东西在进口货来后仍然是村庄日常生活的一部分。[1]

詹姆斯·菲廷（James Fitting）试图查明“欧洲商品，特别是斧子、壶、刀和枪的引入对该地区生存模式的改变是否与该地区的社会、意识形态的变化一致”。于是他比较了两地人工制品之间的联系：一个是云图宁遗址，麦基诺海峡上一个典型的晚期史前遗址；另一个是拉萨宁，一个渥太华人和休伦－佩图安人墓葬及村落遗址，距离云图宁7英里远，大约在1671年至1701年有人居住。他得出结论：“如果说欧洲商品的引入对生存基础有任何影响的话，那就是对已有变化趋势的放大……我们必须反对这样一种假设：欧洲商品剧烈地改变了麦基诺海

[1] Lyle M. Stone, “Archaeological Research at Fort Michilimackinac, An Eighteenth-Century Historic Site in Emmet County, Michigan, 1959–1966 Excavations”（Ph. D. diss., MSU, 1970）, 1: 60. Moreau S. Maxell, “Indian Artifacts at Fort Michilimackinac, Mackinaw City, Michigan, ” *Michigan Archaeologist* 10（1964）: 23–30.

峡族群的生存基础。”[1]

显然，不仅在麦基诺，在贝尔（Bell）遗址也是如此，贝尔遗址是一个福克斯人村落，直到18世纪还有人居住。同样，“与白人的接触并未剧烈改变此地的生活方式”，而菲廷在研究这个遗址后，认为此地的生活方式“与晚期林居族群类似”。在更往北的尼皮贡湖畔，道森（K. C. A. Dawson）总结指出，随着欧洲商品的引入，“生活方式并未出现明显的断裂”。戴维·布罗泽（David Brose）假设绿湾的夏岛遗址（1650年至1700年）有人居住是受毛皮贸易的直接影响，他也说本土手工制品比欧洲工业制品更常见，而且与生存最密切相关的本土工具是改变最慢的。[2]

140 这并非否认欧洲商品已经成为阿尔冈昆人生活的一部分，而是说明直到法国统治时期结束，阿尔冈昆人也并没有在物质上依赖欧洲人。在紧急情况下，阿尔冈昆人仍然可以不依靠欧洲人帮忙就能吃、穿、住，而且他们显然不止一种渠道获得他们想要的物品。政治上强大的阿尔冈昆族群不仅能够获得这些商品，还能把它们当礼物赠送。因此，不能基于“早期决定论”式的“印第安人依赖法国人”的简单模型去理解法国人和印第安人的地域关系和正在生成的联结。相反，必须牢牢记住，是商品在这些政治、社会的关系中流动，是这些关系赋予了商品意义和影响力。[3]

约瑟夫·德拉马格·马兰（Joseph de la Malgue Marin）1753年至1754年的日记里清晰记载了这种错综复杂的交换网络，以及它是多

---

[1] James Fitting, “Patterns of Acculturation at the Straits of Mackinac, ” 载 Charles Cleland 等, *Cultural Change and Continuity: Essays in Honor of James B. Griffin*（New York: Academic Press, 1976）, 327。

[2] 贝尔遗址的情况见 Paul W.Parmalee, “Vertebrate Remains from the Bell Site, Winnebago County, Wisconsin, ” *Wisconsin Archeologist*, NS 445（Mar. 1963）: 58, 以及 Fitting, *Archaeology of Michigan*, 208。尼皮贡湖的情况见 K. C. A.Dawson, *Algonkians of Lake Nipigon: An Archaeological Survey*, National Museum of Man, Mercury Series, Archaeological Survey of Canada, Paper no. 48（Ottawa: National Museums of Canada, 1976）, 30。夏岛见 Brose, “Summer Island III, ” 23。

[3] 认为印第安人依赖欧洲人才能满足基本需求的人是太不了解他们了。例如1758年法国大臣鲁耶（Rouillé）反对引进土豆供给印第安人，因为那可能使他们脱离法国人，不靠法国人援助也能养活自己。沃德勒伊总督和行政官比果不得不指出，印第安人能够养活自己，他们只是购买军需品和衣物罢了。见 Vaudreuil & Bigot au Ministre, 8 aoust 1758, AN, C11A, v.103, f.04。

么深入地整合到了法国人和阿尔冈昆人的政治与社会关系中。马兰是绿湾的指挥官，也是租用该据点的公司成员。所以他既是国王的代理人，又是商人，而他实际上并未与印第安人做生意，其中商品并未经手。他刚到这里时，在路上见了第一个梅诺米尼小村子的居民，便送了“给他们村的礼物”。他不断送出这样的礼物给他所造访的福克斯人、索克人、梅诺米尼人、温尼贝戈人和苏人村子里的居民，“与其人数相称”。当这些村子失去了重要人物时，他也经常另外送礼去“掩埋死者”。[1]

送这些礼物是盟友之间应有的礼仪，但马兰也必须利用商品达到特殊的目的。比如说，他为了防止绿湾族群和伊利诺伊人之间的战争而奔走——伊利诺伊人袭击了伊利诺伊地区一个肖尼人村庄，并杀死一个法国人，同时马兰又为了让苏人、梅诺米尼人、西部齐佩瓦人保持和平而做工作。所有这些谈判包括掩埋死者、送白兰地酒安慰哀悼者，还有酬谢在谈判中积极奔走的印第安使者。他也送礼来劝阻远征 141
队，以及酬谢那些拒不组织远征队的人。最后，为了保证谈判进行，他同意提供给索克人和福克斯人一大份礼物，好让他们送给伊利诺伊人，让后者同意达成和平。当议和成功，他送给印第安代表团衣物和食品，还给索克人和福克斯人额外送礼。马兰估计，他单是为了防止伊利诺伊战争就花了10000里弗。[2]

在这一切进行的同时，其他商品在贸易中转手。法国商人允许印第安人赊欠商品，狩猎季过后的来年春天再偿付。还有些法国商人则与印第安人一同去狩猎营地。尽管马兰做了那么多努力，这些贸易的回报还是并不尽如人意。那年冬天，湖边的苏人害怕被齐佩瓦人攻击，

---

[1] Kenneth P. Bailey（ed. and trans.）, *Journal of Joseph Marin, French Colonial Explorer and Military Commander in the Wisconsin Country, Aug. 7, 1753–June 20, 1754*（Los Angeles: printed for the author, 1975）: 给村庄的礼物，见 51 页；给居民的礼物，见 52 页至 54 页、57 页、62 页；“掩埋死者”，见 34 页、52 页、82 页、91 页。

[2] Bailey（ed.）, *Journal of Joseph Marin*, 关于苏人与齐佩瓦人之间的和平状态，见 64；掩埋死者，见 59–60, 69；酬谢，见 82；福克斯人与伊利诺伊人之间的和平状态，见 86, 99；开销，见 Marin to General, 1 June 1754, *ibid.*, 133。

便没有去打猎，这使法国人失去了一个毛皮的主要来源。[1]

对印第安人和法国人双方来说，所有这些交易都是一同进行的，它们把法国人和阿尔冈昆人捆绑在一起。理论上贸易和礼物交换是不一样的，但在实际社会生活中，它们已经无法分开，除非整个交换网络崩溃。而当该网络正常运行时，阿尔冈昆人仍然可以把这个系统看作专门为了让他们获得必需品而存在（就像法国商人视之为利润的来源）。索克人中一位发言人韦兹（Weasel）告诉索克人和福克斯人，他们应当感激法国人：

> 为法国人给予的一切帮助而感激。法国人远道而来，克服重重困难带来他们所需要的物品。不仅如此，还好心帮助印第安人与交战族群和解；若非如此，他们的村庄将很快化为乌有。如果他们念及这些，便会感到对法国人为他们所吃的苦无以为报。如果他们不按我（指马兰）希望的那样做，便是忘恩负义，特别是我所说的都是为他们好。[2]

商业显然是更大的交换网络的一部分，但绝非它的全部。而为了在这个结构中理解阿尔冈昆人的行动，就要认真看待韦兹所描述的情况，因为它们反映的并不是容易受骗的原始人的错觉，而是对阿尔冈昆人和法国人正在塑造的现实的确切表达。若没有中间地带，韦兹就是个傻瓜；有了中间地带，他便是个明智、有见地的人。

---

[1] Bailey (ed.), *Journal of Joseph Marin*, credit, 62; hunting camps, 93.
[2] Bailey (ed.), *Journal of Joseph Marin*, quotation, 87; was speaker, 66.

第四章 142

联　盟

部落中没有国王，酋长不是国家首脑，他没有为所欲为的权力，无权强制他人，也无法发号施令。酋长并非指挥官，部落民众无须服从他。酋长地位并非权力之所在，原始酋长的“剪影”也绝非后来君主的前身。

——皮埃尔·克拉斯特《与国家对抗的社会》

（Pierre Clastres，*Society Against the State*）

一

法国人和阿尔冈昆人战胜易洛魁人后，联盟在18世纪发展出截然不同的两张面孔。面向东部时，法国人似乎召集了阿尔冈昆群体的领袖。这是那个全副武装、口中喷火、为法兰西帝国服务的联盟，那个震慑了易洛魁人，并多次将数保于亡的英国人打得无法动弹的联盟。联盟朝东的这张面孔也往往是它出现在18世纪历史上的唯一一面，但这并不完整，且令人费解。要想理解阿尔冈昆战士为何会响应昂提奥的召集，就必须检视联盟的另一面。面向西部时，理论上昂提奥及其属下官吏（包括法国人和阿尔冈昆人）手里拿的是卡柳梅特而非短柄斧。他们掩埋死者，而非为其报仇。昂提奥是个善人，他调停阿尔冈昆“孩子”之间的冲突，通过送礼和贸易满足他们的需要。只有在对待不听话的“孩子”时他才生气并动用武力。他在其他“孩子”的陪同下鞭笞那些害这片土地卷入纷争的“孩子”，但即使这时候，他唯一的目的也只是恢复和平，使他的“孩子”可以打猎、种植，并且——用村庄会议的仪式性语言来说——坐在他们的毯子上平静地抽烟。从现实政治方面来看，这种和平延缓了阿尔冈昆人往17世纪易洛魁战争之后的无人区的迁移的打算。

对于错综复杂的现实状况，以上无疑是种戏剧化的简单勾勒。阿尔冈昆人并非纯粹出于对“父亲”的忠诚才去战斗，法国人在西部也不是光为了找个地方来倾注父性的慈爱。此外，联盟的两张面孔交织在一起。其间便是中间地带，村庄政治和帝国政治在此相
143 遇——某种意义上说它们在此达成了共识。要想理解联盟，就必须认真对待被忽视、几乎隐形的朝西的那张脸，只有这样才能更全面地感知帝国时代发生在这块大陆上的事情。毫不奇怪，这张朝西的慈爱面孔并没有反映出法国的多少善行，因为它乃是一段混乱而血腥的历史产物。

由于联盟在形式和精神气质上都主要是阿尔冈昆式的，所以它需要的“父亲”应当以调停为主，命令为辅；宽恕为主，惩戒为辅；还应慷慨给予而甚少索取。尽管法国人维护着加拿大，这些要求仍令他们大感挫败，他们希望联盟只是法国政府的延伸就好——他们也时不时地做出这种努力。

法国人想把联盟改组为更常规且不那么烧钱的帝国模式，1701 年发生的事情使之变得尤为紧迫。法国人正在失去其对高地的控制，尽管他们打赢了易洛魁人——其实起因就是这个。阿尔冈昆世界开始破裂，其成员扩散至之前的无人区（空置的土地）。移民们绕开仍令人望而生畏的苏人，开始在难民中心东边和南边的土地定居——那里收成更稳定、猎物更丰富。不过那里并非河狸的主产区，最好的河狸在威

斯康辛河北岸，因而那里也没有依赖河狸贸易的人群。这些移民本是和平的产物，结果却在移民自身中间、阿尔冈昆人和易洛魁人之间出现了冲突。他们导致阿尔冈昆人越来越接近英国人的地盘。于是，出于巩固与易洛魁人之间脆弱的和平状态，以及防止其盟友背叛的需要，法国人于1701年尝试重塑联盟。[1]

随着易洛魁人被联盟打败，在1701年的媾和大会上，法国人所期望的联盟得到了象征性的展示。这种展示有些惊悚，因为法国人展示给阿尔冈昆人的新版联盟和酋长制度就是实实在在地踏着老酋长们的尸体。孔迪阿龙克在大会开幕词中告诉卡利埃总督，盟友们在去蒙特利尔途中看到他们的兄弟们死在河岸边，但他们用这些尸体搭成桥通往该城市。那个夏天，“疾病”（la maladie）“劫掠”了蒙特利尔的印第安营地。据拉波蒂埃所说，法国人从灾难中看到了好处，他们认为传染病是上帝仁慈的表现，因为他允许印第安人死在他们可能会受洗的地方。孔迪阿龙死在蒙特利尔，迈阿密人齐奇 144
卡特洛死在归家途中，帕塔瓦米人奥南吉塞死在第二年去伊利诺伊的途中。[2]

法国人抓住孔迪阿龙克之死，想从灾难边缘的大会中重新获得好处。精明、善辩、勇敢，他既是“修士”（从基督教意义上来说），又在身处的社会中拥有崇高地位（他是休伦－佩图安人中的萨斯塔勒奇）。孔迪阿龙克就是拉翁唐男爵的《航行》（*Voyages* [1703]）中的阿达里奥（Adario），因而也是拉翁唐之后欧洲文学中所有“高贵的野蛮人”的原型。孔迪阿龙克死前在缔约会议上对法国人的行为非常愤怒，但他死后法国人很尊崇他，似乎他是该国的一个可靠的代理人。法国在借机试图利用他的死来改变

[1] 对法国联盟类似的重新阐释见 W. J. Eccles, “The Fur Trade and Eighteenth-Century Imperialism,” *William and Mary Quarterly* 40（July 1983）: 341-362。

[2] Nicolas Perrot, “Memoir on the Manners, Customs, and Religion of the Savages of North America”, 载 *Emma Helen Blair*（ed.）, *The Indian Tribes of the Upper Mississippi Valley and Region of the Great Lakes*, 2 vols.（Cleveland: Arthur H. Clark, 1912）, 115。

酋长制度。[1]

法国人为孔迪阿龙克精心举行了一场葬礼，其中来自法国某机构的代表与休伦－佩图安社会中大致相似的部门的代表并排行走。一位法国军官和60个士兵走在棺材前，后面跟着16个穿河狸皮袍子、佩着枪的休伦战士，接着是法国教士，后面是6个战士领袖抬棺，棺材上面盖着花朵，再上面放着一顶羽毛帽、一把剑和一个颈甲。孔迪阿龙克的亲戚跟在棺材后面，由渥太华人和休伦－佩图安人的酋长陪伴。最后是尚皮尼夫人——行政长官的妻子，还有沃德勒伊先生——蒙特利尔总督，其他法国要人，队伍最后是整个军官团队。在墓边，法国士兵和战争领袖们鸣枪敬礼。法国人在孔迪阿龙克的安息地旁刻下铭文：Cy git le Rat，Chef des Hurons（“这儿安息着休伦人酋长‘耗子（Rat）’”）。[2]

145 法国人利用孔迪阿龙克的死展示了酋长应该受到怎样的待遇。法国人将死去的孔迪阿龙克等同于法国统治者及知名人士，他们认为酋长应当有权发号施令，而不是征求臣民的同意并且非强制性地行使权力。酋长们应该类似小公国的总督，做法国的代理人。

自1701年大协议到法属加拿大终结，在阿尔冈昆人关于结盟、调解的观念和法国人幻想的强迫－服从之间一直存在不可调和的矛盾。这种双重议事为1706年在底特律围绕勒佩尚的争议埋下了伏笔，让联盟处在永远的紧张中。阿尔冈昆人强迫昂提奥扮演阿尔冈昆人的“父

[1] 发生在蒙特利尔的疾病见 Claude Charles Le Roy, Sieur de Bacqueville de la Potherie, *Histoire de l' Amerique septentrionale* ...（Paris: J–L Nion & F. Didot, 1722, microcard, Lost Cause Press, Louisville, 1967）, 4: 202, 209, 232, 228–229, 239, 262。奥南吉塞见 Parolles des Kiskakons, Sakis, Poux, and Puants, 23 juillet 1702, AN, C11A, v.8, f.312。
孔迪阿龙克临死时感觉被法国人出卖了，因为法国人没能迫使易洛魁人归还阿尔冈昆俘虏，他也扬言要否定和平协议。他的死对法国人来说是战术上的幸运，当然也令人沮丧。若不归还俘虏，孔迪阿龙克就拒绝议和，见 La Potherie, *Histoire*, 4: 205–206, 221–226; 描述见 *ibid.*4: 221, 228–229。客卡里（Joncaire）和布吕亚（Bruyas）神父归还俘虏的提议显然被卡利埃及其使者德马里古（M. de Maricourt）削弱了，见 Le Roy de la Potherie à Comte de Pontchartrain, n.d. AN, F3, Moreau–St. Mery, v.2, f.378; 也可参见 Instruction pour le P. Bruyas...15 juin 1701, AN, F3, Moreau–St. Mery, v.8, f.260。
阿达里奥见 Reuben Gold Thwaites（ed.）, *New Voyage to North America by the Baron de Lahontan*, 2 vols.（Chicago: A. C. McClurg, 1905）, 2: 517–618。

[2] La Potherie, *Histoire*, 4: 234–235. 我要感谢吉姆·克利夫顿（Jim Clifton）为我指出孔迪阿龙克葬礼的重大意义，尽管他可能不会赞同我的阐释。

亲”，不然昂提奥的“孩子们”将自相残杀，血洗高地。昂提奥也遵守了，因为他需要阿尔冈昆人保持忠诚，至少在保卫新法兰西时能有形式上的参与。其结果是形成了某种古怪的帝国主义，调解胜过了强迫，殖民者送礼物给被殖民者，父性隐喻是政治的核心。

二

阿尔冈昆人固执于昂提奥调停中的“父亲”形象，主要是因为他们非常需要这种调停。18世纪早期，难民中心解散，代之以一系列地区性的村庄集团。由于迁移及分散居住，阿尔冈昆人获得了更为丰足的生活供应基地，大多数阿尔冈昆村庄已经不那么容易被疾病攻击了。虽然流行病还在肆虐，损失仍然惨重，但许多病人没有死亡而是痊愈了。仍留在五大湖区或其西部的部落的人口几乎都增长，尽管并不平均。只有伊利诺伊人和迈阿密人人口数量持续下降，其原因尚不完全清楚。迈阿密人急剧减少，1718年他们共有1400~1600名战士，到1733年下降至600~700名，1736年则只有约550名了。曾经强大的伊利诺伊联盟最终被人遗忘。不管是什么导致了这些不同的人口模式，总之是组织程度较低的族群人口扩张了，而大河谷地拥有更为精密的前酋长制度（protochiefdom）的族群却逐渐衰亡。[1]

这些地区集团是高地上的次级单位，它们富有弹性，不断变化，146
不时吸收或失去成员。同一部落的成员往往分散在不同的地区集团中。在18世纪早期，第一个也是最西边的村庄集团从密歇根湖较低处的圣

[1] Jeanne Kay, “The Fur Trade and Native American Population Growth, ” *Ethnohistoty* 31（1984）: 265–287; Emily J. Blasingham, “Depopulation of the Illinois Indians, ” *Ethnohistoty* 3（Summer 1986）: 361–396. 1718年，迈阿密本土约有400名战士，下游的沃巴什河上有五个村子，法国人将村民们统称为基亚特农人，而英国人叫他们威人，实际上他们是如下联盟中的各部落：威人本身、皮安卡肖人、佩皮科基亚人、基拉蒂卡人和梅加科尼亚人，他们另外集结起1000至1200名战士。若不是1715年天花大暴发，1715年前战士人数本应该更多。见Sabrevois, Memoir on the Savages, 1718, *WHC* 16: 375–376; Ramezay to Minister, Nov. 3, 1715, *WHC*16: 322–324。1732年至1733年间天花再次来袭，1733年沃巴什河上五大部落的战士人数跌至600~700人，到1736年跌至350人。1733年数据见Vincennes à, mars 1733, AN, C13A, v.17, f.259。1736年数据见Census of Indian Tribes, *WHC* 17: 250。

约瑟和芝加哥延伸至密尔沃基（Milwaukee）和绿湾，并西至密西西比河，其主要成员曾生活在绿湾沿岸。索克人、福克斯人、基卡普人及麦斯科顿人仍保持着密切联系并大量通婚，但这个村庄集团同样包括温尼贝戈人、梅诺米尼人和更西边的帕塔瓦米村子。

第二个区域集团主要分布在伊利诺伊地区，也由伊利诺伊联盟构成。对饿岩的放弃以及伊利诺伊地区的大型难民中心对某些皮奥里亚人来说是暂时的，因为他们最终又回到了“饥饿岩”。但主要的皮奥里亚人定居点仍然在皮米图伊。卡斯卡斯基亚人和伊利诺伊联盟的其他成员逐渐聚集到卡斯卡斯基亚河汇入密西西比河处。此时肖尼人已经离开伊利诺伊地区，到阿巴拉契亚山脉东部去寻求易洛魁人和英国人的庇护，不过迈阿密联盟成员仍然短暂地在这个阵营内保持边缘性的身份。迈阿密人逐渐向东迁移到圣约瑟夫和底特律，直到他们定居于莫梅（Maumee）和沃巴什（Wabash）地区。[1]

迈阿密人向东迁移使他们中有些人暂时加入第三个也是最不稳定的一个地区集团——以底特律为中心的阵营。1701 年卡迪亚克已经吸引了大部分休伦 - 佩图安人去他在底特律新建的定居点居住。最后有些帕塔瓦米人、迈阿密人及其他族群也聚集到这里。底特律往东是一些前奥吉布瓦群体居住的村落，他们现在变成了伊利湖和安大略湖北岸的密西沙加人，他们与底特律有松散的联系。[2]

147 第四个地区集团以麦基诺为中心，包括苏圣玛丽的齐佩瓦村庄和马尼图林岛（Manitoulin Island）上的渥太华村庄。齐佩瓦人和密西沙加人一样来自前奥吉布瓦群体，其中最出名的是苏尔特人。法国人一直把苏必利尔湖边所有的齐佩瓦群体都叫作苏尔特人，但是到了 18 世纪初期，切夸美光的齐佩瓦人、苏必利尔湖西岸的基威诺人和苏圣玛丽狭义的苏

[1] Blasingham, “Depopulation of the Illinois, ” 193–224, 361–413, 以及 Wayne C. Temple, *Indian Villages of the Illinois Country: Historic Tribes, Scientific Papers*, Illinois State Museum, vol.2, pt.2（Springfield, 111.: Illinois State Museum, 1958）。

[2] 渥太华人的迁徙和分化见 Speech of Miscouaky, 26 Sept. 1706, *MPHC* 33: 288; Report of Detroit in 1703, *MPHC*33: 162–163; Marest to Vaudreuil, 4 June 1708, *MPHC* 33: 383–386; Marest to Vaudreuil, June 21, 1712, *WHC* 16: 290–291。对迁徙的总体解释见 *HBNI,* 15: 772–774。

尔特人之间已经形成了区别。西部的齐佩瓦人越来越成为一个独立的群体。同时苏尔特人与麦基诺的渥太华人联系紧密起来，两个群体最终占据了萨吉诺湾，渥太华人自身逐渐转移到密歇根湖北部的湖岸和岛屿。到18世纪40年代，旧的麦基诺渥太华人的村子以小特拉弗斯湾（Little Traverse Bay）的阿尔布尔克什（Arbre Croche）为中心。[1]

麦基诺周边的渥太华人和齐佩瓦人不断通婚，加上切夸美光的齐佩瓦人西迁，形成第五个地域集团，由苏必利尔湖西部的齐佩瓦人组成。起初这些族群与苏人结盟，对抗其他阿尔冈昆人；后来，齐佩瓦人与苏人的战争使得密西西比河上游区域在17世纪末期至18世纪冲突不断。

最后一个地域集团在俄亥俄河谷，这也是最后一个真正形成的集团。这一区域自伊利湖南岸起，包括俄亥俄河及阿巴拉契亚山脉，西至沃巴什河。后文我们将更详细地研究它。该集团的成员最终包括从其他集团来的移民，还有来自高地以外的新移民。迈阿密联盟的成员从北部迁入，和后来的基卡普人、麦斯科顿人一样。一小撮休伦-佩图安人自称怀恩多特人（Wyandot），他们定居在桑达斯基（Sandusky），还有少数渥太华人也从伊利湖南部迁来。从东北部来了各种易洛魁人，他们后来以“明戈人”的名字为人所知。从宾夕法尼亚迁来了肖尼人、特拉华人，还有各种小型难民群体，他们一开始迁移到阿勒格尼（Allegheny），然后深入到此地。

在一个集团内，通常村庄政治的常规机制已经可以维持和平，而不必求助于昂提奥。这就是后来让夏勒瓦神父感到不可思议的政治领域。夏勒瓦认为，看起来这些民族“什么也没有——不管是公共的还是私人的东西。他们也毫无扩张领土的野心，看起来他们之间没有什么事情需要英国处理”。实际上印第安人“永远在谈判”，他们总是 148
“有这样那样的事需要在谈判桌上相见，比如缔结或续签条约、提供服

[1] 齐佩瓦人见 Harold Hickerson, *The Chippewa and Their Neighbors: A Study in Ethnohistory*（New York: Holt, Rinehart and Winston, 1970）。

务、相互之间的礼貌、缔结联盟、邀请协同作战，最后还有对某个酋长或要人去世表示哀悼”。[1]

但是，在集团内部行之有效的政治方式在外部就不行了。随着移民继续迁入以及不同集团之间相互接触，纷争、敌意、冲突四起。没有昂提奥从中调解，其结果往往是战争。武力冲突多半发生在地域集团的交界处：密西西比河上游、底特律、伊利诺伊北部边界。这些连成了高地的断层线。就在易洛魁战争快要结束时，阿尔冈昆人和苏人又在密西西比河沿岸打了起来。在伊利诺伊北部，福克斯人及其迁出绿湾的盟友和伊利诺伊联盟成员爆发冲突。在底特律，由于卡迪亚克把迥然不同的族群集聚过来，导致冲突不断。

法国人撤出高地，留下了一个阿尔冈昆人无法填充的真空地带。鉴于阿尔冈昆政治的特性，调解工作总是花费昂贵且旷日持久。只有法国人拥有财富，又和整个高地的所有族群有接触，还有动机承担大规模的调解工作，没有一个阿尔冈昆族群能取代他们。直到 1701 年的和平大会召开时，冲突仍然存在，这让当年的联盟庆典好像是在给腐烂之物镀金。苏人和他们的盟友——西部切夸美光的齐佩瓦人——实际正在与高地上其他部落作战。抵抗苏人的战斗原本不会直接影响到法国人——因为他们本应该撤出这一带了——但实际上还有些非法游商和其他人仍然朝湖区以西去。而且有很多法国人，比如皮埃尔·夏尔·勒叙厄尔仍然前往苏人的地盘，因为在那里用很少的货物就能换来很多毛皮。他们把武器带给苏人。为了阻止这种交易，阿尔冈昆人再次在高地谋杀和劫掠法国人。[2]

法国总督们同时谴责这些贸易和攻击行为，但他们无法阻止任何一方。在那一年里来到蒙特利尔的西部村民中，迈阿密人、福克斯人、伊利诺伊人、索克人、帕塔瓦米人和麦斯科顿人都曾经尝试谋杀、劫

---

[1] Pierre de Charlevoix, *Journal of a Voyage to North America*（London: R. & J. Dodsley, 1761）, 2: 27.

[2] 法国人担忧这些战斗见 Relation de cequi s' est passé en Canada...de l' anneé 1694 jusqu' au mois de nov. 1695, AN, F3, Moreau-St. Mery, v.7, f.342; Relation de cequi s' est passé en Canada...de l' anneé 1696 jusqu' au mois d' oct. 1697, AN, F3, v.8, f.1–5。

掠法国人，或是已经成功地这么做了。由于他们对自己的行为表示悔 149
恨，卡利埃总督于是与福克斯人和苏尔特人进行了和谈，但这和平就像阿尔冈昆人的悔恨一样转瞬即逝。再也没有像佩罗一样的人来为诚信的商业贸易工作了。阿尔冈昆人为高地上多数地方失去了法国长官而感到惋惜，也为现在在底特律的长官们未能调停他们的争端而惋惜。正如来自该地区的一名杰出的梅诺米尼使者告诉沃德勒伊的那样，每个族群都不服从昂提奥，并相互发动战争。这种持续疏离、敌对的状态让西部多数阿尔冈昆人都感到痛苦。圣约瑟的帕塔瓦米人对1706年危机之后的混乱状态的反应是，希望持证商人、卫戍部队和法国指挥官能够回来。到1712年，皮奥里亚人怀念通泰在时的日子，以及他们在圣路易斯要塞的生活，认为那是和平、丰裕的黄金时代，不同于如今的暴力、贫困。威人（Wea）也一样呼唤法国军官和传教士们回归。[1]

法国人想要逃离村庄政治的重负，但发现拒绝调停争端的话就意味着要参与其中。这是艰难的一课，在法国人反复学习的过程中，自己和阿尔冈昆人都付出了沉重代价。教这课的老师往往是福克斯人，福克斯人上的第一课发生在底特律。

三

福克斯之战为联盟政治涂了一层底色。他们对法国人和阿尔冈昆人都讲了一个警世故事。参与的各方都能从中归纳出酋长制度的一系列错误和失败——如果不加以纠正，便会毁了联盟。联盟的领导职位

[1] 在高地议和见 La Potherie, *Histoire*, 4: 215–216, 255; Callières to Minister, 16 Oct. 1700, *NYCD* 9: 713; Callières au Ministre, 4 oct. 1701, AN, C11A, v.19; Aveneau to Cadillac, June 4, 1702, *MPHC* 33: 123; Callières & Beauharnois au Ministre, 3 nov. 1702, AN, C11A, v.20; *ibid*, Sept. 27, 1703, *WHC* 16: 221–227。袭击法国人见 Report on Detroit in 1703, *MPHC* 33: 173–176; Parolles, 5 juillet 1702, AN, Moreau St. Mery, F3, v.8。沃德勒伊赦免战争见 19 oct. 1705, *RAPQ*, 1938–1939, 92。后来的冲突见 Vaudreuil & Raudot au Ministre, 2 nov.1710, *RAPQ*, 1946–1947, 390; Vaudreuil au Ministre, 3 nov. 1710, *ibid.*, 396; Memoir of De la Forest, July 14, 1711, *MPHC* 33: 512。梅诺米尼人的话见 Parolles des folles avoines, 23 juillet 1708, AN, C11A, v.28, f.211。关于帕塔瓦米人，见 Chardon à M. de Vaudreuil, 6 mai 1708, AN, C11A, v.28。皮奥里亚人见 Parolles de Chachagouesse...20 aoust 1712, AN, C11A, v.33。关于威人，见 Conseil, 11 jan. 1718; Vaudreuil, 12 Oct. 1717, AN, C11A, v.124。

150 被未能履行父亲义务的“父亲”和没能调解冲突的长官所占据，福克斯之战揭示了联盟的整个结构是多么脆弱。

福克斯之战在底特律周边爆发，在 18 世纪前十年的大部分时间内，底特律是除了布道所之外昂提奥在西部仅有的据点。卡迪亚克曾说服法国海军大臣热罗姆·费利波·蓬查特兰（Jerome Phelypeaux de Pontchartrain）同意他占领底特律，因为他召集到此处的阿尔冈昆人可以在未来的英法战争中震慑住易洛魁人，使之保持中立。1701 年建立的底特律定居点，加上德伊贝维尔（d' Iberville）先生在南部新建立的路易斯安那殖民地，将能够阻挡英国的扩张。[1]

于是底特律开始正式面对东方的易洛魁人和英国人——它想要阻挡的那些人。底特律的卡迪亚克和魁北克的昂提奥仍然是调解者，但他们只想调解底特律周边地区他们的盟友和易洛魁人的纷争，而不想调解其他阿尔冈昆族群之间的争端。西班牙王位继承战争期间，沃德勒伊总督反复强调，易洛魁人保持中立对加拿大的存在来说非常有必要。只要他们保持中立，就能阻挡纽约的英国人侵犯新法兰西。为了让易洛魁联盟保持中立，沃德勒伊利用了西部盟友们的恐惧，同时化解了任何可能将易洛魁人推向英国人怀抱的实际冲突。[2]

这项任务要求沃德勒伊必须倾尽全力。尽管 1701 年的和平已经终结了公开的战争，但易洛魁人没能归还所有俘虏，这依旧制造了高度的紧张局面；而且随着渥太华人、密西沙加人、尼皮辛人、苏尔特人

---

[1] 让·德朗格勒（Jean Delanglez）将卡迪亚克在底特律的努力总结在一系列的文章中，见：“The Genesis and Building of Detroit, ” “Cadillac at Detroit, ” “Cadillac, Proprietor of Detroit, ” *Mid-America* 30（1948）: 75–104, 152–176, 233–256; 32（1950）: 155–188, 226–258。德伊贝维尔的计划见 Mémoire de D' Iberville, 20 juin 1702, 载 Pierre Margry, *Découvertes et établissements des Français...de l'Amerique Septentrionale, 1614-1690*, 6 vols.（Paris: Maisonneuve et Cie, 1879, repr., New York, AMS, 1974）, 4: 593–607。尚皮尼的评论见 Champigny Mémoire, 1702, AN, C13A, v.1。底特律的情况见 Mémoire adresse au Comte de Maurepas, Margry, *Découvertes*, 5: 138–153; 以及 Cadillac to Minister, Oct.18, 1700, *MPHC* 33: 96–101。底特律周边的调解是否明智，其争论见 Louis XIV to Callières & Beauharnois, May 30, 1703, *NYCD* 9: 742; 和 Vaudreuil to Pontchartrain, Nov.14, 1703, *NYCD* 9: 743–744。

[2] Yves Zoltvany, “The Problem of Western Policy under Philippe de Rigaud de Vaudreuil, 1703–1725, ” *Rapport 1964 de la Société Historique du Canada*, 9–11, 和 Yves Zoltvany, *Philippe de Rigaud de Vaudreuil: Governor of New France, 1703–1725*（Toronto: 1974）, 46。

陆续夺回伊利湖南部、安大略湖北部的土地（他们原先被易洛魁人从
那儿赶走），进一步加剧了局势的紧张。这一带的问题并非领土纷争，
而是围绕捕捉售卖河狸的权利引发的斗争。实际上所有印第安人都同
意饥饿的人有权在他发现猎物的地方打猎，包括捕捉河狸；但是后来
毛皮变成了当地族群的财产。易洛魁人靠征服获得了这些权利，但阿
尔冈昆人把易洛魁人视为不速之客，而不是征服者。双方因此频频互 151
相残杀，令人担忧，并在争议地带肆意过度捕猎河狸和其他产毛皮的
动物。法国人此前称在市场上一般很少见到小河狸，而现在却到处都
是。显然，那是因为印第安猎人认为，自己若留下任何动物的话，那
些动物都会被对手捕走。[1]

靠着沃德勒伊总督个人不断斡旋才防止了战争爆发。他掩埋死去的猎人，并为阿尔冈昆人的攻击进行赔偿，但他所取得的成果并不牢固。西班牙王位继承战争结束时，易洛魁人便磨刀霍霍准备攻击加拿大和高地。为了应对这种威胁，沃德勒伊召集盟友们去蒙特利尔威慑易洛魁人，必要时可能还需要战斗，但这时他发现，由于西部联盟已被忽视多年，现在它难以有效运转。这次大会最终以一种令人尴尬的失败收场。只是欧洲的战争恰巧结束，才替沃德勒伊解了围。法国人从这些经验中不得不重新意识到，如果联盟不能够处理好西部的矛盾，那它也无法应付东部的争端。[2]

在西班牙王位继承战争期间，沃德勒伊总督任由西部甚至底特律的事务自生自灭，最终旧联盟不出所料地分崩离析了。1706年，就在

---

[1] 过度捕猎河狸及土地之争的性质见 Mémoire que les Directeurs, 26 avril 1703, AN, C11A, v.21, f.132–143; La Potherie, *Historie*, 3: 176–177, 4: 179–181。易洛魁人将自己占领的土地割让给英国人，其形势和策略见 Deed from the Five Nations, July 13, 1701, *NYCD* 4: 908–909。关于调解，见 Parolles... Teganisorensdes, 25 mai 1701, AN, Moreau St. Mery, F3, v.8, f.231–233; Paroles de Alleouoyue, 19 fev.1702, Margry, *Découvertes*, 5: 268–269; Vaudreuil to Pontchartrain, 16 Nov. 1704, *NYCD* 9: 758–760; Vaudreuil & Beauharnois au Ministre, 17 nov. 1704, *RAPQ*, 1938–1939, 54–55; Conference, Aug. 16, 1705, *NYCD* 9: 767–769; Vaudreuil au Ministre, 19 oct. 1705, *RAPQ*, 1938–1939, 93; Parolles des Outtauous de Michilmakina...23 juillet 1708, AN, C11A, v. 28。塞内卡人意识到战争的花费见 Peter Wraxall, *An Abridgment of the Indian Affairs*..., ed. Charles Howard Mcllwain（Cambridge, Mass.: Harvard University Press, 1915）, 73。

[2] 会上的麻烦见 Vaudreuil to Pontchartrain, Nov. 6, 1712, *NYCD* 9: 860。佐尔特瓦尼（Zoltvany）在其书《沃德勒伊》（*Vaudreuil*）的第一章中讲了这个。

休伦－佩图安人、迈阿密人、渥太华人爆发战斗之前，勒佩尚曾拿出一份长长的死者名单与博格蒙（卡迪亚克不在时由他管理底特律）对质。法国人曾许诺进行调解，并阻止渥太华远征队，但实际上他们什么也没做，只是任由西部陷入愈演愈烈的冲突中。[1]

由于昂提奥没能履行“父亲”的职责，他手下的酋长们（包括法国人和阿尔冈昆人）便自主地寻求出路。只有底特律周围的印第安人和一小部分麦基诺的印第安人值得昂提奥信任，而法国人把不同族群都弄到底特律来，结果让底特律充斥着村庄和部落之间的竞争、阴谋
152 和暴力。既然法国人没能调解这些争端，酋长们自然想到利用法国人来对付他们的对手。渥太华人和休伦－佩图安人最早来到底特律定居，他们在这些斗争中占得先机，胜过了后来的族群。法国人被迫卷入了村内、村外斗争的旋涡中。到1711年，底特律的部族斗争开始主导帝国政治。

联盟利用精心设计的言辞掩盖了自己狡猾的行径。卡迪亚克雇请休伦－佩图安酋长米基皮奇（或者叫瓦兰特·索尔斯［Quarante Sols］）做他的首席助理，帮助劝说阿尔冈昆村民来底特律定居。卡迪亚克自以为能够控制米基皮奇，然而到1704年，沃德勒伊总督开始担忧这种合作“与我们力求保持印第安人从属地位的政策相违背”。卡迪亚克将对整个帝国的战略非常关键的谈判事宜托付给一位休伦－佩图安领袖，该族群几年来都与易洛魁人保持联系，而法国人建立底特律原本就是为了震慑易洛魁人。[2]

沃德勒伊总督有充分的理由担心。米基皮奇追求的利益只是刚好

[1] Conseil tenu au Fort Ponchartrain，8 mars 1706，AN，F3，v.2 Moreau-St. Mery，f.378.

[2] 沃德勒伊的担忧见 Vaudreuil to Pontchartrain, 16 Nov. 1704, *NYCD* 9: 760。米基皮奇的谈判见 Parolles des sauvages, Hurons, 14 juillet 1703, AN, C11A, v.21, f.74; Mermet to Cadillac, Apr. 19, 1702, *MPHC* 33: 118; Marest to Cadillac, 30 May 1702, *MPHC* 33: 121–122; Vaudreuil to Pontchartrain, Oct. 14, 1703, *NYCD* 9: 743–744。Mermet to Cadillac, Apr. 19, 1702, *MPHC* 33: 118–119; Proposals Made by...Cornbury...to Five Nations, July 15, 1702, *NYCD* 4: 989; Proposals...by Farr Indians, July 10, 1702, *NYCD* 4: 979。米基皮奇的行为大多出于休伦－佩图安人对渥太华人的怨恨，1696 年孔迪阿龙克之子被杀，更是在现存的怨恨情绪上火上浇油。法国人卷入这两个族群的纷争中。见 Champigny au Ministre, 18 aoust 1696, AN, C11A, v.14, f.182; Narrative of...Occurrences, 1695–1696, *NYCD* 9: 648; Vaudreuil to Minister, May 5, 1705, *MPHC* 33: 242; Vaudreuil to Minister, 5 Nov. 1705, *MPHC* 33: 242。

和法国人的利益相吻合而已。卡迪亚克不知道，米基皮奇同时也在与易洛魁人谈判，还一度考虑让他的族人移居到易洛魁人中。然而到1704年，米基皮奇连表面功夫都不愿再做，作为底特律印第安人的代言人，他管总督叫骗子。他不同意卡迪亚克的妻子回到蒙特利尔，唯恐这是法国人想要抛弃这个哨所的阴谋。1706年，卡迪亚克请求迈阿密人加入攻打苏人的战斗，米基皮奇却毫无忌惮地把这个请求假传成法国人允许休伦－佩图安人－迈阿密人攻击渥太华人。这些战斗开启了关于勒佩尚命运的谈判，迫使法国人回到真正的中间地带，而非幻想
中的由法国人主导的世界。[1] 153

法国人做得还不够。事实上，他们与底特律印第安人的联系越是紧密，对高地其他族群的掌控力就越弱。旧联盟靠吸收各种阿尔冈昆酋长和法国长官保持了其立足之本，在该世纪早期关键的年代里，能够和昂提奥、卡迪亚克一道主宰协商会议的阿尔冈昆酋长相对较少。如同表4所示，底特律的渥太华人和休伦－佩图安人以及少数麦基诺的渥太华人和休伦－佩图安人垄断了与法国人的接
触。即便在17世纪90年代里，这两个族群在蒙特利尔的大会上的 154
代表占比也相当多，不过当时位于西部更远的印第安人还能够在哨所很容易地接触到法国长官，或者在自己的村庄接触到持证商人。1700年之后，渥太华人和休伦－佩图安人几乎完全主宰了与联盟的往来。

1706年，渥太华人和休伦－佩图安人之间的争端吞噬了底特律，但这些争斗只是预示了1712年至1713年间更为严重的动乱，当时法国

[1] 搬迁至易洛魁亚及独立的问题见 Vaudreuil to Minister, 5 May 1705, *MPHC* 33: 242; D' Aigremont, Nov. 14, 1708, *MPHC* 33: 447; Raudots au Minstre, 12 nov. 1708, AN, C11A, v.28。说总督是骗子等见 Conseil tenu au fort Pontchartrain...8 juin 1704, AN, F3, Moreau–St. Mery, v.2, f.378。后来休伦－佩图安人和迈阿密人勾结并计划攻打底特律，见 Vaudreuil and Raudot to Pontchartrain, Nov. 14, 1708, *MPHC* 33: 404; Report of D' Aigremont, Nov. 14, 1708, *MPHC* 33: 436。1706 年米基皮奇煽动迈阿密人反对渥太华人，是为了从渥太华人那儿获得满足，还很可能为了提高他自己在佩图安人中的地位。见 Speech of Miscouaky, 26 Sept. 1706, *MPHC* 36: 289; Report of D' Aigremont, Nov. 14, 1708, *MPHC* 33: 433。

表4 代表各部落与法国人开会的酋长或使者

部	1694—1698	1699—1708	1701年大会
福克斯人	2	3	3
休伦－佩图安人[a]	6	18	3
伊利诺伊人	—	4	4
麦斯科顿人	—	1	1
梅诺米尼人	1	2	1
迈阿密人（包括威人和皮安卡肖人）	3	13	3
渥太华人[a]	12	46	5
帕塔瓦米人	3	5	2
索克人	1	1	1
齐佩瓦人（阿米瓜人、索尔托人和密西加沙人）	1	6	2
温尼贝戈人	—	1	1
总计	29	100	26

1694年至1698年的代表里，渥太华人和休伦－佩图安人加起来占了62%，在1699年至1708年间他们占了64%；不算1701年大会的话，1699年至1708年间他们占了76%。

来源：La Potherie，*Histoire*，and conferences recorded in AN，C11A，AN，F3，Moreau St. Mery，*MPHC*，*NYCD*，and Margry，*Découvertes*。

人没有能够化解由更强有力的外来者——这次是福克斯人——迁入底特律所引起的紧张局势。结果就是冲突的规模不断扩大，以至于法国人误把村民之间的冲突视为帝国层面的对抗。如同他们此前关于勒佩尚的争议一样，村庄政治压倒了帝国政治。[1]

1710年，麻烦开始了，上千个福克斯人和他们的基卡普人、麦斯科顿人盟友受卡迪亚克之邀，一道搬到底特律。以底特律为中心，他们

[1] 福克斯战争在1710年至1740年间持续了一代之久，长久以来令历史学家困惑，因为他们坚持视之为主要围绕于法国人和福克斯人之间的战争，而不是看作部落战争意外演变成帝国战争的结果。既然历史学家们已经把这当作法国人和福克斯人之间的冲突，他们就必须为之找出缘由。于是，尽管早在17世纪60年代福克斯人就与法国人开展贸易，并且自愿移居底特律，酋长们也允许在他们中间建法国哨所，但自作聪明的历史学家们仍然写他们“坚决抵制法国的贸易哨所和武装要塞”。还有些学者高谈阔论他们奋起保卫“贸易垄断权利”或者中间人地位，但事实上并没有证据证明这种贸易垄断权利存在，关于经济上的中间人地位也没有多少证据。不论将福克斯人描绘成不成熟的民族主义者，还是描绘成拥有法国布尔乔亚心智的印第安人，都没有必要在复杂的联盟政治及阿尔冈昆人的竞争情境中理解他们。实际上与福克斯人保持和平而非与之交战才是对法国人有利，而只有在法国人认为自己调解福克斯人及其邻居关系无望时，他们才会想开战消灭福克斯人。法国人试图通过消灭福克斯人从而取缔其在部落战争中的地位，这同样失败了。引文见 James Axtell, *The Invasion Within: The Contest of Cultures in Colonial North America*（New York: Oxford University Press, 1985），49, 和 Gary C.Anderson, *Kinsmen of Another Kind: Dakota-White Relations in the Upper Mississippi Valley, 1650-1862*（Lincoln: University of Nebraska Press, 1984），40。后文将会讨论反对这种观点的证据，但关于福克斯人与其他部落作战及他们想要继续发动新的战争，见 Canada, Guerre des Renards, AN, C11A, v.50, f.383。

在密歇根湖南部、印第安纳北部和伊利诺伊北部狩猎。他们也和渥太华人、休伦-佩图安人及之前的迈阿密人一样，尝试与易洛魁人和英国人进行外交和贸易谈判。他们肆无忌惮地做着这些事情，还随时准备使用武力，导致麦基诺以南至皮奥里亚的所有民族都保持警觉。福克斯人宣称（大概是由于他们在易洛魁战争之前就住在此地）他们才是底特律天经地义的主人。很快，猎人们就开始在森林中你争我夺，互相残杀。[1]

这局面是法国人引起的，所以也需要法国人来调解，但当时沃德勒伊总督（情有可原地）正专心处理英国-易洛魁可能入侵加拿大的风险。尽 155
管他颇有先见之明地警告福克斯人不要挑起冲突——那可能会毁了他们，但他将此事委托给底特律的酋长们和临时指挥官约瑟夫·居永·迪比松（Joseph Guyon Dubuisson）。事态很快超出了迪比松的掌控。关于此后发生的事，这个可怜的法国人所提交的报告中尽是些英国人的神出鬼没、诡计多端和无意义的救援，以及福克斯人莫名其妙地输掉了他们和英国人可能密谋了很久的进攻。仿佛这份文件出自一个完全不清楚状况的人之手。[2]

---

[1]　卡迪亚克的邀约见 Another Account, *WHC* 16: 293。福克斯人的宣称见 Dubuisson to Vaudreuil, 15 June 1712, *WHC* 16: 268。1709 年与塞内卡人结盟并于 1710 年现身奥嫩达加，作为一个整体与易洛魁人结盟的“瓦根海人”（易洛魁人对西部阿尔冈昆人的统称）几乎就是福克斯人。1711 年 6 个“来自塔奇沙克尔翁迭或底特律的边远印第安人”告诉英国人，他们记得自己 1709 年与易洛魁人最初达成的协议。既然 1710 年时福克斯人居住于底特律，看来实际上所有与“瓦根海人”的谈判都是和福克斯人及其盟友达成的。与易洛魁人和英国人的谈判见 Wraxall, *Indian Affairs*, 64, 70, 73, 74; Hunter to Lords of Trade, July 24, 1710, *NYCD* 5: 168; Conference of Governor Hunter...Aug. 16, 1710, *NYCD* 5: 221。沃德勒伊知道这些谈判，见 Vaudreuil to Minister, 8 Sept. 1711, *MPHC* 33: 532。关于与福克斯人有关联的谋杀，见 Words of De Vaudreuil, 1711, *MPHC* 33: 504, 505。1712 年帕塔瓦米领袖梅基萨阿卡称除了他自己之外，各族群自己的领袖都在争当底特律的主人，见 Parolles de Makisabe, 17 aoust 1712, AN, C11A, v.33。福克斯人宣称占有底特律见 Words of De Vaudreuil, 1711, *MPHC* 33: 505。

[2]　Zoltvany, Vaudreuil, 108–109. 此时沃德勒伊还要应付齐佩瓦人，齐佩瓦人扬言扩大绿湾周边的战争；还有各自杀害并残忍肢解易洛魁人、密西沙加人和帕塔瓦米人，见 Vaudreuil & Raudot au Ministre, 2 nov. 1710, *RAPQ*, 1946–1947, 391; Vaudreuil au Ministre, 3 nov. 1710, *RAPQ*, 1946–1947, 397–398。沃德勒伊的命令见 Memorandum of Vaudreuil for Sieur Dubuisson, Sept. 3, 1710, *MPHC* 33: 485。资深军官德·拉福雷被提名为卡迪亚克在底特律的继任者，但他因为自己接手哨所和加拿大生意的条件与卡迪亚克发生争吵，从而没能马上上任。见 Vaudreuil to Minister, 3 Sept. 1710, *MPHC* 33: 480; Report from Vaudreuil, Nov. 7, 1711, *MPHC* 33: 530–531 和 Memorandum of De la Forest, July 14, 1711, *MPHC* 33: 521。警告福克斯人、依靠渥太华人和休伦-佩图安人，见 Words of Vaudreuil, 1711, *MPHC* 33: 505–506。沃德勒伊认为易洛魁人“比整个新英格兰”更危险，密切注意他们，Vaudreuil to Minister, Sept. 8, 1711, *MPHC* 33: 529–530, 535。The major French account of the fighting is the Report of Dubuisson, June 15, 1712, *WHC* 16: 267–287。最具说服力的解释是 Parolles de Makisabe, 17 aoust 1712, AN, C11A, v.33; 弗朗西斯·帕克曼（Francis Parkman）早就指出，从发生在底特律的已知事件很难推论这是福克斯人阴谋攻击哨所，他的解释见 Francis Parkman, *A Half Century of Conflict*（New York: Collier Books, 1962）, 192–207。

迪比松把密谋者搞错了。福克斯人并未密谋除掉法国人，其实是所有阿尔冈昆人——从皮奥里亚人到麦基诺渥太华人——密谋将福克斯人、麦斯科顿人和基卡普人赶出密歇根湖南部一带。底特律印第安人及其盟友不仅不肯与福克斯人谈判，还阻止法国人这么做，是他们设法使法国人相信了福克斯人正在阴谋摧毁底特律。1712年在蒙特利尔，帕塔瓦米战争领袖、来自圣约瑟的酋长梅基萨阿卜在垂死之际对沃德勒伊总督说了一番惊人之语，这才揭开了底特律之战背后阿尔冈昆人的诡计。据梅基萨阿卜所说，攻打福克斯人的始作俑者是萨基玛——麦基诺渥太华人中一名忧心忡忡的战争领袖兼酋长。他说动了梅基萨阿卜加入，梅基萨阿卜又说动了自己的族人和迈阿密人、皮奥里亚人。1711年至1712年秋冬，帕塔瓦米人、渥太华人袭击了沿圣约瑟河上游源头打猎的麦斯科顿人，他们杀死抓住的俘虏，并摧毁途径的村庄。早春时，麦斯科顿人朝底特律方向逃亡，一路上被皮奥里亚人、帕塔瓦米人、渥太华人组成的大部队和小股其他部族的人追杀。

156 麦斯科顿人逃往底特律，不单是因为那里有他们的盟友福克斯人，还因为他们希望法国人来调停争端。在冬天的战斗里，他们已经提议将此次争端上报给迪比松，但遭到梅基萨阿卜和萨基玛拒绝。萨基玛唯恐麦斯科顿人到达底特律后会受到法国人的保护并接受调解。据梅基萨阿卜说，萨基玛称，如果法国人想保护麦斯科顿人，他会毫不犹豫地攻打法国人。虽然他的担心是多余的。在底特律，迪比松断定他将受到福克斯人攻击，后者的行为越来越具有冒犯性和威胁性，因为他们怀疑法国人也是杀他们盟友的共犯。不过，如果福克斯人真的预谋攻打底特律，那他们的计划就显得十分古怪了。法国人只有30名战斗人员，都无法满足一个哨所的所有防御工事的人力，更何况该哨所的篱笆已腐朽不堪，摇摇欲坠。而迪比松也无法指望底特律的渥太华人和休伦-佩图安人帮忙，因为他们大多仍然在外进行冬季狩猎。福克斯人最终并没有进攻，而是允许迪比松修好要塞并向休伦-佩图安人和渥太华人发出绝望的求救信号。这期间梅基萨阿卜来了，带来消息说，数百名伊利诺伊人、渥太华人、帕塔瓦米人，还有一些索克人、梅诺米尼人，甚至一小撮欧塞奇人（Osage）和密苏里人正在赶来把迪比松从福克斯人手中“营救”出来。迪比松觉得他们的到来简直是“奇迹”。梅基萨阿卜和萨基玛带领的战士们与返回的渥太华人、休伦-佩图安人和底特律的密西沙加人会合，围攻福克斯人和麦斯科顿人——还蒙在鼓里的迪比松现在已然相信他们就是在实行英国人的阴谋。[1]

在接下来的血战中，福克斯人不断请求迪比松进行调解。迪比松 158
描述了他们是如何请求怜悯的：

> 他们派来的使者是两位大酋长，一位和平酋长，一位战争酋长，前者叫阿拉米玛（Allamima），后者叫珀莫沙（Pemoussa）。陪同来的还有两个麦斯科顿大酋长，一个是库伊特（Kuit），另一个是奥纳比马尼斯通（Onabimaniston）。珀莫沙为四人之首，头冠上挂着贝珠串，身上也佩戴着许多贝珠带，从肩膀上垂下来。他身上涂着绿色泥土（生命的象征），被七个女奴簇拥着，她们也一样涂泥土、戴贝珠。另外三位酋长手上各拿着一个“chichory”（可能是“chichikoué”，萨满用的小鼓）。他们鱼贯而入，奋力唱歌、喊叫，唱“chichory”之歌，呼唤所有的恶灵（曼尼通）来帮助他们、怜悯他们。

[1] 讽刺的是，无论迪比松是否对事件进行描述，法国人似乎也对底特律发生的事进行了精确的估计。首批报告着重讲部落之间的争斗，而非法国人受到的攻击，见 Memorandum of M. De La Forest, July 14, 1711, *MPHC* 33: 512 和 Vaudreuil to Minister 7 Nov. 1711, *MPHC* 33: 530。稍晚的一份描述实际上在说渥太华人和休伦人阴谋对付福克斯人。见 Account of Siege of Detroit, *WHC* 16: 292–295。对福克斯人攻击底特律的陈述见 Vaudreuil to Minister, 15 Oct.1712, *MPHC* 33: 570。梅基萨阿卜抵达后，沃德勒伊似乎再次对此事有了些许正确认识，尽管他仍然咬定福克斯人在要阴谋。梅基萨阿卜的活动见 Parolles de Makisabe, 17 aoust 1712, AN, C11A, v.33。马雷神父认定萨基玛和梅基萨阿卜策划了战争，而沃德勒伊认为萨基玛才是领袖。见 Marest to Vaudreuil, June 21, 1712, *WHC* 16: 289 和 Vaudreuil au Ministre, 6 nov. 1712, *RAPQ* 1948–1949, 163。萨基玛见 Words of Ottawas, June 18, 1707, *MPHC* 33: 320–321; Words of Ottawas, Sept. 24, 1707, *MPHC* 33: 347; Marest to Vaudreuil, 4 June 1708, *MPHC* 33: 384–385; Parolles des Outtauois...23 juillet 1708, AN, C11A, v.28, f.205–212; Parolles de Makisabe, 17 aoust 1712, AN, C11A, v.33.; Report of Dubuisson, June 15, 1712, *WHC* 16: 275。这一时期皮奥里亚人渴望与法国人修好，自从格拉维耶神父被射杀后他们就遭到孤立，见 *JR* 66: 265–295。在场的欧塞奇人和密苏里人一定是和伊利诺伊人一起来的。

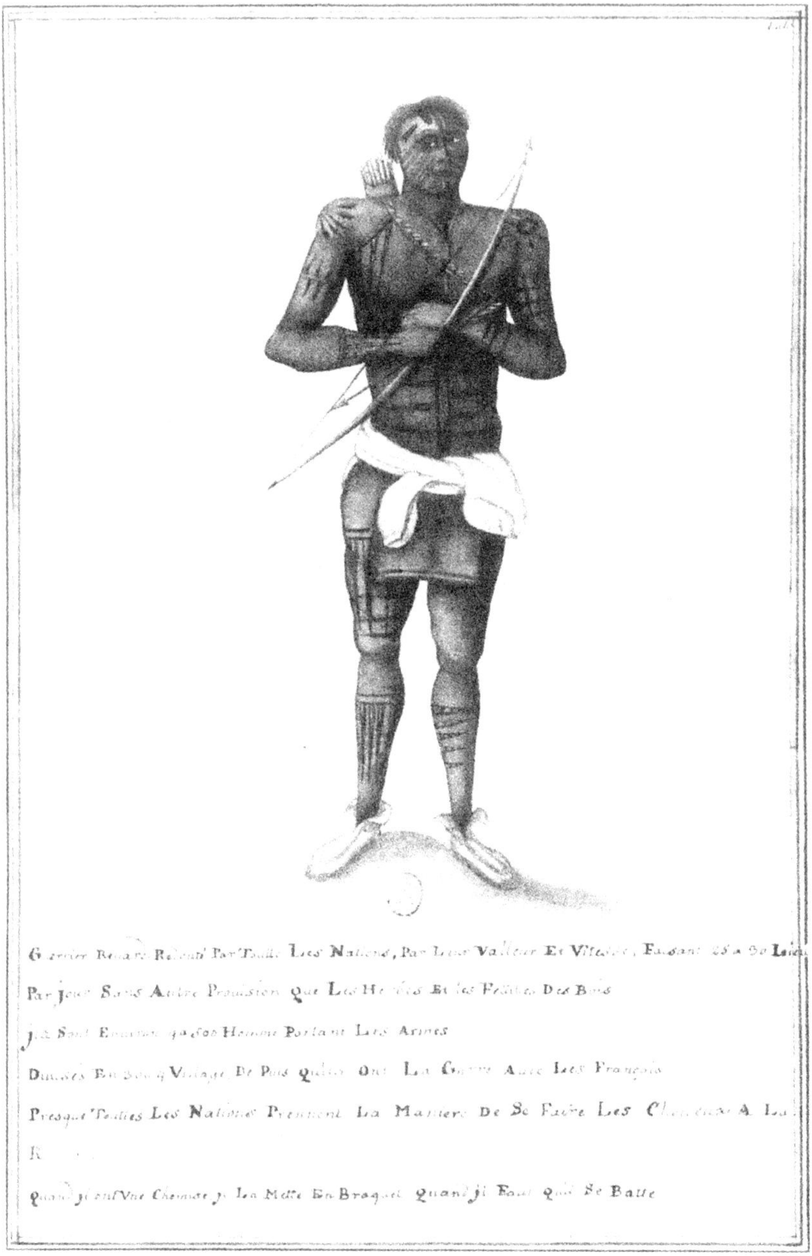

法国人的配文说明了他们及盟友对福克斯人的军事水平无比钦佩。(Bibliothèque nationale，Paris)

他们把迪比松说成自己生命的主人。“别以为我怕死，”珀莫沙说，“我是为我们的女人、孩子的性命来求你。”迪比松承受着来自梅基萨阿卜、萨基玛和休伦–佩图安人的压力，拒不施以援手。法国人不再是高地上的调停者，而是变成了阿尔冈昆人内斗的参与者。当这场屠杀结束，将近一千名福克斯人和麦斯科顿人被杀或被俘。[1]

从各方面来说，1712年时联盟都处于最低谷。法国人被蒙在鼓里，任人摆布，但他们是作茧自缚。他们不再是调停者，而是参与了屠杀原本请求他们做调解工作的族群。受害者不会忘记这次背叛。幸存的 159
福克斯人有的前往易洛魁人那里避难，剩下的人和他们的盟友一起留在绿湾，整个高地的族群几乎都成了他们的复仇对象。法国人和其他阿尔冈昆人都付出了生命的代价。福克斯人的攻击只不过是联盟内部最严重的分裂罢了，另外还有迈阿密人和威人与皮奥里亚人交战，苏尔特人与绿湾民族交战。英国人对《乌德勒支和约》做了最灵活的解读，该和约在终结西班牙王位继承战的同时，承认英国人对易洛魁人拥有宗主权，并向英法两国都开放高地的贸易。英国人趁联盟内部混乱之机又开始引诱西部印第安人脱离法国的势力范围。[2]

四

1712年底特律的灾难留下了双重遗产。它让幸存的福克斯人及其盟友成为法国人的隐患，但它也促使法国人在高地重建原有的联盟。

---

[1]　对底特律之围的另一种描述，*WHC* 16: 293–295。即使在迪比松看来，也是印第安领袖们在掌控与福克斯人的战斗，以及要求消灭福克斯人。马雷神父称 800 名福克斯人和麦斯科顿人在底特律被杀或被俘，另外有 200 名麦斯科顿人死于萨基玛和梅基萨阿卜冬天攻打格兰德河的战役。见 Marest to Vaudreuil, June 21, 1712, *WHC* 16: 288–289。迪比松称底特律一役伤亡 1000 人，见 Report of Dubuisson, June 15, 1712, *WHC* 16: 284。发言见 *ibid.*, 281–282。

[2]　福克斯人的攻击、害怕英国人和部落战争，见 Extracts, Ramezay and Begon to Minister, Sept. 13 and 16, 1715, *WHC*16: 320。De Louvigny, 26 oct. 1715, AN, C11A, v.35, f.355. Proceedings of Council of Marine, Dec. 2, 1721, *WHC* 16: 397。重建和平的努力见 Vaudreuil to Minister, Sept. 6, 1712, *MPHC* 33: 561–564; Vaudreuil to Council, 12 Oct. 1717, *MPHC* 33: 592–593; Vaudreuil au Conseil, 30 oct. 1718, AN, C11A, v.39。Louvigny au Conseil, 21 sept. 1717, AN, C11A, v.38, f.196–199; Memorial of De Louvigny to Council, Oct. 15, 1720, *WHC* 16: 387–391。

它把政治的钟摆又推回到“调解”这一端。1713 年沃德勒伊总督意识到联盟面向东部的同时还必须兼顾西部，并且要是这么做就不能抛弃原有的要塞，那之后，受官方监管的贸易和常规的赠礼便又恢复了。他报告说，他的老盟友们“在自相残杀，而那个地方（麦基诺）没有人能阻止他们”。[1]

当然，要想花费昂贵的代价重建西部，沃德勒伊需要提供强有力的证据来说服法国王室。福克斯人与易洛魁人勾结便是其中一项证据。总督认为，福克斯人是易洛魁人的马前卒，正如易洛魁人受英国人指使，因而制服福克斯人便是在反击英国人。不知道沃德勒伊总督是否真的相信英国人应当为福克斯人的所作所为负责，但他确实毫不犹豫地拿福克斯人来证明英国对高地造成的威胁，也证明法国有必要重回该地区。1712 年至 1720 年间，麦基诺、绿湾、基亚特农、切夸美光、圣约瑟和皮米图伊都恢复了贸易许可，哨所也派了人；迈阿密也
160 被派驻了一位法国军官。1720 年路易斯安那政府在卡斯卡斯基亚河口附近的卡斯卡斯基亚人、密西根米亚人（Michigamea）、塔玛罗厄人（Tamaroas）和法国人中建了沙特尔要塞（Fort Chartre），后来还在沃巴什河下游的温森斯建了一个哨所。[2]

但是，阻碍联盟重建工作的正是阿尔冈昆人和法国人手上几百名福克斯死者的鲜血。当满怀仇恨的福克斯战士在湖区四处进攻时，渥

[1] 引文见 Vaudreuil to Pontchartrain, Nov. 6, 1712, *NYCD* 9: 863。

[2] 利用英国威胁论见 Vaudreuil to Duke of Orleans, Feb. 1716, *NYCD* 9: 868; Mémoire, 1713, AN, C11A, v.3, f.363–365。Zoltvany, Vaudreuil, 137, 143–151。关于许可证的分配，见 Etat des conges, 9 nov. 1718, AN, C11A, v.38。许可证与一种持续的贸易特许制度（像底特律那样）并行，见 Conseil, dec. 1717, AN, C11A, v.37。到 1715 年，麦基诺有 20 名战士，其中 10 人打算去伊利诺伊地区，另外 10 人打算去底特律。见 Ramezay to Minister, Nov. 7, 1715, *WHC* 16: 336。迈阿密和伊利诺伊地区的军官见 Vaudreuil to Minister, Sept. 6, 1712, *MPHC* 33: 561。关于法国王室的许可，见 Ministre à M. de Vaudreuil, 4 juillet 1713, *RAPQ*, 1948–1949, 221; Ramezay to Minister, Sept. 18, 1711, *WHC*16: 301; Vaudreuil au Ministre, 16 sept. 1714, *RAPQ*, 1947–1948, 266。关于哨所的全盘计划见 Conseil, jan. 1718: Vaudreuil, 12 oct. 1717, AN, C11A, v.124; 指挥官德利特人撤出皮米图伊的伊利诺伊哨所见 Conseil, mars 1720, AN, C11A, v.41, f.98。他同样要求传教士撤出，不过没能通过，见 Conseil, Jan. 1718: Demande de missionarie, AN, C11A, v.124。1717 年麦基诺有三名耶稣会士，伊利诺伊人中有 2 名传教士，至少还有计划往沃巴什河上派一名传教士。见 Conseil, 16 fev.1717, AN, C11A, v.123, f.366。切夸美光的情况见 Vaudreuil to Council, Oct. 28, 1719, *WHC* 16: 380。沙特尔要塞见 Blasingham, “Depopulation of the Illinois, ” 261。沃巴什河下游的哨所见 Frances Krauskopf（ed.）, *Ouiatanon Documents*（Indianapolis: Indiana Historical Society, 1955）, 145。

太华人、休伦-佩图安人和苏尔特人要求法国人加入他们，对福克斯人发动新一轮打击。1714年沃德勒伊在法国声明自己一贯的方针是避免印第安战争。他说自己一直致力于“将这些分裂的民族团结起来”，代他行使职责的克劳德·德拉梅兹（Claude de Ramezay）也希望能够兵不血刃地与福克斯人和平相处。然而法国人所做的第一步调解工作就是在为战争而非和平做准备。他们想平息渥太华人和休伦-佩图安人之间不断恶化的紧张局势。文樊尚先生在迈阿密人、威人和皮奥里亚人之间调解。法国人的盟友们解决了各自之间的分歧，只是为了要求法国人帮他们对付福克斯人。1715年法国人发动了对福克斯人的第一次远征，结果惨败而归。卢维尼（Louvigny）先生在调解了苏尔特人和绿湾那些并未与福克斯人结盟的民族的矛盾后，于1716年进行了第二次远征。[1]

尽管卢维尼调动了军队，但1716年时他的意图是“尽量与福克 161
斯人达成和平”，而不是征服他们。一年前，在他向王室所做的一系列精彩报告中，他陈述了法国在西部的力量局限，以及出兵可能带来的危险。这次卢维尼被迫出兵，其实是在武装力量的掩盖下暗藏和平使命。在短暂围攻主要的福克斯村子后，他很快与他们达成和解，并开放通商，这令他自己的盟友大为不满。这种情况下的调解让他的盟友失望，但这也让法国人获得了军事胜利根本无法带来的崇高地位。然而，和平从来不是最终结果，它需要不断被更新，更别说这次的和

[1] 沃德勒伊的声明见 Vaudreuil au Ministre, 25 oct. 1724, AN, C11A, v.46。他在西部的重要调停活动见 Conseil, 11 jan. 1718: Vaudreuil, 12 oct.1717, AN, C11A, v.124, f.46。沃德勒伊反对战争的原因除了别的，还因为花费高昂，见 Conseil, 28 mars 1716, AN, C11A, v.123, f.144。较早的调解见 Ramezay to Minister, Sept. 18, 1714, *WHC* 16: 307; Ramezay & Begon to Minister, Sept. 13, 1715, *WHC* 16: 313; Ramezay and Begon to Minister, Nov. 7, 1715, *WHC* 16: 333–334; Vaudreuil & Begon au Ministre, 20 sept. 1714, *RAPQ* 1947–1948, 279; Conseil, 9 avril 1717, AN, C11A, v.123, f.372。卢维尼的努力见 Louvigny au Ministre, 30 oct. 1715, AN, C11 A, v.35。在伊利诺伊人、迈阿密人和威人中取得的胜利见 Conseil, jan.1718: Vaudreuil, 12 oct. 1717, AN, C11A, v.124。德拉梅兹和阿尔冈昆人施加的发动战争和部落冲突的压力见 Conseil, mai 1713, AN, C11A, v.123, f.14–15; Ramezay and Bégon to Minister, Nov. 7, 1715, *WHC* 16: 329, 333。概述见 Ramezay and Bégon to Minister, Sept. 13 and Sept. 16, 1715, *WHC* 16: 321。

平是残破的。[1]

在阿尔冈昆人中调解以及通向和平的主要阻碍便是死者和俘虏，尤其是那些被掩盖、埋葬、忘记的死者。俘虏应该被释放，或者抓获他们的人应当给予他们一个新身份。卢维尼建立的和平并未明确解决1771年皮奥里亚人从底特律抓走的俘虏的地位问题。由于法国人并未就该问题进行调解，伊利诺伊边界地带很快爆发了战争。最先是麦斯科顿人和基卡普人重新向皮奥里亚人发动战争，接着是福克斯人与皮奥里亚人开战，因为他们说皮奥里亚人从未遵守承诺，归还他们在底特律抓走的俘虏。皮奥里亚人的报复方式是虐待、折磨他们抓到的所有福克斯人。1721年夏勒瓦神父去见皮米图伊，他走过的地方仍然可
164 以看到福克斯俘虏烧焦、腐烂的残骸挂在X形脚手架上。[2]

伊利诺伊边境成了联盟的疮口，因为从沃巴什河下游起，北至伊利诺伊河，再沿密西西比河上游一带，阿尔冈昆村民的地域阵营相互对抗，同时路易斯安那和加拿大也在竞争，这两个殖民地争的是密西西比河上游的毛皮贸易。在这个边缘地带，再提及“法国人”已经没什么特别的意义了，而是分为伊利诺伊法国人（他们现在居住在路易斯安那）和加拿大人。他们的利益并不一致。福克斯人袭击伊利诺伊

[1] 卢维尼批评西部战争，他在法国时就已经发表了部分言论，见 Louvigny au Ministre, 9 sept. 1715, 20 oct. 1715, 30 oct. 1715, all in AN, C11 A, v.35。现在已被无视的佩罗同样持批评态度，见 Perrot, Memoir, 266–268。关于战争的决定和缺少热情，见 Vaudreuil & Bégon au Ministre, 20 sept. 1714, *RAPQ* 1947–1948, 279–280; Louvigny au Ministre, 26 oct. 1715, AN, C11A, v.35; Ministre à Vaudreuil & Bégon, 8 mai 1714, *RAPQ* 1947–1948, 255。关于计划，见 Ramezay & Bégon to Minister, Sept. 13 and 16, 1715, *WHC* 16: 311–322。灾难见 Ramezay to Minister, Nov. 3, 1715, *WHC* 16: 322, Ramezay & Bégon to Minister, Nov. 7, 1715, *WHC* 16: 327–328, Louvigny au Ministre, 26 oct. 1715, AN, C11A, v.35。同样可见 Zoltvany, De Vaudreuil, 140–142。卢维尼决心维护和平见 Ramezay & Bégon to Minister, Nov. 7, 1715, *WHC* 16: 328。议会想要维持和平，见 To Be Laid Before the Council of the Regency, Apr. 28, 1716, *MPHC* 33: 573。战争授权见 Mémoire du Roi, 15 juin 1716, *RAPQ* 1947–1948, 296–299。战争见 Vaudreuil to Council of Marine, Oct. 14, 1716, *WHC* 16: 341–344, Louvigny au Conseil, 14 oct. 1716, AN, C11A, v.36；福克斯村落地址见 Wittry, “Bell Site, ” 3。关于地位，见 Louvigny au Conseil, 14 oct.1716, AN, C11A, v.36。1715、1716 年中的几次远征花费为 27563 里弗，见 Expenses, in Bégon to Council, Nov. 10, 1721, *WHC* 15: 400–407。怨言见 Charlevoix, *Journal*, 2: 10–11。

[2] 重新开始的战斗见 Vaudreuil to Council, Oct. 30, 1718, *WHC* 16: 377; Vaudreuil au Ministre, 25 oct. 1724, AN, C11A, v.46; Vaudreuil to Boisbriant, Aug. 17, 1724, *WHC* 16: 442–444; Lignery to Boisbriant, Aug. 22, 1724, *WHC* 16: 445; Villedoné to du Tisne, Oct. 4, 1724, *WHC* 16: 448–449; Charlevoix, *Journal*, 2: 198–202; Chassin to Father Bobé, 1 July 1722, *MPA* 2: 276–277; Speeches of Foxes, Sept. 6, 1722, *WHC* 16: 418–422。苏人卷入见 Lettre de Bourgmont à MM.les Commissaires...11 jan. 1724, Margry, *Découvertes*, 6: 396–397。

的商人，这非但不会损害加拿大人的利益，反而帮他们加强了对河狸贸易的掌控。法国人之间的分歧让调解难以继续。[1]

最后伊利诺伊法国人指责加拿大人为了垄断毛皮贸易而怂恿福克斯人攻击他们，但实际上问题比这更为复杂。即便加拿大人诚心诚意进行谈判，福克斯人中的联盟酋长的软弱和法国人自身的行动也会削弱加拿大人的影响力。福克斯战争的第一阶段凸显了昂提奥没有能够让自己的“孩子们”和好。第二阶段则揭示了若没有强有力的联盟领导人，即使昂提奥从中调解也毫无作用，而强大的联盟领导人正是福克斯人和伊利诺伊法国人所缺乏的。[2]

福克斯人此前在底特律的杀戮，和帝国紧缩开支期间与法国人的
疏离，让任何一个福克斯领袖都不能成为管用的联盟领导人。当时福
克斯人中最重要的联盟领导人是瓦沙拉（Ouachala），而他在1720年不
被信任、遭到无视，正是因为他看起来“太容易受法国人影响了”。他
没有任何能力控制事情发展。1720年他告诉沃德勒伊总督，年轻人们
已经失去理智了，他被迫打破与易洛魁人的和平。随后他参加了福克 165
斯人及其盟友发动的大型进攻，不光迫使皮奥里亚人抛弃他们在“饥
饿岩”的新定居村庄，还让他们离开了皮米图伊。1722年，他和其他
元老随后答应不再允许福克斯人进一步进攻，不过他提醒沃德勒伊：
“你该很清楚，像我们这样的酋长，即使看起来身居高位，也很少有人
会听从我们。”后来，在18世纪20年代中期，法国人重新开启谈判，
瓦沙拉悄悄告诉法国人，要是在福克斯人中没有传教士、军官和一小
支军队——也就是说要是没有法国长官协助——他就控制不了年轻人。

---

[1] 路易斯安那和加拿大之间的冲突见 Conseil, jan. 1718: Vaudreuil, 12 oct. 1717, AN, C11A, v.124. W. J. Eccles, *Canadian Frontier*（Albuquerque: University of New Mexico Press, 1974）, 148; 沃德勒伊不得不将他的指挥官德利特人撤出皮米图伊的伊利诺伊人中的哨所；见 Conseil, mars 1720, AN, C11A, v.41, f.98。怨言见 Extrait, Vaudreuil, 4 nov. 1720, Margry, *Découvertes*, 6: 510–511; Vaudreuil to Minister, Oct. 11, 1723, *WHC* 16: 430。

[2] 关于路易斯安那官员对加拿大人的指控和否认，见 Superior Council of Louisiana to General Directors of the Company of the Indies, Feb. 27, 1725, *MPA* 2: 405–406; Vaudreuil to Minister, Oct. 11, 1723, *WHC* 16: 433–437, Du Tisne to Vaudreuil, Jan. 14, 1725, *WHC* 16: 451; Missionaries to Du Tisne, Jan. 10, 1725, *WHC*16: 456。

结果福克斯人在1728年分裂为主和派和主战派，彼此貌合神离。[1]

皮奥里亚人也不受控制，他们在路易斯安那，昂提奥鞭长莫及。他们认为自己完全不受加拿大方面保护，于是在1731年请求新法兰西总督再次把他们当作他的孩子。自然，皮奥里亚人依靠和其他伊利诺伊部落以及伊利诺伊定居点的法国人的关系获得保护。他们和伊利诺伊法国人之间可是货真价实的亲戚关系。信基督教的伊利诺伊人和法国旅人、士兵、居民之间存在广泛的通婚，特别是和卡斯卡斯基亚地区的法国人，那里的法国村庄紧挨着伊利诺伊村子。通婚使法国人卷入他们亲戚的争端。如果法国人能够像父亲一样调解孩子们的争吵，那这种卷入其实是提供了调解的机会。可惜伊利诺伊法国人——军民都包括在内——站在伊利诺伊人一边反对其敌人。这些法国人并未像联盟长官一样行事。当他们接收到伊利诺伊人送来的福克斯俘虏后，他们并未将俘虏遣返回乡——如果他们想通过调解达成和平的话就会这么做；相反他们将这些俘虏烧死或砍头。于是这让福克斯人决心复仇，而且加强了他们的一种信念：路易斯安那的法国人和那些致力于终结战争的加拿大法国人是不一样的。[2]

[1] Vaudreuil to Council, Oct. 22, 1720, *WHC* 16: 393. 瓦沙拉的话见 Speeches of Foxes, Sept. 6, 1722, *WHC* 16: 420; Memoir, 1726, *WHC* 16: 466; Memoir Concerning the Peace, *WHC* 3: 148; Concerning the Foxes, 1727, *WHC* 17: 4, 6。迪蒂内（Du Tisne）也认为酋长“不是年轻人的主人”；见 letter of Du Tisne, Jan.14, 1725, *WHC* 16: 450–451 和 de Longueil complained of no authority in Fox villages, Reply of...De Longueil, 1726, *WHC* 3: 166。实际上瓦沙拉无法组织攻击，见 Journal of D’ Artaguiette, 载 Newton D. Mereness, *Travels, in the American Colonies*（New York: Macmillan, 1916）, 77–82。福克斯酋长 8ekina8e 发言否定年轻人，并表明他愿意脱离主战派，见 Parolle de 8ekina8e, n.d., AN, C11 A, v.49。8ekina8e 中的“8”读作“dh”。1728 年的福克斯人各派及主战派发动的袭击见 Extraits des lettres ecrites à Mons...Beauharnois, 1 & 14 juillet, AN, C11A, v.50。

[2] 对于路易斯安那的法国村庄有一份描述，如果它没有完全忽略这些村庄与印第安人的联系的话，它就是非常优秀的描述了，见 Winstanley Briggs, “Le Pays des Illinois, ” *William and Mary Quarterly*, 3rd series, 47（Jan.1990）: 30–56。Charlevoix, *Journal*, 2: 221; Lignery to De Siette（sic）, June 19, 1726, *WHC* 3: 155–156。路易斯安那法国人和加拿大法国人像是不同的族群，见 Chaumuer à M. Beauharnois, 17 juin 1730, AN, C11A, v.52, f.180–182; Letter of Dutisne, Jan. 14, 1725, *WHC* 16: 451。通婚见第三章的讨论，亦见 Mémoire concernant les Ilinois, 1732, AN, F3, v.24, f.235, 它显示通婚既带来合作也有可能带来冲突。伊利诺伊人显然愿意靠近法国人居住，因为他们意识到这将使法国人不可避免地卷入他们与敌人的纷争中，见 Boullenger & Mercier au Ministre, 28 avril 1733, AN, C13A, v.17。在这些冲突中，法国人只要未能很好地支持伊利诺伊人，便会遭到侮辱与攻击，这对他们来说是公平的，见 Bienville au Ministre, 22 avril 1734, AN, C13A, v.18, f.142。

法国长官和阿尔冈昆酋长没能调解矛盾，这意味着又要听到为冤魂们复仇的呼声了——其中有一部分被卢维尼平息。1724年，一位名叫茹阿钦（Jouachin）的密歇根米亚酋长发出了一份很长又很感人的伊利诺伊人伤亡名单。他以荷马史诗般的韵律列出了死者们，包括法国人、伊利诺伊人，有男人、女人和孩子。他们的名字、死的时刻和情境都还历历在目，福克斯人的背叛也让人记忆犹新。新的冤魂向福克斯人发出叫喊。其中最引人注意的是明基雷（Minchilay），他是瓦沙拉的侄子，也是索克人的亲戚。他在虐囚柱上惨死，使福克斯人、索克人、苏人、温尼贝戈人、麦斯科顿人和基卡普人都走上了为他复仇的战场。[1] 166

伊利诺伊法国人指责沃德勒伊总督没有采取行动来止住不断上升的死亡人数，毕竟对伊利诺伊商人关闭密西西比河上游的举措是对加拿大有利的。但实际上，沃德勒伊总督直到1725年去世前都还在试图进行调解。他真心希望避免战争，战争不仅花费高昂，也会阻断商业发展。福克斯人的攻击导致法国人伤亡的人数越来越多，沃德勒伊的继任者博阿努瓦总督听信了福克斯人背后有英国人撑腰的说法，抛弃了调解的做法，于1728年派利涅瑞（Lignery）先生远征福克斯人——结果并不成功。这次攻击标志着法国人决心对福克斯人使用武力，受到众多仍旧与福克斯人为敌的阿尔冈昆人的欢迎。帕塔瓦米人、伊利诺伊人、苏尔特人、休伦－佩图安人、渥太华人都急切地与法国人合作，事实上高地其他所有民族也都参与了这场持续到1739

[1] Speech of Illinois, 1725, *WHC* 16: 456–463. 伊利诺伊人的观点见 Missionaries to du Tisne, Jan. 10, 1725, *WHC* 16: 453–455; Du Tisne to Vaudreuil, Jan. 14, 1725, *WHC* 16: 450–451。明基雷之死见 Speeches of Fox, Sept. 6, 1722, *WHC* 16: 418–422。袭击亦见 Vaudreuil to Minister Oct. 11, 1723, *WHC* 16: 434; Journal of D' Artaguiette, 载 Mereness, *Travels in the American Colonies*, 71。

年的战争。[1]

167 昂提奥依靠那些“好孩子”来弹压福克斯人。后来，就在伊利诺伊南部的路易斯安那本埠，纳切斯人奋起消灭了居住在他们中间的法国人，接着逃到受英国商人支持的奇克索人中，昂提奥就只能更加依赖“好孩子们”了。法国人现在要同时面临另一场战争——奇克索之战，所以他们更加需要阿尔冈昆战士帮忙了。战争激烈时，英国人对阿尔冈昆人频频示好——战争原本就是要防止这种示好；一开始是从奥尔巴尼发出友好信号，接着从奥斯威戈，后来是整个俄亥俄沿岸。法国的盟友们——反而并非福克斯人——积极地想办法与英国人接触。到18世纪20年代，渥太华人、休伦-佩图安人、齐佩瓦人都与奥尔巴尼和奥斯威戈的英国人来往甚密。到18世纪30年代，迈阿密人和威人转而和奥斯威戈或俄亥俄沿岸的英国商人做生意，他们几乎所有生意都和英国人做了；而文樊尚先生害怕法国人会失去对沃巴什

[1] 法国人认为自己不光在1716年与福克斯人维持了和平，还在1719年也这样做了，Vaudreuil to Council, Oct. 28, 1719, *WHC* 16: 380–381。1723年里福克斯人寻求盟友共同抵制法国人，见Fr. Aubrey to Vaudreuil, Oct. 3, 1723, *WHC* 16: 431–432, 但是在1724年，法国人同样有信心维持和平，见De Lignery to Boisbriant, Aug. 23, 1724, *WHC* 16: 444–446。沃德勒伊的观点见Vaudreuil au Ministre, 25 oct. 1724, AN, C11A, v.46; Memoir, 1726, *WHC* 16: 463–468; Letter of Beauharnois, Oct. 1, 1726, *WHC* 3: 159。直到1727年，博阿努瓦仍有信心维持和平，见Beauharnois to Minister, May 18, 1727, *WHC* 16: 468–470。后续袭击见Letter of Beauharnois, Oct. 1, 1726, *WHC* 3: 160; Perier & De Chaise to the Directors, Apr. 22, 1727, *MPA* 2: 539; letter of Du Tisne, Jan. 14, 1725, *WHC* 16: 450–451; Beauharnois au Ministre, 25 sept. 1727, AN, C11A, v.49; Bearharnois（sic）to De Siette（sic）, Aug. 20, 1727, *WHC* 3: 163。印第安人中酋长们的死亡显然也影响到瓦沙拉，他一开始被视为主和派领袖，后来的记录中却看不见他了，见Extrait d’ une lettre de M. Mercie...31 Jan. 1728, AN, C11A, v.50, f.308。

在选择开战时，博阿努瓦照例将之归罪于英国人，但是，尽管这时福克斯人（毫不意外地）正在与易洛魁人商讨避难和结盟事宜，同时反抗法国的战争带也正在流转中，仍然没有证据表明这场造成多年紧张局势的战争是由英国人煽动的。见Beauharnois and DuPuy to Minister, Oct. 25, 1727, WHC 16: 476–477; Guerre des Renards, 1728, AN, C11A, v.50, f.383–386; Louis XV to Beauharnois and DuPuy, NYCD 9: 1004–1005; Projet de Guerre（misdated 1737, actually, 1727）, AN, C11A, v.67, f.204–206; Reflexions sur la lettre de M. Perier...du 15 aoust 1729, Indian Documents, Chicago Historical Society。利涅瑞的攻击见Lignery to Beauharnois, Aug. 30, 1728, WHC 17: 31–35。批评利涅瑞的报告见Extraits, Beauharnois & D’ Aigremont, 25 jan. 1729, AN, C11A, v.51, f.446–449。阿尔冈昆人对战争的支持和请求见Guerre des Renards, 1728, AN, C11A, v.50, f.383–386。

河的控制。[1]

福克斯之战并没有让昂提奥忠诚的“孩子们”被法国的军事力量震慑住，反而导致了骚乱。尽管盟友们是福克斯人的劲敌，并且对一开始的克制感到不耐烦，但一旦宣战，他们的行为就变得不可控了。法国人及其盟友一方获得的胜利每大一分，阿尔冈昆人的热情就消退一分。1730年，法国人及其盟友将上千名福克斯人困在伊利诺伊地区，福克斯人试图逃到易洛魁人处避难。接下来在某处发生了屠杀，死了两三百名福克斯战士、两百个妇女儿童；另有四五百个妇女儿童被俘，分送给胜利者。博阿努瓦总督很快认为自己发现了新秩序，战争将使阿尔冈昆人“服从于国王的意志”。他认为福克斯人很可能已经被他的盟友彻底消灭。他答应了盟友们的要求，并会以消灭福克斯人族群为目标开战。[2] 168

博阿努瓦应当更加谨慎地看待这次围攻事件，它们揭示了亲缘政

[1] 奇克索之战的大致背景见 Richard White, *The Roots of Dependency: Subsistence, Environment, and Social Change among the Choctaws, Pawnees, and Navajos*（Lincoln: University of Nebraska Press, 1983）, 52–61。简要概括见 Arrell Gibson, *The Chickasaws*（Norman: University of Oklahoma Press, 1971）, 39–57。攻打奇克索人和福克斯人的远征队见 Beauharnois and Hocquart to Minister, Oct.1, 1732, *WHC* 17: 161; Boishébert to Beauharnois, 24 July 1733, *MPHC* 34: 108。关于该地区的团体列表，见 AN, C11A, v.67, f.212 ff。
奥斯威戈及与英国人的贸易见第二章；亦见 Reponse au mémoire du Roy, 13 oct. 1735, AN, C11A, v.63。害怕英国人夺走高地贸易见 Beauharnois and D' Aigremont au Ministre, 1 oct. 1728, AN, C11A, v.50, f.27; 亦见 Projet pour s' opposer a l' agrandissement des Anglois en Canada..., 15 oct. 1729, AN, C11A, v.51。

[2] 法国人一开始并未决定灭族，在利浑瑞战败后他们仍然愿意与福克斯人达成和平，见 Guerre des Renards, 21 mars 1729, AN, C11A, v.51.405–407; Beauharnois to Minister, Aug. 17, 1729, *WHC* 17: 65–66。法国人急于开战，显然是由于害怕在那些要求制服福克斯人的盟友面前露怯，见 Sauvages Renards, 1728, AN, C11A, v.50, f.402–403, De Noyan Memoir: War Against the Fox, 1731, *WHC* 17: 121–122。早在1727年就出现了勒纳尔人已被彻底摧毁的迹象，然而直到1732年国王还不允许摧毁勒纳尔人，见 Mémoire du Roy, 29 avril 1727, AN, C11A, v.50, f.368–370。King' s Memoir, 1732, *WHC* 17: 155. 法国人消灭他们的决心显然来自1730年战胜福克斯人。新秩序见 Beauharnois & Hocquart au Ministre, 12 oct. 1731, AN, C11A, v.54, f.155。下令“不让该种族任何一个人活在高地上”，见 Beauharnois to Minister, July 1, 1733, *WHC* 17: 183。盟友们想要摧毁福克斯人见 Canada, Guerre de Renards, AN, C11A, v.50, f.383.Beauharnois to Minister, June 24, 1730, *WHC* 5: 106–107; Beauharnois au Ministre, 23 mai 1731, AN, C11A, v.54; Sur les sauvages, Renards, 1733, AN, C11A, v.60, f.436–438。Beauharnois to Minister, Oct. 10, 1731, *WHC* 17: 148; 底特律印第安人，见 De Noyan Memoir, War against the Fox, 1731, *WHC* 17: 121–122; 麦基诺印第安人，见 Sauvages Renards, 1731, AN, C11A, v.56. 想在易洛魁人中获得庇护的福克斯人惨败，见 Deschaillons to Beauharnois, Aug. 22, 1730, *WHC* 17: 100–102; Beauharnois & Hocquart to Minister, Nov. 2, 1730, with Letter of De Villiers, *WHC* 17: 109–118; Hocquart to Minister, Jan. 15, 1731, *WHC*17: 129–130（best casualty figures）; Illinois, Beauharnois to Minister, Oct. 10, 1731, *WHC* 17: 148。

治的复杂要求和消灭福克斯人的困难所在。法国联盟的恢复在很大程度上是因为福克斯人带来的对两方阵营的威胁。首先他们的进攻威胁到其他阿尔冈昆人，而他们与英国人联手的可能性又威胁到法国人。好几年里阿尔冈昆人迫切地想对福克斯人动用武力，而法国人却尽量调解。当法国人真的采取他们盟友催促的武力措施，并开始对福克斯人进行种族灭绝时，原先的统一阵线却分裂了。现在看起来法国人比
169 福克斯人更加构成对阿尔冈昆人的威胁。伊利诺伊人、休伦-佩图安人和教团印第安人（misson Indians）还想继续作战，但伊利诺伊人越来越害怕法国人，并对他们抱有敌意。卡霍基亚人、卡斯卡斯基亚人和密歇根米亚人谣传他们将会成为法国人手中下一个牺牲者。现在法国人和他们的盟友反过来了，当法国人决心诉诸武力时，大多数阿尔冈昆人却敦促他们进行调解。阿尔冈昆人目睹这位复仇的昂提奥，开始呼唤昂提奥重新做回调解者。[1]

一个多世纪后的传说故事中体现了福克斯人关于这一时期的记忆，

---

[1] 获胜的阿尔冈昆人对福克斯人表示同情见 Sauvages Renards, 13 fev.1731, AN, C11A, v.56, f.322; 在伊利诺伊之围中索克人给福克斯人送食物，见 Victory over the Foxes, *WHC* 17: 111–112。维利耶报告称“我们的部落急于放过勒纳尔人一命”，见 Letter of De Villiers, 1730, *WHC* 17: 116。关于赎回俘虏，见 Beauharnois to Minister, Oct. 15, 1732, *WHC* 17: 167–168; Beauharnois to Minister, May 1, 1733, *WHC* 17: 172。法国的盟友们暗地里都希望福克斯人逃脱并帮助他们的说法见 State of Canada in 1730, Noyan, *MPHC* 33: 74, 82。索克人保卫福克斯人见 Beauharnois & Hocquart to Minister, Nov. 11, 1733, *WHC* 17: 188–191; Beauharnois to Minister, Oct.5, 1734, *WHC* 17: 200–204。

英国人鼓励塞内卡人接受福克斯人来避难，但他们并未煽动此事，见 Minutes of Commissioners of Indian Affairs, Nov. 23, 1730, *NYCD* 5: 912–913。18 世纪 30 年代早期，法国人非常在意伊利诺伊人是否忠诚，后者敦促其对福克斯人和沃巴什村民开战。见 Mémoire concernant les Ilinois, AN, F3, v.24, f.235; Vincennes au Ministre, mars 1733, AN, C13A, v.17, f.259; Beauharnois to Maurepas, May 18, 1733, MPA 6: 14–15; De Loubouey au Ministre, 20 mai 1733, AN, C13A, v.17, f.226; Bienville au Ministre, 22 avril 1734, AN, C13A, v.18, f.142。法国人鼓励皮奥里亚人重回皮米图伊居住，部分原因是让他们远离伊利诺伊的法国人，见 king to Bienville, Feb. 2, 1732, *MPA* 3: 555–556。关于叛乱的威胁，见 Les P. P. Boullenger 和 Mercier au Ministre, 25 aout, 1733, AN, C13A, v.17。关于伊利诺伊人的恐惧，见 St. Ange à? , n.d.1733, AN, C13A, v.17, f.248。Les Peres Boullenger & Mercier au Ministre, 25 avril 1733, AN, C13A, v.17. 福克斯人战败使皮奥里亚人和卡霍基亚人在 1733 年能重获饥饿岩和皮米图伊，Les P. P. Boullenger and Mercier au Ministre, 28 avril 1733, AN, C13A, v.17。这场迁徙以及伴随着强大武装的调解让伊利诺伊人闭嘴，见 Beauharnois and Hocquart au Ministre, 7 oct. 1734, AN, C11A, v.61, f.97; Bienville au Ministre, 22 avril 1734, AN, C13AN, v.18, f.142。

1731 年至 1732 年教团印第安人和休伦人继续攻打福克斯人，见 Boishébert to Beauharnois, Feb. 28, 1732, *WHC* 17: 148–152; 教团印第安人决心继续作战，见 Canada, Sauvages Renards, 9 janvier 1736, AN, C11A, v.66。关于伊利诺伊人的攻击，见 Extrait d’ une lettre ecritte par le Sr.Douville, 5 juillet 1731, AN, C11A, v.54, f.426。底特律的休伦人、帕塔瓦米人和渥太华人后来又发动攻击，最后导向和谈，见 Extrait de la lettre du Sr. de Boishébert...à M.le Marquis de Beauharnois, 7 nov. 1732, AN, C11A, v.57, f.345。

刻画出酋长要求调解而年轻人迷恋战争、杀戮和死亡之间的矛盾。在关于白袍人或者瓦帕绍尧（Wapasalya）的故事中，降临在福克斯人头上的灾难被归因于白袍人没能抑制住自己对暴力和死亡的喜好——白袍人是福克斯人里福克斯氏族中一个人的名字。酋长们能分清盟友和敌人，而对白袍人来说，所有外部人士都是敌人。实际上，有人把这个传说解释为关于酋长制度及其衰落的文本。白袍人不是一个成功的 170
酋长，他不是通过调解避免纷争，而是挑动纷争；他不维护和平，反而追求永久的战争；他不保护自己的族人免遭不幸，反而差点毁了他们。在某个版本里，他是一位大曼尼通的儿子，被派来保护一个福克斯人的镇，但他却发动战争、杀人。他不再听从“父亲告诉他的话”。在这故事的两个版本里他都是这样一个人：尽管拥有酋长的地位，却不断杀死来到福克斯人村子的陌生人，与酋长慷慨待人、保护族人的职责背道而驰。

白袍人甚至杀死到访的法国人。有时他饶了他们一命，但这只是为了利用他们引诱其他人前来寻仇。有个故事说他切掉两个俘虏的耳朵、鼻子和双手，再遣返他们回到自己的部落。“会有更多你们的人再来，”他告诉他们。当法国人带着他们的士兵和盟友来攻打福克斯人，福克斯人杀了更多人。这就是为何“红土人（指福克斯人）会被所有民族围攻”。

在另一个版本中，福克斯人中有个厉害的巫师能让敌人睡着，多亏了这个巫师，福克斯人得以逃离自己的营地。当他们被追上时，有一群人建了一个带篱笆的要塞。先是老年人从要塞走出去，接着是年轻人出去，每次回来的人越来越少。最后，白袍人不想再打仗了；他不知道有个皮奥里亚人已经梦见他被捕了。“让我们被捕吧！”他说。他把朋友们的弓折断，而他的朋友们对此十分抗拒，说本是他挑起战争，结果现在他又不打了。

皮奥里亚人抓住白袍人，把他捆起来。“白袍人，你饿了吗？”“饿了。”他回答。皮奥里亚人先是割下他大腿上的肉，烤熟了给他吃；接着又割他小腿上的肉来烤；最后割了他全身的肉。最后他们烧他的骨头，快烧完时，有个皮奥里亚老人说："'白袍人，你将和你的镇子一起被烧掉。'白袍人的骨头回答：'哦，不对，是你们的镇子将被烧掉'！"皮奥里亚人惊慌失措，差点把那个老人乱棍打死。[1]

做战争领袖所需的素质和做酋长所需的品德是不一样的。若缺少真正的酋长，战争领袖的勇气和残忍在摧毁敌人之余也会摧毁本族人。福克斯人的传说、记忆，实际上还有当时的史实，这些都表明他们没能找到能够劝阻白袍人、掩埋死者、令生者和解的酋长。阿尔冈昆人
171 领袖制度的矛盾清晰体现在战争领袖和民事酋长之间的分歧中，这在很大程度上变成了联盟自身内在的结构的矛盾。由于联盟的武装力量必须合法使用，它就势必被导向外部。当其他阿尔冈昆人不再把福克斯人定义为外部者时，那么昂提奥就应当停止使用武力，而他并没有这么做，那他就与白袍人无异。

许多盟友再次请求将福克斯人纳入联盟，而法国人仍然试图采用武力政策，这使法国官员在1730年战胜后的10年内都非常沮丧。福克斯人和高地之外的敌人不同，他们在法国的盟友中还有亲戚和朋友。这些人成为潜在的支持福克斯人的派别。当福克斯人还很强大、咄咄逼人的时候，这些派别还很弱小，不足以支配他们的村庄。比如帕塔瓦米人中一位领头的酋长维拉莫克（Wilamek），他就是索克人和福克斯人通婚的后代，他自己娶了帕塔瓦米人。1712年时他与麦基诺的渥太华酋长克得塔得里博（K8ta8iliboe）争论，他尽力想让福克斯人一方与帕塔瓦米人、法国人这一方恢复和平，不过没有成功。战争爆发后，类似维拉莫克这样的与福克斯人的纽带并未消失。反福克斯派的想法可能在村里的战士中占主流，但是支持福克斯派的战士会与他们对抗，并企图挽救自己的亲戚们。比如在1711年的战斗中，一些战

[1] William Jones, *Fox Texts: Publications of the American Ethnological Society*（Leiden: The Netherlands, 1907）, 9–31. 这份总结融合了以上两种文本。

士包围了福克斯人，而另一些战士则从福克斯要塞中救出了自己的亲人。在1730年的围攻中，进攻方有些人在战斗间歇给福克斯人送去食物和水。[1]

当战争削弱了福克斯人的力量，那些与之有姻亲关系的人就能更有效地改善他们的处境。法国人可能更多地注意到伊利诺伊人抱怨其他阿尔冈昆人让福克斯人做奴隶，而不是像伊利诺伊人自己那样杀死福克斯俘虏。1730年，正是凭借这些奴隶，打败福克斯人的部落帮助福克斯人重建部族。法国人震惊地发现许多盟友释放了福克斯俘虏， 172
而这些弱小的福克斯人在索克人村子里获得了保护，那里有他们许多亲戚。[2]

1733年，索克酋长们和法国长官维利耶先生有能力将福克斯人拉回联盟了。维利耶先生在索克酋长们的配合下说服福克斯酋长们去蒙特利尔请求昂提奥宽恕。不过福克斯酋长们非常害怕去蒙特利尔，于是逃跑了。博阿努瓦总督命令维利耶先生返回西部，并强迫索克人消灭福克斯人。当维利耶先生打算赶走一个索克村子里的福克斯难民时，他不仅自己受伤死亡，还为法国人树立了另一个阿尔冈昆敌人。比起福克斯人来，索克人和高地其他村庄保持着更紧密的联系，而且他们可以理直气壮地说，他们只是想保护自己的亲戚，结果就招来了法国人对他们的敌意。法国人召集战士攻打索克人的计划落空了。渥太华人一开始请求法

[1] “K8ta8iliboe”中的“8”读作“dh”。村庄中的派系主义见 Vaudreuil to Minister, Oct. 11, 1723, *WHC* 16: 433–434; 398; Vaudreuil to Council, Oct. 22, 1720, *WHC* 16: 393–394。早先想利用亲属纽带来谋求和平的做法见 Villedonné to commandant at Kaskaskia, Oct. 4, 1724, *WHC* 16: 446–447。Speech of Illinois, 1725, *WHC* 16: 456–463. 亲属纽带也可以用来发起战争。索克人中同一个派系福克斯人与伊利诺伊人和谈时表现活跃，因为他们与伊利诺伊人是亲戚，他们同样也很愿意对福克斯人发动战争，见 Vaudreuil to Minister, Oct. 11, 1722, *WHC* 16: 433。关于维拉莫克，见 Vaudreuil au Ministre, 6 nov. 1712, *RAPQ* 1948–1949, 163; Vaudreuil au Ministre, 8 sept. 1713, *RAPQ*, 1948–1949, 228–230; Conseil, may 1713, AN, C11A, v.123。血统及沃德勒伊反对和平见 Vaudreuil to Minister, 6 Sept. 1712, *MPHC* 33: 560。Vaudreuil au Ministre, 15 sept. 1714, *RAPQ*, 1947–1948, 266. 对福克斯人的帮助见 Beauharnois & Hocquart to Minister, Nov.2, 1730, *WHC* 17: 111–112。

[2] 对伊利诺伊人的抱怨见 Périer to Maurepas, March 25, 1731, MPA 4: 72。维利耶报告称“我们的部落急于放过勒纳尔人一命”，见 Letter of De Villiers, 1730, *WHC* 17: 116。赎回俘虏见 Beauharnois to Minister, Oct. 15, 1732, *WHC* 17: 167–168; Beauharnois to Minister, May 1, 1733, *WHC* 17: 172。法国的盟友们暗地里都希望福克斯人逃脱并帮助他们的说法见 State of Canada in1730, Noyan, *MPHC* 33: 74, 82。

国人协助他们为跟维利耶先生一道死去的同胞和法国人复仇，现在也拒绝加入努瓦耶勒（Noyelle）先生的远征队。该远征队在1734年至1735年攻打索克人和福克斯人，结果失败了。渥太华人说他们从来没想过杀索克人，昂提奥应当原谅他们。其他部落也不肯帮忙，在努瓦耶勒寻找索克人和福克斯人时，基卡普人显然还故意误导了他。[1]

到1737年，是阿尔冈昆人在法国人与索克人、福克斯人之间调解。
渥太华人、帕塔瓦米人、梅诺米尼人和温尼贝戈人都请求法国人保证
173 与索克人和福克斯人和平相处。法国人怀恨在心，但还是不情愿地答
应了。博阿努瓦总督和行政官奥卡尔向国内大臣报告：

> 阁下，您可以想象，野蛮人和我们一样，有他们自己的政策；而他们也很不愿意看到一个族群被消灭，这样他们就会担心下一个就轮到自己了。他们表面上对法国人很热情，做的事却又是另一套。最近渥太华人就是这样做的，他们请求萨基人宽恕，尽管他们实际想为自己的族人和大酋长之死报仇。[2]

---

[1] 索克人保卫福克斯人见 Beauharnois & Hocquart to Minister, Nov. 11, 1733, *WHC* 17: 188–191; Beauharnois to Minister, Oct. 5, 1734, *WHC* 17: 200–204。索克人和福克斯人联盟及他们对伊利诺伊人示好，还有维利耶的远征见 Bienville au Ministre, 22 avril 1734, AN, C13A, v.18, f.142。关于努瓦耶勒，见 Canada, Sur les sauvages: Renards & Sakis, AN, C11A, v.63, f.246–248; Beauharnois and Hocquart to King, Oct. 7, 1734, *WHC* 17: 206–212; Bienville and Salmon au Ministre, 16 mai 1735, AN, C13A, v.20; Hocquart au Minister, 14 oct. 1735, AN, C11A, v.63; Beauharnois and Hocquart to Minister, Oct. 16, 1736, *WHC* 17: 254–259; 以及尤其是 Canada, Sauvages Renards, 9 jan. 1736, AN, C11A, v.66, f.143–154; Beauharnois to Minister, Oct. 9, 1735, *WHC* 17: 216–220, 和 Relation of the Sieur de Noyelle, *WHC* 17: 221–230。关于渥太华人，见 Beauharnois and Hocquart, Reply to King' s Memorial, Oct. 7, 1734, *WHC* 17: 206–213; Reponse au mémoire du roy, 1735, AN, C11A, v.63（f.90）; Beauharnois to Minister, Oct. 9, 1735, *WHC* 17: 216–217; Sur les sauvages, Renards, Janvier 1735, AN, C11A, v.63, f.03–06。关于基卡普人，见 Relation of the Sieur de Noyelle, *WHC* 17: 224。

[2] 索克人想与法国人和好见 Hocquart au Ministre, 8 oct. 1736, AN, C11A, v.66; Beauharnois and Hocquart to Minister, Oct. 16, 1736, *WHC* 17: 254–259。和平见 Réponse au mémoire du Roy, 1737, AN, C11A, v.67, f.109; Beauharnois to Minister, Oct.16, 1737, *WHC* 17: 274–276（此处博阿努瓦称“情势不容我……犹豫……要答应他们迫切的要求”，并尽可能让局势好一点）; 同样见 Beauharnois au Ministre, 14 oct. 1738, AN, C11A, v.69, f.115; Canada: Sauvages, Renards & Sakis, 1738, AN, C11A, v.70, f.257; Canada: Sauvages, Renards & Sakis, 1739, AN, C11A, v.72, f.289。关于引文，见 Beauharnois and Hocquart to Minister, Oct. 16, 1736, *WHC* 17: 254–256; 同样见 Beauharnois au Ministre, 14 oct. 1738, AN, C11A, v.69, f.115。对阿尔冈昆人虚伪、背叛的其他描述见 Beauharnois au Ministre, 4 oct. 1738, AN, C11A, v.69。值得注意的是，尽管福克斯人、温尼贝戈人、索克人与法国人保持和平，但他们还是继续与伊利诺伊人作战，见 Beauharnois to Minister, Oct. 12, 1739, *WHC* 17: 317; Words of Puants to Sieur Marin, Nov. 17, 1738, *WHC* 17: 318。

联盟除了调解工作之外，还有数不清的谈判和仪式，以及需要接受村民们的策略，这些由不得法国人自己选择和安排。博阿努瓦总督认为，为了维持联盟必须有一些“仔细的安排”，而这种安排是非常耗时、费钱又充满挫败感的，即使对最有经验的官员来说也是如此。难怪法国人总是渴望能有个更简单的由武力统治的世界，法国人只需发号施令，印第安人只要服从就好。对那些刚从法国来此的文武官员来说，联盟就像路易·安托万·德布干维尔所经历的那样：

> 有义务……做这些印第安人的奴仆，日夜倾听他们的需求，在公开会议上听，私下场合也要听。不外乎是他们又有了什么奇思妙想，做了梦，或者过度的幻想，对白兰地或葡萄酒的苦苦追求是他们永恒的目的……以及欧洲人难以想象的永无止境的鸡毛蒜皮的小事。[1]

法国人总保留着一线希望，想把他们的盟友降格为臣民。总督博阿努瓦和行政官奥卡尔沉溺于对中间地带仪式的篡改，1731年他们抱 174
怨昂提奥的“孩子们”被宠坏了，应当逐步迫使他们变成服从者，受恐惧和敬畏驱使，而不再是要靠谈判和慷慨来笼络的合作者。不过，这件事只可能得到暂时或小范围的实现，除非殖民地变得更加强大，或者国王派来庞大的军队震慑了印第安人。[2]

官员们仍然不时做这种尝试。博阿努瓦相信，18世纪30年代派往伊利诺伊地区沙特尔要塞的卫戍部队让该地的印第安人“更加顺从和

[1] 法国人意识到需要“管理”，但还是想使用武力，见 Beauharnois au Ministre, 17 sept. 1743, AN, C11A, v.79, f.113。布干维尔见 Edward P. Hamilton（ed. and trans.）, *Adventure in the Wilderness: The American Journals of Louis Antoine de Bougainville, 1756–1760*（Norman: University of Oklahoma Press, 1964）, 133。想要逐渐灌输恐惧和尊敬见 Beauharnois and Hocquart to Maurepas, Oct. 1, 1731, *NYCD* 9: 1030。

[2] 早期对礼物的抱怨见 Louis XIV to Frontenac, Mar. 25, 1699, *NYCD* 9: 701。后来对礼物的抱怨及其反应见 Maurepas à Hocquart, 8 may 1731, AN, C11A, v.56; Beauharnois et Hocquart au Ministre, 15 oct. 1730, AN, C11A, v.51, f.33–36; Beahharnois & Hocquart au Ministre, 1 oct. 1731, AN, C11A, v.54。既然法国人缺乏足够的武力以牵制印第安人，1743 年博阿努瓦便重申管理他们的必要性，Beauharnois au Ministre, 17 sept. 1743, AN, C11A, v.79。

听话了”。1737年，行政官奥卡尔呼吁往底特律派遣一支强大的军队，这样就可以用恐惧而不只是用礼物来控制印第安人了。然而，18世纪30年代至50年代，法国人企图靠恐惧来控制印第安人的想法不过是痴心妄想。法国人在森林里是可怕的斗士，比英国人危险多了，阿尔冈昆人当然也敬畏法国人强大的军事力量，但他们可不会被法国士兵吓倒。1754年，骄傲而资深的士兵莱里（Lery）看到阿尔冈昆人观摩法国军队在底特律的游行和演习时，完全没有对这些派到西部来展示力量、震慑印第安人的士兵感到赞叹，而是哈哈大笑，认为演习毫无用处。正如奇克索人——他们曾打败两支法国军队——和福克斯人所显示的，法国军队并不总能打胜仗。法军战败就会失去地位，战胜则会让阿尔冈昆人害怕。博阿努瓦总督承认，他缺乏足够的武装力量来压制高地上的印第安人，所以只好依靠远见、良好的管理以及装腔作势与他们相处。法国人只在1750年采取了实际行动企图实现统治印第安人的幻想，但结果是灾难性的。[1]

175 大多数总督在其职业生涯中都学到了高地上有关权力的悖论。博阿努瓦渴望生活在一个法国人的力量强大到能让他支配其盟友的世界，但他也越来越明白，调解和宽恕才是团结盟友的最佳手段。1734年，一个威人和一个法国年轻人打架引发两群人斗殴，威人在基亚特农哨所劫掠了法国商人们，结果法国人实施了一次（后来证明全无必要的）武力演习来解决此事。博阿努瓦认为武力威胁“在那些需要被威慑的族群中收到了良好效果”。但他并没有被示威的欣喜所蒙蔽而看不到联盟政治的实际情况，他宽恕了威人，因为：

---

[1] 引文见 Beauharnois and Hocquart to Minister, Oct. 7, 1734, *WHC* 17: 210–213; Hocquart to Minister, Oct. 7, 1737, *WHC* 17: 265。调解和原有的仪式形式依然能够处理法国人和阿尔冈昆人之间的杀人事件，比如一个法国人杀死帕塔瓦米酋长乌鸦（Corbeau）时，还有苏尔特人杀死一个法国人时，见 Beauharnois au Ministre, 2 oct. 1740, AN, C11A, v.74。

耶稣会士散布流言说有人阴谋对付法国人，牵涉索克人、福克斯人、帕塔瓦米人、迈阿密人、威人、基卡普人以及一些伊利诺伊人，但伊利诺伊人显然没有像博阿努瓦以为的那样被吓坏，见 Bienville au Minstere, 21 juin 1737, AN, C13A, v.22。缺乏足够的武力见 Beauharnois au Ministre, 17 sept. 1743, AN, C11A, v.79, f.108。Journal de Joseph–Gaspard Chaussegros de Léry...13 aoust 1754, *RAPQ* 1927–1928, 400.

> 我们从某个时刻起努力维持高地的和平，加上这次这件事的情况，也要求使用温和、节制的手段。此事既不涉及法兰西民族的尊严也不损害国王军队的荣誉，只不过是几个喝醉的基亚特农年轻人和两三个旅人为贸易的事起了小冲突。[1]

五

与福克斯人的每次战争都是值得警醒的教训，表明了当酋长不起作用而昂提奥又对自己的“孩子”使用武力时会发生的状况。不过，18世纪仍然有正面的经验。既然武力不奏效，法国人和阿尔冈昆人逐渐发展出一种相互对抗但仍然可以相互理解的酋长领导机制和结构来维持联盟。

英国人为联盟的重建和最终福克斯人的加入提供了动力。英国人成为继易洛魁人之后对新法兰西最大的威胁。英国人并未装扮成征服者，而是作为带来礼物和商品的人，开出了法国人提供不了的好价钱。在终结了西班牙王位继承战的《乌德勒支和约》签订之后，英国势力其实并没能在高地产生很大的影响，但法国人怀疑易洛魁人是其代理人。而且到18世纪20年代中期，英国人已经能够自由出入奥斯威戈。[2]

法国人害怕英国人会让这些法国盟友脱离加拿大，令其毫无防备， 176
从而以此制胜。那么新法兰西的存在就有赖于优待那些可能会投奔英国的盟友们，而非使他们的忠诚仅由贸易决定。法国人不能把阿尔冈

[1] 第一处引文见 Beauharnois and Hocquart to Minister, Oct. 7, 1734, *WHC* 17: 210–213。第二处引文见 Beauharnois and Hocquart to Minister, 12 Oct. 1736, *NYCD* 9: 1050–1051。

[2] 俄亥俄地区的英国哨所见 De Vaudreuil au Conseil, 14 oct. 1716, *RAPQ* 1947–1948, 330; Memoir on Louisiana, 1726, *MPA* 3: 495–496。密西西比河的情况见 Ramezay & Bégon to Pontchartrain, Sept. 13, 1715, *NYCD* 9: 931。关于法国人对英国贸易的担忧，见 Ramezay and Begon, Nov. 7, 1715, *WHC* 16: 331; Conseil, jan.1718: De Vaudreuil, 12 oct. 1717, AN, C11A, v.124.; Longueuil & Bégon au Ministre, 31 oct. 1725, AN, C11A, v.47。

昆人当下属对待，昂提奥既无法命令他们也不能无视他们的愿望。法国人总是想让印第安人在高地不停迁移，试图通过让阿尔冈昆人分隔开从而制止纷争，也使他们免受英国人的影响。然而这种做法几乎没有效果。1715年至1722年，法国人想让迈阿密人和威人搬离沃巴什地区，移居圣约瑟和芝加哥，没有成功。1717年法国人强迫萨吉诺渥太华人回到麦基诺，也没有成功。18世纪30年代让休伦-佩图安人移居蒙特利尔，让肖尼人去底特律，也都宣告失败。由于无法让印第安人彼此分离，法国人就必须采用别的手段调解他们的矛盾，并让他们远离英国人。就像博阿努瓦试图劝说国王不要违背对威人及其邻居许下的承诺时说的："英国人千方百计引诱我们的野蛮人，让我不得不极其小心谨慎地对待这群印第安人，并尽力满足他们的愿望。""只有谨慎的管理才能压制住他们，并且，如果我没能履行诺言，他们就会第一时间打破自己曾许下的承诺。"[1]

---

[1] 就连沃德勒伊也陷入对总督统治的恐慌了，他认为整个高地正受到威胁，要求法国给予强力支援，见 Vaudreuil au Ministre, 22 mai 1725, AN, C11A, v.47, f.165–173。法国人想让威人移居芝加哥，此事不成又想让他们移居坎卡基（Kankakee），见 Ramezay to Minister, Nov. 3, 1715, *WHC* 16: 326。迈阿密人移居圣约瑟见 Vaudreuil to Council, Oct. 28, 1719, *WHC* 16: 383。到 1720 年时沃德勒伊因为不断遭拒而失去耐心，以贸易禁令相威胁，企图强迫迈阿密人和威人移居，见 Extrait du Mémoire de M...de Vaudreuil, 26 aout 1720, AN, C11A, v.43, f.158–160。这个计划最终使法国人自己栽了跟头。有四五十个威人迁徙到了坎卡基，还有约 100 名迈阿密战士及其家人移居圣约瑟，剩下的印第安人大多数没有要西迁的意思。沃巴什河上最大的群体皮安卡肖人决定留下，而且伊利诺伊地区的法国商人许诺供给他们商品。至于迈阿密人，面对法商撤出，该族群中绝大多数人的反应是威胁要东迁至易洛魁亚，在那儿英国人很容易提供商品给他们。到 1721 年，这些迈阿密人便在奥尔巴尼做交易。1722 年，甚至已经搬到坎卡基的那一小撮威人也回到了沃巴什。沃德勒伊不准对各大迈阿密村庄采取进一步强制措施。见 Vaudreuil to Boisbriant, Aug. 17, 1724, *WHC* 16: 443; Vaudreuil to Council, Oct. 22, 1720 *WHC* 16: 394–395; Vaudreuil au Conseil, 24 oct. 1722; AN, C11A, v.44; Vaudreuil au Conseil, oct. 6, 1721, AN, C11A, v.44。萨吉诺渥太华人见 A Talk with the Ottawas, June 24, 1717, *MPHC* 33: 584–585。法国人企图将肖尼人带到底特律，由此将他们与英国人隔绝开来，见 Canada, Sauvages, 1733, AN, C11A, v.60, f.439; Beauharnois au Ministre, 18 oct. 1731, AN, C11A, v.54; Paroles de...Beauharnois...aux Cha8anons, 1 aoust 1739, AN, C11A, v.71, f.54.; Canada sur les nations sauvages, 1741, AN, C11A, v.76, f.316–317。"Cha8anons"中的"8"读作"dh"。

让休伦-佩图安人迁居的概述见 Canada, Sur les nations sauvages, Hurons, 1742 AN, C11A, v.78, f.390。关于皮奥里亚人的袭击，对皮奥里亚人和索尔托、梅诺米尼人、尼皮辛人的调解，见 Beauharnois to Minister, Oct. 1, 1733, *WHC* 17: 183–84; 调解教团印第安人和帕塔瓦米人、萨吉诺渥太华人、皮奥里亚人、尼皮辛人、麦基诺渥太华人、密西沙加人，见 Beauharnois au Minstre, 3 oct. 1737, AN, C11A, v.67; 调解帕塔瓦米人和萨吉诺渥太华人见 Beauharnois to Minister, Oct. 9, 1735, *WHC* 17: 221; Beauharnois au Ministre, 15 oct. 1736, AN, C11A, v.65; 调解苏尔特人、帕塔瓦米人和麦斯科顿人见 Sauteux, Maskoutins, & Sonontouans, Canada, Sauvages, 1738, AN, C11A, v.70, f.259。调解伊利诺伊人、苏尔特人、梅诺米尼人、尼皮辛人和索克人；调解帕塔瓦米人和渥太华人见 Beauharnois au Minister, 11 oct. 1734, AN, C11A, v.61, f.314。引文见 Beauharnois to Minister, Sept. 5, 1742, *WHC* 17: 410。

博阿努瓦所说的“谨慎的管理”后来被制度化为一套包含联盟长 177
官、勋章、礼物和调解的新体系。联盟并非法国权力的延伸，而更像是维护和平的论坛，它将阿尔冈昆仪式、村民之间的亲属关系、法国商品融合进一个强大的集体。联盟的中心人物是法国长官和阿尔冈昆酋长，从他们延伸出将昂提奥和他的“孩子们”联结起来的纽带。

选拔阿尔冈昆人的联盟酋长就意味着要找出这样的阿尔冈昆领袖，他能够制衡白袍人或渥太华萨基玛这类人的冲动和暴力。也就是说，要依靠卢维尼这样的法国军官，避开迪比松这样的人。筛选这样的人是一件复杂的事，既不全是法国人的任务，也不全是阿尔冈昆人的任务，只有把它放在中间地带来理解。双方都必须明白对方对联盟酋长的期待是什么。酋长首先必须是双方都认可的人，否则他便不能有效行事或保持自身地位。因此，理想的法国指挥官（即法国酋长）和阿尔冈昆酋长形象便很相似。诺扬说一个成功的指挥官应当“总是……真诚、友善而坚定，最重要的是要慷慨”，这实质上和一个优秀的阿尔冈昆酋长一样。理论上指挥官也应该和酋长一样多给予、少获取。每个哨所的指挥官都要负责给印第安人送点小礼物，比如火药、子弹、香烟，有时是白兰地酒，哨所还有铁匠帮印第安人修理工具和武器。[1]

如果法国指挥官违背了酋长的行为准则，他便有下台的危险。休伦－佩图安人和底特律其他村民——安大略湖边的密西沙加人、迈阿密人、威人、皮安卡肖（Piankashaw）人——都意识到自己在联盟中有相当大的影响力，因为他们处于英法之间，而且法国人在福克斯之战中需要他们帮忙。18世纪30年代底特律诸部落似乎真的在任命底特律 178
指挥官一事中行使了否决权。1717年是萨布尔瓦，1727年是年高资深的阿方斯·德·通泰（Alphonse de Tonti），他们都失去了底特律的职位，部分原因是他们触怒了印第安居民。德·通泰那次，印第安人与

[1] 诺扬的描述并不代表他认同这种观点。他认为印第安人必须学会害怕法国人，他也渴望由法国人来统治印第安族群，引文见 Noyan, State of Canada, 1730, *MPHC* 33: 84; 亦见 77, 82。与 17 世纪时相反，军官们收到的礼物比他们送出去的要少，见 Beauharnois & Hocquart au Ministre, AN, C11A, v.51.*JR* 65: 207–209。

其他法国人一起串通好排挤他。一旦无法取悦其所管理的族群，即便是德·通泰这样资深的人也难以为继。资历最深的军官们都同意，“在这样的关头”，要在一位军官和一个与休伦－佩图安人一样重要的族群之间做选择，其实是别无选择。整个18世纪30年代，休伦－佩图安人和渥太华人都在不断施展这样的影响力。[1]

当然，昂提奥也能对联盟中的阿尔冈昆酋长行使同样的否决权，但和阿尔冈昆人一样，他也必须采取中庸之道，并谨慎而巧妙地使用权力。就连在布道所定居的印第安人也对任何暗示法国人将要支配一个原本自由的族群的做法感到怒不可遏。1757年，拉普雷森塔松布道所的印第安人对昂提奥擅自提名一个不是由他们自己选举出来的人做酋长感到愤怒。而令教团印第安人愤怒的根源可能与西部联盟中更为微妙的一个主题相关。尽管多数西部阿尔冈昆人都想得到勋章，但他们认为昂提奥只认可酋长们，而不会在意他们。他们同样抵制一切暗示。联盟逐渐发展出一套被各方接受的选拔联盟酋长的程序。1740年，渥太华人富尔什（de La Fourche）请人转达了联盟酋长纳加乍多（Nagach8o）的一席话，纳加乍多在远征奇克索人时死去。他悲伤地说：

> 我活着时父亲总是怜悯我，虽然现在我死了，但我并未彻底死亡。我离去之前在麦基诺留下了分身，他继续占据我的位置。他就是我的兄弟卡比纳（Cabina）。我希望父亲能够像对待我一样

[1] 密西沙加人见 Conseil, 30 mars 1716, AN, C11A, v.123, f.149。对萨布尔瓦的指责见 A Talk with the Ottawas, and Talk of the Potawatomies, June 24, 1717, *MPHC* 33: 584–586。其免职见 Conseil, 28 avril 1716, AN, C11A, v.123, f.277/377。影响力见 Vaudreuil to Council, 12 Oct. 1717, MPHC 33: 590–593。通泰见 Letter of Tonti, Aug. 8, 1727, *MPHC* 34: 46–48; Petition from Detroit Citizens, Oct. 21, 1726, *MPHC* 34: 38–44; Beauharnois au Ministre, 25 sept.1727, AN, C11A, v.49; Ordre 1727, AN, C11A, v.48, f.122; Words of Huron, Aug. 9, 1727, *MPHC* 34: 49–51。行政官迪皮伊反对这个决定，他说，承认“野蛮人对法国人的指责”是个严重的问题，而且博阿努瓦无权将德·通泰撤职。德·通泰之死使得迪皮伊的说法也失去意义了。见 DuPuy to Minister, Oct. 25, 1727, *MPHC* 34: 59–61。1733 年在沃巴什，樊尚先生的报告称迈阿密联盟成员及伊利诺伊人比之前更加无礼，见 Vincennes à ? , mars 1733, AN, C13A, v.17, f.259。

> 照顾我的小兄弟，我相信我的兄弟也会像我一样听父亲的话。[1]

实际上长老们已经承认卡比纳（纳加乍多的兄弟，是继任父系世 179
系首领的第一顺位人选）作为纳加乍多的合法继任者。他们以死去的纳加乍多为名要求授予卡比纳一枚勋章。领袖地位仍然由渥太华人控制。正如富尔什曾提名纳加乍多做继任者，纳加乍多一样提名卡比纳，而且长老们也认可他。然而，也需要博阿努瓦来确认这种权力转移的合法性，这非常符合一个酋长在中间地带的身份。博阿努瓦遵从长老们的提议授予了卡比纳勋章。[2]

勋章是看得见的联盟酋长地位的标志，所以当1719年法国人重新颁发勋章时，大多数阿尔冈昆领袖都欢欣鼓舞。每当法国人向阿尔冈昆战士领袖、世系头领或议会酋长颁发勋章，都表示他们承认了一个在自己村中已经有地位的人同时出任该村庄和法国人之间的中间人。法国人将此荣誉授予那些“对此地区投入了必不可少的服务和热爱而值得获此殊荣”的人，但法国人也认为有时应当把勋章颁发给——用沃德勒伊总督的话来说——“我认为有必要用这种荣誉标志来笼络”的那些人。换句话说，为法国人服务过或者需要接下勋章来为法国人服务的人，这都可以赢得勋章。[3]

法国人想让获得勋章的酋长们为昂提奥服务，并让他们的村庄远离英国人的势力范围，但对酋长们来说，勋章的吸引力在于它能加强他们在村庄内的影响力。勋章远不只是荣誉的标志，其接收者就像管

---

[1] 酋长提名见 Hamilton（ed.）, *Adventure in the Wilderness*, 102; Charlevoix, *Journal*, 136。对勋章的渴求见 Beauharnois au Ministre, 25 sept. 1727, AN, C11A, v.49; Beauharnois au Ministre, 19 oct. 1734, AN, C11A, v.61, f.325; Paroles des Outa8acs de Missilimakinac de la Bande de la fourche..., 6 juillet 1740, AN, C11A, v.74, f.16。欧塔达斯（Outa8acs）和纳加乍多及资料中的“8”读作“dh”。利用勋章来稳定战士们见 Réponse au Mémoire du Roi, 13 oct. 1735, AN, C11A, v.63。

[2] Paroles des Outa8acs...6 juillet 1740, AN, C11A, v.74, f.16.

[3] 外部的荣誉标志对两种人的重要性见 Hocquart au Ministre, 10 oct. 1730, AN, C11A, v.53。授予勋章见 Vaudreuil & Bélgon au Conseil, 26 oct. 1719, AN, C11A, v.40。显然从1705年后他就没有获得勋章了。见 Béauharnois au Ministre, 25 sept. 1727, AN, C11A, v.49。Beauharnois to Minister, Oct. 15, 1732, *WHC* 17: 171. 第二处引文见 Vaudreuil au Ministre, 21 oct. 1722, AN, C11A, v.44, f.364; 第一处引文见 Beauharnois au Ministre, 1 oct. 1728, AN, C11A, v.50。

道一样输送法国人给予村民的礼物。礼物让酋长有能力表现得慷慨，而慷慨才是酋长地位最重要的标志。法国人意识到他们常规性的送礼扩大了酋长们有限的权力，但这些勋章并未打造出顺从的傀儡，礼物也并非贿赂，联盟的世界比这更为复杂。就和17世纪时一样，联盟酋长进入了两个世界，并且在两个世界中的地位相互加强。一位领袖在
180 本族人中的地位能够让他得到法国人给予的勋章和礼物，而这些礼物分发出去又能提高他在自己村中的地位。对阿尔冈昆人来说，积聚财富毫无意义，但通过送礼而收获的地位和影响力却意义重大。于是获得法国人的认可成了村庄政治中一个重要的方面。[1]

在某种意义上，礼物将酋长与昂提奥联系在一起，但从另一种意义上来说，礼物把昂提奥变成了更大的酋长。此处说的礼物并不是伴随着外交协议的相互赠礼，而是代表法国人接受了阿尔冈昆人对父权的解释。1730年博阿努瓦总督和行政官奥卡尔向王室解释："阁下，您知道，加拿大所有族群都把总督视为父亲，因此他们认为总督应当随时给予他们吃、穿、打猎所需的一切。"[2]

于是联盟的物质基础就体现在"父亲"送给"孩子"的一系列礼物中。在高地哨所、蒙特利尔的协商会议以及各个村庄中逐步发展出一套明确的馈赠礼仪。礼物的主要资金来源是国王每年批准的20000里弗。靠着这笔钱，火药、子弹、枪、朱红颜料、刀、布匹及其他商品被送往加拿大。在特别的日子里，比如说新总督到任或者总督从法国回来，昂提奥都会额外送大礼。总督要么把这些商品分发给各族酋长，要么分给这些族群周边的军官。不管是哪种情况，国王都是要联盟酋长们落实执行给印第安人分发礼物的任务。正如沃德勒伊总督1717年谈到迈阿密人时所说，"应当给该族人或某些酋长送礼物，好让

[1]　慷慨是早期酋长的标志见 La Potherie, History, *WHC* 16: 3。酋长们的慷慨见 Abstract of the Life and Customs of the Savages of Canada, 1723, *WHC* 3: 146–147。法国人意识到酋长的弱势见 Abstract, 1725, *WHC* 3: 146; Vaudreuil au Conseil, 30 oct. 1718, AN, C11A, v.39; *JR* 66: 221; Proceedings of Council of Marine, Dec. 2, 1721, *WHC* 16: 397。对礼物的需求见 Ramezay and Begon to Minister, Nov. 7, 1715, *WHC* 16: 337。

[2]　Beauharnois et Hocquart au Ministre, 15 oct. 1730, AN, C11A, v.51, f.33–36.

他们做事更有效”。[1]

赠礼的原则是不变的，但其地点和具体安排各有不同。在各个哨所，指挥官（扮演“父亲”的角色）负责常常给印第安人送点小礼物如火药、子弹、烟草，有时还是白兰地酒。同样，在蒙特利尔，昂提奥也要确保到访的印第安人收到常规礼品，而官方代表们还会收到特 181
别的礼物。在尼亚加拉和弗隆特纳克这样的要塞，商业专营权在国王手里，它们和蒙特利尔一样，由国王承担礼物花费。在那些被租出去的要塞，费米埃或承租人负担费用，可抵消一部分租金；不过国王还是会补贴一部分礼物，比如火药或其他特别的礼物。似乎从一开始王室花在礼物上的钱就远远超过了20000里弗的拨款。1740年，送给加拿大所有印第安人的礼物总价值超过65000里弗，并且奥卡尔称不断上涨的礼物费用已成为新法兰西的沉重负担。[2]

当昂提奥或其手下军官将礼物送给单个印第安村民时，实际上是直接扮演了父亲的角色，但多数情况下是阿尔冈昆酋长们作为中间人。此外，一些礼物是个人化的。法国人总是给来蒙特利尔的酋长们提供衣物，给他们衬衫、斗篷和绑腿，但这些礼物也一定免不了被再次分

[1] 关于沃德勒伊，见 Conseil, 11 Jan. 1718: Vaudreuil, 12 oct. 1717, sur les postes et conges, AN, C11A, v.124。

[2] 资金的使用见 Zoltvany, *Vaudreuil*, 149; Conseil, 1716; Sur les 20000..., AN, C11A, v.123, f.235。特殊情况见 Conseil, Presens a faire aux sauvages, 30 mars 1716, AN, C11A, v.123。1716 年，当沃德勒伊回到加拿大，40000 里弗已拨为礼物之用，而这是专门额外供应来自法国的枪支、火药和子弹的。费用上涨见 Hocquart au Ministre, 24 oct. 1741, AN, C11A, v.76, f.14; Hocquart au Ministre, 31 oct. 1740, AN, C11A, v.73, f.335。额外花费见 Hocquart & Beauharnois au Ministre, 9 oct. 1732, AN, C11A, v.5。承租人见 Dupuy to Minister, Oct. 20, 1727, *WHC* 16: 470–471。当指挥官也参与贸易时，他就会供应礼物，见 Mémoire of Vaudreuil & Bégon, June 19, 1722, *WHC* 3: 167; Beauharnois & Hocquart au Ministre, 18 oct. 1731, AN, C11A, v.54。指挥官们送礼的花费见 Noyan to Minister, Oct. 18, 1738, *WHC* 17: 295。Beauharnois et Hocquart au Ministre, 25 oct. 1729, AN, C11A, v.51; Beauharnois au Ministre, 25 sept. 1727, AN, C11A, v.48; Beauharnois au Ministre, 1 oct. 1728, AN, C11A, v.50; Minutes of Council of Louisiana, Mar. 26, 1725, *MPA* 2: 422–423; Lease for the Post at Green Bay, 10 Apr. 1747, *WHC* 17: 451–455. 引文见 Noyan, State of Canada, 1730, *MPHC* 33: 84。

按地域分发礼物见 Presens aux sauvages, 1732, AN, C11A, v.59, f.130; Beauharnois & Hocquart au Ministre, 6 oct. 1733, AN, C11A, V.59, f.121; Etat des vivres, munitions, et autres effets qui ont ete delivres des magazins du roy a Montreal aux sauvages...1729, AN, C11A, v.53, f.296, 此后，Etat...1729, AN, C11A, v.53, f.296ff。

战争及其他突发事件必须额外送礼，例如 Memorial of Captain de Lignery to Council, 1720, *WHC* 16: 386–387。Conseil, 9 avril 1717, AN, C11A, v.123, f.372; Beauharnois et DuPuy au Ministre, 20 oct.1726, AN, C11A, v.48, f.97.Compte...de la campagne des Renards, AN, C11A, v.58, f.25–26; Hocquart & Beauharnois au Ministre, 9 oct. 1732, AN, C11A, v.57。在 18 世纪 20 年代这些花费显然是由军官们负担，见 Beauharnois au Ministre, 25 sept. 1727, AN, C11A, v.48, f.125。路易斯安那见 Statement of Boisbriant, Minutes of Council, March 26, 1725, *MPA* 2: 422。

配。例如，1729年，一位休伦酋长第二次收到法国人送的斗篷，因为他把第一件送给另一个酋长了。几年前，萨基玛——这次他又表现得不符合酋长的身份——请求法国人将个人的礼物私下送给他，因为若
182 不这样，礼物就会被战士们拿去。法国人会送给酋长们更大量的礼物，比如火药、子弹、布匹、刀子、烟草，有时还有一些白兰地——当然这些东西也都会再次被分给他们村里人。若有重要酋长没来蒙特利尔，往往也会有礼物由别人转交给他们。[1]

比给某个酋长送礼物这种现象更频繁出现的是指定送给一个村庄集体的礼物，比如“送给桑吉南村（Village etably au Sanguinan）印第安野蛮人”或者是“现在苏圣玛丽的印第安人”又或者是“迈阿密的村庄”。法国人在礼物清单中往往把这些礼物列在送给受勋酋长的特定礼物下面，大概也是这些酋长把礼物带回西部并以法国人的名义分发出去。另一些时候，总督可能将这类礼物直接转交给哨所指挥官分配，特别是礼物被指定送给某些接收者时，比如1729年7月迈阿密战士就收到了法国人送的特别礼物。[2]

最后还有一种礼物，它既像礼物又像酬劳。斡旋和平或招募和装备远征队都是要花钱的。龙德（Ronde）先生向国库支取了价值2304里弗的商品，用于苏尔特人和苏人讲和。同样，让远征队上战场攻打福克斯人或奇克索人，协助路易斯安那方面对付那些可怕的族群，这也持续消耗法国的财力。法国不仅要向战士们提供装备，有时还要资助他们的家人，因为旷日持久的战争急剧减少了打猎。[3]

---

[1]　Etat...1729, AN, C11A, v.53, f.296ff. 萨基玛见 Marest to de Vaudreuil, June 21, 1712, *MPHC* 33: 557。1675 年耶稣会士称印第安人通常会把收到的礼物都送出去，除了念珠。见 *JR* 59: 231。路易斯安那见 Minutes of the Council of Commerce, Sept. 13, 1719, *MPA* 3: 260–261。

[2]　Etat...1729, AN, C11A, v.53, f.296ff.

[3]　1741 年苏尔特人 – 苏人之间的和平见 Mémoire des marchandises, 1741, AN, C11A, v.75。亦见 Depense faite dans le Poste de Chaouamigon, 1743, AN, C11A, v.79, f.230。装备远征队见 Estat des fournitures...par ordre...de St. Pierre, Commandantpour le roy au Poste Miamis, 18 juin 1742, AN, C11A, v.76, f.186。供给战士家人见 Ramezay and Bégon to Minister, Nov. 7, 1715, *WHC* 16: 329。Estat general de ladepense...1739, AN, C11A, v.71, f.153; Mémoire de fournitures...Missillimackinacpour les subsistence des femmes..., 12 oct. 1739, AN, C11A, v.73, f.273. Mémoire desfournitures...Missillimackinac, 26 sept. 1739, AN, C11A, v.73.

调解和让步带来了稳定与合作，这是武力做不到的。法国人的礼物削弱了印第安人与英国开展贸易的积极性。当法国人看似（至少在他们自己看来）最弱小的时候，其实是他们最强大的时候。当他们免费提供商品时，当他们调停争端时，当他们止住阿尔冈昆人手中扬起的战斧并掩埋死者时，他们获得了其他群体都无法匹敌的地位。相反，当他们看起来最为危险和强大时，其实是最脆弱的。当昂提奥（不管 183
是出于自己的理由还是被盟友们撺掇）放弃调解而使用武力时，他的特殊地位就开始消解了。人们一方面欢迎仁慈的父亲，另一方面在一位报复心强的父亲之下却只能求自保。联盟的逻辑没有考虑到一位掺和进孩子们的争端而不是调解争端的父亲的存在。[1]

阿尔冈昆人把法国人逼近中间地带，但是对他们自己来说，联盟的要求也令他们不适。对一个从不知臣服为何物的社会来说，形式上服从于昂提奥总是不容易的。“他们生来自由独立，”夏勒瓦神父写道，“对任何带有专制权力阴影的东西都感到震惊和恐惧。”昂提奥的“孩子们”总是对自己的地位无比敏感，他们把他看作父亲而不是主人，但他们也会在联盟的要求和自己对荣誉的渴求面前折腰。夏勒瓦神父捕捉到了作为联盟基础的复杂文化。他写道：“这些人虽然无比在乎自由，但他们又是荣誉的卑微奴仆。”根据会议记录，在高地调停争端并表面听从联盟的酋长大多是冲动鲁莽的年轻人，他们虽然曾搅乱了这片土地，但勋章为他们在法国人和本族人中带来地位和荣誉，这促使他们开始遵从另一套标准。[2]

1757年7月，法国在乔治堡（Fort George）对英作战前夕，渥太华酋长彭纳韦尔（Pennahouel，也叫［Pendal8on］）在协商会议上与蒙卡尔姆（Montcalm）将军交谈。法国军官布干维尔担任蒙卡尔姆侯爵的战地助手，他记录了这番谈话。后来成为著名的探险家，也是第

[1] Beauharnois au Ministre, 17 sept. 1743, AN, C11A, v.79.f.108.
[2] 夏勒瓦的话见 *Journal*, 2: 87–88, 136。

一个到达塔西提岛的欧洲人——布干维尔解释，彭纳韦尔“因其精神、智慧以及与加利索尼埃（Galissonière）先生的对话而备受赞誉”。这个描述使人想起孔迪阿龙克先生，当时他已经去世半个多世纪了，他也曾因其精神、智慧和与法国人的对话而备受赞誉。[1]

不过布干维尔也提到，彭纳韦尔和法国人的关系并不总是很好。他“在福克斯之战中与我们为敌，不过那之后他一直忠于昂提奥”。虽然布干维尔把故事情节讲错了，但他抓住了本质：一个原本反叛的战争领袖转变成了忠心耿耿的联盟酋长。联盟需要阿尔冈昆
184 战士的转变，彭纳韦尔就是个完美的例子，像白袍人和萨基玛这样鲁莽自大的年轻人必须变得对昂提奥服服帖帖，哪怕只是形式上顺服也行。

已经靠军功获得地位的年轻人会对通过恭敬温顺换来勋章的方式缺乏耐心。1740 年博阿努瓦总督授予彭纳韦尔一枚勋章，表彰他在与索克人和福克斯人作战时的功劳，但彭纳韦尔说他“不需要靠这种被偏爱的标志来显示特殊地位”，转手把勋章送给了朋友。博阿努瓦总督为他如此傲慢的态度感到生气，但抑制住了处罚他的冲动，派了个翻译去告知彭纳韦尔，总督送的东西应当非常恭敬地接收。彭纳韦尔道歉了，说他只是希望朋友也能做酋长，以此为自己开脱。博阿努瓦藏起怒气，重新授予彭纳韦尔一枚勋章，并照旧赠予礼物。[2]

不过问题仍然没有解决。一段时间后，博阿努瓦总督召集众酋长来蒙特利尔开会，彭纳韦尔却喝醉了没来。他说，自己和博阿努瓦总督一样是大酋长，要看自己方便的时候再去，一边说还一边把勋章扔到泥地里。博阿努瓦总督听说后勃然大怒——一个典型的法国军官式的而不是阿尔冈昆酋长式的愤怒。他把彭纳韦尔五花大绑抓起来，并

[1] Hamilton（ed.）, *Adventure in the Wilderness*, 145.

[2] Beauharnois au Ministre, 3 oct. 1740, AN, C11A, v.74, f.21.

让别的酋长观看，以儆效尤。别的渥太华酋长似乎并不高兴看到彭纳韦尔低三下四受辱，因为此事显示出帝国政治服务村庄政治的目的。在渥太华社会中，人们主要靠才干而不是出身获得地位，但领头的民事酋长似乎来自某些强大的世系，而酋长们告诉博阿努瓦，彭纳韦尔并非来自“酋长家族”。他们认为昂提奥承认了他在战士中的影响力，这已经算抬举彭纳韦尔了。如果昂提奥现在打算抛弃他，把他打回原形，他们也不会反对，只能怪彭纳韦尔自己蠢。[1]

彭纳韦尔遭到昂提奥公开羞辱，从两层意义上都使他清醒了过来。他固然可以把自己的鲁莽冲动说成酒精的作用，但他无法忽视村中酋长们都同意昂提奥羞辱他这件事。昂提奥提议再也不准彭纳韦尔在协商会议上发言，众酋长也同意了。然而，虽然昂提奥可以要求彭纳韦尔在蒙特利尔时做到表面恭顺，但他无法破坏彭纳韦尔在麦基诺的声望，即使有其他酋长合作也没有办法。彭纳韦尔在年轻人中仍然很有 185
影响力，而且法国人也很快发现自己仍然需要他的协助。1741年，麦基诺渥太华人土地的资源已经耗尽，他们在寻找新居住地。他们打算搬得离要塞远一些，因此要塞就会变得易受攻击，生活物资也会相对减少。酋长们不同意法国人提议的地点，而且决定要么搬到格兰德河，要么搬到大特拉弗斯湾（Grand Traverse Bay），后一个地方已经有人开始开荒了。法国人于是找彭纳韦尔帮忙，双方都意识到和解将会带来好处。最终彭纳韦尔谈成了让法国人满意的折中方案，即在麦基诺保留一个村庄，又在小特拉弗斯湾的阿尔布尔克罗什建新定居点。1742年，博阿努瓦总督也重新对他青睐有加。到1751年，彭纳韦尔已成为麦基诺领头的联盟酋长。那一年在蒙特利尔，当联盟再次陷入危机时，他是让渥太华人重回联盟的主力。他做起事来老练自信，但也非常明

[1]　彭纳韦尔并非来自“酋长家族”见 Paroles de M. de Beauharnois aux Outa8acs etc., 8 juillet 1740, AN, C11A, v.74, f.23。惩罚等见 Beauharnoisau Ministre, 3 oct. 1740, AN, C11A, v.74, f.21.; Reponse des Outa8acs..., 7 aoust 1740, AN, C11A, v.74, f.25。

白要按联盟要求在形式上顺服于“父亲”。[1]

18世纪前半叶，起死回生的联盟制造出一个复杂而不稳定的世界，需要仔细管理和不断妥协。村庄政治和帝国政治相互交融。法国－阿尔冈昆联盟是中间地带的产物，可能也是最壮观的产物，但它也很脆弱，被法国人武力统治的幻想和村庄政治斗争所威胁。只有村庄政治和帝国政治相融合，联盟才能获得存活，但这种混合极不稳定，最终在18世纪50年代的帝国对抗和村庄叛乱中危机爆发。

[1] 法国人的担忧见 Beauharnois au Ministre, 18 oct. 1741, AN, C11A, v.75, f.226; Address of...Beauharnois...to the Outaouacs of Missilimakinac 8 July 1741, *NYCD* 9: 1072。新的村子见 Speech of Outaouacs of Missilmackinac of the band of la Fourche, Sinagos, and Kiskakons, June 16, 1742, *WHC* 17: 372。格兰德河见 Beauharnois to Minister, Oct. 5, 1741, *WHC* 17: 367。大特拉弗斯见 Beauharnois to Outaouacs of Missilimakinac, July 8, 1741, *WHC* 17: 351–352。Céloron to Beauharnois, Sept. 2, 1741, *WHC* 17: 60. 干预彭纳韦尔见 Beauharnois to Minister, Oct. 5, 1741, *WHC* 17: 368。恢复彭纳韦尔的地位见 Beauharnois to Ministers, Sept. 24, 1742, *WHC* 17: 419–420。成功的联盟酋长见 Paroles de Pennant8eunt, 7 juin 1751, AN, C11A, v.97。

第五章 186

共和者与反抗

本土传统的历史现实与入侵者的历史现实被牢牢地联系在一起，这些入侵者先看见它们，而后改变它们，最终将毁灭它们。超越国界的历史是不存在的，没有相互接触联系的历史同样是不存在的。

——格雷格·德宁《海岛与沙滩》

（Greg Dening，*Islands and Beaches*）

一

联盟总是为政治目的服务的，其文化逻辑中混合着物质利益。它将英国赶出高地，保护了加拿大，理论上还保障了村庄的和平，并在昂提奥的“孩子”中间分配商品。在这个范围的一端，联盟服务于帝国政治；在另一端，则是村庄政治。但反过来也成立：联盟在面临帝国政治变迁时是脆弱的，它在村庄之间的内部竞争中也很脆弱。18世纪40年代至50年代，帝国直接崩塌，在一代人的生活中几乎缺位，这加剧了村庄中激烈的政治斗争。村庄的反叛削弱了联盟，其结果就是兴起了法国人所谓的“印第安共和国”。

对18世纪的法国管理者来说，“共和国”一词的所有含义都是贬义。共和破坏了等级制度、秩序与权威。诸印第安共和国破坏了现有的政治安排，使得英国和法国皆不信任他们。共和国内的民众乃是由整个高地及东部潜在的心怀不满者组成的乌合之众。如同康拉德·韦泽（Conrad Weiser）提到劳格恩镇（Logstown）——领头的共和村庄之一——时所说，其居民“之间相互满怀嫉妒，他们来自如此不同的族群，每个族群都假装和其他族群一样拥有明智的人民”。他们居住在一起既出于友谊也出于恐惧。印第安人相信，没有一个族群会袭击自己亲戚居住的杂居村庄。或者如同加拿大军官皮埃尔-约瑟夫·德塞洛龙·德布兰维尔（Pierre-Joseph de Céloron de Blainville）对居住在迈阿密村庄中的塞内卡人的观察：“这些族群的政策是，总是让一些外族印第安人与他们居住在一起，以起到保护作用。”宾夕法尼亚的理查德·彼得斯（Richard Peters）简洁有力地总结了
187 英国人对诸共和国的态度：他们是“地球上的渣滓……肮脏的混杂人群”。[1]

移民构成了这种“肮脏的混杂人群”，而18世纪高地印第安移民最主要的目的地就是广义上的上俄亥俄谷地——大致是俄亥俄河和五大湖之间的区域，以及阿巴拉契亚山脉和沃巴什河之间的区域。移民来自四面八方。零散的切罗基人从南方来，麦斯科顿人和基卡普人从伊利诺伊地区来。不过最大的两批来自北部和东部：迈阿密联盟从密歇根湖下到沃巴什河谷，尽管加拿大方面曾想让他们改道，但并未成功；稍后怀恩多特人脱离休伦-佩图安人，南迁到桑达斯基（Sandusky）。18世纪20年代、30年代及40年代，易洛魁人及其附庸特拉华人和肖尼

[1] Canada, Sauvages, 1739, AN, C11A, v.72, f.287; Paul A.W.Wallace, *Conrad Weiser, 1696–1760, Friend of Colonist and Mohawk*（Philadelphia: University of Pennsylvania Press, 1945）, 269–270; Journal de la Campagne...Céloron, 28 aoust 1749, in Pierre Margry, *Découvertes et établissements des Francais...de l' Amerique Septentrionale, 1614–1698*, 6 vols.（Paris: Maisonneuve et Cie, 1879; repr., New York: AMS, 1974）, 6: 715. 彼得斯的话见 Wallace, Weiser, 269–270。

人从东部迁移到此。[1]

移民出于各种动机迁来此地，但猎物的诱惑通常对他们的决定影响甚大。在奥斯威戈和尼亚加拉的要塞建立后，法国人和英国人在毛皮贸易中的竞争导致易洛魁中心地区和安大略湖沿岸猎物数量骤降。易洛魁猎人沿伊利湖南岸向西迁移，途中他们遇见了从底特律向东迁移的渥太华猎人，后者正在寻找能更方便地通往奥斯威戈的道路。18世纪20年代迁往俄亥俄的肖尼人和特拉华人移民也在寻找猎物，不过刺激他们迁移的深层原因是贫穷和社会动荡——这些乃是源于宾夕法尼亚毫无节制的朗姆酒贸易以及英国人给他们的村庄和猎场带来的压力。由于图斯卡罗拉（Tuscarora）人加入易洛魁联盟，该联盟由五族增为六族，但那些 188
并非联盟成员，而是依附者的族群在18世纪早期并未离开。宾夕法尼亚方面将六大联盟视为肖尼人和特拉华人的领主，但六大联盟非但不为其附属族群求情，反而唆使宾夕法尼亚方面虐待他们。对迈阿密人、基卡普人和麦斯科顿人来说，移民除了能获得更好的农业条件，还能够进入路易斯安那并且和英国商人做生意，这两点也是吸引移民的因素。[2]

---

[1] 关于高地村庄和哨所的最好的地图来自 Helen Hornbeck Tanner（ed.）, *Atlas of Great Lakes Indian History*（Norman: University of Oklahoma Press, 1987）; 见地图 9。在沃巴什河上建哨所的计划见 Postes dans la colonie de la Louisianne, 27 aoust 1716, AN, C13A, v.4。关于这些地点的争议，见 Vaudreuil to Council, Oct. 22, 1720, *WHC* 16: 394; Vaudreuil to Boisbriant, Aug.17, 1724, *WHC*16: 442; J. H. Schlarman, *From Quebeeto New Orleans: Ft. De Chartres*（Belleville, 111.: Beuchler, 1929）, 263–265; Frances Krauskopf（ed.）, Ouiatanon Documents（Indianapolis: Indiana Historical Society, 1955）, 145–146; Canada, fev.1731, AN, C11A, v.56（f.294）; Beauharnois & Hocquart au Ministre, 15 oct. 1730, AN, C11A, v.52, f.29。温森斯的皮安卡肖人见 Boishébert to Beauharnois, July 24, 1733, *MPHC* 34: 108。1737 年里皮安卡肖人离开他们的村庄，远迁至沃巴什河，见 Bienville au Ministre, 21 juin 1737, AN, C13A, v.22。与此同时，路易斯安那和加拿大因为与迈阿密人不和的基卡普人和麦斯科顿人该去哪儿居住的问题产生争执，*ibid*。迈阿密人和威人中酋长们的分歧使这两个族群分裂，见 Vaudreuil to Council, Oct. 22, 1720, *WHC* 16: 394。

[2] 特拉华人和肖尼人的迁徙见 James Logan to Governor Clarke, Jan. 22, 1737, Logan Papers X, 58, Historical Society of Pennsylvania, 收于印第安纳大学俄亥俄河谷 – 五大湖民族历史档案馆，肖尼人手册（Shawnee notebook）其后被称为 GLEHA。法国人的谈判以及试图让依附的族群与易洛魁人分开，见 Reponse au Mémoire du Roy, 13 oct. 1735, AN, C11A, v.63。法国人害怕英国商人在印第安村民中创造的贸易网络扩大，见 Bienville au Ministre, 22 avril 1734, AN, C13A, v.18, f.142。动机亦见 Paroles des chefs de lariviere blanche, Canantechiareron et Araguindiaque ã M. de Longueüil（1744）, AN, C11A, v.79, f.44。For relationship of Shawnees and Delawares to Iroquois, see Francis Jennings, "'Pennsylvania Indians' and the Iroquois," 和 Michael N.McConnell, "Peoples 'in Between': The Iroquois and the Ohio Indians, 1720–1768," 均载 Daniel K. Richter and James H. Merrell（eds.）, *Beyond the Covenant Chain: The Iroquois and Their Neighbors in Indian North America, 1600–1800*（Syracuse: Syracuse University Press, 1987）, 75–112。

肖尼人、特拉华人和来自东部易洛魁人的迁徙，使高地上出现了并不在法国－阿尔冈昆联盟中的族群，但它与高地内部的许多迁徙差异甚大。迈阿密人、威人、皮安卡肖人、基卡普人和麦斯科顿人——不过不包括怀恩多特人——是相对完整的村庄和部落集团进行迁徙；来自东部的迁徙族群则和怀恩多特人一样，是较小的社会单元，比如破碎的村庄、家庭甚至是个体猎人进行迁徙，其中并未产生一个强势部落或族群。伊利湖和俄亥俄河之间多为典型的多族群村庄，且没有明显的边界划分。

这些多族群村庄就是最早的共和政体，代表了一群混合的族群，他们建立起一个既在高地之内又在法国联盟之外的政治组织。他们也不受英国及其通常的盟友易洛魁联盟控制。在沃巴什河东部，共和政体分为两大类：俄亥俄河村落和怀特河（White River）村落。法国人把更北方的移民——居住于伊利湖和马斯金根河（Muskingum）上游之间的村民——称为怀特河印第安人，他们混合了易洛魁联盟的六大族群，特别是塞内卡人、奥嫩达加（Onondaga）人以及少数特拉华人和莫希干（Mohican）人，还有与法国结盟的成员，比如渥太华人、圣弗朗西斯的阿布纳基（Abenaki）人、齐佩瓦人。1743年时他们拥有600名战士。俄亥俄河印第安人则由易洛魁人混合组成，包括特拉华人、肖尼人、猛西（Munsee）人，以及各个零散的与法国结盟的团体，怀特河印第安人后来被称为明戈人。[1]

189 伊利湖和俄亥俄河之间的地区自易洛魁战争后就十室九空，现在重新有人居住，而法国人对此的态度十分矛盾。18世纪30年代，他们非常希望将怀特河印第安人、明戈人、肖尼人和特拉华人拉进联盟，

[1] “怀特河”这个名称会导致混乱，因为它并非指今日印第安纳的怀特河。在此时期，怀特河地区指位于伊利湖、海狸步道、马斯金根河上游之间的地区。怀特河通常指凯霍加河，但这个名字被误用到许多其他河流上。怀特河印第安人在族群上大多属于易洛魁人，但他们越来越受到易洛魁联盟契约链的束缚。和肖尼人一样，他们寻求法国人对其移民的制裁与保护。见 Navarre, Mémoire, 1743, AN, C11A, v.79, f.48–52。关于怀特河，见 Charles A. Hanna, *The Wilderness Trail, or The Ventures and Adventures of the Pennsylvania Traders on the Allegheny Path*, 2 vols.（repr. of 1911 ed., New York: AMS Press, 1971）, 1: 332–333。明戈人是易洛魁人，但他们背井离乡使他们在会议中失去了平等的话语权。

但他们担心易洛魁人把移民拉进易洛魁人设在奥嫩达加的篝火会议（council fire），也担心英国人把移民拉进他们的朋友圈子。法国人、英国人、易洛魁人尽管都暂时获得过控制权，但都没有达成自己的目标。由此，这些关于移民的争夺战使欧洲人与印第安人互动的关键区域向南移至高地边缘地带。

18世纪中期，北美的帝国竞争意外地高度集中在俄亥俄地区，且帝国之间的竞争同时也是村庄之内的竞争。俄亥俄地区崛起的领导者都是些原来被法国人、易洛魁人、英国人以及法国联盟酋长们视为小角色的男人——实际上有时也有女人。俄亥俄是猎人的天堂，却是酋长们的炼狱。法国联盟的危机与酋长们的危机不可分割地紧密联系在一起。

二

法国和英国在俄亥俄地区争夺影响力，直接竞争越发激烈，这为之前在阿尔冈昆社会处于边缘或从属地位的角色们创造了新的机会。典型的新型政治代理人是彼得·沙尔捷（Peter Chartier），肖尼母亲和法国父亲所生的儿子。其模糊的族群归属和效忠关系好似一面镜子，反映出了俄亥俄地区新社会秩序的可能性。[1]

沙尔捷是名商人，于18世纪20年代加入了阿巴拉契亚山脉西部肖尼人的迁徙。他最初与一些跟随肖尼人的英国商人为伍，住在阿勒格尼河（Allegheny）边，基斯基米内塔斯河（Kiskiminetas）河口之下，那个地方后来被称为沙尔捷镇（Chartier' s Town）。不过，沙尔捷也参 190
加了肖尼人与法国人的谈判，而这使他与英国人和易洛魁人的关系恶化。因为肖尼人是易洛魁人的附属族，他们原本不被允许擅自进行独

[1] Jerry Eugene Clark, “Shawnee Indian Migrations: A Systems Analysis”（Ph. D. diss., University of Kentucky, 1974）, 41.

立的外交行动。[1]

因为沙尔捷与英国人的关系，法国人并不信任他。1745 年他带领一大群肖尼人劫掠了若干英国商人，法国人这才相信他的忠诚。但是，结果证明沙尔捷作为一个亲法派并不比他曾经做英国代理人时更加可靠。他成功地反对了法国人想让肖尼人重新定居在底特律的企图，而且他只在“父亲”的意愿与他自己的意愿相符时才会听从“父亲”。[2]

沙尔捷是一条政治变色龙，其颜色随着机会而不是信念而变，但他转变的时机正是最能揭示一些东西的。沙尔捷从亲英派转变为亲法派的事所体现的其重要性或许不及他从混血商人蜕变为肖尼人中的派系领袖。原先他是个重要但边缘的政治角色，通过酋长们来行动，利用债务或礼物将他们牢牢系在自己身上。后来他变成一个挑战酋长的人，最终干脆自己表现得像个酋长。这个转变并不容易，因为肖尼人
191 最初并不将沙尔捷视为肖尼人，更不要说认他做酋长了。那些反对他的肖尼人极力强调他的法国混血身份。他们特别对博阿努瓦说，沙尔捷长着法国人的肉身（de votre viande）而不是他们肖尼人的肉身。当时的大多数混血儿都认为自己是法国人，沙尔捷却不一样，他自称肖

[1] 对于双方的疏远，肖尼人和印第安人讲述了不同的故事。肖尼人称，1727 年英国人向易洛魁人施加强大压力，要在奥斯威戈驻防，易洛魁人则要求肖尼人和特拉华人准备好拿起武器与英国人作战。肖尼人拒绝了，愤怒的易洛魁人便在契约链中把他们降低到女人的地位，并命令他们望向西部的“俄亥俄，你们从那儿来，还会回那儿去”，因为易洛魁人打算卖掉宾夕法尼亚的土地。肖尼人从特拉华人那儿得不到帮助，后者同样叫他们离开，因为他们“想要鲸吞所有土地”；他们还受到英国人骚扰，英国人坚持要他们停止庇护逃亡的奴隶，于是肖尼人决定离开。易洛魁人否认其中的细节，但他们讲述的版本也强调了土地纠纷是肖尼人迁居的原因之一。失去土地、想要逃离易洛魁人的支配、猎物减少以及朗姆酒贸易带来的祸害都极有可能就是肖尼人迁居的全部因素。见 Message Shawnee Chiefs to Gov. Gordon, June 7, 1732, *PA*, series 1, 1: 329–330。易洛魁人称他们只卖给宾夕法尼亚方面很少的土地，不足以威胁到肖尼人，但宾夕法尼亚方面以这次买卖为借口索要更多土地。易洛魁人的否认见 Conference between Lieutenant Governor Clarke and the Indians, Albany, June 28, 1737, *NYCD* 6: 105–106。佛朗西斯 · 詹宁斯对这次迁移的讨论，见“ ‘Pennsylvania Indians’ and the Iroquois, ” 75–93 和 Francis Jennings, *Empire of Fortune: Crowns, Colonies, and Tribes in the Seven Years'？ War in America*（New York: W. W. Norton, 1988）, 25, 29–30。

沙尔捷的镇子见 Census, George Miranda, A true Acct. of all the men of the Shayners in the three Townes in Alegania, Sept. 27, 1737, Logan Papers IX, Historical Society of Pennsylvania, Philadelphia, 复制于 GLEHA。地点见 Hanna, Wilderness Trail, 1: 304。英国人和沙尔捷见 Edmd. Cartlidge to Gov.Gordon, May 14, 1732, PA, series 1, 1: 327–328。

[2] 抢劫英国人见 Hanna, Wilderness Trail, 1: 311。沙尔捷在阻止迁往底特律中的影响见 Canada, Sauvages, 1740, AN, C11A, v.74, f.236。尽管 1740 年沙尔捷去了蒙特利尔，那些想孤立他的法国人仍然不信任他，Beauharnois to Minister, Sept. 17, 1741, *MPHC* 34: 207–208。

尼人。当他与博阿努瓦总督对话时，他像印第安人那样称呼总督为“我的父亲”。[1]

作为商人，沙尔捷能得到商品，而他利用这点吸引了一批追随者，公然违抗现行的社会和政治设置。18世纪的肖尼人并非一个单独的部落，而是部落联盟。这个族群分成五个或更多自治的政治单元（包括奇利科西［Chillicothe］人、哈撒韦凯拉［Hathawekela］人、奇伯克［Kispoko］、梅卡哈克［Mequachake］和皮奎［Piqua］），每个单元又分为若干群体，它们往往独立行动。整个联盟名义上的政治领袖，或者说“王”们，产生于奇利科西人和哈撒韦凯拉人中。其中一个肖尼“王”努切哲内尔（Nucheconer，或者叫Neucheconno）——极有可能是个奇利科西头目——与法国人结盟。然而，当努切哲内尔抵制法国人将肖尼人安置于迈阿密人附近时，摩擦也就此产生。他更愿意定居于赛欧托河（Scioto River）下游的松诺提恩蒂奥（Sonnontio），该地靠近一个明戈人和肖尼人村庄。努切哲内尔与法国人的分歧给了沙尔捷机会，使他从酋长们的顾问变成其竞争对手。沙尔捷夸张地在努切哲内尔手下的一名酋长面前竖起法国旗帜，违抗公认的领袖，并敦促肖尼人遵从“父亲”的意愿搬到迈阿密人旁边。他向战士们提出呼吁，送给他们一桶火药做礼物。[2]

---

[1] 沙尔捷对酋长们施加影响的性质尚不清楚。酋长们可能欠他的情，或者他通过送礼改变他们的态度。文献称“他的善变使酋长们不信任他”。1745年他更明显更频繁地送礼，见Anonymous Diary of a Trip from Detroit to the Ohio River, Papiers Contrecoeur, 1–10, Archives of the Seminary of Quebec, V–V 17: 1, June 16, 1745, 复制于GLEHA, Shawnee file, p.5。关于沙尔捷的法国身份，见Paroles des Cha8anons, 3 aoust 1742, AN, C11A, v.77。沙尔捷的言论见Paroles des Cha8anons, 25 juin 1740, AN, C11A, v.74, f.62。1750年路易斯安那的沃德勒伊总督以为他是个酋长，见Vaudreuil to Rouillé, June 24, 1750, *MPA* 5: 48。“Cha8anons”中的“8”读作“dh”。

[2] 从等级制的角度来看，肖尼人是最难懂的，18世纪20年代和30年代法国人和英国人都承认“大酋长”和“王”。这些领袖是哈撒威科拉人和奇利科西人的成员。见Governor de Beauharnois, Reponse au memoire du roy, 1737, AN, C11A, v.37, f.139。努切哲内尔作为法国镇子里的“王”见Census, George Miranda, A true Acct. of all the men of the Shayners in the three Townes in Alegania, Sept. 27, 1737, Logan Papers, IX, Historical Society of Pennsylvania, Philadelphia, 复制于GLEHA。关于这些部落酋长，见*HBNI* 15: 624, 627。18世纪40年代早期，亲法的肖尼人包括努切哲内尔王和沙尔捷，他们挑战了酋长的权威。努切哲内尔留在松诺提恩蒂奥，而当该镇发生叛乱并寻求英国援助时，英国人要求先惩罚他。他看似失去了影响力。当松诺提恩蒂奥变成“共和国”时，似乎年轻的战士们拥有了更大的影响力，但他们也相当尊敬年老的旧酋长。在其他肖尼人攻击商人时，凯基瓦切基（Kekewatcheky）仍然忠于英国人，可能还是那些寻求英国援助的战士们名义上的领袖。努切哲内尔和凯基瓦切基见Treaty at Lancaster, July 19, 1748, PCR 5: 314。年老衰弱的肖尼酋长见Croghan

192 尽管大部分肖尼人最后定居在松诺提恩蒂奥，沙尔捷还是带走了一拨人，这拨人成了他个人的追随者。有意思的是，他并没有带追随者们去迈阿密哨所——他与努切哲内尔决裂时表面上所说的目的地，而是让他们暂时居住在现在的特雷霍特（Terre Haute）一带，继而南下奔赴克里克（Creek）地区。他宣称效忠昂提奥，这在很大程度上确立了他作为独立政治领袖的地位，到1750年，沙尔捷已使自身地位合法化。至少，路易斯安那总督已经将他看作一位肖尼酋长。[1]

要想理解诸共和国如何诞生，如何反对联盟，就需要追溯其他像沙尔捷一样的人的生涯。怀恩多特人中的奥龙托尼（Orontony，又叫尼古拉斯［Nicholas］）同样趁移民涌入俄亥俄河和五大湖区之间区域的机会而发达。他代表共和国发展的第二个阶段，因为他不只在来自东部的移民中名声大噪，在法国联盟的中心群体也是如此。他不光威胁到了帝国，也威胁到了联盟酋长们；他成为一个实际上反对昂提奥的共和国舵手；他在一股社会潮流中沉浮，我们跟随他的轨迹便可追溯这股潮流。奥龙托尼起初只满足于在村庄政治这个小海湾中演习，后来逐渐转向为更为宽广和狂野的水域。要想理解他，就得绕回去看
193 休伦-佩图安人之间错综复杂的乡村政治——怀恩多特人原本产生于休伦-佩图安人。

奥龙托尼原本是个休伦-佩图安人，由于底特律的一场村际纠纷

Journal, May 21, 1751, 载 Reuben Gold Thwaites（ed.）, *Early Western Travels 1748–1846*..., 38 vols.（Cleveland: Arthur H. Clark, 1904–1907）, 1: 60; "Cochawitchiky", Gist Journal, 107; Logstown Conference, Lois Mulkearn（ed.）, George Mercer Papers Relating to the Ohio Company of Virginia（Pittsburgh: University of Pittsburgh Press, 1954）, 280, 500, n.122, ibid; Wallace, Weiser, 267。

作为亲法派的努切哲内尔见 A Treaty...Lancaster, July 19, 1748, PCR 5: 314–315。沙尔捷的行为见 Anonymous Diary of a Trip from Detroit to the Ohio River, May 22–Aug.24, 1745, Papiers Contrecoeur, 1–10, Archives of the Seminary of Quebec, v.17: 1, p.3–5, 复制于 GLEHA。知道沙尔捷的追随者们是何种身份会很有意思，但文献中并未清楚记载。

[1] 移居见 Anonymous Diary of a Trip from Detroit to the Ohio River, May 22–August 24, 1745, Papiers Contrecoeur, 1–10, Archives of the Seminary of Quebec, v.17: 1, p.3–9, 复制于 GLEHA。Clark, "Shawnee Migrations," 42, 45–48.1750 年沃德勒伊的信中讲了沙尔捷对自己群体迁居的解释，但克拉克并没有看到这封信，见 Vaudreuil to Rouillé, June 24, 1750, *MPA* 5: 48。并非所有南迁的肖尼人都追随沙尔捷。1744 年沃德勒伊提及，70 至 80 名肖尼人来到亚拉巴马人（Alibamons）中，但沙尔捷仍在北部，见 Vaudreuil to Maurepas, Feb. 12, 1744, Vaudreuil Letterbook 1, Loudoun Papers,（英文版），藏于亨廷顿图书馆。作为领袖，见 Vaudreuil to Rouillé, June 24, 1750, *MPA* 5: 48。

而成为怀恩多特人。18世纪30年代，休伦－佩图安人与泰特·普拉特（Têtes–Platte）（南方印第安人的通称，但在这里很可能指卡托巴人［Catawba］）人媾和。休伦－佩图安人与其他阿尔冈昆人联合发动了攻打易洛魁人的南部战争，如今他们对这劳民伤财的战争感到厌倦，于是既不经过法国人同意，也不征求他们的阿尔冈昆盟友的意见就采取了行动——后者的意见也许更为重要，因为这是一场没有联盟成员内部争斗的战争。当休伦－佩图安人试图让他们在底特律的邻居也加入和约时，不仅渥太华人、帕塔瓦米人，连苏尔特人也拒不接受休伦－佩图安人送出的贝珠带，他们谴责休伦－佩图安人密谋和卡托巴人一起攻打他们。底特律的其他村民马上组织了一个小型战队继续打仗。另一边，休伦－佩图安人派出战士向卡托巴人通风报信。结果，这些休伦－佩图安战士不光通风报信，他们干脆和卡托巴人一起伏击了其他底特律印第安人。在接下来的战斗中，由渥太华人、齐佩瓦人和帕塔瓦米人组成的十七人战队仅有三人逃脱。[1]

对休伦－佩图安人及其底特律盟友们双方来说，此次事件在他们的友谊中似乎并不稀奇，不过是重演了他们之间原有的分歧——法国人的调停本已平息了这些分歧。休伦－佩图安人逐渐想起，多年前他们在苏圣路易（Sault Sainte Louis）和双峰湖（Lac des Deux Montagnes）布道所的亲戚曾邀请他们去蒙特利尔附近定居。那位传教的印第安人曾说过："我的弟兄们，你们在这儿，在一大群不爱你们的族群中间。你们不懂他们的语言、他们的习俗，因此，你们每天都卷入恶事中。"如今，似乎所有阿尔冈昆人都联合起来对付休伦－佩图安人，他们便回想起这话，认为它令人不安却准确预言了他们目前的处境。底特律

[1] 不清楚这是一次新的和平还是恢复了1729年原已达成的和平，见 Beauharnois to Minister, July 21, 1729, *WHC* 17: 64–65。基本的解释见 Canada, Sauvages, jan.1739, AN, C11A, v.72, f.291–293。卡托巴之战见 James Merrell, " 'Their Very Bones Shall Fight' : The Catawba–Iroquois Wars, " 载 Richter and Merrell（eds.）, *Beyond the Covenant Chain*, 115–134, 和 James Merrell, *The Indians'？ New World: Catawbas and Their Neighbors from European Contact Through the Era of Removal*（Chapel Hill: University of North Carolina Press, 1989）, 135–140。

指挥官也证实休伦 – 佩图安人普遍受到憎恶。[1]

194 此次底特律的村庄危机很快变成围绕着休伦 – 佩图安人的联盟危机。法国人显然应该扮演得体的角色：作为“父亲”，他们应当调解年纪最大的“孩子们”之间这些危险的分歧。他们应当掩埋死者，并且让休伦 – 佩图安人搬迁至远离底特律的地方——这一点也逐渐获得赞同，但法国指挥官诺扬拖延此事，并且没有采取什么措施促使各族群和好。后来博阿努瓦总督采取行动时，他派出的使者们却忽略了该有的仪式，而且法国人自己也因为调解方式上的分歧陷入了派系纷争。距离最初攻打卡托巴村落已经过去四年，谈判仍然悬而未决。由于法国人没有提供足够的支持，又在其自身人民的分歧中左右为难，故休伦 – 佩图安酋长们失去了权力。此族群开始了一场政治权力大洗牌。实际上，年轻人和女性投票否决了本族会议的决定。氏族中的已婚妇女在反对法国人将休伦 – 佩图安人移民至蒙特利尔这件事中扮演了重要的角色，以至于博阿努瓦总督的侄子兼代理人舍瓦利耶·德博阿努瓦（Chevalier de Beauharnois）求助于仅由男人组成的秘密会议，他们试图瓦解妇女们所产生的影响，却以失败告终。因为没有产生共识，权力开始从联盟酋长——该族群名义上的首领萨斯特赖什（Sasteretsy）和乌龟胞族首领塔亚沙坦（Tayatchatin）——转移到两个较小的酋长安古里奥（Angouriot）和奥龙托尼身上。[2]

[1] 话语见 Paroles des Hurons du Detroit, 1738, AN, C11A, v.74, f.72–76（a brief synopsis which does not contain this full quote is in *WHC* 17: 282）; Memorandum of what occurred in the Affair of the Hurons of Detroit...from the 12 of Aug. 1738 to 12 of June 1741, *WHC* 17: 279; Noyelle to Beauharnois, 1 Feb. 1739, *MPHC* 34: 163。

[2] 关于搬迁的谈判见 Parolles des Hurons, 1738, AN, C11A, v.74, f.72–76。法国人意识到事情的重要性见 Canada, Sauvages, 1739, AN, C11A, v.72, f.289。法国人插手干预见 Paroles de...Beauharnois aux hurons & Outa8as du Détroit, 1738, AN, C11A, v.69; Canada, Sauvages, Jan. 1739, AN, C11A, v.72, f.291–293。请求搬迁见 Noyelle to Beauharnois, 1 Feb. 1739, *MPHC* 34: 163; Memorandum of what occurred in the Affair of the Hurons of Detroit...from the 12 Aug. 1738 to 12 of June 1741, *WHC* 17: 281–284。1740 年博阿努瓦同意给休伦 – 佩图安人一块蒙特利尔附近的土地，并于次年派侄子去谈判他们的搬迁，以及让教团印第安人举行必要的仪式并护送他们去蒙特利尔。他认为这些事情到 1741 年就可办妥。Beauharnois to Minister, Oct. 1, 1740, *MPHC* 34: 184; Canada, Sauvages, 1740 AN, C11A, v.74, f.234–235。邀约见 Secret Council...Message to the Hurons of Detroit, June 12, 1741, *WHC* 17: 340–344。休伦 – 佩图安人拒绝，见 Beauharnois to Minister, Oct. 1, 1740, *WHC* 17: 329–335. 排斥妇女见 Conseil particulier aux huronnes, 2 aout 1741, AN, C11A, v.54, f.99。

这场危机刚开始时，首席酋长们和较小的休伦首领之间的分歧就 195
已经很明显了，尽管表面上休伦-佩图安人好像已经达成一致。在与博阿努瓦总督早先的几轮谈判中，奥龙托尼是萨斯特赖什和塔亚沙坦的密使——尽管这些重要酋长没一个人信任他。他们暗中告知博阿努瓦，哪怕奥龙托尼仅仅同意在蒙特利尔建立一个新村子，他们也不会承认这件事。[1]

最终奥龙托尼与领头酋长们在何为最佳方案的问题上公开决裂，同时与他原先反对的人安古里奥联手。安吉里奥是一开始就反对迁居蒙特利尔的三个长老之一，他既是一个氏族的酋长，也是休伦-佩图安人中非基督徒的领袖。在底特律极有声望的里夏迪耶（Richardie）神父很讨厌他，叫他“酒鬼安古里奥”。不过，其他法国人认为安古里奥在必要时是可以控制饮酒的。他们认为他具有“狡猾而敏锐的头脑，这是一个成熟政治家的技能”。既然高级酋长们没能在迁居问题上使族人达成共识，安古里奥便获得了支持。1740年夏末，已有半数村庄追随他。当其他休伦-佩图安人计划在底特律河河口的格罗斯岛建立一个新村子时，安古里奥和他的“兄弟们”已经开始开辟伊利湖西南岸桑达斯基的原野了，休伦-佩图安人最初与卡托巴人冲突后曾在那儿过冬。[2]

博阿努瓦总督最后责怪里夏迪耶神父，神父原本想让休伦-佩图安人定居底特律河河口的格罗斯岛，博阿努瓦还责怪诺扬没有做任何事来调解该族，关于他们的失败，里夏迪耶反过来怪博阿努瓦。见 Beauharnois to Richardie, June 14, 1741, *WHC* 17: 349–350; Beauharnois to Minister, Oct. 8, 1741, *WHC* 17: 369–370; Beauharnois à Richardie, 30 aout 1741, AN, C11A, v.75, f.105; Richardie to Fr. de Jaunay, Dec. 1741, *WHC* 17: 370–371; Beauharnois to Minister Sept. 15, 1742, *WHC* 17: 412–415; Chev. de Beauhanrois to M. de Beauharnois, Aug. 2, 1741, *WHC* 17: 354。年轻人和老人的分歧见 Richarie（sic）to St. Pé, June 10, 1741, *WHC*17: 339。即便酋长们在蒙特利尔遭到博阿努瓦施压，他们也不愿意在没有征求多数年轻人意见的情况下采取行动，见 Beauharnois to Minister, Oct. 8, 1741, *MPHC* 33: 209–210。1742 年，显然是年轻人决定定居格罗斯岛而非迁至蒙特利尔，见 Beauharnois to 3 Huron chiefs of Detroit, June 28, 1742, *WHC* 17: 377–380。

[1] 詹姆斯克里夫顿在他的文章“The Re-emergent Wyandot: A Study in Ethnogenesis on the Detroit River Borderland, 1747”载 K. G. Pryke and L. L. Kulisek, *Papers from the Western District Conference*（Essex County Historical Society and Western District Council, 1983）, 10–15 中将此次分歧视为族群分裂，但吕西安·康波（Lucien Campeau）, *La Mission des Jesuites chez Les Hurons, 1639–1650*（Montreal: Editions Bellarmin, 1987）, 362–367, 对此表示怀疑。在这一点上我赞同康波的意见，谈判见 Memorandum...the Affair of the Hurons of Detroit...12 of August 1738 to 12 of June 1741, *WHC* 17: 280, 283–285; Secret Council, Message...to the Hurons of Detroit, June 12, 1741, *WHC* 17: 340。

[2] 安古里奥见 Richardie to St. Pé, Aug.26, 1740, *WHC* 17: 328–329; Memorandum, *WHC* 17: 286–287; Chevalier de Beauharnois to Marquis de Beauharnois, Aug. 2, 1741, *WHC* 17: 353–354。控制半个村庄见 Beauharnois to Richardie, June 14, 1741, *WHC* 17: 349。

安古里奥迁居桑达斯基标志着休伦–佩图安社会的彻底分裂。两个次级酋长安古里奥和奥龙托尼（之后他也去了桑达斯基与安古里奥合作）与休伦–佩图安统治集团决裂，导致大批人向俄亥俄地区边缘出走。休伦–佩图安人并非不知道俄亥俄地区，他们曾在那儿打猎、征战，有些人甚至已经在那儿定居了——比如已经生活在肖尼人中间
196 的40名休伦人，但在现有领导层中没有人和异议分子一道南迁。不管是胞族领袖们，还是“洪达托兰克”（hondatorinke）（或者叫在家者［Stay-at-Homes］）最高级的男性会议酋长，都没有离开底特律。安古里奥和奥龙托尼的追随者开始自称“怀恩多特人”，这是休伦人的旧称，已经很多世代没有使用过了。这是对村庄统治集团的反抗，也是对联盟的拒绝。英国商人从一开始显然就鼓励怀恩多特人，而奥龙托尼在18世纪40年代也寻求英国援助，证实他的确已经与法国人决裂。当英国人问起他们为何抛弃法国人时，怀恩多特人谴责法国人要求其盟友参与无休止的战争，并且法国商品价格高昂。实际上，奥龙托尼及其追随者挑战了昂提奥作为父亲式统治者的权威。虽然昂提奥为高地带来了和平，但其代价是高地之外的征战；而且他没能提供一个好“父亲”应当给“孩子”的实惠（bon marché）。[1]

沙尔捷显示了叛变的可能性，奥龙托尼和安古里奥引导了行动的方向。奥龙托尼作为桑达斯基领袖而崛起，是个重要的转换性角色。他脱离了联盟和古老的部落等级制，并加入了伊利湖南部地区，正如第一代帝国风暴即将在该地区爆发一样。

---

[1] Clifton, “Re-emergent Wyandot, ” 7-8, 14-15; Beauharnois to Minister, Sept. 15, 1742, *WHC*, 17: 414-415. 关于英国人中的休伦人的介绍，见 Beauharnois to Fr. de la Richardie, *WHC* 17: 350。其他休伦–佩图安人仍处在动荡混乱的状态。据推测，他们决定在靠近底特律的博伊斯布朗克岛定居（Beauharnois au Ministre, 2 nov. 1742, AN, C11A, v.75）然后到底特律附近的陆地拉格朗德泰雷（La Grande Terre）（Beauharnois to Ministre, Nov. 12, 1742, *WHC* 17: 431）。更多人空居在俄刻俄地区的桑达斯基，见 Beauharnois au Ministre, 17 sept. 1743, AN, C11A, v.108. Paroles de Kinonsaki aux Hurons etablis à Sandoské...5 mai 1743, AN, C11A, v.79, f.95. 1744年，桑达斯基的一些人回到了（至少是暂时返回了）拉格朗德泰雷，Beauharnois to Minister, Oct. 9, 1744, *WHC* 17: 440. 关于在肖尼人中，见 Reponse au memoiré du Roy, 13 oct. 1735, AN, C11A, v.63; Canada, Sauvages, dec. 1735, AN, C11A, v.63, f.218。关于对法国人的谴责，见 Journal of Conrad Weiser, Sept. 8, 1748, PCR 5: 350。

三

在没有清晰的规划之下，沙尔捷及奥龙托尼这类人就开启了高地的政治重组。他们眼下的目标集中在自己的村庄，但他们多少已经开始设想从南到北所有印第安村庄之间的和平。休伦－佩图安人终于开始发难了，他们试图终结南北印第安人之间的长期战争。在俄亥俄谷地，肖尼人也在设法寻求和平。这意味着他们可能不需要昂提奥的调停就能实现和平，这使法国人感到焦虑，因为这威胁到联盟本身。1747年，查尔斯·德尚·德布瓦埃贝尔（Charles des Champs de 197
Boishébert）的报告，“若干年前印第安人缔结契约，不再相互残杀，让白人去彼此斗争”，法国的盟友们拒绝与其他印第安人作战，他们“更喜欢那些攻击我们的敌军，也不想因为保护我们而让自己陷于麻烦”。[1]

布瓦埃贝尔的口气让人感觉好像北美爆发了新一轮帝国战争。乔 198
治王之战（King Jeorge’ s War）和七年战争（Seven Years’ War）促使英国和法国迫切想赢得印第安盟友，同时将村庄斗争置于帝国战争之下。新“共和国”的政治及社会秩序让布瓦埃贝尔及其他官员恐惧，却是奥龙托尼所追求的，这就要求我们理解当时围绕帝国战争的描述的言外之意。

随着1744年乔治王之战的爆发，法国人很快转而吸收俄亥俄地区的族群进入联盟。一开始他们似乎要成功了。居住于凯霍加（Cuyahoga，即怀特河）边的移民宣称支持法国，并许诺劫掠英国商人，肖尼人确实在沙尔捷的领导下这么做了。迈阿密人也和威人一样

[1] 肖尼人的努力见 Beauharnois au Ministre, 3 nov. 1746, AN, C11A, v.85, f.230。肖尼人－切罗基人之间的和平见 Beauchamp’ s Journal,（1746）, *MPA* 4: 289。关于族群间的和平，见 Vaudreuil to Maurepas, Apr. 1, 1746, *MPA* 4: 266–267; Vaudreuil to Maurepas, Nov. 20, 1746, Loudoun Papers, Extracts from Letterbooks, LO 9 vol.1（2）, Huntington。沃德勒伊总督及其在路易斯安那的代理人希望肖尼人谋求和平的努力能够使乔克托人（Choctaw）停止攻击法国人，见 Beauchamp’ s Journal,（1746）, *MPA* 4: 289。Boishébert to Minister, Nov. 1747, *NYCD* 9: 87. Boishébert says they made a concordat, Enterprises de guerre..., 1747, AN, C11A, v.87, f.20. 另外，早在1737年便有人提到有一场反法大阴谋，见 Bienville au Ministre, 21 juin 1737, AN, C13A, v.22。

宣称支持法国人，甚至有些桑达斯基的怀恩多特人回到底特律，变回休伦－佩图安人。易洛魁联盟核心六族在其奥农宣布中立。西部的许多村民——渥太华人、梅诺米尼人、温尼贝戈人、苏尔特人、密西沙加人、伊利诺伊人、休伦－佩图安人、帕塔瓦米人及其他部族——派出战士到蒙特利尔加入法军打击英军。只有莫霍克人打破了易洛魁联盟作为整体的中立地位，向法国人宣战。法国人打算将俄亥俄地区的英国商人全部赶走，这群英国商人是跟随肖尼人、易洛魁人及特拉华人向西来此的。[1]

然而，当法国人在发动盟友时取得初步胜利后，事情开始出岔子了。到1747年，联盟一片混乱，而且许多村庄都公开造反，布瓦埃贝尔写道——他有时会过于夸张——这是“印第安人针对白人的普遍阴谋”。渥太华人和齐佩瓦人在苏必利尔湖上杀死法国商人，迈阿密人洗劫了他们中间的法国要塞。桑达斯基的怀恩多特人、一些肖尼人和凯
199 霍加的怀特河印第安人袭击了一群法国人，杀死了5个商人。此次袭击的成功反过来促使渥太华人承诺将攻打底特律，但是有人走漏消息，出卖了渥太华人，因此就没有攻打底特律。伊利诺伊人停止了所有支持法国人的行为，有流言说他们正在密谋摧毁伊利诺伊地区的哨所。只有帕塔瓦米人看起来还算忠诚。[2]

---

[1]　印第安人接受战争带见 Beauharnois to Maurepas, Oct. 8, 1744, *NYCD* 9: 1105; *ibid*., 7 Nov. 1744, *NYCD* 9: 1111–1112。怀特河见 Conference between M. de Longueuil...and the Indians, 1700,（sic）*NYCD* 9: 704–707。肖尼人迁居见 Beauharnois to Minister, Oct. 28, 1745, *WHC* 17: 448。怀恩多特人回归见 Beauharnois to Minister, Oct. 9, 1744, *WHC* 17: 440。参加远征队及接受攻打莫霍克人的战斧见 Etrait des differens mouvements...de la guerre, Dec.1745–Aug. 1746, AN, C11A, v.87。

[2]　法国人的恐惧及对策，见 La Galissonière to Maurepas, Oct. 22, 1747, *IHC* 29: 38–39。桑达斯基的杀人事件、计划攻打底特律以及攻打麦基诺的齐佩瓦人和渥太华人见 Raymond to Maurepas, Nov. 2, 1747, *WHC* 17: 474–477; Galissonière to Minister, 23 Oct. 1748, *NYCD* 10: 181–182。渥太华人和齐佩瓦人的攻击见 Continuation du journal, 9 oct. 1747, AN, C11A, v.87; Hanna, *Wilderness Trail* 1: 323–332。怀恩多特人寻求盟友和援助的贝珠带见 Weiser to Peters, Oct. 15, 1747, *PCR* 5: 136–137。认为怀恩多特人和易洛魁人一样将叛乱延伸至伊利诺伊和沃巴什，见 Vaudreuil to Maurepas, Sept. 19, 1747, *IHC* 29: 32–34。归罪于英国人见 Raymond to Maurepas, Nov. 2, 1747, *WHC* 17: 474–477。帕塔瓦米人的忠诚见 Journal of Whatever Occurred of Interest at Quebec...since the sailing of the Ships in November 1747, *NYCD* 10: 137–138, 随后情况，见 Journal。关于叛乱的引文和论述，见 Report of M. Boisherbert, Nov. 1747, *NYCD* 10: 83–88。迈阿密哨所遭劫见 Bigot to Maurepas, Oct. 19, 1748, *IHC* 29: 75。

法国人的配文说明了他们及盟友对福克斯人的军事水平无比钦佩。(Bibliothèque nationale，Paris)(麦基诺州立历史公园授权使用)

法国人将之归罪于英国人的阴谋，英国人明显鼓动了俄亥俄地区及更远地区的叛乱行为。其实上，这些混乱的原因其实更复杂。战前几年国王对经济的要求促使法国人自己为普遍的反抗播下了种子。1744 年，在国家支出连续增长若干年后，法国海军大臣莫勒帕（Maurepas）伯爵愉快地指出，行政长官及总督已成功地削减了送给加拿大印第安人的礼物数量。与此同时，为了减少维持哨所的开支，国王已将尼亚加拉、迈阿密、基亚特农和绿湾等地的多个哨所租了出去。为了使付出的租金回本，并将手中的垄断优势变现，这些承租人提高了商品价格，并减少了送出的礼物。这些措施招致了印第安人的不满，而战时不可避免的、来自英国的封锁使法国商品供应减少，这又加剧了印第安人的不满。[1]

到 1745 年，西部出现了严重的商品短缺。英国人对去奥斯威戈拜访他们的印第安人说，法国人再也无法供养自己的盟友了。博阿努瓦
200 总督害怕高地出现“巨变”——这担忧对他来说是正确的。1746 年，法国人有些绝望地颁发免费的许可证，试图使哨所得到商品和物资供应。有些商品送达了高地，但商人们开出比平常高得多的价码。法国人尝试解释市场的影响，抱怨战争中物资短缺，但印第安人充耳不闻，同时可能自阿尔冈昆人以来，他们就已经看到哨所租出去，商品价格升高的现象。[2]

面对交易价格变化，有些印第安人的回应是拒绝为狩猎季前赊欠

[1] 削减礼物见 Maurepas to Beauharnois, Mar. 24, 1744, *WHC* 18: 5。之前增加礼物及其怨言见 Beauharnois to Maurepas, Oct. 13, 1743, *NYCD* 9: 1098–1099。出租见 Postes des pays d’ en haut, Beauharnois & Hocquart, 8 oct. 1742, AN, Ci 1 A, v.78, f.378–385; Beauharnois au Ministre, 6 juin 1743, AN, Ci 1 A, v.79, f.97; Beauharnois to Minister, Oct. 9, 1744, *WHC* 17: 442–443; Beauharnois to Minister, Oct. 25, 1744, *WHC* 17: 445–446; Galissonière to Minister, Oct. 23, 1748, *WHC* 17: 503。威人抱怨哨所出租及商品价格高见 Speeches of Ouyatanons, etc., July 8, 1742, *WHC* 17: 381。商品断供、价格高及商品短缺见 Beauharnois au Minister, 19 juin 1745, AN, C11A, v.83; La Galissonière & Hocquart to Minister, Oct. 7, 1747, *WHC* 17: 470–472。

[2] 出租体系见 Beauharnois to Minister, Oct. 28, 1745, *WHC* 17: 449; La Galissonière to Minister, Oct. 23, 1748, *WHC* 17: 503–504。早期对贸易花费问题提出警告见 Bienville au Ministre, 21 juin 1737, AN, C13A, v.22, f.101。关于免费的许可证 Beauharnois and Hocquart to Minister, Sept. 22, 1746 *WHC* 17: 450–451。英国人切断法国商品供应见 Longueuil to Beauharnois, July 28, 1745, *WHC* 17: 446–447。法国人无力供应哨所见 Beauharnois au ministre, 3 nov. 1746, AN, C11A, v.85, f.230; Vaudreuil to Maurepas, March 22, 1747, *IHC* 29: 15; Bigot to Minister, Oct. 22, 1748, *WHC* 17: 509。

的商品付费，也就是猎物；其他人开始攻击并劫掠法国商用独木舟。在印第安人看来，这些攻击与其说是阿尔冈昆人背叛了联盟，不如说是奋起反抗法国人违背联盟原则的行径。高地的绝大部分战士都对法国商品的短缺和高价感到愤恨，但他们杀死法国人，而不是仅仅抢劫他们，或者无视他们，他们与英国人在奥斯维戈或俄亥俄地区交易，这些举措极大地反映了印第安人对高价的愤怒之意。法国人要求他们的盟友在一场帝国战争中流血，给他们的商品却越来越少，法国人已经不再表现得像父亲了。对阿尔冈昆人来说，每当法国人拿出更少的东西来交换毛皮，这不是出于经济需要，而是出于贪婪，违背了联盟之义。苏格兰-爱尔兰商人乔治·克罗根描述了一个怀恩多特人交代的一起突袭谋杀，显示了战士们个人的苦楚和愤怒。“另一位法国商人死于与一个怀恩多特人的私人恩怨，他死在俄亥俄河和伊利湖之间，法国人只肯以一份火药和一颗子弹来换印第安人的一张河狸皮，印第安人操起短柄斧劈碎了他的脑袋。”[1]

这股谋杀和袭击的风波使法国人大为警醒，但据西部传来的些许消息看，显然印第安人在把法国人驱逐出高地的问题上尚未达成一致。不过，有些印第安人想利用人们对法国人的愤怒来重绘此地的政治地图。其中最突出的就是奥龙托尼及其在桑达斯基的追随者，还有他们
在明戈和怀特河边的盟友。奥龙托尼及怀恩多特人抨击联盟本身充满 201
剥削，法国人“总是把印第安年轻人送上战场去杀敌，而且把他们当自己人一样用，就像奴隶一样；并且法国人的商品那么贵，印第安人根本买不起”[2]。

与法国人决裂只是奥龙托尼及其明戈和怀特河盟友在高地政治网络中造成的第一次破裂。奥龙托尼借怀恩多特人袭击法国人的事来强

[1] Hanna, *Wilderness Trail*, 324–333; 引文见 325。

[2] 引文见 Journal of Conrad Weiser in Thwaites（ed.）, *Early Western Travels*, 1: 24–25（presents）, 29（Wyandot discontent）; 肖尼人和迈阿密人见 Wallace, Weiser, 259。攻击见 Galissonière to Minister, 23 Oct. 1748, *NYCD* 10: 183。绿湾见 La Jonquiére to Minister, Aug. 18, 1750, *WHC*18: 63–64。迈阿密人和肖尼人去宾夕法尼亚见 A Treaty...Lancaster, July 19, 1748, *PCR* 5: 307–319。

调自己独立于休伦-佩图安人，而明戈人和怀特河印第安人则借此宣称他们独立于奥嫩达加的易洛魁议会。俄亥俄明戈人的一位发言人卡纳凯夸西（Canachquasy）没有把明戈人的攻击归因于奥嫩达加方面的决议——它仍然处于中立——而是归因于西部村庄中的年轻战士，卡纳凯夸西的判断是正确的。[1]

为了在对抗法国人的同时维持生存，奥龙托尼及其盟友需要援助。而在寻求援助时，他们把俄亥俄谷地的政治搞得更复杂了。他们向宾夕法尼亚方面寻求帮助，将自己对法国人的反抗与英法之间的帝国战争联系起来。直到18世纪40年代末期，宾夕法尼亚方面对高地的兴趣主要体现在那些追随肖尼人和特拉华人西去的苏格兰-爱尔兰裔商人身上。1747年9月，这些商人中最为著名的乔治·克罗根向宾夕法尼亚官员发出严重警告：除非礼物马上送到，不然那些造反的印第安人就将重投法国。一些时日后，克罗根就收到了一些商品。通过他收到的迟来的援助，宾夕法尼亚政府才多少抛弃了他们此前长久的错觉：西部移民依赖于奥嫩达加，他们受奥嫩达加的易洛魁议会控制。[2]

奥龙托尼想在高地上拓展自己与宾夕法尼亚的联盟。英国人给他们送去了贝珠带，加上怀恩多特人攻击法国人之后奥龙托尼呼吁印第安人奋起反抗，显然说服了许多仅止于劫掠和谋杀法国人的齐佩瓦
202 人和渥太华人将英国商人带入他们中间。其他贝珠带由密西沙加人带来——他们现在是纽约英国人的盟友，米西索加人还带来了广泛屠杀“白种狗”的计划。不过这些消息只是引发了更多零星的袭击法商事件。对贸易商品的不满催生了对法国人的袭击和对英国贸易的盼望，但只在俄亥俄下游谷地及密西沙加人中才产生了与英国人的真正结盟

[1] 怀恩多特人的贝珠带见 Weiser to Peters, Oct.15, 1747, *PCR* 5: 136–137。怀特河印第安人称他们已经接受了英国人1746年在奥尔巴尼送给六大联盟的战斧，但实际上易洛魁人回绝了战斧，只有莫霍克人接受了，而联盟整体仍然保持中立。

[2] Hanna, *Wilderness Trail*, 324–333, 汇总了该次冲突的材料。宾夕法尼亚方面见 Wallace, Weiser, 260。给克罗根的商品见 Weiser Journal in Thwaites（ed.）, *Early Western Travels*, 1: 39。请求获得商品见 Penn. Council, 25 Sept. 1747, *PCR* 5: 119。俄亥俄河上的战士见 Penn.Council, 13 Nov. 1747, *PCR* 5: 145–147。

关系。[1]

1748年乔治王之战结束，带给法国人弥补损失的机会，然而他们却使联盟的状况加速恶化。在协商会议的记录中，年轻战士是冒失鬼，欠缺考虑、漫不经心；在困难的日子里，他们必然会堵塞道路、遮蔽天空。联盟和昂提奥的酋长们（包括法国人和阿尔冈昆人）做出的重大成果就是创造出了弥补损失、恢复冷静的手段。但在这次危机中，法国人似乎决意削弱联盟酋长，并弃用那些行之有效的赔偿和向死者致敬的习俗。昂提奥无视投降与宽恕的仪式，而是羞辱手下的酋长，并要求处死自己犯错的"孩子"。18世纪40年代末、50年代初，法国总督似乎打算抛弃上个世纪在中间地带达成的所有妥协条件。奥龙托尼认为他们似乎决意将阿尔冈昆人视为臣民，或者用阿尔冈昆人自己的话来说，视为奴仆。

官员们想用武力代替调解，他们很可能并不了解这种改变的重大意义。仅仅是实际经验就已经让法国总督们学到了武力的局限性和维持中间地带和平的必要性。沃德勒伊总督、博阿努瓦总督的任期都很长，他们学会了；但自1747年博阿努瓦总督退休，直到1755年沃德勒伊的儿子皮埃尔·里戈（Pierre Rigaud），也即沃德勒伊-卡瓦尼亚尔（Vaudreuil-Cavagnal）侯爵履职前，总督们都没有时间学习了。指定的博阿努瓦继任者皮埃尔·雅克·德塔法内（Pierre-Jacques de Tafanel），也即容基埃（Jonquière）侯爵被英国人在公海上抓住。1747年9月至1749年，容基埃侯爵不在的日子里，由加里松涅（Galissonière）侯爵任总督。1749年战后，容基埃侯爵回来，但他1952年就去世了。接下来由隆格伊男爵（Charles Le Moyne, Baron de Longueuil）担任临时总督，直到1752年7月迪凯纳（Duquesne de Menneville）侯爵到任。迪凯纳只干了三年。同时，在法国，海军大臣

[1] 密西沙加人带来的消息见 Parolles...Missisague du village du fond du lac Ontario, AN, C11A, v.91, f.107。容基埃后来确定送信发生在 1747 年，见 La Jonquière to Minister, Oct. 5, 1751, *WHC* 18: 100–101。

203 兼殖民地大臣莫勒帕伯爵于1749年结束了他漫长的任期，鲁耶接替了他。在高地叛乱期间，法国的政策毫无连续性，也没有积累下任何经验。武力威胁取代了调解。[1]

在各位新总督任上，昂提奥对“孩子们”的正式仪式语言仍然存在，但其言行却越来越不符。新总督们想要印第安人服从，但他们误把阿尔冈昆人惯常要求的怜悯当作是同意依附于他们的表现。西部的法国军官们比较懂这一回事，但总督毁了他们解决危机的努力。麦基诺和底特律的指挥官们借助忠心的酋长们，利用1747年至1748年到达高地的护卫队和增援来重建联盟。1748年1月，舍瓦利耶·德隆格伊（Paul Joseph Le Moyne，Chevalier de Longueuil）想靠宽恕叛乱者及释放攻击法国人的囚犯来与自己哨所的印第安人修好。这种温和的做法招致他父亲隆格伊男爵的训斥，隆格伊男爵即将上任蒙特利尔总督，他清晰地表达了新的强硬政策。加里松涅总督命令指挥官们一定要要求所有“印第安杀人犯和要奸犯科者”自首，并将他们押解至魁北克。此外，各部落每杀过一名法国人，就要抓两名英国俘虏来抵消罪行。[2]

在18世纪40年代的高地上，交出俘虏是很常见的要求，但赦免他们也很常见。然而，当萨吉诺人和麦基诺的渥太华人、苏尔特人开始交出杀人犯后，他们震惊地发现法国人不仅毫无宽恕之意，还将他们关进监狱，在所有杀人犯都被交出前拒不接收印第安人的卡柳梅特。加之偶尔还有新的犯罪事件发生，所以麦基诺的法国人宣布不会再赦免了。当印第安人要求怜悯时，法国人告知他们，拘留罪犯、终止犯罪就是怜悯了。要求赦免罪犯的事提交到加里松涅处，只会让他继续命令交出所有杀人犯，并更加坚决地要惩罚罪犯。总督释放了一个此

---

[1] Gustave Lanctot, *A History of Canada*, 4 vols.（Cambridge, Mass.: Harvard University Press, 1965）, 370–389.

[2] 1747年护卫队到来见 Journal, Nov. 23, 1747, *NYCD* 10: 140。指挥官们的行动、皮埃尔在麦基诺，见 Journal, Nov. 10, 1747, *NYCD* 10: 137。隆格伊及宽恕苏尔特人、渥太华人和萨吉诺齐佩瓦人见 Journal, Nov. 23, 1747, *NYCD* 10: 141; 他想巩固米基纳克（Mikinac）和基努萨基（Kinousaki），底特律渥太华酋长们的忠诚见 Journal, Dec. 3, Dec. 23, 1747, *NYCD* 10: 145, 149。攻击与宽恕见 Journal, Nov. 29, 1747, Jan. 12, 1748, *NYCD* 10: 150–152, 156–157; 隆格伊和加里松涅见 Journal June 2, 1748, *NYCD* 10: 161–162。

前被送来的替罪羊，但他警告印第安人："再不要提任何饶恕杀人犯的话了。"到7月时，加里松涅就收到三个杀人犯，他对自己政策的成果感到很满意，也乐见某些印第安人袭击英国人。他告诉隆格伊和麦基诺指挥官加德尔（Le Gardeur de St.Pierre），等到1748年塞洛龙先生率领护卫队来到，他们就能够采取更加强硬的措施让杀人犯自首了。[1] 204

阿尔冈昆人对法国人这种从未见过的固执行为感到不解和警觉。交出杀人犯的要求在意料之中，同样法国人用俘虏来赔偿他们的死者的要求也可以理解，但反过来，杀人犯也应当被赦免，大家重修旧好，这却没有发生。阿尔冈昆人的解决之道显然系于格罗斯·塞尔彭特（Gros Serpent）的言辞，他是个渥太华人，在尼亚加拉附近的小急流（Petit Rapide）的村里娶了一个易洛魁女子。阿古阿奇马冈（Agouachimagand）的妻子招揽了格罗斯·塞尔彭特做说客，阿古阿奇马冈是个渥太华人，曾带领一群人伏击并杀死了几个法国旅人。她请求格罗斯·塞尔彭特帮她丈夫获得赦免。1748年格罗斯·塞尔彭特由小急流的易洛魁人陪同，在尼亚加拉发表讲话。他送给法国人一件河狸皮袍子，象征被害者的骨头，他还拿一名奴隶赔偿死者。他请求法国人忘记旧事，宽宥罪人。尼亚加拉的法国指挥官接受了格罗斯·塞尔彭特的礼物，但这位指挥官说，只有昂提奥才有权赦免人，如果阿古阿奇马冈等人去蒙特利尔请求昂提奥的原谅，他们便会被饶恕。[2]

然而杀人犯们在蒙特利尔和魁北克并没有得到应有的接待。加里松涅后来辩称，他本来打算将他已关押的一名杀人犯释放给这个人的亲戚——萨吉诺酋长查瓦利那（Achaoualina），但他并没有给当时来访的麦基诺代表团任何指示。他驳回了酋长们释放杀人犯的请求，并下令将罪犯们从蒙特利尔送往魁北克。法国卫兵护送囚犯们去魁北克

[1] 交出麦基诺的杀人犯见 Journal, June 25, 1748, *NYCD* 10: 168–169。At Quebec, July 5, 1748, *NYCD* 10: 170; 交出绿湾的杀人犯，见 Journal, July 14, 1748, *NYCD* 10: 172。更加坚定见 Journal, July 23, 1748, *NYCD* 10: 173。将麦基诺和萨吉诺的俘虏送走，见 Galissonière to Minister Oct. 23, 1748, *NYCD* 10: 183。

[2] Parolles du Gros Serpend...dans le conseil tenus a Niagara, le 2 aout 1748, AN, C11A, v.97, f.402.

途中遭到不明团伙袭击，他们将法国人杀得只剩一个人，解救了囚犯。
205 逃走的囚犯与正在返回麦基诺和萨吉诺路上的酋长们会合，一道回家。
此事客观地说明了法国人政权和父权的局限，但它只让法国人再度决定打压其盟友们——只不过他们难以成功。西纳格渥太华人和大量苏尔特人都逃到麦基诺，安全地待在萨吉诺，直到1751年获得法国人的赦免。[1]

尽管依靠武力并没能达到目的，但新任海军大臣鲁耶仍然鼓励总督们弃用中间地带的旧做法。对麦基诺杀人犯脱逃之事他自然感到很失望，但他从中得出的教训表明了法国人对联盟的看法正在转变。鲁耶写道，哨所军官们“过分依赖通过调解来解决与印第安人的争端”，而只有“正确运用严厉手段”才能制服印第安人，总督们不应“放过任何可以这么做的机会”。这种转变得到了总督们的回应。容基埃宣称，是时候“用法律惩治那些反叛我们的部落了，迫使他们不得不重新履行自己的责任”。[2]

若是在以往，让各部落重新履行责任总是需要通过酋长来做工作，但现在法国总督采取的方针排斥、削弱了联盟酋长的职责——总督自己的成功原本有赖于他们。1749年在魁北克召开了一系列糟糕的会议，期间加里松涅总督侮辱了许多与会代表团，因为这些代表团不送他礼物，或者只是象征性地送一丁点。尽管加里松涅送了厚礼给那些交出战时杀死法国人的罪犯的部落，但由于他同时拒不赦免罪犯，也收效甚微。因此，昂提奥将为羞辱酋长们付出代价。而大会的直接后果就是迈阿密联盟越来越不满。基亚特农大酋长翁格勒（Les Ongles）不得不请求迈阿密哨所的雷蒙（Raymond）伯爵给他一小桶白兰地酒，“免得他灰溜溜地回到自己村中”，但这一小桶酒并没有让翁格勒免受其他

---

[1] 杀人事件见 Galissonière to Minister, Oct. 23, 1748, *NYCD* 10: 184; Canada, Sauvages, 15 avril 1749, AN, CIIA, v.94, f.73。饶恕见 Parolles, O8t8ois Sinagos du Saginaw, 13 juillet, 1751, AN, C11A, v.97, La Jonquière to Minister, Sept. 17, 1751, *WHC* 18: 83。“O8t8ois”中的“8”读作“dh”。

[2] 第一处引文见 Rouillé to La Jonquière, May 4, 1749, *IHC* 29: 87–88; 第二处引文见 La Jonquière to Rouillé, Nov. 12, 1749, *IHC* 24: 124–125。

威人嘲笑，另一个威人领袖科姆特（Le Comte）嘲笑翁格勒去了一趟蒙特利尔什么也没带回来。[1]

翁格勒并不是唯一受辱的酋长，但比起其他较低阶的酋长，他更能忍受羞辱。其中一个次级酋长格雷纳（La Graine）和弗米利恩（Vermilion）的皮安卡肖酋长昂方（L' Enfant）也是两手空空从蒙特利尔归来，他们愤怒地发现，自己离开期间疾病肆虐了村子，而他们将瘟疫归罪于法国人施行巫术。于是格雷纳、昂方、科姆特以及另一个皮安卡肖酋长黑蝇（La Mouche Noire）都加入了迈阿密叛军，叛军已经接受了奥龙托尼送来的贝珠带。1751年，话多又自大的酒鬼麦卡提（Mactigue de Macarty）当上了伊利诺伊定居点的指挥官。不像之前的指挥官，麦卡提并没有意识到应当立刻给予“酋长们必要的财物来维持他在村中的威望”。[2] 206

削弱酋长势力的行动损害了法国人的利益，这让战士们越来越独立了。在情况最好的时候，正如法国人提到的那样，西部印第安人“自愿顺服我们”。“每个人都能做自己乐意的事。村庄酋长和战争首领有影响力却无实权，在年轻人中，这种影响力在于他们如何运用，还在于他们能从法国人那赚得‘金钵满盒’。”翁格勒仍然忠诚，但这位酋长自己承认，法国人不提供公道价格，他就无法管住村里的年轻人。接受法国人的报价就意味着一个人要花费整年时间打猎才仅能换来必要的衣服穿，翁格勒告诉雷蒙伯爵“这打击了所有年轻人的信心，我们再也管不住他们了”。没有了公道价格——那是“父亲”的应尽之

[1] 缺少礼物见 Report of Sieur Roy, Apr. 1, 1750, *IHC* 29: 170, 173; Report of Pore Epic, Apr. 5, 1750, *ibid*., 176; Report of Raymond, Feb. 15, 1750, *IHC* 29: 177–178; Report of Le Pian, May 1750, *ibid*, 198; Raymond to La Jonquière, May 22, 1750, *ibid*, 205–206。疾病见 Report of the Nephew of M.the Commandant at Ouiatonon, Apr. 2, 1750, *ibid*., 174。关于大酋长翁格勒，见 Raymond to La Jonquière, May 22, 1750, *ibid*., 201, 207; 翁格勒的话见 May 17, 1750, *IHC* 29: 214–225。

[2] 其他酋长见 Report of Sieur Roy, Apr. 1, 1750, *IHC* 29: 170, 173; Report of Porc Epic, Apr. 5, 1750, *ibid*., 176; Report of Raymond, Feb. 15, 1750, *IHC* 29: 177–178。这些几乎确定是 1750 年 2 月在德穆瓦塞莱的镇子里加入易洛魁人及英国人契约链的所有酋长，见 Treaty with Wawiagtas and Piankashas, Mulkearn（ed.）, George Mercer Papers, 128–139。伊利诺伊人到访及礼物见 De Guyenne to Vaudreuil, Sept. 10, 1752, *IHC* 29: 719–720。麦卡提见 Duquesne to Rouillé, Oct. 31, 1753, *IHC* 29: 846–847。

责——战士们就不再心系联盟了。[1]

法国人为了达成“支配-服从”的关系所采取的做法一败涂地，最失败的时候便是1749年塞洛龙的远征。加里松涅总督决定派塞洛龙上尉带领一支远征军驱逐英国人，要么逼奥龙托尼回到底特律，要么把
207 他赶走，并驱散聚集在赛欧托河上松诺提恩蒂奥的印第安叛军。此次远征并未一举重建法国霸权，反而暴露了法国人的弱点。[2]

塞洛龙从大湖区向俄亥俄进发，带着200名法国人、30个印第安人，还有很多铅板埋在地上作为新法兰西的俄亥俄界线。行进的每一天都让这位法国上尉感到耻辱。底特律印第安人曾做出漂亮的承诺，现在却不肯加入塞洛龙部队，使这次远征获胜的最后一丝希望也破灭了。威廉·约翰逊（William Johnson）——他现在是纽约方面印第安政策的核心人物——派人去西部报信说塞洛龙要来了，俄亥俄印第安人一开始有点恐慌，在发现塞洛龙的人很少后便越发藐视他们。毕竟他们光是在上俄亥俄就能集结起近800名战士。[3]

最后，塞洛龙只能做他被命令做的事——要求印第安人服从。在各种会议上，塞洛龙警告印第安人，英国人现在虽然是来做生意，但他们最终会夺取印第安人的土地。塞洛龙自己不敢抢劫或驱逐聚集在俄亥俄的英国商人，他只能叫自己遇到的商人离开，不准再回来。他也明白，只有自己在村中停留时，那些商人才会消失。印第安人曾许诺赶走这些英国人，但塞洛龙越往西部去，这承诺就变得越模糊。当他到达希尼恩凯（Chiningué，即劳格斯镇）和松诺提恩蒂奥时，他本

---

[1] 酋长、引文见 Edward P. Hamilton（trans. and ed.）, *Adventure in the Wilderness: The American Journals of Louis Antoine de Bougainville, 1756–1760*（Norman: University of Oklahoma Press, 1964）, 134。Raymond to La Jonquière, May 22, 1750, *IHC* 29: 201, 207; Words of Les Grands Ongles, May 17, 1750, *IHC* 29: 214–215.

[2] 塞洛龙远征见 Galissonière to Rouillé, June 26, 1749, *IHC* 29: 97。

[3] *Ibid.* 塞洛龙日记全文在 Margry, *Découvertes* 6: 666–726。此处有缩略译文，*WHC* 18: 36–59, 主要有价值的地方在于脚注中给出了地点。远征见 Journal de la Campagne, Margry, *Découvertes* 6: 666。最初的恐惧见 *ibid.*, 671, 675, 680, 685。拒绝底特律印第安人见 *ibid.*, 714。战士的力量见 Weiser, Journal, 载 Thwaites（ed.）, *Early Western Travels*（魏泽尔计算了整个六大联盟加上肖尼人、怀恩多特人、蒂萨杰赫罗阿努斯人、莫希干人和特拉华人的总人数）。约翰逊的警告见 Hendricks Speech to Johnson, Feb. 2, 1749–1750, *NYCD* 6: 548。

人很害怕被攻击。[1]

整个高地都藐视法国人。1749年和1750年，从苏必利尔湖和休伦湖来的大量渥太华人和齐佩瓦人仍旧把毛皮运到奥斯威戈，他们在此收到英国人送的贝珠带、勋章和旗子，再带回高地。麦基诺渥太华人诺克哈塔（Nouk8ata）变成了英国人的领袖，许多战士都热切追随他。渥太华人和齐佩瓦人把英国白兰地向西运往绿湾，法国人害怕英国人在此地影响力扩大。再往东的伊利湖附近，有九个村庄的密西沙加人 208
已经完全抛弃法国联盟，搬得离易洛魁人更近。[2]

法国人原本指望塞洛龙的远征能够解决法国的政策困境，但它反而加速了联盟的持续瓦解，并带来更多动荡。塞洛龙本人的结论是：印第安人“对法国人很坏，却完全献身于英国人”。武力只会促使他们投入英国人的怀抱，并让他们与泰特-普拉特结盟。塞洛龙认为，法国商人无法提供和英国人一样的价格，即使可以，那也只会加剧向南移民的潮流，而南部“更方便英国控制”。接任加里松涅担任总督的容基埃本来打算在塞洛龙之后发动一场更大规模的远征，但他发现塞洛龙并未真的受到攻击，于是他认为只要派出商人和少量军官就够了。接下来好些年里他都在武力震慑与调解之间摇摆。[3]

这种摇摆尽管存在缺陷，但总好过前些年坚定不移地追求糟糕的

---

[1] 害怕遭受攻击见 Journal, Margry, *Découvertes* 6: 691–692, 703–705; 关于英国人的警告见 *ibid*., 6: 681, 694–695; 商人的标志，见 *ibid*., 6: 678, 683–684, 686, 688, 689。承诺见 *ibid*., 6: 678–680。松诺提恩蒂奥印第安人并未做出特别的承诺，他们只是说自己会为了生意而工作，*ibid*.6: 713。每个村中的英国人见 *JR* 69: 185。

[2] “Nouk8ata”中的“8”读作“dh”。La Jonquière to Minister, Sept. 20, 1750, *WHC* 18: 67–68; La Jonquière to Minister, Sept. 17, 1751, *WHC* 18: 80–81; Parolles de Pemant8euns（Pennahouel）, 5 juillet 1751, AN, C11A, v.97. 绿 湾 见 La Jonquière to Minister, Sept.16, 1751, *WHC* 18: 78–79; Returns of Western Tribes Who Traded at Oswego, 1749, *NYCD* 6: 538。Example of English message, Speech of English at Oswego to the Huron named Tahoke, n.d., *IHC* 29: 127–128。密西沙加人在奥斯威戈交易，而且 1749 年法国人想要既提供规律的贸易活动，又限制他们与英国人接触，见 Les journaux de M. de Léry...1749, *RAPQ*, 1926–1927, 339。密西沙加人迁居，见 Clinton to Lords of Trade, July 17, 1751, *NYCD* 6: 713–714; Lindesay to Johnson, July 10, 1751, *NYCD* 6: 729–730。科尔登认为这次朝向法国人迁移是受渥太华人攻击所致，但我在法国人的记录中没有找到这种攻击存在的证据，见 Colden to Clinton, Aug. 8, 1751, *NYCD* 6: 742。

[3] 关于各部落态度及法国人的困境的引文见 Margry, *Découvertes* 6: 725–726。塞洛龙补充道，在任何情况下，法国商人都只能拿河狸皮跟英国人换“小生皮”，那东西在法国国内价格高，而在英国价格低，见 La Jonquière au Ministre, 27 fév. 1750, AN, C11A, v.95, f.129。

政策。容基埃仍然很想诉诸武力，使印第安人臣服，但他把武力用来对付英国人。加里松涅已经向王室提议在俄亥俄河沿岸建新的哨所，但现在容基埃满足于攻击英国商人。一旦在俄亥俄地区发现毫无防护的英国商人，法国人及亲法分子便会抓住他们。这么做威胁到反叛者的利益，但并不会威胁到他们的生命，而英国人借此宣传法国人既想剥夺阿尔冈昆人通商的自由，又想逼迫他们为奴。[1]

209 除此之外，法国政策倒是越来越缓和了。1750年，容基埃开始扮演"父亲"的角色并修复联盟的关系。他宣布大赦，终结了由于惩处战时杀死法国人的凶手而导致的多次惨败。他转而加强联盟酋长的权力。实际上他接待了那一年里来到蒙特利尔的所有群体，向被联盟酋长们颁发勋章，这些酋长由村民或此前获得过勋章的酋长认定。他送给酋长们丰厚的礼物，供他们回村分发，他还调解了村庄之间的激烈冲突。容基埃不满足于自己在蒙特利尔取得的和解成就，他调换了底特律和迈阿密哨所的指挥官，敦促新任军官在俄亥俄谷地推行和解政策。塞洛龙派出一大队底特律和圣约瑟酋长代表去见迈阿密叛军，劝说他们回到迈阿密要塞。同时他还让里夏迪耶神父去见怀恩多特人，说服他们回到底特律。路易斯安那的沃德勒伊总督也采取了类似的和解政策。[2]

---

[1] 加里松涅的建议见 Memoir on the French Colonies, Dec. 1750, *NYCD* 10: 230。因为商人出现而抗议英国人见 Jonquière to Phips, Mar. 7, 1750, *NYCD* 6: 565–566。对商人的攻击见 Trent to Peters, July 22, 1750, *PA*, series 1, 2: 50; Lindsay to Johnson, Sept. 7, 1750; *JP*: 297; Johnson to Clinton, Sept. 25, 1750, *NYCD* 6: 590–591; Deposition of John Patton, Mar. 8, 1752, *IHC* 29: 490–499; Deposition of Thomas Bourke, Mar. 8, 1752, *ibid.*, 503–505。辩护及争夺帝国地位见 Jonquière to Clinton, Aug. 10, 1751, 以及 Clinton' s notes, *NYCD* 6: 731–736。1750 年莫霍克人和英国人将法国的行动解释为是在准备攻打俄亥俄印第安人和易洛魁人，见 Johnson to Clinton, May 4, 1750, *JP* 1: 276–277。

[2] 礼物见 Jonquière au Ministre, 3 nov. 1751, AN, C11A, v.97, f.193。功勋酋长见 Parolles des Sakis, Reponse, 29 juin, 1 juillet, 1750, AN, C11A, f.251; Parolles des P8tet8atames, 29 juin 1750, AN, C11A, v.95, f.249; Parolles des Kiskakons...de Michilimackinac et reponse, 4, 6 Juillet 1750, AN, C11A, v.95, f.241。有关和解，也见 Parolles des Sakis, Reponse, 29 juin, 1 juillet, 1750, AN, C11A, f.251; Parolles des Saulteurs de Chouagamegon, et reponse, 2–3 juillet 1750, AN, C11A, v.95。宽恕见 Parolles des Kiskakons...de Michilimackinac, et reponse, 4, 6 juillet 1750, AN, C11A, v.95, f.241; Parolles de 8ta8ois de la bande de la fourche, Reponse, 1 juillet, 6 juillet, 1750, AN, C11A, v.95, f.244; Puants de la Bay,（1750）, AN, C11A, v.95, f.195。实际的调解行动及另一起法国人遇害事件见 Jonquière to Rouillé, Sept. 17, 1751, *IHC* 29: 347–355。关于朱蒙维尔的介绍，见 July 10, 1750, *IHC* 29: 217–225。雷蒙后来称自己被代替时差点就要送还许多反叛的迈阿密人了，但这点很可疑，见 Raymond to Rouillé, Oct. 1, 1751, *IHC* 29: 393–398。
法国人之死一开始仍然会使人们要求处决罪犯，见 La Jonquière to Ministre, Sept. 17, 1751, *WHC* 18: 81–83。沃德勒伊显然在考虑对叛乱者采取更多武力，见 Vaudreuil à Jonquière, 24 mars 1751, Cavagnal Letter-books, LO9, v.4, Huntington Library。

事实证明，容基埃的和解政策比之前的严刑峻法管用得多。一些怀恩多特人离开了奥龙托尼——他已经朝英国人和俄亥俄的方向南迁；萨吉诺的渥太华人接受了容基埃的赦免，回到麦基诺。麦基诺的渥太华酋长诺克哈塔曾在奥斯威戈与英国人进行贸易和谈判，但现在他请求宽恕。到1751年容基埃召集湖区各部落开会时，他已经开始懂得联盟政治的言行之道。他送的礼物很多——不像加里松涅那样，而且 210
他尊敬、欢迎酋长们；他准备宽恕那些与英国人做过生意的人；他赞扬与会的酋长与发言人们；他及时调解他忠诚的“孩子们”之间的争端；他学会只把威胁当作宽恕的前奏来使用；他接受了西纳格渥太华人，他们曾在杀死法国人后逃往萨吉诺，他“完全忘了你们对法国人做的所有事，并不再想它了”。同时，他也让酋长们明白，他在西部有耳目。他在会议上复述了从英国人那里得来的消息，而酋长们原以为法国人并不知道这些。他想让酋长们去强迫渥太华人对俄亥俄和沃巴什上的反叛者举兵，以证明他们的忠诚。实际上他把英国人当替罪羊，把之前联盟的所有问题都推到英国人头上，而不少渥太华人和齐佩瓦人也接受了这种说法。就这样，容基埃开始让联盟起死回生。

加里松涅和容基埃都意识到要想对联盟做任何修复都必须改革毛皮贸易。他们认为哨所出租政策是个核心问题，有些哨所的印第安人心怀不满，可能倒向英国人，加里松涅和容基埃废除了这些地方的租赁政策。加里松涅的政策实施得更加深远，他敦促西印度公司保持战时收购河狸皮的较高价格，以应对英国的竞争——这件事上他取得了部分的成功。同时，他还敦促弗隆特纳克、尼亚加拉和底特律的商人在两三年内把商品卖得和英国货一样的价格。容基埃也保证会干预商人欺诈印第安人的行为。对那些坚持要去奥斯威戈的印第安人，法国人在多伦多和苏圣玛丽设了商行，最后在尼亚加拉的小急流也设点，可以拦截那些印第安人，并提供具有竞争力的价格。最重要的是，法国人还准备卖白兰地；因为，正如麦基诺渥太华发言人彭纳韦尔所说：

“印第安年轻人‘喜欢他们的酒’。”[1]

211 除了能够修复联盟关系，改革还给容基埃带来了别的机遇。每个法国总督都想自肥，即便以“加拿大标准”来看容基埃也尤为贪婪。他利用许可证的特权将西部毛皮交易分给自己的亲信，并通过他们从中牟利。不过，容基埃的贪财和他手下的行政官弗朗西斯·比戈（François Bigot）比起来便是小巫见大巫了。比戈1748年赴任，接替奥卡尔，一直干到法占时期结束。对他来说，在加拿大吃的苦只不过是通往财富的道路罢了。尽管存在贪腐，终结租赁制度仍然增加了法国哨所的商品供应，而且价格也降下来了。[2]

尽管容基埃调解争端、修复毛皮贸易的做法逐渐遏制住了五大湖区周边的叛乱，但俄亥俄河和沃巴什河沿岸的叛乱仍在继续。在那里，原有的等级制崩溃，英国人的出现为亟待全面修复的联盟关系创造了许多新的领袖和机会。住在马斯金根河上的孔沙克（Conchake）新村的怀恩多特人，与俄亥俄的共和者以及迈阿密叛军一道，继续反抗法国人。

法国人的毛皮贸易改革在湖区南部的叛乱者中并没有收到什么直接效果，因为俄亥俄谷地贸易的基本形式与湖区并不一样。法国人在大湖区拥有有效、完善的供应网络，并且市场不仅涵盖河狸皮和小生皮，还有鹿肉、独木舟、鱼类、玉米和熊油。所以法国人的让步收到

---

[1] 实际上 1750 年在奥斯威戈存在与英国人的贸易，见 La Jonquière to Minister, Sept. 20, 1750, *WHC* 18: 67; Abstract of Despatches, 1749, *NYCD* 10: 199–202。对于最终租赁，见 La Galissonière to Minister, Oct. 23, 1748, *WHC* 17: 503; Jonquière au Ministre, 20 sept. 1749, AN, C11A, v.93, f.101; Jonquière and Bigot to Minister, Oct. 9, 1749, *WHC* 18: 33; Jonquière to Minister, Aug. 18, 1750, *WHC* 18: 63。早在 1737 年就有人抱怨出租要塞疏远了西部村民，见 Bienville au Ministre, 21 juin 1737, AN, C13A, v.22。
白兰地酒见 Parolles des P8tet8atames, 29 juin 1750, AN, C11A, v.95, f.249; 8ta8ois de Missilmakinack, 1 juillet 1750, AN, C11A, f.248; Parolles de Pennant 8euns, 7 juin 1751, AN, C11A, V.97。白兰地是英国贸易收入的核心来源，见 Weiser, Journal, 载 Thwaites（ed.）, Early Western Travels, 1: 41。Trade, Parolles de 8ta8ois de la bande de la fourche, Reponse, 1 juillet, 6 juillet, 1750, AN, C11A, v.95, f.244。多伦多人见 La Jonquière and Bigot to Minister, Oct. 9, 1749, *WHC* 18: 34。苏圣玛丽见 La Jonquière au Ministre, 24 aoust 1750, AN, C11A, v.95, f.211。小急流的战略重要性见 Mémoire sur ？ les postes...en 1754...Raymond, *RAPQ* 1927–1928, 330–332。哨所选址见 R. Cole Harris（ed.）, *Historical Atlas of Canada, vol.1, From the Beginning to 1800*（Toronto: University of Toronto Press, 1987）, plate 39, plate 40。

[2] 容基埃和比戈见 Lanctot, *A History of Canada* 3: 80–81; Lawrence Henry Gipson, *The British Empire Before the American Revolution*, 15 vols.（New York: Alfred A.Knopf, 1958–1970）, 5: 27–29。

了成效，只剩下密西沙加人还在反抗，他们不断迁往易洛魁人那儿。不过在南部，鹿皮仍然是贸易中的主要商品，它受英国人青睐，法国人却对它不感兴趣。这让英国人获得显著优势，他们还在困难重重的独木舟运输贸易中占据第二个优势。在莫米河和沃巴什河上游之间要频繁进行路上运输，这使法国人在该地的贸易之旅比高地其他地方都更为艰难和昂贵。而且，在湖区另一边，用来做独木舟的北部桦树消失了，水路上只好用另一种更为笨重难驾驭的独木舟。法国的改革对此处的价格影响不大，而俄亥俄谷地的反叛者似乎更加坚定了反抗法 212
国人的决心。[1]

俄亥俄和沃巴什的共和领袖们比大湖区的反叛者还承受着更多一重风险。他们中许多人就和奥龙托尼一样，不只是要推翻昂提奥，还要推翻村庄中现存的等级秩序。因此，对这些共和国领袖来说，接受昂提奥的赦免就意味着重新屈居那些忠诚于父亲的联盟酋长之下。希尼恩凯（劳格斯镇）的年轻人说他们不再拥护老酋长们，并在大会上直接向法国人说出这一点；沃巴什村中，迈阿密人中的皮耶弗勒伊德（Piedfroid）和威人中的翁格勒这样的联盟酋长都发现自己的影响力正在消失。从希尼恩凯到沃巴什村子，原有的政治和社会秩序都正在改变。[2]

这场政治变革涉及几代以来将高地连成一体的通婚和亲属网络。它实际上影响了湖区南部所有村庄。特别是在沃巴什河沿岸，叛乱领

[1] 俄亥俄河谷的贸易商品并不丰裕，松诺提恩蒂奥的肖尼人称英国人是他们的唯一货主，见 Speech of Shawnees, n.d., *IHC* 29: 128。1752 年伊利诺伊的麦卡提抱怨加拿大商品又少又贵，抱怨走私商品去英国地区，Macarty to Vaudreuil, Mar. 18, 1752, *IHC* 2: 516–517; Macarty to Vaudreuil, Sept. 2, 1752, *IHC* 29: 666–667。Macarty to Rouillè, June 1, 1752, *IHC* 29: 641. 还有一个问题是，到底有多少礼物到了印第安人手中。被容基埃解职的雷蒙很难说在其中没有利益关系，他说贪污挪用普遍存在。见 Mémoire sur les postes du Canada...1754, AQ, 1927–1928, 325, 349–350。他同样抨击哨所由一小撮家族掌管，见 *ibid.*, 334–337。允许自己的亲信军官售卖白兰地显然也是有利可图的，*ibid.*, 344。
运输及与英国人的贸易见 Projet pour s' opposer à l' agrandissement du Anglois en Canada..., 15 oct. 1729, AN, C11A, v.51, f.467; Memorandum, Feb. 13, 1731, *WHC* 17: 131–132。鹿皮见第三章。俄亥俄印第安人一再向塞洛龙抱怨法国人没能力供应他们，而塞洛龙认为法国人永远不可能在此地区有效竞争。见 Journal de la campagne...Céloron, Margry, *Découvertes* 6: 683, 698, 725。1749 年麦基诺的商品供应如此充足，以至于商人都亏本了，见 La Jonquière au Ministre, 20 sept. 1749, AN, C11A, v.93, f.101。密西沙加人见 Colden to Clinton, Aug. 8, 1751, *NYCD* 6: 742。

[2] Chiningué, Margry, *Dècouvertes* 6: 690, 696–698.

袖往往在自己的部落或村庄之外婚娶，这点上他们和许多忠心的酋长很像，比如迈阿密人中的德穆瓦塞莱（La Demoiselle）可能是皮安卡肖人出身，他的亲密盟友黑蝇则是卡斯卡斯基亚人，后来他成为在威人和皮安卡肖人中都拥有一定拥护者的酋长。雅雷（Le Jarret）是迈阿密人格吕埃（La Grue）的继父，他是个威人，崛起成为泰皮奇恩（Tepicon）迈阿密人的领袖。卢普（Le Loup）是个基卡普人，做了皮安卡肖人酋长。[1]

213 等级森严的父系继嗣制度决定了从外部婚娶的男子很难拥有影响力。他们在村里只有姻亲——妻子的亲属。由于这种纽带并没有在同一个父系继嗣内的纽带强，所以这样的男子应该只是些小角色。他们普遍崛起，清楚表明伊利诺伊人和迈阿密联盟中原有的等级制和世系层级正在衰落。

为何原有的“王”会式微，而这种通婚领袖出现，其原因尚不清楚，但有可能是由于疾病。从法国人的描述看，早期迈阿密人中（伊利诺伊应该也一样），“王”也是例行领袖或者说萨满－酋长（shaman-chief），疾病杀死这些领袖就和杀死他们的拥护者一样容易。这可能既削弱了人们对于萨满－酋长保护其子民的神力的信仰，同时需要吸收外族人来充实人口。如果是这样，那原有的酋长领导阶层就会溃败。原有的父系阶层充满纷争，外来者可能进行调解——正因为他并不属于任何一方。就像昂提奥一样，他们能够获得声望也正因为他们是外来的调停者。同样，外来者还可能更能直接吸引村中的所有战士，而另一批社会身份已牢牢嵌入特定继嗣的人可能做不到。在某个强大的世系中处于高阶地位仍然能带来政治地位，但这不再是获取影响力的唯一途径。

[1] 黑蝇见 Reports to Raymond, Mar.–Apr. 1750, *IHC* 29: 176–177。作为一个威人酋长，见 Jonquière to Rouillé, Sept. 25, 1751, *IHC* 29: 366–367; 作为一个皮安卡肖人，见 Words of Les Grands Ongles, May 17, 1750, *IHC* 29: 209。努瓦尔之后加入皮安卡肖族群，De Guyenne to Vaudreuil, Sept. 10, 1752, *IHC* 29: 719。关于雅尔雷，见 Words of Les Grands Ongles, a Wea Chief, May 17, 1750, *IHC* 29: 207。他是一个威人，是米亚米斯带着礼物到威族来掩盖他的死亡，见 Report of Sieur Roy, Apr. 1, 1750, *IHC* 29: 169。

外来通婚者当上酋长，这削弱了村内亲属关系的政治影响力，同时也加强了村际亲属关系。比如雅雷和黑蝇就与自己原生村庄中的父系世系保持着联系。随着叛乱发展，这种纽带让叛乱领袖有能力辐射较远城镇的族群。黑蝇是卡斯卡斯基亚人中联盟酋长鲁昂撒的兄弟，1751年他说服自己的一个兄弟——可能是帕普钦吉亚（Papechingouya）在迈阿密叛军据点皮卡威拉尼（Pickawillany）与英国人会面。鲁昂撒仍然忠于法国人，但他也和弟兄们保持联系，他不愿意让法国人攻打亲人。于是黑蝇利用这层亲属关系，一方面招徕盟友，另一方面获得庇护。[1]

鲁昂撒无论如何都不可能既能打击叛军又不与自己的亲戚疏远。 214
正如黑蝇迁居沃巴什河一样，伊利诺伊村庄里也有许多迈阿密人、威人和皮安卡肖人的妇女儿童。法国人初次攻打迈阿密人后，卡斯卡斯基亚酋长乌沙伊金通加（Ousaouikintonga）问："为什么，我的父亲，为什么你不直接攻打我，而是攻打我所有亲人在的部落？"路易斯安那的沃德勒伊总督意识到，周边部落不太可能攻打叛军，因为后者大多是他们的亲戚。[2]

村庄政治的边界超出了任何一个单独的村庄，但让事情变得更复杂的是，这边界同样覆盖了伊利诺伊地区温森斯、圣约瑟和底特律的法国村庄。法国男子与印第安女子之间的性关系同样令耶稣会士和法

[1]　鲁昂撒与阿拉梅的父亲有相同的名字，并且是同一个家族的头目，但半个世纪以来，两人的关系削弱了鲁昂撒的权力。人口下降使原先分离的群体团结起来。1733年塔玛罗厄人和鲁昂撒的卡斯卡斯基亚人形成一个村庄，这种结合最终让塔玛罗厄人融入了卡斯卡斯基亚人中，但当时产生的后果是，村庄中兴起两个派别，一派是鲁昂撒领导的卡斯卡斯基亚人，一派是勒沙（Le Chat）领导的塔玛罗厄人。谁也不能被法国人承认为村庄酋长，鲁昂撒和沙都无法有效控制村庄。他们和其他伊利诺伊酋长一样，用耶稣会士的话来说，都是"有名无实的酋长"。最初鲁昂撒作为一名萨满－酋长，他的改宗能让卡斯卡斯基亚人都信仰基督教，而现在鲁昂撒却只能在规模缩小的村庄里和竞争者分享权力。见 Les P. P. Boullenger et Mercier au Ministre, 22 avril 1733, AN, C13A, v.17, 以及 *ibid.*, 25 aout 1733, AN, C13A, v.17。关于帕皮奇等，见 Jonquière to Rouillé, Sept. 25, 1751, *IHC* 29: 366–367。较早的商业序曲和鲁昂撒儿子的旅途见 Extrait de particuliers...pendant les mois d' avril et may 1742, AN, C13A, v.27, f.85。

[2]　Macarty to Vaudreuil, March 18, 1752, *IHC* 29: 518. 通婚见 *ibid.* 714; Vaudreuil to Rouillé, Apr. 8, 1752, *IHC* 29: 578–579; Macarty to Rouillé, June 1, 1752, *IHC* 29: 642。关于伊利诺伊人的拜访和礼物，见 De Guyenne to Vaudreuil, Sept. 10, 1752, *IHC* 29: 719–720。麦卡提见 Duquesne to Rouillé, Oct. 31, 1753, *IHC* 29: 846–847。

国官员不悦。18世纪30年代末，法国王室甚至想在路易斯安那禁止通婚，但遭到伊利诺伊地区的耶稣会士反对。他们承认，这种婚姻固然不好，但更坏的情况是所有部落中都将出现混血私生子。他们向王室解释，合法混血儿总是在外观、文化和认同方面都变成了法国人。他们称，过去20年里只有一例合法混血儿生活在印第安人中。但是，混血私生子却总是变成印第安人，生活在母亲的族群中。[1]

混血私生子或许成了印第安人，而合法混血儿成了法国人，但两者都说明了两个族群的密切关系。耶稣会士也承认这一点。神父们声
215 称，尽管印第安女人与她们的亲属有令人担忧的联系，但这种纽带也会随时间流逝而减弱。在任何时候，法国村庄都会收留跨族通婚的印第安女人和她们的孩子，以及其若干来访的亲戚。法国国内的神父和官员们担心这会导致背叛和腐败，但当地指挥官明白这种联系可能会很有用。当黑蝇要伊利诺伊人加入叛军时，麦卡提马上提醒他们，他们与法国人有亲戚关系，要对法国负有责任。为了让印第安人保持忠诚，法国指挥官也会依靠合法混血儿和那些与印第安人通婚、通商的法国人。这些人的亲戚往往也是大人物。迈阿密人勒埃皮克（Le Porc Epic）就和法国人是亲戚，还有弗米利恩河上一个村的酋长马林万（Le Maringouin）的姊妹也嫁给了法国人。[2]

法国人想借助合法混血儿的力量重建高地秩序，但最后不管是利用合法混血儿还是经济改革都没能达到这个目标。1750年，容基埃派容卡里先生去俄亥俄，容卡里是个混血儿，母亲是易洛魁人。他带去了法国的商品并争取建立法国贸易商行。他的最终目标是让俄亥俄的共和村子脱离英国，要么让这些印第安人赶走英国商人，要么说服易洛魁人从俄亥俄地区的村庄撤出——村庄居民主要是易洛魁人或易洛魁人的依附者。但两种方法都失败了。卡尤加（Cayuga）人坦白地告

[1] 关于生来不同的原始部落女人的备忘录，1738, AN, C13A, v.23, 关于易洛魁人的备忘录，1732, AN, F3, v.24。关于婚姻的讨论见 Bienville et Salmon au Ministre, 16 may 1735, AN, F3, v.20, f.85。

[2] Macarty to Vaudreuil, Mar. 18, 1752, *IHC* 29: 511–515. 马林万见 Macarty to Vaudreuil, Mar. 18, 1752, *IHC* 29: 507–508。法国人中的女人见 *ibid*.521。同样可见 n.50。

诉他，现在共和已经成了生活中的事实：

> 父亲，看来你希望居住在这条美丽河流上的所有印第安人都撤出，你知道这是一个由各族群组成的共和体，甚至许多居住在你们附近的族群也生活在此。这片土地上猎物丰足，这是吸引他们来此的原因。

俄亥俄共和者并不是普遍憎恨法国人，他们会和容卡里做生意，而容卡里也保护着他们，但他们同样不会赶走英国人，更不会离开此地。[1]

四

俄亥俄地区及怀恩多特人中的叛乱仍在持续，但叛乱的最终阶段
发生在更西部的沃巴什河及其支流上。到1750年奥龙托尼死的时候， 216
迈阿密叛军领袖德穆瓦塞莱已经盖住了他的光芒，而且德穆瓦塞莱在大迈阿密河支流上的据点皮卡威拉尼已经成为反抗军的中心。和奥龙托尼一样，德穆瓦塞莱最初背弃联盟是为了追求村内利益而非帝国政治利益。但反叛军和法国寻求和解迫使他不得不在扩张个人野心和屈服于首领之间做出选择。德穆瓦塞莱选择了进入深水区。[2]

和奥龙托尼一样，德穆瓦塞莱起初在自己村里也只是个小角色。1747年他带着一群战士洗劫了迈阿密村中的法国哨所，当时他并不是团队中一员或部落首领，显然，他甚至不是迈阿密人，而是与迈阿密人结婚的皮安卡肖人。埃皮克娶了法国人，也仍然忠于法国人，他是“德穆瓦塞莱所在团队中的第一位酋长”；德穆瓦塞莱似乎只是埃皮克

[1] 卡尤加人的话和容卡里见 Conference of...Jonquière with the Cayugas, May 15, 1750, *NYCD* 10: 205–209。亦见 Conference between Colonel Johnson and a Cayuga Sachem, Dec. 4, 1750, *NYCD* 6: 608–610。关于容卡里和俄亥俄易洛魁人，见 Croghan’ s Journal May 18–27, 1751, 载 Thwaites（ed.）, *Early Western Travels*, 1: 58–69。

[2] 奥龙托尼之死见 Jonquière to Minister, Oct. 10, 1750, *WHC* 18: 74–75。

群体中的作战头目。要想弄清德穆瓦塞莱如何从一个小小的作战头目壮大为法兰西帝国的威胁，就要花时间了解迈阿密政治，探索那错综复杂的权力模式。[1]

18世纪40年代晚期，主要有两个迈阿密村子，分别是莫米河上游的凯基翁加（Kekionga，或者叫基斯卡科恩），蒂珀卡努河（Tippecanoe）上游的泰皮奇恩。德穆瓦塞莱居住的凯基翁加村由皮耶弗勒伊德（又叫怀斯考夸切［Wisekaukautshe］）领导，法国人认为他是迈阿密人中的首席酋长。特皮康村则由雅雷领导，一直到他1749年遇害。雅雷死后，该村名义上由其继子格吕厄领导，但实际控制者是格吕厄的母亲——类似某种摄政王。[2]

有迹象表明这两个村子本身反映了迈阿密人早期的一次重大分裂。
217 雅雷的继子名叫格吕厄，这是沙丘鹤的法语叫法，迈阿密人自称沙丘鹤。在许多阿尔冈昆族群中，名字属于一个世系或氏族，并且一代一代循环使用。由于主要的世系最有可能拥有部落的名字，格吕厄这个名字很可能正是代表了该世系。显然他所继承的地位级别也比相邻族群的民事领袖更高。有两位长者和他的母亲为他摄政也表明了这一点。他们几位保管着贝珠带及其他象征权力的东西，因此格吕厄所在的世系可能是“酋长世系”，这个世系曾产生多位酋长，法国人还误以为他们是国王。[3]

---

[1] 英国人把德穆瓦塞莱这位皮安卡肖老人叫作“王”，显然是指他最初的部落出身。见 William Trent, *Journal of Captain William Trent from Logstown to Pickawillany, A. D. 1752*（New York: Arno Press and the New York Times, 1971）, 88。袭击及与英国人的关系见 Occurrences in Canada during the year 1747–1748, *NYCD* 10: 139–140, 143。关于埃皮克，见 Raymond to La Jonquière, Jan. 5, 1750, *IHC* 29: 154。埃皮克的同辈男性亲戚是西厄尔·罗伊，一个有名的混血儿，也是哨所的翻译，*ibid*。氏族结构和社会组织概述见 *HBNI* 15: 684–685。

[2] 群体及皮耶弗勒伊德作为首席酋长见 Boishébert' s Report, 24 July 1733, *MPHC* 34: 109; Raymond on the Miami, Oct. 1749, *IHC* 29: 122–123。关于雅尔雷，见 Raymond to La Jonquière, Oct. 11, 1749, *IHC* 29: 121。关于格里或者说是格吕埃，见 *ibid*.123; 关于格吕厄母亲，见 Reports to Raymond, Mar.–Apr. 1750, *IHC* 29: 173; Raymond to La Jonquière, May 14, 1751, *IHC* 29: 290–291。

[3] 关于格里斯，见 Raymond to La Jonquière, Oct. 11, 1749, *IHC* 29: 190–221, 123; 关于“格吕厄”其名，见 Parolles du Grue, Oct. 6, 1749, AN, C11A, v.95, f.376。注意他把自己描绘成一个羞怯的年轻人以及他和他父亲以及继父在他面前关于忠诚的抗议。对于起重机，见 *HBNI* 15: 681。19世纪中类似的环境见 C. C. Trowbridge, *Meearmeear Traditions: Occasional Contributions from the Museum of Anthropology of the University of Michigan*, no.7, ed. Vernon Kinietz（Ann Arbor: University of Michigan Press, 1938）, 13。

不过，如果格吕厄是迈阿密人中的世系酋长，那法国人又怎么会把皮耶弗勒伊德当作“首席酋长”呢？答案似乎与瘟疫和大药师的兴起有关。尽管17世纪时迈阿密人中的世袭酋长以具有超能力而著称，18世纪，在瘟疫造成大量人口死亡期间，法国人注意到关于迈阿密联盟领袖间的竞争和分歧更加剧烈。迈阿密酋长原本具有祭司的功能，而他们又没能止住瘟疫，这很可能极大地削弱了他们的威信。值得注意的是，迈阿密人中有个传说，说是在一场席卷特皮康村的瘟疫里，格里斯（Le Gris，也就是格吕厄的另一个名字）是仅有的两个幸存者之一。在这个口头传说里，格里斯后来成为乌龟胞族的酋长。这里重要的不是该故事是否完全符合史实，而是格里斯作为村中瘟疫幸存者的身份。在村民受害于瘟疫时，他当上了村中的世袭酋长。[1]

同样，皮耶弗勒伊德也成了救族人逃出瘟疫的酋长。文献中说，一场天花大爆发后，1733年他带领族人逃离了自己的村庄。在迈阿密人的口头传说里，皮耶弗勒伊德也与疾病相关联。他死后将近一个世纪内，19世纪的迈阿密人把他奉为大药师会中法力最高强的祭司。大药师会是个医疗会社，在迈阿密人中的起源可追溯到17世纪晚期，当时该族群生活在圣约瑟河边，瘟疫横行，社会组织也出现极大分化。 218
一位老人在林中徘徊，哀悼他死去的儿子，他儿子的尸体在一处巨大的圆形棚屋里被发现。屋中有些化为人形的动物，动物们向老人透露了它们法力的源泉，以缓解他的哀伤。它们赋予他既能杀人又能医治人的法力，并保证说通过练习这些力量他可以长命百岁，尽享世间好物。它们说：

> 我们看你十分伤心，便想减轻你的磨难。我们赋予你的法力和你见到的这些仪式，都是好坏参半的。也就是说，人可以用他达成邪恶的目的，也可以用于伸张正义。你回家后会发现这是一

[1] Trowbridge, *Meearmeear Traditions*, 12–13.

> 份非常有价值的事业，我们也希望你对世人保守秘密。你将有能力开拓出这个会社的新分支，但新加入者必须付高昂的费用；注意不要因过分扩大规模而使（其）名声败坏。做仪式时每一步都要无比庄重而隐秘，并且注意不要让任何人亵渎其过程。[1]

披露这些信息的动物们都有着早期阿尔冈昆人所描述的曼尼通的标志，但他们现在共同居住在一间棚屋里，联合成一个强大的会社。和之前一样，他们可以赋予人法力，但这法力是他们个人力量的总和，比过去的要强大很多。更重要的是，它是一种社会性、组织性的力量。动物们指示老人组建他自己的会社，并招徕其他成员加入这个秘密会社。对一个疾病肆虐，又原本存在等级制传统的族群来说，这样一个医疗者的等级会社无疑极具吸引力。到18世纪30年代，皮耶弗勒伊德至少已经同时拥有酋长和祭司的地位。

关键的问题是，究竟皮耶弗勒伊德是旧等级秩序中的一员，利用大药师会巩固已有地位，还是说他之前只是个小角色，在瘟疫期间利用大药师会而一跃成为政治领袖呢？ 哈罗德·希克森（Harold Hickerson）将齐佩瓦人中的大药师会解释为一种集中、统一的力量，能够将一些图腾群体联合成一个部落。齐佩瓦人中的祭司和村中的民事酋长十分不一样，但在迈阿密人中，大药师会的祭司阶层似乎是现存等级制破裂产生的新的等级。大药师会代表一种通往政治领袖地位
219 的新途径。皮耶弗勒伊德既是大药师会领袖又是政治领袖，他也使格吕厄的旧世系地位被削弱。

皮耶弗勒伊德不靠传统渠道而蹿升至高位开启了可供别人仿效的新路，迈阿密口头传说证实了这一点。传说大药师会其他成员非常嫉妒皮耶弗勒伊德，并决心杀死他。这些阴谋家都是各自群体的

[1]　Boishtbert to Beauharnois, July 24, 1733, *MPHC* 34: 109. Trowbridge, *Meearmeear Traditions*, 77–85; 引文，83。

首要人物，他们成功利用诡计杀死了皮耶弗勒伊德，尽管皮耶弗勒伊德的儿子制造出一种更厉害的药把他们都杀死了，但从此大药师会一蹶不振。该传说中大药师会祭司之间的争斗大致对应现实中18世纪40年代德穆瓦塞莱及其他人反抗皮耶弗勒伊德的事争斗，在18世纪50年代达到高潮。1752年皮耶弗勒伊德死于天花——正是他最初将族人从中拯救出来的那种病，他的一个儿子也死于天花。格吕厄也害天花去世，而德穆瓦塞莱在1751年死于法国人和忠于法国人的印第安人的手。传说故事中拥有“法力”之人的死亡对应了现实中掌权者的去世。[1]

在迈阿密人的记忆中，皮耶弗勒伊德的下台涉及权力斗争，但斗争的双方能集结的力量都是阿尔冈昆人认可的唯一权力——传说中化为人形的动物赐予那些以恰当方式向他们求助的人权力。在迈阿密人的历史中，德穆瓦塞莱召集起来反抗皮耶弗勒伊德的力量也来自外部。德穆瓦塞莱洗劫迈阿密哨所之举标志着他成为奥龙托尼的盟友，后者送了一条贝珠带请他加入此次袭击，并且，通过奥龙托尼的关系，德穆瓦塞莱也就成了易洛魁人和英国人的盟友。这些年里奥龙托尼积极促成怀恩多特人和易洛魁人交好，将两个族群描述为“同一族人”。他们与英国人的来往就更正式了，1748年怀恩多特人见了宾夕法尼亚来的官方代表，同年，德穆瓦塞莱领导的迈阿密人与宾夕法尼亚方面在兰开斯特达成协议。对法国人和英国人来说，德穆瓦塞莱的攻击其意义主要在他们的帝国竞争方面；但对德穆瓦塞莱自己来说，其意义则显然在另一个权力斗争领域，他从怀恩多特人、易洛魁人和英国人那儿得到的支持使他能有效地挑战迈阿密村庄中的政治对手——也是从前地位高于他的人。[2]

---

[1] Harold Hickerson, “The Sociohistorical Significance of Two Chippewa Ceremonials, ” *American Anthropologist* 65（1963）: 67–85; Trowbridge, *Meearmeear Traditions*, 85–87. 死亡见 Longueuil to Minister, Apr. 21, 1752, *WHC* 18: 108。这里说格里斯的母亲也死于天花，但第二年她又出现在一次会议上。见下一章。

[2] 怀恩多特人和英国人见 Journal of Conrad Weiser, 1748, *PCR* 5: 350–351。迈阿密人见 Treaty at Lancaster, July 19, 1748, *ibid.*, 307–319。怀恩多特人 – 易洛魁人见 Weiser Journal, *ibid.*, 350。

220 所以德穆瓦塞莱的反抗既反映了英法帝国间的竞争，也反映了迈阿密人自身的村庄政治斗争。他和奥龙托尼一样，放弃了自己在村内原有的与法国人相关联的领袖地位，而是采取必要措施与其他人结盟以巩固地位。与英国人贸易对德穆瓦塞莱成功反抗皮耶弗勒伊德来说是必不可少的，但他利用贸易来重建整个高地的政治秩序的方式使他获得的威望远远超出自己村庄范围。

皮耶弗勒伊德在上次攻击法国人之后建了皮卡威拉尼村，该村原本只是一个新的迈阿密镇子，还算不上一个共和体。当塞洛龙造访皮卡威拉尼时，他已经到过罗谢（Rocher Ecrit），那儿由阿尔基帕（Alquippa）掌权——阿尔基帕是个明戈女人。在希尼恩凯塞洛龙发现一个"非常糟糕的村子"，杂居着明戈人、肖尼人、特拉华人，还有零星的教团印第安人、阿布纳基人、尼皮辛人等族群。松诺提恩蒂奥也是明戈人、肖尼人、南加州土著人、特拉华人及少数迈阿密人的大杂烩，"几乎来自高地所有部落"。即便皮卡威拉尼之下的一个迈阿密人小村里也居住着一些塞内卡人，而皮卡威拉尼本身则只有迈阿密人。[1]

形势逼迫德穆瓦塞莱必须发展更多支持者。迟至1749年秋天，他仍然还只是迈阿密人中一个参与反对皮耶弗勒伊德的野心勃勃的派系领袖；而两年后，他已经战胜了皮耶弗勒伊德手下的战斗头目奇涅（Le Cigne），并带领一众全都和他一个世系的追随者离开了老酋长，但这仍然只是局部胜利，只是迈阿密政治中的胜利。这种小的成功也会带来风险。德穆瓦塞莱尽管吸引到了新的支持者，但也招来了争夺领导权的新对手。当塞洛龙造访皮卡威拉尼时，另一名迈阿密酋长巴里尔（Le Baril）正在怀特河边经营着一个独立的村子。招徕的人越多，分化就越多，到1750年时，两个关键人物，萨卡·佩通和佩昂显然不

---

[1] 关于奇里格，见 Margry, *Découvertes* 6: 690, 696–698。松诺提恩蒂奥的引文见 *ibid.*, 707; 迈阿密人中的塞内卡人见 *ibid.*, 715。

满德穆瓦塞莱的自命不凡，并开始与法国人谈判重返凯基翁加的事。[1]

然而，事实证明德穆瓦塞莱完全可以应付法国人的挑战。法国联 221
盟的成功和失败都被他巧妙地利用来颠覆联盟。他利用英国商品的诱惑、法国人犯下的错误，以及目前在高地普遍存在的通婚产生的亲戚关系来吸收新的追随者。塞洛龙来时，皮卡威拉尼只有四五十名战士，一年后该地便有了四百户人。德穆瓦塞莱吸引了威人和皮安卡肖人中对加里松涅总督的吝啬感到不满的小酋长，还有对法国人出的买卖价格极度不满的战士们。如果德穆瓦塞莱真是皮安卡肖人，那这些人中可能有他的亲戚。1750年春天，当时萨吉诺的渥太华人和齐佩瓦人尚未与容基埃和解，他们向德穆瓦塞莱许诺明年将加入他的阵营。德穆瓦塞莱也往伊利诺伊地区及沿密西西比河上游的地区送了贝珠带，邀请其他更远处的族群来皮卡威拉尼。[2]

到1751年秋天，德穆瓦塞莱的影响力开始远远超出迈阿密人的范围。伯努瓦（Benoist）先生害怕该地区会发生部落“革命”，因为一年多里不断有坏消息传来。利涅伊斯（Ligneris）先生在温森斯主事，他

[1] 初夏时德穆瓦塞莱想让皮耶弗勒伊德和格吕埃手下的战士们帮他对付塞洛龙，但是没能如愿，见 Raymond to La Jonquière, Sept. 4, 1749, *IHC* 29: 108–110; Parolles du Grue, 6 oct. 1749, AN, C11A, v.95, f.376。德穆瓦塞莱的诺言见 Margry, *Découvertes* 6: 722; 皮耶弗勒伊德的反应见 *ibid.*, 723; 皮耶弗勒伊德失去影响力见 Raymond to La Jonquière, Oct. 11, 1749, *IHC* 29: 120; Raymond to La Jonquière, May 22, 1750, *IHC* 29: 202; Parolles du conseil tenu a Miamis, 8 oct. 1750, AN, C11A, v.95, f.378; Raymond to Minister, Oct. 1, 1751, *WHC*94–96; Raymond to La Jonquière, Sept. 5, 1749, *IHC* 29: 108–110; Oct. 11, 1749, *IHC* 29: 119, 122–123; Raymondto Jonquière, Jan. 5, 1750, *IHC* 29: 149。

关于巴里尔，见 Margry, *Découvertes*, 6: 720。关于佩昂，见 Report of Le Pean or Le Pian, May 1750, *IHC* 29: 197–200; 关于萨卡・佩通，见 Report of Sieur Roy, Apr. 1750, *ibid.*, 173。雷蒙宣称只有当他被释放的时候那些酋长才会回去，见 Raymond to Minister, Oct. 1, 1751, *WHC* 18: 96; Raymond à Vaudreuil, n.d., Cavagnal Letterbooks, LO 9, v.4, Huntington Library。迈阿密人从未团结于单一领袖周围。格吕厄的群体仍然是独立的，1749 年他们好像打算重新居住在迈阿密要塞，但并没有这么做。见 Parolles du Grue, 6 oct. 1749, AN, C11A, v.95, f.376。

[2] 1749 年的人口见 note 88, *WHC* 18: 50。1750 年人口见 Gist Journal, Mulkearn（ed.）, *George Mercer Papers*, 109。关于努瓦尔，皮安卡肖的王，见 Gist Journal, Mulkearn（ed.）, *George Mercer Papers*, 111。邀约及英国人的支持见 Raymond, to La Jonquière, Jan. 5, 1750, *IHC* 29: 149, 154–156; Benoist to Raymond, Feb. 11, 1750, *IHC* 29: 164–165; Jonquière to Rouillé, Oct. 1750, *IHC* 29: 241; Report of Pore Epic, March 15, 1750, *ibid.*166–167。威人和皮安卡肖人见 Report of Chaperon, May 1750, *ibid.*, 194。渥太华人和齐佩瓦人见 Report of Le Pean, May 1750, *ibid.*, 199。梅诺米尼人见 Extrait du conseil, 27 juillet...1 aoust 1750, AN, C11A, v.95, f.130。伊利诺伊人见 Vaudreuil to Rouillé, Oct. 10, 1751, *IHC* 29: 401–403。别的民族把德穆瓦塞莱视为功勋酋长，引诱他回归联盟，于是德穆瓦塞莱越来越自大了，见 Parolles de Pennant8euns, 7 juin 1751, AN, C11A, v.97。亲法使团来到皮卡威拉尼，见 Gist Journal, Feb. 17, 1751, Mulkearn（ed.）, *George Mercer Papers*, 19–21。

认为弗米利恩河上的皮安卡肖人完全维护英国人的利益。皮安卡肖战士抢劫了他的独木舟，他只有靠卢普等联盟酋长说情才拿回了自己的货物。在沃巴什地区，只有基卡普人和麦斯科顿人拒绝了德穆瓦塞莱及叛军的要求，而且不少法国人怀疑他们与其说是忠诚，不如说是中立。英国人送礼丰厚，法国人再次失败，二者加起来使迈阿密哨所的雷蒙伯爵担心法国将失去整个迈阿密地区。叛乱的苗头不断涌现，向
222 北最远涉及圣约瑟的帕塔瓦米人。一小群迈阿密人生活在那些帕塔瓦米人中并与之通婚，法国人原以为他们是最忠心的部落，而现在他们显然开始充当德穆瓦塞莱的代理人。从圣约瑟向南到伊利诺伊村庄这一带存在的危机并不代表法国人的盟友全面倒戈，但却表明联盟酋长正在一点点失去支持者。在迈阿密和沃巴什哨所，法国人或许还能留住联盟酋长及其近亲，但其他人都溜到叛乱者的势力范围内去了。[1]

到18世纪50年代早期，在这种通婚、派系斗争、等级制衰落的纠缠不清的背景下，沙尔捷、奥龙托尼、德穆瓦塞莱等人开始在高地建立新的政治秩序。皮卡威拉尼、松诺提恩蒂奥和劳格斯镇出现的共和体制都体现了这种变迁。村庄和帝国政治愈发不可分割，而皮耶弗勒伊德、肖尼人的努切哲内尔、休伦－佩图安人的萨斯塔齐所遭受的小型悲剧，则和他们遭受村中对手的打击、羞辱一样，产生了深远后果，最终影响了帝国政治。

---

[1] 革命见 Vaudreuil to Rouillé, Oct. 10, 1751, *IHC* 29: 401。基卡普人见 Report of son and son-in-law of Bourbonnais, May 1750, *IHC* 29: 196。麦斯科顿人见 Raymond to La Jonquière, May 22, 1750, *ibid.*, 206。帕塔瓦米人见 Report of Le Pian, May 1750, *ibid.*, 200。皮安卡肖人的王，显然是努瓦尔，在德莫瓦泽缺席时望皮卡威拉尼主要的酋长，见 Gist Journal, Mulkearn（ed.）, *George Mercer Papers*, 111。关于弗米利恩的皮安卡肖人，见 De Ligneris to Vaudreuil, Oct. 25, 1751, *IHC*29: 414–415。卢普插手见 Macarty to Vaudreuil, Jan. 20, 1752, *IHC* 29: 454–455。帕塔瓦米人见 Question of M. Le General, Council, AN, C11A, v.97。通婚的迈阿密人见 Raymond on the Miami, Oct. 1749, *IHC* 29: 123。索克人和梅诺米尼人曾与英国人通商，而容基埃警告他们和温尼贝戈人，他们的村子里混进了外族印第安人，这都显示他们中间存在反叛活动。见 Parolles des Folles Avoines, 27 juillet 1750, AN, C11A, v.95; Parolles des Sakis, 27 juillet 1750, AN, C11A, v.95; Puants de la Bay, *ibid*。

帝国的覆灭

托马斯·金顿（Thomas Kinton）称，印第安战争爆发前，他到一个离阿勒格尼不远的镇子，那儿的印第安人发现一只老鼠并将其杀死，但一些老人似乎对此忧心忡忡，他们告诉金顿，这说明法国人或英国人将要夺取印第安人的土地，因为此前在特拉华人中曾发现一只老鼠，他们的祖辈便做出了同样的预言，后来白人果然来了。

——“詹姆斯·肯尼（James Kenny）的日记”，1762年5月19日

一

在皮卡威拉尼和俄亥俄的共和体存在期间，昂提奥都把它们视为一把悬在头顶的尖刀，要把加拿大与路易斯安那割裂开。法国人认为英国人便是那挥刀者。到18世纪50年代早期，英国人和法国人都认识到，俄亥俄河沿岸的村庄政治斗争将会左右美洲大陆的帝国竞争。威廉·约翰逊即将成为制定英国印第安政策的重要人物，在他看来，俄亥俄地区的印第安人似乎是：

> 这片大陆上的印第安人中唯一值得我们交好或结盟的。过去三年里他们坚定地维护英国人的利益，并在各种情境下随叫随到，如果失去他们的支持，那一定是我们自己的错，后果会很严重。

对法国人来说，加里松涅总督也把俄亥俄谷地视为该大陆的关键地带。他杜撰出了18世纪的支配理论，称失去俄亥俄谷地不仅会毁了加拿大和路易斯安那，最终还会毁了法属加勒比，甚至西属墨西哥。[1]

尽管英国和法国都宣称对俄亥俄谷地拥有主权，但他们最初都是借助印第安代理人控制该区域。于是叛乱成了关键因素。如果反叛者
224 们能够自立，而英国商人仍留在他们村里，那么英国人将获益。如果他们没能自立，那么法国人就占了上风。这情境对阿尔冈昆人来说明显有风险，似乎他们仅有的选择余地不过是选谁做主人罢了；但1750年加里松涅很精明地意识到，这对他们来说也蕴藏着潜在的机会。他写道，对印第安人最有利的是，“英国人和法国人势力基本持平，两国人相互猜忌戒备，那么这些印第安部落便可保持独立，并收受双方的礼物”。印第安共和者们没能有效利用这种大有赚头的势力平衡，导致欧洲军队进驻该区，竞争转变成了帝国权力的竞争，并有可能摧毁政治上的中间地带。[2]

帝国竞争的恶化过程是渐进的、复杂的，而且往往很难捕捉到。在现实政治层面来说，法兰西帝国和英吉利帝国在俄亥俄谷地都变成了一堆殖民地和盟友的混合物，而这些殖民地及盟友彼此之间纷争不断。法兰西帝国在该地区包括两块接壤的殖民地——加拿大和路易斯安那；至于印第安盟友们，法国人完全有理由担忧他们中大多数人会加入叛乱一方。法国人认为英国人是一股整合过的邪恶势力，一心引

[1] La Galissonière, Memoir on the French Colonies on North America, Dec. 1750, *NYCD* 10: 220–232; Johnson to Clinton, Feb. 19, 1749/50, *NYCD* 6: 547.

[2] 法国人基于拉萨莱的发现而宣称拥有支配权，易洛魁人基于征服而宣称自身的支配权，英国人则基于他们应有的对易洛魁人的支配权而强调自己的权利。印第安人的机会见 Memoir of the French Colonies in North America, M. de la Galissonière, *NYCD* 10: 223。

诱他们的老盟友，但实际上与叛乱者打交道的分别是三块殖民地（纽约、宾夕法尼亚和弗吉尼亚）、一家私人企业（俄亥俄公司［Ohio Company］），若干独立商人，还有易洛魁人。这些不同的利益集团都想拉拢叛乱者，结果签订了一系列混乱而自相矛盾的条约和协议，这些协议大多不切实际。倚重任一项单独的承诺都将导致整个结构坍塌。

为了将俄亥俄共和者和迈阿密叛乱者拉进英国和易洛魁人的阵营而达成的各种协议，并非出于一贯的帝国战略考虑，而只是一种外交和商业上的机会主义。叛乱者想得到英国商品，以维持生存和扩大影响力，而且他们想让英国人和易洛魁人保护他们免受法国人迫害。易洛魁人想使他们对俄亥俄地区的所有权合法化，使东部来的移民重新加入契约链，并与阿尔冈昆族群建立新的联系。英国商人则想要有利可图的商机。威廉·约翰逊想利用易洛魁人扩大英国在该地区的影响力，但纽约当局并没能支持他，也不支持易洛魁人。弗吉尼亚和宾夕法尼亚都自称拥有俄亥俄河上游地区，他们都想使自己的权利合法化。俄亥俄公司想得到土地，好做投机生意。若是管这堆野心、目标的大杂烩叫作“联盟”，那就好比把妓院里随便哪天晚上来的顾客叫 225
作一家人。[1]

在俄亥俄谷地，叛乱者与英国人签订的任何协议实际上总是会互相矛盾的。俄亥俄共和者与迈阿密叛乱者加入了易洛魁契约链，于是他们在形式上要通过易洛魁人来处理与欧洲人的外交关系，同时，他们又通过1748年在兰开斯特签订的条约各自与宾夕法尼亚建立了联系。宾夕法尼亚既与共和者们建立了直接联系，同时又承认易洛魁人对他们的重要性。宾夕法尼亚派往俄亥俄村庄的代表康拉德·韦泽想解决这个问题，叫易洛魁人“脱下特拉华人的衬裙，并且从此称后者为兄弟或孩子，而不再称表亲（这在印第安语言中代表臣服者）”特

[1] 不同的英国当事人之间互不信任见 Paul A. W. Wallace, *Conrad Weiser, 1696–1760, Friend of Colonist and Mohawk*（Philadelphia: University of Pennsylvania Press, 1945）, 335–336; Promise of aid, Report of Le Pean, *IHC* 29: 198。

拉华人就摆脱了象征性的女性地位，也就是指，摆脱了在外交或战事中没有直接发言权，也无权独立与英国人或迈阿密反叛者建交的地位。让事情更加复杂的是总督或半王（Half King）的地位问题，他们原本受奥嫩达加的易洛魁议会委托去处理俄亥俄村民的外交关系。然而具体责任分工并不明晰，明戈人和肖尼人的半王塔纳沙里松（Tanacharison）和俄亥俄特拉华人的总督斯卡罗亚德（Scarooyady），他们并不一定会遵行奥嫩达加那些非他们所愿的指令。实际上，似乎他们更像是替共和者们与易洛魁人谈判，而不像是帮助易洛魁人治理俄亥俄村民。[1]

226 实际上，到1750年，在英国人看来，俄亥俄河上的主仆位置已经颠倒了。威廉·约翰逊担心，俄亥俄印第安人才是控制易洛魁人的关键，而非反过来。如果法国人赢得俄亥俄印第安人的做法成功了，他写道，易洛魁人本身会倒向法国人一边，“因为有相当一部分印第安人是他们的首脑和最信任的盟友”。同一年里，宾夕法尼亚的汉密尔顿总督报告说，居住在俄亥俄河边的易洛魁人越来越多，其实奥嫩达加议会也和法国人一样担忧。现在单单是“六大联盟的难民”，肖尼人、特拉华人、怀恩多特人和迈阿密人就能召集起1500名至2000名战士。汉密尔顿也认为俄亥俄河上的易洛魁人及其盟友代表了“一个新的利益方，且在短时间必须使其合法化，而不是剥夺他们的利益”。俄亥俄印第安人数量如此之多，地位如此重要，以至于汉密尔顿绝望地断定即便仅由宾夕法尼亚人自己承担全部代价，也要确保他

[1] A Treaty at the Courthouse in Lancaster..., *PCR* 5: 316. 契约链本身作为一个大联盟就不是个神话；易洛魁人中各种联盟及其错综复杂的历史见 Daniel K. Richter and James H. Merrell（eds.）, *Beyond the Covenant Chain: The Iroquois and Their Neighbors in Indian North America, 1600–1800*（Syracuse: Syracuse University Press, 1987）; Wallace, *Weiser*, 271, 321。将特拉华人视为妇女及其与易洛魁人的关系见 Francis Jennings, “ ‘Pennsylvania Indians’ and the Iroquois, ” 载 Richter and Merrell（eds.）, *Covenant Chain*, 75–92。不清楚斯卡罗亚德的确切地位。他显然是易洛魁人，最初还可能负责肖尼人 – 易洛魁人及特拉华人 – 易洛魁人的关系，但不确定他是否由奥嫩达加直接任命或是由俄亥俄族群自身选出来的。见 Richard Aquila, *The Iroquois Restoration*（Detroit: Wayne State University Press, 1937）, 196–197。默尼希涂塔（Monighotootha）最终成了易洛魁人面对肖尼人的代表，见 Council, May 30, 1753, *PCR* 5: 615。塔纳沙里松更有问题，他由卡托巴母亲和塞内卡父亲所生，他似乎将自己提升为在易洛魁人和俄亥俄村庄之间调停的有影响力的角色，见 Michael N. McConnell, “Peoples ‘in Between’: The Iroquois and the Ohio Indians, 1720–1768, ” 载 Richter and Merrell（eds.）, *Covenant Chain*, 101–102。

们效忠于英国。[1]

共和者们在崛起而易洛魁人在衰落，但在18世纪50年代早期他们都同样害怕帝国，只不过是各自更害怕的国家不同罢了。德穆瓦塞莱担忧容基埃鼓励法国人攻击英国商人，这会令他失去需要的补给和生意。易洛魁议会中的许多成员担忧英国人会帮助以前依附六大联盟的族群独立，并让奥嫩达加更多本地人迁出。英国采取的政策使易洛魁人更加担心英国人不再需要他们、开始鄙弃他们了——乔治王之战后，英国国王不再给易洛魁人送礼，纽约当局也不再拨发礼物经费了。

德穆瓦塞莱对法国人的恐惧让他更靠近英国人，同样，也因为易洛魁人顾虑英国人，所以法国人在他们中的影响增加了。1750年10月，康拉德·魏泽尔报告说，由于亲英派酋长去世，加上纽约方面未能履行他们对易洛魁人的义务，所以亲法派酋长在议会中公开掌权。奥嫩达加人一面强调自己对俄亥俄河的所有权，一面宣称任何欧洲人都无权在那里建立哨所。他们还告诉容基埃，他们正敦促英国商人撤出该地区，并且召回他们自己的战士。威廉·约翰逊徒劳地想拿下亲
法酋长，并劝说易洛魁人，法国在俄亥俄河的活动可能影响他们获得 227
商品，也会对他们现存最好的狩猎地区造成威胁。[2]

正因为这一地区内存在如此复杂的利益网络，而又没有哪个群体占据绝对强势，此地就越来越容易起冲突。按兵不动很危险，采取行动更危险，因为没有合理的方式来控制，哪怕能够预测行动后果。随着危机加剧，有些群体，比如纽约、宾夕法尼亚还有易洛魁人便拒绝做承诺。其他地区，特别是加拿大和弗吉尼亚则越来越诉诸武力，并

[1]　约翰逊的话见 Johnson to Clinton, Aug. 18, 1750, *JP* 9: 63; Hamilton to Clinton, Sept. 20, 1750, *NYCD* 6: 593–594。易洛魁人与俄亥俄印第安人的关系见 McConnell, People ‘in Between’, ” 载 Richter and Merrell（eds.）, *Covenant Chain*, 93–114。

[2]　约翰逊及礼物见 Colden to Clinton, Aug. 8, 1751, *NYCD* 6: 739, 741; Weiser to Lee, Oct. 4, 1750; Wallace, *Weiser*, 318–319。克林顿将纽约的失败归因于集会行动，见 Clinton to Lords of Trade, Dec. 2, 1750, *NYCD* 6: 598–599; Conference between Johnson and a Cayuga Sachem, Dec. 4, 1750, *NYCD* 6: 608–610; Johnson to Clinton, Dec. 20, 1750, *JP* 1: 314。卡尤加人对英国人索取土地感到愤怒见 Conference with...Jonquière, *NYCD* 10: 206。奥嫩达加见 Conference between...Jonquière and the Indians, July 11, 1751, *NYCD* 10: 233。

开始主导冲突，但就像汽车沿着冰山俯冲下去一样，这些策略毫不意外都失败了。有越多可能失控的事件，场上竞争者就会动用越多武力。冲突的爆发只是个时间问题。

二

最终法国诉诸武力，其中的讽刺之处是，原本可能根本用不着动用武力。法国人低估了联盟的潜在力量，也低估了联盟重新吸纳迈阿密反叛者的能力；而他们又高估了英国人在俄亥俄地区的力量。法国人抛弃了政治上的中间地带，提高了赌注，将加拿大置于帝国之间直接对抗的赌局上，最终导致了失败。

法国的武力政策分为若干阶段。1751 年春，法国密使容卡里先生来到俄亥俄谷地，要求当地人驱逐英国商人。这一举动惹怒了许多易洛魁人，使他们大为警觉。容卡里的易洛魁护卫队战士表明，六大联盟里仍然有法国人的支持者，但容卡里此次来俄亥俄却不受待见。六大联盟在俄亥俄地区的发言人——可能是塔纳沙里松——想知道法国人有什么权利在易洛魁人的土地上用兵，“我们六大联盟不接受这种做法”。同年春天，奥嫩达加酋长使团赴蒙特利尔，禁止容卡里在不能行船的水域修建要塞，但英国人担心他们到头来还是会同意，因为有些
228 塞内卡人和奥嫩达加人显然还是很同情法国人，这些人让易洛魁人无法采取一贯的稳定政策。[1]

在较远的西部，容基埃起初通过联盟来做工作。渥太华人和齐佩瓦人的战队——主要来自麦基诺——袭击了英国商人。只有在 1751 年夏天，容基埃才请盟友们帮他直接打击德穆瓦塞莱。他吩咐当时在底

[1] 警惕法国人见 Lindesay’ s Report of Indian News, Feb. 5, 1751, *NYCD* 6: 706。有关礼物，见 Report of Privy Council...Apr. 2, 1751, *NYCD* 6: 638。容卡里和俄亥俄易洛魁人见 Croghan’ s Journal, May 18–27, 1751, 载 Reuben Gold Thwaites（ed.）, *Early Western Travels, 1748–1846...*, 38 vols.（Cleveland: Arthur H. Clark, 1904–1907）, 1: 58–69, 引文见 68–69。蒙特利尔使团见 Report of John Lindesay, May 24–June 25, 1751, *JP* 9: 80–83; Lindesay to Johnson, 15 July 1751, *DHNY*, 2: 623–624。

特律做指挥官的塞洛龙组织一场必要的远征。塞洛龙试图召集底特律印第安人和来自加拿大的印第安人加入法国人的部队，但他再次发现响应者寥寥，由此，他开始担心原先叛乱的阴谋在湖区村落中死灰复燃了。[1]

塞洛龙的失败使路易斯安那的沃德勒伊总督、容基埃及其在高地的军官都加强了这样一个信念：不管如何对付叛军，联盟都是不可依靠的。他们相信法国人应当果断地单独采取行动，必须恰到好处地运用武力，既消灭德穆瓦塞莱及俄亥俄共和者，又能震慑盟友们。是时候越过联盟并打造新秩序了，法国人已准备好以压倒性的武力单独行动。[2]

然而，正当法国人打算弃联盟如敝屣时，村庄政治却让联盟重新运转起来。一小队尼皮辛人（他们住在高地边缘）厌倦了底特律的拖延和纷争，于是他们脱离了塞洛龙那失败的远征，并在德穆瓦塞莱的村庄附近剥了两张头皮。法国人将此次突袭斥为愚蠢行径，它对叛乱 229
者没有实质伤害，还会引起他们的愤怒和警觉。在这一点上法国人是对的，但此次未遭报复的流血伤亡还是会对后续事件有所影响。[3]

杀死德穆瓦塞莱的人引起的直接后果便是沃巴什河和伊利诺伊地区有更多村民背弃联盟，因为反叛者们请求他们在弗米利恩皮安卡肖人、温森斯皮安卡肖人、威人、伊利诺伊人中的亲戚们给予援助。死

[1] Vaudreuil to Macarty, Sept. 9, 1751, *IHC* 29: 311–341; Gist Journal, in Lois Mulkearn（ed.）, *George Mercer Papers Relating to the Ohio Company of Virginia*（Pittsburgh: University of Pittsburgh Press, 1954）, 108. 备战见 Croghan to Gov.of Pennsylvania, Dec.（Nov.）16, 1750, Thwaites（ed.）, *Early Western Travels*, 1: 53–54。向英国人声明见 Croghan Journal, 1751, Thwaites（ed.）, *Early Western Travels*, 1: 59–60, 62–69; Gist Journal, 载 Mulkearn（ed.）, *George Mercer Papers*, 111–112, 113。打击德穆瓦塞莱见 La Jonquière to Rouillé, Sept. 17, 1751, *IHC* 29: 349; Parolles, M. Le General, 7 juin 1751, AN, C11A, v.97。抓捕商人及迈阿密人的反应见 Gist Journal, Mulkearn（ed.）, *George Mercer Papers*, 13–14, 101, 103。General Council, *ibid.*104, 107. 渥太华人见 Report of John Lindesay, May 24–June 25, 1751, *JP* 9: 80–82。容基埃的决定见 La Jonquière to Céloron, Oct. 1, 1751, *IHC* 29: 381–392; Vaudreuil to Rouillé, Oct. 10, 1751, *IHC* 29: 403–405。底特律发生的事见 Longueuil to Minister, Apr. 21, 1752, *WHC* 18: 104–109。

[2] 沃德勒伊回绝印第安人的攻击见 Vaudreuil to Rouillé, Apr. 8, 1751, *IHC* 29: 578–579; De Ligneris to Vaudreuil, Oct. 3, 1752, *IHC* 29: 730–733。

[3] 尼皮辛人的攻击见 De Ligneris to Vaudreuil, Oct. 25, 1751, *IHC* 29: 416–417; St. Ange to Vaudreuil, Feb. 28, 1752, *IHC* 29: 484–487。

了两个反叛者，所以现在法国人在各处都有两人被杀。迈阿密人很快在迈阿密要塞杀死两名法国士兵；温森斯有两个法国人在造独木舟时被杀，还有两个奴隶也被杀害。居住在温森斯周边的印第安人撤离该哨所，加入了弗米利恩印第安人的阵营。一个由皮安卡肖人和来自沃巴什河、弗米利恩河的印第安人组成的战队，假装受奇克索人指派，在伊利诺伊地区多次攻击法国人。法国人在伊利诺伊河边进行反击，杀死该战队中的若干人，俘获的人里还包括两名伊利诺伊战士和卢普——一个做了皮安卡肖酋长的基卡普人，该战队名义上的领袖，他原本是支持法国人的。死亡总人数不断上升。为了替在伊利诺伊死去的人报仇，马林万带领弗米利恩的皮安卡肖人在自己村中杀死五名法国商人，其中一个死者还是马林万自己姐妹的丈夫。[1]

所有这些似乎都说明了盟友是多么不可靠，但杀戮很快就停止了，就和它们开始时一样迅速。直接原因很可能是天花席卷了高地的大部分地区。尽管天花杀死了迈阿密人中的联盟酋长皮耶弗勒伊德、格吕厄，以及底特律渥太华人中忠心的酋长基努沙基，法国人还是希望它能继续为害，它“简直像是一支大军在攻打反叛者”。天花挥舞着战斧，比任何战士所拥有的斧子都要可怕得多，它也让法国人有时间评估状况。他们花了几个月审问卢普以及与伊利诺伊人谈判，发现了一种无比复杂的背叛方式：卢普原本出发去杀奇克索人，为了把皮安卡肖战士从沃巴什河边的纷争中引开，另一个皮安卡肖领袖布莱（Le Gros Bled）不满卢普一贯忠于法国人，于是派自己的战士去伊利诺伊
230 地区杀法国人，他也非常准确地料到这会被算到卢普头上，而卢普自己手下有些战士也瞒着他袭击了法国人，因此卢普遭到双重背叛。另外，伊利诺伊人也不像他们表面看来那么有敌意。他们受到叛乱者和法国人双方的威逼与利诱，因而犹豫不决、争吵不休，不确定该倒向

[1] St. Ange to Vaudreuil, Feb. 28, 1752, *IHC* 29: 484–487; Macarty to Vaudreuil, Jan. 20, 1752, *IHC* 29: 433, 444; Longueuil to Minister, Apr. 21, 1752, *WHC* 19: 110–111; De Ligneris to Vaudreuil, Oct. 25, 1751, *IHC* 29: 415–416; *ibid*.. Oct. 3, 1752, *IHC* 29: 730. 马林万见 Macarty to Vaudreuil, Mar. 18, 1752, *IHC* 29: 507–508。

哪边。[1]

在天花和内部猜忌的双重压力下，德穆瓦塞莱的共和体开始出现裂痕。布莱来到迈阿密叛军中，可能在叛军酋长之间引起了新的竞争。到1752年冬末，布莱到达皮卡威拉尼后没多久，黑蝇、马林万和昂方就想与法国人和解。酋长之间的竞争促使诸共和体诞生，同样也是酋长之间的竞争使它们分裂。不过这些反叛酋长向法国人求和可能也是因为对德穆瓦塞莱进行了现实的评估。德穆瓦塞莱没能准备好打硬仗，从某种意义上说，他的长处也是他的弱点。德穆瓦塞莱成功地扩大了皮卡威拉尼的规模，使它鼎盛时期里在生态方面却很危险：并没有足够的土地被清理出来供养稳步增加的人口，而且皮卡威拉尼的战士们必须去越来越偏远的地方打猎。这座镇子只是在理论上很强大，其战士们通常都在别处。天花加上前一年庄稼普遍歉收，使皮卡威拉尼成了无人居住的空城，而德穆瓦塞莱本人依旧视若无睹。[2]

随着德穆瓦塞莱势力式微，法国联盟发出了致命一击。1752年6月的一天，来自麦基诺的混血儿夏尔·朗格拉德（Charles Langlade）率领250名渥太华和齐佩瓦战士从森林中突袭，包围了皮卡威拉尼。德穆瓦塞莱曾发誓死也不再回到法国联盟，现在他打算遵守誓言，并且，象征性地违背誓言。

朗格拉德出其不意地占领了该镇。男人大多出去打猎了，女人在田里劳动。英国商人赶紧冲进防御栅栏里，但他们和另外极少量的战士加起来总共也才20人，还缺乏水源。渥太华人和齐佩瓦人抓住了女人和几个英国商人——这些商人把自己藏在了一间商行里。经过短暂 231

[1] 天花见 Longueuil to Minister, Apr. 21, 1752, *WHC* 18: 108, 115–116。布莱的行动见 Macarty to Vaudreuil, Mar. 18, 1752, *IHC* 29: 521, 527–528。己方战士倒戈见 Macarty to Vaudreuil, Jan. 20, 1752, *IHC* 29: 438; De Guyenne to Vaudreuil, Sept. 10, 1752, *ibid.*713–714。伊利诺伊人之间的竞争及与叛乱者谈判见 Macarty to Vaudreuil, Jan.20, 1752, *IHC* 29: 436–448; *ibid.*, Mar. 18, 1752, *IHC* 29: 528–535; Macarty to Vaudreuil, Mar. 27, 1752, *IHC* 29: 537, 545–546, 553。Macarty to Vaudreuil, Sept. 2, 1752, *IHC* 29: 660。

[2] 和好见 Macarty to Vaudreuil, Mar. 27, 1752, *IHC* 29: 537; Macarty to Rouillé, June 1, 1752, *IHC* 29: 660。难以供给皮卡威拉尼见 La Jonquière to Rouillé, Oct. 29, 1751, *IHC*420–422。Conditions in 1751–1752, Longueuil to Minister, Apr. 21, 1752, *WHC* 18: 108, 115–116。

战斗后，进攻者们要求与防御栅栏内的英国人、明戈人、迈阿密人、肖尼人对话。他们提出用女人交换英国商人，并保证不伤害他们。英国人及其盟友们同意了。渥太华人和齐佩瓦人如约放回女人们，但他们立马杀死一个受伤的商人，并挖出他的心脏吃掉。他们抓住德穆瓦塞莱并杀了他，还当着其支持者的面把他煮熟吃了。德穆瓦塞莱还没回归联盟就死了，但联盟仍重新“吸收”了他。[1]

当朗格拉德把德穆瓦塞莱的尸体分给渥太华和齐佩瓦战士（里面有些是朗格拉德的亲戚）吃时，这场食人盛宴中的主人和主菜便以一种更直观的方式融合了。其短暂的相遇和相融似乎标志着沃巴什河畔叛乱的失败和联盟的重建，但这仍是一场暧昧的胜利。此次战斗中主角既不是法国长官，也不是狭义上的联盟酋长，而是“对印第安人思想有很大影响”的混血儿——朗格拉德和叛军首领德穆瓦塞莱。对得到他们的援助不再抱希望后，法国的盟友们挥出了法国人原本准备打在他们身上的一拳。[2]

朗格拉德获胜带来的影响是，昂提奥重新接纳他不听话的“孩子们”回到联盟中。五月，有些怀恩多特人宣布他们不再拥有独立地位，而是底特律休伦－佩图安人之下的单独族群，并与他们的兄弟渥太华人、帕塔瓦米人和齐佩瓦人和平共处。到秋天，他们继续攻打奇克索人和卡托巴人，后两者几年前的休战为反叛提供了条件。接着，1753年7月，迈阿密叛军也来了。护送他们的队伍很有意思：圣约瑟的帕塔瓦米人，由他们的高级酋长托普内贝（Topenebe）带领；一队同样住在圣约瑟的索克人；忠诚于皮耶弗勒伊德的部落成员；最后还有格吕

[1] 法国人对皮卡威拉尼发生的事的各种描述见 Longueuil to Rouillé, Aug. 18, 1752, *IHC* 29: 652–653; Macarty to Vaudreuil, Sept. 2, 1752, *IHC* 29: 680–681, 684; De Ligneris to Vaudreuil, Oct. 3, 1752, *IHC* 29: 733。迪凯纳称朗格拉德仅仅领导渥太华人和齐佩瓦人，Duquesne to Machault, Oct. 10, 1754, *IHC* 29: 940–945。英国人的描述在 William Trent, *Journal of Captain William Trent From Logstown to Pickawillany*, A. D. 1752（New York: Arno Press and New York Times, 1971）, 86–88, Cellender to Gov., Aug. 30, 1752; Twightwees？ Speech to Burney, *PCR* 5: 599–601。

[2] 朗格拉德的话见 Duquesne to Machault, Oct. 10, 1754, *IHC* 29: 905。准备军队及容基埃之死见 Bigot au Ministre, 6 mai 1752, AN, C11A, v.98, f.90。部长鲁耶回绝了在俄亥俄发动印第安战争的主意，希望投入精力赶走英国人，见 Rouillé to Duquesne, July 9, 1752, *IHC* 29: 648–651; Rouillé to Duquesne, May 15, 1752, *WHC* 18: 118–122。

厄的母亲，她代表了特皮康的迈阿密人。他们送了联盟里的象征性礼物——贝珠带和一只小锅——给昂提奥，象征他们与帕塔瓦米人的联合。发言人按照惯例请求昂提奥宽恕。帕塔瓦米人、索克人和忠心的迈阿密人按照联盟传统扮演中间人的角色，请求昂提奥同意赦免叛军。容基埃的继任者迪凯纳总督以一种严厉而慈爱的父亲的方式原谅了他们，看在他忠心的“孩子”迈阿密人以及迈阿密哨所指挥官维利耶求情的分上。他警告叛军，如果他们再误入歧途，将会自取灭亡。[1] 232

迪凯纳参与了一场他并不完全理解的投降-宽恕仪式。他从中得到的经验全是错的。他写信告诉海军大臣：“今年看到所有印第安人都在我面前战栗……我感到非常满意。”迪凯纳认为自己是个比中间地带所能允许的更为严厉的父亲。仪式是举行了，但联盟只是表面上被修复了而已。[2]

法国人现在义无反顾地信奉武力。他们希望借助法国哨所和法国定居点来统领西部，而不是通过法国“父亲”的阿尔冈昆“孩子们”。迪凯纳总督重新派遣军队——就是曾经派去打击皮卡威拉尼叛军的那支军队——在俄亥俄河上游修建永久性的要塞，以震慑俄亥俄共和者们。[3]

率领迪凯纳的军队的是马格（Pierre-Paul de la Malgue），也就是老马兰先生。1753年这支军队朝南向俄亥俄河进发时，没有印第安人抵抗，只有俄亥俄地区本身抵抗了。干旱使河流水位很低，旱路很长，马兰让人在河面旱路上开凿出马车道，但当他们这么做时军中爆发了坏血病。马兰于秋天死于森林中，而疾病和疲劳已经夺去军中

[1] Conseil solemme tenu avec les Miamis rebeles...6 juillet 1753, AN, C11A, v.99, f。怀恩多特人见 Conseil des Hurons, 3 mai 1753, AN, C11A, v.99, f.75。对于攻击，见 Duquesne to Minister, Oct. 31, 1753, *IHC* 29: 849–850。

[2] 引文见 Duquesne to Rouillé, Oct. 27, 1753, *IHC* 29: 840。

[3] 要塞见 Duquesne à Contrecoeur, 18 oct. 1752, 载 Fernand Grenier（ed.）, *Papiers Contrecoeur et autres documents concernant le conflit anglo-français sur l' Ohio de 1745 a 1756*,（Quebec: Les Presses Universitaire, Laval, 1952）, 16–17。军队在西部的消息见 Macarty to Vaudreuil, Sept. 2, 1752, *IHC*29: 681。更多部队开往伊利诺伊见 Longueuil à Vaudreuil, 30 juin 1752, London Papers, Box 7, LO 373, Huntington Library。

400人的生命。加德尔上尉接替了马兰，将卫戍部队留在新法兰西的两个哨所：伊利湖旱路开端处的普雷斯克岛（Presque Isle）与其末端的伯夫（Le Boeuf）要塞。他派了一支小分遣队去伯夫河口（Rivière-au-Boeuf）的韦南戈（Venango），让剩下的生病劳累的人各自回家去。直到第二年，也就是1754年，孔特克尔（Claude-Pierre Pécaudy de
233 Contrecoeur）才领导了又一场远征，法国人在俄亥俄河上韦南戈的马绍要塞和该河分叉处的迪凯纳要塞强势亮相。[1]

在皮卡威拉尼的那一场迅速结束的战斗和少量伤亡，加上一场微不足道的远征，就是这些措施终结了一场英国殖民地支持的叛乱，在这场叛乱中，英国方面的拥护者分布于易洛魁亚至密西西比河，且人力财力远比加拿大人雄厚。干旱和瘟疫助了法国人一臂之力，阻碍了沃巴什叛军在德穆瓦塞莱身亡之际重整旗鼓的计划，也不利于俄亥俄叛军抵抗马兰。不过干旱和瘟疫也杀死了马兰本人，这比天花和庄稼歉收作用更大。[2]

叛军和英国人、易洛魁人的联盟失败了。皮卡威拉尼之役后，迈阿密叛军求助于契约链和友谊之链，并采取了必要的仪式手段以寻求帮助。皮卡威拉尼的肖尼人和“迈阿密的首领及战士们”一道向“所有与他们结盟族群的首领和战士”送出黑色贝珠带和一张头皮，呼吁援助。迈阿密人与易洛魁人初结盟时曾收到一条很大的白色贝珠带，如今迈阿密人把带子回赠六大联盟，为了“让六大联盟知道他们处境不妙”。松诺提恩蒂奥的特拉华人和肖尼人以及希尼恩凯方面也加送了

---

[1]　远征计划见 Duquesne à Contrecoeur, 14 nov. 1752, *Papiers Contrecoeur*, 17–19。马兰因害怕印第安人反抗而离开见 Duquesne à Contrecoeur, 14 avril 1753, Grenier, *Papiers Contrecoeur*, 31–32。对他来说军纪、后勤、疾病等都是问题，见 Duquesne à Marin, 3 sept. 1753, *ibid.*, 60–61; Duquesne au Ministre, 5 oct. 1753, AN, C11A, v.99, f.14; Duquesne au Ministre, 2 nov. 1753, AN C11A, v.99, f.59; Gustave Lanctot, *A History of Canada*, 4 vols.（Cambridge, Mass.: Harvard University Press, 1965）, 3: 86; Duquesne au Ministre, 22 nov. 1753, AN, C11A, v.99, f.70。给孔特克尔下的命令见 Duquesne à Contrecoeur, 27 jan. 1754, Grenier, *Papiers Contrecoeur*, 92–96。对外部困难的抱怨见 Journal de Joseph-Gaspard Chaussegros de Léry...*RAPQ* 1927–1928, 18 mai 1754, 360; 16 juin, 365; 27 juin, 369。

[2]　沃巴什河上持续的干旱和食物短缺见 Macarty to Vaudreuil, Sept. 2, 1752, *IHC* 29: 675, 677。沃巴什河上饥荒见 Virginia Gazette, Aug. 16, 1753, 引用见 Mercer, Case of Ohio Company, Mulkearn（ed.）, *George Mercer Papers*, 12。

自己的贝珠带。在皮卡威拉尼的小型战斗中死了几个迈阿密人、一个肖尼人、一个明戈人、一个英国人，还有五名英国商人被俘。在某种意义上，是死者和俘虏左右了接下来的局势。死者需要复仇，但那几名英国俘虏是个问题，他们至少潜在地阻碍了行动。既然是迈阿密人把他们交出去的，英国人当然认为俘虏的命运应当由迈阿密人负责。渥太华人和齐佩瓦人意识到这一点，便奚落皮卡威拉尼守军，说现在杀不杀他们都不要紧了，因为反正英国人和六大联盟也会杀了德穆瓦 234
塞莱的支持者。[1]

皮卡威拉尼之役催生了首次英国人–共和者–易洛魁人联合起来应对法国人的重要需求。原本并不稳固的英国人–叛军联盟在压力之下动摇、垮塌了。1752年8月在松诺提恩蒂奥，迈阿密人、明戈人、特拉华人、肖尼人为即将上战场的易洛魁战士和英国民兵举行仪式。迈阿密人、明戈人、特拉华人、肖尼人擦去英国人在皮卡威拉尼之死带来的血和泪，并擦亮那将他们和宾夕法尼亚系在一起的友谊链条。随后，他们请求“英国人和六大联盟把手放在你们头上，不让法国人伤害你们”。迈阿密代表请求俄亥俄共和者们帮他们向英国人求情，请英国人不要再记恨商人们的事了，他们也想请英国人帮忙抵抗法国。[2]

然而，不管是宾夕法尼亚方面还是易洛魁人都没有施以援手。尽管庞迪（Le Collier Pendu）手下的一个塞内卡派系主张在俄亥俄抵抗，但莫霍克人对于纽约的克林顿总督拒绝补偿他们土地被骗的损失感到无比愤怒，以至于他们宣称自己与英国人的契约链已经断裂。也不可能有来自易洛魁人的援助，对大多数遭到围困的易洛魁人来说，法国人和英国人已经融合为同一种威胁了。就像易洛魁人1753年告诉英国人的那样：“我们不懂你们基督徒想干什么，包括英国人和法国人；我

[1]　Trent, *Journal*, 89–90, July 7, 12, 1752; Wallace, *Weiser*, 354.
[2]　Trent, *Journal*, Aug. 4, 1752, 93–101.

们被你们团团围住，连一块打猎的地方都没有了。”1753 年夏天，当宾夕法尼亚人向奥嫩达加方面请教如何与俄亥俄依附易洛魁的部落打交道时，易洛魁人宣布保持中立。他们说，这是法国人和英国人之间的争端。他们还说，如果易洛魁人的盟友受到攻击，宾夕法尼亚人若肯施以援手，“那真是非常善良的举动”。正如三年后彼得·拉克索尔（Peter Wraxall）评论此事时说，易洛魁人把俄亥俄河上的冲突视为两个强盗在争夺易洛魁人的财产。[1]

235 叛军呼唤援军和补给，来自宾夕法尼亚的回应只能说稍微好一点点。1752 年 8 月末，一个从皮卡威拉尼逃脱的商人托马斯·伯尼（Thomas Burney）将迈阿密人的求救消息带给了宾夕法尼亚的卡莱尔（Carlisle），接着消息又传到费城。总督把消息告知了议会，但议会想面见伯尼后再采取行动，结果他们什么也没做就休会了。[2]

只有在 1753 年 5 月，马兰率领的法军朝俄亥俄河进发时，汉密尔顿总督向议会请求支援，议会这才拨发礼物用来安抚迈阿密人和帮助其他盟友。而且，虽然他们同意提供支援，但议会也清楚表明，印第安人想要军事援助的话只能去找纽约或弗吉尼亚方面。汉密尔顿本人还相信俄亥俄印第安人是奥嫩达加方面的附庸，会听后者指挥，于是他花了很多工夫在六大联盟上。直到 1753 年秋天，本杰明·富兰克林（Benjamin Franklin）、理查德·彼得斯和伊萨克·诺里斯（Isaac Norris）会见了俄亥俄叛军以及迈阿密人、怀恩多特人的代表，举行了必要的安抚仪式。直到此时他们才摒弃旧仇，重拾友谊，尽管对这些

---

[1] 法国人和易洛魁人对俄亥俄地区的控制见 Canada, Sauvages, 1752, AN, C11A, v.98; Dr. Shuckburgh to Pownall, Oct. 30, 1753, *NYCD* 6: 806; Conference between Gov. Clinton and the Indians, June 12, 1753, *NYCD* 6: 781–782; Conference Between Mohawks and Colonel Johnson, July 26, 1753 NYCD 6: 808–809。易洛魁人分裂见 Journal of Conrad Weiser' s Visit to the Mohawks, Aug. 13, 1753, NYCD 6: 796–797; Minutes of Council, May 21, 1753, *PCR* 5: 608。两个酋长都叫庞迪，此处的是塞内卡人，见 La Chauvignerie à Contrecoeur, 11 mars 1754, *Papiers Contrecoeur*, 106–107; Conseil tenu avec les Cinq Nations, 12 oct. 1754, AN, C11A, v.99; A Message...to the Governor of Pennsylvania, July 31, 1753, *PCR* 5: 637。引文见 Conference at Onondaga, Sept. 10, 1753, *NYCD* 6: 813。与法国人谈判时同样的情绪见 Conseil tenu avec les Cinq Nations à Montreal, 12 oct. 1754, AN, C11A, v.99, f.11。亦见 Meetings of Commissioners for Treaty with Six Nations, July 3, 1754, *NYCD* 6: 869–872。拉克索尔见 Wraxall, Some Thoughts upon the British Indian Interest, 1756, *NYCD* 7: 23。

[2] Cellender to Gov.with Message of Twightwees, Aug. 30, 1752, *PCR* 5: 599–601; Wallace, *Weiser* 334–336.

必要的礼仪感到困惑。但是这一切太迟了，这时迈阿密和怀恩多特叛军主力已经回到昂提奥身边了。[1]

在默认情况下，英国人是否支持俄亥俄河边的印第安人，这要由弗吉尼亚人来做决定。不过比起帮助共和国反抗法国，弗吉尼亚人更感兴趣的是得到俄亥俄地区主导权。几乎就在朗格拉德降临皮卡威的同一时间，来自弗吉尼亚的代表在劳格斯镇告诉塔纳沙里松，根据1744年的《兰开斯特条约》(Treaty of Lancaster)，弗吉尼亚方面拥有今天的肯塔基、西弗吉尼亚和西宾夕法尼亚的主权。他们声称六大联盟已经割让上述地区，于是敦促俄亥俄各村批准条约，允许英国人在其中定居。弗吉尼亚人好像觉得突然夺走这么大一块土地还不够耸动 236
似的，又抛出第二个炸雷。他们要求交出一个被指控在新河边杀死一名英国妇女的印第安男人，称英国人有权在自己的法庭上审判印第安凶犯。这就是法国人早就警告过的事：英国商品只是在为割地和奴役铺路。[2]

共和者们希望盟友保卫他们的土地，但他们发现英国殖民者才是想要占有他们土地的人。尽管情况看似无望，半王塔纳沙里松仍然希望尽量既阻止英国占领土地，又让英国人帮助他们反抗法国人。他与弗吉尼亚代表团秘密开会，表示对易洛魁人割让俄亥俄地区感到惊讶，说他从没听说过这个，但他也保证会“弄清楚他们到底做了什么”。在会议上，他也就此事求助奥嫩达加。他似乎对弗吉尼亚人做出让步，

[1] Governor to Assembly, 22 May 1753, *PCR* 5: 608–609; A Message to the Governor from the Assembly, 31 May 1753, *PCR* 5: 616–617. Report of Richard Peters, et al., Sept. 22, 1753, *PCR* 5: 665–686. 关于奥农多加的控制，见 Hamilton to Dinwiddie, 2 Aug. 1753, *ibid.*, 633。
威人回归见 De Ligneris to Vaudreuil, Oct. 3, 1752, *IHC* 29: 730–731。叛军的没落见 Macarty to Vaudreuil, Dec. 7, 1753, *IHC* 29: 760–763, 769; Vaudreuil to Rouillé, Sept. 10, 1752, *IHC* 29: 727; Conseil des Hurons, 3 mai 1753, AN, C11A, v.99, f.75。袭击商人见 letter of Captain Trent, May 3, 1753, 载 Mercer, “Case of Ohio Company”，收录于 Mulkearn (ed.) , *George Mercer Papers*, 9。迪凯纳愿意宽恕沃巴什叛军，他向将要开进伊利诺伊的佩昂下达的命令是接收杀人者，然后以通常方式宽恕他们，见 Instructions de Duquesne à Pean, 9 mai, 1754, Grenier (ed.) , *Papiers Contrecoeur*, 120–122。

[2] 对于这次会议有两种描述，完整的记录见 Treaty at Logstown, 1752, CO 5, 1327; 亦见 Council held at Logstown, June 1, 1752, Mulkearn (ed.) , *George Mercer Papers*, 274, 276; 杀人事件见 *ibid.*, 271; Wallace, *Weiser*, 334–336。俄亥俄公司的位置和吉斯特 (Gist) 介绍见 Mercer, Case for Ohio Company, 1762, Mulkearn (ed.) , *George Mercer Papers*, 6–7。

同意让他们在莫农加希亚拉河（Monongahela River）上现在匹兹堡的位置修建一所“坚屋”（strong house），但不能建定居点。只有到了最后关头，在英国人的翻译安德鲁·蒙图尔（Andrew Montour）受弗吉尼亚委员们之托私下见了塔纳沙里松后，半王和在场的六大联盟其他酋长才签字批准了1744年的割地，并同意英国在匹兹堡建一个前哨基地。蒙图尔是易洛魁人和法国人生下的混血后代，受利益支配为宾夕法尼亚和弗吉尼亚方面做事，他和塔纳沙里松似乎把这最后关头的协议视为他们自己的困境。他们推断——如同后来俄亥俄印第安人指出的一点——如果弗吉尼亚人必须请示他们才能在这块土地上建房屋，那弗吉尼亚人就并未拥有这片土地。对于同意承认更多割地这个问题，他们只是把这件事推给奥嫩达加。第二年，蒙图尔否认印第安人曾出售或放弃俄亥俄地区。弗吉尼亚公司（Virginia Company）的约翰·默瑟（John Mercer）注意到，塔纳沙里松在后来与法国人谈判时强调这片土地属于印第安人，不属于英国人或法国人。在这一点上，当时奥嫩达加是支持他的。[1]

237 劳格斯镇的会议也刺激了弗吉尼亚人保卫他们认为属于自己的土地。1753年威廉·特伦特（William Trent）到达罗格镇，当时马兰正在靠近；1753年秋，乔治·华盛顿（George Washington）和克里斯托弗·吉斯特（Christopher Gist）到来，要求法国军队撤出该地区。接

[1] Logstown Treaty, 1752, CO 5, 1327. Council, Logstown, June 9, 1752, Mulkearn（ed.）, *George Mercer Papers*, 275, 281–283. 奥嫩达加议会对弗吉尼亚方面在俄亥俄的谈判感到沮丧，见 Extract of letter of Col. Johnson, Mar. 26, 1753, *DHNY* 2: 39–40; Croghan' s Journal, 1754, 载 Thwaites（ed.）, *Early Western Travels*, 1: 78–79。与此同时，英国贸易商通过欺骗性地附加俄亥俄州印第安人的书面信息，割让了俄亥俄州以东的所有土地以支付贸易商的债务，进一步加剧了事态。

1753 年秋天俄亥俄印第安人指出，英国人无法拥有那些他们需要征得印第安人同意才能建房子的土地，康拉德·韦泽——他是宾夕法尼亚方面与印第安人谈判的主要代表，现在他答应协助弗吉尼亚人——勃然大怒，称否认割地的蒙图尔是“鲁莽的家伙”，见 Weiser to Taylor, Fall 1753, 载 Wallace, *Weiser*, 348–349。弗吉尼亚的丁威迪认为俄亥俄印第安人在劳格斯镇时已经将他们的土地交给了弗吉尼亚，见 Dinwiddie to Hamilton, May 21, 1753, *PCR* 5: 630。关于塔纳沙里松与法国人，见 John Mercer, Case of the Ohio Company, 1762, Mulkearn（ed.）, *George Mercer papers*, 13, 76。易洛魁人则认为俄亥俄的土地属于印第安人，“独立于”英国人和法国人双方，见 Council, Philadelphia, May 21, 1753, *PCR* 5: 608。

弗朗西斯·詹宁斯对该条约的解读更简单，他认为蒙图尔贿赂了塔纳沙里松，见 Francis Jennings, *Empire of Fortune: Crowns, Colonies, and Tribes in the Seven Years', War in America*（New York: W. W. Norton, 1988）, 42–43。

着，1754年5月，特伦特又来了，在俄亥俄河分叉处建了一幢“坚屋”，驻扎了一支小型卫戍部队。当时华盛顿正率领一支民兵大部队赶来保卫俄亥俄，尽管孔特克尔很快就在4月迫使他们投降了。帝国之间开始了直接竞争。[1]

彼此敌对的军队到来，使诸共和者们别无选择。俄亥俄河上游不再是处于两个帝国夹缝中的天堂，而是变成了战场。大多数共和者和易洛魁人一样，开始把英国人和法国人当作同样的信基督教的祸害。特拉华人说得很直接，他们问，如果法国人要占有俄亥俄河以北的所有土地，而英国人想要俄亥俄河以南，那么印第安人还能剩下什么呢？1753年特伦特来这里时，他“不喜欢特拉华人的行事”。1753年秋天，俄亥俄印第安人很快便相信了这样一个谣言：如果法国人和英国人都没能在俄亥俄河上一家独大，那他们便会联合起来赶走印第安人。抵抗法国人便是在帮英国人的忙，所以这样做已经没有意义了，于是抵抗便烟消云散。[2]

到1753年，俄亥俄共和者认为基督教针对他们搞了一场大阴谋。1754年5月，当华盛顿和孔特克尔正在酝酿帝国之间的冲突时，乔治·克罗根对宾夕法尼亚总督清晰而精辟地描述了俄亥俄的情况： 238

全体俄亥俄印第安人不知道在想些什么，他们认为本政府（即宾夕法尼亚政府）未做任何事去阻止弗吉尼亚人和法国人发动的想要瓜分俄亥俄土地的远征。并且，如果他们认为这些远征是由本政府的拖延所致，那肯定会对全体英国人带来不良后果。我的意见是，没有本政府的一致同意，印第安人会怀疑弗吉尼亚人只是攻击法国人。关于安置土地的问题，政府会以俄亥俄印第安

---

[1] 特伦特见 Trent, *Journal*, 1753, CO 5, 1328。华盛顿的任务见 John C. Fitzpatrick, *The Diaries of George Washington, 1748–1799*（Boston: Houghton Mifflin, 1925）, 1: 48–60。特伦特的要塞及投降见 *ibid.*, 76–77。亦见 Journal of Mr. Christopher Gist, *Collections of the Massachusetts Historical Society*, 3rd series, vol.5（Boston: John H. Easburn, 1836）, 101–108。

[2] 特拉华人的话见 Gist Journals, Mar. 12, 1752, Mulkearn（ed.）, *George Mercer Paprs*, 39; Fitzpatrick, *Washington Diaries*, 52–53。特伦特的话见 Trent, Journal, July 14, 1753, CO 5, 1328。

人的观点为主，并认为他们有义务服从奥嫩达加议会的指令，但是阁下，我告诉您，这时他们会自行其是，而并不向奥嫩达加议会请示。

1754 年易洛魁人在奥尔巴尼会议上割让了俄亥俄河沿岸的土地，这个消息只是让俄亥俄印第安人与奥嫩达加渐行渐远。俄亥俄印第安人说自己是孤家寡人，法国人、英国人、易洛魁人对他们都是威胁。[1]

反讽的是，正是那些所谓的易洛魁总督——塔纳沙里松和斯卡罗亚德推动了法国人和奥嫩达加决裂。塔纳沙里松相信法国是主要威胁，必须武力相见，但他无法从奥嫩达加、宾夕法尼亚或他自己监管的村子获得帮助。叛乱分子发现自己是孤立的，受到了士气低落和恐惧的困扰，这种状况无法通过从宾夕法尼亚进口的优良朗姆酒来缓解。一听说马兰正在赶来，塔纳沙里松甚至连一场会议也无法召集了。印第安人“全都喝醉了，没有人来”。当他终于召开了会议，特拉华人和肖尼人——特伦特唯恐他们已经部分地站在法国一边了——送来两串贝珠带，告知塔纳沙里松，他们已经“请他们（六大联盟）做自己的领导者，一旦听到吩咐会马上攻打法国人”。这回复里包含嘲弄之意。塔纳沙里松和斯卡罗亚德在采取了最后一系列绝望的举动后，试图单方面采取行动。塔纳沙里松警告法国人，而斯卡罗亚德请求英国支援。[2]

239 斯卡罗亚德和塔纳沙里松都曾直接宣称俄亥俄属于共和者们。斯卡罗亚德在温切斯特（Winchester）告诉弗吉尼亚人：“兄弟们，现在

[1] 克罗根见 Croghan to Governor, May 14, 1754, PA, Series 1, 2: 144–145。后来关于担忧英国人的描述见 Butler to Johnson, May 14, 1755, *JP* 1: 495。1754 年奥尔巴尼印第安人将俄亥俄割让给宾夕法尼亚方面的消息同样极大地警醒了俄亥俄印第安人，见 Croghan' s Remarks, Sept. 17, 1757, *DHNY* 2: 756–761; Johnson' s Remarks, 10 Sept. 1757, *NYCD* 7: 329。

[2] 引文见 Council, 30 May 1753, *PCR* 5: 615。使团见 John Fraser to Young, Aug. 27, 1753, *PCR* 5: 660。朗姆酒贸易见 Report of Peters et al., 22 Sept. 1753, *PCR* 5: 676。特拉华人和肖尼人见 Trent Journal, Aug. 23, 1753, CO 5, 1328。

我让你们知道，我们的王完全无法掌控我们的土地；因为是我们战士在为土地而战，因此权利属于我们，我们会照看土地。”他接着告诉弗吉尼亚人放弃在俄亥俄建坚屋的想法，因为他们不希望自己的土地上有法国人或英国人。在与宾夕法尼亚人第二次开会时，他要求将自己参与谈判的记录发往奥嫩达加。斯卡罗亚德的动机尚不明了，但宾夕法尼亚人非常清楚此时奥嫩达加是不会允许自己与明戈人或他们的附属族群谈判的。易洛魁人对宾夕法尼亚和弗吉尼亚接待“这些印第安人”感到狂怒，“（易洛魁人）称这些印第安人为猎人或是年轻、轻浮的男人和孩子，而易洛魁人是他们的父亲。如果英国人想从这些孩子气的族群身上得到什么，一定要先跟他们的父亲谈。”[1]

实质上塔纳沙里松也向法国人发出了同样的表示独立的信息。9月初他见马兰时，给了马兰最后三条不要继续前进的例行警告，他不是以半王的身份而是以俄亥俄河上易洛魁战士的身份提出建议的。他告诉马兰：我们是战士，不是酋长，我们身处的这条河属于我们战士，监管公共事务的酋长们可不是它的主人；战士们拥有这片土地，如果马兰坚持要建新的要塞，战士们会群起而攻之。[2]

实际上只有极少数战士听从塔纳沙里松和斯卡罗亚德，特拉华和肖尼战士只有在奥嫩达加下令并支持的情况下才肯打仗。马兰抓住了这一点。他无视通常的会议礼节，告诉与塔纳沙里松随行的战士们，他对塔纳沙里松说的所有这些蠢话不屑一顾，保证不会理会他们可能做出的愚蠢的抵抗。上游村庄的肖尼人马上表示否定塔纳沙里松所说的内容。塔纳沙里松回到劳格斯镇，在那儿他“流泪了，并且……真切提醒英国商人不要跨过俄亥俄河”，塔纳沙里松他不能保护他们不受

[1] 斯卡罗亚德和弗吉尼亚方面见 Lawrenee Henry Gipson, *The British Empire Before the American Revolation*（New York: Alfred A. Knopf, 1942）, 4: 284; 易洛魁人对宾夕法尼亚的态度，见 Report of Peters et al., 22 Sept.1753, *PCR* 5: 677; Message of Montour, *PCR* 5: 635。

[2] 塔纳沙里松见 Conseil tenu par des Tsonnontouans Venus de La Belle-Riviere, 2 sept. 1753, Grenier（ed.）, *Papiers Contrecoeurs*, 53–58。第二次提醒见 *PCR* 5: 666。

法国人侵害。[1]

240 弗吉尼亚民兵最终到来，让塔纳沙里松重新燃起激情，但这也不能阻止他在叛军中影响力下滑的趋势，叛军也害怕英国人入侵俄亥俄河——就和害怕法国人侵入一样。当1753年秋天华盛顿到来时，塔纳沙里松和斯卡罗亚德想让肖尼人和特拉华人把法国人送的所有贝珠带都还回去，不再与之谈判；但这些群体都不肯这么做。但是只有到孔特克尔来时，局势才决定性地倒向了法国人一边。1754年，松诺提恩蒂奥的肖尼人及其他印第安人试图与法国人修好，尽管弗吉尼亚已经向俄亥俄发兵。[2]

三

1754年维利耶先生打败华盛顿，开启了法国和英国的战事，其中俄亥俄印第安人扮演了复杂而暧昧的角色。他们与整个高地的法国盟友一起攻打英国人，但他们参与的却是另外一场战争。他们的目标不是帮昂提奥打胜仗，而是要俄亥俄人脱离英国和法国的支配。我们这里不需要全面讲述七年战争，但有必要描述一下联盟政治持续衰落的情况，以及共和理念如何继续发展。

1754年春天，华盛顿带着弗吉尼亚民兵返回俄亥俄，只有塔纳沙里松和一小队明戈人跟随他。俄亥俄印第安人不肯为塔纳沙里松的行

[1] 塔纳沙里松和法国人见 Marin à Joncaire,（après le 3）sept. 1753, Grenier（ed.）, *Papiers Contrecoeur*, 58–59; Baby à Marin, 5 sept. 1753, *ibid.*, 63; Duquesne au Ministre, 2 oct. 1753, AN, C11A, v.99, f.14; Joncaire a Marin, 7 oct. 1753, Grenier,（ed.）, *Papiers Contrecoeur*, 69–71; Baby à Marin, 12 sept. 1753, *ibid.*, 65–67; Joncaire à Marin, c.aug.30, 1753, Contrecoeur Papers, Archives of Seminary of Quebec, 印第安纳大学俄河亥俄谷 - 五大湖民族历史档案馆藏版本，后被称为"GLEHA"。Shawnees, Paroles Des Chaouanons, 3 sept. 1753, Grenier（ed.）, *Papiers Contrecoeur*, 61–62。关于在俄亥俄的行动，见 Report of Peters et al., Sept. 22, 1753, *PCR* 5: 670。11 月里，结果只有塔纳沙里松完全配合华盛顿和吉斯特警告法国人离开的做法，见 Gist Journal, *Collections of the Massachusetts Historical Society*, 4: 103–104, 106–107。

[2] 塔纳沙里松见 Washington to Dinwiddie, May 9, 1754, 以及 June 3, 1754, *The Official Records of Robert Dinwiddie*...（Richmond: Virginia Historical Society, 1893, AMS repr., 1971）, 1: 152, 191–193 此后的"丁威迪记录", 见 Fitzpatrick, Washington Diaries, 52–54, 56。法国人的害怕见 La Chauvignerie à Contrecoeur, 11 mars 1754, Grenier（ed.）, *Papiers Contrecoeur*, 108–109。就在松诺提恩蒂奥肖尼人得知华盛顿战败之前他们还想和法国人修好，见 Duquesne à Contrecoeur, 20 juin 1754, *ibid.*, 190。

为负责，并且大体上保持中立。法军指挥官孔特克尔上尉派朱蒙维尔（Joseph Coulon de Villiers de Jumonville）去警告英军撤出俄亥俄。华盛顿称这个法国人不是使者而是间谍，于是攻击了他。战斗中塔纳沙里松及其手下战士也加入了英国人的阵营。火拼之后，塔纳沙里松在战场发现了受伤的朱蒙维尔，他操着联盟里老派的礼貌用语说：“我的 241
父亲啊，你尚未离世呀。”接着举起战斧砍下去，直到把这位“父亲”砍死。[1]

当塔纳沙里松把自己的战斧深深插进朱蒙维尔的脑袋时，这场残酷杀戮具有更深一层的象征意义，那就是联盟在俄亥俄彻底湮灭。将孔特克尔派去俄亥俄的迪凯纳总督尽管还遵循着以往的程式，但他真正想采取的却是武力。他肯定地告诉孔特克尔，俄亥俄印第安人是些野蛮人，并且他们和所有的野蛮人一样，一看到法国军队逼近村子就会闻风丧胆。[2]

迪凯纳对印第安人的认识对了一半。叛军受到英法双方威胁，不想立即与强权正面起冲突。多数印第安人认为法国的军事力量优于英国。并且，维利耶先生率领教团印第安人（mission Indians）为其兄弟之死复仇，并在内切西蒂（Necessity）要塞迫使华盛顿投降，这更加印证了印第安人的想法。塔纳沙里松的小群体中多数战士离开了他，很快半王自己也死了，印第安人相信是法国人用巫术害死了他。俄亥俄印第安人不甚积极地与法国人达成了妥协。教团印第安人提醒法国

[1] 辛加（Singas）宣布特拉华人中立，因为他说这是六大联盟的命令。既然在俄亥俄河上的易洛魁代表是亲英国的，此宣言就只是巩固了特拉华人的独立，他们只是假装服从奥嫩达加。奥嫩达加显然同时向俄亥俄的肖尼人下令——这绝对是徒劳。见 Fitzpatrick, *Washington Diaries*, 75–76, 87, 93, 96–99。俄亥俄印第安人请求六大联盟让塔纳沙里松撤出俄亥俄。1754 年上半年时迪凯纳很高兴，很满意他们保持中立。见 Duquesne à Contrecoeur, 1 juillet 1754, Grenier（ed.）, *Papiers Contrecoeur*, 207。塔纳沙里松和英国人见 Virginia Gazette, May 1754, 载 Mulkearn（ed.）, *George Mercer Papers*, 86–88。法国人对朱蒙维尔在挂出白旗后还遭到华盛顿攻击的报告见 De l' Isle Dieu au Ministre, 12 oct.1754, AN, C11A, v.99, f.470。按照他的兄弟维利耶的命令，法国人认为他的杀戮是谋杀，见 Ordres, M. de Villiers, 22 juin 1754, AN, C11A, v.101, f.16.; Tanacharison and death of Jumonville, Journal...De Lery, 20 juin 1754, *RAPQ*, 1927–1928, 367。

[2] 关于恐惧，见 Duquesne à Contrecoeur, 15 avril 1754, Grenier（ed.）, Papiers Contrecoeur, 106–107。定居与驻防见 Vaudreuil to Rouillé, Sept. 24, 1750, *IHC* 29: 226; Mémoire sur les postes du Canada...en 1754...Raymond, *RAPQ*, 1927–1928, 329; Jonquière and Bigot to Minister, Oct. 5, 1759, *WHC* 18: 30–31。

人，俄亥俄人并不为法国人打胜仗而高兴，他们也不值得信任。和约与联盟换成了要塞与军队，俄亥俄印第安人警惕地迎接着这种局面。[1]

242 不过迪凯纳又只对了一半，因为，尽管武力让俄亥俄人恢复了忠诚，但也仅仅在印第安人同意的情况下才可能有效使用武力。在森林战争中，加拿大人和法国正规军像以往一样打败并羞辱了英国殖民者和正规军，但这些法国人在他们俄亥俄的要塞却被吊了起来，活像拴在绳子上的炮弹；更可怕的是，最终他们会由于自身重量而掉落。离开了食物、补给和作为林中向导的印第安人，法军就无法作战。没有什么地方的森林作战后勤供给比俄亥俄地区更为困难了。从马兰远征直到迪凯纳要塞最终覆灭，要塞的物资供给始终艰巨而危险。比起保卫迪凯纳要塞本身，维持俄亥俄绵长又脆弱的供应链占用了更多人力，而且限制了法军可调用的军队人数。与此同时，物资供应的花费使国库拮据，而行政官比戈及其亲信却依靠后勤供给发财。法国人不得不依赖印第安人帮助供给，并靠他们保卫原本派去恐吓他们的卫戍部队。原先被法国人视为囚徒的人反而变成了他们的狱卒。[2]

1754 年，表面看来法国人在高地前所未有的强大。他们制服了诸共和者，赶走了英国商人，并击退了英军。新的要塞也稳定了危险的

---

[1] 华盛顿战败见 Journal de la Campagne de M. De Villiers au Ft. Necessite, Grenier（ed.）, *Papiers Contrecoeur*, 196–202; 注意教团易洛魁人的酋长们不想陪伴他，结果被战士们推翻了，见第 197 页。塔纳沙里松之死见 Morris to Dinwiddie, Oct. 3, 1754, *PA*, Series 1, 2: 177。追随者消失见 Duquesne au Ministre, 3 nov. 1754, AN, C11A, v.99, f.399。英国人意识到，华盛顿战败意味着印第安人将会回到法国人身边，见 Croghan to Hamilton, Sept. 27, 1754, *PA*, Series 1, 2: 178–179; Johnson to Shirley, Dec. 17, 1754, *JP*, 1: 429–431。俄亥俄人的不满见 Duquesne à Contrecoeur, 14 aoust 1754, Grenier（ed.）, *Papiers Contrecoeur*, 247; De l' Isle Dieu to Machault, Oct. 12, 1754, *IHC* 29: 909。对法国人盟友的害怕见 Duquesne au Ministre, 25 juin 1753, AN, C11A, v.110。

[2] 补给困难见 Bigot au Ministre, 6 mai, 1752, AN, C11A, v.98, f.90; 马兰的问题等见 Duquesne à Marin, 3 sept. 1753, C11A, v.98; Duquesne au Ministre, 5 oct. 1753, AN, C11A, v.99, f.14; Duquesne au Ministre, 2 nov. 1753, AN, C11A, v.99, f.59; Lanctot, *History of Canada*, 3: 86; Duquesne au Ministre, 22 nov. 1753, AN, C11A, v.99, f.70。给孔特克尔下的命令见 Duquesne à Contrecoeur, 27 Janvier 1754, Grenier（ed.）, *Papiers Contrecoeur*, 92–96。抱怨困难见 Journal de Joseph-Gaspard Chaussegros de Léry...*RAPQ*, 1927–1928, 18 mai 1754, 360; 16 juin, 365, 27 juin, 369; Vaudreuil to Moras, 12 July 1757, *NYCD* 10: 583; 贪腐见 Edward P. Hamilton（ed. and trans）, *Adventure in the Wilderness; The American Journals of Louis Antoine de Bougainville, 1756–1760*（Norman: University of Oklahoma Press, 1964）, 195–197。对印第安人的信任，Parole des Chaouanons, 3 sept. 1753, Grenier（ed.）, *Papiers Contrecoeur*, 61–62。迪凯纳要塞之薄弱见 John M' Kinney' s Description of Fort Duquesne, Grenier（ed.）, *Papiers Contrecoeur*, planche vii。同样可见 De l' Isle Dieu to Machault, Oct. 12, 1754, *IHC* 29: 909。

俄亥俄地区。从蒙特利尔到密西西比河，从五大湖区到俄亥俄河，联盟的制度又重现了。但实际上，法国的权力只是好比崭新的军装穿在病恹恹的士兵身上罢了。它只在五大湖区和伊利诺伊地区还算健康，在其他地方，联盟已经变成法国武力的产物，没有武力它就活不下去。过去的联盟理念能受到许多阿尔冈昆人的拥戴，但如今的现实只会催生仇恨。

尽管如此，法国及其印第安盟友仍然对人财两旺的强大的英国发 243
动了一场顺利而残酷的战争，战争达四年之久。1755年，法国及其大湖区和教团印第安盟友打败爱德华·布拉多克（Edward Braddock）领导的英军，在森林里留下满地死尸，印第安人还在迪凯纳要塞外将几个俘虏活活烧死，以报仇雪恨。他们看似合作努力，其实还是各自为战。法国人打的是一场帝国战争，其大湖区盟友和伊利诺伊盟友是在协助他们的“父亲”，直到他不再能够履行自己的父亲职责为止。而俄亥俄共和者们是为自己而战，出于自身的原因，也单独取得自身的和平。

俄亥俄共和者对英国发起战争的根源要追溯到1753年，当时南卡罗来纳关押了若干肖尼人，他们正打算南下攻打卡托巴人。这伙人的头儿普赖德（The Pride）死在了狱中。尽管宾夕法尼亚方面保护了剩下的肖尼人，并将他们送回俄亥俄地区，普赖德的亲戚们还是变成了战争分子。到1755年，他们已经将战争贝珠带向北送到远至桑达斯基。[1]

绝大多数肖尼人和特拉华人拒不接受战争贝珠带，同时也拒绝加入教团印第安人、大湖区印第安人以及与布拉多克作战的保卫迪凯纳要塞的法军，但英国继续将诸共和者们推进法国的怀抱。宾夕法尼亚方面希望易洛魁人将俄亥俄河边的土地转让给他们——事实上也得到了，据说他们还逮捕并绞死了肖尼人和特拉华人派来的使者。肖尼人和特拉华人报复性地向周边族群分发贝珠带，请他们帮助自己复仇。

[1] 最初的关押和释放见 Croghan Journal, Jan. 12, 1754, Thwaites（ed.）, *Early Western Travels*, 1: 74–75。早在 1753 年印第安人就攻打英国势力边境，但不清楚是哪族印第安人。见 Fitzpatrick, *Washington Diaries*, Dec. 14, 1753, 1: 60–61。特伦特怀疑是渥太华人和齐佩瓦人，Trent *Journal,* Aug. 4, 1753, CO 5, 1328。肖尼人非但没有加入，还很害怕遭到渥太华人和齐佩瓦人攻击，见 *ibid.*, Aug. 6, 9, 1753。

那些族群接受了，于是英国控制区周边杀戮不断。[1]

244 法国人与这场肖尼–特拉华–明戈人战争的关系总是暧昧不明。尽管法国人、肖尼人和特拉华人并肩作战，但他们只不过刚好要对付共同的敌人罢了。法国人说特拉华人和肖尼人独自分发贝珠带以组织远征队，却不是替他们的父亲举起战斧。同样，易洛魁人指定的特拉华首席酋长塔玛库阿（Tamaqua，或者叫比弗［Beaver］）主张，特拉华人不是替法国人举战斧，而是那些加入法国阵营的教团印第安人和六大联盟中的其他成员给他们战斧让他们去战斗的。1756年，法国人认识到，在英属地边境发生的狂怒攻击已经超出事态发展。现任迪凯纳要塞指挥官迪马（Dumas）上尉报告说，到1756年，印第安人正在进行的残酷战争已经夺取了2500个英国人的生命，如果法国人不主动求和，这场战争并不一定会主动平息。[2]

---

[1] 肖尼人和特拉华人的犹豫，见 Contrecoeur à Vaudreuil, 21 juin 1755, Grenier（ed.）, *Papiers Contrecoeur*, 365。辛加称，要不是布拉多克傲慢并且拒不保证给他们土地的话，他们就已经加入英国阵营了，见 Beverly Bond, Jr.（ed.）, "The Captivity of Charles Stuart, 1755–1757, " *Mississippi Valley Historical Review* 13: 63。触怒印第安人的特定事故见 Abstract of Despatches from Canada, *NYCD* 10: 423。这些绞刑的事有时会被人提起，就像很久以前特拉华酋长在新泽西被吊起来一样，见 Meeting in the Court House at Lancaster...May 19, 1757, *JP* 9: 755。提及吊人事件见 Hamilton（ed.）, *Adventure in the Wilderness*, May 5, 1757; Vaudreuil au Ministre, 17 avril 1757, AN, F3, v.15, f.5。十月，"萨胡那王"拉普塔拿起战斧反抗法国人，见 Dinwiddie to DeLancey, Dec. 17, 1754, Dinwiddie Recorde, 1: 430; Dinwiddie to De Lancey, n.d., Dinwiddie Records, 1: 311。丁威迪命令他的军官接管并不完全与英国囚犯结盟的印度人，见 Dinwiddie to Lewis, Sept. 11, 1754。肖尼人和特拉华人发动战争的贝珠带，见 Abstract of Despatches, *NYCD* 10: 423。

[2] 法国人一开始鼓动肖尼人为普赖德之死报仇，但 1754 年秋天，一些肖尼人攻打北卡罗来纳边境时，法国人却转变态度，敦促他们收手。不到 1755 年，法国人再次鼓动肖尼人，但那时他们唯恐许多肖尼人会保持中立。直到布拉多克失败以及英国人确认肖尼–特拉华大使被俄亥俄州印第安人和法国人悬吊的事实后，见 Duquesne à Contrecoeur, 24 juillet 1754, Grenier（ed.）, *Papiers Contrecoeur*, 222–223; *ibid*, 18 juillet 1754, 220。到秋天孔特克尔下令阻止了一次法国人支持的突袭，并建议只进行防守，Duquesne à Contrecoeur, 30 oct. 1754, *Papiers Contrecoeur*, 266, *ibid*., 5 mars 1755, 289。1755 年 6 月和 8 月，法国人积极地出动多次突袭，见 Sylvester Stevens, Donald Kent, and Emma Woods（eds.）, *Travels in New France by JCB*（Harrisburg, Pa.: Pennsylvania Historical Survey, Pennsylvania Historical Commission, 1941）, 67。

肖尼联盟抗击英国人见 Journal...de Lery, 1 jan. 1755, *RAPQ*, 1927–1928, 409–410。Baby à Contrecoeur, 18 jan. 1755, Grenier（ed.）, *Papiers Contrecoeur*, 274。四月、五月，肖尼人在法国人首肯下发动袭击，Duquesne à Contrecoeur, 27 avril 1755, *ibid*., 322–324。Duquesne au Ministre, 31 mai 1755, AN, C11A, v.100.Contrecoeur ê Vaudreuil, 14 aoust 1755, Grenier（ed.）, *Papiers Contrecoeur*, 419; Vaudreuil au Ministre, 19 sept. 1756, AN F3, Moreau St. Mery, v.14, f.341.Dumas a ?, 24 juillet 1756, AN, C11A, v.101, f.322. 关于对约定而未成的退让的愤怒，见 Johnson' s Remarks...10 Sept. 1757, *NYCD* 7: 331。独立的贝珠带见 Abstract of Despatches, 1756, *NYCD* 10: 423。一个特拉华俘虏称特拉华人接受了肖尼人送出的战争带，Examination of a Delaware Prisoner, 1757, *PA*, Series 1, 3: 147。拒绝法国人的贝珠带见 Council at Carlisle, Jan. 1756, Thwaites（ed.）, *EWT*1: 85–86。

俄亥俄印第安人和英国人打的是一场平行的战争，而且有迹象表明他们与法国人同时进行的战争只不过是在新的外衣下的继续反抗罢了。俄亥俄印第安人很明白法国人在俄亥俄河沿岸有多需要他们的帮助，以及这给他们提供了什么机会。据一个逃跑的英国俘虏说，印第安人相信英国人和法国人合谋要将他们赶出自己的土地，但如果俄亥俄印第安人能够利用法国人打败英国人，那“我们接下来便可以对法 245
国人为所欲为，因为（法国人）对我们来说好像羊圈里的待宰羔羊，他们无法种植任何庄稼，尽管他们试过，但就是种不成”。当有人请俄亥俄特拉华人的发言人阿茨科瓦努提（Ackowanothic）解释印第安人为何要攻击英国人时，他对大战略给出了一模一样的描述。他说，他们需要法国人帮忙打败贪求他们土地的英国人，因为英国人“人数太多了”，但是“只要我们愿意，就能赶走法国人”。[1]

俄亥俄印第安人的独立策略包括公开宣布脱离易洛魁人的掌控。英国人继续敦促易洛魁人控制、谴责他们在俄亥俄的依附者，但特拉华人和肖尼人的攻击是在“让六大联盟看看，他们不再是女人了，意思是他们不再受易洛魁人压制”。实际上，在战争期间易洛魁人已经不能对俄亥俄印第安人真正施加什么影响了。[2]

俄亥俄印第安人和法国人脆弱的联盟仍然伪装在1755年、1756年、1757年他们共同取得的重大军事胜利之下。实力悬殊之下漂亮的胜仗让人以为法国－阿尔冈昆联盟已经复苏并且非常强大了，似乎它的技能、勇气和智慧已经远胜于英国的人力和财力。然而联盟的心脏只在五大湖区和伊利诺伊地区持续跳动，甚至在那里也跳得很微弱。在加拿大－纽约边境发生了很多战斗，湖区印第安人和法国人不断争斗。此处印第安人与那些刚从法国来的军官一同战斗，并受后者指挥，而

---

[1] 第一处引文见 Daniel Claus to Johnson, Apr. 5, 1756, *JP*: 439。阿茨科瓦努提见 Wallace, *Weiser*, 530。关于法国人和英国人都觊觎他们土地的说法见 Remarks on An Indian Conference, Easton, Nov. 1756, *PA* 3: 38–39。

[2] 引文见 Robert Morris to Johnson, 15 Nov. 1755. *JP* 9: 309–310。类似的断言见 Proprietors of Pennsylvania' s Observations, Dec. 11, 1756, *DHNY* 2: 738–742; Atkin to Lords of Trade, Dec. 27, 1756, *NYCD* 7: 209。

后者还不懂中间地带的妥协和仪式。蒙卡尔姆将军偶尔会把印第安人当士兵对待，用军事纪律管束他们，而不是把他们当作来去自由、战前会请教曼尼通而不是请教法国军官的战士。阿尔冈昆战争中残酷血腥的仪式让法国常备军和军官大感不适，他们看不得印第安人虐囚、吃人，也无法理解印第安人会突然出人意料地对他们想收养的俘虏十分仁慈。[1]

246 英国人谴责加拿大的法国指挥官蒙卡尔姆将军，他允许印第安人杀死威廉·亨利（William Henry）要塞的俘虏，后来詹姆斯·费尼莫尔·库柏（James Fenimore Cooper）将此事记录在《最后的莫希干人》（*The Last of the Mohicans*）中，使之永载史册。但法国人眼下最关心的是蒙卡尔姆为了控制其盟友所付出的巨大代价。蒙卡尔姆与易洛魁人、阿尔冈昆人的关系非常糟糕，以至于其宿敌——法国末代总督德里阁——指责他毁了联盟。在军事胜利的巅峰时期，联盟却变得松散了。英国的封锁再次起了作用，就和在乔治国王之战中一样，昂提奥本应送给其“孩子们”的礼物消失了。天花也再一次在印第安人中肆虐。战士们再次变得满腹牢骚、离心离德，而高地的联盟又一次开始破裂。[2]

---

[1] 印第安人和法国人之间的分歧见 Vaudreuil au Ministre, 1 sept. 1756, AN, F3, Moreau St. Mery, v.14, f.297; Hamilton（ed.）, *Adventure in the Wilderness*, 164–165。Vaudreuil to Massaic, Aug. 4, 1758, *NYCD* 10: 780; 言论见，July 30, 1758, *ibid*.805。厌恶印第安人对待俘虏的方式见 Hamilton（ed.）, *Adventure in the Wilderness*, 40–41; 残忍与仁慈见 *ibid*, 144; 指责印第安人打仗的方式见 *ibid*, 60, 但又离不开他们，见 *ibid*, 144; Stevens（ed.）, *Travels in New France*, 81。

[2] 蒙卡尔姆与印第安人见 Vaudreuil au Ministre, 1 sept. 1756, AN, F3, Moreau St. Mery, v.14, f.297; Hamilton（ed.）, *Adventure in the Wilderness*, 164–165; Vaudreuil to Massaic, Aug. 4, 1758, *NYCD* 10: 780。蒙卡尔姆指责英国囚犯对阿布那基斯的白兰地和英国侮辱遭到袭击，见 Montcalm to Webb, Aug. 14, 1757, *NYCD* 10: 618–619。1756、1757年，严重的商品短缺问题凸显，见 Vaudreuil au Ministre, 15 juin 1756, AN, C11A, v.101.f.28。1758年的绝望境地见 Vaudreuil, Mémoire, 3 nov. 1758, AN, C11A, v.103。天花见 Vaudreuil au Ministre, 15 juin 1756, AN, C11A, v.101.f.28。尼亚加拉的物资短缺，见 Journal de Niagara, 29 juillet 1757, 31 juillet 1757, 载 Henri–Ramond Casgrain（ed.）, *Collection des manuscrits de marèchal de Levis*, 12 vols.（Montreal and Quebec: L. J. Demers & Frere, 1889–1901）, 见 vol.11, *Rélations & journaux des differentes expeditions...*, 113, 此后有 Casgrain, *Rélations*; Hamilton（ed.）, *Adventure in the Wilderness*, 152, 180。普遍短缺见 Vaudreuil to Minister, Oct. 30, 1757, *WHC* 18: 200; Canada, 1757, AN, C11A, v.101, f.270。路易斯安那的情况更糟，见 Kerlerec au Ministre, 28 jan. 1757, AN, C13A, v.40, f.27。印第安人认为是法国人应当为天花负责，见 Hamilton（ed.）, *Adventure in the Wilderness*, 197。到1757年夏末，印第安人热情便懈怠了，见 Stevens（ed.）, *Travels in New France*, 88。Casgrain, *Rélations*, 6 juin 1757, 88–89。

由于英国的封锁不出所料地导致了商品短缺，法国的麻烦超出了俄亥俄地区。1757年至1758年之交那个冬天，绿湾的梅诺米尼人袭击了法国人。疾病和商品短缺同样也带来了反抗，但仍然不知究竟何事导致了一场袭击，其中死了22个法国人。不管直接原因是什么，梅诺米尼人自身都根本不团结，联盟酋长似乎随后又重新控制了局势。酋长们按照联盟的惯常做法将七个杀人者送往蒙特利尔。过去昂提奥都会赦免杀人者，而印第安人会用英国俘虏或英国人的头皮来弥补法国人的死亡损失。1757年6月，两个谋杀了法国人的凶手从高地来到蒙特利尔，“一丝不挂，身上涂着黑色颜料，手里拿着奴隶棍”。昂提奥 247
赦免了他们，他们加入攻击英国人的战队。类似的，1758年，昂提奥宽恕了四个梅诺米尼人，并将他们派往反击英国人的战场；但沃德勒伊没有赦免其他的囚犯。其理由让人很难懂，他在蒙特利尔市政广场或枪杀或鞭打了他们。这是一种惩罚，蒙卡尔姆将军认为“令法国人扬眉吐气”。[1]

这些事件就是联盟最终失败的先兆。随着英国人在财富和人口方面的优势开始显现，并且日渐逼近加拿大，殖民地发往宫廷的备忘录宣称联盟是个失败。其中最有趣的一份报告简单题为“野蛮人”。它回顾了法国应当采取的政策，马后炮地谴责了他们曾经遵循的联盟政策，还攻讦印第安人自身的性格。在作者看来，法国人在联盟上花钱是白费。国土派出的代理人贪污了大量给印第安人的商品和物资，而那些抵达印第安人手中的物品也只不过纵容他们更加懒惰和嗜酒罢了。印第安人倒是替法国人打仗了，但这没什么效果。他们是一群强盗，只会偷窃，还很残忍。作者接着说，印第安人懦弱、背信弃义，既缺乏

[1]　袭击和处决见 extracts, letter from Montcalm, May 15, 1758, 和 journal entry Aug. 13, 1758, *WHC* 18: 203–204。对于那些梅诺米尼人的命运有三种不同描述。蒙卡尔姆说他们被枪决了，布干维尔称他们受到鞭打见 Hamilton（ed.）, *Adventure in the Wilderness*, 260; 弗朗索瓦·波彻特说其中两人被移交给蒙特利尔印第安人，让他们“公平对待”，结果后者处决了那两人：“自从欧洲人到来之后印第安人第一次做出这种事。”见 Pouchot Memoir, *WHC* 18: 211。亦见 Hamilton（ed.）, *Adventure in the Wilderness*, 204, 以及 Journal of Occurrences, 1757–1758, May 16, *NYCD* 10: 840。前些年的杀人犯见 Hamilton（ed.）, *Adventure in the Wilderness*, 117–118。

“任何一种情感”，又缺乏“野心”。[1]

为了控制印第安人并将之利用起来，商品只能作为他们提供服务的直接报酬而给予，但这种做法也仅仅是理想政策的可怜的替代品罢了。加拿大官员应当鼓励商人生活在印第安人中间，就像他们曾经住在伊利诺伊人中一样。这些人居住在高地，从事商业和农业，并组织家庭，他们就可以作为工业化的样板，同时抗衡印第安人的阴谋。
248 法国人不断增加阿尔冈昆人的需求，并卖给他们玉米和商品，这就能使印第安人依附于他们。最终，法国人便可主宰印第安人。这番谴责暗指联盟的现实：法国人并未成为印第安人的主人，而仅仅是他们的盟友。[2]

这份备忘录最有趣的还不是它的结论——既然加拿大将割让给英国，这份备忘录的结论也就无所谓了——但是，它是关于将来英国政策的可怕预言。这位法国作者明白法国已处在失败的边缘，他谴责了印第安人及联盟的政策。他写的备忘录是为法国支配印第安人失败所作的挽歌。战争一结束，杰弗里·阿默斯特将军率领的英国人实际上仅仅改变了这份备忘录的时态而已。对阿默斯特来说，原本应该发生的变成了现在即将发生的，过去将来时变成了现在将来时。

四

七年战争后，英国认为自己对印第安人拥有了主权，他们面临着战争期间对俄亥俄村民许下的诺言。英国对俄亥俄阿尔冈昆人的求和之举源于一个预设——英国早期政策失败了，而如今英国必须模仿法国。威廉·约翰逊爵士与宾夕法尼亚政府代表们，带着竭尽全力的真诚，开始承诺变革。他们发誓遵守中间地带的程序和习俗，宣称将

---

[1] Mémoire, Des Sauvages, 1759, AN, C11A, v.104, f.481. 战争期间负责印第安人花费的加拿大官员对国王撒了弥天大谎，这是这些备忘录中反复出现的主题；亦见 Mémoire, Canada, 1758, AN, C11A, v.103, f.511。

[2] Mémoire, Des Sauvages, 1759, AN, C11A, v.104, f.481.

会调整那些排斥俄亥俄村民的做法。威廉·约翰逊和爱德华·阿特金（Edward Atkin）是国王分别派往北部和南部印第安人中的行政官，他们于1756年秋季答应必将纠正贸易中“巨大的欺骗和虐待”。对行政官们来说，与印第安人的贸易必须被统一管理。英国必须仿照法国，建设相应的基础设施和人员配备，包括要塞、官员、制枪工人、传教士，为酋长授勋以及年供礼物。约翰逊还敦促贸易委员会撤销俄亥俄州沿线的土地补助金是笑迎那是“我们在印第安地区利益受损的最主要的原因之一，也是其恢复增长的主要障碍”。1756年11月，一直以来坚称自我优势的宾夕法尼亚业主们单方面宣布放弃他们在1754年从奥尔厄尼的易洛魁人那里购买的西部土地。不过，他们保留购买他们自己殖民地境内土地的专有权利——如果印第安人打算卖那些土地的
话。1758年，约翰逊最终提出了一个明智的主张：提倡在“我们的定 249
居点和他们的猎场之间划定清晰的固定界线”。[1]

实际上和谈花了好几年，其中包含了俄亥俄村民、六大联盟，还有跟随特德尤斯昆（Teedyuscung）的萨斯奎汉纳（Susquehanna）特拉华人，特德尤斯昆这个人有时精明，有时自私，有时浮夸，有时又很可怜。随着谈判的进行，乌龟胞族中有三兄弟——塔玛库阿、皮斯克托梅（Pisquetomen）和辛加——变得越来越重要。塔玛库阿和皮斯克托梅一个是酋长一个是议会成员，一直都有义务谋求和平。[2]

---

[1]　改革见 Atkin to Loudoun, Nov. 26, 1756, Loudoun Papers, LO 2282, Huntington Library。约翰逊和授予土地见 Johnson to Board of Trade, Nov. 10, 1756, *NYCD* 7: 169–170。Pennsylvania, Proprietors Observations, Dec. 11, 1756, *DHNY* 2: 738–741。界线见 Johnson to Denny, July 21, 1758, *JP* 2: 879。

[2]　特德尤斯昆和易洛魁人都宣称自己替西部村民说话。特德尤斯昆的宣言见 Conference, Mar. 15, 1758, *PCR* 8: 35。对于易洛魁人的豪言壮语，见 Conference, Aug. 5, 1758, *ibid.*, 152。特拉华人拒不承认易洛魁人的领导权，例子见 Morris to Hardie, Feb. 15, 1756, *PA*, Series 1, 2: 574–575。特德尤斯昆见 Anthony Wallace, *King of theDelawares: Teedyuscung, 1700–1763*（Philadelphia: University of Pennsylvania Press, 1949）。不过，特拉华人和肖尼人仍然接受俄亥俄河上易洛魁传教士和明戈人的建议，见 Council at Carlisle 13 Jan. 1756, Thwaites（ed.）, *Early Western Travels*, 1: 84–87。
1758 年易洛魁人宣布猛西人或米尼斯克（乌纳米特拉华人）仍然处于女性地位，不能独立进行谈判，见 Conference, Aug. 7, 1758, *PCR* 8: 157。对于易洛魁人在伊斯顿的影响，见 Wallace, *Weiser*, 538–552。土地以及在俄亥俄河上谋求和平的宣言见 Conference at Easton, Oct. 1758, *PCR* 8: 182, 199。Independent of Six Nations, Croghan to Johnson, April 14, 1758, JP 2: 620。否定特德尤斯昆见 Post Journal in Charles Thomson, An Enquiry into the Causes of the Alienation of the Delawares and Shawanese Indians from the British Interest, and into the Measures Taken for Recovering Their Friendship（London: J. Wilkie, 1759）, 138, 139。

250 1758年6月，当皮斯克托梅和乌龟胞族会议成员基克尤斯昆（Keekyuscung，又叫特拉华乔治［Delaware George］）在怀俄明（Wyoming）特德尤斯昆的镇子露面后，英国人与俄亥俄印第安人之间直接的和平谈判就推进得极为迅速。有个德裔摩拉维亚教徒弗雷德里克·波斯特（Frederick Post），他先后两次娶了特拉华女子，并精通他们的语言，同年夏天，他与西部特拉华人的使者们一道返回俄亥俄地区。接下来皮斯克托梅来到东部，目的是要使俄亥俄河上的特拉华人与英国人恢复过去的和平和友谊，并将和平扩大到西部“和我们同一肤色的族群”中。1758年秋末，波斯特再次来到俄亥俄地区。他请当地印第安人签署《伊斯顿条约》（Treaty of Easton）——该条约已经与易洛魁人和萨斯奎汉纳特拉华人谈妥。他还转达说，英国人保证持有过去的友谊之链，国王将会像慈父接纳逆子那样接纳西部印第安人，宾夕法尼亚也会放弃购买阿巴拉契亚山脉西部的土地，正驻扎在迪凯纳要塞的约翰·福布斯（John Forbes）将军的军队也不会攻击印第安人。这次陪同波斯特的有皮斯克托梅、托马斯·希克曼（Thomas Hickman），还有两名卡尤加酋长——其中一个是年轻的斯卡罗亚德。波斯特也参与了最后阶段的谈判，即印第安人和亨利·布凯（Henry

---

东部特拉华人带来英国人的贝珠带，法国人对此的反应是重新努力争取这些特拉华人，见 Vaudreuil au Ministre, 25 juillet 1758, AN, C11A, v.103, f.114。塔玛库阿及其兄弟取代了之前内阿瓦特威（Netawatwees）及乌龟胞族主导谈判的努力。见 William Hunter, “Provincial Negotiations with the Western Indians, 1754–1758, ” Pennsylvania History 18（July 1951）: 213–219; Michael Norman McConnell, “The Search for Security: Indian-English Relations in the Trans-Appalachian Region, 1758–1763”（Ph. D. diss. William and Mary, 1983）, 112–176。1758 年的使团似乎是乌龟胞族人的事，既然内阿瓦特威的兄弟凯利珀玛（Kelipma 或称“格拉珀蒙德”［Gelapamund］）陪同使团。塔玛库阿见“ Journal of James Kenny, ” Pennsylvania Magazine of History and Biography, 37（1913）: 18; Post Journal, Thomson, Enquiry, 135。为屈斯屈斯基解决四个城镇问题，见 Post Journal, ibid.138。

塔玛库阿及其他人一直渴望与英国人保持和平，见 Bond（ed.）, “Captivity of Charles Stuart, 1755–1757, ” 64–65。塔玛库阿及其兄弟们称他们对此前西部特拉华人的谈判并不满意，见 Post Journal, PCR 8: 144。Message, Conference at Easton, Oct. 1758, PCR 8: 187–189. 关于消息和解释的全面版本见 Post Journal, 载 Thomson, Enquiry, 160–161。

多次提到皮斯克托梅、辛加及塔玛库阿兄弟，见“Journal of James Kenny, ” 421, 425; Conference with Indians, July 8, 1758, Philadelphia, Abercromby Papers, 422, Huntington Library。理论上辛加是个战争领袖，肯尼说他是个酋长，与“河狸王”或“特拉华乔治”等同地位，但他并未作为首领或顾问签署此前给英国人的消息，见“Journal of James Kenny, ” 428。Post Journal, Thomson, Enquiry, 159. 民事领袖作为氏族或胞族领袖见 William W. Newcomb, Jr., The Culture and Acculturation of the Delaware Indians, Anthropological Papers, Museum of Anthropology, University of Michigan, no.10（Ann Arbor: University of Michigan Press, 1956）, 50。关于民事和战争领袖，见 ibid, 53。

Bouquet）上校的直接谈判——由布凯上校代替此时已经重病的福布斯将军。克罗根和蒙图尔也参加了这些谈判。但是一直到1762年，宾夕法尼亚人才与俄亥俄人在兰开斯特正式签订了条约，而且在那时和平很快便被瓦解了。[1]

英国人-特拉华人的谈判重新引发了关于俄亥俄村民地位模糊的老 251
问题。塔玛库阿很难掌控自己胞族中的战士，实际上也根本无法左右其他特拉华战士。塔玛库阿、皮斯克托梅和特拉华乔治都提醒波斯特，在酋长们重新寻求共识时不要理会那些战士、女人和年轻人，但是许多特拉华人的怨愤之情很难被忽视。那个夏天，在索昆克（Saukunk），著名的巫师兼战士领袖贝米诺（Bemino，又叫基尔巴克［Killbuck］）和另一位战士领袖库克凯塔克通（Kuckquetacton）对波斯特进行了威胁和虐待。易洛魁人到场使情况变得更为棘手。曾陪同波斯特的卡尤加酋长们和跟随福布斯远征的六大联盟战士代表整个六大联盟回到俄亥俄。尽管波斯特与俄亥俄印第安人直接谈判使他们更加要求保持独立，但他还是保住了宾夕法尼亚与易洛魁控制区的原有界线，以及宾夕法尼亚对俄亥俄河土地的最终控制。[2]

---

[1] 尽管亨特，217，"省级谈判"将特拉华·乔治叫作梅纳托奇，但自从休斯·默塞了解他以后，基克尤斯昆看起来就是特拉华·乔治，因为后来这些名字可以互换使用，见 Mercer to Bouquet, Feb. 17, 1759, 载 Sylvester Stevens and Donald Kent（eds.）, *The Papers of Colonel Henry Bouquet*, 19 vols.（Harrisburg Pennsylvania Historical Commission, 1940）, 2: 38–39, 以及 Mercer to Bouquet, Dec. 23, 1758, *ibid*.1: 209–210。皮斯克托梅的消息，见 Easton, Oct. 13, 1758, *PCR* 8: 187–188。Governor Denny' s Answer, Oct. 20, 1758, *ibid*.8: 206–207. 希克曼和皮斯克托梅见 Instructions to John Null and William Hayes, 21 Oct. 1758, *PA*, Series 1, 3: 556–557。特拉华人在费城见了丹尼总督，他们同意让波斯特来俄亥俄，见 Conference with Indians, July 8, 1758, Abercromby Papers, 411, Huntington Library; 同样可见 July 7, 1758, *PA*, Series 1, 3: 456–469。这些事件在殖民地政治、军事文本中的记载见 Gipson, British Empire, 9: 50。

哨所见 Journal of Frederick Post, ...June 27...1758, Huntington Library。波斯特召开的大多数会议中都有法国人出席，见 Post Journal, Thomson, *Enquiry*, 137, 138, 139; goes to Fort Duquesne, 142。法国人对特拉华人做的工作见 Vaudreuil to Minister, July 28, 1758, 载 Sylvester K.Stevens and Donald Kent, *Wilderness Chronicles of Northwestern Pennsylvania*（Harrisburg, Pa.: Pennsylvania Historical Commission, 1941）, 113。东部特拉华人同时将英国人的动向告知了法国人，见 Vaudreuil au Ministre, 28 juillet 1758, AN, C11A, v.103, f.114。

[2] 索昆克见 Post Journal, Thwaites（ed.）, *Early Western Travels,* 1: 200, 210–211; Hunter, "Provincial Negotiations," 218。基尔巴克属于哪个胞族并不清楚，要么是乌龟胞族要么是火鸡胞族，见 his mark, Delaware Treaty, *NYCD* 7: 741。比弗及其兄弟们确实赢得了屈斯屈斯基（Kuskuski）的火鸡胞族战士支持，并回绝了法国人让他们交出波斯特的要求，见 Vaudreuil au Ministre, 15 oct. 1753, AN, C11A, v.103。缺乏控制见 Post Journal, Thwaites（ed.）, *Early Western Travels*, 1: 246。关于一个部落，见 *ibid*., 1: 271。

特拉华人中火鸡胞族（Turkey）的酋长们愿意承认易洛魁人形式上的统治权，因为这让他们在其他胞族的酋长面前有优越感，但他们希望被当作英国的盟友而不是英国人或易洛魁人的臣民。辛加和塔玛库阿非常明确地表达了他们的期望：

兄弟，我们想让你们知道，法国人在每个方面使用我们的人时都非常仁慈；像绅士一样对待他们……他们也是这样对待酋长的。现在我们希望你们强大，希望也能同样仁慈地使用我们的人，因为别的印第安人在看着我们。而且除非你们仁慈对待我们，我们不知道还能如何说服他们维护英国的利益。

至少民事酋长们认为英国人和印第安人中的联盟酋长会以通常联盟的方式来保持和平。[1]

252　谈判过程中，特拉华人又提出自己一贯的观点，即和平应当建立在法国人和英国人都撤出俄亥俄谷地的基础上。和平不该只是由英国人代替法国人，特拉华人明确表示害怕被欧洲人套上双重圈套。

我们有充分的理由相信你们想赶走我们，自己占有这片土地；不然你们为何要来上帝赐予我们的土地上打仗呢？你们和法国人为何不在各自的旧领土或是海上打仗？为什么要在我们的土地上进行战争？这让每个人都相信你们想借助武力、定居的手段夺走我们的土地。

他们总结道，欧洲人打仗只是为了获得劫掠印第安人的“权利”。

英国人显然更像兄弟而不是父亲，见 Post Journals, Thwaites（ed.）, *Early Western Travels*, 1: 240, 247。和宾夕法尼亚总督及福布斯一样，波斯特本人把印第安人称为兄弟，见 Post, *ibid*, 1: 259–260, Governor, 262, Forbes, 264。见易洛魁人，见“chief owners of the land,” *ibid*, 258。

[1] 引文见 Post Journal, Thwaites（ed.）, *Early Western Travels*, 1: 277–278。亦见 Post Journal, Thomson, *Enquiry*, 157, 关于皮斯克托梅请求当一名英联盟酋长。

为了证明这一点，特拉华人又提起战前四处流传的一个说法，即法国人和英国人实际上要合伙毁灭印第安人，抢走他们的土地。[1]

让英法都撤出俄亥俄地区，这个目标并非实现不了。福布斯将军在远征伊始哀叹道，如果他能将法国人赶出迪凯纳要塞，他就不会下令在那儿留下一兵一卒了。他也在给辛加和塔玛库阿的信里写道："英吉利族群和印第安人之间的和平像大山一样坚定。"[2]

即使英国人在迪凯纳要塞获胜，也没能马上动摇印第安人谈判的立场。特拉华人和肖尼人拒绝继续补给迪凯纳要塞，让这个本就摇摇欲坠的哨所更加岌岌可危了。1758年法国人炸毁了它，并撤退到伯夫河上韦南戈的库斯塔洛加（Custaloga）领导的狼族所在村庄附近的马绍要塞。英军到来时只见一片废墟，法国人还在其入口处留下恐怖的路标：在格朗（Grant）少校早先攻打该要塞时死去的苏格兰高地战士 253
的被砍掉的头颅。不过，迪凯纳要塞陷落并未终结法国人在俄亥俄河上的活动，他们在马绍要塞获得了特拉华人和肖尼人的帮助，并扬言会在八个月内回来赶走英国人。[3]

因而，塔玛库阿在迪凯纳要塞与英国人谈判时，他仍然有机会成

---

[1] Post Journal, Thomson, *Enquiry*, 153–154, 155, 160–161; Post Journal, Thwaites（ed.）, *Early Western Travels*, 1: 240. 不愿加入英军见 Easton Conference, Oct. 20, 1758, *PCR* 8: 208。故事的早期版本见 Claus to Johnson, Apr. 5, 1756, *JP* 2: 439。1757 年这个故事又在易洛魁人中出现，见 Journal de la campagne de M. De Bellestre en oct. et nov. 1757, Casgrain（ed.）, *Rélations*, 11: 132。法国人对于印第安人要求英法都撤出的描述见 Vaudreuil au Ministre, 15 feb. 1759, AN, C11A, v.104, f.19。

[2] 驻防见 Forbes to Pitt, 6 Sept. 1758, 载 Alfred Proctor James（ed.）, *Writings of General John Forbes Relating to His Service in North America*（Menasha, Wis.: Collegiate Press, 1938, Arno repr. 1971）, 205。亦见 Forbes to Abercromby and Amherst, Nov. 26, 1758, *ibid*., 263; Forbes to Pitt, Nov. 27, 1758 和 Jan. 21, 1759, *ibid*., 268。引文见 Forbes to Kings Beaver and Shingas, Nov. 9, 1758, *ibid*., 252–253。印第安人请求利涅伊斯放弃马绍要塞，并希望英法都撤出俄亥俄，见 Vaudreuil to Berryer, Mar. 30, 1759, *NYCD*10: 948。蒙卡尔姆建议放弃俄亥俄，见 Montcalm à Vaudreuil, 27 fev. 1759, AN, F3, v.5, f.255。但沃德勒伊仍然认为俄亥俄"对这片殖民地具备最重要的意义", 见 Vaudreuil au Ministre, 5 mars 1759, AN, C11A, v.104。

[3] 1755 年末迪凯纳要塞在后勤方面陷入麻烦，见 Copie de la lettre ecritte à M. de Macarty, 10 nov. 1755, avec M. de Kerlerec, 1 juin 1756, AN, C13A, v.39。1758 年夏天弗隆特纳克要塞陷落用掉了法国人本应供应俄亥俄的物资，见 Doreil to Belle Isle, Aug.31, 1758, *NYCD* 10: 821; Vaudreuil to Massiac, Sept. 2, 1758, *NYCD* 10: 823; Bigot au Ministre, 22 nov. 1758, AN, F3, v.315, f.221。放弃迪凯纳要塞见 Vaudreuil au Ministre, 20 jan. 1759, AN, C11A, v.104, f.13。
被砍掉的头颅见 Gipson, *British Empire*, 7: 283。
库斯塔洛加的镇子是弗伦克克里克西面一个重要的特拉华镇子，有大约 40 名武士依然效忠法国人，见 Patterson and Hutchins Journal, Oct. 1759, in *Bouquet Papers*, 4: 167; Mercer to Bouquet, Apr. 24, 1759, 2: 110。

功，还可能有很多收获。他有几个目标。他想利用易洛魁人来巩固自己在特拉华人中的地位（因为特拉华人已经承认他是首席酋长），并利用易洛魁人的威望来防止特拉华战士加入法国阵营。他还想加强自己与英国的联系以获得商品，不过同时他也想确保英国人撤出俄亥俄地区。他清楚地表明了特拉华人的立场：英国人必须“回到山那边去”。这不只是特拉华人理解的和平，“远处的印第安人”也是这样想。阿勒格尼的所有酋长，以及“我们所有的年轻人、妇女和儿童都能够理解这一点”，大家都对总督能提供的和平感到很高兴，而塔玛库阿本人还想将和平扩大到肖尼人和“住在西部的所有族群”中。之前辛加曾经告诉波斯特，如果英国人保证撤出俄亥俄地区，那“我将以此做证据去说服其他印第安族群”。英国若能成功实现和平，这将联结起俄亥俄河和沃巴什河边各个村庄，超越与法国或英国任一方的单边联盟。反过来，这个共同联盟也将促进长久的和平。塔玛库阿、辛加和基克尤斯昆告诉波斯特：“兄弟，单靠我们无法实现和平，那样没什么意义。要让从日出之地到日落之地的所有印第安人都团结一心，全体实现和平；否则就不可能和平。”[1]

塔玛库阿所说的缔结和平所必需的印第安部落大联盟，也变成了一
254 个有可能加强和平的事物。正如基克斯康曾秘密告诉波斯特的：

> 所有族群都同意保卫他们在阿勒格尼的猎场，并且谁也不在那儿定居。由于这些印第安人非常关心英国人的利益，所以他拜托我们告诉总督、将军和其他所有人：不要在该地定居。如果英国人撤回山那边，他们就会让其他所有部落也维护他们的利益；

[1] 塔玛库阿和卡尤加人见 Post Journal, Thwaites（ed.）, *Early Western Travels*, 1: 273。塔玛库阿反对参战，见 A Council Held at Carlisle, 13 Jan., 1756, *ibid.*, 1: 85–86。谈判见 Post Journal, *ibid.*, 1: 258, 270–277。对于这些谈判，法国人有简短而大致确切的描述，见 Casgrain（ed.）, *Rélations*, Nouvelles sauvages, nov. et dec. 1758, 11: 175–179。1760 年塔玛库阿重新承认易洛魁人在俄亥俄的领导权，见 Council held by...Monckton, Aug. 12, 1760, *PA*, Series 1, 3: 748。关于他利用易洛魁人，见 Post Journal, Thwaites（ed.）, *Early Western Travels*, 1: 273, 引文见，271–273。
关于西部和平的引文见 Post Journal, Thomson, *Enquiry*, 141。

而如果英国人留在那里定居，那所有部落都会与他们作对，他恐怕会有一场大战，而且和平再也不会到来。

特拉华人顺服于易洛魁人，并与英国人和谈，在这层外衣掩盖下，塔玛库阿打算重申自己在战士中的权威，并将至少一部分法国盟友转变成一个独立的强大实体，以迫使英国人撤出。他和特拉华人将作为俄亥俄河上强大联盟的首脑，那时对易洛魁人的顺服就仅仅表现在形式上了。[1]

不过，易洛魁人至少没有被塔玛库阿假装顺服背后的原因骗到。他们告诉英国人，肖尼人和特拉华人已经完全准备好加入法国阵营，“以减少他们对六大联盟的依赖”。英国人继续表态说，只要法国人一撤出该地区，他们也会立即撤走；但易洛魁人暗地里请英国人留下，因为他们需要后者的帮助。[2]

最后，英国人留下了。他们选择了依靠武力，而不是印第安盟友，而塔玛库阿精密的计划也破产了。福布斯将军在并未接到指令的情况下留下一队200人的士兵。布凯上校暂时担任皮特（Pitt）要塞（代替了迪凯纳要塞）战队的指挥官，他告诉印第安人，这些士兵并非要来“占领你们的猎场”，只是来保护英国商人的。塔玛库阿对布凯上校说，士兵们应该回到山那边去，作为翻译的克罗根和蒙图尔拒绝翻译这句话。克罗根反而告诉布凯，印第安人同意200名军人在此驻防。留在俄 255
亥俄河边的弗雷德里克·波斯特断言印第安人并未同意此事。随后克罗根便与波斯特发生冲突，称波斯特是个该死的骗子。不过，塔玛库阿的兄弟辛加支持波斯特，指责克罗根假传消息。[3]

---

[1] Ketiushund, Post Journal, Thwaites（ed.）, *Early Western Travels*, 1: 278.

[2] 后来特拉华战士们将会单独批准塔玛库阿及其他酋长达成的协议，见 Council held by...Monckton, Aug. 12, 1760, *PA*, Series 1, 3: 748。易洛魁人的恐惧见 Mercer to Bouquet, Jan. 8, 1759, *Bouquet Papers*, 15: 33; Indian Conference at Pittsburgh, Jan. 8, 1759, *Bouquet Papers*, 15: 28–29。公开声明以及易洛魁人请求留下来守卫匹兹堡，见 Indian Conference at Fort Pitt, Jan. 8, 1759, *Bouquet Papers*, 15: 28–31。

[3] Bouquet, Conference with the Indians, Dec. 4, 1758, Pittsburgh, *Bouquet Papers*, 15: 18–19. 对于所谓的印第安协议，见，*ibid.*20–21。波斯特的描述见 Post Journal, Thwaites（ed.）, *Early Western Travels*, 1: 283–285。丹尼许诺不再要土地，见 Denny to Indians at Wyoming, Apr. 24, 1759, *JP*3: 33–37。迟至1759年7月，英国人表示他们打算只保留一幢“坚屋”来护卫俄亥俄河上的贸易，见“Journal of James Kenny,” 428。

皮特要塞这一小队英军处于一条漫长补给线的一端，而马绍要塞的法军仍和以前一样弱小，并仍然企图赶走英国人。尽管塔玛库阿和辛加努力让其他印第安人离开法国人，休·默瑟（Hugh Mercer）上校还是意识到，“他们那些守旧的族人会很高兴停止战斗，并且已经见多了英国人和法国人，会很高兴跟任何一方走近”。不过因为新法兰西沦陷，让英法双方都撤退的希望落空了。当尼亚加拉被围攻，且法军徒劳惨淡地发动反攻的消息传来，法国人攻打皮特要塞的计划便流产了。尼亚加拉沦陷后，马绍要塞和普雷斯克岛失去存在的意义，其卫戍部队撤退至底特律。[1]

随着尼亚加拉陷落，法国联盟迅速而彻底地解散了，这警醒了各派俄亥俄印第安人。尽管大多数俄亥俄印第安人希望法国人离开，但他们并不希望英国彻底打败法国，因为要是法国败落了他们
256
就无力与英国抗衡了。当尼亚加拉沦陷及法国放弃马绍要塞和普雷斯克岛的消息传来，皮特要塞周围的印第安人一片肃穆，并停止了歌舞。[2]

---

[1] 印第安人、法国人和马绍要塞见 Abstract of Dispatches, *NYCD* 10: 974。法国人的计划见 Vaudreuil au Ministre, 20 jan. 1759, AN, C11A, v.104, f.13。法国人与印第安人的谈判见 Vaudreuil au Ministre, 15 fev. 1759, AN, C11A, v.104, f.19。印第安人请求利涅伊斯放弃马绍要塞，并希望英法都撤出俄亥俄，见 Vaudreuil to Berryer, Mar. 30, 1759, *NYCD* 10: 948。法国人企图发动远征见 Kerlerec au Ministre, 8 oct. 1759, AN, C13A, v.41。害怕后勤断绝见 Bouquet to Amherst, Mar. 13, 1759, Amherst Papers（reel 32）。袭击见 Stephen to Stanwix, May 25, 1759, *Bouquet Papers*, 3: 153–154; Curry to Bouquet, May 29, 1759, *ibid.*, 3: 167。肖尼人、特拉华人和明戈人中战士们的怨愤见 “Journal of James Kenny, ” 423–424, 426, 427。引文见 Mercer to Bouquet, Mar. 1, 1759, *Bouquet Papers*, 3: 65。塔玛库阿和英国人企图引诱法国的盟友到英国这边来，见 Mercer to Bouquet, Mar. 1, 1759, *Bouquet Papers*, 3: 65。Mercer, Indian Intelligence, 17 Mar. 1759, *Bouquet Papers*, 3: 84–85。Mercer to Bouquet, Mar. 18, 1759, *Bouquet Papers*, 3: 88–89. Journal of...Johnson' s Proceedings, Conference held at Canajohey, Apr. 1759, *NYCD* 7: 384; “Journal of James Kenny, ” 422, 425. 比弗后来称，他原以为他带给西部印第安人的是一份与英国人的和约，结果只是宾夕法尼亚方面放弃从易洛魁人那儿购买的土地，见 Journal of Frederick Post, July 20, 1762, *PA*, Series 1, 4: 96。

对于法国人的转移，见 Croghan to Stanwix, July 15, 1759, *Bouquet Papers*, 3: 191–193; Macarty à M. Kerelerec, 21 sept. 1759, AN, C13A, v.41, f.103。尼亚加拉之围中的印第安人、战败以及放弃其他哨所，见 Journal of Siege of Fort Niagara, *NYCD* 10: 986–987, 992。

[2] 印第安人的反应见 “Journal of James Kenny, ” 437。尼亚加拉陷落后，约翰逊利用一名齐佩瓦俘虏来谋求西部的和平，并很快与渥太华人、齐佩瓦人和密西沙加人展开谈判，Johnson to Amherst, July 31, 1759, *JP* 3: 115–118, Journal of Indian Affairs, Aug. 22, Aug. 29, 1759, *JP* 13: 118–120, 128–129。法国人放弃韦南戈和普雷斯克岛的要塞见 Croghan to Stanwix, Aug. 13, 1759, *Bouquet Papers*, 4: 31。部分去皮特要塞见英国人的渥太华人临走时杀死两名士兵，见 Mercer to Stanwix, Aug. 6, 1759, *Bouquet Papers*, 15: 67。

五

英国战胜了法国，英国人就认为是时候在高地施行帝国主义了——文明人认为他们有权对“野蛮人”实施的那种帝国主义。英国人也不必再满足塔玛库阿的要求。阿默斯特将军承诺不夺取印第安人的土地，但他也不会撤军。他会根据印第安人提供的服务质量来对待他们，他们表现好的时候就奖赏，不乖就惩罚。在联盟的亲属关系说法里，印第安人总是“孩子”，不过现在他们干脆变成了“婴儿”。[1]

阿默斯特将军关于高地的新想法简单明了：英国人是征服者，印第安人是臣民。这是一种忽略了中间地带的观点。村庄政治现在无关紧要，只有帝国政治才算数，而且是实打实地算数。帝国战争花费昂贵，英国仅以微弱优势取胜，所以阿默斯特处于削减开支的沉重压力下。[2]

帝国之争以英国占领加拿大告终，对英军来说，印第安人似乎无足轻重了。如托马斯·盖奇（Thomas Gage）将军承认的那样：“整个北美都由一个强权掌握，这剥夺了印第安人的地位、礼物和报酬。”阿默斯特向其手下官员透露，克罗根和约翰逊这样的印第安代理人或行政官所犯的错误在于，他们“高估了印第安人的重要性”。西部要塞的官员们倾向于接受这个说法——至少最初如此。尼亚加拉陷落催生了一股对印第安人采取更严厉政策的渴求。布凯上校写道：“我们应该做兄弟和朋友，而不是奴隶。”与此相仿，虽然休·默瑟上校许诺友善对 257
待印第安人，但他现在也松了一口气：“既然不再需要他们的服务，所以我们现在可以用恰当的方式跟印第安人对话了。”乔治·克罗根忧心忡忡地提出警告，尽管军队打败了法国人，但“也没什么可向土著人

[1] Amherst Policy, Amherst to Johnson, Sept. 11, 1759, *JP* 3: 136; Johnson to Amherst, Dec. 8, 1759, *JP* 3: 183, Amherst to Johnson, Dec. 18, 1759, Amherst Papers, reel 30. Conference held by...Moncton, Aug. 12, 1760, *PA* 3: 744–752.

[2] 战时英国人累积了巨额负债，详细讨论见 Gipson, *British Empire*, 10: 1–222。

夸耀的”，因为土著人亟待安抚。[1]

杰弗里·阿默斯特将军对安抚之事不感冒。他对印第安人以及关于中间地带界线的谈判都没什么耐心。他考虑问题仅止于绝对化、普遍化，作为军人他强调服从，作为英国人他崇尚标准并且他视之为得体和显而易见的常识。印第安人是些野蛮人，在和大英帝国的特殊关系中，必须让他们懂得服从的必要性，也必须让他们遵守节俭、勤奋、贸易这样的普世法则。尼亚加拉陷落之前，阿默斯特比较心虚，由于当时加拿大军人仍然准备抵抗他，他打算接受威廉·约翰逊爵士关于处理印第安事务的建议。然而，经验的增长打消了阿默斯特在印第安事务上的心虚。不幸的是，结果证明心虚才是他最大的资产。阿默斯特不再听从威廉·约翰逊，到1761年，他以“老板”般的道德观和得胜军人的傲慢来恐吓性地处理印第安事务。约翰逊和克罗根已处理印第安事务好几年了，他们明白中间地带能够承担多少压力，而阿默斯特生硬地降临其上，中间地带便碎裂了。问题是，这要紧吗？[2]

阿默斯特的核心政策是取消礼物馈赠，而这曾是整个中间地带的题中之义。阿默斯特相信礼物馈赠彰显了与印第安人的关系中存在的问题，礼物助长了野蛮人天性中的懒惰。如果印第安人予取予求，他们就会“疏于狩猎”。阿默斯特不反对在印第安人缺乏生活必需品时给予慈善救助，但应当终止常规性的馈赠，他们应当自己狩猎来维持生存。阿默斯特愿意为印第安人提供的劳务付报酬，但是，“不管是印第安人还是其他人，付钱给他们让他们做本就应该做的
258 事，这我就不懂了；而当任何种族的人做了坏事，就必须惩罚他们

[1] 盖奇的话见 Gage to Gladwin, Feb. 19, 1762, Gage Letterbooks, Clements Library, University of Michigan。阿默斯特的话见 Amherst to Bouquet, June 7, 1762, Amherst Papers, Reel 33。布凯的话见 Bouquet to Croghan, Aug.10, 1759, *Bouquet Papers*, 15: 75–76。默瑟的话见 Mercer to Denny, Aug. 12, 1759, 载 Stevens and Kent, *Wilderness Chronicles*, 165。不曾征服见 Croghan to Johnson, Jan.25, 1760, *JP* 10: 134。对印第安人的担忧见 Croghan to Johnson, 22 Dec. 1759, *JP* 10: 131。皮特要塞周围的紧张、偷盗和杀人事件见“Journal of James Kenny,”424–449。

[2] Amherst to Johnson, Dec. 18, 1762, Amherst Papers, reel 30; Amherst to Johnson, Mar. 16, 1760, *JP* 3: 198–199.

而不是贿赂他们”。[1]

对于阿默斯特在处理印第安事务上的新变化，约翰逊和克罗根明白其重大意义。阿默斯特拒斥中间地带的惯例，使得在处理其他显著的差异时增加了数不清的困难。乔治·克罗根写道：“英国和法国殖民者在签订条约和更新友谊时纵容了印第安人，已经采用了他们的习俗和行为方式，赠送他们大笔礼物，我恐怕这不像将军想象的那样容易打破。”威廉·约翰逊爵士也提出警告：

> 法国人……不遗余力、不计代价地赢取友谊和尊敬，只有这样才能使他们在这些地区长期维持战争；而我们既没有充分认识到他们的重要性，也没有多少机会获得其帮助，不仅没能通过给印第安人礼物使我们再无敌人，而且我担心我们突然紧缩某些必要的开支是不成熟的，而他们早已习惯这些花费。[2]

阿默斯特对此不予理会。即便阿尔冈昆人及易洛魁人抵制欧洲人在双方关系中单方面做出改变，阿默斯特对此仍然相当乐观。他相信自己有权要求印第安人“表现好点”，因为他征服了他们。他无视他们的反抗力量，他手下那些不曾指挥过印第安地区要塞的军官也和他一样轻敌。当首批多处集结抗英的消息传来，将军写信告诉约翰逊：“他们从未令我挂虑一刻，因为我知道他们成不了气候。”阿默斯特自信有能力彻底摧毁印第安人：“只待他们中任何人给我一个理由。”[3]

---

[1] Amherst to Johnson, Dec. 18, 1762, Amherst Papers, reel 30; Amherst to Johnson, Mar. 16, 1760 *JP* 3: 198–199. 1758 年 11 月至 1759 年 12 月，单是约翰逊就花费 17072 英镑给印第安人送礼。限制送礼的命令见 Croghan to Hutchins, Oct. 25, 1761, *Bouquet Papers*, 15: 166。Gage to Le Hunte? , Oct. 7, 1762, Gage Letterbooks, Clements Library; Croghan to Johnson, Oct. 8, 1762, *JP* 10: 548–549。阿默斯特能够容忍在哨所赠送“小玩意儿”，见 Campbell to Bouquet, Oct. 27, 1762, *MPHC* 19: 173, 但他不允许存在任何常规送礼的制度，见 Amherst to Bouquet, Jan. 7, 1763, Amherst Papers, reel 33。

[2] Croghan to Bouquet, Mar. 27, 1762, *Bouquet Papers*, 15: 183; Johnson to Earl of Egremont, May 1762, *JP* 10: 461.

[3] Amherst to Johnson, Aug.9, 1761, Amherst Papers, Reel 30; Amherst to Johnson, Dec.20, 1761, *ibid*. 军队中的轻敌情绪见 Claus to Johnson, Dec. 3, 1761, *JP* 3: 575–576。阿默斯特这个形象与哈利凯尔西（Harry Kelsey）所写异常狭隘的形象很不一样，见“The Amherst Plan: A Factor in the Pontiac Uprising,” *Ontario History* 65（Sept. 1973）: 149–158。凯尔西将叛乱主要归罪于阿默斯特的下属们未能按照阿默斯特的计划提供必要的船只来补给和巩固高地哨所。

259 阿默斯特直接插手印第安事务的情况愈演愈烈，使得高地的英国政策形成了其特定的形式，但具体的英国政策并非全部出自他之手。占领原先由法国人控制的要塞，要求释放战争中的全部俘虏，以及削减在北美的开支，这些都从属于更为宏观的政府政策。而阿默斯特决定削减礼物，用贸易作为印第安人和白人之间唯一的商品交换机制，这只不过是为了配合新的财政紧缩政策。[1]

尽管英国人漠视印第安人，还坚持掌控未来，他们却并不想挑起争端。如同阿默斯特一再强调的，他们的政策是要保障印第安人的土地，并确保有序、公正、充裕且不依赖于朗姆酒的商业。他们和印第安人打交道时也许忽略了法国的先例，但是，正如他们所看到的那样，他们从印第安人那里得到的东西很少，并且与法国人很不同。比如，英国人要求归还所有英国俘虏，他们认为自己有先例和正义的支持。实际上也确实有个强有力的先例，那就是阿尔冈昆人在易洛魁战争结束和第一次福克斯战争结束时都将对方未能归还战俘当作宣战理由。同样，英国人将自己占领各大哨所的行为仅仅看作对法国人的替代。只有桑达斯基是个例外，英国人不想在那儿建新的哨所。英国人施行一种政策，故意让印第安人缺少火药——尽管印第安人发现了这件事，但对其背后的用意他们只能靠猜测。英国人并未公开宣扬这一政策，而是撒谎和否认。[2]

除了削减赠礼及限制售卖火药这两件事，约翰逊和克罗根并未认真质疑英国的大多数措施，他们只是批评了那些政策的执行速度，以及未能遵循中间地带的外交程序对之进行协调。约翰逊认为，不给

[1] 关于割让加拿大的探讨见 Guy Frégault, Canada: *The War of the Conquest*（Toronto: Oxford University Press, 1969）, 296–340。Gipson, *British Empire*, 8: 208, 216, 300, 309。

[2] 英国人的无耻及其政策见 Johnson to Amherst, Sept. 10, 1759, Amherst Papers, reel 31; Amherst to Johnson, Sept. 11, 1759, *JP*3: 136; Amherst to Hamilton, 30 Mar. 1760, *JP* 3: 205; Amherst' s Speech to the Western Indians, c. Apr. 24, 1760, *Bouquet Papers*, 15: 90–93。底特律的坎贝尔害怕印第安人知道阿默斯特故意让他们缺少火药后会产生麻烦，见 Campbell to Bouquet, Oct. 12, 1761, *MPHC* 19: 116; *ibid.*, 3 July 1762, *MPHC* 19: 158。物资短缺及受苦见 Johnson, Private Journal, 19 Oct. 1761, *JP*13: 270。迟至 1762 年 12 月，克罗根还在向肖尼人否认存在这一政策，见 Report of Indian Conference at Fort Pitt, Dec. 8, 1762, *Bouquet Papers*, 15: 194。

印第安人火药导致了不必要的灾难，并对他和阿默斯特都想促进的贸易造成了障碍。他和克罗根都认为印第安人最终不可避免会屈服，但 260
他们觉得应当渐进和平地推进。用约翰逊的话说，要付出“必要的代价”，“他们会逐渐戒断于此。并且，依靠审慎的行动、一段时期内给他们恰当的小恩小惠，我们就可以比较顺利地达到目的，到那时再动用武力就毫无困难了”。眼下则需要遵循中间地带的先例，馈赠礼物，以换回俘虏、和平占领各个哨所。[1]

阿默斯特的方针既证实了俄亥俄印第安人的担心——英国人想要征服他们——用他们自己的话来说是奴役他们，又粉碎了其他阿尔冈昆人在更大范围内同意维持和平的意愿。英国人违背了最初的诺言：打败法国人后就撤出俄亥俄谷地；他们还说只会在匹兹堡建一座“坚屋”来保卫贸易，这也是谎言，结果他们在俄亥俄河分叉处建了一个坚固的要塞并驻防。他们在1760年至1761年间占领高地其他要塞，使许多印第安人大为震惊和不安。底特律印第安人告诉法国人，尼亚加拉的英国人曾向他们承诺，不会有英国卫戍部队开进底特律。当1760年秋天罗伯特·罗杰斯（Robert Rogers）的骑兵护送这样一支卫戍部队到达时，受到众人热烈欢迎。底特律印第安人仅限于提醒英国人“这片国土是上帝赐予印第安人的”，然而，他们私下里告诉离任的法国指挥官贝莱斯特雷（M. de Bellestre），他们遭到了背叛。[2]

---

[1] 约翰逊的观点见 Johnson to Amherst, Mar. 21, 1761, *JP*, 10: 244–247, *ibid*., Apr. 23, 1761, *JP* 10: 257–258。引文见 Johnson to Lords of Trade, Aug. 20, 1762, *JP* 3: 866–867。约翰逊关于赠礼的想法见 Johnson to Amherst, Dec. 6, 1761, *JP* 3: 582; Johnson to Amherst, Jan. 1, 1762, Amherst Papers, reel 31; Johnson to Amherst, June 12, 1761, *JP*10: 286–287。用礼物交换俘虏，Croghan to Bouquet, Mar. 27, 1762, *Bouquet Papers*, 15: 182–183。克罗根认为，如果送了礼物，哨所就不会面临困难，见 Croghan to Bouquet, Nov. 25, 1762, *Bouquet Papers*, 9: 167。

阿默斯特关于火药的想法很矛盾。他希望印第安人能够商业化地打猎，但他又限制他们获得必需的火药。他声称，如果印第安人足够勤劳的话，他们就可以拿东西来换火药。1762年秋天高地火药短缺，在约翰逊施压下，阿默斯特同意送少量火药作为礼物，见 Amherst to Johnson, Sept. 12, 1762, Amherst Papers, reel 30; Johnson to Amherst, Sept. 24, 1762, Amherst Papers reel 31。

[2] 印第安人对最初的承诺的讲述见 Rapport fait à M. de Ligneris...4 jan 1759 par Casteogain, chef de Loups...joint a la lettre de M. de Vaudreuil, 15 feb. 1759, AN, C11A, v.104, f.23。直到1759年，法国人战败后，英国人还表示他们将会回家去，见 Indian Conference at Pittsburgh, Jan. 8, 1759, *Bouquet Papers*, 15: 31。对于把“坚屋”当作堡垒见“Journal of James Kenny,” 428。关于对皮特要塞的忧虑，见 Johnson to Gage, Mar. 17, 1760, *JP*3: 200–201。

261 强悍的英军部队证实了阿尔冈昆人最担忧的事：英国人决心夺取阿尔冈昆的土地了。不只是俄亥俄印第安人，甚至底特律的村民都明白了英国人的意图。英国人保证他们是来保卫印第安土地的，只是守卫六大联盟酋长在伊斯顿同意划定的边界线，但印第安人在俄亥俄河及其支流打猎时总会发现白人在森林中建屋和开荒。英军部队驱逐了这些“无业游民”，但他们总会重新出现。[1]

英国人要求归还俘虏，这也被看作失信之举。阿尔冈昆人中的几百名英军俘虏受到的待遇天差地别。有些人只比奴隶好一点点，受到严苛对待，吃得很差；其他一些人则被印第安人收养，以取代死去的村民，他们被印第安人视为亲人；还有些人，主要是女人，与印第安人通婚了，有的还生了孩子，很多孩子最后在外表和文化上完全是印第安式的。[2]

底特律的罗杰斯见 Howard Peckham（ed.）, *Journals of Major Robert Rogers*（New York: Corinth Books, 1961）, 157–167。引文见 Conference at Detroit, Dec. 3, 1760, *Bouquet Papers*, 15: 99。不满见 Conseil, 28 nov. 1760, AN, C11A, v.105, f.358。印第安人对桑达斯基的“坚屋”感到不安见“Journal of James Kenny,” 39。普遍的不安见 Johnson to Amherst, July 29, 1761, Amherst Papers, reel 30。麦基诺的印第安人也清楚表明，他们认为土地是他们的，法国人无权处置，见 Milo Milton Quaife（ed.）, *Alexander Henry's Travels and Adventures in the Years 1760–1776*（Chicago: Lakeside Press, R. R. Donnelley & Sons, 1921）, 42–46。

[1] 害怕底特律印第安人见 Extract from Journal of Col. Hugh Mercer, Apr. 5, 1759, *Bouquet Papers*, 3: 103。害怕明戈人见 Croghan to Amherst, Dec. 2, 1762, Amherst Papers, reel 32。普遍的不满见 Johnson to Lords of Trade, Aug. 20, 1762, *JP* 3: 865–869。英国人的保证见 Johnson to Amherst, Sept. 10, 1759, Amherst Papers, reel 31; Amherst to Johnson, Sept. 11, 1759, *JP* 3: 136; Amherst to Hamilton, 30 Mar. 1760, *JP* 3: 205; Amherst's Speech to the Western Indians, c. Apr. 24, 1760, *Bouquet Papers*, 15: 90–93。关于伊斯顿，见 Conference Held at Fort Pitt, Apr. 6–12, 1760, *JP*3: 214。关于约翰逊对宜居社会的认识，见 Johnson to Lords of Trade, May 17, 1759, *NYCD* 7: 377。白人猎手杀鹿见 Angus McDonald to Bouquet, Oct. 25, 1761, *Bouquet Papers*, 7: 173。借口狩猎实则定居见 Bouquet to Fauquier, Feb. 8, 1766, *Bouquet Papers*, 8: 20–21。禁止在阿勒格尼山脉以西定居见 Proclamation, Oct. 30, 1761, *Bouquet Papers*, 15: 178–179。定居者见 Bouquet to Amherst, Apr. 1, 1762, Amherst Papers, reel 32。

[2] 查尔斯·李（Charles Lee）上尉形容韦南戈附近特拉华人中的英国俘虏“数量惊人”，见 Capt. Charles Lee, Journal, Oct. 1, 1759, *Bouquet Papers*, 4: 138。怀恩多特人中的俘虏查尔斯·鲍尔（Charles Power）称自己对待俘虏很仁慈，但其他民族对他们却很残忍，见 Croghan to Johnson, 26 Jan. 1760, *JP* 10: 136。对于当时与特拉华人一起居住在马斯金根的考纳瓦加斯或法国英霍克人的收养情况做了很好的说明，见 James Smith, An Account of the Remarkable Occurrences in the Life and Travels of Col. James Smith, *During His Captivity with the Indians in the Years 1755, '56, '57, '58 & '59*（Cincinnati: R. Clarke, 1870; Ohio Historical Society repr., Columbus, 1970）, 28–31。克罗根称，很多俘虏都有权自由离开，但他们不肯这么做，见 Croghan to Monckton, July 25, 1761, *JP* 10: 316–318; Some Account of a Visit...1761, 8th month, 9th, Huntington Library HM 8249。对于印第安人的囚禁，见 James Axtell, “The White Indians of Colonial America,” 载 James Axtell, *The European and the Indian: Essays in the Ethnohistory of Colonial North America*（New York: Oxford University Press, 1981）, 168–206。阿克斯特尔（Axtell）高估了印第安人同化白人俘虏的成功率。

最初英国人使印第安人相信，他们可以留下那些自愿被收养的俘 262
虏。但在1759年初，英国人开始要求归还俘虏。他们并未马上抢夺俘虏，害怕为俘虏发生“争执”会使特拉华人、肖尼人和明戈人回到法国一方。不过随着1760年法国人彻底战败，英国人坚持要求马上归还所有俘虏。起初他们拒绝付出任何礼物或赎金，只是要印第安人服从。[1]

俘虏的问题变成了大难题。那些想回到英国人中的俘虏，印第安人往往都会愿意放他们走。贵格会教徒詹姆斯·肯尼（James Kenny）负责匹兹堡的宾夕法尼亚商行，他遇到一个叫吉米·威尔逊（Jimmy Wilson）的印第安人，该人尽管从未上过战场，但得到了一名白种女人和一个男孩。

> 他留下那个女人做妻子并善待她，一旦发现她有些想回到自己的族人中，他就带她和那男孩还有自己的财产来到我们的商店，告诉女人，虽然他爱她，但她想离开，他还是会让她走。于是他将自己的财物与她平分，将剩余财产的一半给了那男孩，放两人自由，并将女人送回家，给她一匹马骑。一个比许多伟大的基督教人士更克己的人更能展示自己的尼格罗斯（Negros）。

不过别的印第安人抱怨白人想要回那些“在印第安人中过得很

[1] 关于俘虏的决策见 Minutes of Meeting with a Delegation of Minisinks, July 11–16, 1760, HM 8249, Huntington Library; “Journal of James Kenny, ” 185; Croghan to Monckton, July 25, 1761, *JP* 10: 316–318; An Indian Conference, Sept.25, 1761, *JP* 10: 327。归还俘虏及印第安人对英国人最初说法的理解见 Rapport fait á M. de Ligneris...4 jan. 1759 par Casteogain, chef de Loups...joint a la lettre de M. de Vaudreuil, 15 feb. 1759, AN, C11A, v.104, f.23。但是，宾夕法尼亚人下定决心要在和谈伊始就领回俘虏，见 Conference, Philadelphia, July 7, 1758, *PA*, Series 1, 3: 456–469。英国人的诉求和行动见 Mercer to Bouquet, Feb. 7, 1759, *Bouquet Papers*, 3: 34–35。此处默瑟回避赎回俘虏的问题，拒不答应要送礼物才能换回一个小姑娘的条件，但他后来还是出于“慈善”而把礼物给了一位妇女，见 Pittsburgh, Mercer to Bouquet, Mar. 21, 1759, *Bouquet Papers*, 3: 92。争吵见 Mercer to Bouquet, Apr. 24, 1759, *Bouquet Papers*, 2: 110。1759年9月克罗根还在要求归还俘虏，见“Journal of James Kenny, ”428。对于立即返回，见 Conference Held at Fort Pitt, Apr. 6–12, 1760, *JP* 3: 214: Indian Conference at Detroit, Dec. 3, 1760, *Bouquet Papers,* 15: 95。
起初英国人要求归还俘虏未果，法国人借此事来说服印第安人：英国人连自己的同胞都不关心，更不会关心印第安人了，见 Vaudreuil au Ministre, 15 feb. 1759, AN, C11A, v.104, f.19。

满足”的俘虏，还有些人只是想要赎金。克罗根意识到，赠予礼物
263 是赎回俘虏的捷径，并无视了反对送礼的指摘之声。到1761年10月，克罗根从西部族群那里接收到338名俘虏，但仍有许多人不愿意回来。阿默斯特抱怨花费太高，截住了原本可用于赎回俘虏的商品，但宾夕法尼亚单方面的努力确保释放了更多俘虏。1762年春，布凯估计印第安人手中还有200至300名俘虏，而且显然主要在肖尼人和特拉华人手中。不过那时谈判中出现了一个变数：肖尼人和特拉华人认为，一旦他们释放最后一批俘虏，英国人就会发起攻击，夺走他们的土地。[1]

阿尔冈昆人最大的担忧是英国人的贪婪、野心和背信弃义，当这些似乎坐实时，他们最大的希望也破灭了。战争期间，由于英国的封锁，法国人没有能力弄来商品，许多印第安人几乎完全没有了弹药和欧洲衣物。他们原以为英国人会重新兴起大量的贸易——实际上英国人也正打算这么做。1759年早期威廉·约翰逊在给阿默斯特将军的信中写道：“贸易乃是巩固我们和印第安人关系的最强力的黏合剂。”但约翰逊也意识到，贸易的风险是“引起巨大的失调，如同此前在这件事上已经发生的那样”。约翰逊想建立繁荣的贸易，但这件事要想成功，就必须由他的代理人或军队实施直接监管，由他们发放准入许可并监管交易。[2]

---

[1] “Journal of James Kenny, ”7, 12, 161, 168, 169. Indian Conference at Detroit, Dec. 3, 1760, *Bouquet Papers*, 15: 98; Croghan to Johnson, Oct. 12, 1761, *JP* 3: 550; Bouquet to Amherst, Mar. 7, 1762, Amherst Papers, reel 32. 1762年秋天，布凯估计有400名俘虏在底特律和匹兹堡被移交，见 Bouquet to Amherst, Oct. 9, 1762, Amherst Papers, reel 32。礼物见 Croghan to Bouquet, Mar. 27, 1762, *Bouquet Papers*, 15: 182–183, 200–330; 剩下的俘虏见 Bouquet to Amherst, Mar. 30, 1762, Amherst Papers, reel 32。肖尼人见 Alexander McKee, Report, Apr. 12, 1762, Amherst Papers, reel 32; Council with Shawnees, Fort Pitt, Apr. 16, 1762, Amherst Papers, reel 32; Instructions for Alexander McKee, Oct. 5, 1762, *JP* 10: 545–547。土城的肖尼人把延误归咎于下镇的人，见 Journal of Alexander McKee, Oct. 21, 1762 *JP* 10: 577; for promise of lower town, *ibid*., 578。特拉华人见 Croghan to Bouquet, Dec. 10, 1762, Amherst Papers, reel 30。害怕攻击见 *ibid*。阿默斯特的不满意见 Amherst to Bouquet July 25, 1762, Amherst Papers, reel 33。

[2] Johnson to Amherst, Feb. 22, 1759, 10: 103–104; *ibid*., Apr. 21, 1759, *JP* 3: 29; Amherst to Johnson, Nov. 19, 1760, Amherst Papers, reel 30. 关于法国人的困难，见 Mémoire, 1 juin 1759, AN, C11A, v.105, f.127; Vaudreuil au Ministre, 15 oct. 1759, AN, C11A, v.104, f.106; Vaudreuil au Ministre, 24 juin 1760, AN C11A, v.105, f.77。关于印第安人的愿望，见 Journal of...Johnson’ s Proceedings, 16 Apr. 1759, *NYCD* 7: 384; Conference Held at Fort Pitt, Apr. 6–12, 1760, *JP* 3: 213。

贸易从未满足印第安人或英国人的期待。威士忌酒泛滥，而其他 264
商品匮乏，还有物价太高，这些问题困扰着交易。货物于1759年开始到达皮特要塞，但这么多船货都是威士忌酒，导致默瑟上校不得不自己买下，以免它们流入印第安人之手。皮特要塞商品仍然匮乏，商人们干脆无视手中为管理贸易而发行的商品价格单，约翰逊被迫提高了价格规定。开放宾夕法尼亚方面经营的商行，以及更多印第安商人涌入，增加了匹兹堡的商品供应，但这也带来了贸易中通常的问题，特别是当商人们离开皮特要塞去周边村庄时。尽管禁止朗姆酒交易，印第安人仍然典当衣物和贝珠去买酒。塔玛库阿弄到六小桶朗姆酒，他的村子狂欢了六天。库斯塔洛加的镇子烂醉如泥，克罗根完全无法在那里组织一场会议。[1]

贸易不再能够联结英国人和阿尔冈昆人的情况，只不过是中间地带原有设置恶化的另一个表现罢了。阿勒格尼山脉东部米尼辛克（Minisink）的一位宗教领袖帕蓬霍尔（Papoonhoal）将这种强调收益的交易方式与过去公平的价格和交易是为了巩固友谊的理念做了比较：

> 兄弟，我想提醒你，在你与印第安人交易时做错了什么。你公开表明，你会为我们手上的毛皮出个价，会称量它们，以那个价格据其重量而付钱。兄弟，这种交易方法有两点坏处。你说

底特律需要商品见Campbell to Bouquet n.d., c.Nov. 1760, *MPHC* 19: 47。麦基诺印第安人贫困、"饥馑"见Campbell to Bouquet, Detroit, Dec. 23, 1760, *MPHC* 19: 50。底特律许诺做便宜买卖见Conference at Detroit, Dec. 3, 1760, *Bouquet Papers*, 15: 99。To Chippewas, Johnson, Journal of Indian Affairs, Aug. 1, 1759, *JP*13: 118。监管见 *ibid*.96。Trading Permit, Dec. 22, 1760, *Bouquet Papers*, 15: 102; Mercer to Croghan, Aug.1, 1759, *Bouquet Papers*, 15: 60。加拿大的英国人废除了法国人原有的发放许可证、特定商品专卖的制度，见Gage to Amherst, Mar. 20, 1762, *MPHC* 19: 15–17。

[1] 印第安人自己积极煽动商人，见 Journal of...Johnson' s Proceedings, 16 Apr. 1759, *JP* 7: 384; Niagara Campaign, Oct. 12, 1759, *JP*13: 156。关于定价，见 Mercer to Croghan, Aug. 1, 1759, *Bouquet Papers*, 15: 60。关于商品匮乏，见 Croghan to Stanwix, Aug. 6, 1759, *Bouquet Papers*, 15: 68; Mercer to Bouquet, Sept. 8, 1759。商人们对监管提出质疑见 Petition of Reynell et al., July 9, 1759, PA, Series 1, 3: 665–666。提价见"Journal of James Kenny, " 24。地方性商行见 *ibid*, passim。进入村庄的商人见 *ibid*, 26。酒见 Mercer to Bouquet, Jan. 29, 1759, *Bouquet Papers*, 3: 28–29。John Langdale to Bouquet, Mar. 5, 1761, *Bouquet Papers*, 6: 53–56; " Journal of James Kenny, " 14, 16, 17; Bouquet to Monckton, July 14, 1760; Stevens and Kent, Wilderness Chronicles, July 14, 1760, 182.

好为毛皮出价多少，却又变卦，这怎么都不对。上帝一定不喜欢看到一件东西及其同类的价格变动如此频繁。我们的年轻人发现他们的所得取决于毛皮称重多少，就去做手脚……把它们弄得更重……

265 兄弟你看，双方都没有了爱和诚信……所以兄弟，我们提议彻底抛弃这一套，因为只要有它在，我们就永远无法达成一致、相亲相爱，如同我们应该做的那样。兄弟，我希望你不要把你们的商品抬价太高，而是降一点价，降的价格在你们可承担范围之内，我们大家就能像兄弟之间那样生活，在手足友爱中同行。

当贸易由获利而非"爱"主宰，交易就一团糟。毕竟偷盗也可以和做生意一样获利。英国人骗，印第安人偷。布凯在庞蒂亚克战争前夕抱怨，由于减少了礼物馈赠，攻打切罗基人的印第安远征队偷盗牲畜的事件越来越频繁，以至于当地族群不愿意供应皮特要塞物资。[1]

当贸易深入高地后，情况也没有好转，而约翰逊的贸易改革也以失败告终。约翰逊试图将贸易限定在哨所内，以便于监管，但从宾夕法尼亚和加拿大两边来的商人们继续去了印第安人的镇子。印第安人抱怨价格高昂、商品短缺，英国新建哨所的指挥官们则抱怨大量朗姆酒流入乡村，因为印第安人"普遍渴求"朗姆酒。尽管阿默斯特对贸易发话了，但那反而使问题加剧。约翰逊呈上商人们将带去底特律的商品清单，阿默斯特将剥头皮刀、折刀、刀片、战斧、弹药、打火石、猎枪、朗姆酒尽数删去。1762年，当托马斯·盖奇收到消息说，有商人被苏圣玛丽的齐佩瓦人杀死，他一点儿也不吃

[1] 引文见 Minutes of Meetings with a Delegation of Minisink...Philadelphia, July 11–16, 1760, HM 8249, Huntington Library。偷盗和欺骗见"Journal of James Kenny,"439, 17, 30, 34, 40, 160; Amherst to Bouquet, Jan. 7, 1763, Amherst Papers, reel 33。对牲畜的盗窃见 Amherst to Bouquet, Jan. 7, 1763, Amherst Papers, reel 33。俘虏证明，印第安人在自己人中非常诚信，见 Colonel Smith's Journal, 87, 即便他们从欧洲人那里偷东西，见 *ibid.*, 94。

惊。“从他们做生意的方式及我们的商人现在追求的东西来看，如果其他地方发生多起同类事件，我听说后也不会感到吃惊”，他在信中对阿默斯特说。[1]

贸易未能安抚印第安人，英国人越来越认为问题出在朗姆酒上。出于某些理由，阿默斯特相信，如果商人没有售卖这么多朗姆酒，印第安人就不会有这么大的需求。他还认为印第安人和英国人之间大多 266
数暴力事件背后都是朗姆酒作祟。问题是，英国人多年来推进朗姆酒贸易，如果突然削减，那只会成为英国人专断和吝啬的又一证据。少数几名酋长赞成这一禁令，但对多数阿尔冈昆人来说，削减朗姆酒贸易会加剧不满，而不是消除怨念。[2]

面对英国的新政策，阿尔冈昆领袖们试图维护中间地带的惯例，并巩固自己作为调解人的地位。这些想要在本族人和英国人之间进行调解的酋长们，首当其冲地遭受了英国人不断施加于中间地带之上的压力的冲击。阿尔冈昆发言人和酋长们不断要求指挥官们延续法国人的做法，以食物招待来访的印第安人，帮他们修理枪支和生活用具，并赠予礼物。但他们发现官员们表现得好像飞扬跋扈的店老板一样。英国军官听从了阿默斯特的命令，对印第安战士送来哨所的鹿肉讨价还价，还吵了起来。酋长们无法担保族人能做笔好买卖，也就控制不

[1] 朗姆酒及其价格见 Amherst to Johnson, July 11, 1761, Amherst Papers, reel 30; Niagaraand Detroit Proceedings, July–Sept. 1761, *JP* 3: 437–439; Johnson, Private Journal at Detroit, July 17, 1761, *JP* 13: 219–220。干预见 Johnson to Bouquet, Sept. 18, 1761, *Bouquet Papers*, 15: 163。村中贸易见 Johnson to Amherst, Dec. 7, 1762, Amherst Papers, reel 31。持续的抱怨见 Ward to Bouquet, June 13, 1762, *Bouquet Papers*, 8: 155。删除商品见 Amherst to Johnson, May 7, 1764, Amherst Papers, reel 30。关于杀人的引文见 Gage to Amherst, July 6, 1762, Gage Letter–books, Clements Library。

[2] 酒类禁令见 Bouquet to Amherst, Mar. 7, 1762, Amherst Papers, reel 30。盖奇在蒙特利尔仍然允许销售朗姆酒，约翰逊则呼吁全面禁止，因为印第安人会不辞遥远、不计价格地得到它，见 Johnson to Amherst Apr. 1, 1762, Amherst Papers, reel 31。禁令见 Amherst to Johnson, July 6, 1762, Amherst Papers, reel 30; Amherst to Gage, July 26, 1762, Amherst Papers。走私见 Amherst to Johnson, Aug. 22, 1762, Amherst Papers, reel 30; Amherst to Johnson, Nov. 21, 1762, Amherst Papers, reel 30。商人们声称自己从未单独贩卖朗姆酒，只会和纺织品一起卖一点，而没有朗姆酒的话印第安人就不肯买东西，见 Andrews et al. to Johnson, Apr. 27, 1762, *JP* 3: 720–721。对朗姆酒流失的不满，见 Croghan to Amherst, Dec. 2, 1762, Amberst Papers, reel 32。赞同见 Journal of James Gorrell, Oct. 12, 1761–June 14, 1763, *JP* 3: 708; Indian Proceedings, Apr. 21–28, 1762, *JP* 3: 700。

了战士们偷东西、偷马匹了。[1]

每当发生了杀人或偷盗事件，英国人就要求酋长们捉拿罪犯——当然是抓不住的，然后英国人又会埋怨他们没有威望。塔玛库阿就是此等军事政策下的首个受害者。1759 年夏天，基尔巴克手下有几个人——很可能是乌龟胞族的战士——被怀疑杀了一个英国马车夫。英国人要求塔玛库阿办妥此事。当他没能让这些来自另一村子、另一胞族的战士做出让步时，皮特要塞指挥官布凯上校嘲笑塔玛库阿“在他自己的族人中这么没有威望”。英国官员不像法国人那样明白酋长的威望是受限制的，塔玛库阿这样的酋长，其成功并不在于他
267 拥有多少权力——不像英国官员之于他们自己的人民一样。塔玛库阿在一定范围内尚有影响，是因为他可以从英国人那里谋取利益；当英国人单单把他当作传达命令的通道时，他的威望就荡然无存。酋长必须分发礼物才能维持其影响力，起初塔玛库阿提醒英国人说，酋长们希望得到和在法国人那儿一样的对待，但被无视了。克罗根解释说，俄亥俄河沿岸的酋长“很少打猎或干脆从不打猎”，“生活必需品迫使他们成为墨守成规的人”，不再给他们送礼便是剥夺了他们的威望。[2]

英国人指望酋长们行使他们从来不曾拥有的权力，即便英国人已经切断了其实际影响力的来源。比如说，英国人敦促酋长归还俘虏，但涉及俘虏的事要由收养或奴役他们的家庭来决定，而不是由村庄或部落作为一个集体来决定。酋长们当然努力确保归还所有俘虏，但由

[1] 指挥官们的要求见 Campbell to Bouquet, Mar. 10, 1761, *Bouquet Papers*, 6: 61; Campbell to Bouquet, May 21, 1761, *MPHC* 19: 67; Campbell to Bouquet, June 1, 1761, *MPHC* 19: 70–71。（Sandusky）Meyer to Bouquet, Oct. 22, 1761, *Bouquet Papers*, 7: 172. 鹿肉见 Meyer to Bouquet, Nov. 29, 1761 和 Dec. 9, 1761, *Bouquet Papers*, 7: 213–214。

[2] 引文见 Mercer to Bouquet, Aug. 20, 1759, *Bouquet Papers* 15: 80–81。1759 年基尔巴克本人并不想与英国人打仗。当来自韦南戈和库斯塔洛加的镇子的特拉华人和肖尼人攻打英国人时，特拉华乔治和基尔巴克成功干预，恢复了和平。见 Delaware George, Indian Intelligence, Apr.–May 1759, *Bouquet Papers*, 3: 118。克罗根引文见 Croghan to Bouquet, Mar. 27, 1762, *Bouquet Papers*, 15: 183。克罗根有所夸张。1762 年秋天，亚历山大·麦基发现塔玛库阿留在家中，而他的大多数族人却外出狩猎，塔玛库阿自称很快要进行短途狩猎。见 Journal of Alexander McKee, Oct. 16, 1762, *JP*10: 576。史密斯上校在莫霍克人、特拉华人、渥太华人及怀恩多特人中生活过，他说酋长也要和其他人一样去打猎，见 *Colonel Smith's Journal*, 159。

于缺少必要的礼物，这种努力仅仅使人们与酋长为敌。[1]

在整个高地，试图与英国人斡旋的酋长都已失去其影响力。不少人渴望昂提奥能回归。即使在把守易洛魁联盟西大门的塞内卡人中，酋长也迅速失去威望。杰纳西河（Genesee River）边的舍尼西奥（Chenussio或杰纳西奥［Geneseo］）有个重要的塞内卡村子，村中战士的发言人在会议上告诉约翰逊："我们……实际上是掌管事务的有影响力的人，村中酋长基本上是一群说得很多但没什么意义、做得也很少的老人，所以我们是有解决问题的权力和能力的人。"[2]

在俄亥俄村民中也一样，战士似乎准备接管村庄。1762年克罗根报告说，"每个部落"的战士都"十分阴沉，脾气还很坏"。正如1763年一位肖尼酋长抱怨的那样，英国人的做法似乎是故意激起印第安人的戒心和对法国人的怀念。

> 所有印第安族群都对英国人满怀戒心，他们看到你们在这片 268
> 土地上设了这么多要塞，对他们也不像期待中那么好。法国人对印第安人极其慷慨，总是给他们大量衣物、火药和铅，但是兄弟，你们没有那样做，正是这样使印第安人心意难平。我确定这就是戒心的真正起因。[3]

1762年，看上去中间地带自身即将坍塌、粉碎，在阿尔冈昆村民和欧洲帝国代理人之间划下一道文化和政治的鸿沟。阿尔冈昆人和欧洲人冒着将中间地带创造出的文化架构置于随着新法兰西覆灭而来的风险之下，而这些文化架构最终未能幸存。英国哨所、阿尔冈昆人盗马、俘虏、礼物匮乏，这些事实比协商会议上越发空洞的

[1] 决定俘虏去留见 Minutes of Meeting with a Delegation of Minisinks, July 11–16, 1760, HM 8249, Huntington Library; "Journal of James Kenny, " 185; Croghan to Monckton, July 25, 1761, *JP* 10: 316–318; An Indian Conference, Sept. 25, 1761, *JP* 10: 327。

[2] 塞内卡人的话见 Indian Proceedings Apr. 21–28, 1762, *JP* 3: 697–698。

[3] 引文见 Croghan to Bouquet, Nov. 25, 1762, *Bouquet Papers*, 9: 167。肖尼人的话见 Ecuyer: Indian Intelligence, Jan. 30, 1763, *Bouquet Papers*, 15: 196。

说辞更能说明问题。早期英－阿关系受兄弟情谊的隐喻指引，现在它屈服于阿默斯特的相反设置：征服者与不服管教的臣民，它似乎更能清晰地说明这些事实。而中间地带的主要隐喻——欧洲“父亲”和阿尔冈昆“孩子”——仍然未经试炼。1763 年，庞蒂亚克崛起，他与英国人对着干，想恢复“法国父亲”，并制造出一个“英国父亲”取而代之。

第七章

庞蒂亚克及中间地带的重建

我们现在知道了，这个民族戒心很重，也比地球上任何一个民族更看重自由；如果他们认为自由可能遭到侵犯，绝对会不计后果地行动起来，哪怕自己毁于一旦也在所不惜。

——乔治·克罗根写给贸易总管，1764年6月8日

六大族群、西部印第安人等从未被征服，英国人或法国人都没能征服他们；他们也不服从任何法律，自视为自由的民族。

——威廉·约翰逊写给贸易总管，1764年10月8日

那些非常疯狂，幻想着本就鲜有或没有的权力的酋长，像那些使用权力，以真正当权者自居的酋长一样，都被抛弃了。

——皮埃尔·克拉斯特《与国家对抗的社会》

（Pierre Clastres，*Society Against the State*）

一

庞蒂亚克反叛很著名。1763年，来自伊利诺伊以西的塞内卡人和来自特拉华以南的齐佩瓦人袭击了高地上英国人刚刚占领的哨所，他们攻占了除尼亚加拉、底特律和皮特要塞以外的全部哨所。当年年底，英军增援部队包围了幸存的要塞。他们没能粉碎这场叛乱，但拖慢了

其速度，使之悬而未决。19世纪历史学家弗朗西斯·帕克曼据此创作了《庞蒂亚克阴谋史》（*History of the Conspiracy of Pontiac*）。[1]

270 帕克曼为了剧情需要而塑造庞蒂亚克的形象。他的庞蒂亚克源于罗伯特·罗杰斯的《北美掠影》（*Concise Account of North America*）和《庞蒂亚克的悲剧》（*Ponteach：A Tragedy*）。但是，就算罗杰斯真见过庞蒂亚克，他剧作中的这位渥太华酋长也是个文学虚构的人物。帕克曼和罗杰斯都需要一位酋长来代表一个族群，这位酋长的陨落便是其整个族群的陨落。帕克曼笔下的庞蒂亚克，从他亮相起，便是一个“大权独揽”的酋长。他煽动起“印第安人狂烈的激情”去掀起一场实质上的种族斗争，但种族斗争的说法只反映出帕克曼本人维多利亚式的世界观，阿尔冈昆人的想法要复杂得多。庞蒂亚克反叛并非开启了一场印第安人必败的种族战争，而是重建中间地带的开端。[2]

庞蒂亚克战争几乎与帕克曼想象的种族大对决刚好相反。它非但没有在印第安人和白人之间划下不可逾越的鸿沟，反而成功地重建了一个共同的世界、相通的理念——至少在外交层面如此。英国战胜了法国，英国人和阿尔冈昆人对此事的解释截然不同，庞蒂亚克战争在此之上构建了新的种族和解，哪怕它还比较脆弱。英国人代替了法国人的父亲角色。庞蒂亚克战争中真实发生的并不只是如帕克曼所记载的那样戏剧化地袭击英国要塞，更是阿尔冈昆人与英国人的和解。[3]

当我们重新审视这次叛乱，也必须重新审视庞蒂亚克。自从帕克曼让这位“非凡人物”在书中第一次遇上罗伯特·罗杰斯并“清晰地跃出历史书页”，这个形象在某种意义上就被大大削弱了。帕克曼将策

[1] Francis Parkman, *History of the Conspiracy of Pontiac*（New York: Book League of America, 1929）; Howard H. Peckham, *Pontiac and the Indian Uprising*（Princeton: Princeton University Press, 1947）. 同样也见 Wilbur R. Jacobs, “Gift-Giving and Pontiac’ s Uprising, ”“Pontiac’ s War-a Conspiracy?”和“1763-Year of Decision on the Indian Frontier, ”均载 Wilbur R. Jacobs, *Dispossessing the American Indian: Indians and Whites on the Colonial Frontier*（New York: Charles Scribner’ s Sons, 1972）, 75-103。Michael McConnell, “The Search for Security: Indian-English Relations in the Trans-Appalachian Region, 1758-1763”（Ph. D. diss., College of William and Mary, 1983）对叛乱之前几年里俄亥俄河沿岸的情况进行了最详尽的描述。

[2] Parkman, *Conspiracy of Pontiac*, 107; 罗杰斯和庞蒂亚克见 Peckham, *Pontiac*, n.59, 62。

[3] Parkman, *Conspiracy of Pontiac*, 111-121; 引文，114。

划、领导此次反英行动归功于庞蒂亚克，并将此事描述为一个同种族的共谋。后来历史学家们质疑了这一观点。帕克曼笔下的庞蒂亚克领导了一件失败的事件，而当代视角下的庞蒂亚克只不过是一位地方领袖，用霍华德·佩卡姆（Howard Peckham）的话来说："打了一场失败的战争，没有成功达到任何目的，但取得了和平。"佩卡姆笔下的庞蒂亚克以及其他被简化的现代版庞蒂亚克更符合已知的事实，但他们误解了他的背景，错解了其失败的性质，也就忽视了他的成功。[1]

庞蒂亚克所处的世界里，原有的联盟与共和者之间的争议仍然存 271
在。英国人宣扬征服与臣服，迫使双方创造出联盟的政治替代品，并重新理解白人和印第安人的关系。然而，双方都无法独立思考问题，只能像以往一样共同思考，因而英国人和印第安人发现自己都回到了中间地带。庞蒂亚克意欲杀死英国人，却帮助他们转型成了"父亲"。启发了庞蒂亚克的特拉华先知内奥林（Neolin）想创造出一种印第安人的生活方式，而这种做法变成了更大的宗教融合运动的一部分。

二

庞蒂亚克的反抗酝酿于1760年加拿大陷落至1763年加拿大实际割让给英国之间的漫长时期。某种意义上，它起因于一系列的失败：印第安人想成立一个联盟以防止英国占领该地区，结果失败；英国扮演父亲或兄弟的失败；以及昂提奥未能回归的失败。每次失败都迫使高地解散为若干地区性的小集团，此次反抗实际上是一系列独立而具有松散联系的叛乱行动。

1760年至1762年间，阿尔冈昆人一次又一次想团结起来，都没能成功。塔玛库阿打算建立一个以特拉华人为中心的泛印第安联盟，仅仅在

[1] 引文，Parkman, *Conspiracy of Pontiac*, 107。对于被削弱的庞蒂亚克形象，见Peckham, *Pontiac*，引文见Peckham, *Pontiac*, 319。
McConnell, "寻找安全" 415，约束了庞蒂亚克，不过他将庞蒂亚克归于印第安人努力保持独立的大行动之中，对于一个尝试我认为错位，将战争重新概念化为"自我决定"之一see Jacobs, "Pontiac' s War, "83–93。

1760年春就失败了。当时英国人收到关于一次新行动的消息："在俄亥俄河两岸的某些印第安镇子上"，高地印第安人、易洛魁人和来自萨斯奎汉纳村子的印第安人将要举行集会。弗雷德里克·波斯特得知，此次协商会议的一个重要主题是"如何守住他们和白人之间的界线，以使他们在和我们（白人）相隔适当距离的情况下仍可自给自足；如何保住他们的猎场，因为他们害怕失去猎场甚于害怕失去生命，而且他们非常疑心我们图谋入侵他们。"宾夕法尼亚方面也想派代表参加这次会议，但易洛魁人拒绝让波斯特和约翰·海斯（John Hays）参会。会上似乎没有任何欧洲人在场。[1]

1761年英国占领了尼亚加拉、底特律、匹兹堡几个要塞，使舍尼西奥（Chenussio）塞内卡人大为恐慌，于是他们想成立一个西部联盟去攻打
272 新的英国哨所。塞内卡人唯恐英国人占领底特律后就对他们的领土形成合围之势，还害怕这些哨所使英国人得以直接接触西部族群，削弱了易洛魁人作为西部地区中间人的地位。最后，这项计划似乎是亲法的易洛魁人所为。沟通这项计划的塞内卡使者迪阿托里安斯（Teaatoriance或塔希亚多里斯［Tahiadoris］）是容卡里的儿子。在英国人看来，整个构想似乎是法国人煽动的。据说此方案得到了特拉华人和肖尼人支持，他们因为英国占领皮特要塞而恐慌，但除了特拉华人与肖尼人之外响应者寥寥。[2]

---

[1] Meeting, Amherst to Hamilton, Mar.30, 1760, *JP* 3: 205.米西威基瓦（Missiweakiwa）称该会议是为了商讨如何管理商人们，见Conference Held at Fort Pitt, Apr. 6–12, 1760, *JP* 3: 216。波斯特的话见Post to Governor Hamilton, Mar. 11, 1760, *PA*, Series, 1, 3: 709。代表们见Logan to Peters, July 19, 1760, *PA*, Series 1, 4: 62–63。波斯特和海斯见Journal of John Hays, 1760, *PA*, Series 1, 3: 737–740。

[2] 奇纳索人是"塞内卡族中一个勇敢而强大的部落"，居住于尼亚加拉附近，希望英国人能把法国人赶走，见Johnson to Lords of Trade, May 17 1759, *NYCD* 7: 376; Johnson, Private Journal, July 24, 1761, *JP* 13: 227; Niagara and Detroit Proceedings, July–Sept. 1761, *JP* 3: 453。战争讯息及背叛见Copy of the Indian Council held near Detroit between the Deputies of the Six Nations, and the Western Indians, June 1761, Syluester Stevens and Donald Kent（eds.）, *The Papers of Colonel Henry Bouquet*, 19 vols.（Harrisburg: Pennsylvania Historical Commission, 1940）, 15: 123–127; 渥太华人和齐佩瓦人见Niagara and Detroit Proceedings, July–Sept. 1761, *JP* 3: 456; letter, n.d., c.June 1761, *JP* 3: 413–415。坎贝尔对于阴谋的解释以及特拉华人和肖尼人卷入其中，见*Ibid.*437–439。克罗根认为俄亥俄印第安人并没有参与，见Croghan to Monckton, July 25, 1761, *JP* 10: 316。容卡里的儿子见Niagara and Detroit Proceedings, July–Sept. 1761 *JP* 3: 460。易洛魁人认为全怪塞内卡人，见*Ibid.* 440。塞内卡人怪俄亥俄明戈人，见*Ibid.* 463–464，以及奇纳索人，491。奇纳索人认为这是由怀恩多特人和帕塔瓦米人送给卡尤加酋长的消息煽动的，他住在普雷斯克岛，很可能是在战争结束前发的消息。他们称只是想知道西部印第安人的真实意愿，并且怪罪塔希亚多里斯（Tahiaden' s）误传消息。
盖奇的看法见Gage to Amherst, Aug. 21, 1761, Gage Letterbooks; 克罗根的看法见Croghan to Johnson, Mar. 31, 1762, *JP* 3: 662。

1761年在底特律召开了一次旨在巩固该反英联盟的会议，却致其解散。据乔治·克罗根所述，这次会议本应是“所有人的一次伟 大会议，西方国家将于第二年春天（1761年）在底特律召开会议，这是它们自己约定好的。6个部落被邀请参会……许多事情将被讨论，过去的事情会被重新审视，还要讨论制定下一步的行动计划”。当年9月，在威廉·约翰逊爵士到来之前，易洛魁人、特拉华人、肖尼人、莫希干人、怀恩多特人、基卡普人、迈阿密人、萨吉诺齐佩瓦人、明戈人、底特律齐佩瓦人、渥太华人、帕塔瓦米人及休伦–佩图安人齐聚底特律，正式认可英国人和西部印第安人之间应和平相处。[1]

底特律印第安人对塞内卡人在西部的自作主张满怀戒心，于是将

奇纳索计划透露给了约翰逊。在日常的哀悼仪式后，与会的“休伦 273
酋长”阿纳沙（Anáiása）成了约翰逊在底特律的代言人，他指责塞内卡人卡亚舒塔（Kayashuta）——这人就坐在他前面——接受了从奇纳索送来的战争贝珠带。剩下的大部分时间里，卡亚舒塔都在进行漫长而纠缠不清的自我辩护，而在接下来的25年里，他将成为俄亥俄河边塞内卡人和明戈人联系的主要纽带。阿纳沙揭露易洛魁人是幕后主使，同时反过来把休伦–佩图安人说成是和平使者，然后他接受了莫霍克人关于更新易洛魁人与西部族群之间的契约链的提议。在与易洛魁人建立这种联系的同时，他强调莫霍克人应当对他接受提议心存感激。“我们请求你们考虑，”他告诉莫霍克人，“你们和北部、西部所有族群共同发起的联盟并非不可思议。”威廉·约翰逊爵士趁机离间易洛魁人和西部村民之间的关系，承认休伦–佩图安人作为提议中所有西部和北部族群联盟名义上的牵头人，并与他们在底特律附近的村庄召开新的篝火议会。[2]

---

[1] Croghan to Johnson, Jan. 13, 1751, 7 *JP* 3: 303; Niagara and Detroit Proceedings, 1761, *JP* 3: 468–475。

[2] Niagara and Detroit Proceedings, 1761, *JP* 3: 469–471。易洛魁人的认识见Report of Indian Council Near Detroit, July 5, 1761, *Bouquet Papers*, 15: 125。特拉华人从“第一篝火会议……那是和平之火”中带来象征性的火种，并在休伦–佩图安人的议会房屋燃烧它，承认了这次篝火转移，并显然放弃了自己之前对领导权的要求。
陪同约翰逊的易洛魁人称“其他印第安人”为“休伦—渥太华联盟的兄弟”，见*Ibid.*, 480–481），在恢复契约链时，与这个联盟独立结盟。休伦人见*Ibid.*, 483–484，引文见488，约翰逊，见494–495。约翰逊后来引起了不和，见Johnson to Gage, Jan. 12, 1764, *JP* 4: 295–296。

底特律印第安人在高地各族群面前的自我标榜以及对英国人的效忠实际上十分虚伪。约翰逊在底特律承认的所谓渥太华联盟只不过是将底特律周边村庄集群换了个名字罢了。1760年，底特律印第安人——帕塔瓦米人、渥太华人、休伦-佩图安人及齐佩瓦人——告诉来访的英国人，“这片土地上所有的印第安人都是彼此的盟友，仿佛同一族群一般”，如果他们指的是底特律周边地区，那倒是真的。25年的时光化解了底特律的激烈冲突，据英国人统计，现在此地有780名战士。在此区域内，部落身份认同很灵活。唐纳德·坎贝尔（Donald Campbell）上尉简短地提到过这种多重效忠的情况：“莫霍克人阿伦（Aron）现在是个怀恩多特人了。”然而底特律之外的印第安人并不一定与该渥太华联盟拥有共同的身份认同和利益。例如，特拉华人已经象征性地在底特律召开了篝火会议，但俄亥俄村民及底特律族群之间气氛仍然相当紧张。从圣约瑟到沃巴什地区的其他村民对
274 底特律的篝火会议都不怎么忠诚，并且从密歇根湖到密西西比河之间的族群完全不在联盟之内。更不要说底特律印第安人对英国人有多忠诚了。就像奇纳索塞内卡人一样，他们也分发了贝珠带用来组织反英战斗。[1]

无法团结起来抗英，这只是高地内部开始分化的标志之一。如果没有法国人，那么在底特律或者俄亥俄州沿岸的一些相关村庄就会变成没有太阳的行星。没有什么能把它们固定在自己的轨道上了，它们互相碰撞、冲突。它们向英国人出卖彼此，最终互相交战。1762年，迈阿密人、渥太华人、齐佩瓦人和帕塔瓦米人准备攻打肖尼人，麦基诺齐佩瓦人针对梅诺米尼人及其盟友的战争一触即发，索克人则害怕

[1] Croghan, Indian Conference at Detroit, Dec. 3, 1760, *Bouquet Papers*, 15: 98; Campbell to Bouquet, June 21, 1761, *MPHC* 19: 78.人口数据见Niagara and Detroit Proceedings, 1761 *JP* 3: 501。底特律周边还有400名战士，使这一地区印第安人的总兵力达到1180人。
底特律方面的消息见Conseil, 28 nov. 1769, AN, C11A, v.105; Bellestre au Ministre, 16 juin 1762, AN, C11A, v.105, f.356。尽管克罗根和罗杰斯友好地接受，该消息还是被散播了出去，尽管克罗根和罗杰斯给予了友好的接待，但这条消息仍然存在，见Croghan' s Journal，载Reuben Gold Thwaites（ed.）, *Early Western Travels*, 1748–1846..., 38 vols.（Cleveland: Arthur H. Clark, 1904–1907）, 104–113。

被伊利诺伊人实施报复性攻击。[1]

阿尔冈昆人的混乱状态让英国有机会在高地确立自身的主导地位。除了伊利诺伊地区，在其他地方，英国人不靠阿尔冈昆人帮助就占领了原先的法国哨所。并且，尽管有人分发贝珠带怂恿叛乱，大多数昂提奥人显然还是希望英国人就算不扮演父亲的角色，至少也要扮演兄弟。他们并不想要征服者，也不知道阿默斯特的意图是下令削减礼物并限制弹药销售。英国官员带着少量卫戍部队被困在阿尔冈昆人的汪洋大海中，发现自己有必要逐渐忽略阿默斯特的命令，并回归阿默斯特曾下令抛弃的中间地带。[2]

然而，1762年的英国政策摧毁了阿尔冈昆人达成中间地带式和解的愿望。歉收、瘟疫和饥馑肆虐高地，俄亥俄河沿岸和沃巴什地区尤其严 275
重，阿尔冈昆人向他们的英国兄弟求援。灾难将他们的性命和对英国人的期望都置于考验中，而最终英国人令他们失望了。地方指挥官要么无力给予援助，要么勉强应付。在一次时机、计划都很糟糕的旅程中，托马斯·哈钦斯（Thomas Hutchins）中尉从麦基诺、绿湾和圣约瑟沿密歇根湖西岸行进，经由沃巴什地区，什么礼物也没带。自圣约瑟向南，因患病而无法打猎养家的印第安人乞求他的援助，但他什么也提供不了。英国人几乎在所有哨所都上演了这种失败。一群明戈人向克罗根讲述他们的妻儿如何又病又饿，以及英国人如何无视他们，这群明戈人断定，“你们的所作所为让周围所有印第安族群都满怀疑忌，你们用心险恶”。[3]

---

[1] 关于各方阴谋败露、彼此出卖以及缺乏团结，见Bouquet to Amherst, Dec. 12, 1762, Amherst Papers, reel 32。塞内卡人告诉英国人，“休伦人中一位首席酋长”阿格斯塔格勒克（Aghstaghregck）对自己的侄子在尼亚加拉战役中阵亡而耿耿于怀。1761年至1762年冬天，塞内卡人称阿格斯塔格勒克已出发去弗吉尼亚边境寻仇，见Indian Proceedings Apr. 21–28, 1762, *JP* 3: 699。迈阿密人与肖尼人的会议见Journal of A. McKee, Nov. 1, 1762 *JP* 10: 577。西部的争端见Journal of James Gorrell, June 24, 1762, Aug. 13, 1762, *WHC* 1: 33–35; Lieutenant Thomas Hutchins Journal, June 2, 1762, *JP* 10: 521–529。Journal of A. Mckee, Nov.1, 1762, *JP* 10: 579.

[2] 要求获得礼物的压力见Holmes to Bouquet, Mar. 17, 1762, *Bouquet Papers*, 8: 52; Hutchins Journal, 1762, *JP* 10: 528。

[3] McConnell, “Search for Security, ”360, 377–380，着重讲述了这些饥馑和瘟疫。1761年秋天讲述饥饿、贫困的对话见Talk of Kipimisaming “un Loup habitant parmi eux, ” 30 sept. 1761, enclosure with Amherst to Johnson, March 13, 1762, Amherst Papers, reel 30，不过这也可能是讲贫困的套话。哈钦斯所到村庄中的情形见Hutchins Journal, 1762, *JP* 10: 521–529。疫情持续到秋天，见Journal of Alexander Mckee, *JP* 10: 578。引文见Croghan to Amherst, Dec. 2, 1762, Amherst Papers, reel 32，这封信的日期可能写错了。亦见Report of Indian Conference, Dec.9, 1762, *Bouquet Papers*, 15: 193。

在这个世界里，只要不存在真实的或象征的亲属关系，那就是潜在的敌人，难怪明戈人会得出“用心险恶”这个结论。如果英国人没有扮演父亲或兄弟，或许他们就会处心积虑要消灭阿尔冈昆人。拒绝为饥民、病人提供援助的人很可能被看作饥荒和瘟疫的始作俑者。巫术与疾病紧密相连，而阿尔冈昆人从不怀疑心怀不轨的人有能力操作这一点。饥荒和瘟疫紧随英国的贸易政策而来，这给阿尔冈昆人造成的印象是，英国人不再是患难与共的兄弟，而是敌人，是既没有亲属关系也不存在仪式义务的邪恶人群。

将英国人视为冷酷无情的敌人，这重新唤起对他们的反抗，也引发对昂提奥的怀念——那位将他的“子女”团结起来的“慈父”。由于这一时期的文献几乎都是英国的——正是他们，希望将法国人、易洛魁人及阿尔冈昆人隐藏在暗处——所以最终的反抗行为背后的政治关系就像一张缺失零件的拼图，而且仅存的零件还被人故意拼错了。英国人采访了印第安人，
276 印第安人给出自相矛盾的解释。这些解释涉及其他印第安人或法国人，而这些英国人要么否认，要么干脆讲出完全不同的版本。这些阴谋孤立的后任指挥官的焦虑所唤起的边缘幻影，但是村庄之间传递信息的贝珠带证实了阴谋的存在。贝珠带的确存在，但其意义令英国人茫然——他们也有理由感到茫然。1761年至1763年，至少从四个不同的地方送出了贝珠带：奇纳索的塞内卡人镇子、底特律、蒙特利尔附近各个布道所，还有伊利诺伊地区。它们共同营造出一种普遍的氛围，那就是昂提奥要从海上来了，他会赶走英国人，重新团结起“孩子们”，并重建联盟。

不管法国人从中鼓动了多少，由底特律和奇纳索送出的遍及整个高地的贝珠带主要是印第安人计划的，但出自伊利诺伊地区和蒙特利尔的贝珠带就绝对是法国人的计划了。蒙特利尔的贝珠带显然表明法国人为了守卫加拿大在进行最后一搏。加拿大失守后，贝珠带继续自发地流通，同时法属加拿大人散布流言说昂提奥将要归来。伊利诺伊贝珠带同样代表孤立的路易斯安那哨所在七年战争末期企图召集印第安人来保卫它，并阻挡英国人支持的阿尔冈昆人袭击切罗基人，后者正在发动针对英国侨民的战争。高地的法国商人同样利用贝珠带来说服印第安人相信昂提

奥即将归来。[1]

按英国人的说法，上述易洛魁人、阿尔冈昆人、法国人的几种贝珠带 277
将要汇聚成一桩共同的阴谋，但这些行动实际上是彼此独立的。奇纳索贝珠带联结起了塞内卡人、特拉华人、肖尼人和明戈人，第二桩阴谋围绕着底特律；加拿大商人资助了第三桩阴谋，尽管它与印第安人的行动有所交叉。讽刺的是，自1762年以来第一波消息说高地即将和平之后，伊利诺伊的法国卫戍部队似乎对攻打英国人、迎回昂提奥的计划无动于衷。[2]

---

[1] 显然，蒙特利尔的阴谋源于1760年加拿大的法国人试图组织印第安人抵抗英国。早在1758年，沃德勒伊就计划将高地所有部落召集到蒙特利尔做最后一搏，为了保卫加拿大不落到英国人手中，见Reflexions Genérates, 1758, AN, C11A, v.103。谣言应当是由隆格伊、商人以及教士们不断传播，由考纳瓦加（Caughnawaga）莫霍克人和渥太华人传播，并且密西沙加人、福克斯人、苏人还有其他族群也加入进来。英国人探察到了这场贯穿1761年和1762年的阴谋的蛛丝马迹。考纳瓦加人辩称自己是无辜的，怪罪到奇纳索塞内卡人头上。法国商人也否认自己曾参与其中。尽管盖奇认为这无疑证明了印第安人普遍恶劣，但他最终还是不予深究，将之定性为一小撮心怀不满的印第安人干的事，见Johnson, Private Journal, Oct. 7, 1761, *JP* 13: 266; Gladwin to Amherst, Feb. 4, 1762; *JP* 10: 380, Mar. 5, 1762; *JP* 10: 392–393, Apr. 4, 1762, *JP* 10: 422–423; Apr. 5, 1762, *JP* 10: 424–425; Gage to Amherst, Feb. 17, 1762, Gage Letterbooks。考纳瓦加人的说法见Conference with Canasadaga Indians, Mar. 15, 1732, *JP* 10: 398–399。约翰逊重视此事见Johnson to Amherst, Mar. 20, 1762 and May 6, 1762, Amherst Papers, reel. 31。阿默斯特认为无足轻重，见Amherst to Johnson, Mar. 21, 1762, Amherst Papers, reel 30。新增加的考虑见Amherst to Johnson, Apr. 4, 1762, Amherst Papers, reel 30。盖奇将之归罪于甲尼奇古莱（Kanitchgouly），见Gage to Gladwin, Apr. 20, 1762, and Apr. 27, 1762, Gage Letterbooks。对于奥特康达贾格特（Otquandageghte）的供词和考纳瓦加的血腥事件，见Claus to Johnson, June 2, 1762, *JP* 3: 751–754。期盼法国舰队归来见Gage to Amherst, June 14, 1762, Gage Letterbooks。商人矢口否认见Claus to Johnson, June 30, 1762, *JP* 3: 819。

1762年春，法国人在“俄亥俄河支流”（很可能是田纳西河口的马萨克［Massac］堡）给了威人一条贝珠带，这显然就是塞内卡人、特拉华人和肖尼人声称给了迈阿密人的那一条带子。此前塞内卡人撒谎了，因为法国人特意交代不要把他们的贝珠带给特拉华人和六大联盟，要不然就是有两条法国人送出的贝珠带在流通。法国人告诉威人，英国人、六大联盟还有特拉华人联手对西部印第安人搞破坏，为了自救，威人应当准备好在来年春天和法国人一道赶走英国人。法国人和加入此事的切罗基人眼下的目标是阻止北方部落攻打切罗基人。1762年，法国人亟需阿尔冈昆人协助他们维持抵抗英军的最后两处脆弱堡垒：伊利诺伊地区和切罗基人。现存的那些年间关于伊利诺伊地区的通信里没有提到法国官方有在鼓动印第安人造反。该地区情况见Kerlerec au Ministre, 21 mars 1762, AN, C13A, v.43; Neyon de Villiers à Kerlerec, 1 juillet 1762, AN, C13A, v.43, f.165。法国人在伊利诺伊地区鼓动西部民族的报道见Croghan to Amherst, Oct. 5, 1762, *JP* 10: 543。法国人送贝珠带给威人见Indian Intelligence, Sept. 28, 1762, *JP* 10: 534–535。肖尼酋长称贝珠带来自伊利诺伊地区的切罗基人和法国人，见Captain Simeon Ecuyer, Indian Intelligence, Jan. 30, 1763, *Bouquet Papers*, 15–196。

[2] 不清楚是哪些法国人分发了这些贝珠带，但很可能是商人而非军官。一名被送到基亚特农（最靠近伊利诺伊的英国哨所）的俘虏称，伊利诺伊的法国士兵们希望和平，但加拿大商人们敦促印第安人杀英国人。阿默斯特封锁了去伊利诺伊地区的所有陆地交通，来自伊利诺伊人的报告说“往往让他们（印第安人）兴奋地认为他们的老朋友会再来”。但印第安人还是继续往伊利诺伊去。圣约瑟的帕塔瓦米人、渥太华人以及麦基诺的齐佩瓦人可能私下里都收到了来自鼓动他们攻击英国人的法国人的礼物。见Jenkins to Gladwin, Ouiatenon, July 29, 1762, *JP* 10: 476; Amherst to Gage, Aug. 11, 1762, Amherst Papers, reel 30; Johnson to Amherst, Dec. 7, 1762, Amherst Papers, reel 31; Illinois, Intelligence from a Waweotonan（Wea）Indian, July 11, 1763, *JP* 4: 169。法国人的态度例见Kerlerec to Berryer, June 8, 1761, *MPA* 5: 272–273。

1763年夏，威廉·约翰逊收到莫霍克人的报告，称路易斯安那的法国总督已经送来了战斧。如果消息属实，而且法国文件中却没有提及，那么它一定是1762年发出的，因为它提及西班牙联盟。并无迹象表明这是实际反抗的根源，尽管印第安人显然在向法国人求援，见Journal of Indian Affairs, July 7, 1763, *JP* 10: 767。

三

法国人对驱赶英国人的计划无动于衷，这并没能抑制住印第安人的阴谋，不仅如此，1763年年初加拿大即将被割让给英国的消息传到
278 高地，让阴谋愈演愈烈。这些消息传到印第安人耳中，用皮特要塞的西米恩·埃屈耶（Simeon Ecuyer）上尉的话来说，好似“晴天霹雳”。据克罗根所说，此次割让“几乎令他们绝望”。肖尼人找到克罗根的助手亚历山大·麦基（Alexander McKee），“想知道法国人是否放弃了他们的土地，并且他们有什么权利假装那么做。他们直白地说英国人很快会成为这片土地上的主人（Great People）。”特拉华人中乌龟胞族的酋长内阿瓦特威（又叫纽科默［Newcomer］）称英国人已经“变得太强大，好似比上帝本人还厉害”。1793年，当印第安人得知最终的和议内容，他们发现实际上法国人将加拿大和路易斯安那割让给了英国。法国人还将密西西比河以西的路易斯安那让予西班牙——印第安人还不知道这个。[1]

阿尔冈昆人在割让中的绝望和惊讶，不亚于许多法裔加拿大人和高地居民。加拿大人无法相信自己被抛弃了，他们上书内阁，计划发起反抗，收回加拿大，并资助印第安人反抗英国。据推断，这些备忘录并未获得官方支持，内阁将之存档然后抛诸脑后。不过主张向法国的大臣们请愿的人们继续活动，这倒是在印第安人中取得了更大的成效。[2]

1762年10月，乔治·克罗根收到报告，这个夏天有法国密使穿着

[1] 晴天霹雳见Ecuyer to Bouquet, Mar. 11, 1763, *Bouquet Papers*, 10: 69。绝望情绪见Croghan to Bouquet, Mar. 19, 1763, *Bouquet Papers*, 10: 80。不希望英国人深入俄亥俄河见Council with Shawnees, Apr. 16, 1762, Amherst Papers, reel 32。土地见Croghan to Johnson, Apr. 24, 1763, *JP* 10: 659–660。路易斯安那法国人的恐惧见Witham Marsh to Johnson, Jan. 30, 1763, *JP* 4: 34。关于法国军队的谣言见Extract of letter from Lieutenant Jenkins to Gladwin, Mar. 28, 1763, Amherst Papers, reel 31。纽科默见“Journal of James Kenny,”*Pennsylvania Magazine of History and Bioghaphy*, 37（1913）: 187。

[2] 两起这类密谋见Abstract of a Plan to excite a Rebellion in Canada, 1763, *NYCD* 10: 1155–1157; Projet d'opération pour la Nouvelle Orleans relativement au Canada, 1763, AN, C11A, v.105, f.421。加拿大人敦促印第安人发起攻击见Extract, Lt. Jenkins to Gladwin, Mar. 28, 1763, Amherst Papers, reel 31。

印第安服装在底特律的渥太华村庄开了个秘密会议，与会者有怀恩多特人、齐佩瓦人、渥太华人、帕塔瓦米人以及“生活在苏必利尔湖边、麦基诺和福特湾要塞的印第安人中的其他部落”的酋长和主要战士。会议地点在渥太华人所处的地方而不是休伦－佩图安村庄，这显示了影响力的转换。当时底特律明显是以渥太华人为首，并且他们想把影响力扩大到自身的地域阵营之外。这次大会派出的信使去了迈阿密人、威人、基卡普人、皮安卡肖人和肖尼人中。然而，为了证明在高地内 279
部的持续分歧，渥太华人却把特拉华人和六大联盟蒙在鼓里。[1]

割让加拿大时，阿尔冈昆战士和加拿大居民在几近绝望时发现一种机制，这至少可以部分地团结起他们。他们怀着一丝希望，认为奋起反抗既能将英国人赶出此地，也能够迎回法国人。居民和商人们告诉印第安人（或许他们自己也相信），法国舰队正从海上来，昂提奥即将归来。

不过，除了幻想昂提奥回归，高地上还有另一种截然不同的对未来的设想。俄亥俄河边有个特拉华先知内奥林，他布道的内容里似乎没有“欧洲父亲”的位置。内奥林号召印第安人自我改革，扔掉欧洲工具和服装，准备好生活在一个不依靠白人的世界里。表面上看来，这幅图景似乎戏剧性地退出了中间地带，就和阿默斯特决心将印第安人降格为臣民一样，但内奥林的设想要复杂得多。

1762年，由宾夕法尼亚省印第安事务委员会指定的负责匹兹堡贸易市场的贵格会教徒詹姆斯·肯尼在日记中提到“特拉华人中有个骗子，要告诉他们上天堂的正确道路”。他说的骗子就是内奥林。他接收到来自天堂的幻象，他说那儿没有白人，只有印第安人。他布道说，印第安人一度可以直接进天堂，但自从白人来后，他们“学会”了犯罪，染上恶习，这堵塞了他们上天堂的道路，让他们朝着地狱而

[1] Indian Intelligence, reed. Sept. 28, 1762, *JP* 10: 534–535; Intelligence reed. Sept. 20, 1762，和Croghan to Amherst, Oct. 5, 1762, Amherst Papers, reel 31; 也见*JP* 10: 534–535。休伦－佩图安人中的天主教徒见Rogers to Johnson, Oct. 7, 1763, *JP* 10: 871–872, Peckham, *Pontiac*, 113。

去。为了重新走上“正道”，他们必须学会在生活中“不跟白人做任何生意，不跟他们产生任何联系，和祖先一样自给自足”。他们还必须向“圣子或者说上帝之人”祷告，圣子会将他们的请求和礼物带到伟大的存在之处，而后者“太高了，也太有权力了，印第安人无法与之对话”。[1]

这位特拉华先知提到基督教的上帝、天堂、地狱和罪，以及回归古老的生活方式，这其实是在特拉华人和肖尼人中日渐兴起的宗教融合运动的一部分。1750年代，猛西特拉华人帕庞汗（Papounhan）开始将贵格会信仰与宣传回归“他们祖先的古老习俗和生活方式”相结合。1760年，约翰·海斯在阿辛欣克姆（Asinsinkm）村和阿巴拉契亚山脉东部的希芒河（ChemungRiver）边遇到一位特拉华“神父”和一本
280 “挑剔者之书”，该书好比这位特拉华先知的“圣经”。这位老神父遇到的很可能是旺戈门德（Wangomend），一个猛西人，不久后他移居到戈什戈兴（Goshgoshing）镇以西。所有这些宗教领袖都有一个共同点，那就是对基督教教义断章取义，再用印第安传统习俗的方式说教——其实也只是表面上回归传统。[2]

这些表面上回归传统的运动引起了白人的高度注意。这种回归威胁着毛皮贸易和基督教传教士，而且在18世纪60年代它还总是和一种流言相关联，即印第安人要联合起来将英国人赶出阿巴拉契亚山脉西边的土地。内奥林预言“将会有两三次和谈，接着便是战争”，至少有部分特拉华人将之解读为“遵循他的教导，他们将在数年内赶走

[1] “Journal of James Kenny, ”171–173。

[2] Charles Hunter, “The Delaware Nativist Revival of the Mid–Eighteenth Century, ”*Ethno–histoty* 18（Winter 1971）: 42–43; 内奥林本人对基督教教义十分感兴趣，见Guy Soulliard Klett（ed.）, *Journals of Charles Beatty, 1762–1769*（University Park: Pennsylvania State University Press, 1962）, 67–68。阿辛克（Assink）村庄后来在西部更远处重新出现，见Helen Hornbeck Tanner（ed.）, *Atlas of Great Lakes Indian History*（Norman: University of Oklahoma Press, 1987）, 9; map 16, 80。旧习俗复兴见William A. Hunter（ed.）, “John Hays’ Diary and Journal of 1760, ”*Pennsylvania Archaeologist* 24（Aug. 1954）: 74–75。
和此处讲的这位先知相比，还有些先知强调其他不同的方面，关于他们的有趣讨论见Gregory Dowd, “Paths of Resistance: American Indian Religion and the Quest for Unity, 1745–1815”（Ph. D. diss., Princeton University, 1986）, especially, 282 ff。

白人”。[1]

白人害怕印第安先知们宣扬的本土主义，但这种本土主义仍然与先知在基督教中的利益结合在一起。帕庞汗与贵格会教徒关系密切，最后还很可能改宗摩拉维亚派，这让他与内奥林有诸多相似。1766年长老会传教士查尔斯·贝蒂（Charles Beatty）发现内奥林对基督教教义特别感兴趣，他非常谦逊地探求，并渴望将之补充到自己最初的设想中。贝蒂甚至希望他能改宗。虽然内奥林认为白人是使印第安人出问题的缘由之一，但是他相信问题的核心在于印第安人自身。他的观点源于“当他独自沉思印第安人中盛行的邪恶生活方式并为之深深忧虑”。[2]

内奥林对印第安人中盛行的“邪恶生活方式”感到忧虑，“邪恶生活方式”这个主题在印第安先知们中间反复出现，虽然它表现为“回归纯净的过去”这种说法，其实它代表了与阿尔冈昆原有观念的决裂。 281
内奥林和其他先知之所以对基督教这么感兴趣，是因为他们和基督教徒一样都是道德家。诸位特拉华先知长期接受贵格会信徒和摩拉维亚信徒宣教熏陶，他们积极地将原罪概念整合到阿尔冈昆世界观中。阿尔冈昆人普遍认为，不幸源于超自然事物愤怒后降下的惩罚。然而，当愤怒的曼尼通惩罚人类时，那是在对仪式上的失误做出反应。对必要的仪式上的疏漏，他们降下特定种类的灾难以示惩罚。不过，内奥林为道德堕落痛心疾首，这并非得罪了某个特定的曼尼通，而是得罪了某种至高存在。这个至高存在的愤怒会引起大范围的惩罚，甚至可能毁灭整个族群。

从关注仪式到关注道德，这是个逐渐转变的过程，而不是突然与旧观念决裂。1737年康拉德·魏泽尔在日记中记载了一件事，从中可

[1] “Journal of James Kenny, ”171; Hunter, “Delaware Revival, ”43.

[2] 1760年里帕庞汗与贵格会教徒的密切关系见Minutes of Meetings with a Delegation of Minisinks, two Nanticokes, and three Delawares from an Indian Town Above Wyoming...Philadelphia, July 11–16, 1760, HM 8249, Huntington Library; Klett（ed.）, *Journals of Charles Beatty*, 65, 67–69。亦见Hunter, “Delaware Revival, ”47，和Anthony Wallace, “Revitalization Movements, ”*American Anthropologist* 58（1956）: 264–281。摩拉维亚教徒见Dowd, “Paths of Resistance, ”289–290。

以明显看出上述过程的第一阶段。魏泽尔问居住在萨斯奎汉纳的肖尼人和奥嫩达加人，曾经是整个印第安地区最丰产的区域，现在却在闹饥荒，印第安人如何能够忍受这样的事。

> 他们回答，现在猎物很少，去年冬天以来打猎就莫名地失败，有人什么也没打到——上帝和造物主决心摧毁印第安人。他们的灵视者——他们如此称呼他——曾经见过关于上帝的异象，上帝对他说了如下的话："你们询问为何猎物变少，我将告诉你们。你们杀死猎物是为了取得毛皮，拿毛皮换烈酒，麻痹你们的感官，并且互相残杀，还过着极为放荡的生活。于是我将野兽赶出这片土地，因为它们是我的。如果你们行善并停止犯罪，我就会带野兽回来；否则，我会毁灭你们，让你们从大地上消失。"
>
> 我问他们是否相信这位灵视者的所见所闻，他们回答，相信，有些人相信事情会如此发生；其他人也相信，但他们对此却不感到忧虑。他们说，时间会显示我们将遭遇什么，朗姆酒会杀死我们，清空这片土地，留给欧洲人，不再有冲突或交易。[1]

在这种回答里，新旧宗教观念共存。早先印第安人会把猎物消失归因于未能安抚特定的曼尼通或猎物的掌管者。灵视者从道德的角度解释这种过错，说它是受英国人的朗姆酒之害，尽管他也暗示其中缺失了对动物的尊敬。因印第安人失德而被冒犯的那个存在并不掌管猎
282 物，但却是"造物主般的存在"。他生气了，威胁要消灭印第安人。唯一的解决之道是进行道德改革。

关于上帝对印第安人的愤怒，稍后帕庞汗给出了类似的解释，他的观点被贵格会信徒广为宣扬，因为和他们自己的观点极为相似。当

[1] Paul A. W. Wallace, *Conrad Weiser, 1696–1760, Friend of Colonist and Mohawk*（Philadelphia: University of Pennsylva Pennsylvania Press, 1945）, 88. 日记中提到的城市是奥特西内基（Otsineky），主要居住着肖尼人和奥嫩达加人。

被问及“时代的变迁，以及过去几年里为何他们变了这么多”，帕庞汗回答道：

> 人们彼此生长相互依赖，若是他们生活在爱中，便不会如此；但他们变得骄傲、贪婪，使上帝发怒，降下又干又热的夏天和寒冷的冬天，还有疾病。如果他们相亲相爱、遵照他的旨意行事，他就不会如此。[1]

如果那至高存在可以挑出印第安人来施以惩罚，那么出于相同的逻辑，他也可以挑出他们来施以恩宠。帕庞汗的说法里隐含着另一个观念：印第安人和白人各自经由不同的道路抵达同一个至高存在，他对他们有不同的安排。这个观念在18世纪晚期的阿尔冈昆人中越来越盛行。印第安人认识到上帝的惩罚之手，是因为他们假定他总体上对印第安人是仁慈恩宠的。1742年秋天，肖尼酋长卡赫霍瓦奇（Kachhowatchiy）告诉来劝他们改宗的贵族青年岑多夫（Zinzendorf）伯爵：

> 他本人是上帝创造的印第安人，而他对此很满意，也并不想做欧洲人……他钟爱印第安生活方式。即便在他的晚年，上帝也对他非常仁慈，还会继续看顾他。上帝喜欢印第安人胜过欧洲人，上帝帮助他们非常多，真是太美妙了。[2]

在这些不同语境下强调“印第安人”有其重要意义，即使到目前为止这个说法还没有固定下来。曼尼通们帮助单个的印第安人或者互不相关的社会单位：氏族、村庄，可能还有部落；而上帝似乎将印第

[1] 有些评论是一个陪同（帕庞汗）及其他来自费城的印第安人的人做出的，见Huntington Library。
[2] Wallace, *Weiser*, 144.

安人当作更大的整体来对待。即便上帝帮助了卡赫霍瓦奇这个人，那也是因为上帝对他作为印第安人的生活方式感到愉悦。尽管内部存在差异，但印第安人在对抗白人时已经将自身当作一个统一的整体了。

肖尼人和特拉华人在区分印第安人和白人时提及天堂、地狱、罪恶及其他基督教术语，显然是受到了英国人的影响，但印第安人正在
283 把基督教应有的普世性反过来运用。他们用这个来强调印第安人的独特性以及独特的印第安之道。这并非仅仅是和英国人接触才产生的现象。随着法国联盟的衰落，印第安人和白人同为天父及昂提奥（地上的父亲）的孩子的观念也随之消亡，那时在法国的盟友中产生了类似上述的观念。1757年，布干维尔报告说渥太华人仍旧依赖他们的曼尼通，随后又说他们最近在自己的宇宙观中增添了两位生命之主，一位有棕色皮肤，没有胡须，他创造了印第安人；另一位则创造了法国人，他有白皮肤，有胡子。[1]

所以内奥林传递的信息有其传播的土壤。内奥林或许在谴责白人的所作所为，但他真正宣教的却是印第安人的罪过。印第安人犯了罪，因为他们接受了不符合印第安生活方式的白人商品。以这种方式承认犯罪，其最大作用是重建了犯罪一方的力量。从某种意义上说，承担罪责就是拥有了掌控权。18世纪60年代，随着英国在匹兹堡重开贸易，印第安人中醉酒、暴力行为的普遍化，他们对英国人在俄亥俄地区定居的恐惧，英国人要求归还白人俘虏的不断施压，肖尼人中爆发毁灭性的瘟疫，白人将再次把特拉华人赶出他们的故土的预言，这些情况下内奥林归罪于印第安人，并保证说改过自新者将获得力量和幸福。许多印第安人已经接受了上帝对他们感到震怒这个说法，内奥林保证他们能够减轻上帝的愤怒，并重新掌控局势。[2]

---

[1] Edward P. Hamilton（ed. and trans.）, *Adventure in the Wilderness: The American Journals of Louis Antoine de Bougainville, 1756–1760*（Norman: University of Oklahoma Press, 1964）, 133. 关于奥嫩达加人看见的幻境，见Proceedings with the Sachems and Great Warriors of the United Six Nations, Sept. 10, 1762, *JP* 10: 505–506。

[2] "Journal of James Kenny, "178, 193. 肯尼认出此次瘟疫是疟疾，见*Ibid.*, 169, 172。

一开始，内奥林的启示显然对特拉华人意义重大，即便它强调印第安人和白人之间存在巨大对立。内奥林在特拉华人中以这样的开场创立宗教："让苦水……洗净他们从白人身上沾染的生活方式和性情。"但这苦水的力量在于，如果其他族群的人喝了就会死。苦水是特拉华人专属的奇特设置。它发源于西南部，流经肖尼人地区，来到特拉华人中。不过这种专属特性并不会持续下去，因为内奥林的启示是在呼吁道德革新，其传播超出了特拉华人的范围。[1]

1763年，内奥林的本土主义加上人们努力促成昂提奥回归，使阿尔冈昆人更大规模地团结起来，逃离目前为止对英国不满意的统治。284
一股为怀念法国联盟的运动，另一股运动则源于某种意义上的阿尔冈昆独立，反对联盟里的父权设置。庞蒂亚克的天才之处在于，他能够（至少暂时）调和这些彼此冲突的思潮，使之融进共同的反抗理念。毕竟，除了表面上的不同，它们实际上有更多共同之处：两者都是中间地带文化杂交的产物，都吸引战士和战争领袖，都准备控制英国手下的高地。

庞蒂亚克采取了内奥林的道德准则，并且在同意进行道德改革时，主张反英而不是广泛地反对白人。鉴于将各种不同的特拉华词汇中"白人"的说法翻译过来很困难，这么做也许实际上一直是内奥林的意愿。由于我们不知道底特律战役之前庞蒂亚克是什么身份，因此就无法确定他到底是直接从先知那儿听来的还是从别人那里听来的教诲。根据后来的记载，庞蒂亚克曾是1760年夏天参观皮特要塞的渥太华代表之一，因而他可能与特拉华人有直接接触。起义前几个月，改宗者向内奥林群集而来。凭借让底特律印第安人也听从内奥林的启示，庞蒂亚克与这位先知的特拉华信徒建立起重要的联系。[2]

庞蒂亚克极大地调和了内奥林对白人生活方式的拒斥。内奥林的

[1] "Journal of James Kenny, "188. Dowd, "Paths of Resistance, "296.

[2] 1760年夏天送去皮特堡的使者见Croghan Journal, Indian conference, Detroit, Dec. 3, 1760, *Bouquet Papers*, 15: 95。庞蒂亚克作为其中一员，见Declaration of James Grant, 24 Dec. 1763, *JP* 13: 320。改宗内奥林的信徒见"Journal of James Kenny, "188。白人见Dowd, "Paths of Resistance, "303。

道德变成一种社会和政治计划，包括戒酒、一夫一妻制、自给自足、各部落和平共处。其纯粹宗教的方面与现有的阿尔冈昆行事方式大相径庭，内奥林谴责巫术（medicine bags and bundles），代之以直接向生命精灵祷告。生命精灵不像以前掌管各种动物的不同精灵那样，而是更为严格地要求尊重“你们的兄弟”，即被狩猎的动物。[1]

比起庞蒂亚克来，圣约瑟的帕塔瓦米人给内奥林的启示赋予了更多的基督教色彩。他们的解读一方面是拒斥陈旧的行为（此处指个人巫术［personal medicine］、多偶婚以及守卫精灵［guardian spirit］），另一方面是抵制英国人，认为后者带来疾病，并“关押你们，将会彻底毁了你们”。这样的含义对他们来说似乎是很基督化的，如同法国人报道的那样，“他们都希望受洗”。[2]

285 随着内奥林信众的崛起以及庞蒂亚克吸收他的教义，过去四年里印第安人小火慢炖的不满情绪变成了沸腾的反抗。“生命之主，”庞蒂亚克说：“把武器交到了我们手里。”这场反抗起源于中间地带的传统，其目标也是为了重建它。印第安人和白人持续接触一个多世纪后，即便看起来非常本土的反抗也只能在中间地带中产生。人们利用从欧洲文化中舶来的理念为假装回归阿尔冈昆旧生活正名——实际上这种生活方式也是中间地带的新产物。回归欧洲人到来之前的生活是不可能的，也未必有多少人想要那样。[3]

这并非重建传统，而是发明传统。正如肯尼意识到的，这是内奥林信众所践行的“新的虔诚”。人类学家安东尼·华莱士（Anthony Wallace）挑出内奥林的新宗教作为他讲的复兴运动（revitalization movement）例证之一，这种运动有意识地清除文化变迁，发起该运动是为了构建一种更令人满意的文化。内奥林大体上符合华莱士的标准，即便华莱士低估了道德改革与仪式改革的区别，并过多强调了这种运

[1] Milo M. Quaife（ed.）, *Journal of Pontiac' s Conspiracy...*（Chicago: R. R. Donneley & Sons, 1958）, 8–17.
[2] 此描述来自 Villiers to D' Abbadie, Dec. 1, 1763, *WHC* 18: 259–261。
[3] Council in Illinois, Apr. 15–17, 1764, in Farmar to Gage, Dec. 21, 1764, Gage Papers.

动的革命性效果。因为在内奥林的情况里，至少他对道德的强调和共同的努力是对中间地带不断调整的一部分。[1]

四

1763年春天，庞蒂亚克集结各种反抗的意识形态的努力在特拉华取得了成果，不过就在几个月前，许多仍然对英国联盟抱有希望的英国商人和酋长就预感到会出事。塔玛库阿去宾夕法尼亚的兰开斯特正式批准与英国的和约，回来后就变得郁郁寡欢。他的兄弟辛加人也闷闷不乐，传言辛加人和温多希拉人（Weindohelas）已经在居伊亚胡加（Guiyahoga）起兵反英。越来越多的人参加内奥林举行的仪式，詹姆斯·肯尼听说所有俄亥俄特拉华人都已经接受了这位先知的教诲。在迈阿密人中，酋长们好不容易才将已经流转甚远的塞内卡贝珠带从战士那儿抢走，但他们的胜利背后隐藏着更大的失败。酋长们并未提及仍在流转的底特律贝珠带（或者法国人送来的威人贝珠带）。一位肖尼酋长到皮特要塞警告英国人他们所面临的危险，以及战士们越来越离 286
心离德的状况。传达这种消息并非叛变行为，而是他作为联盟酋长在履行自身职责。然而，英国人不仅没有做什么来帮助他恢复平静，在1763年春天还故意辱骂来到皮特要塞的肖尼代表团——那是酋长们说服族人后派来护送俘虏的。英国人如此表现，酋长们还能做什么呢？[2]

阿默斯特对警告充耳不闻。到了1762年秋天，俄亥俄河上经验最丰富的印第安商人们预见到会发生战争。而阿默斯特认为各种密谋“只是些烦人事罢了”，还夸口说印第安人若发动叛乱，那将会是“降

---

[1] 引文见“Journal of James Kenny, ”172; Wallace, “Revitalization Movements, ”264–281。

[2] 特拉华人、辛加见“Journal of James Kenny, ”172; 辛加和温多希拉见McKee Journal, Nov. 23, 1762, *JP* 10: 580; 塔玛库阿见“Journal of James Kenny, ”168, 175; 内奥林见*Ibid.*, 171–173。迈阿密人交出带子见Indian Speech, Mar. 30, 1763, *MPHC* 19: 181–182。肖尼酋长见Captain Simeon Ecuyer, Indian Intelligence, Jan. 30, 1763, *Bouquet Papers*, 15: 196。
宣誓接收100名肖尼“乞丐”与五名俘虏一起来，冷漠地，见Ecuyer to Bouquet, Apr. 9, 1763, *Bouquet Papers*, 10: 96。非常不满地离开见Ecuyer to Bouquet May 29, 1763, *Bouquet Papers*, 10: 107。

临在他们头上最大的不幸”。尽管如此，他还是往尼亚加拉和底特律派遣了增援兵力。约翰逊认为叛乱是印第安人出于对英国政策不满而组织的自卫，他抓住机会再次向阿默斯特讲解中间地带的情况，并敦促他恢复赠礼。不过阿默斯特并不打算改变政策，事实上他还告知约翰逊，他打算完全停止对印第安人的供给，必要时他会打击叛乱，但他并不会防患于未然。[1]

1762年至1763年之交的冬末，高地印第安人开始认真备战。阿尔冈昆人很绝望，但如同乔治·克罗根看出的那样，他们同样因为曾经对英国人取得过军事胜利而信心满满。克罗根警告说，如果塞内卡人、肖尼人和特拉华人揭竿而起，其他族群也会放下彼此之间的分歧紧随其后。他是对的，仅仅错估了具体哪个族群会率先发难反英。[2]

战争在底特律爆发之前几星期，迈阿密人和底特律印第安人之间的分歧就变少了，同时他们和特拉华人、肖尼人、明戈人、塞内卡人的分歧也减少了。后来约翰逊接到来自塞内卡人和卡尤加人的报告，号召底特律印第安人在那个春天造反，3月里这份报告已经抵达西部，几乎同时，据说明戈人和特拉华人也已将贝珠带传递到湖区。4月20
287 日，亨利·格拉德温（Henry Gladwin）少校——他已经增援底特律卫戍部队，现任底特律指挥官——报告说，特拉华人、肖尼人和塞内卡人一直和当地印第安人“搅和”在一起，但他认为这是徒劳的。一星期后，庞蒂亚克召开了那场著名的会议，部署了攻打底特律要塞的计划。五月初，匹兹堡的英国人听说迈阿密人接受了塞内卡人和明戈人送来的战争贝珠带，而仅仅一个月前，他们还向掌管英军要塞的霍姆斯（Ensign Robert Holmes）献上贝珠带呢。底特律印第安人一开始感到震惊，但他们以为周边族群都已决定参战。庞蒂亚克在演讲中敦促

[1] 商人见“Journal of James Kenny,”169。烦人事见Amherst to Johnson, Apr. 3, 1763, Amherst Papers, reel 30。增援见Orders to Captain Dalyell, Jan. 16, 1763, Amherst Papers, reel 30。约翰逊的观点见Johnson to Amherst, Jan. 21, 1763, Amherst Papers, reel 31。阿默斯特对消息的反应见Amherst to Bouquet, Feb. 16, 1763, *MPHC* 19: 178; Amherst to Johnson, Apr. 3, 1763, Amherst Papers, reel 30。

[2] 引文Croghan to Johnson, Dec. 10, 1762, *JP* 3: 964–96。

底特律印第安人打仗，叫他们只要做邻居们都已决定的事就好。很明显，他认为自己参加的这场反叛战争其规模远远超过底特律一地。[1]

信使们从底特律送出贝珠带，就像燃烧的火炬慢慢穿过柴草堆，引燃了其他地方的战斗。特拉华人和肖尼人将贝珠带送往东部，从匹兹堡到尼亚加拉周边的塞内卡人。而塞内卡人在数年里发动西部印第安人跟他们一起打英国人后，发现自己正被卷入一场真正的阿尔冈昆起义。6月，渥太华人、齐佩瓦人、怀恩多特人和塞内卡人占领了普雷斯克岛和伯夫要塞。其他的贝珠带传到了北部和西部。威人、迈阿密人、圣约瑟的帕塔瓦米人以及韦南戈的明戈人都注意到战争贝珠带，并占领了他们中间的小型英国哨所。麦基诺的齐佩瓦人占领了海峡处的要塞，但造反在此暂停了。阿尔希尔克罗和圣伊格纳斯（Ignace）的渥太华人谴责这次攻击，赎回了英国俘虏，并护送他们到蒙特利尔。底特律来的渥太华人使者现身绿湾的爱德华·奥古斯都要塞，但此次起义的筹划从未延伸到如此之远，而梅诺米尼人、温尼贝戈人、苏克人、福克斯人和爱荷华人向英国人派出使者，重申他们之间的友谊。他们帮助那一小队英军逃到了蒙特利尔。[2]

与法国治理时长期的争斗与反抗相比，这次造反更为炽烈，很快便 288
成燎原之势。这场战争极其残忍，毫无人性。庞蒂亚克在底特律的休战旗下抓住了坎贝尔上校，一个月后，来自萨吉诺的齐佩瓦战争领袖沃森

[1] 塞内卡人和卡尤加人的带子见Rogers to Johnson, Oct. 7, 1763, *JP* 10: 871–872。底特律见Extract, Gladwin to Amherst, 20 Apr. 1763, *JP* 4: 95。迈阿密人见"Journal of James Kenny," 196。明戈人和特拉华人的带子见Extract of Letter of Mr. McGee（McKee）, Nov. 22, 1763, Amherst Papers, reel 32。奇纳索塞内卡人后来将战争归罪于特拉华人送往底特律的贝珠带，而庞蒂亚克将它们用于自己的目的，见Journal of Indian Congress, Dec. 15, 1763, *JP* 10: 964–965。关于庞蒂亚克的话，见Peckham, Pontiac, 120。
后来耶德奥（M. Jadeau）的一个宣言称，休伦酋长蒂亚塔告诉他，庞蒂亚克并非被塞内卡贝珠带影响，影响他的是特定居民许诺一支法国军队正在临近，以及他本人对英国人感到幻灭，见Declaration by M. Jadeau, Apr.5, 1764, enclosure with Gladwin to Gage, May 12, 1764, Gage Papers, AS 18。

[2] Couagne to Johnson, June 6, 1763, *JP* 4: 137. Peckham, *Pontiac*, 112–242，对此次反叛给出了和麦基诺一样的叙述。渥太华人和齐佩瓦人在帕克曼的行为见Extract, Etherington to Gladwin, June 12, 1763, *JP* 10: 695。对于普雷斯克岛，见Declaration of Benjamin Gray, June 22, 1763, *Bouquet Papers*, 10: 176; Christie to Bouquet, July 10, 1763, *Bouquet Papers*, 10: 211。其他的攻击见MacDonald to Bouquet, July 12, 1763, *MPHC* 19: 216–217。韦南戈见Johnson to Amherst, July 7, 1763, Amherst Papers, reel 31。Michilimackinac Ottawas and Green Bay Tribes Indian Conference, Aug. 9–11, 1763, *JP* 10: 779–786.

（Wasson）残忍地将之折磨致死，为自己死去的侄子报仇。印第安人无情地杀死了许多士兵和商人，其他幸免于难的人被俘虏。他们再一次落在边境，到九月份，宾夕法尼亚人死亡600人。阿默斯特呼吁其部队不要抓俘虏，并向布凯建议把沾有天花病毒的毯子放在印第安人可能捡到的地方。布凯同意了，并附加提议，学西班牙人那样，用侦探猎犬去抓印第安人，“消灭或赶走这帮害虫”。不过同样值得注意的是，阿尔冈昆人交战时一贯的残忍方式在他们自身中间并非毫无异议。麦基诺的齐佩瓦人指责庞蒂亚克的残忍行径，说他们违背了生命之主的意愿。[1]

这次反叛没能达到赶走英国人的目的，底特律、皮特要塞和尼亚加拉坚持抵抗。当庞蒂亚克和特拉华人、肖尼人及单独围攻皮特要塞的明戈斯人向伊利诺伊地区沙特尔要塞的法国指挥官求援时，后者只是要求他们停战，并请他们撤到密西西比河对岸，就可受到法国人的保护了。初秋时围攻底特律失败了，而且密西沙加领袖瓦比科米戈（Wabbicomigot）开始和英国人议和。10月末，庞蒂亚克亲自给底特律指挥官亨利·格拉德温少校写了一封信，说他已经收到“父亲”从伊利诺伊地区发来的信，并且已经准备好和谈。[2]

289 结果陷入僵局。布凯上校出兵解皮特要塞之围，他打败了特拉华人、肖尼人以及布什·鲁恩（Bushy Run）的明戈人，但他最初的部署

[1]　渥太华人杀死俘虏见Gladwin to Amherst, May 28, 1763, Amherst Papers, 2: 5, Clements Library. 天花和猎犬见Bouquet to Amherst, July 15, 1763, Amherst Papers, reel 32. 11月，格拉德温收到报告称特拉华人中有200人死于天花，见Gladwin to Moncrieffe, Dec. 3, 1763, Amherst Papers, Clements Library。不要抓俘虏见Amherst to Bouquet, June 29, 1763, Amherst Papers, reel 33。英国人在边境死亡600人见Bouquet to Hamilton, *Bouquet Papers*, Sept. 12, 1763, 11: 48。

[2]　可能底特律有些法国人告诉印第安人，一支增援他们的法军正沿密西西比河而上，见Johnson to Amherst, July 30, 1763; *NYCD* 7: 533。另一些由蒙特利尔商人支持的人将军队和舰船置于圣劳伦斯河上，见Gladwin to Amherst, July 8, 1763, Amherst Papers, 2: 6, Clements Library; Amherst to Gage, Aug. 1, 1763, Amherst Papers, 6: 56, Clements Library。印第安人相信法国人增援的诺言见Deposition of John Segar, Oct. 12, 1763, Court of Inquiry, Gage Papers, AS 15。
庞蒂亚克请求援军和弹药见Deposition du nommé Chariot, Reponse, 27 oct. 1763, AN, C11A, v.105。特拉华人的请求见Parole des Iroquois, Loups et Chaouanons...2 nov. 1763, AN, C11A, v.105, f.410; 拒绝见Noyan de Villiers à Gladwin, 27 sept. 1763, Amherst Papers, Clements Library; Noyan de Villiers, Proclamation, Sept. 27, 1763, Amherst Papers, Clements Library。亦见De Villiers to D' Abbadie, Dec. 1, 1763, *IHC* 10: 49–57。弹药见Gladwin to Moncrieffe, Dec. 3, 1763, Amherst Papers, Clements Library。
结束围攻见Peckham, *Pontiac*, 229–242。Pontiac' s note and Gladwin' s response of Oct.30, in Gladwin to Amherst, Nov. 1, 1763, Amherst Papers, Clements Library. 一份庞蒂亚克的笔记的复印件 Peckham, *Pontiac*, facing 236。

使得结果怎么看也不像获胜。他无法乘胜追击，还担心距离皮特要塞一英里以上的任何距离的前进都将导致他全盘皆输。不管怎么说，布凯的胜利之后是英国人一场更为惨重的失败，当时塞内卡人在尼亚加拉伏击了他们。阿默斯特继续大骂印第安人，谴责他们“只配与森林中的动物为伴，更接近野兽而不是人类”，但他无法如1763年时希望的那样“教训整个种族”。至于格拉德温，他说他至少需要1400名士兵才能在底特律采取有效行动，可直到来年春天他们也没能采取行动。[1]

五

1763年年底，军事僵局演变成意识形态僵局。英国人未能将阿尔冈昆人降格为臣民。1763年11月阿默斯特回到英国，他的政策为贸易委员会所诟病，标志着他个人及英国政策的双重失败。阿默斯特的继任者托马斯·盖奇将军和威廉·约翰逊，更关心如何弥补他的政策导致的损失，而不是如何征服印第安人。盖奇承认，印第安人与英国人相反，“他们据以行动的政治准则可能会让更为开化的族群退出”，为了保证和平，他也愿意与他们妥协。阿尔冈昆人所持的相反的意识形态进展却并不好：昂提奥并没有回来；内奥林梦想回归想象中的古老生活，也并没有实现；而英国人仍未离去。[2]

人们的确不是一下子就能接受意识形态的失败。英国官员仍然要求 290
征服印第安人；法国人和阿尔冈昆人仍然准备欢迎昂提奥，他必定会回来。然而主动权逐渐转移到那些承认失败并希望和解的人手里。威廉·约翰逊爵士是英国和解派的领头人，已经把托马斯·盖奇说动了一半，继

[1] 布什·鲁恩见Bouquet to Amherst, Aug. 5, 1763, Amherst Papers, reel 32。无力攻击见Bouquet to Amherst, Oct. 24, 1763, *MPHC* 19: 230–231。大骂见Amherst to Bouquet, Aug. 7, 1763, Amherst Papers, reel 33。无法教训见Amherst to Johnson, Sept. 30, 1763, Amherst Papers, reel 30。尼亚加拉见Johnson to Amherst, Sept. 30, 1763, *JP* 4: 209–211。格拉德温见Gladwin to Amherst, Aug. 10, 1763和Oct. 7, 1763, Amherst Papers, 2: 9 and 2: 18, Clements Library。

[2] 阿默斯特归国并遭到抛弃见Peckham, *Pontiac*, 242; Croghan to Johnson, Feb. 24, 1763, *JP* 4: 339。对政策的引用见Gage to Johnson, Jan. 12, 1764, *JP* 4: 291。妥协见Gage to Johnson, Mar. 4, 1764, *JP* 4: 355。

续打仗既无必要也无用处。尽管印第安人自称贫穷，约翰逊仍然相信阿尔冈昆人足以继续打仗。他们没死多少人，而且靠抢来的以及法国商人供应的弹药，西部印第安人有足够的火药和炮弹用于打仗。盖奇更倾向于相信印第安人亟需重开贸易以获得生存物资，但他赞同约翰逊关于谋求和平的第二个理由：在西部发动战争难度不小。正如乔治·克罗根向贸易委员会指出的，英军的胜利无非是焚烧了一些茅草屋顶和玉米地罢了。小小的胜利背后是遭受伏击和惨败的风险。即便英国士兵在战场上打败了印第安人，胜利的代价也极为惨重，因为它们破坏了毛皮贸易，并将印第安人赶到更西边的地方，他们仍然可以在不设防的殖民地边缘地带落脚生根。谋求和平的第三个理由是发动印第安战争花费高昂。阿默斯特停止给印第安人送礼以及占领哨所时的军事挑衅行为已被证明是错误的经济举措，因为比起满足印第安人来，维持哨所和打仗消耗了英国多得多的财富。最后一个理由，至少最初是，害怕高地印第安人会渡过密西西比河去法国人中居住，并保卫英国人的敌人。当路易斯安那被割让给西班牙的消息传到盖奇耳中，他很兴奋。现在他和约翰逊都预料法国最终会撤退，而他们低估了印第安人与西班牙人结盟的风险。[1]

291 然而，仅仅经过几年额外的外交斡旋和军事冲突，英国人和阿尔冈昆人就达成了和解。约翰逊在尼亚加拉召开了和会，但只是与奇纳索塞内卡人以及底特律信仰天主教的休伦-佩图安人达成了协议。与会的大多数族群都是原本就反对参战的，尽管先前出台了和平提议，

[1] 比起约翰逊来，盖奇更倾向于要求赔偿，并怀疑印第安人还有能力继续抵抗，见 Gage to Johnson, Jan.23, 1764, *JP* 4: 302–304; Gage to Johnson, Feb. 6, 1764, *JP* 4: 318–319; Gage to Johnson, Feb. 20, 1764, *JP* 4: 334–335; Gage to Johnson, Apr. 30, 1764, *JP* 11: 167–168。但他也准备好了议和，Gage to Halifax, July 13, 1764, *IHC* 10: 282–285。约翰逊如何评估印第安人的实力见 Johnson to Lords of Trade, Jan. 20, 1764, *NYCD* 7: 599。印第安人在麦基诺夺得够用三年的弹药，见 Gladwin to Amherst, Jan. 20, 1764, Amherst Papers 7: 113, Clements Library，显然他们还从伊利诺伊获得弹药，见 Landoc' s Declaration, June 4, 1764，载 Gladwin to Gage, June 11, 1764, Gage Papers, AS 20; Croghan to Johnson, May 13, 1765, *JP* 11: 737–738。害怕印第安人撤退，*Ibid*.; Johnson to Gage, Jan. 12, 1764, *JP* 4: 295–296。破坏贸易见 Johnson to Lords of Trade Jan. 20, 1764, *NYCD* 7: 600。割让路易斯安那的消息见 Gage to Johnson, Jan. 23, 1764, *JP* 4: 303–304。威胁见 Johnson to Gage, Feb. 3, 1764, *JP* 11: 36; Gage to Johnson, May 28, 1764, *JP* 4: 434。法国人也认为印第安人不大可能与西班牙人结盟，因为西班牙人有在别处虐待印第安人，见 Aubry to Minister Feb. 4, 1765, *IHC* 10: 431。乔治·克罗根向贸易委员会的陈述的观点见 Croghan to Lords of Trade, June 8, 1764, *IHC* 10: 256–263。约翰逊想把战争归罪于法国人，Johnson to Lords of Trade, Jan. 20, 1764, *NYCD* 7: 599。

大部分反英同盟似乎仍处于战争状态。[1]

在这种前途未卜的气氛中，英国人抱着不切实际的征服雄心，向高地派出两支军队。盖奇给予统帅们充分的自主权，他们可自由决定与印第安人是战是和。第一支军队由约翰·布拉德斯特里特（John Bradstreet）上校率领，他们等到约翰逊召开的尼亚加拉和会结束，于8月初沿伊利湖向西进发。第二支部队由亨利·布凯上校率领，只等布凯在宾夕法尼亚和弗吉尼亚征兵成功，他们就向俄亥俄河开进。

这种寻求和平同时不放弃武力的两手抓的做法，其结果一团糟。布拉德斯特里特直言他想攻打印第安人，但他对手下的1200人缺乏信心，也不信任约翰逊派来保卫他的印第安人——包括易洛魁人、考纳瓦加人和齐佩瓦人，甚至在离开尼亚加拉之前，布拉德斯特里特收到格拉德温的消息说底特律的帕塔瓦米人、桑达斯基的怀恩多特人，甚至庞蒂亚克手下的渥太华人组成的战队已撤退至莫米河并求和，他便认为攻打印第安人是不明智的。8月12日，他面见了肖尼人、明戈人、特拉华人以及普雷斯克岛东部的怀恩多特人组成的使团。尽管印第安侍卫告诉布拉德斯特里特这帮印第安人是间谍，他还是与他们初步商谈了和约。[2]

九月初，布拉德斯特里特在底特律召开了会议，与会者有渥太华 292
人、齐佩瓦人、肖尼人和桑达斯基的怀恩多特人的代表，还有迈阿密使团观摩了会议。圣约瑟来的帕塔瓦米人、一些密西沙加人和萨吉诺来的齐佩瓦人到的太晚了，没有赶上会议，但明显有意促成和平。庞蒂亚克没有参加，因为不知道布拉德斯特里特意欲何为。布拉德斯特里特随后继续前行到桑达斯基，等待俄亥俄肖尼人、特拉华人和明戈

[1] 当时有来自麦基诺周边的齐佩瓦人和来自多伦多的密西沙加人在尼亚加拉现场，不清楚他们是否代表参战族群，见An Indian Congress, Niagara, July 17–Aug. 4, 1764, JP 11: 285。盖奇自己也不确定这些齐佩瓦人和密西沙加人是否代表那些曾与英国交战的族群，见Gage to Johnson, Aug. 15, 1764, JP 4: 509。

[2] 起初庞蒂亚克并不在伊利诺伊地区，其部队的构成见Lawrence Henry Gipson, *The British Empire Before the American Revolution*（New York: Alfred A. Knopf, 1942）, 9: 117。布拉德斯特里特的推断见Bradstreet to Gage, July 12, 1764, Gage Papers, AS 21。这些议和的初步行动见Gladwin to Bradstreet, July 12, 1764，载Bradstreet to Gage, July 12, 1764; Bradstreet to Gage, Aug. 5, 1764; Gladwin to Bradstreet, July 28, 1764，载Bradstreet to Gage, Aug. 5, 1764，均出自Gage Papers, AS 22。Johnson to Gage, Aug. 5, 1764, *JP* 11: 324–325。相遇地点见Bradstreet to Gage, Nov. 4, 1764, Gage Papers, AS 26。关于认为他们是间谍，见Coghnowagey & Ganughsadagey, Peter Spencer, Dec. 2–16, *JP* 11: 507。

人，他们本应带来俘虏并签订最终和约，但他们再也没来。[1]

盖奇否认了布拉德斯特里特与怀恩多特人、特拉华人和肖尼人签订的条约，结果证明肖尼人与英国人一样对议和首鼠两端。后来肖尼人和特拉华人声称，他们的酋长之所以没去见布拉德斯特里特是因为他们害怕布凯的军队逼近而不敢离开家乡，但这点是存疑的。实际上很多肖尼酋长没能去见布拉德斯特里特乃是因为他们已经出发去伊利诺伊河边见法国人了，想从法国人那里获得援助，好继续打仗。法国统帅拒绝援助，但伊利诺伊的居民和商人们欢迎这些酋长的到来，法国商人还陪同他们回家。[2]

---

[1] 庞蒂亚克送出带子见 G. D. Scull（ed.）, "The Montresor Journals, "*Collections of the New York Historical Society for the Year 1881*（New York: New York Historical Society, 1882）, 281。有一份布拉德斯特里特在1764年8月12日记录的谈判书复制本，见 Frontier Wars, Draper Manuscripts, Wisconsin Historical Society。它同时也收录于 *JP* 11: 328–333。

会议见 Scull（ed.）, "Montresor Journals, "287–290; Congress with Western Nations, Sept. 7–10, 1764, *JP* 11: 348–355。盖奇指责肖尼 – 特拉华 – 怀恩多特代表团是间谍，见 Gage to Johnson, Sept. 4, 1764, *JP* 4: 524–525。盖奇认为该代表团并不比布拉德斯特里特更有能力确保和平，但接下来布拉德斯特里特提供给他们的却是带酋长来议和的机会。

[2] 盖奇和布拉德斯特里特关于后者签订的条约的冗长争议见 Gage' s denunciation, Gage to Bradstreet, Sept. 2, 1764, Gage Papers, AS 24; Gage to Bradstreet, Oct. 15, 1764, *IHC* 10: 344–346。引文以及明确下令攻打肖尼人和特拉华人见 Gage to Bradstreet, Aug. 16, 1764, Gage Papers, AS 23。约翰逊收到庞蒂亚克发出的求和信号，并乐观地写信告诉盖奇和平有望，见 Johnson to Gage, Aug. 5, 1764, *JP* 11: 325–326。盖奇认为怀恩多特人、齐佩瓦人和渥太华人的求和姿态是为了使他们免遭布拉德斯特里特攻击，见 Gage to Johnson, Aug. 15, 1764, *JP* 4: 508–509。而肖尼人和特拉华人的求和为何没能同样使他们免遭布拉德斯特里特攻击，但布拉德斯特里特没有明确说明。

8月18日，盖奇在收到布拉德斯特里特行动的消息之前写信给布凯："他（布拉德斯特里特）仍然要与那些（底特律的）民族缔结正式和约，" "It remains with him（Bradstreet）to make a formal peace with those Nations（Detroit）, and he has orders unless he brings them to peace which to appearance shall be safe & lasting to fall on them, "Gage to Bouquet, *MPHC* 19: 270。1764年9月1日约翰逊在给盖奇的信中表达了困住布拉德斯特里特的那种矛盾政策：Johnson in a letter to Gage of Sept. 1, 1764, expressed the ambivalent policy that trapped Bradstreet："I apprehend tha Pondiac will follow the Example of the rest, as also all the Shawse & Dels. Whom I wd. rather wish severly punished（which must prove a disappointment to the Army, if C.Bradstreet is obliged to accept their submission）."Italicized portion crossed out in the original, Johnson to Gage, Sept. 1, 1764, *JP* 4: 518–519。

盖奇最终坚持认为布拉德斯特里特有权议和，但这并未使后者能够谈判和平条件，见 Gage to Bradstreet, Sept. 2, 1764, Gage Papers, AS 24。当天盖奇也送了一份谈判纪要给约翰逊，见 Gage to Johnson, Sept. 2, 1764 *JP* 11: 342–345。

盖奇对边疆地区持续的攻击感到尤为生气，尽管他承认布拉德斯特里特可能对特拉华人及肖尼人的进攻毫不知情，见 Gage to Earl of Halifax, Sept. 21, 1764, *NYCD* 7: 655。布拉德斯特里特写了两封长信为自己辩护，见 Bradstreet to Gage, Sept. 29, 1764, Gage Papers, AS 25。Bradstreet to Gage, Nov. 4, 1764, Gage Papers, AS 26. Compare to Bouquet, Gage to Johnson, Dec. 1764, *JP* 11: 496–498.

提议由肖尼酋长和特拉华酋长来访见 St. Ange to D' Abbadie, Aug. 12, 1764, *IHC* 10: 295; St. Ange to D' Abbadie, Nov. 9, 1764, *IHC* 10: 356–357。沙里奥·卡斯柯（Chariot Kaské），"肖尼民族爱戴的人"，让该代表团去新奥尔良见德阿巴迪（D' Abbadie）本人，*Ibid*。会见德阿巴迪见 Journal of D' Abbadie, Dec. 20, 1764, *IHC* 10: 203–204。德阿巴迪不久后便去世，于是沙里奥·卡斯柯与他的继任者奥布里（Charles Philippe Aubry）完成了谈判。

关于此次接收的二手描述见 Croghan to Gage, Mar. 2, 1765, Gage Papers, AS 31; Journal of Indian Affairs, Mar. 2, 1765, JP 11: 617。肖尼人以布凯作为自己爽约并没能交出俘虏的借口，见 Indian Proceedings Oct. 20, JP 11: 442。

布凯在经历了困难重重的征兵后，确实在布拉德斯特里特失败的 293
地方取得了成功：他与俄亥俄印第安人实现了停战。甚至直到10月1日布凯都没有带着他1500人的小部队离开皮特要塞，但即便那么晚了，他仍然在当年内设法将部队开到了赛欧托平原——新的特拉华人、明戈人和肖尼人村子的中心地带。他签订了一份和约，其措辞与布拉德斯特里特要求的并无不同，并为盖奇所指摘。盖奇希望处死发动战争的肖尼酋长和特拉华酋长，但布凯与布拉德斯特里特对此均视而不见。布拉德斯特里特签订的条约与布凯的和约主要的不同就是，特拉华人和明戈人（但没有肖尼人）实际上将他们原本承诺交给布拉德斯特里特的俘虏交给了布凯，并且他们都同意在春天面见约翰逊。所有缔结和约的印第安族群都交出了人质，以确保他们可与威廉·约翰逊爵士进行最终的和谈。[1]

布凯和布拉德斯特里特的出征给阿尔冈昆人敲了个警钟，这表示 294
英国有实力继续打仗，并使战争蔓延到阿尔冈昆人的土地上；于是他们中要求和解的声浪更高了。不过这次出征并未达成一套和解的条款，更不要说使印第安人降格为臣民了。当布拉德斯特里特提交了他在底特律谈下来的条约时，约翰逊吓坏了。布拉德斯特里特在该条约中坚持英国人对印第安人有统治权。约翰逊认为征服的宣言一定是：

---

[1] 布凯在征兵时发现，尽管宾夕法尼亚方面提供了“头皮赏金”来刺激参军，但宾夕法尼亚西部居民们还是更愿意杀戮他们中的要求和平的印第安人，而不愿上战场。布凯讥讽道：“在牢房里杀死印第安人当然比在森林里公平作战要来得容易。”对于帕克斯顿男孩，见Peckham, *Pontiac*, 219。头皮赏金见Proclamation of John Penn, July 7, 1764, Ayer Collection, Newberry Library; Bouquet to Gage, June 7, 1764, *MPHC* 19: 268。军队见Gipson, British Empire, 9: 115–116。
布凯的谈判见Conference of Henry Bouquet with the Indians of the Ohio, Oct. 16, 1764, HM 569, Huntington Library，以及An Historical Account of Colonel Bouquet's Expedition Against the Ohio Indians in the Year 1764, Neville B. Craig, Esq.（ed.）, *The Olden Time*, 2 vols.（Pittsburgh: Dumars, 1846, Millwood, N.Y.: Kraus Reprint 1976）1: 217–221, 241–261。Indian Proceedings, Oct. 13–Nov. 16, 1764, *JP* 11: 435–469。里面也有部分描述。盖奇两次下令布凯“将主战分子送到你手中处死”，但布凯从未抓住战争领袖们。不过，布凯确曾列过一份名单，上面是他想抓的人，其中就有内奥林，见“The Prist Delaware Negowland”, Memo, Sept. 22, 1764, *Bouquet Papers*, 13: 142, Gage to Bouquet, Sept. 2, 1764, *MPHC* 19: 272–273; Gage to Bouquet, Oct. 15, 1764, *MPHC* 19: 277。布凯的条件见Bouquet to Gage, Nov. 15, 1764, *MPHC* 19: 280。

> 源于阐释者的无知或其他错误。我非常确信他们从未有过这种意愿，他们也不可能服从我们的法律。几个世纪以来，他们从来没有能表达哪怕一丁点屈从意思的词汇，这需要跟他们详细解释，臣服、惩罚这些概念也需要详细解释、定义。这样做会带来无尽的危害。

在约翰逊看来，这次远征最多有助于瓦解1763年攻打英军的联盟，该联盟若继续存在，用约翰逊的话来说，会让阿尔冈昆人变成“极其危险的邻居”。[1]

这些谈判引发了村庄领袖之间激烈的竞争，他们中有些人从对英的谈判中看到重建旧联盟的酋长制度的可能。塔玛库阿和居斯塔罗加在内奥林的帮助下想要做英国人和整个特拉华人之间的中介，还要做英国人和高地其他村庄之间的中介。他们在自己人和英国人中都没能达到目标。

很多战士指责居斯塔罗加现在做了主和派领头人，跟个老太太似的。在他们坚定地求和之前，大多数人等着看被派去找威廉·约翰逊爵士的使者基尔巴克（又叫贝米诺）带回来怎样的和谈条件。特拉华人仍然非常分裂，以致1765年春在皮特要塞与乔治·克罗根谈判时，两位战争领袖在开会时激烈争吵，“并且不要命地互相刺杀”。
295 这种在会议协商期间的暴力行为是前所未闻的。同时，约翰逊和克罗根力拒内奥林批准贵格会信徒掺和到和谈中来的花招。他们也明白，特拉华酋长想做中间人的尝试，分裂了俄亥俄诸族群，实际上

---

[1]　主权见Congress with Western Nations, Sept. 7–10, 1764, *JP* 4: 532–533; Johnson to Lords of Trade, Oct. 30, 1764, *NYCD* 7: 674; Johnson to Gage, Oct. 31, 1764, *JP* 11: 395; Johnson to Colden, Dec. 11, 1764, *JP* 4: 616。克罗根的看法见Croghan to Johnson, July 12, 1764, *JP* 4: 462–464。破坏联盟见Johnson to Gage, Jan. 12, 1764, *JP* 4: 296; Johnson to Lords of Trade, Jan. 20, 1764, *NYCD* 7: 599。
在较早的一封信中，约翰逊提出了自己的观点，即印第安人在早先的一封信中非常有力地抵制维护了主权，见Johnson to Lords of Trade, Nov. 13, 1763, *NYCD* 7: 572–581。他认为他们是“世界上所有未开化族群中最为可怕的一支”见574。

也耽搁谈判进程。[1]

实际上，英国人逐渐发现，不可能通过与任何“酋长”阶层谈判而在大湖区取得稳定的和平。甚至连争权者在村子里的影响力也没这么大。尽管肖尼战士与布凯谈判达成了和约，但他们并不会马上采取行动去履行它，“在酋长缺席的情况下，他们不愿单独承担这么多责任”。住在圣约瑟的法国人路易·舍瓦利耶（Louis Chevallier）告诉英国人，“想要达到稳定的和平，村子里所有酋长和战争领袖”都必须在场。[2]

布拉德斯特里特、布凯于1764年谈判中最大的反讽在于，既然谈判正在进行，而他们自己又没有能力在高地促成和解，在英国人看来，他们实际上增加了拒和派的影响力。如果在底特律及赛欧托河的协议还不能安抚阿尔冈昆人，那么那些并未参与谈判的人就将真正掌握权力。英国人越来越认为是庞蒂亚克掌握着这种权力。这位在底特律战败的本土战斗领袖，他的投降或流亡才是达到和平的首要条件，到1764年底，他成为整个高地最重要的角色。这倒不仅仅是因为他本人能力超群，同时也是英国政策导致的结果，英国人后知后觉地想要抓住高地的政治领袖，才给他带来了这些能力。

围攻底特律失败后，庞蒂亚克在底特律村民中间失去了声望，但他从别处得到了新的声望。正是因为不管高地世界还是反英斗争都仅仅是部落性、地方性的，所以他在底特律的战败不是终点。到1764 296

[1] 希望做中间人见Croghan to Johnson, May 12, 1765, *JP* 11: 736; Intelligence Received from Kayashuta, May 9, 1765，载Croghan to Gage, May 12, 1765, Gage Papers, AS 36; Murray to Gage, May 12, 1765, Gage Papers, AS 36。内奥林见Croghan' s Journal, Apr.1, 1765, Apr. 29–30, 1765, *IHC* 10: 4, 7–8。此后内奥林扮演了与英国人交涉的中间人，见Intelligence Received from Neoland, July 15, 1765, Gage Papers, AS 39。布凯见Conference of Henry Bouquet with the Indians of the Ohio, Oct. 16, 1764, HM 569, Huntington Library。克罗根得知有两个部落（或胞族）反对媾和，见Croghan' s Journal, Apr. 14, 1763, *IHC* 10: 5。只有居斯塔罗加及其部落比较愿意，Croghan to Gage, May 12, 1765, Gage Papers, AS 36。关于谈判时的争斗，见May 1, 1765, *Ibid*., 8。基尔布克见Proceedings of...Johnson with the...Six Nations & Delawares, May 7, 1765, *NYCD* 7: 731。基尔巴克是乌龟胞族的一员。见Treaty of Peace, May 1765, *NYCD* 7: 741。该胞族首领是居斯塔罗加、塔玛库阿和铁杉属（或塞缪尔）。

[2] 肖尼人见Journal of Indian Affairs, Mar. 2, 1765, *JP* 11: 617; Chevalier to Campbell, Nov. 23, 1763, Gage Papers, AS 30。沃巴什河及伊利诺伊地区的印第安人同样表示不会回应布拉德斯特里特送出的和平带，除非战争酋长们和民事领袖一样出席会议，见Court of Enquiry, Feb. 21, 1765, Gage Papers, AS 31。

年，庞蒂亚克显然不仅仅是一名渥太华战争领袖。乔治·克罗根过后宣称，庞蒂亚克“在那些族群（也就是沃巴什村庄）中比我见过的任何一个印第安人在自己的部落中都拥有更多尊崇”。庞蒂亚克仍然是个密切注视着莫米河畔村庄的渥太华人，但在起义领袖的传统中，他的权力并非基于部落。庞蒂亚克宣称要为更大的共同事业代言。他分发出去的贝珠带并非给部落或族群，而是那些追随他的村庄。英国人一开始想在部落层面媾和，但庞蒂亚克认识到自己的世界是个变动中的派系联盟，它超越了村庄和部落。1764年4月，在伊利诺伊地区指挥沙特尔要塞的利耶维向新奥尔良的德阿巴迪总督报告说，庞蒂亚克在伊利诺伊人中有亲戚，自己在八个月里努力让伊利诺伊印第安人退居到英国占领区，庞蒂亚克在一小时内就给破坏了。庞蒂亚克把这说成印第安人在高地反英的“共同事业”的一部分，而他也增强了沃巴什印第安人“更渴望与英国人缔结和约”的决心。[1]

庞蒂亚克依然继续在法国人中寻找重要伙伴。到1764年，底特律许多法国居民已经准备好了与英国人媾和，但另有一些人加入了伊利诺伊地区及温森斯的居民中，还有大量继续反抗的加拿大商人。他们成为一支几乎独立于沙特尔要塞的法国指挥官的力量。商人们给印第
297 安人灌输昂提奥可能回归的希望，也提供给他们火药、炮弹和商品。

[1] Croghan to Johnson, Nov. 1765, *IHC* 11: 53.庞蒂亚克向210个村子展示了一条有40年历史的贝珠带，彭尼塔克有一条40年历史的带子展示了210个村庄，见Journal of Captain Thomas Morris, 1764，载Thwaites（ed.）, Early Western Travels, 1: 309。沙里奥的贝珠带彰显了47个忠于庞蒂亚克的村庄Journal of D' Abbadie, Dec. 20, 1764, *IHC* 10: 203–204。庞蒂亚克在伊利诺伊地区的情况见Villiers to D' Abbadie, Apr. 20, 1764, IHC 10: 242; Villiers to Loftus, 20 Apr., 1764, Ibid., 244。1763年年末，庞蒂亚克仍然决意作战，而且他显然在威斯康星诸部落中拥有追随者，见Extrait de la lettre de M. de Neyon...à M. D' Abbadie, 27 Dec. 1763，载Halifax to Gage, July 14, 1764, Gage Papers, ES 2; Extrait de la lettre de M. de Neyon...à M. D' Abbadie du 15 jan. 1764 in Halifax to Gage, July 14, 1764, ES 2, Clements Library。到1764年，庞蒂亚克已经说服伊利诺伊地区参与到高地所有印第安人的“共同事业”中来，见Extrait de la lettre de M. de St. Ange...à M. D' Abbadie, enclosure in D' Abbadie à Gage, Aug. 16, 1764, Gage Papers, AS 23, Clements Library。沃巴什印第安人见Saint Ange to D' Abbadie, July 15, 1764, IHC 10: 290。圣安热（St. Ange）称1764年里印第安人主要致力于巩固和扩大他们自己的联盟，见St. Ange to Aubry, Nov. 9, 1764, IHC 10: 359–360。密西西比州以外的延伸和伊利诺斯的决议，见Extrait de la lettre ecrit à M. le Duc de Choiseul le 1 avril 1764 par M. D' Abbadie in Halifax to Gage, July 14, 1764, Gage Papers, ES 2; St. Ange to D' Abbadie, April 7, 1765, IHC 10: 469; Council at the house of M.de St. Ange, Apr. 4, 1765, Ibid., 477。关于亲戚，见Reponse de Pondiac...10 mai 1768，载Turnbull to Gage June 14, 1768, Gage Papers 77。

他们的目标是阻碍英国人占领伊利诺伊和沃巴什地区，使之成为大英帝国的一块实际上的法－阿联盟岛屿。[1]

庞蒂亚克作为这项“共同事业”的代理人，仍然将之定义为法－阿合作的事业。1764年和1765年间，他广泛游历高地，巩固沃巴什和伊利诺伊村庄反对英国占领的决心。作为一个底特律人，他宣称是为了法国“父亲”的利益而行动，但沙特尔要塞的法国统帅害怕只要哪次拒绝送给印第安人小礼物或是违抗庞蒂亚克，都会招致他们攻打法国人。实际上，庞蒂亚克也将是否效忠阿尔冈昆人起义作为定义“法国”的因素，哪个法国人反对他，就成了“英国人”。[2]

于是庞蒂亚克以旧共和制的方式在沃巴什和伊利诺伊村庄中创造出一个真正的（即便是脆弱的）权力基地，不过英国人放大了这种权力。他们认为庞蒂亚克是阻碍他们达成和平的关键，他们最后将自己原本轻视并试图贬低的人抬高到几乎是超人的位置。1764年9月，在底特律，布拉德斯特里特一度相信庞蒂亚克已消沉颓丧，结果显示这是一个代价昂贵的错觉。布拉德斯特里特已经不再要求庞蒂亚克投降并永久流亡（由英国出钱），不再将此作为和谈的条件，但他轻蔑地将庞蒂亚克送来的和平带劈碎，这么做堪比一个欧洲使节在提出的条约上撒尿，这使得周围的印第安人感到震惊和愤怒。这同样明显使庞蒂 298

[1]　尽管法国人否认，英国人仍然怀疑是法国官方在煽动印第安人。盖奇专门提到圣文森特（St. Vincent）（当布拉德斯特里特的使者莫里斯上尉［Capt. Morris］被捕时该人正在莫米河渥太华人中）和容卡里（Chabert）（他被指控参与英国势力边境的战斗）的行为，Gage à D' Abbadie, 10 jan. 1765, Gage Papers, AS 30。新奥尔良派出的英国使者约翰罗斯（John Ross）中尉一开始怪罪圣安热（St. Ange）压不住印第安人的反抗，见Ross to Farmar, Feb. 21, 1765，载 Farmar to Gage Mar. 24, 1765, Gage Papers, AS 32，但他后来又赞扬圣安热，并认为商人们自行其是，见copy of letter from Lieutenant Ross, May 25, 1765, *IHC* 10: 481–483。法国人的否认见Halifax to Gage with enclosures, July 14, 1764, Gage Papers, ES 2.Also see D' Abbadie à Gage, 26 sept. 1764, Gage Papers, AS 24, Clements Library。

早在1763年底，维利耶就感觉受到威胁，见Journal of D' Abbadie, *IHC* 10: 170–171。圣安热抱怨说自己控制不了商人，也不能保卫沙特尔堡免遭印第安人袭击，见Fraser to Gage, Apr. 27, 1765, Gage Papers, AS 137。密西西比河上的小部落袭击了一支试图进入伊利诺伊的英国队伍，并封锁了进入该地区的通路。对这些族群反英主张的描述见Extract of letter of M. Desmazellieres to D' Abbadie, March 14, 1764, *IHC* 10: 236。

[2]　Villiers to D' Abbadie, Apr. 20, 1764, *IHC* 10: 242. 法国人害怕在伊利诺伊遭受攻击见Aubry to Minister, Feb. 25, 1765, *IHC* 10: 457; Extrait de la lettre de M. Neyon...à M.D' Abbadie du 15 jan.1764，载Halifax to Gage, July 14, 1764, ES 2, Clements Library。印第安人对圣安热代表英国人说话感到愤怒，见Letter of Lt. Ross, May 25, 1765, *IHC* 10: 482。

亚克相信，他从与英国人的和谈中什么也得不到。[1]

很快，布拉德斯特里特自己的一个下属就让他打消了庞蒂亚克已经衰落的错觉。8月底，布拉德斯特里特派遣托马斯·莫里斯（Thomas Morris）上尉在印第安人和法国人的护卫下去伊利诺伊地区安排印第安人向英国和平投降。莫里斯从未去过比迈阿密村庄更远的地方，但在此次旅行中他亲自体会到莫米河和迈阿密村庄政治已经变得多么复杂。当时布凯还未踏上征程，肖尼人和特拉华人的使者在高地四处分发战争贝珠带。法国商人散布谣言说法国军队正在逼近，莫米河沿岸及沃巴什乡村的阿尔冈昆战士仍然充满敌意和愤怒。尽管莫米村子罗什布特（Roche de Bout）的头目阿塔旺（Attawang）已经开始与英国人和谈，他是莫里斯印第安护卫队中的一员，但他在自己的村子里也无法保证莫里斯的安全。喝得醉醺醺的渥太华战士将这位上尉赶到了玉米地里。不久后，在迈阿密人中，两个战士真的把莫里斯绑在虐囚柱上，直到刚成年的迈阿密族之王帕卡内（Pacane）赶来骂了他们一顿，才放了莫里斯。[2]

莫里斯是位异常镇定和超脱的军人。在迈阿密人中，当战士们的愤怒使得护卫队必须守护在他身边时，他仍然坐在独木舟上读一卷莎士比亚著作，那是阿塔旺送的礼物。他能够将自己所受的虐待放在一边，客观地评估自己的见闻。莫里斯相信，庞蒂亚克已经准备好了和平。他写信告诉布拉德斯特里特，庞蒂亚克看起来“十分驯顺”，并敦促上校放弃所有诉诸武力的念头——结果太迟了。他提出警告：“被逼入绝境的人什么都做得出来，而如果给他们悔改的空间，往往能将积

[1] 希望庞蒂亚克流亡见 Bradstreet to Gage, Aug. 28, 1764, Gage Papers, AS 23。损毁贝珠带见 Remarks on Conduct of Bradstreet, Nov. 24, 1764, *JP* 4: 601; Gage to Bouquet, Dec. 7, 1764, *MPHC* 19: 287–288; Journal of Indian Affairs, Dec. 30, 1764, *JP* 11: 515。

[2] 对莫里斯下的命令见 Bradstreet to Morris, Aug. 26, 1764, in Bradstreet to Gage, Gage Papers, AS 23。莫里斯的叙述见 Morris Journal, Thwaites（ed.）, *EWT* 1: 301–319; Morris to Bradstreet, Aug. 31, 1764, 载 Bradstreet to Gage, Sept. 12, 1764, Gage Papers, AS 24。在底特律与会代表返回村庄前，迈阿密人就采取了行动，见 Scull（ed.）, “Montresor Journals, ”298。迈阿密人声称，如果他们事先知道底特律的和谈，就不会袭击莫里斯了，见 Testimony of Thomas King, Oct. 3, 1764, *JP* 4–553。

英国人对待特拉华使者也没好到哪儿去，他们抓住两名特拉华人，其中一个是首领皮佩，他在到访皮特堡时被抓，见 Reid to Bouquet, Sept. 18, 1764, *Bouquet Papers*, 12, 139。

习难改的敌人变成热情的朋友。”他敦促进行大赦，并表示“庞蒂亚克可以成为大英帝国忠实的子民，并永远效劳大英帝国”。莫里斯或许高估了庞蒂亚克一时的和平倾向，因为渥太华人刚刚在高地送出一条六 299
英尺长的贝珠带以扩大反英联盟，但他预见到了将来庞蒂亚克的方针会改变。[1]

莫里斯的信让约翰逊和盖奇更加确信庞蒂亚克才是和平的关键，而不是往高地投入大量军费便能取得和平。盖奇不再把庞蒂亚克视为“一个集印第安人狡猾善变天性于一身的野蛮人。而是……一个能力超凡的人”。约翰逊也同意：“这个家伙要么为我们所用，要么就一棒子敲死他。他能力非凡，但其野蛮残忍破坏了我们本应给予他的敬重。”特别是在布凯与肖尼人、特拉华人签订和约后，庞蒂亚克似乎成为巩固和平及英国占领伊利诺伊地区的最后一个关键因素。[2]

六

即使庞蒂亚克是英国政策的部分产物，但他仍然清晰地遵循阿尔冈昆道路。直到底特律之围结束，他都是一个战争领袖，和年轻的战士们一样，轻率，对除了作战计划之外的所有事情都漫不经心。在底特律之围中，他遭到麦基诺齐佩瓦人勒格朗·索尔特之子和一位肖尼使者的尖锐指控，说他对待俘虏缺乏节制，还虐待法国居民。底特律战败后，庞蒂亚克怀恨在心，变得暴虐、残酷，特别是喝醉酒时。1764年在莫米河边发生了一起严重的暴力事件，他命令一个法国人将贝蒂·费希尔（Betty Fisher）淹死，贝蒂是个七岁的英国囚徒，她生病了，赤身裸体，冷得发抖，想靠近庞蒂亚克的篝火取暖。法国人遵命淹死了她。下令杀死贝蒂·费希尔的庞蒂亚克是个战士领袖，他对

[1] Morris to Bradstreet, Aug. 31, 1764, in Bradstreet to Gage, Sept. 12, 1764, Gage Papers, AS 24. 贝珠带见 St. Ange to D’ Abbadie, 9 Nov. 1764, *IHC* 10: 356–357。

[2] 引文见Gage to Halifax, Apr. 14, 1764, *IHC* 10: 241。约翰逊的话见Johnson to Gage, July 2, 1764, *JP* 11: 249–250。

居中调停、顺利达成和平和纠正战士过分行为的酋长们毫无耐心、克制和自制。[1]

300 1764年至1765年间，庞蒂亚克从战士领袖变成了酋长，遵循着阿尔冈昆人可预见的方式。这是领导人的正常生命周期。如同较早的一辈人中麦基诺渥太华人彭纳韦尔艰难地从躁动的战争领袖变成耐心的酋长，那么，现在庞蒂亚克也遵循了这条平凡却艰难的道路。1764年秋天，莫里斯上尉在莫米河边见识了这样一个庞蒂亚克，还有1765年另一个被派去商谈和平交出伊利诺伊地区的英国使者也发现他完全变了个人。庞蒂亚克，这位酋长、调停者，保护了莫里斯，也在伊利诺伊保护了亚历山大·弗雷泽（Alexander Fraser）中尉。尽管弗雷泽在庞蒂亚克喝醉时也见识了这位渥太华人的另一面，他始终觉得庞蒂亚克是“所有这些族群中最明智的人，也是我见过最有人性的印第安人”[2]。

庞蒂亚克不出所料地从战士领袖演变为酋长，这与英国人的塑造有关，这位被塑造的人有时看起来像是高地的皇帝，并且在此交汇点潜藏着庞蒂亚克的衰落。自孔迪阿龙克受欧洲人欢迎以来，庞蒂亚克确实是高地第一位获此待遇的印第安人。罗伯特·罗杰斯在其《庞蒂亚克》中创造出的文学形象是一位伟大而威风凛凛的印第安酋长，然而高地从来不存在伟大和威风的酋长，说得庞蒂亚克好像要绕过正常的政治演化方式似的。换了别人可能就按部就班，然而最后英国人更加相信庞蒂亚克实际上可以指挥西部的村庄。[3]

英国人可以提供给庞蒂亚克酋长地位，并帮他摆脱意识形态上的僵局。他能够从一个听命于法国“父亲”的战士领袖——一个越来越

[1] 贝蒂·费希尔被杀见 Examination of John Maret, Aug.4, 1767，载 Turnbull to Gage, Apr. 25, 1768, Gage Papers, AS 76。指责见 Milo M. Quaite（ed.）, *The Siege of Detroit in 1763: The Journal of Pontiac' s Conspiracy and John Rutherfurd' s Narrative of a Captivity*（Chicago: Lakeside Press, 1958）: 172–176，以及 Peckham, *Pontiac*, 186–188。

[2] 弗雷泽的话见 Extract of letter of Lieutenant Fraser, May 18, 1765, *JP* 11: 743。弗雷泽的观感及庞蒂亚克醉酒见 Fraser to Gage, Apr. 27, 1765, Gage Papers, AS 137; Fraser to Gage, May 15, 1765, Gage Papers, AS 36; Fraser to Campbell, May 20, 1765, *IHC* 10: 496。

[3] Robert Rogers, *Ponteach, or the Savages of America: A Tragedy*（London: J. Millan, 1766）.

难保持的脆弱地位——一跃成为某种新型的联盟酋长。庞蒂亚克的行为已经有些像一个阿尔冈昆酋长和调停者了，英国人许诺他会比任何一个阿尔冈昆人都成功。庞蒂亚克不止动了心，他还相信英国人赋予他的威望是真实不虚的。这种念头将使他付出所有，包括生命。

一方面庞蒂亚克想得到酋长的地位，一方面英国人又相信他有权力，二者的交集发生在伊利偌伊地区。虽然沙特尔要塞仍然有一支法国驻军在勉强支撑，而实际上抵抗英国占领的是当地居民和伊利诺伊人自身。他们都通过庞蒂亚克和一位不那么出名的领袖沙里奥·卡斯柯与东边更远的反英力量联系。

沙里奥采取了庞蒂亚克未能遵循的反抗道路。他是个肖尼人，父 301
亲是德国人，他的妻子是从小在肖尼人中长大的英国俘虏，所以他的孩子们有四分之三的欧洲血统。他是一名信徒，作为天主教徒被养大；不同于庞蒂亚克，他从不喝"任何比水更烈性的饮料"。但和庞蒂亚克一样，他也是名战士领袖，"因其明智而受到所有族群"尊重，并且他也狂热地投身于反对英国人占领高地的事业中。[1]

自1763年至1765年，沙里奥是反抗运动的组织者，起初与庞蒂亚克合作，后来相互对立。1763年沙里奥出现在伊利诺伊地区的沙特尔要塞，带来庞蒂亚克请求法国援助的消息。1764年他和一队较低阶的肖尼酋长返回伊利诺伊河边。当他们没能从法国人那儿获得想要的承诺时，他们转战新奥尔良，试图获得路易斯安那总督的帮助。在新奥尔良他把自己说成代表肖尼人的"伟大酋长"，向父亲寻求帮助。但沙里奥并没有再将忠诚主要献给肖尼酋长们或他的法国"父亲"。他效忠于反英事业，并且参加了沙里奥与法国人会议的英国人将他视为庞蒂亚克的代理人。沙里奥收到德阿巴迪的继任者奥布里的信，信上说，法国人实际上已经割让出了高地，"君主割让了高地让我感到震惊，既

[1]　沙里奥的背景及他拒不接受和平见Fraser to Gage, May 15, 1765, Gage Papers, AS 36。亦见Déposition du nomme Chariot sauvage français...1763, AN, C11A, v.105。

然他抛弃了我们，那我们就做自己身体和土地的主人”。当沙里奥回到伊利诺伊，他已经忽视了法国人和英国人达成的和解，也很快忽视了肖尼人与英国人签订的合同。没有什么能束缚他，他誓要搅乱他们。于是他杜撰他与奥布里的谈话：奥布里拒绝给予军事援助，敦促和平。沙里奥称总督已许诺给予协助，并要求攻打英国人。[1]

到1765年，庞蒂亚克的特使受到法国商人支持，与英国人争夺对
302 一些村庄的控制，高地政治争夺在此打响。这导致政治不稳定。英国人原以为像萨吉诺和麦基诺的齐佩瓦人这样的群体已经准备好接受和平，结果他们在1764年至1765年间又开始密谋反英。迈阿密人分裂成各派，反英派暂时占上风。伊利诺伊人公开表示，该反抗还是该谈判，他们听从渥太华人（也就是庞蒂亚克）的判断；而实际上庞蒂亚克下一步行动视乎他在周边族群中保持影响力的日常努力。1764年秋天布凯与肖尼人签订和约，这个消息给了庞蒂亚克重重一击，促使他更加严肃地对待英国人的议和姿态。[2]

鉴于沙里奥与法国商人联手敦促继续反抗，1765年春夏间庞蒂亚克倒成了调停者。亚历山大·弗雷泽中尉不明智地在乔治·克罗根开完会之前离开了匹兹堡，给了庞蒂亚克一个做酋长的机会。当弗雷泽来到伊利诺伊地区的沙特尔要塞，他发现法国指挥官圣·安热（弗雷泽曾不公正地鄙视他“小心翼翼等退休”）不肯保护他以免受沙里奥的追随者攻击。庞蒂亚克甚至犹豫不决地接受了弗雷泽的和平贝珠带。他说，他这么做是因为一来他的法国“父亲”圣·安热建议如此，二

[1] 沙里奥作为庞蒂亚克的代理人见Déposition du nomme Charlot, sauvage français...1763, AN, C11A, v.105; De Villiers to D' Abbadie Dec. 1, 1763, *IHC* 10: 49–56; Campbell to Gage, Feb. 20, 1765, Gage Papers, AS 31; New Orleans, Journal of D' Abbadie, Dec. 20, 1764, *IHC* 10: 203–204。德阿巴迪死于1765年2月4日，沙里奥继续与奥布里完成了谈判，见Aubry à Gage, 16, Feb. 1765, Gage Papers, AS 31。整个谈话及奥布里的答复见Speech made by...Chariot Kaske, Feb. 24, 1765, *IHC* 10: 444–454，引文，450。拒不接受和平见Fraser to Gage, May 15, 1765, Gage Papers, AS 36。

[2] 迈阿密人中的情况见Croghan to Gage, Mar. 2, 1765, Gage Papers, AS 31。迈阿密人中各派系见Campbell to Gage, Apr. 28, 1765, Gage Papers, AS 35; Hostile, Courts of Inquiry, Detroit, March 11 and April 6, 1765, *JP* 11: 670–679。谣传齐佩瓦人和渥太华人将发动攻击，见Fraser to Gage, Apr. 27, 1765, Gage Papers, AS 137; Extracts of letter from William Howard, May 17, 1765, *JP* 11: 739–740。伊利诺伊的情况见Fraser to Gage, Apr. 27, 1765, Gage Papers, AS 137。

来是发动战争的肖尼人、特拉华人和易洛魁人都已促成和平。他预料他们会从他手中拿回曾经给他的战斧。他和伊利诺伊人同意见克罗根，在威特农弗雷泽曾错误地预测克罗根离他后方很近。[1]

然而，庞蒂亚克作为调停者的地位几乎马上就崩溃了。伊利诺伊人告诉弗雷泽，他们会跟随庞蒂亚克接受或拒绝和平贝珠带，而事实上他们保留着自己的独立地位。他们打算告诉克罗根，除了沃巴什河以北的土地，他们不会允许英国人占领他们的国度。当克罗根没能在五月初的约定时间出现在威特农，弗雷泽和庞蒂亚克为求和平的努力摇摇欲坠。那位已经去见克罗根的伊利诺伊酋长放弃了整个计划。只 303
有庞蒂亚克还愿意等待约翰逊的协助。[2]

到1765年5月初，是沙里奥而非庞蒂亚克在伊利诺伊人中占优势。当切罗基人和英国人联手攻击了一队伊利诺伊人的假消息传来，庞蒂亚克亲自制止了伊利诺伊人向弗雷泽采取报复，但当沙里奥带着战争的消息从新奥尔良归来后，庞蒂亚克对抑制汹涌澎湃的反英敌意无能为力。尽管他对弗雷泽仍然友好，他还是建议这位英国军官跟他一起回莫米或者前往新奥尔良。弗雷泽往河流下游逃走。随后另一位英国特使皮尔斯·辛诺特（Pierce Sinnot）到来，辛诺特受南部印第安事务行政官约翰·斯图尔特（John Stuart）派遣，他由一队法国军官护送，他的到来也只不过减缓了沙里奥的势头罢了。斯图尔特一想到自己曾

[1] 弗雷泽到来之前，罗斯中尉从莫比尔（Mobile）来到伊利诺伊。罗斯对谈判、失败以及自己逃跑的描述见Ross to Farmar, May 25, 1765, *IHC* 10: 481–483。亦见Declaration of Hugh Crawford, July 22, 1765，载Gage to Halifax, Aug. 10, 1765, Gage Papers, ES 4。关于圣安热的描述来自Fraser to Gage, Apr. 27, 1765, AS 137。由于在匹兹堡举行会议比较困难，以及最初肖尼人和特拉华人不愿意护送克罗根，所以克罗根本人的行程被耽搁了，Gage to Halifax, Apr. 27, 1765, *JP* 4: 731。

[2] 谋求和平见Fraser to Gage, Apr. 27, 1765, Gage Papers, AS 137。关于突然失败Fraser to Gage, May 15, 1765, *IHC* 10: 491–493; Extract of letter from Fraser, May 18, 1765, *JP* 11: 743; Fraser to Gage, May 18, 1765, *IHC* 10: 494–495。

参与谈判英国和平占领事宜，就逃命去了。[1]

庞蒂亚克作为酋长的首次亮相就大大失利，多亏的是沙里奥及法国商人那方有一次严重失算，和谈才得救了。他们散布谣言说英国－切罗基联军将攻打伊利诺伊和沃巴什村子，以此在沃巴什地区招募远征队。1765 年 5 月，其中一个主要由基卡普人和麦斯科顿人组成的团体在沃巴什河口袭击了乔治·克罗根——他最终启程前往伊利诺伊地区。他们杀死克罗根的大部分侍卫，包括三个肖尼酋长。[2]

事后克罗根意识到，若没有这次袭击，他的任务就会失败。伊利
304 诺伊人已然赶走了所有派往他们之中的英国特使，他们和法国居民似乎决心反抗英国占领。克罗根原本怀疑自己能否压制住他们的反抗，但这次袭击改变了一切，它可能演变成内战。由于杀死了三个肖尼酋长，沃巴什村民现在极有可能遭到英国支持的肖尼人、特拉华人和易洛魁人的攻击。现在他们渴求一位调停者。拥有极高声望的民事领袖及长老们马上否定了年轻战士们的行为并呼吁和平，请克罗根和法国人替他们向肖尼人求情。[3]

庞蒂亚克在沙里奥回到伊利诺伊后渐渐被赶到幕后，现在他重新成为一个重要人物。他在伊利诺伊村庄中无效地逗留，发现现在不仅沃巴什村民需要他出面，圣·安热也同样需要他，但圣·安热挑明沙

---

[1] 沙里奥·卡斯柯、弗雷泽、庞蒂亚克及伊利诺伊酋长们见 Fraser to Campbell, May 17, 1765, *IHC* 10: 493–494; Extract of a letter from Lt. Fraser, May 18, 1765, *JP* 11: 743–744; Fraser to Gage, May 18, 1765, *IHC* 10: 494–495; Fraser to Campbell, 20 May, 1765, *IHC* 10: 495–497; Fraser to Gage, May 26, 1765, *IHC* 10: 515–516; McKee to Johnson, Aug. 12, 1765, *JP* 11: 884。奥布里总督认为是弗雷泽搞砸了谈判，因为他许诺克罗根会来，结果让印第安人感到失望和幻灭，见 Aubry à Gage, 24 juin 1765, Gage Papers, AS 38; Fraser to Gage, June 17, 1765, *IHC* 10: 519。

辛诺特（Sinnot）及法国上尉拉考特莱伊斯（Harpain de la Cauterais）于六月中旬与克罗根取得联系，见哈尔帕因德。Sinnot to Croghan, June 14, 1765, *JP* 11: 788–789; Croghan to Johnson, July 12, 1765, *JP* 11: 835–838; Croghan to McKee, Aug.3, 1765, in Reid to Gage, Gage Papers, AS 41; Johnson to Lords of Trade, Sept. 28, 1765, *NYCD* 7: 765.

[2] 袭击及其后果见 Croghan' s Journal, *IHC* 11: 30–52。威人将此次袭击归罪于法国人，*Ibid*., 34，和那些袭击者一样，Croghan' s Journal, *IHC* 11: 40。沙里奥·卡斯柯立即借法国人之手送出一根烟管并扬言要烧死克罗根，见 *Ibid*.40–41。在克罗根被捕的确切消息传来之前，一封来自温森斯的信就暗示法国人是这次袭击的同谋，见 Capucin to Campau, June 7, 1765, *JP* 4: 764–766。

[3] 各大沃巴什村庄否定袭击之举，见 Croghan' s Journal, *IHC* 11: 32–33, 36, 43。袭击的重要性以及要求英国人从中斡旋，见 Croghan to Johnson, July 12, 1765, *JP* 11: 838; Croghan to Mckee, Aug. 3, 1765, 载 Reid to Gage, Gage Papers, AS 41。

里奥和商人并不欢迎他出面支持。但庞蒂亚克现在毕竟可以成功地扮演联盟酋长了，因为英国人（包括克罗根）迫切地将他当作所有叛乱村庄的领袖。盖奇对布拉德斯特里特的幻想破灭，越发为布拉德斯特里特断然拒绝庞蒂亚克起初在底特律的求和而感到悔恨。1765年1月，盖奇向庞蒂亚克发出消息，告知他英国人想和他做朋友，但“鉴于他曾是最顽固的敌人，他必须为我们做出特别的事来说明他的诚意。”约翰·坎贝尔上校从底特律发出了这个消息。由于这个英国人倾向于找到一位强大的酋长，难怪克罗根在基亚特农见到庞蒂亚克时，说他从未见过如此有权势的酋长。[1]

最终的谈判在基亚特农、底特律和伊利诺伊村庄举行。克罗根在基亚特农和底特律都发表了讲话，庞蒂亚克也出席了这两次会议。两年前他发动叛乱，原本是为了迎回法国“父亲”，现在他却接受了英国国王当“父亲”。次年春天，为了履行在底特律许下的诺言，他造访威廉·约翰逊并正式签署了和平条约。沙里奥想继续反抗，但事情已于他不利。先是托马斯·斯特林上尉从匹兹堡派来一小队卫戍部队，最后罗伯特·法玛尔（Robert Farmar）少校带着一支大部队来到密西西比河，熄灭了开战的火苗。沙里奥在沃巴什河下游四十公里处会见了 305
斯特林，他徒劳地鼓动身边的法国人一起攻打英国人。这位肖尼战争领袖未能与英国人达成和解，便回到了法国人中，大部分法国人当时已经开始渡过密西西比河。[2]

---

[1] 庞蒂亚克的影响力及受邀参与谈判，见Campbell to Johnson, May 21, 1765, *JP* 11: 746; Croghan to Johnson, Nov. 1765, *IHC* 11: 53。引文见Gage to Johnson, Jan. 18, 1765, *JP* 11: 540。为布拉德斯特里特的行为感到悔恨见Gage to Campbell, June 5, 1765, Gage Papers, AS 37。在沃巴什河上的影响力见Croghan to Johnson, July 12, 1765, *JP* 11: 839。

[2] 不同于沙里奥·卡斯柯想烧死克罗根，庞蒂亚克则是立即动身前往基亚特农与克罗根谈判，见Croghan' s Journal, *IHC* 11: 40–41。他这么做是受圣·安热敦促，后者立即对克罗根展开营救，见Aubry à Stuart, 1 sept. 1765, nclosure with Stuart to Gage, Jan. 21, 1766, Gage Papers, AS 47。实施谈判见Croghan' s Journal, *IHC* 11: 41–42。庞蒂亚克在迈阿密人中的影响见Campbell to Johnson, May 21, 1765, *JP* 11: 746。底特律的会议见*Ibid*.43–47。Meeting with...Ouiatonans, Kecopoes, etc., July 13, 1765, *JP* 11: 847–850. 与庞蒂亚克和解见Campbell to Johnson, Sept. 16, 1765, *JP* 11: 938–939。斯特林见Stirling to Gage, Oct. 18, 1765, *IHC* 11: 107。撤退见Fraser to Gage, Dec. 16, 1765, Gage Papers, AS 46。法国人的活动见Farmar to Gage, Dec. 19, 1765, Gage Papers, AS 46。

1765年接近尾声，圣约瑟的帕塔瓦米人和一些麦基诺齐佩瓦人仍然骚动不安，后者威胁要袭击底特律，Johnson to Gage, Dec. 21, 1765, *JP* 11: 981–983。

七

1765年、1766年间，中间地带的和平与联盟皆重返高地。鉴于英国人原本要求处死叛乱的发起人及领导者，最后的和约条款真是温和得惊人。英国人基本的和平条件是可以预见的：归还俘虏，承认英国人对法国旧要塞及周边土地拥有权利，以及确保英国人可以在高地自由通行。这相当于只是比恢复战前状态再多一点点。其他要求如交出某些领袖和被指控的杀人犯，就很特别了，但这些人都是特别筛选的，主要是在狭义的高地边缘的人，是奇纳索塞内卡人及萨斯奎汉纳的混合族群——主要是特拉华人。[1]

奇纳索人被其他易洛魁人抛弃，不得不签订不平等的和约。他们放弃了尼亚加拉陆上通道，同意把杀人者交给英国人，并保证交出逃到他们中间寻求庇护的萨斯奎汉纳特拉华人领袖们。英国人要他们留下人质，直到实现承诺。约翰逊接下来迫使那些在奇纳索人中寻求庇
306 护的特拉华人否认除易洛魁人外的所有结盟关系，并放弃俄亥俄河沿岸所有土地的所有权。[2]

尽管英国人以前要求严惩叛乱者，实际上他们并未要求西部族群付出这种代价。1764年休伦－佩图安人最先在尼亚加拉议和，他们承认英国人可以继承法国人在底特律的所有权利，并同意归还英国俘虏

[1] 和平的条件见Johnson to Lords of Trade, Jan. 20, 1764, *NYCD* 7: 600。萨斯奎汉纳的特拉华领袖们首级的价钱见Johnson to Montour, Feb. 21, 1764, *JP* 4: 336–337。

[2] 约翰逊在易洛魁人中组织远征队以袭击萨斯奎汉纳的村庄，这给奇纳索人造成压力。有些易洛魁人渴望“惩罚肖尼人和特拉华人”，见Journal of Indian Affairs, Jan. 2, 1764, *JP* 11: 24。对此策略的反对意见见Montour, Hare, and Johnson to Johnson, Feb. 21, 1764, *JP* 11: 74–75。奇纳索人称是西部印第安人迫使他们反抗，见*Ibid*.26。萨斯奎汉纳印第安人在英国人和易洛魁人的袭击中首当其冲见Johnson to Gage, Mar. 16, 1764, *JP* 4: 372; Johnson to Colden, Feb. 28, 1764, *JP* 4: 346; Johnson to Gage, Apr. 16, 1764, *JP* 11: 132–133。对于不俘虏，见Johnson to Penn, Feb. 9, 1764, *JP* 4: 323–324。对奇纳索人提出的要求见Indian Conference, Mar. 24–Apr. 3, 1764, *JP* 11: 154–155; Articles of Peace Concluded with Senecas, Apr. 23, 1764, *NYCD* 7: 621–622; Gage to Johnson, May 16, 1764, *JP* 4: 425。萨斯奎汉纳印第安人逃跑见Johnson to Stuart, Mar. 18, 1764, *JP* 11: 104。奇纳索人想为他们求情，见Journal of Indian Affairs, Apr. 24. May n, 1764, *JP* 11: 181–184。Congress with Chenussios, Niagara, July 24, 1764, *JP* 11: 291–324。敌对的特拉华领袖见Indian Intelligence, c.July 1764, *JP* 4: 494–495。直到秋天奇纳索人仍然没能抓住斯夸西・卡特和英国人想要的特拉华人，见Indian Congress, Oct. 10, 1764, *JP* 11: 379。英国人最终会赦免塞内卡人和特拉华人交出的所有罪犯，除了斯夸西・卡特在做人质时死掉。见Johnson to Gage, June 19, 1765, *JP* 4: 772。

和奴隶，还保证将他们与英国人的冲突交给底特律指挥官或约翰逊处理。反过来，英国人也承认休伦－佩图安人原有的各种权利和特权，并同意重建自由贸易——不过要在高地所有印第安人都接受和平之后。后来不管是布拉德斯特里特在底特律签的条约，还是约翰逊签的条约，都没有再迫使印第安人做出重大让步。[1]

由于约翰逊拒绝了布拉德斯特里特提出的对印第安人实施绝对统治的主张，高地的政治面貌基本上和法国时期一样。阿尔冈昆人和英国结盟，英王成为阿尔冈昆人的“父亲”。由于和谈圆满结束，阿尔冈昆人对英国人礼貌称呼便不再是“兄弟”，而是“父亲”。不过这种父权制中，父与子各自的具体权责还要在实践中重新界定。[2]

在重建和平的过程中，约翰逊小心翼翼地使用契约链和中间地带外交 307
程序中的习惯用语，来让印第安人相信他们仍然是独立的。尽管他告诉印第安人，他们现在是大英帝国国王的子民，他也用“目前为止与印第安人的本土权利相一致”的措辞来讲述和约条款。约翰逊在和谈中既炫耀武力，又采用了本土外交形式，这本身就是中间地带的产物。在伦敦，乔治·克罗根试图说服贸易委员会，在北美只有这种办法行得通，必须对印第安人恩威并施。绝不能容许他们把自己看得太重，但欧洲人也无法支配他们。这就要“充分熟悉他们的特殊性，研究他们的性情，懂得如何迎合他们的虚荣心，才好获取他们的信任，巩固他们对我们的喜爱之情”。[3]

如何在恩与威之间取得平衡，如何让印第安人既感激“父亲”的仁慈、

---

[1] 尼亚加拉之邀见 Gage to Gladwin, Mar. 23, 1764, *JP* 11: 115。约翰逊一面威胁休伦人，一面抛出橄榄枝，见 Indian Conference, Detroit, May 7–10, *JP* 11: 176–180。其他密西沙加也称群体见 Indian Congress, Niagara, May 26, 1764, *JP* 11: 202–203。会议见 Conference with Indians, Niagara, July 11–15, 1764, *JP* 11: 264–276; Indian Congress, July 17–Aug. 4, Niagara, *JP* 11: 278–294。条件见 Articles of Peace, Niagara, July 18, 1764, *NYCD* 7: 652–653。

[2] “父亲”的例子见 Proceedings of...Johnson with the Ohio Indians, July 4, 1765, *NYCD* 7: 750; “Croghan' s Journal, ”13, 18; Relation of Proceedings of M.Marasac...July 29, 1765, Gage Papers, AS 40; “Croghan' s Official Journal, ”*IHC* 11: 43–44, 45–46, 52。起初明戈人还是管英国人叫弟兄，见“Croghan' s Journal, ”15; 但在克罗根初步签订的条约中，他们也和肖尼人、特拉华人一样接受了英国人的“父亲”地位，见 Copy of the Articles Subscribed by the Shawanese, Mingos, & c...May 1765, Gage Papers, AS 40。

[3] 本土权利见 Proceedings...of Johnson with Ohio Indians, July 9, 1765, *NYCD* 7: 754。克罗根的话见 Croghan to Lords of Trade, June 8, 1764, *IHC* 10: 262–263。例如在仪式上的照料，见 Murray to Gage, Feb. 17, 1766, Gage Papers, AS 48。

慷慨和调解工作，又惧怕他的雷霆之怒，这仍是英国人的印第安政策中重大的现实难题。约翰逊打消了阿尔冈昆人最大的忧虑，那就是英国人可能会直接占有他们的土地。沙里奥在沃巴什河和伊利诺伊地区的村里最有煽动力的说法就是，英国人可能剥夺阿尔冈昆人对土地的一切权利：

> 英国人来了，说土地是他们的，是法国人卖给他们的。你们深知，我们的“父亲”总是说，土地是我们的，我们在这里是自由的，法国人来此定居只是为了守护我们、保卫我们，就像慈父保卫他的孩子们一样。

约翰逊意识到，必须让印第安人相信，英国人取代法国人后，不管是印第安人的土地权利还是父与子的关系都不会改变。英国人在占领印第安人的土地时必须消除印第安人的“猜忌”。[1]

308 约翰逊反对占领，但到底什么是占领，这个问题成了英国–阿尔冈昆联盟中一块不断恶化的脓疮。其实在庞蒂亚克战争爆发前，英国政府就已颁布《1763年公告》（Proclamation of 1763），禁止英国人去阿巴拉契亚山脉另一边定居；但盖奇并没有把这禁令当真，尽管表面迎合这个计划。他自己计划靠“军事占领”在哨所周边殖民，于是允许人们通过某种方法去阿巴拉契亚山脉另一边定居。英国人显然没有把所有这些土地割让和定居视为占领。庞蒂亚克战争之后，英国人把盖奇的路子拓宽，开拓出两条“大道”以供割让土地和定居。第一条大道是，在英国人与特拉华人、明戈人、肖尼人签订的条约中，他们允许由英国人和易洛魁人来划定英国人和印第安人的土地界线，这在某种程度上重新确认了易洛魁人拥有俄亥俄河边的土地。这就让易洛魁人有可能割让其“依附族群”的土地，像他们过去做的那样。第二条大道源于盖奇将军的一个想法，

[1] 第一处引文见Speech by Chariot Kaské to D’ Abbadie, Feb. 24, 1765（delivered in Dec. 1764）, *IHC* 10: 445。第二处引文，Johnson to Colden, Feb. 27, 1765, *JP* 4: 653。这里主要参考莫霍克人的说法。庞蒂亚克和伊利诺伊代表见到克罗根时，他们明确否认自己曾把土地割让给法国人，见“Croghan’ s Official Journal, ”*IHC* 11: 42。他们强调这件事，见重复Detroit, *Ibid.*, 47–48。

他认为在伊利诺伊人逃走之前，法国人已经抵达伊利诺伊地区，于是他们对该地区拥有优先权利，而通过征服权，法国人的权力又可传给英王。盖奇认为英国公民绝对有必要在伊利诺伊地区定居。这两条例外大大削弱了英国信誓旦旦地将高地留给印第安人的承诺。这承诺最后有多虚弱，只要看克罗根和约翰逊最后如何卷入侵占西部土地就知道了。[1]

约翰逊抛弃了阿默斯特把阿尔冈昆人当作被征服者、臣民的做法，
他开始为西部联盟重建基础设施。因为他意识到，“必须投入足够的资 309
金并建立常规制度，否则无法在西部长久保持和平并大量兼并土地”。约翰逊相信，法国人给予了印第安人什么待遇，英国也要给予同等待遇。他认为，“不管是西部印第安人还是他们（塞纳卡人和莫霍克人）都已经尝过了法国人给的甜头，在我们给予他们尊重之前，他们绝不可能成为我们衷心的朋友”。约翰逊相信，一旦恢复和平，“如果印第安人受到优待”，他们便不会破坏和平；“然而，如果他们在任何时候受到忽视，而我们又尚未在他们中树立起公正、中立的形象，他们就一定会再次搞破坏，不管我们能不能防止他们造成巨大损失”。[2]

约翰逊和盖奇希望在中间地带走得更远，以保证“优待”印第安人。1763年末，约翰逊勾画出他重组印第安事务工作的计划，他改革的决心得到了盖奇的支持。于是改革开始了。1764年，贸易委员会提出一

---

[1] 该公告见Proclamation of Oct. 7, 1763, *IHC* 10: 39–45; 与特拉华人达成的和约见8 May 1765, *NYCD* 7: 740。盖奇欢迎此举，认为移除了重大的冲突之源，见Gage to Johnson, Jan. 12, 1764, *JP* 4: 290。盖奇计划基于“军事占领”在各哨所周围建立殖民地，并且已经有在密西西比河上建立英国殖民地的计划。哨所见Gage to Johnson, Mar. 4, 1764, *JP* 4: 355; Gage to Bouquet, May 14, 1764, *MPHC* 19: 257–258。伊利诺伊见Croghan to Lords of Trade, June 8, 1764, *IHC* 10: 260; Croghan to Johnson, Dec. 27, 1765, *JP* 4: 886–887。盖奇的状况见Gage to Croghan, Apr. 4, 1766, Gage Papers, AS 50，和Apr. 16, 1766, *IHC* 11: 216–217。斯特林告知盖奇，法国人只拥有哨所脚下的土地，Stirling to Gage, Dec. 15, 1765, *IHC* 11: 126。
约翰逊和易洛魁人的要求见Johnson to Lords of Trade, Oct. 30, 1764, *NYCD* 7: 674。对于“受苦商人”补助金以及皮特堡附近的土地割让见Johnson to Peters, Jan.30, 1766, *JP* 5: 22; Johnson to Lords of Trade, Jan. 31, 1766, *NYCD* 7: 809; Croghan to B. Franklin, Feb. 25, 1766, *JP* 5: 37–39。庞蒂亚克及底特律印第安人愿意给予英国人必要的土地来进行贸易，见“Croghan’ s Official Journal, ”*IHC* 11: 48。约翰逊、克罗根及伊利诺伊的土地公司建议把盖奇包括进来，约翰逊、克罗根和伊利诺斯土地公司推荐的计量器具包括，见Johnson to Benjamin Franklin, May 3, 1766, *JP* 5: 196–197。盖奇拒绝了，他严守正直，在这类事情中是个例外，见Johnson to William Franklin, June 20, 1766, *IHC* 11: 318。

[2] 引文、资金和制度见Johnson to Peters, Jan. 30, 1766, *JP* 5: 22; 引文及模仿法国人见Johnson to Gage, Apr. 27, 1764, *JP* 11: 164; 引文、待遇见Johnson to Lords of Trade, Jan. 20, 1764, *NYCD* 7: 600; 亦见Johnson to William Eyre, Jan. 29, 1764, *JP* 11: 22。

项新计划，要将印第安事务集中于北部和南部的印第安事务委员手中，以终结“某些省区的地方干预”。新计划禁止私人或殖民地从印第安人手中购买土地，将贸易限制在哨所内，禁止朗姆酒交易，让哨所内供职的代表们在和平时期拥有裁决权，并且，尽管有些不情愿，该计划仍然同意为商品规定价格。然而，除了在西佛罗里达，政府从未完全实施该计划。约翰逊并未获得计划中所说的全部代表和铁匠，代表们没有得到裁决权。到了1765年，商人和约翰逊称，不卖朗姆酒，交易量就会大幅下滑，因为印第安人可以用较少的皮毛换到手工制品，迫于他们的压力，贸易委员会同意在监管下开放一定的朗姆酒买卖。这项新政策是针对此前印第安人抵制殖民地管理不善和对他们的错误对待的，但事实证明它花费高昂，而且也不能有效控制阿尔冈昆人或英国人。[1]

310 英国人打算每年拨发20000英镑用于北美的礼物及临时花费，以显示他们“对孩子们”的“爱”。约翰逊向贸易委员会保证，最好的政策就是“用我们的慷慨征服他们的偏见，他们便会将猜忌之心放在一边，我们也可以高枕无忧了。这比任何计划都来得便宜，也更有把握成功，我们广袤的边疆使我们有必要这么做。”约翰逊有着审慎而明智的乐观主义，他预计年度礼物只需花费4000英镑，给酋长和其他个人送礼再加1000英镑。由他审慎而明智地使用，这笔钱便足够给所有印第安人送礼。1764年约翰逊在尼亚加拉送出丰厚的礼物，而当年秋天起英国军官们也重新给来访的印第安人送礼了。[2]

---

[1] 这计划从未得到全面实施，其背景见Gipson, *British Empire*, 11: 429–430; 约翰逊、引文、哨所的花费见Johnson to Gage, June 9, 1764, Gage Papers, AS 19。改革见Johnson to Lords of Trade, Nov. 13, 1763, *NYCD* 7: 573–580; Gage to Johnson, Oct. 14, 1764, *JP* 11: 375–377; Gage to Johnson, June 24, 1764, *IHC* 10: 268。该计划的目的见Lords of Trade to Johnson, July 10, 1764, *NYCD* 7: 634–636。计划本身和礼物见Plan for Imperial Control of Indian Affairs, July 10, 1764, *IHC* 10: 273–281; Johnson to Lords of Trade, Oct. 8, 1764, *IHC* 10: 34–42。克罗根的看法见Croghan to Johnson, July 12, 1764, *JP* 4: 462–464。朗姆酒贸易见Johnson to Lords of Trade, Oct. 8, 1764, *IHC* 10: 334–335。贸易监管见Orders of the Regulation of Trade, Jan. 16, 1765, *IHC* 10: 400。克罗根同样认为朗姆酒和军火对于贸易来说极其重要，见Croghan to Gage, Mar. 12, 1765, Gage Papers, AS 32。价格见Equivalents for Barter, *JP* 11: 990–993。

[2] 约翰逊引文、慷慨见Johnson to Lords of Trade, Aug. 30, 1764, *NYCD* 7: 649; 同样参见Johnson to Gage, Mar. 15, 1766, *JP* 5: 80。尼亚加拉的礼物见Conference with Indians, Niagara, July 1764, *JP* 11: 274–276; 麦基诺的礼物见Campbell to Gage, Nov. 10, 1764, Gage Papers, AS 26。约翰逊估计，光是拨备费用就需要25000英镑。他对这些礼物的估价是38000英镑。因此，他估计的每年4000英镑的礼物似乎有些奇怪。

By the Honorable Sir William Johnson Bar^t His Majesty's sole Agent and Super Intendant of Indian Affairs for the Northern Department of North America, Colonel of the Six United Nations their Allies and Dependants &c. &c.

To

Whereas I have received repeated proofs of your Attachment to his Britannic Majesty's Interests and Zeal for his service upon Sundry occasions, more particularly

I do therefore give you this publick Testimonial thereof as a proof of his Majesty's Esteem & Approbation, Declaring you the said to be a of Your and recommending it to all his Majesty's Subjects and faithfull Indian Allies to Treat and Consider you upon all occasions agreable to your Character Station and Services ___

Given under my Hand and Seal at Arms at Johnson hall the day of 17

By Command of Sir W. Johnson

这张由威廉·约翰逊签发的证书和卡柳梅特、贝珠带、勋章一样，也是中间地带联盟的可见标志。（承蒙纽约历史学会供图，N.Y.C）

但是到了1765年，父权制的真正所需的花费开销数字再一次变得清晰而刺眼。盖奇陆续收到财政部来信，命令他削减开支，他进而命令西部哨所的军官们尽量节省礼物，只给“酋长和其他少数人”送礼。事实上他们很难遵从这些指令，因为与阿尔冈昆人保持良好关系全赖你能施予他们多少恩惠和荣誉。底特律的约翰·坎贝尔拒绝给予休伦酋长们一头肥牛用于设宴，“他们愤然离去，说自己完全被英国人无视了”。当乔治·克罗根提交了自己的账单，盖奇才意识到手下军官们送的礼物只是杯水车薪。盖奇愤然抱怨，占领伊利诺伊地区居然要花这么多钱，真不值。约翰逊则直接向贸易委员会说明印第安事务花费为何增多。他告诉他们，法国人的做法使印第安人的期望值升高，现在英国人必须满足这些期望。[1]

为了维持阿尔冈昆－英国联盟，和恢复赠礼同样重要的是，约翰逊还需要重建礼物流动的渠道。他需要联盟酋长，既要有英国人也要阿尔冈昆人。约翰逊也打算像法国人那样在每个哨所提供翻译和铁匠，但军官和商人因其无知和自私自利都当不了可靠的英国酋长，约翰逊
312 希望在各哨所建立起代表和代理人的网络。不过到了1776年，很显然英国人打算放弃许多小哨所。[2]

在确认阿尔冈昆联盟酋长这件事上，贸易委员会给了约翰逊相当大的自由空间，而约翰逊自己非常清楚，他的影响力在于他能够给予的“恩惠”和“荣誉”。不过在选择联盟酋长这件事上，约翰逊起初

[1] 恩惠和荣誉见Johnson to Lords of Trade, Oct. 8, 1764, *IHC* 10: 331。国库见Gage to Johnson, Dec. 16, 1764, *JP* 4: 618; Johnson to Gage, Jan. 3, 1765, *JP* 11: 520。肥牛见Campbell to Johnson, Aug. 17, 1765, *JP* 11: 898–899。盖奇命令沙特尔堡的斯特林上尉研究一下法国人送了多少礼物，并在尽可能节约的前提下效仿他们，见Gage to Stirling, Dec. 30, 1765, Gage Papers, AS 46。当时法玛尔（Farmar）正请求要有“恰当的各类商品”来分发给伊利诺伊人及其邻居们，见Farmar to Gage, Dec. 16, 1765, AS 46。克罗根要价值3445英镑的礼物用于自己1766年的伊利诺伊之行，见Gage to Johnson, Apr. 7, 1766, *IHC* 11: 212–213。关于史罗根的透支，见Johnson to Gage, Mar. 9, 1765, *JP* 11: 624–625。盖奇对伊利诺伊人的抱怨见Gage to Croghan, Apr. 4, 1765, Gage Papers, AS 33。必须满足由法国人抬起来的期望，见Johnson to Lords of Trade, May 24, 1765, *NYCD* 7: 714–715。

[2] 军营商店见Johnson to Stuart, Sept. 17, 1765, *JP* 4: 848; Johnson to Lords of Trade, July 1765, *NYCD* 7: 747–748。铁匠和翻译见Johnson to Lords of Trade, Jan. 31, 1766, *NYCD* 7: 808–809。哨所见Johnson to Gage, Jan. 7, 1766, *JP* 5: 1–2; Gage to Johnson, Feb. 3, 1766, *JP* 5: 30。巴林顿（Barrington）的计划见May 10, 1766, *IHC* 11: 234–240; Gage’ s Remarks, *Ibid*.243–245。

受制于自己缺乏对阿尔冈昆社会的具体认识。他对易洛魁社会最熟悉，试图与之一样直接让氏族酋长做联盟酋长，但是阿尔冈昆人中往往缺乏易洛魁人那样强大的氏族结构。而且他明确否定了贸易委员会的提议——模仿南方的制度，在每个村认可一位酋长，并在每个部落指派一位高级酋长。鉴于“北部印第安人相互之间抱着深深的猜忌”，指派一位单独的酋长，结果只会适得其反。最终，约翰逊采取了安全的做法。他认为最好是认可各村自己提出的酋长；并且在尼亚加拉，他开始用英国勋章取代法国勋章。[1]

尽管约翰逊已然洞悉，在任何族群里单独指派一个酋长都会引起极大的猜忌，但他仍然把庞蒂亚克当作高地的统治者来对待。而庞蒂亚克被自己成功调停、止息战事的成绩冲昏了头脑，又被英国人较为重视，因而在扮演酋长角色时犯了致命的错误。他开始用一种和阿尔冈昆人对领导、服从的理解大相径庭的口气说话。克罗根注意到，在这样一个社会里，“酋长只能用说服的方式来管理”战士，而在1766年约翰逊在安大略湖边召开的会议上，庞蒂亚克宣称自己“代表我所指挥的西部所有族群讲话”——这可不是酋长该说的话。难怪1766年里约翰逊收到报告说，“印第安人非常不满庞蒂亚克，想另外选个酋长。 313
他们认为我们过于重视他了”。更糟的是，有个法国人跟约翰逊设在安大略的代表诺曼德·麦克劳德（Normand Macleod）打赌说：“如果英国人过于重视庞蒂亚克，他会在一年内被杀。”[2]

庞蒂亚克正在涉足危险领域。他一回到渥太华人中就发现，英国

[1] Plan for Imperial Control of Indian Affairs, July 10, 1764, *IHC* 10: 276–277. 酋长见Johnson to Lords of Trade, Oct. 8, 1764, *IHC* 10: 331–332; 恩惠与荣誉见Johnson to Lords of Trade, Oct. 8, 1764, *IHC* 10: 331。例如，瓦比卡戈从约翰逊处获得一枚勋章，“它连接你我”，见Journal, 1765, *JP* 11: 820。西部的英国军官和法国人一样授予勋章，见Howard to Johnson（Michilimackinac）, June 24, 1765, *JP* 11: 807。约翰逊承认了它们的重要性，Johnson to Gage, Jan. 30, 1766, *JP* 5: 20。
和法国人一样，英国人也对那些拒不扮演中间人、调停者的酋长行使了否决权。例如，布凯罢免了一名拒绝的谈判的特拉华胞族酋长，见Indian Proceedings, Nov. 10, 1764, *JP* II: 457–458。

[2] 克罗根见Abstract from Croghan’s Journal, May 24, 1766, Gage Papers, AS 51。庞蒂亚克见Western Conference, July 25, 1766, *NYCD* 7: 858。嫉妒见Roberts to Johnson, Niagara, June 23, 1766, *JP* 5: 279; MacLeod to Johnson, Aug. 4, 1766, *JP* 12: 150。关于反对他的其他报道见Hay to Croghan, Aug. 28, 1767 *JP* 5: 644; Hay to Croghan, Aug. 22, 1767, *JP* 5: 637–638。

人对他的尊重并不能为他赢得渥太华人的忠诚。年轻战士们公开威胁他，不承认他是酋长，好几次还揍他。他在底特律及莫米河沿岸声望大跌，这使他和伊利诺伊人及沃巴什河族群的关系变得尤为重要。然而，当来参加约翰逊召开的和会的伊利诺伊代表团到达底特律时，庞蒂亚克刺伤了一位伊利诺伊酋长，然后整个代表团回家了。他的所作所为完全不像个酋长。[1]

到1768年，庞蒂亚克既是高地最出名的印第安人，也是一个无家可归的人。他在渥太华人中再也无法立足，于是决定暂时投奔伊利诺伊地区的亲戚。但伊利诺伊人当然没有忘记庞蒂亚克攻击他们酋长的事，他们害怕庞蒂亚克。在1768年和1769年之交的冬季狩猎之前，他又与他们发生了争执。到5月底，卡斯卡斯基亚人中传出谣言，说庞蒂亚克会带着150条载满战士的独木舟回来，血洗（cut off）伊利诺伊人。1769年春，庞蒂亚克确实回来了，但只是和他的两个儿子及很少几个战士一起。1769年4月，伊利诺伊联盟中一位皮奥里亚酋长马卡琴加（Makatchinga，又叫黑狗［Black Dog］）的侄子陪同庞蒂亚克造访贝恩顿（Baynton）、霍顿（Wharton）以及卡霍基亚的法国村子里的摩根（Morgan）的商行。当他们一同离开商行的时候，那个皮奥里亚人从背后拿棍子打庞蒂亚克，又用刀刺他，然后逃跑了。庞蒂亚克死在法国村子里脏兮兮的道路上，颜面尽失。他的死标志着酋长权力的局限性。[2]

正如庞蒂亚克留下的教训，英国联盟里的酋长万不可再装作自己比法国联盟时期的酋长有权力。英国联盟是法国联盟的翻版，一样有赠礼、外交礼仪，贸易中有官方指导价格，也出现了若干联盟酋长，

[1] 伊利诺伊酋长见Cole to Johnson, June 23, 1766, *JP* 5: 278–279。在渥太华人中声望大跌见Réponse de Pondiac...10 mai 1768，载Turnbull to Gage, June 14, 1768, Gage Papers, AS 77; Peckham, *Pontiac*, 305–306。

[2] Réponse de Pondiac...10 mai 1768，载Turnbull to Gage, June 14, 1768, Gage Papers, AS 77. 这实际上还是来自Peckham, *Pontiac*, 308–316，但也见于Journal of Transactions and Presents given to the Indians from 28th of Dec.（Illinois）, Mar. 29, 30, 1769, Apr. 20, 1769, Gage Papers。庞蒂亚克想回到底特律，见Account of Baynton, Wharton, & Morgan...Sept.13, 1768, *IHC* 16: 407。

但是英国联盟中这套制度像是个弗兰肯斯坦怪物。在头几年里，它只是模仿旧联盟，却失去了其精髓，那缺失的精髓就是调解。理论上昂提奥在交战的孩子们之间斡旋，他调停因死亡发生的争端。不过一开始约翰逊及其他英国人并没有把自己当作调停者。相反，约翰逊指望与易洛魁人或西部几个地域阵营分别缔结联盟，好在他们之间挑拨离间，并卖军火给他们打内战。[1] 314

但是，正如法国人已经察觉到的，帝国的野心在中间地带往往会发生偏差。英国人也发现很难避免调解。当皮安卡肖人、迈阿密人、威人、基卡普人和麦斯科顿人在攻打克罗根后加入英国联盟，他们的首要要求就是让英国人帮他们与肖尼人和特拉华人修好。有意思的是，英国人尽管一边在挑起部落战争，同时他们也在调解争端。同样，在麦基诺，霍华德上尉也发现自己在梅诺米尼人和齐佩瓦人中间调解。[2]

然而，偶尔进行调解并不足以造就稳定的联盟，约翰逊充分认识到了这一点。表面上他签订的诸多条约终结了战争，但它们只是开启了英国人在高地当“父亲”的过程罢了。随着约翰逊将之放在克罗根并使高地恢复和平之后，必须得体地处理事务，否则“什么事都会落空”。约翰逊想从实质上恢复法国式的联盟，但宏观事件总会逼迫他，也引诱他做出相反的事。是白人村民和阿尔冈昆村民，而非帝国官员，决定了高地下一步的发展。[3]

[1] 禁令见Imperial Control of Indian Affairs, July 10, 1764, *IHC* 10: 279。各自独立的联盟、派系见Johnson to Gage, Feb. 19, 1764, *JP* 4: 331。在易洛魁人和西部印第安人之间煽动起猜忌，见Johnson to Gage, Mar. 16, 1764, *JP* 4: 368。新的标准见Indian Conference, Mar. 24–April 23, 1764, *JP* 11: 134–159。必须交出杀人犯等见Treaty...with the Delawares, May 5, 1765, *NYCD* 7: 740（随后明戈和肖尼签署了条约）。

[2] 调解见“Croghan’ s Official Journal, ”*IHC* 11: 43; Howard to Johnson, June 24, 1765, *JP* 11: 806–807。匹兹堡的里德（Reid）上尉认为在沃巴什村庄和肖尼人之间挑起战争是个好主意，见Reid to Gage, Aug. 2, 1765, Gage Papers, AS 40。盖奇认为应当使他们之间保持敌对，但要限制武力冲突，见Gage to Reid, Aug. 19, 1765, Gage Papers, AS 41。但约翰逊明白，如果英国人没能成功调停，基卡普人和肖尼人之间的战争就会逼近俄亥俄河，所以他敦促调解，见Johnson to Gage, Mar. 22, 1766, *JP* 5: 91。

[3] Johnson to Gage, Oct. 26, 1765, *JP* 11: 957–959.

315 **第八章**

英国联盟

（印第安人）发现那些边民，特别是那些经常翻越弗吉尼亚的山脉的人，花了大量时间狩猎，与他们起冲突，憎恶他们，对他们很坏，经常抢劫和杀死印第安人，这些人主要是一群无法无天之徒，喜爱自己的独立生活，由于无知、偏见、民主意识及其地处偏远而不服从政府。

——威廉·约翰逊爵士写给达特茅斯伯爵（the Earl of Dartmouth）1772年11月4日

一个民族散落在无涯的美洲土地上，就好像从一个焦点发出的光线。所有的光线都还在，但已经没有热量了。他们聚在一起才会有能量，当他们分散开，就不起作用了。

——塞缪尔·约翰逊《苏格兰西部岛屿之旅》（Samuel Johnson，*A Journey to the Western Islands of Scotland*），转引自伯纳德·贝林《西部旅人》（Bernard Bailyn，*Voyagers to the West*）

一

尽管威廉·约翰逊倾向于仿照他印象中的旧法国联盟成立一个英国联盟，最后他还是推翻了自己最基本的假设。七年战争之前英国对殖民地管理不善，因此失去其印第安盟友，约翰逊发现自己“有责任采取法国人运行得如此成功的那些方法”。他模仿了法国体制中的礼物和勋章，军官和酋长。他建立起规范的贸易，使英国“父亲”取代了法国“父亲”，但他没能说服英国政府花钱负担这样一个联盟，也没能快速搭建起作为联盟基石的文化和社会的中间地带。结果，约翰逊在去世前最后几年开始让他们的印第安“孩子们”彼此竞争，而不是像一个好“父亲”那样调解他们。[1]

联盟在1765年至1776年间衰落的根源是阿巴拉契亚山脉西部浮现出第三个村落世界，挨着阿尔冈昆人、法国人。这个村落世界同样是异质人群的混合，他们由通婚或共同的效忠关系松散地联系着。不过 316
这个世界是白人的、英国人的，它公开而激烈地奉行扩张主义。这些村庄与帝国的联系比阿尔冈昆人还要微弱，他们既不受山脉东边的行政长官和立法机构控制，也不受山脉西边的英国军队控制。不管约翰逊还是其他任何英国官员都无法对这些边远居民施加有效控制。

由英国臣民组成的这第三个村落世界只是在表面上类似于法国人创建的第二个较早的村落世界。卡斯卡斯基亚、底特律、温森斯、麦基诺及其他较小聚落的法国居民到18世纪60年代实际上已经自然形成了独立王国，但他们最初还是认可法兰西帝国而不是反抗它，并且他们已经与高地的阿尔冈昆人创造出一个共同世界。

英国人的村庄仅仅是重建了部分与印第安人那种熟悉的面对面的关系，正是这种关系让法国联盟扛过了许多危机。乔治·克罗根在1765年被基卡普人和麦斯科顿人抓住后游历了高地的法国村庄和阿尔冈昆村庄，他把握住了法–阿关系的精髓，并且注意到英–阿关系中缺乏同样的东西。他说，法国人和印第安人“在这个国度中像孩子一样一同被喂养大，并且法国人总是采用印第安人的习俗和礼仪，礼貌地对待他们，并慷慨地满足他们

[1] Johnson to Lords of Trade, 20 Oct. 1767, *NYCD* 7: 988.Lawrence Henry Gipson, *The British Empire Before the American Revolution*（New York: Alfred A.Knopf, 1942）, 11: 433.

的需求”。此观点得到英国官员们的支持。特恩布尔（Turnbull）上尉看到“五六百名”法国商人和旅行者每年初夏聚集在麦基诺，认为他们“采取了印第安人的准则和理念，仅仅是肤色有所不同罢了”。或者如托马斯·盖奇将军所说，法国人变得“几乎跟他们是同一族人了”。[1]

不过这种关系并没有想象中那么浪漫。印第安人和法国人也彼此折磨和杀戮，他们在满足彼此需求的同时也互相欺骗。不过他们对对方的习俗很熟悉，有能力生活在一起——也就是克罗根所说的他们被一起抚养大——然而和英国人却没有同样的纽带。约翰逊、克罗根和盖奇意识到阿-英关系的唯一坚实基础在于中间地带，但一开始他们
317 的中间地带几乎仅仅存在于外交层面，而不曾延续到日常生活中。并且，既然它仅仅存在于外交层面——由领薪水的官员支配，在英国臣民与阿尔冈昆村民不断的冲突中还会产生各种临时的花费以维持联盟——因此它必然花费高昂。[2]

在1776年，几乎没有什么人选能够将中间地带扩展到其正式的、外交性的范围之外。首先是七年战争和庞蒂亚克叛乱大大削弱了老练的英国商人的地位，他们原本在中间地带如鱼得水。英国人中也没有任何类似于耶稣会士那样的宗教人物。英国传教士在约翰逊看来“心地善良却死气沉沉”，他们想“一举废除他们（印第安人）那些最为天真的习俗、舞蹈和娱乐方式”。这帮人无法与过去“拥有气魄、能力和世俗知识的法国传教士相比”。至于高地边缘的英国居民，他们中许多人憎恶、害怕且鄙夷印第安人。[3]

---

[1] Croghan to Johnson, Nov. 1765, *IHC* 11: 53–54. 克罗根在他的日记中也表达了类似的观点，见Aug. 17, 1765, *IHC* 11137，较早时关于温森斯居民的信，见Croghan to Johnson, July 12, 1765, *JP* 11: 840。特恩布尔的话见Turnbull to Gage, July 5, 1771, Gage Papers, AS 112。盖奇的话见Gage to Hillsborough, Nov. 10, 1770, Clarence E. Carter（ed.）, *The Correspondence of General Thomas Gage*, 2 vols.（New Haven: Yale University Press, 1931–1933）, 1: 275。

[2] 形式和习俗的重要性见Gage to Wilkins（Fort Chartres）, Apr. 8, 1772, Gage Papers, AS no; Basset to Gage, Aug. 1, 1772（Detroit）, Gage Papers, AS 113。巴西特（Basset）取代了史蒂文森上尉，以熟知中间地带的习俗而著称，见Johnson to Gage, Aug. 13, 1772, *JP* 8: 572–573。与礼物的关系见Johnson to Lords of Trade, Nov. 16, 1765, *NYCD* 7: 776; Johnson to Lords of Trade, 28 June 1766, *NYCD* 7: 838。

[3] 老一辈商人的消逝见Johnson, Review of the Trade and Affairs in the Northern District of America, Sept. 22, 1767, *IHC* 16: 35。对传教士的比较见*ibid.*, 52。

在盖奇和约翰逊的通信中，搬到西部的英国殖民者普遍“粗鄙”，是“人群中的渣滓”，或者是“无法无天的土匪”。这群男女逃避阶级社会中高阶者的控制——用约翰逊的话来说是“不服从领主或法律的游手好闲之辈”，或者如盖奇所说是“这群人几乎与他们去的那块土地或他们打交道的族群一样野蛮，并且要凶狠邪恶得多。”他们的性格显现出卑鄙的一面，约翰逊坚持这样认为，因为法国代理人，“所有有能力和声望的人”仍在迁往高地。这样的人物形象让人想起一个世纪前的法国商人，但二者有着质的区别。这些英国居民与早期法国人不同，他们并不相信他们的生活有赖于和印第安人保持良好关系，也不向印第安人寻求庇护。尽管这些商人和居民在遇到纷争时仰赖英军保护，但他们憎恨这支军队管束他们。[1]

起初英国的印第安政策唯恐印第安人与白人接触，并希望尽可能 318
对之进行限制和监管。过去法国官员逐渐不情愿地承认他们在西部的商人、他们从卡斯卡斯基亚到卡霍基亚的小村庄中的居民以及阿—法通婚的混血后代对于联盟是必需的。就像法国人一开始害怕的那样，约翰逊和盖奇也害怕西部出现不受控制的欧洲人。当约翰逊在庞蒂亚克叛乱之后试图实施贸易委员会的计划时，他似乎有时将之解释为耶稣会关于高地的旧梦的世俗翻版。和耶稣会士一样，他希望限制此地只允许少量欧洲人进入，并对这一小撮人严加看管。约翰逊和盖奇极度渴望划分清楚印第安人和白人的土地，英国政府在1765年曾许诺建造一块白人的土地。他们想驱逐那些无视1763年曾宣称居住在宾夕法尼亚西部奇特河（Cheat River）和红石溪（Redstone Creek）边的白人居民。约翰逊在1767年初制定的监管北部贸易的条例里，将贸易限定在高地的军事哨所内，那儿有国王任命的代表可以进行监管。约翰逊主张，不受监管的贸易只会导致诈骗横行。而印第安人“没有别的资

[1] 约翰逊的话及地主等见Johnson to Gage, Nov. 24, 1767, *DHNY* 2: 886。“粗鄙”“渣滓”见Review of the Trade and Affairs in the Northern District of America, Sept. 22, 1767, *IHC* 16: 38, 44。法国人见*ibid.*, 45。盖奇的话见Gage to Shelburne, Feb. 22, 1767, *IHC* 11: 510。关于印度安人从英国商人获得的意见，见*ibid*, 49。“土匪”见Wilkins to Gage, Jan. 8, 1767, Gage Papers, AS 61。

源”来对付诈骗，就会通过抢劫杀人来进行报复，最终引发战争。[1]

约翰逊与盖奇限制和监管英国臣民在西部的活动的企图使他们卷入无穷的麻烦，那些英国人很快粉碎了约翰逊建立的整套制度。获得本省政府许可的商人为贸易活动被限制在哨所感到恼火，特别是那些越过密西西比河的法国商人，他们继续从新奥尔良带来商品卖到密西西比河上游及伊利诺伊人、沃巴什人和俄亥俄地区的村庄。盖奇认为大量的毛皮被锁定在伊利诺伊和密西西比地区而无从进入英国市场，它们顺流而下进入新奥尔良。[2]

319 英国商人将法国人的存在作为将自己从哨所解脱出来的理由，他们参与了上述非法交易。据乔治·克罗根所说，一些重要的英国商人向法国商人提供商品，使后者得以颠覆体制。已经在伊利诺伊地区的英国人卖给法国人毛皮，比起他们自己承担将毛皮运回费城的费用，这桩买卖可产出更高的利润，因为法国人会将这些船货顺流运至新奥尔良。约翰逊心想，英国商人若有机会，也会在伊利诺伊河边照做。加拿大总督卡尔顿为了将贸易引入英属加拿大而违反了约翰逊的规定。他坚称约翰逊派出的代表无权管理持有他颁发的许可证的商人。获得卡尔顿许可的加拿大商人在苏必利尔湖以北的村庄进行贸易，但一旦出了官员和代表们管理的范围，他们想去哪做买卖就去哪做。同样，持有去伊利诺伊地区的沙尔捷要塞的许可证的商人就可以逗留在一路上经过的村庄中做生意，而他们确实这么做了。1767年，英法商人全部公然藐视规定，代表和官员们则抱怨自己缺乏足够的法律权力对此

[1] 边界见 Johnson to Moore, Oct. 22, 1767, *JP* 5: 741; Croghan to Johnson, Oct. 20, 1767, *IHC* 16: 90。易洛魁人愿意卖掉俄亥俄河以南至切罗基河河口的土地，这是切罗基人称为猎场的土地。切罗基人则想把界线稳固在乔霍卫（Cohohway）。见 Lords of Trade to Earl of Shelburne, Dec. 23, 1767, *NYCD* 7: 1004–1005。

定居者见 Gage to Edmonstone, Nov. 24, 1767, Gage Papers, AS 72; Murray to Gage, Dec. 10, 1766, Gage Papers, AS 58; Gage to Johnson, Dec. 20, 1767, *DHNY* 2: 892。

商业监管见 Regulations for Indian Trade, May 1, 1767, *JP* 5: 422–424。由于对监管的不满一月份的时候就开始了，所以监管条例显然是在此之前发布的。相关讨论，见 Johnson to Gage, Oct. 22, 1767, *IHC* 16: 92; Gage to Johnson, Oct. 4, 1767, *JP* 12: 367; Johnson to Earl of Shelburne, May 30, 1767, *NYCD* 7: 928–930; Johnson to Gage, May 20, 1767, *DHNY* 2: 853–854。

[2] Captain Gordon's Journal, Aug. 31, 1766, *IHC* 11: 300–301; Gage to Johnson, Jan. 19, 1767, *IHC* 11: 498.

采取行动。[1]

驱逐非法定居者的任务也没有好到哪儿去。殖民地立法机构对此毫无兴趣，而盖奇相信“有利益相关人员在教唆这些侵权行为”。1767年春，盖奇的确曾命令皮特要塞的默里（Murray）上尉驱逐红石溪和赛欧托河沿岸的定居者，烧掉他们的木屋，但数月之内他们就重新建起屋子，乔治·克罗根报告说：“那两处定居点的居民现在是之前的两倍。”盖奇感到非常厌烦，他告诉约翰逊，除非国王直接下令，否则他 320
不会再出动军队阻止印第安人攻击这些新定居点了。[2]

由于这套制度进展艰难，在伦敦方面看来它似乎不过是个用来增加费用的阴谋。直至1767年由于成功地将贸易限定在了哨所范围内，造访哨所的印第安人数量增加了。印第安人来得越多，就必须提供越多的饮食和礼物来满足他们。驱逐皮特要塞周围的非法移民失败了，定居者和商人还犯下不少杀人事件，迫使英国人掩埋印第安人的死者以及给予赔偿，尽管他们已宣布殖民地法庭的审判将取代掩埋死者的旧俗。管理商人的事失败了，英国人不得不扩大哨所系统，任命新的

[1] 允许在湖区北部的印第安人中间过冬见Earl of Shelburne to Johnson, June 20, 1767, *JP* 5: 566。去新奥尔良做买卖见Johnson to Gage, Dec. 12, 1766, *JP* 5: 229; Gage to Johnson, Dec. 1, 1766, *JP* 12: 225–226。关于卡尔顿见Carleton to Johnson, 27 March 1767, *JP* 5: 520–523; Johnson to Gage, June 12, 1767, *DHNY* 2: 855–857。皮特要塞附近居民所做的非法生意见Petition of Traders to George Croghan, Dec. 18, 1767, *JP* 6: 19。安大略湖北岸的法国商人见Macleod to Johnson, Nov.5, 1767, *JP* 5: 777。沿俄亥俄河上游去的商人见Croghan to Johnson, Oct. 20, 1767, *IHC* 16: 90。在去往伊利诺伊的路上停留，见McCleod to Johnson, Oct. 8, 1767, *IHC* 16: 83; Turnbull to Gage, June 14, 1767, Gage Papers, AS 66。皮特要塞无视监管见Johnson to Gage, Apr. 1, 1767, *DHNY* 2: 843; Smallman to Murray, May 16, 1767, 载Murray to Gage, May 16, 1767, Gage Papers, AS 65; Baynton, Wharton, & Morgan to Gage Oct. 24, 1764, Gage Papers, AS 58。底特律见Turnbull to Gage, Sept.9, 1766, Gage Papers, AS 56; *ibid*., Sept. 13, 1767, Gage Papers, AS 69。供给法国人见Croghan to B. Franklin, Jan. 27, 1767, *IHC* 11: 503。
关于监管的争议见Van Schaak and Other Traders to Hay, Sept. 4, 1767, *IHC* 16: 3–5; Memorial of Traders, Sept. 20, 1766, *IHC* 11: 378–382; Cole to Croghan, Dec. 19, 1767, *JP* 6: 21; Turnbull to Gage, Dec. 1, 1767, Gage Papers, AS 72; Review of the Trade and Affairs in the Northern District of America, Sept. 22, 1767, *IHC* 16: 50; Johnson to Gage, June 14, 1766, *JP* 12: 105–106; Johnson to Earl of Shelburne, Dec. 3, 1767, *NYCD* 7: 999。

[2] 盖奇的话、侵权行为见Gage to Johnson, Nov. 9, 1767, *JP* 12: 379。关于下令撤退见Notice of Alex MacKay to All People now Inhabiting to the Westward, *PA*, Series 1, 4: 251–252。驱逐见Gage to Murray, May 5, 1767, Gage Papers, AS 64; Murray to Gage, June 24, 1767, Gage Papers, AS 66; Gage to Murray, July 21, 1767, Gage Papers, AS 67。定居见Croghan to Johnson, Oct. 18, 1763, *JP* 12: 374。盖奇下令默里避免全面战争，并让印第安人克制“对那些伤害过他们的人的恨意”，见Gage to Murray, June 28, 1767, Gage Papers, AS 66。这些族群主要居住于弗吉尼亚方面宣布占领的土地上，见Murray to Gage, Apr. 7, 1767, Gage Papers, AS 63。

代表，以及采取措施防止非法获取的毛皮出境。约翰逊还重申有必要每年召开大会修订政策。[1]

如果让约翰逊的代表及盖奇的官员们治理高地的英国臣民，就需要给予他们极大的权力，由此产生的花费和法律问题使印第安政策成为18世纪60年代和70年代英国内阁考虑的核心问题。他们企图迫使殖民地负担一部分北美建军费用，这不但失败了，而且还在《印花税法案》（Stamp Act）危机中挑起了对帝国权力的重大挑战。[2]

321 与《印花税法案》接踵而至的是，英国的印第安政策没了方向。内阁将对贸易的管理交给了殖民地官员，而殖民地官员根本没有能力调控贸易。国王削减了送给印第安人的礼物数量，在阿尔冈昆人看来这表明

---

[1] 最初的计划是削减哨所数量，Gage to Johnson, Feb. 3, 1766, *JP* 5: 30。关于费用和扩张哨所见Johnson to Gage, Jun, 7, 1766, *JP* 5: 1–2; Gage to Reed, Apr. 14, 1767, Gage Papers, AS 63; Gage to Reed, July 22, 1767, Gage Papers, AS 67; Reed to Gage, Oct. 28, 1767, *IHC* 16: 101; Reed to Gage, Oct. 5, 1767, *IHC* 16: 81; Gage to Roberts, Sept. 14, 1767, Gage Papers, AS 69; Gage to Rogers, Sept. 21, 1767, Gage Papers, AS 70; Gage to Johnson, July 20, 1767, *JP* 5: 601; Murray to Gage, June 1, 1767, Gage Papers, AS 65; Gage to Johnson, Apr. 13, 1767, *JP* 5: 537。克罗根去伊利诺伊的旅行花费达8408英镑，见Croghan' s Account, Feb. 22, 1767, *IHC* 11: 511。开大会见Johnson to Shelburne, Jan. 15, 1767, *JP* 7: 892–893。

Johnson' s lengthy Review of the Trade and Affairs in the Northern District of America, Sept. 22, 1767, *IHC* 26: 24–67，如吉普森（Gipson）指出的，实质上是要求实施商业委员会1764年的总体计划，见Gipson, *British Empire*, 11: 435。关于哨所，见*IHC* 26: 59–60。

[2] 行政长官们的权力问题见Shelburne, Reason for Not Diminishing American Expenses This Year, Mar. 30, 1767, *IHC* 11: 538–541; Wm. Grant to Gage, Oct. 3, 1766, Gage Papers, AS 57。需要在西部有司法权见Gage to Johnson, Dec. 1, 1766, *JP* 12: 226; Gage to Johnson, Jan. 25, 1767, *IHC* 11: 499–500; Johnson, Review of the Trade and Affairs in the Northern District of America, Sept. 22, 1767, *IHC* 26: 50, 56–57, 61–63。如特恩布尔上尉所说："底特律也和其他地方一样有自由的男人"，Turnbull to Gage, Jan. 10, 1767, Gage Papers, AS 61。指控沙特尔（Chartres）要塞的罗德（Reed）上校受贿见Morgan to Baynton and Wharton, Dec. 10, 1767, *IHC* 16: 130–131。对军需官的指控见Benjamin Roberts against Rogers, Roberts to Guy Johnson, Aug. 20, 1767, with Hay to Gage Oct. 1, 1767, Gage Papers, AS 70。对罗杰斯做法的怀疑，Gage to Roberts, Sept. 21, 1767, Gage Papers, AS 70，以及Gage to Speismacher, Sept. 21, 1767, Gage Papers, AS 70。罗杰斯被捕，Speismacher to Gage, Dec. 9, 1767, Gage Papers, AS 72。Rogers to Gage, Dec. 11, 1767, Gage Papers, AS 72.罗杰斯抓捕军需官罗伯特，Rogers to Gage, Sept. 22, 1767, Gage Papers, AS 70。

英国政策和北美殖民地见Jack M. Sosin, *Whitehall and the Wilderness: The Middle West in British Colonial Policy, 1760–1777*（Lincoln: University of Nebraska Press, 1961），79–171。亦见Gipson, *British Empire*, 11: 437ff。在意识形态层面和实用层面的政策分歧见Shelburne, Reason for not Diminishing American Expenses This Year, Mar. 30, 1767, *IHC* 11: 538–541; B. Franklin to W. Franklin, Aug. 28, 1767, *IHC* 16: 1。内阁会议上谢尔本（Shelburne）的反对一部分是意识形态层面的（商业几乎不会接受任何监管，除非是从其自身中自然产生的监管），一部分是法律层面的（行政长官和军需官们不具备从民事或军事权力中正当引申出的权威），还有一部分是功利的（英国无法负担花费；军队不应分散于各个小哨所；既然法国人走了，那么殖民地可以行使管理权；而且定居者扩张至内地可以让殖民地依赖英国，因为这可以防止他们人口集中并发展制造业）。谢尔本的主张见Minutes Submitted to the Cabinet, Sept. 11, 1767, *IHC* 16: 12–21; Considerations Submitted to the Board of Trade..., Oct. 5, 1767, *IHC* 16: 77–81。

国王对他的“孩子”缺乏关心。英国“父亲”和阿尔冈昆“孩子”之间的“父子关系”变得紧张起来。国王君主限制威廉·约翰逊只能给予所有北部印第安人“非常少的补贴”，还不只是对高地印第安人如此。由于被剥夺了必要的资金，约翰逊解散了他的代表们，即他的英国酋长们。而英国国务大臣希尔斯伯勒（Hillsborough）勋爵建议约翰逊，与其调停印第安族群之间的纷争，还不如让“天然的敌意与嫉妒”顺其自然地运作。[1]

如此放弃外交上的中间地带，使英国人和阿尔冈昆酋长们陷于困境。两个群体都绝望地使用策略维持自身地位。北部特别是高地地区的英国文武官员靠从商人那里收取预付款来继续扮演慈父。盖奇认识到这种礼物赠予是必要的，但在国王削减花费的压力下，他也常常为开支数目感到愤慨。1771年秋天乔治·克罗根从自己的位置上退下来。 322
英国长官失去权威的现象体现在各个方面。印第安人评价得很对，偏远地区的白人逃离了“那些明智的人”的管束。[2]

阿尔冈昆酋长比白人长官更甚。酋长们要靠白人的礼物和帮助来保持道路通畅，以及让年轻人安安静静地坐在毯子上抽烟，不生事端。但是没有了礼物和英国援助，酋长们发现根本止不住人们的不满。圣约瑟的帕塔瓦米村庄可能是18世纪70年代整个高地最让英国人头疼的村子，酋长们抱怨无法制止自己的族人拉帮结派。那些对酋长权威表示怀疑的人“总在干坏事，好像故意要老酋长们难堪”。英国人不仅未

---

[1] 不予调停见Hillsborough to Johnson, May 4, 1771, *NYCD* 8: 270。缩减补贴见Johnson to Blackburn, June 1, 1770, *JP* 7: 707; Edmonstone to Gage, July 16, 1770, Gage Papers, AS 93。约翰逊乐见印第安战争见Johnson to Gage, Jan. 4, 1771, *JP* 12: 881–883; *ibid.*, Aug. 22, 1771, *JP* 8: 232–234。约翰逊估计商业政策会失败见Johnson to Gage, May 15, 1773, *JP* 8: 799。

[2] 英国军官们如同先前一样规避削减礼物的政策，认为礼物对于保障他们自身的安全必不可少，见Turnbull to Johnson, Sept. 9, 1769, *IHC* 16: 594; Turnbull to Johnson Sept. 30, 1769, *JP* 7: 196; Turnbull to Gage, Oct. 12, 1767, Gage Papers, AS 87; Gage to Edmonstone, Sept. 10, 1769, Gage Papers, AS 87; Edmonstone to Gage, Sept. 20, 1769, Gage Papers, AS 87; Gage to Turnbull, Apr. 9, 1770, Gage Papers, AS 91。视礼物为必须见Gage to Edmonstone, Nov. 5, 1770, Gage Papers, AS 97。

克罗根离职见Croghan to Gage, Aug. 29, 1771, Gage Papers, AS 105; Gage to Johnson, Oct. 1, 1771 *JP* 8: 286; Croghan to Gage, Nov. 2, 1771, Gage Papers, AS 107。

伊利诺伊的官员们受着密西西比河对岸的驻军威胁，一开始是法国人，后来是西班牙人。见The Journal of Transactions and Presents given to the Indians from Dec. 23, 1768, Gage Papers，很好地描述了他们如何继续扮演父亲，送礼物、供养酋长们，并调停争端。失去权威的情况见McKee' s Journal, April 3–6, 1773, *JP* 8: 756。

能（像他们本应做的那样）支持酋长，他们还通过酒类贸易破坏了村庄的安宁，酒在阿尔冈昆人中制造出极大混乱。年轻人不买毯子、布匹，而是去买酒。酒还影响了狩猎，因为它既使猎人变得虚弱，同时又减少了猎人人数。底特律的亨利·巴西特（Henry Basset）少校在报告中说："酋长们控诉英国人想要把他们的年轻人都杀光……声称他们因为朗姆酒而失去的年轻人比过去战争中死亡的还多。"一位休伦酋长断言，酒"很大程度上造成我们的不幸，因为它，我们的年轻人不仅盗取生活必需品，以弥补他们因醉酒而失去的那些东西，更是失去了理智，变得听不进智者的建议。"英国人企图既拥有帝国的利益而又不承担帝国联盟的花费，最终引发了高地震动。[1]

323

二

自庞蒂亚克叛乱至1774年邓莫尔勋爵之战（Lord Dunmore' s War）爆发期间这十年里，外交上的中间地带就像风暴中的岛屿，从一侧开始朽坏，逐渐蔓延到另一侧。疾速的朽坏揭示了英－阿关系从根本上就很脆弱的事实。英国的印第安外交政策并不曾奠定在共同生活的基石之上。边远地区的英国定居者总是厌恶和害怕印第安人，并且，不少"最恶毒、最卑鄙的商人"——约翰逊轻蔑地评论——他们依赖朗姆酒生意，因为他们不用弄懂印第安习俗或语言就可以卖酒赢利。[2]

高地缺失的是阿尔冈昆人常常说的"古老习俗"，这习俗多半并非源于传承，而是新创造出来的。这是一个双方都可以理解的、联合创造的世界，而并非一套传统程式。然而在18世纪70年代，联盟及其形态随着帝国的衰败而快速衰退，商人和偏远定居者逐渐建立起一套新的习俗。

---

[1] 令老酋长们难堪见Speech of Four Indian Chiefs, May 22, 1773, *JP* 8: 803–805。酒类见Basset to Haldimand, 29 Apr. 1773, *MPHC* 19: 296。引文见Indian Conference, Pittsburgh, Oct. 9, 1773, *JP* 12: 1035。

[2] Croghan to Johnson, Nov. 1765, *IHC* 11: 53–54. 克罗根在他的日记中也有类似评论，见Aug. 17, 1765, *IHC* 11: 37，在较早一封关于温森斯居民的信中也有，见Croghan to Johnson, July 12, 1765, *JP* 11: 840。约翰逊的话见Johnson to Hillsborough, Aug. 14, 1770, *DHNY* 2: 976。

它就像海面下缓慢生长的珊瑚礁，在突破海平面之前始终隐而不见。约翰逊那受限的外交上的中间地带主要包括阿尔冈昆男人及英国文武官员，这个新的中间地带与之不同，它包括形形色色的人群：商人、阿尔冈昆女子、传教士、前囚犯、一些偏远定居者以及东部印第安难民。[1]

这个中间地带源于商业和七年战争及庞蒂亚克叛乱的浩劫留下的人力遗产：生活在印第安人中间的白人俘虏。这源头意味着新的和解局面起初仍然是有限的、地方性的。这一过程在俄亥俄河沿岸和伊利湖边推进得很快，在底特律、麦基诺和伊利诺伊地区则较慢。到1770年，它几乎还没进入沃巴什地区或圣约瑟，那里的法国商人和居民限制英国人进入；在密西西比河上游也未能顺利推进，那块区域总体上还是不对英国人开放的。[2]

结果证明英国商人和俘虏在阿尔冈昆村庄的存在对创建新的中间 324
地带至关重要。这些人主要通过阿尔冈昆妇女进入阿尔冈昆文化。妇女扮演了商人、母亲、爱人的角色，也是囚徒命运的仲裁者。她们在两个世界之间调和，并生育出跨文化的后代。

这种调和工作最明显的形式就是性关系。阿尔冈昆妇女容易与英国商人私通。1772年的匹兹堡，传教士戴维·麦克卢尔（David McClure）发现："印第安地区大多数商人都有个印第安情人……他们声称这样做有好处，对生意的成功不可或缺。"妇女使她们的情人得以进入阿尔冈昆亲属网络，让他们很容易进入村庄，而这种结合生出的孩子更可能让不同文化产生更为永久的结合。然而，在美国革命之前的几年里人们仍

[1] "古老习俗"在某种程度上符合"传统的发明"，见Eric Hobsbawm and Terence Ranger（eds.）, *The Invention of Tradition*（Cambridge: Cambridge University Press, 1983）,"它们是以回归旧情境的方式来应对新情境，或者半强制的重演建立他们的过去"。但此处我举的例子比较特殊，别的先不说，首先它们就涉及两个社会的人群。

[2] 法国人的影响见Thomas Hutchins, Remarks on the Country of the Illinois, Sept. 15, 1771, Gage Papers, AS 138。盖奇只在1772年指出过，英国商人开始扩张其范围了，Gage to Johnson, May 12, 1772, *JP* 8: 480。1767年，卡斯卡斯基亚大概有600名法国人和303名黑奴。此外，卡霍基亚有60户法国人，普锐德罗谢（Prairiede Rocher）有25户，圣菲利普（St.Phillipe）有3户，沙特尔要塞还有3户。沃巴什地区的温森斯有232名永久居民，27名印第安人及黑奴，以及168名商人和旅人。西班牙领地上的圣路易和圣热纳维耶芙（Sainte Genevieve）或者称米斯雷（Misère）还有约750名法国人，见Information on the State of Commerce in the Illinois Country...Capt. Forbes, enclosure with Gage to Hillsborough, Jan. 6, 1769, Gage Papers, ES 14。

然没有意识到这种可能性。英国商人和阿尔冈昆妇女的后代仍然差不多相当于混血杂种，也就是指被父亲抛弃、在阿尔冈昆文化中长大的人。父亲往往不是故意抛弃他们，不少商人在18世纪50年代和60年代的骚乱中死亡或逃难，不得不将他们的子女孤零零地留在世上。[1]

高地早期的混血儿成长于父系和母系两种文化中；18世纪60年代、70年代这种人还少之又少。现在他们中最出名的是亚历山大·麦基，他是托马斯·麦基（Thomas McKee）和一位肖尼妇女结合所生的孩子，后者极有可能是从小在肖尼人中长大的白人俘虏。法国混血儿普遍扮演中介角色，亚历山大也充分承担了这项任务。他担任了英国人-印第安人之间的中介——英国酋长，不过据乔治·克罗根所说，肖尼人将他视为“他们自身的一员，因为他母亲是他们本族人”。麦基把印第安人的言行解释给英国人听，将英国人的言行解释给印第安人听。[2]

325 比起在事实层面为中间地带增殖人口（混血儿），妇女更重要的角色是仪式性地为白人进入村落世界铺平道路。阿尔冈昆妇女重组了社会，她们为生于其他异域世界的人创造新的社会身份——这是通过收养俘虏达成的。她们为死去的本族人重建社会身份，用英国或印第安俘虏来代替他们。妇女掌控俘虏命运的程度在不同群体中各有差异，但在高地所有阿尔冈昆人和易洛魁人中，女人都对俘虏拥有极大的控制权。对一个俘虏是处死、饶他性命然后用之为奴，还是收养来顶替一位死去亲属的社会身份，往往视女性在某些关键时刻上的选择。[3]

---

[1] 引文见*Diary of David McClure*（New York: Knickerbocker Press, 1899）, Sept. 13, 1751, 53。

[2] Croghan to Johnson, Sept. 18, 1769, *JP* 7: 182. 麦基会说好几门阿尔冈昆语言，并懂得“他们的习俗和礼仪”，见Croghan to Gage, Jan.1, 1770, Gage Papers, AS 89。

[3] 见Sylvester Stevens, Dorald Kent, and Emma Woods（eds.）, *Travels in New France by JCB*（Harrisburg: Pennsylvania Historical Survey, Pennsylvania Historical Commission, 1941）, 100; 但在某些情况下远征队回村前在迪凯纳要塞烧死俘虏，见*ibid*., 71–72。摩拉维亚传教士戴维·蔡斯贝格（David Zeisberger）说阿尔冈昆妇女经常出手干预，以保证欧洲女人到阿尔冈昆村子后不致遭到围攻，见Archer Butler Hulbert and William N.Schwarze（eds.）, *David Zeisberger' s History of the Northern American Indians*（Ohio State Archaeological and Historical Society, 1910）, 105。玛丽·勒罗伊（Marie Le Roy）和芭芭拉·莱宁格尔（Barbara Leininger）认为当他们在阿勒格尼河畔的基坦宁受到背后的三次攻击时，只是为了保持古老的习惯。见“Narrative of Marie Le Roy and Barbara Leininger..., ”*Pennsylvania Magazine of History and Biography 29*（1905）: 409。与我不同的俘虏分析，见James Axtell, “White Indians, ”载James Axtell, *The European and the Indian: Essays in the Ethnohistory of Colonial North America*（New York: Oxford University Press, 1981）, 168–206。

肖尼人中有两类女性“酋长”——军事“酋长”和民事“酋长”，各自都仪式性地与族人的某类主要食物相关联。正如女人既在田里种庄稼，又将猎人捕获的肉类带回家，于是女性民事酋长监督稼穑，并准备素食性食物（“白玉米和较小蔬菜”）的盛宴，而女性军事酋长则准备“肉类和粗蔬菜”。女性民事酋长可以待在远征队中，她们归来时会受到女性军事酋长的欢迎，后者感谢他们带来“鲜肉”——即带回来的俘虏。在18世纪晚期，俘虏们仍然可能真是“鲜肉”——如果他们被烧死在酷刑柱上然后仪式性地被吃掉的话。18世纪50年代、60年代间，俘虏的命运显然系于女性民事首领能否赶在米谢埃夸威克瓦基（Miseekwaaweekwaakee）之前接触到他们，后者是个以四位女性长老为首的世袭社会。如果一位米谢埃夸威克瓦基先接触到俘虏，她会感谢战士们给她带回来鲜美的肉汤喝，那俘虏就会被烧死吃掉。[1]

迈阿密人中也有女性的战争酋长和民事酋长，不过她们对于俘虏 326
的仪式性的权力并没有那么大。在迈阿密人中，这样一个女人是因她与某个男性酋长的关系而获得职位。男性军事酋长、村庄酋长的长女便是女性军事酋长、村庄酋长。和肖尼人一样，女性村庄酋长会阻止流血事件。她们制止仇杀，并阻止主战派们外出行动。大多数情况下，当俘虏来到村子里，女人可以保住他们不被处死，除非他们已经被阿莫穆阿威（Amaumoaweeaukee，或者叫食人者）选中了，后者全都是奥克松基西亚（Sonkisia），或者说斯凯胞族的成员。不过，如果俘虏得以保命，他们将落到男性村庄酋长手中。他将俘虏分发出去，亡故

---

[1] Vernon Kinietz and Erminie W. Voegelin（eds.）, *Shawnese Traditions: C. C. Trowbridge' s Account, Occasional Contributions from the Museum of Anthropology of the University of Michigan, no.9*（Ann Arbor: University of Michigan Press, 1939）, 13, 18–21, 53–54. 米谢埃夸威克瓦基来自皮奎肖尼人的莱思瓦·米萨米（the Linewaa m' soamee）从黑蹄的描述来看，只有那些没有家庭想收养的俘虏会被送到米西夸威夸基会社，见 Trowbridge, Black Hoof' s Account，载 *Shawneese Traditions*, 64。将被处死的俘虏身上会被涂黑，见“An Account of the Remarkable Occurrences in the Life and Travels of Colonel James Smith during His Captivity with the Indians”（1799）载 Wilcomb Washburn（ed.）, *The Garland Library of Narratives of North American Indian Captivities*（New York: Garland, 1919）, 9。“即使一个俘虏被收养，当他试图逃跑时还是很可能被虐待致死”，见“Narrative of Marie Le Roy and Barbara Leininger, ”410–411。

者的子女决定是否愿意收养该俘虏。[1]

阿尔冈昆人从未打算将吸纳俘虏的行为当作扩张中间地带的手段。他们意图通过吸纳行为使俘虏完全阿尔冈昆化，不管是作为亲戚、奴隶还是被吃掉，但是成年人几乎无法被完全同化。儿童往往会在外表、文化及礼仪诸方面完全阿尔冈昆化，但奴隶显然还是边缘化的，而且大多数被收养的成年人不能完全融入村庄的社会网络。例如，尽管玛丽·勒罗伊（Marie Le Roy）被特拉华人收养，她仍然抱怨“其印第安母亲如此乖戾，总是斥责她”，所以她无法再待在她身边。休·吉布森（Hugh Gibson）被特拉华人抓住，成了皮斯克托梅、塔玛库阿和辛加的兄弟，“除了极少几次令人不快的意外，总的说来他们对他很友善，尽管如此，”他“还是不想和这些印第安人一起过日子”。[2]

特拉华人非常清楚在头几年里俘虏的家族归属感是多么脆弱。好几
327 年里吉布森和勒罗伊都吓得不敢逃跑，特拉华人残忍地处置了企图逃往定居点的亚历山大·阿利斯特（Alexander M' Allister）的妻子。特拉华人强迫其他俘虏观看她“在火焰里极度痛苦的样子”，好让他们断了逃跑的念想。吉布森可能会成为皮斯克托梅的兄弟，但他从未彻底变成一个特拉华人。皮斯克托梅打过他几次——特拉华人绝对不会在清醒时对别人这么做，还和其他亲戚一起威胁要烧死吉布森。当吉布森拒绝结婚时，皮斯克托梅拿一根山核桃木棍子抽打他。即便是詹姆斯·史密斯这样的俘虏，记载显示他被一些考纳瓦加人领养后生活在俄亥俄河边的明戈人中，他说“我从未感到他们和我之间存在任何区别和隔离”，但他也从未真正成为印第安社会的一分子。史密斯一样琢磨着逃跑，对他来说，自己这样的俘虏和印第安人之间的区别仍然很明显。玛丽·勒罗伊和芭芭拉·莱宁格尔（Barbara Leininger）这样待遇不那么好的俘虏则从

[1] C. C. Trowbridge, *Meearmeear Traditions: Occasional Contributions from the Museum of Anthropology of the University of Michigan*, no.7, ed. Vernon Kinietz（Ann Arbor: University of Michigan Press, 1938）, 14–15, 17, 21–22. 发放药物时不允许女人在场，见 23。俘虏见 *ibid.*, 24, 28–29。收养见 *ibid.*, 36–37。关于食人者，见 *ibid.*, 88。

[2] “Narrative of Marie Le Roy and Barbara Leininger,”引文见 416。“An Account of the Captivity of Hugh Gibson,”载 Washburn（ed.）, *The Garland Library of Narratives*, 153。

未认为自己有俘虏之外的任何身份，一直盼望得救。[1]

成年英国俘虏们抗拒完全的同化，不肯丢弃自身的文化和宗教，这正是使他们成为通往新中间地带的桥梁。他们对村庄生活进行了调整，包括一些不以他们自己的方式进行的事务，这种调整的关键不在于简单的技术交换，比如俘虏学会了印第安人的打猎或捕鱼方法，而是寻求一种相互可懂的意义，共同的生活和对世界的共识从中诞生出来。詹姆斯·史密斯与他的印第安兄弟泰考雷塔内戈（Tecaughretanego）在赛欧托河附近的营地度过的那个冬天，部分时间在“令人兴奋的谈话”中度过，多数时间都在比较白人和易洛魁人的生活方式，彼此都得到了指引。谈话主要围绕宗教，谁也没能使对方改宗。史密斯没有舍弃自己对基督教启示的信仰，而特考内塔认为他“年纪太大了所以无法学习新的宗教”，但双方都学到了对方谈话中的术语和理解方式，并且以中间地带的方式，出于自身目的而使用它们。[2]

中间地带的进程不一定都像史密斯和泰考雷塔内戈在漫长冬夜讨论宗教那么严肃，一些更为简单的事例将共享的理解付诸实践。当皮 328
斯克托梅踢他的兄弟休·吉布森，骂他是个懒惰的“一无是处的恶魔……并将他踩在脚下”，吉布森向上望道，“并且用一种柔软温和的态度，只说：‘兄弟，我听你的。’”他便消解了皮斯克托梅的怒气，这个特拉华人于是对吉布森无比慈爱。在这起事件中两个人翻转了文化角色。当皮斯克托梅打吉布森时，并不仅仅把他当作奴隶，而是当作兄弟，但皮斯克托梅同样用欧洲说法来骂吉布森。阿尔冈昆人认为撒旦是欧洲人，是白人把恶魔带到他们中间。从吉布森这方面来说，他像一个阿尔冈昆人那样承受了攻击。他以亲属的方式对皮斯克托梅

[1] “Captivity of Hugh Gibson,”领养见143; 关于抽打和威胁，见145–146; 逃跑见149; 对阿利斯特的折磨，见143–144。吉布森跟一群人一起逃跑了，其中包括芭芭拉·莱宁格和玛丽·勒罗伊，但他没有提及勒罗伊，而是说起一个来自格罗夫家族的德国人，见“Narrative of Marie Le Roy and Barbara Leininger,”逃跑，413–417，引文见416。虐待玛丽斯特等人以杀鸡儆猴，见410。“Colonel Smith’s Account,”11–13.

[2] “Colonel Smith’s Account,”50–56, 78–81. 在更为实际的层面上，白人俘虏学着打猎，而反过来白人偶尔也教授更有效的捕鱼方法，见 *ibid.*, 56–57。

说话，使后者感到羞愧，这么做也使皮斯克托梅像对待兄弟那样对他。[1]

俘虏们也从经验中学到，同样的行为在阿尔冈昆村子里和在殖民地边陲的意义是非常不同的。亚历山大·亨利在庞蒂亚克叛乱期间被奥吉布瓦人俘虏并收养，虽然这并未使他变成一个印第安人，但确实令他意识到自身行为的多重意义，并明白有必要找出他自己和阿尔冈昆人都能够接受的解释。在英国人中有些并无其他含义的普通行为及事件，在奥吉布瓦人中却有不同的含义。亨利给一些印第安人放血，他发现自己变成了医生。在阿尔冈昆人中，医药在象征意义上（实际上也往往如此）就是人们认为应当将毒素或异物赶走。放血无疑符合他们关于恰当的治疗的观念，于是亨利变成了医者。亨利不经意间发现自己的行为被赋予阿尔冈昆意义，这样也赋予了他一个欧洲人在中间地带中的社会角色。女人特地来求被放血，也许和来月经有关。亨利发现“她们要求我做这项服务，而我无论怎么劝说都不能使她们摒弃这种做法”。[2]

亨利无须自认为是个医生，但他必须理解印第安人认定的事。譬如，亨利并不相信梦可以预见未来，但他发现有必要装作相信这个，并借助自己的梦做预言，因为“坦陈我的无知不会令他们满意，还会让人怀疑我是故意留一手”。他招待俘获自己的人以及亲戚们，并做出必要的预言。类似地，休·吉布森告诉辛加，很快他们就会与白人媾
329 和。当被问到他怎么知道时，吉布森回答“我梦见的”。几天后皮斯克托梅和弗雷德里克·波斯特一起来了，吉布森就被称作预言家。[3]

庞蒂亚克战争结束后，这些俘虏变成扩展中间地带的合适的代理人。多数人回到故地，但也有很多人留在印第安人中，或者生活在与之相邻的边界处。亨利回去做了商人，约瑟夫·尼科尔斯（Joseph

[1] “Captivity of Hugh Gibson, ”146. 关于邪恶，见下文。

[2] “Milo M. Quaife (ed.), *Alexander Henry' s Travels and Adventures in the Years 1760–1776*（Chicago: R. R. Donnelley and Sons, 1921）, 116–117.

[3] 关于梦，见 *ibid*., 148; “Captivity of Hugh Gibson, ”148。

Nickels）“小时候就做了印第安人的俘虏，对他们全部习俗都相当熟悉”，他在皮特要塞做了翻译。他不只是翻译语言，更要翻译社会意义。阿尔冈昆人中也有一些与这些俘虏作用相同的人物。战后阿勒格尼东部的阿尔冈昆人大规模迁入，带来了摩拉维亚改宗者及其他宾夕法尼亚、新泽西的特拉华人、猛西人，他们通晓英国人、基督教及欧洲的意义体系。约瑟夫·佩皮（Joseph Peepee）是个信仰基督教的特拉华人，1772年他从萨斯奎汉纳迁居马斯金格姆，为戴维·麦克卢尔、查尔斯·比蒂和戴维·琼斯做翻译，和尼科尔斯在皮特要塞所做的一模一样。所有这些人构成了中间地带的支柱。[1]

诸如史密斯、吉布森和尼科尔斯等俘虏在漫长战争年代的经历只不过是一个正在进行的过程中的一个更为极端和集中的版本罢了，越来越多英国臣民（商人、士兵、传教士以及一些定居者）和前俘虏们一样参与其中。1772年、1773年之交那个冬天，戴维·琼斯来到奇利科西的肖尼城镇，他发现那儿居住着二十个白人。他还遇到了戴维·欧文（David Owen），后者住在白人定居点里，但和一个特拉华人住在一起，还经常在印第安人中间旅行。琼斯还发现，即使完全被同化的俘虏也有助于拓展中间地带。商人会找这种女人做妻子，和她们安定下来，这些妇女以惯常的方式沟通了两个世界。[2]

随着这类接触在数量上增加、在时间上延长，双方对意义的调整、适应就变得更稳定了。印第安人和白人有时间去发现共通的观念，在此基础上建立共同世界。亨利适时诉诸梦境，这种妥协从根本上来说是站不住脚的，而只有在欧洲观念和阿尔冈昆观念实际上重合时，才 330

[1] 说英语的特拉华人见“Journal of James Kenny, ”*Pennsylvania Magazine of History and Biography*, 37（1913）: 42, 423–425; 关于约瑟夫·佩皮 *Diary of David McClure*（New York: Knickerbocker Press, 1899）, Aug. 23, 1772, 46。关于尼科尔斯，见 *ibid.*, Sept. 13, 55; David Jones, *A Journal of Two Visits Made to Some Nations of Indians on the West Side of the River Ohio in the Years 1772 and 1773*（New York: Arno Press and New York Times, 1971, orig.ed., 1774）, 100。摩拉维亚教徒见 *Diary of David McClure*, Sept. 5, 1772, 50–51。麦克卢尔基本不认为佩皮或尼科尔斯完全融入了英国文化，见 *ibid.*, Sept.19, 1772, 59。佩皮自己对于社会意义的商谈见 *ibid.*, 82。麦克卢尔也遇到过“一个叫汉密尔顿的年轻人”，他在印第安人中长大，又回到白人中，现在又决定回到印第安人中经商，见 *ibid.*, 87–88。

[2] Jones, *Journal of Two Visits*, 18, 55, 58, 88.

能有更为长久的妥协。例如，贵格会相信直接的神启，这不只引起了印第安预言家的兴趣，更是引起了印第安人关于释梦的普遍兴趣。詹姆斯·肯尼在他匹兹堡的商行里招待印第安人时，对他们的梦很感兴趣，常常也讲述自己的梦。谈梦和谈上帝制造出一种超自然语境，它来自两种文化，以两种方式运作。贵格会教徒肯尼揣摩特拉华人梦的意义，与特拉华人乔治·怀特·爱（George White Eyes）相映成趣，后者在其狩猎营地请商人为他阅读《圣经》。[1]

那些比起肯尼来对印第安人的了解少得多的人，也发现了同样的路径可以通往中间地带。在肯尼关于西弗吉尼亚和宾夕法尼亚地区白人定居点的记忆中，尊敬的约瑟夫·多德里奇（Joseph Dodderidge）神父将偏远地区的迷信与“历史上的异教徒”联系起来，但他的这一派别更像是代表了旧有欧洲信仰和阿尔冈昆信仰的融合：

> 在初到这片国土的冒险者中看来，乌鸦呱呱、犬吠以及猫头鹰的尖叫都预示着凶事，就像历史上他们在异教徒中经历的一样；但主要是他们的梦都被认为可以预示吉凶。[2]

这种智识上的杂交可在梦境和预兆中看到，它仍然是混乱的、个体的，直到在社会行动中接受检验。白人检验自己对阿尔冈昆信仰的解释，印第安人也检验他们对于欧洲信仰的解释。在中间地带的典型程序中，这种检验往往发生在为了操纵对方而诉诸对方的价值观时。比如，1759年7月，皮斯克托梅——我们常常说他是一个贵格会教徒，

---

[1] “Journal of James Kenny, ”12, 176; 关于怀特·爱，见*ibid.*, 178。麦克卢尔来到马斯金根河上的克拉勒马（Kekalemahpehoong，或者叫牛卡姆城［Newcomer’ s Town］）的特拉华人中，听说当地人梦见一个英国小伙子，他所住的岛屿被毁灭，他本人逃过一劫，因为上帝还要交给他更多的工作。当地人问麦克卢尔是否就是那个小伙子，来给印第安人指明通往天堂之路，见*Diary of David McClure*, Sept. 24, 1772, p.66。
与之相反，浸礼会教徒戴维·琼斯（David Jones）从牛卡姆城归来途中梦见自己的儿子死了。后来他发现儿子真的死了，非常震惊，但他并未直接将此事与印第安人的梦联系在一起，而是视之为偶然事件，称通常“不必理会沉睡中的臆想”，见Jones, *A Journal of Two Visits*, 113。

[2] Joseph Doddridge, *Notes on the Settlement and Indian Wars of the Western Parts of Virginia and Pennsylvania from 1763 to 1783*（Albany, N.Y.: Joel Munsell, 1876）, 65.

他要求詹姆斯·肯尼解释英国人把军队开进俄亥俄的意图："这使我想起你们贵格会教徒总是必须说实话或者不说谎。"同一天，丹尼尔，另 331
一个有时自称贵格会教徒的印第安人，问肯尼要一支枪去打亲法的印第安人。当他被告知贵格会教徒不应打仗时，他说"他可以既打仗同时也做一个贵格会教徒"。[1]

白人也一样在实际行动中检验他们对于印第安信仰的解释。有时这种解释否定了印第安信仰的真理，有时这种真理又为人们所接纳。不管在哪种情况下，实际行动中的解决方式都发生在中间地带，而最终的判决需要来自双方文化的人共同做出。也许对白人来说阿尔冈昆文化中除了巫术就没有别的了。即便在像摩拉维亚传教士那样有着紧密联系的群体中，某些人，比如戴维·蔡斯贝格（David Zeisberger），他们承认阿尔冈昆萨满真有本事通过超自然手段达到目的、伤害敌人，而其他一些人，比如约翰·赫克韦尔德（John Heckewelder），则否认巫术的力量。两群人都拿与印第安人打交道的经验来证明自己有理。[2]

1776年，贵格会商人约翰·安德森，"在试图说服那些人根本不存在巫术后"，也害怕阿尔冈昆萨满会用巫术杀死他。有位萨满，"资深男巫"，被迫使当着许多旁观者的面试图杀死那个商人，却以失败告终。萨满的失败向安德森证实了自己的巫术不可信，但此次试验并未使阿尔冈昆人放弃他们对于巫术的信仰。此次失败及其他失败反而使阿尔冈昆人和许多欧洲人以种族和文化的语言来重新定义巫术。卷入安德森试验的那位萨满解释说，白人吃了太多的盐，所以他们对萨满的药物有了耐受性。简言之，印第安巫术对印第安人起作用，对白人不起作用；但这个说法同样有待进一步检验。[3]

戴维·蔡斯贝格和安德森一样，一开始也对萨满的说法持怀疑态

---

[1] "Journal of James Kenny, "433–434.

[2] 蔡斯贝格见Hulbert and Schwarze（eds.）, *Zeisberger' s History*, 84, 125。赫克韦尔德见John Heckewelder, *History, Manners, and Customs of Indian Nations who Once Inhabited Pennsylvania and the Neighboring States*, new and rev.ed.（Philadelphia, 1876; repr.ed., New York: Arno Press, 1971）, 239。Doddridge, *Notes on the Settlement*, 179–184，提到边民中对巫术的信仰大行其道。

[3] 安德森见Heckewelder, *History*, 243。

度，“认为这纯属他们单方面的吹牛和撒谎”。不过，他还是被说服了。蔡斯贝格认为，那些夸下海口的人——比如和安德森打交道那位萨满——多少懂得这门暗黑技艺。“行家们并非夸口，因为害怕会死。”蔡斯贝格认为“有些印第安人能够以非常规手段取任何人性命，即便
332 在短短24小时内”。尽管印第安人声称他们的魔法对白人无效，“因为白人的饮食含盐太多”，这也“只不过是虚假托词，因为也有欧洲人中他们毒的先例。”对蔡斯贝格来说，安德森那次失败是因为操作者技艺不精，而那种力量本身是真实的，印第安人否认它对白人有效也只不过是精心设计的托词，用来掩盖他们杀人的事。[1]

巫术之辩将基督教魔鬼和阿尔冈昆曼尼通召来中间地带，在这儿他们本身可能被改变。以一种融合的方式来看，某些精灵可以与魔鬼联系起来，盐也可以像保护欧洲受害者一样保护印第安人，而巫师越不显眼，他们就可能变得越危险。关于巫师，英国臣民和阿尔冈昆人建立了一种可以互相理解的对话。[2]

但是，也可以从相反的假设出发来进行同样的推理：魔法力量并不存在，只不过是受害者的软弱和心理暗示制造出了它的效果。约翰·赫克韦尔德的立场大抵如此。赫克韦尔德认为，印第安人对巫术的信仰使他们毁于自身的幻想。为了维护这个观点，赫克韦尔德和其他白人从巫师们身上找证据，并宣称已经找到了。据说，一位“最著名的巫师”告诉白人，他手下的受害者们只是由于自身的“轻信和愚蠢”然后死于“混乱的想象”，并非死于巫师的魔法。和蔡斯贝格的解释一样，赫克韦尔德不只是诉诸经验，更诉诸对方文化中既有的信仰——这需要阿尔冈昆人自身的认可。[3]

在实际行动中，印第安人和欧洲人也像在争论超自然事物时一样。

[1] Hulbert and Schwarze（eds.）, *Zeisberger' s History*, 125–126。早期印第安人向蔡斯贝格宣扬巫婆的力量见“Diary of David Zeisberger' s Journey to the Ohio...From Sept. 20 to Nov. 16, 1767, ”*Ohio Archaeological and Historical Quarterly 21*（1912）: 16–17。

[2] 1772年，戴维·麦克卢尔几乎第一时间加入了这场关于邪恶曼尼通、巫术的对话，见 *Diary of David McClure*, Sept. 15, 1772, 56–57。

[3] Heckewelder, *History*, 239–241.

1771年，发生了另一件值得注意的意外，它也是通过一种文化的机制来达成另一种文化中的目标。1763年，在亚历山大·亨利被捕的那场袭击中，“一位名叫布鲁斯（Bruce）的商人”在麦基诺被奥吉布瓦战争领袖勒格朗·索尔特掳走。这次袭击毁了布鲁斯，而且庞蒂亚克战争结束后他的生意也再没起色。他破产之后去往福克斯人中寻求庇护。他在那儿成了一位“酋长”，在此情况下几乎可以确定他是一位战争领袖。1770年，齐佩瓦人偶然杀死了一些福克斯人，布鲁斯带领福克斯人的战队去为死者复仇。布鲁斯这次复仇来得格外美妙：福克斯战士 333
们杀死了他的宿敌——格朗·苏尔特。掳走布鲁斯的格朗·苏尔特是英国的敌人，庞蒂亚克的亲戚，还想为庞蒂亚克之死复仇，英军对他的死和布鲁斯一样感到高兴。一种文化中的个人私欲和群体期盼通过拥有另一种文化的人群的逻辑得以实现。布鲁斯作为一个阿尔冈昆战争领袖和破产英国商人，这两种身份在格朗·苏尔特之死中暂时合二为一。[1]

两种来自不同文化的利益诉求融合到一起，这在后来的交换仪式中尤为常见。英国人无须重新发明此类仪式以进入贸易，前俘虏们和法属加拿大人便是老师，他们熟知仪式的意义。比如，亚历山大·亨利有当俘虏的经验，加上他与法属加拿大人关系密切，他很快便明白了商业仪式的必要性，从在麦基诺时的新手变成中间地带的老练操作者。交易由印第安人送出大量食品作为礼物开始，商人回赠火药、炮弹和朗姆酒。接下来印第安人可能送出额外的礼物，不过在某些时刻礼物交换让位于纯粹的以物易物，这些往往由妇女操作。在很多时候伴随着物资交换的还有性交易。有时候贸易结束时女人放纵“自己献给我的加拿大人们”，正如亨利的一次旅行中那样。[2]

有些英国商人——比如詹姆斯·肯尼——谴责其他商人“在恶心

---

[1] 布鲁斯见 Turnbull to Gage, May 29, 1771, *JP* 8: 117。格朗·苏尔特见 Journal of Transactions and Presents...from 23 Dec. 1768（111.）, April 29, 1770, Gage Papers, AS 138。

[2] Henry, *Travels*, 235–236; “Journal of James Kenny, ”169. 英国商人通常利用法国人来实施交易，见 Gage to G. Johnson, May 29, 1768, *JP* 12: 517; Gage to Turnbull, May 30, 1768, Gage Papers, AS 77。

的印第安风俗中寻欢作乐”，他们极有可能已经反思过此类性交易，但肯尼也不得不再次创造中间地带的交易。他雇了一名前俘虏来帮忙，并学说特拉华语言。他送些小礼物，不时从有求于他的印第安人那里获取建议以使得行动合宜，印第安人们提醒肯尼不应欺骗，因为那会“触怒你们在天上的大精灵”。有阿尔冈昆女人要求在肯尼的商行过夜，他推托了；她们被锁在门外，便朝他的百叶窗扔石头，然而肯尼毫不让步。[1]

如同肯尼的拒斥所表现出来的，交换仪式的再生产往往并不完美；
334 它们必须复制自身去解释相互矛盾的现象，并在实际上可能使之改变的意义中挣扎。这样的一种变化似乎发生在庞蒂亚克叛乱之后的一些年里。显然，英国商人将性交易与礼物交换的伴生重新解释为卖淫，而且随着朗姆酒作为商品批量销售，这种伴生确实变得非常接近卖淫。

18世纪中，旧式的性交易与商品交易伴生似乎将性行为本身简化为了商品。妇女与白种男人发生关系以换取朗姆酒。性变成了双重的商业投机，因为女人并不消费这些朗姆酒而是将之高价卖给印第安男人。不同族群之间的交易方式的变化因此转变了村庄之内交易的性质。阿尔冈昆男人起初对阿尔冈昆女人和白种男人的性关系几乎没有异议，后来则谴责这种新的做法。1766年，特拉华酋长们谴责这种卖淫行为“极坏”，试图阻止却没能成功。随着女人对从贸易中获得的商品的控制权增加，朗姆酒贸易和卖淫分离开来，因为女人可以直接拿毛皮换酒。1770年，肖尼酋长们请求白人不要再“卖酒给我们的女人再让她们卖给我们”。法国人理查德维尔（Richardville）在同居的迈阿密女人玛丽·路易莎（Marie Louisas）离开他后，发起了一场关于“奴隶、牛只、印第安玉米、贝壳串珠、银器和斧子”的争论，路易莎的兄弟帕卡内宣称，她获得这些财富部分是靠在底特律拿毛皮换朗姆酒，然后把酒零售出去。朗姆酒是个润滑剂，逐渐改变了中间地带里交换

[1]　“Journal of James Kenny,”引文见182；欺骗见169；妇女见17；前俘虏们见6。

的意义，其终点是私人的获利。这种行为被证明对阿尔冈昆人来说尤其具有警告性，到1770年，萨斯奎汉纳村民——他们很多人都西迁了——谴责印第安商人比白人还要坏。[1]

意义的变化却可能发生，但阿尔冈昆人仍然有能力完好无损地传播中间地带的大多数特殊仪式。那些没能从法属加拿大人、曾经的俘虏、阿尔冈昆女人或其他有经验的商人那里学到必要的交易仪式的新 335
手商人必须从他们的顾客身上学习仪式。1769年，在一次私人的探险中，威廉·约翰逊为费拉尔·韦德（Ferrall Wade）和凯乌塞尔（C. Keiuser）提供装备进行了一次远行，从安大略湖出发至多伦多。接下来几年里，他们的信件描述了商人所受的培训。[2]

韦德和凯乌塞尔发现，尽管有朗姆酒进入，安大略湖沿岸的贸易仍然是一种围绕在建立于中间地带之上的互惠、利润和政治的混合体上的关系。事实证明朗姆酒在贸易中必不可少，特别是春天猎人们从冬季营地回来，没有朗姆酒和烟就无法交易。尽管约翰逊谴责朗姆酒贸易，但他显然也给自己手下的新手商人几乎全部准备了朗姆酒。他们告诉约翰逊，如果他们想要获得大量的毛皮，就需要更多种类的商品。他们同样需要和密西沙加人结下更广的关系，而印第安人自身承担了建立这种关系并处理琐碎事务的任务。密西沙加人利用食物来创造互惠关系。询问了冬天随行的商人后，他们给韦德和凯乌塞尔一个有鹿肉和玉米的小布丁。作为回报，商人们应当“给来到此处的所有印第安人食物，不管他们有没有与之做生意”。密西沙加人同样创建了一种政治关系。或许由于商人们和约翰逊的关系，印第安人给予他们“非常伟大的人”的地位，印第安人和他们说话时要手拿贝珠串。不

[1]　特拉华人的怨言，见Guy Soulliard Klett（ed.）, *Journals of Charles Beatty, 1762–1769*（University Park, Pa.: Pennsylvania State University Press, 1962）, 67; Hulbert and Schwarze（eds.）, *Zeisberger's History*, 117。肖尼人的怨言见Croghan Journal, Aug. 1, 1770载Croghan to Gage, Aug. 8, 1770, Gage Papers, AS 94。
帕卡内的妹妹见Council held at Detroit 18 Sept. 1774 with Lernoult to Gage, Sept. 9, 1774, Gage Papers, AS 123。妇女显然也扮演白人商人的代理人，见*Diary of David McClure*, Sept. 28, 1772, 73。对印第安商人的谴责见Sachems of Oquaga to Johnson, 22 Jan. 1770, *JP* 7: 348。

[2]　第一个冬天见Wade & Keiuser to Johnson, June 14, 1770, *JP* 7: 739–740。

过，似乎互惠只主宰了食物的交换，以及少量朗姆酒、烟、火药和弹丸的交换，有最后两项是因为用它们可以获得食物。其他商品就落在获利的领域，英国还想最大化自身所得，同时仍然通过低价抛售与法国商人竞争。即使在这时，在印第安人决定该与谁做生意时，公平交易也似乎和价格有同样的重要性。[1]

商人谋利，但贸易体现了超出利益的关系。稳定的贸易只会演变成稳定的社会关系的基础，[2]而商人之间的竞争也往往是社会地位的竞争。只有那些建立了社会地位的商人才有机会获利。比如，1771 年秋天，佩米斯基特约恩（Pemiskittyon）印第安人邀请凯乌塞尔去他们那
336 儿过冬，凯乌塞尔答应了。凯乌塞尔一到他们那儿，他们就送他十张熊皮作礼物，并立即派人通知周围的人们都来交易；但当一个法国商人和两个英国商人从大概一天的路程以外的地方出发抵达帕斯科特姜（Passkottejang），凯乌塞尔获取高利润的希望落空了。他们利用一条大带子和一面大型丝质旗帜详细地阐述了自己的目的，并号称是威廉·约翰逊爵士的亲戚，他"派他们来到这里做好事，让印第安人以比任何商人都便宜的价格买到生活必需品。"新来的商人们打着约翰逊亲戚的旗号，在社会地位上胜过了凯乌塞尔。他只能以这样一种希望安慰自己：如果竞争者们为了证实他们放出的话以及巩固自己地位，每一张鹿皮都拿一条毯子来换，那么他们一定很快破产。[3]

还在加拿大的韦德也发现了社会地位是交易的关键。韦德被"大酋长"收养，他"将我视如己出，而所有印第安人都必须这么看我"。韦德的新父亲召来多伦多附近一个村子的头人莫诺吉奎特（Monoghquit），责骂他劫掠商人，还谴责他们村的年轻人不顾打猎而

---

[1] 朗姆酒，见 Wade & Keiuser to Johnson, June 14, 1770, *JP* 7: 739–740; *ibid*., Apr. 6, 1771, *JP* 8: 62–63; *ibid*., June 18, 1771, *JP* 8: 149–151; Ferrall Wade to Johnson, May 29, 1771, *JP* 8: 118; *ibid*., June 7, 1771, *JP* 8: 128。交易关系的演变见 Wade & Keiuser to Johnson, June 20, 1770, *JP* 7: 756; Wade & Keiuser to

[2] Johnson, Mar. 1, 1771, *JP* 8: 2–3; Ferrall Wade to Johnson, May 29, 1771, *JP* 8: 118; Wade & Keiuser to Johnson, June 18, 1771, *JP* 8: 149–151; C. Keiuser to Wade, Dec. 30, 1771, *JP* 8: 854–856。韦德与凯乌塞尔所提要求见，c.Aug. 16, 1770, *JP* 7: 824–825。

[3] Ferrall Wade to Johnson, Sept. 22, 1771, *JP* 8: 270–277; C. Keiuser to Wade, Nov. 23, 1771, *JP* 8: 324–325.

去饮酒。他说莫诺吉奎特和他的人都是蠢货；“英国人信任他们，而他们不应该让坏行为破坏彼此之间的友谊”。作为一个好儿子，韦德从他的角度强调了他对印第安人的忠诚和责任。他敦促印第安人只能和他而不是外来的商人做生意，因为离开了韦德，他们就得在冬天到尼亚加拉去获取杂七杂八的日用品。当他的父亲离开时，他送给这位老人一件自己的外套，一小桶朗姆酒，一条毯子，还有火药和子弹。[1]

中间地带早就有了交易，但更为宏大的体系化意义也持续到了18世纪末。它包括印第安人和白人之间持续不断的关于宗教的对话，最重要的参与者有印第安先知——即宗教调和论的倡导者，以及基督教传教士——在这一时期主要是摩拉维亚教徒。这个议题的紧要之处，从某种意义上来说涉及中间地带本身。先知们试图把世界理解为在同一位上帝主导下的两种生活方式——印第安生活方式和欧洲生活方式。传教士们则试图说服印第安人，他们是“同一群人”，理论上只应该过同一种基督教式的生活。[2]

在为印第安生活方式造势时，先知们并非反对基督教的传统主义者。他们往往争取传教士，并部分使用基督教教义。1767年，当长老 337
会的查尔斯·贝蒂到达马斯金根河边的克拉勒马时，他发现最专心、兴趣最浓的听众是内奥林。同年戴维·蔡斯贝格尔造访阿勒格尼河上游的戈什戈兴的猛西人镇子，也遇到一位“印第安牧师”——旺戈门德。蔡斯贝格尔造访期间，旺戈门德住在他附近，希望能和他一同布道，而且印第安摩拉维亚教徒也陪同一起。[3]

[1] Ferrall Wade to Johnson, Sept. 22, 1771, 7 *JP* 8: 270–277; *ibid.*, Oct. 28, 1771, *JP* 8: 303–305.

[2] “同一群人”见Zeisberger, “Diary, ”27; Klett, *Journals of Charles Beatty*, 62。各自不同道路的理念并不限于先知们，见麦克卢尔在纽科默镇与代言人的讨论，*Diary of David McClure*, Oct. 4, 1772, 80。

[3] Klett（ed.）, *Journals of Charles Beatty*, 65, 68–70; Zeisberger, “Diary, ”23–25; Heckewelder, *History*, 293.

宾夕法尼亚伯利恒（Bethlchem）的摩拉维亚传教所内，一位摩拉维亚牧师为特拉华和莫希干印第安人施洗，在摩拉维亚人从远方的西部迁来之前。（纽约公共图书馆珍本部［Rare Book Division，New York Public Library］）

蔡斯贝格尔常常把牧师与作为“撒旦使者”的“医生和巫师”混为一谈，但他也意识到他们之间明显的不同。牧师和萨满一样可以接触精灵，但与之不同的是，牧师还能从上帝那儿获得直接启示。他们要求印第安人遵循“非常严格”的道德准则。他们“把自身当成圣经，由一张纸组成，上面书写着关于上帝、白人、印第安人和黑人的描述”，他们把布道当传教来看待。他们宣称“上帝之道有两条，白人的路和印第安人的路”。旺戈门德非常乐意承认蔡斯贝格尔和他的一位印第安助理安东（Anton）都认识了上帝。当蔡斯贝格尔与旺戈门德发生了对抗时，这位印第安牧师虽然要维护他的印第安方式的启示，但又承认他既不认识上帝也不懂得他的神启。蔡斯贝格尔在强调自己的优势时，无意中步入了中间地带。他告诉旺戈门德，要想认识上帝，就必须“放下你的印第安式的反感，像个一无所知的不幸的可怜人那样来到上帝身边”——这种态度恰恰是阿尔冈昆人在精灵面前的姿势。不出所料，旺戈门德回应道，他“洗耳恭听，因为自己确实很可怜”。[1]

[1]　Zeisberger, “Diary,” 引文，24, 25, 29, 31. 蔡斯贝格意识到牧师们是个新群体，他说他们最初出现于1750年左右，133。道德准则见 Hulbertand Schwarze（eds.）, *Zeisberger' s History*, 134。

传教士和印第安人之间这种对抗可能会带来改宗者，但它们也会对宗教融合有利。旺戈门德最终与蔡斯贝格尔为敌，但他也与巫师和萨满为敌，他和其他印第安人越来越将巫师、萨满等同于撒旦。蔡斯贝格尔后来报告说，印第安人接受撒旦的存在，但认为他是白人带来的恶魔。“他们表示，印第安人中从来没有发现过撒旦，他只出现在白人中。因为如果印第安人里有撒旦，他们应该早就发现他了，他们的祖先也应该告诉他们了。”借着将旧式的宗教人物归为白人传来的撒旦的由头，印第安牧师们将自己打造成印第安之道——实际上是基 339
督教与原有阿尔冈昆信仰调和的产物的维护者。很多旧萨满，比如克拉勒马的“大魔法师”，发现自己因为“对魔鬼的影响力太大”而遭到驱逐。[1]

摩拉维亚教徒将这些先知而非萨满当作他们的头号对手，最后还宣布已经彻底击败他们。不过他们错把这些个体的衰落当成宗教融合进程本身的终结。这些先知个人的失势并未终结宗教融合进程，并不像特拉华人拒斥传教士那样终结了基督教宣教。传教士继续涌入，而先知也卷土重来。[2]

摩拉维亚教徒反对先知们，但他们同样反对特拉华人引诱他们更深进入中间地带的微妙企图。摩拉维亚教徒加入了印第安人的“追逐，并且免费给无助的人派发礼物”，他们变成其追随者的“父亲”，也被人如此称呼。但他们希望自己的孩子与特拉华人这个整体区别开来。蔡斯贝格尔后来在日记中写道，“酋长们千方百计想要把我们卷入他们之中”，企图“让我们一点一点地混同于他们”。实际上，不少首领和酋长尝试进入教堂，“想要成为它的主人”，蔡斯贝格尔这么想。这正

[1] *Zeisberger's Aistorg*, 133–136; Heckewelder, *History*, 291; 他们变成敌人见，294; 反对巫师，294–295。“大魔法师”见 *Diary of David McChre*, Sept. 25, 1772, 67。

[2] 赫克韦尔德认识到内奥林和旺戈门德之间存在延续，特库姆塞及其兄弟“先知”之间也存在延续，见 Heckewelder, *History*, 295; 麦克卢尔传教遭拒见 *Diary of David McClure*, Oct. 6, 1772, 83–84。旺戈门德本人显然搬到了瓦赫勒汀（Wahlhanding）的猛西人村庄，见 Heckewelder, The Names of all the different Indian Nations...（1777）, Ms. Moravian Archives，印第安纳大学俄亥俄河谷－五大湖民族历史档案馆藏版本，后被称为 GLEHA。

是摩拉维亚教徒所抗拒的。摩拉维亚教徒必须和中间地带打交道，但与耶稣会士远远不同，它们希望止步于它的边缘。[1]

三

外交上的中间地带在衰落，新的文化上的中间地带逐渐成形，二者相辅相成。它们以一种复杂而悖论的方式互相成就了对方。约翰逊无法再让偏远地区白人的村庄独立于高地的村庄世界。两个世界之
340 间的冲突削弱了联盟，一如它们混合交织，开始构造一个新的大众中间地带。但是由于新的中间地带生长如此缓慢，而帮助建造它的白人仍然是极少数，故而联盟的破碎仍然比同时期共识世界的生长要明显得多。

白人村民和帝国的吝啬合力削弱了约翰逊的联盟，他们在18世纪60年代末期涌现成为偏远地区一支独立的力量。其自身内部和阿尔冈昆人一样异质化。苏格兰长老会教友、苏格兰-爱尔兰人、宾夕法尼亚德裔，还有美洲出生的弗吉尼亚人通通混在一起，居住在红石溪和赛欧托河沿岸以及匹兹堡地区。1763年、1764年间，他们遍布这些地区之间的谷地以及阿巴拉契亚山脉脚下，从莫农加希拉河穿过，推进至俄亥俄河。到1774年，阿巴拉契亚山脉以西大约有五万白人。英国军队无法控制他们，用盖奇的话说，他们“数量太庞大了，太无法无天也太放纵丧德了，无法管束”。[2]

许多来自阿巴拉契亚山脉东部的移民是一群从等级社会逃离出来的乌合之众，那个社会很快就会封锁住他们的上升通道，但在18世纪

[1]　摩拉维亚教徒的父亲角色见*Diary of David McClure*, Sept. 5, 1772, 51; Zeisberger, “Diary, ”Oct. 18, 1781, 1: 27–28。

[2]　定居点见Solon J. Buck and Elizabeth Hawthorn Buck, *The Planting of Civilizationin Western Pennsylvania*（Pittsburgh: University of Pittsburgh Press, 1939）, 135–155。在1769年宾夕法尼亚方面开始出售土地前，这些定居者大多数是擅自占用空地的，见*ibid*., 143。定居点扩张见*Diary of David McClure*, Apr. 24, 1773, 119。引文见Gage to Johnson, Apr.3, 1769, *JP* 12: 710。亦见Gage to Johnson, Oct.22, 1769, *JP* 7: 225。Johnson to Gage, Apr. 14, 1769, *JP* 12: 715. 在当时的宾夕法尼亚地区也有很多弗吉尼亚人，和西弗吉尼亚一样多，因而这两块殖民地都宣称对西宾夕法尼亚拥有司法权。

60年代和70年代他们暂时摆脱了等级社会的控制。因为间杂在阿尔冈昆人中，只有利用不完善的方法来管束这些年轻白人村民。“他们已经，”盖奇在1770年写道：“几乎令法律和政府鞭长莫及。不管政府的施压，还是对印第安人的恐惧，都未能使他们安守本分。”很多英国居民，特别是弗吉尼亚的，鄙视印第安人，“不管什么时候遇见”，都要辱骂他们。还有，正如戴维·麦克卢尔在匹兹堡偏远地区观察到的那样，白人村民似乎“自我感觉处在政府管辖范围之外，也不受宗教权威约束”。俄亥俄河两岸，不服管教的年轻人——包括白人和印第安人——盗马、醉酒、打架。[1]

难以管束年轻人只不过是两个社会众多相似之处之一。传教士戴维·麦克卢尔认为弗吉尼亚人似乎“基本上是白皮肤的野蛮人，以打猎维生，像印第安人一样生活”。盖奇在描述俄亥俄河边一处新的定居点时与此所见略同。“他们中许多人，”他写道，“是半裸的……其生活方式与印第安人几乎没有不同。他们没有渠道购买衣物，只好穿兽皮，这就促使他们去狩猎，因而侵入了印第安人的猎场。”从经济角度来说，这两种社会都基于农业、牧业和狩猎的混合经济才得以生存。他们的经济稳定增长，这种增长类似于和弗吉尼亚长期狩猎者侵入阿尔冈昆人的狩猎疆域，和阿尔冈昆人获得大量的马匹和猪，以及少量的牛。于是两群人之间冲突长期难以根除，不只是因为各自用完全不同的术语来理解世界及其所处的位置，也因为这两个世界的经济基础和政治组织如此相近。举个例子，阿尔冈昆人和弗吉尼亚人对人类与猎物的关系赋予了完全不同的意义，尽管如此他们还是争夺印第安人认为原本属于自己的猎物。就像特拉华人（以中间地带的方式）所说：“对我们来说，驼鹿好比白人的马匹，水牛好比奶牛，鹿好比绵羊，而 341

[1] Croghan Journal, Aug. 1, 1770; 引文、辱骂，July 5, 1770，载Croghan to Gage, Aug. 8, 1770, Gage Papers, AS 94。麦克卢尔引文，见*Diary of David McClure*, Sept. 13, 1772, 53。盖奇引文见Gage to Hillsborough, Nov. 10, 1770, Carter（ed.）, *Correspondence of Gage*, 1: 277。

白人并不拥有它们。”[1]

对付印第安人，英国村民走上了和高地法国人相反的道路。法国人建立起了共同的意义世界，却保持着相对独立的实践世界。阿尔冈昆人保持着一种法国经济模式，既与法国经济分离，又是它的补充。法国人将欧洲商品带到西部，但他们在商业上几乎从不与印第安武士争夺猎物或鱼类。他们从阿尔冈昆人那里获得这些东西。当法国人确实要打猎或捕鱼时，他们只利用征得印第安人许可的特别资源。阿尔冈昆人允许旅人和商人在密西西比河和俄亥俄河边营利性地捕猎水牛，但其他大型猎物属于印第安人。同样，法国人种植农作物的区域未能扩展至伊利诺伊地区之外，这一直是法国殖民地官员为人诟病的原因，但限制他们的田地就意味着他们不至于威
342 胁到邻近的印第安人。[2]

就像过去贸易在阿尔冈昆人和法国人之间发挥的作用一样，它使阿尔冈昆人和英国人建立起了关系。贸易进行的方式决定了给予者和接受者是朋友还是敌人。虽然法国人和阿尔冈昆人之间的贸易加强了两群人之间的联系，但是英国人和阿尔冈昆人之间的贸易却引发了冲突。法国人从印第安人中娶妻，并生下混血孩子；英国人却掠走土地，威胁到阿尔冈昆孩子的福祉。法国人是朋友、亲戚，英国人却总是像敌人和盗贼。

朗姆酒成了在印第安人和白人村落之间流动的主要的异国商品，

---

[1] 引文见*Diary of David McClure*, 93。盖奇引文见Gage to Hillsborough, Oct. 7, 1772, Carter（ed.）, *Correspondence of Gage*, 1: 336。宣称拥有猎物见Speech of Beaver, May 6, 768, Conference at Fort Pitt, *PCR* 9: 537。怨言及引文见*Diary of David McClure*, Oct. 6, 1772, 83, 85。印第安人攻击白种猎人见Gage to Hillsborough, Oct. 9, 1768, *IHC* 16: 415; Gage to Wilkins, Oct. 11, 1768, *IHC* 16: 419; Croghan Journal, Aug. 1, 1770，载Croghan to Gage, Aug. 8, 1770, Gage Papers, AS 94; Johnson to Gage, Dec. 23, 1771, *JP* 8: 348; Johnson to Dartmouth, Nov. 4, 1772, *NYCD* 8: 316。

盗马见Croghan to Johnson, May 19, 1770 *JP* 7: 689; Croghan Journal, July 26, 1770，载Croghan to Gage, Aug. 8, 1770, Gage Papers, AS 94。

[2] 路易斯安那的法国猎人在俄亥俄河沿岸捕猎大量水牛，1768年至少杀死2000头，见Forbes to Gage, Apr. 15, 1768, Gage Papers, AS 76。不过对旅人来说水牛似乎仍然充裕，见Butricke to Barnsley, Sept. 15, 1768, *IHC* 16: 409–410。印第安人早已接受法国人猎杀水牛，但他们强烈反对猎人捕捉熊、河狸和鹿，见Gage to Hillsborough, Oct. 9, 1768, *IHC* 16: 415; Gage to Wilkins, Oct. 11, 1768, *IHC* 16: 419。不过到了1774年，法国人和一些迈阿密人之间仍然真实存在资源竞争，见Council held at Detroit, Sept. 18, 1774，载Lernoult to Gage, Sept. 24, 1774, Gage Papers, AS 123。

它只是让情况变得更糟。不仅是商人带着酒到阿尔冈昆村中，行走于英国人中的阿尔冈昆人也会在几乎每个哨所或定居点获得它。随着接触越发频繁，冲突也越来越频繁，而且往往是由朗姆酒引起的。随着庞蒂亚克叛乱结束，偏远地区居民和印第安人的相遇变得司空见惯，匹兹堡东部和西部皆是如此。印第安人时常出入于俄亥俄河和山脉之间的地区，既为了狩猎，也为了到南方的部落中去。印第安人在白人的农庄附近扎营，并在白人的公地与每位定居者交易，用克罗根的话来说，这使得每个定居者都很快变成了军中小贩。[1]

对很多英国臣民来说，朗姆酒的一大好处是它提供了一种使他们迅速达成眼下目的的方式，而不必参加缓慢而乏味的创造共同意义世界的过程。对不愿掌握交易仪式和逻辑的商人或者任何想要快速获得印第安人支持的人来说，朗姆酒可以缩短在中间地带创造意义的过程。印第安人在喝醉时可能答应清醒时完全不予考虑的事。不过这都是有代价的，因为印第安人喝醉了也可能做出清醒时绝不会试图做的事。朗姆酒解除了社会约束，也经常催生暴力。不过，由于朗姆酒贸易产生的后果并不总是降临在商人身上，加之商人也因其获利如此可观，故而这种贸易一直持续。[2]

杀人事件（往往与朗姆酒有关）困扰着这片地区，双方都很畏惧 343
这样的后果。18世纪70年代初，东部日渐加剧的革命危机使殖民地抵制英国商品输入，使得人们更加依赖朗姆酒。这波朗姆酒大潮产生的破坏如此严重，以致印第安人只能将之解释为这是一个摧毁他们的阴谋。酒精使他们陷入贫困，互相杀戮并杀害白人，还瓦解了他们村庄中的社会组织。有一段时间酋长的地位持续衰落，酒精使其弱化得更

[1]　军中小贩见Croghan to Gage, Aug. 8, 1770, Gage Papers, AS 94。
[2]　克罗根称，印第安人若非喝醉酒是很少挑起冲突的，见Croghan to Gage, July 13, 1770, Gage Papers, AS 93。

加迅速。[1]

然而，冲突——哪怕是朗姆酒点燃的暴力冲突，一样可以培育中间地带。杀人事件长久以来扮演着中间地带形成的催化剂。在阿尔冈昆社会和欧洲人的社会中，杀人激发了相似的深切情感，但却有不同的社会反应；杀人使这两个群体要么继续杀人，要么达到一种双方同意的和解。控制并解决杀人事件曾经是法国－阿尔冈昆联盟的核心特点，而现在解决杀人事件和贸易、土地一起变成约翰逊政策在高地面临的三大挑战。讽刺的是，约翰逊最初想要将杀人及其解决方式移出中间地带，将之坚定地置于英国的法庭和法律领域下。由于控制和惩罚白人杀死印第安人的事件，他认为自己可以获得惩处杀死白人的印第安人的权利。约翰逊谈判下来的停战协定就试图让英国人单方面扮演解决印第安人和英国人之间暴力争端的角色。英国法庭获得司法权，
344 而这些法庭并未给予印第安人一个说法，解释关于以何种规则得出结果，甚至没有作证的权利。在法－印战争中及美国独立战争期间，英国政策的讽刺之处在于，尽管它企图控制印第安人，但是英国政府却无力控制自己的臣民。并且，英国官员越是不能靠法律控制自己的人民，就有越多的事件迫使他们诉诸中间地带的习俗。[2]

---

[1] 在伊利诺伊地区，威尔金斯人（Wilkins）因为害怕其后果而阻止摩根，见 Wilkins to Gage, Feb. 20, 1771, Gage Papers, AS 100。在皮特要塞，埃德蒙斯顿（Edmonstone）抱怨酒精总是导致暴力，因为麦基诺印第安人“清醒时学会捣蛋，喝醉了付诸实施”，见 Edmonstone to Gage, Mar. 9, 1771, Gage Papers, AS 100。麦基诺印第安人因为朗姆酒而“堕落”，荒废了狩猎，见 Gage to Hillsborough, Carter（ed.）, *Correspondence of Gage*, 1: 308。印第安人抱怨的事例见 Edmonstone to Gage, Apr. 24, 1771, Gage Papers, AS 102; Speech of Shawnees, July 1771, *JP* 12: 915; Johnson to Gage, Nov. 16, 177, *JP* 8: 319。将朗姆酒视为阴谋见 Croghan Journal, July 5, 1770，载 Croghan to Gage, Aug. 8, 1770, Gage Papers, AS 94; Croghan to Gage, July 13, 1770, Gage Papers, AS 93; Basset to Haldimand, 29 Apr. 1773, *MPHC* 19: 296; Indian Conference, Pittsburgh, Oct. 9, 1773, *JP* 12: 1035。

朗姆酒和罪犯见 Proceedings of Sir William Johnson...July 1770, *NYCD* 8: 243。例如在九月一日，查尔斯·哈尼加姆（Charles Hanigam）和另两个人杀死一个叫雅各布·丹尼尔的特拉华人及其两名幼女，哈尼加姆受到白人包庇并被送往皮特要塞，得以逃脱，见 Affidavit of David Owens before Charles Edmonstone, Sept. 10, 1769，载 Edmonstone to Gage, Sept. 10, 1769, Gage Papers, AS 87; Gage to Edmonstone, Oct. 8, 1769, *ibid*。

此前 8 月里克罗根报告有三名白人在西部被杀，见 Croghan to Johnson, Aug. 8, 1769, *JP* 7: 78–79。俄亥俄河上船只中的袭击事件和温森斯的劫掠事件见，*ibid.*; Gage to Johnson, Aug. 27, 1769 *JP* 7: 140–141; Turnbull to Gage, Sept. 9, 1769, Gage Papers, AS 87; Wilkins to Gage, Dec. 5, 1769, Gage Papers, AS 88。

[2] 约翰逊确切认识到，少了印第安人的参与，英国法庭就无法作为，他还想调整这些规则，至少为了印第安基督徒而调整，见 Johnson, Review of the Trade and Affairs..., *IHC* 26: 63。

庞蒂亚克叛乱之后那些年间，杀人、武装抢劫以及强奸事件随处可见（特别是在俄亥俄地区），这些迫使英国人在意识形态上撤退。在阿尔冈昆人构想的包括独立的印第安之道和白人之道的世界出现时，印第安人把法律视为一个独特的欧洲特性。法律是一个用于控制和管束欧洲人的欧洲工具，而当法律无法管束他们自己的人时，那便是欧洲人的错。而英国人却反过来断言法律的普世性，说它适用于国王的所有孩子；特别是在庞蒂亚克叛乱之后，法律已被证明对于控制英国臣民来说是个无效的机制；所以阿尔冈昆人感到震惊和怀疑。六大联盟听说法律适用于国王的所有“孩子”，包括印第安人和白种人后，难以置信定居者可以进入印第安人的土地并且不经国王允许就杀害和欺骗印第安人。如果国王希望组织他们，“他就会在此之前进行阻止，正如他制定法律来统治自己的人民”。同样，由于印第安人把法律等同于惩罚，约翰逊最后告诉盖奇，对那些杀死印第安人的白人，与其抓了他们又判其无罪，还不如不要逮捕，因为印第安人欣赏不了“不成文法的精妙”。在高地本部，英国指挥官无法阻止杀害印第安人的行为，迫使匹兹堡的穆雷上尉站在了对自身极为不利的立场，说定居者及杀人者“不属于法律管辖范围”。但是，如果说白人定居者在英国法律管辖之外，那为什么印第安人要归其管辖呢？[1]

1765年后，这些人那么想杀印第安人是有原因的。十年后，1766年，一直以来的恐怖和残酷使宾夕法尼亚、弗吉尼亚和马里兰的定居者有了足够的理由去恨印第安人。他们见到整个家族被杀害，往往伴随着严重的暴行；还见到亲人和邻居被俘。他们的家园和田地被劫掠 345
毁坏，弃置荒芜。而在这一切中，他们自身进行报复的努力总是微不足道、毫不见效。最终只能靠帝国的军队消除这些攻击。

[1] 塞涅卡（Seneca）的话见Journal of Indian Transactions at Niagara, in the Year 1767（Aug. 8），*DHNY*2: 873。法律见Croghan to Franklin, Oct.2, 1767, Shelbourne Papers, v.50, Clements Library。最好不要逮捕见Johnson to Gage, Dec. 24, 1767, *DHNY* 2: 893–895。法律问题概述见Johnson, Review of the Trade and Affairs in the Northern District of America, Sept. 22, 1767, *IHC* 16: 57–58。默里的话见Murray to Gage, May 16, 1767, Gage Papers, AS 65。

高地的战争结束后，复仇的欲火在边远地区熊熊燃烧，并且对许多边境居民来说，和平第一次赐给他们杀害印第安人的机会。阿尔冈昆人对复仇的欲望了解至深，于是在和平仪式上将之与他们的死者一起埋葬了。边远地区居民可不懂得这类仪式。他们如此大规模地屠杀印第安人，且越来越多，以至于克罗根发出警告，任何印第安人靠近宾夕法尼亚边疆都不安全。一个杀害两名印第安妇女的人（极少数受到惩罚的人之一）供述，“他认为一发现野蛮人就杀死乃是一种值得称赞的行为”。并且，威廉·约翰逊说，这似乎是“所有普通人的想法”。[1]

到1765年冬末、1766年春初，高地上的杀戮行为据称已经达到令人警醒的频率，特别是俄亥俄河周围。在底特律，两名士兵被复仇的圣约瑟帕塔瓦米人杀死，这又导致两名印第安妇女被强奸。一名易洛魁人在宾夕法尼亚边疆被杀；又有四名印第安人在弗吉尼亚被杀，“更多”人在莫农加希亚河上游源头被杀；底特律一名黑奴杀死两个印第安女人。4月，在赛欧托河河口，两个英商雇员趁五名肖尼男女睡着时将他们杀害，受害者死前还给了这些饥饿的英国人东西吃，抢劫是个明显的动机。被杀的那些肖尼人是去年护送克罗根去伊利诺伊的酋长们的亲戚。杀人者偷走了受害者们在皮特要塞收到的慰问礼物。1766年8月之前的六个月里，白人共杀死将近二十名印第安人。[2]

346 很快就能明显看出，法庭无法解决这些谋杀事件，而有必要采取某些替代方式来继续审理。盖奇愤怒于殖民地无法强制实施法律，实

[1]　不安全见Croghan to Johnson, Apr. 18, 1766, *JP* 5: 181。“乡村居民”的态度见Johnson to Gage, Apr. 17, 1766, *JP* 12: 74–75。引文见Johnson to Lords of Trade, Aug.20, 1766, *NYCD* 7: 852。

[2]　士兵见Campbell to Johnson, Feb. 24, 1766, *JP* 12: 29–30。英国人伏击了运送奴隶去高地死者的人马，抓获三人，在此过程中显然还杀死一个孩子，此事见Campbell to Gage, Apr. 10, 1766, Gage Papers, AS 50。坎贝尔并没有说此次杀人是为强奸事件复仇，也没有提到孩子的死，但克罗根和约翰逊提到了这些，见Abstract from Croghan' s Journal, May 24, 1766, Gage Papers, AS 51，以及Johnson to Gage, May 27, 1766, *JP* 5: 224–225。边境及莫农格希拉见Croghan to Gage, Mar. 16, 1766, Gage Papers, AS 49。底特律妇女见Croghan Journal, May 25, 1766, Gage Papers, AS 51。总体情况见Johnson to Lords of Trade, Aug. 20, 1766, *NYCD* 7: 852。肖尼人被杀见Murray to Gage, Apr. 24, 1766, Gage Papers, AS 50. Gage to Johnson, May 19, 1766, *JP* 12: 91。亲戚见Abstract of Croghan' s Journal, May 23, 1766, Gage Papers, AS 51。其他杀人事件，包括在一名怀恩多特人在桑达斯基被杀，见Johnson to Gage, June 27, 1766, *JP* 12: 115。
除了真实的杀人事件，还有很多关于杀人的蛊惑人心的谣言，见Indian Proceedings, June 18, 1766, *JP* 12: 123。这队人安全归来，见Proceedings of...Johnson with Pondiac, July 23, 1766, *NYCD* 7: 864。

际上也就保护了杀害印第安人的人。约翰逊承认“从我们的人民目前的倾向来看，我们对印第安人只能有极少的公平正义”。俄亥俄印第安人一面哀悼失去了法国人的旧做法，一面谴责现在的新做法。

> 在过去，当这样的事件（凶杀）发生，我们双方会彼此安慰，来弥补损失，这是我们民族的传统习俗，但你们破坏了我们的旧习俗，并建立新规则，而我们并不习惯。尽管我们如此渴望和平生活，但你们别以为我们会眼看着你们杀我们的人而坐视不理，别以为我们不会做出同样的报复。

酋长们反复警告，他们将无法控制想要复仇的战士，而到1766年肖尼人在俄亥俄河南部至少实施了一起杀人事件。盖奇在说辞上愿意让他们复仇，如果复仇能施加在有罪的团体或至少是有罪的定居点上。但实际上人人都害怕再次爆发战争。[1]

这一波杀人事件以及英国人无力预防或惩处杀人犯迫使官员回到早期处理暴力的方法上去。

1766年6月，克罗根“同意采取历史上我们祖先的习俗”，对俄亥俄印第安人的损失表示哀悼，并用礼物覆盖他们的坟墓，“他们的血就不会再污染大地”了。肖尼人的发言人向克罗根保证：“这使得他们之

[1]　殖民地并未实施法律，见Gage to Johnson, May 5, 1766, *JP* 5: 201。无法期待正义见Johnson to Gage, June 27, 1766, *JP* 12: 115。俄亥俄印第安人的话见Croghan Journal, May 27, 1766，载Croghan to Gage, June 15, 1766, Gage Papers, AS 52。控制不了战士们和肖尼人见Shawnee Message, Apr. 20, 1766, enclosed with Murray to Gage, Apr. 24, 1766, Gage Papers, AS 50。Abstract from Croghan' s Journal, May 23, 1766; *ibid.*, May 24, 1766; 坎贝尔希望能在底特律审判被控杀死印第安妇女的奴隶，而不是按法律规定送他到外地受审，见Campbell to Gage, May 8, 1766, Gage Papers, AS 51。肖尼人杀人见Stuart to Johnson, June 1, 1766, *JP* 12: 99。害怕战争爆发见Johnson to Gage, July 4, 1766, *JP* 12: 129–132; Gage to Campbell, July 7, 1766, Gage Papers, AS 54。
盖奇对于印第安人复仇的看法是矛盾的。他希望肖尼人已经抓获并处死杀人犯，见Gage to Johnson, May 19, 1766, *JP* 12: 91; 对于其他的杀人案，他又想“为他们的愤怒指明恰当的对象，并……引导他们去往这些目无法纪的堕落团伙所在的省份，”见Gage to Croghan, Mar.21, 1765, Gage Papers, AS 32。他同样希望底特律印第安人已经处死那个奸杀两名妇女的奴隶。但当圣约瑟的帕塔瓦米人果真处死两个士兵时——据克罗根称，他们强奸了一名妇女——盖奇又支持坎贝尔抓捕人质，见Gage to Johnson, June 16, 1766, *JP* 12: 272。并非所有印第安人都承诺要交出杀人犯，见Instructions for George Croghan, Apr. 20, 1766, *JP* 12: 81–82。

347 中年轻男女的心完全放松了下来。”尽管在明面上英国人仍然告诉印第安人说，英国法庭将会治理杀人案，私下里盖奇却告知匹兹堡的穆雷上尉，如果印第安人发现了杀人犯并向其复仇，军队不要再还击。[1]

英国人无法惩处杀害印第安人的白人，这使得在英国法庭审判杀害白人的印第安人的要求变得无效。1767年、1768年中，两起杀人案——一起是印第安人杀白人，另一起是白人杀印第安人——终结了英国标榜的法治。虽然在那之后英国人还可能坚持法治，但实际上杀人案的解决方式又重新回归到了中间地带。

由于高地发生了许多起白人杀害印第安人的事件，印第安人开始攻击白人。1767年，一艘由辛克莱（Sinclair）船长指挥的英国船在接近休伦湖入口处过冬，该船是用来给大湖区的哨所运送补给的。5月10日，一队喝醉的萨吉诺齐佩瓦人——他们在法国人口中是出了名的不服管束——造访了这些英国人。没有任何麻烦事即将来临的预兆，只除了一个名叫麦克杜格尔（McDougall）的苏格兰人接到警告说他应当在船上过夜。当萨吉诺印第安人离开后，两名印第安人——一个叫巴托埃（Pattoe），一个叫考斯基马贡（Coweskimagon）——穿过溪流，遇到一名德国人，他是辛克莱船长的助理，正在田里干活。其中一个印第安人已经非常清醒，另一个还是醉醺醺的。清醒的那个扛起一把锄头杀死了德国人，并催促喝醉的同伴杀了德国人的妻子——他自己这么做却并没杀死。别的印第安人远远地看见了这起袭击，马上叫来了辛克莱。辛克莱抓住那两名袭击者，他们谁都没有反抗，实际上真正杀人的那个还总是宣称他是英国人的朋友。辛克莱将两名印第安人留在他的船上，决定将他们送回殖民地接受审判。尽管齐佩瓦酋长们马上采取行动向辛克莱保证，杀人者并非得到整个族群的授意而行动，

[1] Croghan Journal, June 5, June 9, 1766, Gage Papers, AS 52. 英国军官们对克罗根安抚印第安人的能力感到震惊，见Gordon to Gage, June 15, 1766, Gage Papers, AS 52。克罗根称，即便有酋长们帮忙，阻止战士们复仇也是他有生以来最费力的事，见Croghan to Gage, June 15, 1766, Gage Papers, AS 52。劝阻复仇，劝他们交出杀人犯，见Proceedings of...Johnson with Pondiac, July 23, 1766, *NYCD* 7: 856。盖奇仍然希望能妥善处理印第安人杀死白人的事件，见Gage to Johnson, Sept. 7, 1767, *JP* 5: 659–660。

萨吉诺齐佩瓦人还是非常害怕英国人会报复。很多村民抛弃了田地，逃亡到森林里。[1]

很快杀人案就变得令英国人难堪。结果证明那个德国仆人并非一个随机而无辜的受害者。他曾多次辱骂和攻击印第安人。酋长们拒绝为那些攻击负责的想法也不足以让他们抓捕和审判那些杀人犯们。他们提醒英国人，两年前一个船员杀死了他们的一个人，英国人的处置并没有让他们满意；底特律一名黑奴奸杀了两名妇女，对这件事的处置也没有让他们满意。更可怕的是，齐佩瓦人显然走出了他们眼下的悲伤，并指控弗吉尼亚人犯下的多起谋杀。高地村庄中普遍存在白人杀死印第安人的案件。如同特拉华人后来告诉克罗根的那样，大湖区的印第安人抱怨白人有恃无恐地杀死印第安人，但“他们一个族人喝醉酒后犯下的任何小罪过却被无端夸大”。但在普遍的憎恨中，是杀人犯们的亲戚对自己的亲人被抓最为愤怒——这是可以想见的。其中一个亲戚是庞蒂亚克的侄子。盖奇希望辛克莱（Sin clair）当场杀死那个齐佩瓦人，这正在变成他对待两个种族杀人犯的标准反应。约翰逊单纯希望底特律的汤恩布尔将杀人犯转交给他。[2] 348

约翰逊决定，英国人要想摆脱由自身捉拿印第安杀人犯的政策导致的困境，唯一的办法是将杀人者送回去。但已经太晚了。齐佩瓦人已经为这次逮捕实施了报复。八月底，底特律收到消息，一支来自萨吉诺的战队在俄亥俄河上袭击了英国商人。随着各式各样的说法传来，事实变得明晰，是庞蒂亚克的侄子在两个杀人犯的亲戚（既有渥太华

[1] 杀人事件见Sinclair to Turnbull, May 15, 1767, enclosure with Turnbull to Gage, May 29, 1767, Gage Papers, AS 65; Turnbull to Gage, May 20, 1767, Gage Papers, AS 65。逃跑见Gage to Johnson, 20 July 1767, *JP* 5: 601。关于印第安人的歉意、那些退到森林里的人又回来了，见Turnbull to Gage, June 6, 1767, Gage Papers, AS 65。担忧战争见Johnson to Gage, Dec. 24, 1767, *DHNY* 2: 893–895。

[2] 可能有的挑衅见Johnson to Gage, Aug. 21, 1767, *DHNY*, 2: 862; Gage to Turnbull, Sept. 3, 1767, Gage Papers, AS 69; Gage to Johnson, Sept. 7, 1767, *JP* 5: 659。此前的杀人案见Johnson to Gage, Aug. 6, 1767, *DHNY* 2: 860。弗吉尼亚杀人案的消息传到了桑达斯基，几乎可以肯定还传到了底特律和萨吉诺，见Turnbullto Gage, June 21, 1767, Gage Papers, AS 66。特拉华人的说法见Croghan Journal, Oct. 28, 1767，载Howard H. Peckham（ed.）, *George Croghan' s Journal of His Trip to Detroit in 1761 with His Correspondence Relating Thereto...*（Ann Arbor: University of Michigan Press, 1939）, 33。约翰逊抱怨，把杀人犯们送走让情况变得更糟，见Johnson to Gage, July 11, 1767, *IHC* 11: 582。盖奇希望圣克莱尔已经惩罚了两名杀人犯，见Gage to Turnbull, July 13, 1767, Gage Papers, AS 67。

人也有齐佩瓦人）中组织起了那支战队。他们洗劫了两艘属于贝恩顿、霍顿和摩根贸易公司的轻舟，那艘船正开往伊利诺伊；他们还杀死了船上的九个英国人和两个印第安人。英国人并未报复，也没有去抓这些袭击者。相反，乔治·克罗根抵达底特律，执行约翰逊的意图，将前面两名杀人者放归萨吉诺齐佩瓦人中。[1]

349 在印第安人看来，克罗根在底特律召开的会议一定像是他们的法国“父亲”开的会的翻版。克罗根“赞同他们的一项古老习俗”，以哀悼过去几年他们死去的多位酋长的方式开始了会议；接着他谈论起“自和平时期以来他们对陛下的臣民所犯的每一桩罪行”，甚至追溯到他们杀死坎贝尔上尉的事。他说，他们该受到“最严厉的惩罚”。但是，为了让他们知道“英国人的人道和仁慈”，盖奇和约翰逊送回了杀死辛克莱仆人的那两个齐佩瓦人。他又派他们去召集会议，还送了一条很大的贝珠带，用以昭示英国人承诺“将来……会处死每个胆敢如此严重地打破与我们的盟约的冒犯者”。[2]

印第安人的反应符合他们过去的“顺服–宽恕”的旧模式。说到自己的人，虽然一位齐佩瓦酋长承认“我们的行为非常恶劣”，但是他提起他们中也有人死于英国人之手。他不能代表所有去进行冬季狩猎的人做出回应，但他希望“今后我们的行为应得到我们父亲的允许”。渥太华人将自己的行为归罪于某个坏人（很可能就是庞蒂亚克的侄子），“他们认为他是受邪恶精灵引诱”。如果约翰逊和盖奇不肯原谅那些袭击者，渥太华人保证将他们交出来。这就是“顺服–宽恕”的旧有仪式，配上一位父亲震怒的威胁和他彰显的仁慈。这很显然不是英国人

---

[1] Johnson to Gage, Aug. 21, 1767, *DHNY*, 2: 862. 杀人案的消息见 Turnbull to Gage, Aug. 28, 1767, Gage Papers, AS 69。尚不清楚有多少英国人死亡，萨吉诺人自称杀死九名英国人和两名印第安人，因为把他们都错当成切罗基人，见 Turnbull to Gage, Oct. 8, 1767, Gage Papers, AS 71。汤恩布尔称死了14名英国人，见 Turnbull to Gage, Sept. 25, 1767, Gage Papers, AS 70。庞蒂亚克的侄子及杀人犯们的亲戚见 McKee to Croghan, Sept. 20, 1767, *JP* 5: 686; Croghan to Johnson, Oct. 18, 1767, *IHC* 16: 88; Croghan to Gage, Oct. 1, 1767，载 Peckham（ed.）, *George Croghan' s Journal*, 21–22。渥太华人见 *ibid.*, 43。

[2] Croghan' s Journal, Nov. 23, 1767，载 Peckham（ed.）, *George Croghan' s Journal*, 42。

曾经想要维护的法治。[1]

不过，接下来甚至在英国人自己内部都无法实施法治了。英国人的法律支配权全面衰落，其中关键性的事件是两个德国人——弗雷德里克·施通普（Frederick Stump）和他的仆人约翰·爱恩卡特（John Ironcutter）——犯下的一系列杀人案。施通普来自阿巴拉契亚山脉东部宾夕法尼亚的米德伯格（Middleburg）附近。和很多拓荒者一样，施通普也身兼朗姆酒销售员。1768年1月，一群印第安顾客变得不守规矩，施通普和他的仆人靠杀死整群人让他们闭了嘴，这群印第安人包含四个男人（一个塞内卡人，三个莫希干人）和两个女人。他们还前往印第安营地杀死另一个女人、两个女孩和一个小些的孩子。施通普剥掉受害者 350
的头皮，还把其中一个人的所有头发和耳朵取下来了，这在印第安人眼里便是将一场酒后杀人变成了宣战。当施通普被捕，并被命令带到费城做调查，他被一群暴徒救了，这群暴徒唯恐由此开始拓荒者被送到费城受审的先例。杀人者施通普随后获救，加上阿巴拉契亚山脉西部定居者的袭击，这激怒了易洛魁人及俄亥俄河的印第安人。整个高地淹没在战争即将爆发的流言中，白人定居者逃到了边境。[2]

英国人几乎是立即安抚印第安人。宾夕法尼亚当局通过了一项法令，威胁处死在30天的公告期内还不搬走的定居者，并拨发2500英镑用于抚慰印第安人。约翰逊亲自安抚易洛魁人，并命令克罗根尽快在皮特要塞召集肖尼人、特拉华人，“以及该地区其他自和平时期以来有人被我们的人杀死的部落”。“举行完那种场合惯常的仪式，并与他们从最近的残酷行为中和解后”，克罗根将在那儿分送出来自宾夕法尼亚的价值1200英镑的礼物。克罗根相信，这些仪式加上他在四月、五月

[1] Croghan's Journal, Nov. 23, 1767，载Peckham（ed.）, *George Croghan's Journal*, 44.

[2] 杀人案及受害者见Indian Proceedings, Congress with the Six Nations, Cherokees, et al., Mar. 8, 1768, *NYCD* 8: 48。James Galbreth and John Hoge to Governor, Feb.29, 1768，对弗雷德里克·施通普和约翰·爱恩卡特的描述见*PCR* 7: 487–489。关于施通普获救的描述见Pennsylvania Gazette, Mar. 3, 1768, copy in Gage Papers, AS 74。俄亥俄河上的反应见McKee to Croghan, Feb. 13, 1768, Gage Papers, AS 74; Croghan to Gage, Feb. 17, 1768, Gage Papers, AS 74。易洛魁人见Johnson to Gage, Feb. 18, 1768, *IHC* 16: 171–172。剥头皮的意义见Croghan to Gage, Mar. 1, 1768, Gage Papers, AS 75。

里赠予的礼物，足以防止战争的发生。[1]

1768年后，杀人案继续发生，但这时英国人已经放弃了关于应用英国法律管辖权的任何有意义的努力，反而转向中间地带。1769年，有个喝醉的梅诺米尼人杀死一名苏格兰翻译，还有个温尼贝戈人令一个商人致残。温尼贝戈人把伤人者押送来麦基诺，然后，照例请求释放他。主事军官比姆斯利·格莱齐尔（Beamsley Glazier）被迫立即做
351 决定，还来不及深思熟虑便放了他。将印第安人收监只会是件尴尬事，如同在底特律赢了汤恩贝尔的詹姆斯·史蒂文森，在听到尼亚加拉的布朗上尉抓捕了四个塞内卡杀人犯后，问道："要用什么法律来审判他们呢？而且，谁来做法官？如果他们被处以绞刑，野蛮人会视之为冷血的谋杀，紧接着就会复仇。"[2]

四

尽管英国官员同情阿尔冈昆人的损失，也鄙夷拓荒者，但他们自身也削弱了联盟。他们一样觊觎阿尔冈昆人的土地，还说服自己，获取阿尔冈昆人的土地实际上是在推动和平的进程。关于土地割让和投机的故事很长很复杂，通常我们在这里只需要了解个大概就够了。

该故事围绕着《斯塔尼克斯堡条约》（Treaty of Fort Stanwix）进行。1768年，超过31 000名印第安人——易洛魁人及其契约链中的成员——与约翰逊见面，将1763年的声明中的临时边界替换为白人定居

[1] 安抚见Croghan to Gage, Feb.17, 1768, Gage Papers, AS 74（克罗根把数目弄错了，正确数据见Penn to Johnson, 18 Feb.1768, *JP* 12: 432）。法令见"An Act to Remove the Persons Now Settled...on Lands...Not Purchased of the Indians...," Feb. 3, 1768, *PA*, Series 1, 4: 283。会议见Johnson to Croghan, Feb. 29, 1768, *JP* 6: 122; 引文见Instructions to George Croghan, Mar. 5, 1768, *JP* 12: 463。易洛魁人见Johnson to Wharton, Mar. 5, 1768, *JP* 6: 141–142。克罗根的判断见Croghan to Gage, May 9, 1768, Gage Papers, AS 76。会议见Minutes of Conferences held at Fort Pitt in April and May, 1768, *PA*, Series 1, 9: 514–543。

[2] 其他杀人案见Hay to Croghan, Feb. 19, 1768, enclosure with Croghan to Gage, May 9, 1768, Gage Papers, AS 76; Morgan to Baynton and Wharton, July 20, 1768; *IHC* 16: 354–355, 363; Forbes to Gage, July 28, 1768, *IHC* 16: 367。绿湾的杀人案见Glazier to Gage, June 10, 1769, Gage Papers, AS 86。史蒂文森的话见Stevenson to Johnson, Dec. 18, 1770, *JP* 7: 1041。

者和印第安狩猎营地之间的"永久"界线。在谈判者复杂的动机之下和在秘密商议的条款事项中，《斯塔尼克斯堡条约》成为18世纪印第安人和白人所达成的最为缠夹不清的协议。它根本是个冷漠自私的契约，是签订它的两个主要集团——易洛魁人和大英帝国——虚弱的产物。他们各自为自己实际上无法控制的人群代言——阿尔冈昆人和拓荒者。在达成永久解决高地问题的伪装下，英国人成功地摆脱了阿尔冈昆子民的父亲的角色，易洛魁人则背叛了名义上归他们保护的人群。[1]

1768年，英国移民的规模已经迫使俄亥俄村民在某种程度上割让了土地，他们还担心关于割让的精确说法会极大地远离他们的掌控。当1758年福布斯将军占领迪凯纳要塞时英国人坚称易洛魁人对俄亥俄 352
村民拥有宗主权。在庞蒂亚克叛乱末期，约翰逊曾以更为强势的言论宣称易洛魁人对俄亥俄河上的土地拥有主权。约翰逊迫使肖尼人和特拉华人同意由他们过去的占领者——易洛魁人，来商谈英国人和印第安人之间的最终边界。然而，并非所有官员都把英国人出于私利的宣言与政治现实混淆。盖奇将军认为，此类关于易洛魁人的征服神话曾经在与法国人谈判时足够有用，但他不相信易洛魁人能够在这种征服的基础上拿肖尼人的土地进行谈判。

> 如果我们探究事实，并审视到底，我无法想象我们会发现有任何被征服的族群曾将他们的土地割让给其征服者，或者后者曾要求过。我从不曾听说那些族群曾屈服于其他族群，自认为臣民，或者佩戴着表示屈服的带子。[2]

[1] 条约见Treaty with 6 Nations Shawanese Delawares, Senecas of Ohio & Dependants &c opened at Fort Stanwix on Monday the 24 Oct.1768, *NYCD* 8: 112–134。最终数目见Johnson to Gage, Nov. 13, 1768, *JP* 12: 635–636。Benevissica represented the Shawnees, Turtleheart and Killbuck, the Delawares, *ibid.*, 113. 约翰逊不得不承让是出于自身的原因，因此后来非常清楚帝国在治理民众上的无能是如何成为占领土地的动机。见Johnson to Dartmouth, Nov.4, 1772, *NYCD* 8: 316。

[2] 约翰逊声称肖尼人无权拥有任何土地，即便是他们村庄所在的俄亥俄河北部，见Johnson to Hillsborough, Apr. 4, 1772, *NYCD* 8: 292。盖奇的话见Gage to Johnson, Oct. 7, 1772, *JP* 12: 994–995。

在这种仅有书面主权却无实际控制的情况下，易洛魁人明显受到最大化他们的要求和割让土地的诱惑。在土地割让中他们控制不了什么，也占有不了什么；他们什么都不会失去，还能得到英国人愿意付出的任何东西。易洛魁人最早是在1765年探索这种可能性，当时他们声称自己的疆域并非止于大卡纳华，而是田纳西。他们出卖这些土地，就是在让渡其宿敌切诺基人以及其无法管束的依附者肖尼人实际上在使用的土地。如果这契约链在俄亥俄河区域作为有意义的政治关系而存在的话，那就存在一个代价：让渡他们独立的人民。不过肖尼人、明戈人、特拉华人以及俄亥俄地区最近的移民早已有了自行其是的习惯。当约翰逊推进这条建议的界线时，内阁却阻止了。割取太大片土地只能是带来更多不毛之地和不服管束的拓荒者——他们总是对帝国控制他们的行动有争议；还会增加与切诺基人和阿尔冈昆人打仗的可能性。这条界线的整个重点就是把军队和定居者集中在一起不分开；英国政府试图解决与印第安人的争端，而不是培植新的争端。1768年约翰逊接到明确命令，在大卡纳华议定边界。[1]

353 在1768年的《斯坦尼克斯堡条约》中，英国政府接受了大量割地，并允许自己的代理人偏离指示。威廉·约翰逊的政策举棋不定，他把自己的个人利益看得和帝国利益一样重要。后来，约翰逊为了替自己的行为辩护，抓住分布广泛的非法定居点作为他割占更多土地的理由。他宣称他一直以来都知晓就算边境人民“没有任何名文”将界线推至超过卡纳华地区，而“殖民地当局不会也不能制止他们”。由于过于软弱将会令政府在印第安人面前“蒙羞”，他认为最好确保大量割地，也就是持续扩大英国人的领地而非印第安人的领地。不过，还有一个更简单的解释：约翰逊接受易洛魁人宣称的大部分属于今日肯塔基的土地，是因为这么做符合土地投机者的利益，而他自己和乔治·克罗根

[1] 划定边界的困难见Sosin, *Whitehall and Wilderness*, 170–173; Gipson, *British Empire*, 11: 440–446。约翰逊坚持认为肖尼人、特拉华人、猛西人和明戈人都是依附于六大联盟的，因而也与西部其他印第安人不同，见Johnson to Penn, Jan. 29, 1772, *JP* 12: 937。

也都是投机者当中的一员。[1]

正当帝国力量在西部削弱的时候，俄亥俄的土地狂热传到伦敦，在投机者和政客中催生了紧张的政治策略。只是，针对新殖民地的计划被遗弃在勃然而兴的革命危机带来的冲击中。革命的震动和在西部驻军的花费大到无法承担，使英国在这一地区撤掉部分军队。由于密西西比河区域内的沙尔捷要塞被暗中破坏，盖奇便弃之不顾，只在卡斯卡斯基亚留下一小队50人的驻军。1772年8月底，他命令拆毁皮特要塞。不只是因为驻军昂贵，还因为盖奇认为，庞蒂亚克叛乱已显示出它并不能保卫边疆。到1773年，只在底特律、麦基诺和卡斯卡斯基亚还留有英军，并且只有前两处的卫戍部队还有力量。帝国“父亲”的白人“孩子”数量持续增加，但他们的“父亲”，尽管有着新的殖民计划，仍似乎渐渐远去。[2]

在帝国衰落留下的真空中，肖尼人试图组织一个联盟来对抗《斯 354
坦尼克斯堡条约》，不过失败了。他们否认易洛魁人有权割让土地。18世纪70年代前半叶，这一早期联盟阻止了威廉·约翰逊和英军。一开始他们普遍怀疑如此庞大的联盟是否有可能，更不要说维持了，后来他们越来越担忧赛欧托河沿岸一直召开的大小会议。到1771年2月，约翰逊开始担心可能真的存在一个北部和南部印第安人的联盟，并由

[1] 后来的理由见Johnson to Dartmouth, Nov. 4, 1771, *NYCD* 8: 316。关于在西部激烈的投机利益以及约翰逊卷入其中有大量描述，见Sosin, *Whitehall and the Wilderness*, 161–164。围绕《斯坦尼克斯堡条约》的行动及“遭殃的商人”见*ibid.*, 172–173; Thomas P.Abernethy, *Western Lands and the American Revolution*（New York: Russell and Russell, 1959, repr.of 1937 ed.）, 34; R. A. Billington, “The Fort Stanwix Treaty of 1768, ”*New York History*, 25（1944）: 182–194; Gipson, *British Empire* 11: 447, 455–497。
随着“遭殃的商人”为人所知，印第安纳公司的大部分股权掌握在贝思顿、沃顿、摩根的贵格公司和西蒙、特伦特、莱维、弗兰克的犹太公司中。见Gipson, *British Empire* 10: 458–460。克罗根和约翰逊见Albert T. Volwiler, *George Croghan and the Westward Movement: 1741–1782*（Cleveland: Arthur H. Clark, 1926）, 261–269。

[2] 盖奇越来越认为西部的英国驻军并无必要、花费昂贵且没什么用，见Gage to Hillsborough, Nov. 10, 1770, Carter（ed.）, *Correspondence of Gage*, 1: 274–281，同样见*ibid.*, 1: 318–319, Mar. 4, 1772。减少在伊利诺伊驻军见Gage to Johnson, Mar. 9, 1772, *JP* 8: 417; Gage to Hillsborough, Mar. 4, 1772，以及Apr. 13, 1772, Carter（ed.）, *Correspondence of Gage*, 1: 318, 321–322。拆除要塞见Gage to Hillsborough, Sept. 2, 1772; *ibid.*, 1: 331–333; Gage to Johnson, Sept. 7, 1772, *JP* 8: 593。皮特要塞的情况见Gage to Edmonstone, Aug.31, 1772, Gage Papers, AS 113; Gage to Penn, Nov.2, 1772, *PA*, Series 1, 4: 457–458。英国人拆除该要塞的墙壁，不过还保留了一些建筑。定居者把要塞的部分残骸拿去在附近重建，印第安人管这个路障叫作新要塞，见Croghan to Gage, Nov. 24, 1772, Gage Papers, AS 115。

法国人和西班牙人支持。谣传英国和西班牙之间将爆发新的战争，似乎真的存在危险，印第安人将和英帝国的敌人一道成立联盟。[1]

约翰逊人生最后几年都致力于推翻肖尼联盟。1774年，约翰逊垂死，但他死前的努力也许是他事业中的最明智之举，因为过去他几乎极少拥有什么资源可调遣。精湛超群的经营换来的只是一个有名无实的帝国加上（印第安人）虚弱生锈的契约链条。高地那些被约翰逊游说抛弃肖尼人的酋
355 长们并不知道他们是在和帝国的幻影谈判，但在某些方面他们自己也是幻影。他们的“父亲”正在死去，帝国正在死去。1773年、1774年间，昔日的荣光在高地还魂，试图召回那些不复存在的事物。底特律的休伦酋长们代表约翰逊行动，带着卡柳梅特去沃巴什村民中，去帕塔瓦米人中，去俄亥俄河沿岸的村民中，一如他们的先驱在法国联盟期间所做的那样。那些迈阿密酋长明显受到村中害怕与易洛魁人开战的女人的强大压力，接受了休伦人的要求，听从约翰逊而背弃肖尼人。尽管迈阿密人说英国人视他们为野种——也就是非法私生子，他们仍然宣布已再次准备好恢复并开启祖先们追随的英国人之路。在一次单独的回应中，为圣约瑟的帕塔瓦米人代言的皮斯基巴翁（Pitchibaon）感谢约翰逊提出的“好建议”。他将老酋长们之死归罪于帕塔瓦米人的行动。他们死后，“没人再听从我们这些被指派过来坐他们职位的人了，人人都可自命为酋长，将城镇和村庄分裂出去，他

[1]　雷德·奥克（Red Hawk）的发言见enclosure with McKee to Croghan, Feb. 20, 1770, *JP* 7: 406–407; Croghan Journal, July 5, 1770, enclosure with Croghan to Gage, Aug. 8, 1770, Gage Papers, AS 94; 约翰逊拒斥肖尼人的这种“新方言”，称他们从未动摇易洛魁人的控制，见Johnson to Croghan May 11, 1770, *JP* 7: 655–656。1769年亚历山大·麦基报告称，该新联盟派出使团，“不仅派往南部的奇克索人和切罗基人中，还派往所有西部民族中”，见McKee to Croghan, Feb. 20, 1770, *JP* 7: 404。明戈人、肖尼人和特拉华人派使团到底特律，见Croghan to Gage, Jan. 1, 1770, Gage Papers, AS 89。切罗基和肖尼人的村庄见Edmonstone to Gage, May 13, 1770, Gage Papers, AS 92。肖尼人到克里人中见Gage to Johnson, June 10, 1770, *JP* 7: 722; *ibid.*, Oct.8, 1770, *JP* 12: 872。在切罗基人中取得成功见Stuart to Gage, 8 Feb. 1771, *JP* 7: 1131。关于考纳瓦加人，Johnson to Gage, Nov. 8, 1770, *JP* 7: 992–993。法国人的鼓动和卷入见Croghan to Johnson, May 19, 1770, *JP* 7: 689; Croghan to Gage, Sept 20, 1770, Gage Papers, AS 96。传言将爆发帝国战争见Gage to Johnson, Mar. 18, 1771, *JP* 8: 55; Gage to Johnson, Oct. 1, 1771, *JP* 8: 285。怀疑能否取胜见Gage to Johnson, May 20, 1770, *JP* 12: 822; Croghan to Gage, July 13, 1770, Gage Papers, AS 93。恐惧情绪见Johnson to Hillsborough, Feb. 18, 1771, *NYCD* 8: 262–263。

肖尼人称该联盟由肖尼人、伊利诺伊人及他们之间的十个结盟族群组成。几乎可以确定其中包括威人、皮安卡肖人、迈阿密人、基卡普人、帕塔瓦米人、怀恩多特人、渥太华人、特拉华人和猛西人；第十个族群可能是麦斯科顿人，当时他们正在融入基卡普人或齐佩瓦人中；明戈人本来没有被视为一个独立族群，见Johnson to Hillsborough Apr. 4, 1772, *NYCD* 8: 291。

们便是所有不幸的源头”。迈阿密人和帕塔瓦米人的潜台词便是，如果英国人支持酋长们，和平和联盟便仍有可能。[1]

约翰逊的胜利很精彩，但是仍有消极的影响。他摧毁了肖尼联盟，但再也没有任何有意义的联盟供酋长们为之服务了。军队正在撤退，帝国正在消失，俄亥俄村民感觉到了这一点。肖尼人和特拉华人企图架空约翰逊，尝试与宾夕法尼亚方面开启直接谈判。他们试图派使团去伦敦，也尝试直接与拓荒者谈判。但这一切努力都失败了。[2]

约翰逊清除肖尼人的盟友，削弱了肖尼联盟，但最明显体现其衰落的标志是肖尼人自身的分化。村中酋长越来越无法控制局势。到 356
1774年春，他们公开承认，下游城镇已没有酋长，对其行为他们不予负责。即便在上游城镇，也有消息人士告诉英国人，是战士在行使真正的控制权。酋长和战士之间分歧日增，这又造成组成的肖尼集团二次分裂。并非所有肖尼人都在俄亥俄河上重新团结起来，大多数哈撒韦凯拉（Hathawekela，即Oawikila）肖尼人沿溪居住。但是1773年秋天发生了一起更严重的分裂：170名战士和他们的家人——很显然几乎全都是奇伯克和佩柯维（Pekowi）在试图说服和他们一道后——离开了赛欧托河边的肖尼城镇，向西迁移。奇伯克和皮奎预料他们会“很快被白人团团围住，任其摆布”。他们感到只有移民才能逃脱。这些移民最终定居在了意大利人当中。1774年的俄亥俄肖尼人完全不像处在一个强大联盟的中心，而是一个衰弱、孤立、破碎的集团，他们看上去想要吸引居住在劳格斯镇附近和大狸溪的明戈人加入他们，以弥补自身损失。讽刺的是，那些还

[1] Speech of Miamis to Sir William Johnson, 18 Aug. 1773, *MPHC* 19: 308–310. 显然在其他沃巴什村庄中休伦人并未收到如此礼遇，见Lernoult to Gage, Sept. 24, 1774, Gage Papers, AS 123。帕塔瓦米人见Speech of Pitchibaon, Sept.18, 1773, *JP* 8: 887–888。

[2] 试图重建直接联系，见Edmonstone to Gage, Apr. 24, 1772, Gage Papers, AS 102; Speech of Pipe, 1771, 同可见Minutes of a Council, 28 Sept. 1771, *PA*, Series 1, 4: 438–442。基尔巴克见Council, 7 May 1771, *PCR*, Series 4, 9: 735–742。
贵格会教徒插手见T.Wharton to Johnson, Dec. 1, 1772, *JP* 8: 648; Johnson to Wharton, Dec. 24, 1772, *JP* 8: 674–675.求助于伦敦见Alexander McKee' s Journal, Apr. 3–6, 1773, *JP* 8: 756。
对于智者，见Speech of Red Hawk, Feb. 20, 1770, *JP* 7: 406–408。克罗根称肖尼人、特拉华人和明戈人中的酋长害怕开战，因为他们的村子最容易受到英国人攻击，见Croghan to Gage, Aug. 8, 1770, Gage Papers, AS 94。与边民们谈判见Croghan to Gage, Aug. 8, 1770, Gage Papers, AS 94; Croghan Journal July 26, 1770, enclosure with *ibid.*，邀请，Croghan Journal, Aug. 1, 1770, *ibid*。

留在俄亥俄河的肖尼人正是认为他们有可能和白人达成和解。[1]

然而，正当肖尼人及其联盟分裂之时，俄亥俄河对岸的英国人也是如此。匹兹堡卫戍部队撤走，紧接便是一场激烈的管辖权之争，是关于地处弗吉尼亚和宾夕法尼亚之间的莫农加希拉地区。弗吉尼亚人和宾夕法尼亚人的武装集团在匹兹堡周围对峙。莫农加希拉西部许多移民宣称他们对属于弗吉尼亚的土地拥有权利，并拒绝向宾夕法尼亚官员纳税，也根本不承认他们。此次争端中，乔治·克罗根一开始支持弗吉尼亚，但他的主要兴趣一直在于建立新的万达利亚殖民地。当1773年弗吉尼亚勘察员越过卡纳华边界去勘测肯塔基的弗吉尼亚土地时，克罗根和肖尼人各自出于不同的原因都警觉起来。在弗吉尼亚方面的允许下，托马斯·布利特上校勘测了路易斯维尔周边地区。西边稍远处，代表沃巴什土地公司的威廉姆·默里宣称已从皮安卡肖印第
357 安人手中买下沃巴什河和伊利诺伊河之间的土地。后来英国政府宣称默里的购买无效，并且约翰逊保护弗吉尼亚方面的行动。但到了春天，更多弗吉尼亚勘察员进入肯塔基，肖尼酋长们警告英国人，当勘察员遇上肯塔基猎场的肖尼年轻人，他们很难保证会发生些什么。[2]

---

[1] 移民见Conference with Kayaghshota, Jan. 5–15, 1774, *JP* 12: 1052。没有酋长见McKee Journal, May 21, 1774, *NYCD* 8: 466。报导人见McKee Journal, Apr. 16, 1774, *JP* 12: 1088。召集明戈人及其他族群见*ibid*., 1090, 1095。分裂见Jerry Eugene Clark, "Shawnee Indian Migrations: A Systems Analysis"（Ph. D. diss., University of Kentucky, 1974）, 63–66。克拉克显然没有查阅约翰逊留下的文件，奇伯克酋长们负责战争，奇伯克人的撤退显然事关重大，见Thomas Wildcat Alford, *Civilization and the Story of the Absentee Shawnees*（Norman: University of Oklahoma Press, 1936）, 62。

[2] "乔始·克罗根解释从俄美俄撤军是反对派反对新殖民地的行动，但他认为这将增进他们与印第安人的关系，见Letter of Croghan, Dec. 28, 1772, *PMHB* 15（1891）, 433。肖尼人想与弗吉尼亚和宾夕法尼亚方面直接对话，见McKee' s Journal, Apr. 3–6, 1773, *JP* 8: 755–757。计划缔结条约见Croghan to B. Gratz, May 11, 1773, George Rogers Clark Papers, Draper Manuscripts, 7J136, Wisconsin State Historical Society。有关索赔，见Croghan to St. Clair, June 4, 1772, *PA*, Series 1, 4: 452–453。弗言尼亚的批准，见Letters of Croghan, May 11, 1773, Oct. 15, 1778，载"Letters of Colonel George Croghan, " *Pennsylvania Magazine of History and Biography* 15（1891）: 434–436。默里购买土地见Lord to Haldimand, 3 July 1773, enclosure with Haldimand to Gage, Oct. 6, 1773, Gage Papers, AS 119。关于沃巴升土地公司，见Abernethy, *Western Lands*, 193。英国宣称该买卖无效见Hamilton to Haldimand, Dec. 4, 1778, Haldimand Papers, 21781。

冲突见Johnson to Haldimand, Sept. 30, 1773, *JP* 8: 898; Johnson to Dartmouth, Sept. 22, 1773, *JP* 8: 889; McKee Journal, March 8–13, *JP* 12: 1083–1086; 也可见Buck and Buck, *The Planting of Civilization*, 158–165，以及Randolph C. Downes, *Council Fires on the Upper Ohio*（Pittsburgh: University of Pittsburgh Press, 1969）, 152–178。不过，唐斯（Downes）极度简化并误读了印第安战争政治。俄亥俄公司享有的权利见Croghan to St. Clair, June 4, 1772, *PA*, Series 1, 4: 452–453。

阿尔冈昆战士与英国勘察员在肯塔基发生了冲突，但战争的爆发与他们无关。迈克尔·克雷萨普是战争的罪魁祸首——尽管这么说有点不公平。他更像一个阿尔冈昆战争领袖，多过像殖民地社会的任何一种官员。他是个失败的农夫和商人，出生于马里兰一户著名的拓荒家庭，他们想在俄亥俄的惠灵下方的土地开始新生活。克雷萨普带领着六七个年轻人，当1774年春天肖尼人和调查员在肯塔基进行小规模战斗的消息顺流传来时，他实际上赞成对之进行管控。他在收到约翰·康诺利的来信后才转向战争，约翰·康诺利宣称他自己是弗吉尼亚裁决和平的法官。康诺利是本地的吹牛大王，其轻率行为招致了宾夕法尼亚方面的无比厌恶，他告诉惠灵的定居者，他们必须对印第安人的攻击做好准备。克雷萨普将此信解读为战争的信号，并加入了战争团体。第二天他的人袭击了某个商人的独木舟，杀死他雇佣的一名肖尼人和一名特拉华人；第三天，一群肖尼人停留在克雷萨普用于供给物资的种植园内，他们打了这些肖尼人，杀死一名酋长。克雷萨普陷入沉思，但做出了相反的决定，攻击了黄溪边一个小型的明戈村庄。[1]

黄溪边那个村子的领袖洛根在许多地方都跟克雷萨普非常相似。 358
他不是酋长，卡亚舒塔（Kayashuta）和怀特·明戈是明戈人的酋长，

[1] 一月至三月，肖尼人在南部边境和俄亥俄河上犯下杀人案的谣言流传到匹兹堡，见McKee Journal, Feb.27, 1774, Indian Records, RG 10, Series III, Western Post Re-cords, v.16, Public Archives of Canada（hereafter cited as *PAC*）; McKee Journal, Mar. 8–13, 1774, *JP* 12: 1083–1086。四月，肖尼人抓捕、抢劫测绘员，见John Floyd to Preston, Apr. 26, 1774, Reuben G.Thwaites and Louise P. Kellogg（eds.）, *Documentary History of Dunmore' s War*, 1774（Madison: Wisconsin Historical Society, 1905），切罗基人在小比弗河（Little Beaver Creek）附近攻击了一个商人的独木舟并杀死一人，白人怀疑他们逃往马斯金根河和赛欧托河上的肖尼人、明戈人中，见McKee Journal, Apr. 17, 1774, *JP* 12: 1090。归罪于肖尼人的杀人案清单见Letter from Redstone, Oct. 1774，载Peter Force（ed.）, *American Archives: Consisting of a Collection of Authentick Records...in Six Series*（Washington, D.C.: M. St. Clair Clarke and Peter Force, 1837–1853）, Series 4, 1: 1015（hereafter cited as *AA*）。

白人的攻击及其理由见McKee Journal, May 1, 1774, *NYCD* 8: 463; St. Clair to Penn, May 29, 1774, *PA*, Series 1, 4: 502。Remarks on the Proceedings of Dr. Connolly, June 25, 1774, *PA*, Series 1, 4: 528–529. 理查德·巴特勒（Richard Butler）称遇害酋长当时正从匹兹堡归来，但杀人犯们的生平记录则与此不同。可能涉及两起不同的杀人案，见Richard Butler Account of the Rise of the Indian War, 23 Aug. 1774, *PA*, Series 1, 4: 568–570。酋长之死见Extract of Journal of the United Brethren' s Mission on Muskingum, May 6, 1774, *PA*, Series 1, 4: 495。威佩遇害见*ibid*.503。对于攻击的总结，参考康诺利的信，见Devereux Smith to Dr. Smith, June 10, 1774, *AA*, Series 4, 1: 467–470。康诺利的愤恨见Mackay to Penn, June 14, 1774, *AA*, Series 4, 1: 473; Memorial to Penn, June 25, 1774, *AA*, Series 4, 1: 483–484。乔治·罗杰斯·克拉克对克雷萨普的印象见Clark to Samuel Brown, June 17, 1798, *IHC* 8: 3–9。

而罗根只不过是战争领袖，相当于印第安人中的克雷萨普。该村村民经常来往斯混于一个小型弗吉尼亚人定居点，就在俄亥俄河对岸。洛根的姊妹跟白种商人约翰·吉布森生了个孩子。1774年5月3日，一群弗吉尼亚人诱骗两名来自黄溪的印第安男女过河与他们一同饮酒，在一个叫贝克的男人屋前，他们灌醉印第安男女并将其杀害，也杀死了两个以上的随从。六个男人过来调查，被他们伏击，他们可能杀死了其中的四个。格雷豪斯和贝克领导了这场谋杀，当天他们这群人又杀死了八到十个人，伤人两个以上。他们差点再杀死一个，但是在杀了洛根的姊妹后，他们决定放了她的婴孩。五月里出现了另一桩印第安人被杀案，死者是特拉华人约瑟夫·威佩（Joseph Wipey）。[1]

这些杀人案都很残忍，而且都是无端而起的，但它们又都是发生在中间地带的行为。它们发生于阿尔冈昆世界和欧洲世界那熟悉的交汇点。那个特拉华人和肖尼人是商人的雇员；那群肖尼人正从匹兹堡回家，他们在匹兹堡咨询了克罗根。黄溪的明戈人与对岸的白人友好相处了一段时间。导致他们死亡的那次走访，它原本可能的结果也许
359 不过是一点商品交换罢了。即便是流血事件，都是在强调共同世界而不是冲破它。杀人时双方都采用了通用的符号。克雷萨普以剥头皮宣示开战；贝克剥去死者头皮，使自己的杀戮成为战争行为，而非酒后杀人。这个世界满是公共接触，都有其通用的意义。[2]

剥头皮的意思再清楚不过了，但肖尼人仍是谨慎的族群，谋求和平是酋长的责任。酋长们拒绝接受克罗根、麦基和康诺利发来的慰问信息，斥之为一派谎言。他们还警告白人，当杀人案的消息传到村子里时，应当还有惩处罪犯的消息。不过，在他们发出的信息中也可能会有和解的信息。科恩斯多克及其他酋长仍然希望控制住战士们。当

[1]　肖尼人中的一个俘虏理查德·斯巴克斯（Rirchard Spark）称洛根并未怪罪克雷萨普，而且杀人犯中有一个人的弟兄曾遭印第安人杀害，见Statement of Richard Sparks, Nov. 1812, George Rogers Clark Papers, Draper Mss., 14J34–37。威佩遇害见Extract of Journal of United Brethren' s Mission on Muskingum, May 6, 1774, *PA*, Series 1, 4: 495。

[2]　剥头皮见McKee Journal, May 1, 1774, *NYCD* 8: 463。宣战见Johnson to Haldimand, June 9, 1774, *JP* 8: 1164–1165。克雷萨普见Clark to Brown, June 17, 1798, *IHC* 8: 5。

乔治·巴特勒（George Butler）带领的商人们抵达肖尼城镇，联盟酋长们保护了他们，并派人护送他们回去。巴特勒曾经扮演信使和中间人，还雇佣过克雷萨普的人杀死的那两个肖尼人和特拉华人，于是科恩斯多克请他给亚历山大·麦基——他本是印第安女人的孩子——带回去一封信，信中说“在知道你们的意图”之前他们都会按兵不动。死者将会被掩埋吗？还是战争将会爆发？[1]

科恩斯多克留下了调停的余地，而且中间人已经从特拉华人中赶
来。老一辈特拉华民事领袖们已经过世。塔玛库阿死了，他的宗族也
不再显赫。库斯塔洛加老了，他在韦南戈的村子分崩离析，人们迁往
俄亥俄河以躲避英国人。纽科默（Newcomer）仍然住在纽科默镇——
大概是俄亥俄地区最重要的城镇，还主持着该城议会，但他也已经老
迈衰弱了。凯凯德加塔（Quequedegathe）（或者说乔治·怀特·爱）
酋长之前曾作为发言人，在纽科默做乌龟胞族的联盟长官。皮佩首领
（Captain Pipe）曾做了很长时间的发言人和首席战士，他将继承叔叔库
斯塔洛加的位置。这两个老人继续做胞族领袖，但谁也不能保持道路 360
通畅，并带着卡柳梅特让战士们在自己的毯子上平和地吸烟。中间地
带那一代酋长的斗争使得法国“父亲”离去，英国人到来，现在他们
自己也正在一同逝去。[2]

乔治·怀特·爱成为一个重要的联盟中的带头酋长，而他将自己

---

[1] 此处肖尼酋长们是在遵循联盟酋长的理念而行动。当一支迈阿密远征队被切罗基人打败后路过匹兹堡时，肖尼酋长们安抚了他们，不过远征队对酋长居然也要参加远征感到十分惊讶，见 McKee Diary, Feb. 26, 1774, Indian Records, RG 10, Series 11, Western Post Records, v.16, *PAC*。

肖尼人的反应见 McKee Journal, May 25, May 26, June 1, June 4, 1774, *AA*, Series 4, 1: 479–481。盼望和平见 Extract of Journal of the United Brethren' s Mission on Muskingum, May 20, 1774, *PA*, Series 1, 4: 496–497; Speech of Shawanese, May 20, 1774, *PA*, Series 1, 4: 497–498; Richard Butler Account of the Rise of the Indian War, 23 Aug. 1774, *PA*, Series 1, 4: 568–570。Butler had carried a letter from the Shawnees to Kayashuta, Croghan, and McKee in the fall of 1773, Conference with Kayaghshota, Jan. 5–15, 1774, *JP* 12: 1046.

[2] Conference with Kayaghshota, Jan. 5–15, *JP* 12: 1047–1048. 乔治·怀特·爱见 Minutes, Apr. 26, 1768, *PA*, Series 1, 9: 515。皮佩与肖尼人有关，并且显然是他们中的首席战士。普赖德死在南卡罗来纳，此事也推动了肖尼人参与七年战争，他是皮佩的亲戚，见 Armstrong to Denny, Dec. 22, 1756, *PA*, Series 1, 3: 83; Croghan Journal, May 9, 1765, *IHC* 11: 10。做发言人见 Message to Pennsylvania, Sept. 1771, *PA*, Series 1, 4: 441。

对于特拉华自诩为约翰逊的权威，集聚在白人、六个部落和西方国家中间，见 McKee Journal, June 6, 1774, RG 10, series 11, Misc. Records of Western District, 16: 9, *PAC*。

的任务完成得很好，好到后来当人们忘记联盟的题中之义以及怀特·爱这样的人是什么角色时，他看起来就好像一个内奸。怀特·爱已经全然是个中间地带中的人物。正如他的姓名翻译成英文所暗示的那样，他熟悉白人和他们的世界。1766年，他在大狸河边开了个酒馆。他与商人们过从甚密，好像自己也变成了商人，因为他并不按照印第安猎人的规模和方式来经营。1773年，他狩猎获利颇丰，有1500张鹿皮和300只河狸，他不得不卖掉一部分；特别是有个英国商人为他提供装备，以获利的一半作为回报。怀特爱直接把皮毛运到费城，他要求把部分收入换成现金。和其他商人一样，怀特爱在匹兹堡有间木屋，他显然把货物储存在那儿；弗吉尼亚人劫掠木屋时，“价值30英镑的财产被夺走”。怀特爱对基督教感兴趣，相信特拉华人必须扩大他们的农业规模，也支持与英国人和平相处；他是两个社会之间理想的调停人。为了帮助麦基使道路更加顺畅，他行经白人村子和肖尼人村子之间危险的小径，差点被康诺利的人或是肖尼人杀死。[1]

361 1774年5月5日，怀特·爱、皮佩与卡亚舒塔和怀特·明戈一道待在匹兹堡，在麦基、康诺利上尉和弗吉尼亚人的指示下做了一场慰问仪式，“与你们的仪式一致”。他们擦去印第安人眼角的泪水，象征性收殓亡者的骸骨，将死者的尸骨包裹在礼物中然后埋葬死者，以便“让这颗头颅里的所有不愉快的记忆都将被抹去，并被埋葬于遗忘中”。怀特·爱同意从事“这项和平伟大而美好的工作”，亲自传达消息，因为此事“非常严肃，不可怠慢，也不能随便雇个男孩来做；这是我们自身的快乐，我们的妇女和儿童，以及所有于我们而言珍贵的东西，

[1] 对于酒馆，见Klett（ed.），Journals of Charles Beatty, Aug. 21, 1766, 46。与斯莫尔曼（Smallman）的贸易之旅见Croghan to Gratz, May 11, 1773, 7J13C, George Rogers Clark Papers, Draper Mss。尽管怀特爱接手了纽科默城，但他仍然与塔玛库阿和特拉华乔治的派系保持联系，见“Journal of James Kenny,” July 5, 1762, 8。关于基督教和农业，见Jones, Journal of Two Visits, Feb. 13, 1773, 89。
在最初几起杀人案后怀特·爱见了克罗根，并向纽科默城和肖尼人的城镇致以慰问，再替他们向白人传达消息，见McKee Journal, May 5, 1774, *JP* 12: 1100; McKee Journal, May 25, 1774, *AA*, Series 4, 1: 479; McKee Journal, May 9, 1775, *PA*, Series 1, 4: 496; Meeting, June 29, 1774, *PA*, Series 1, 4: 532。

我们会尽全力保护”。这项工作如此重要，连纽科默也是亲自经手。[1]

但怀特·爱、纽科默和肖尼酋长们都控制不了洛根，他已然深受困扰，相信自己被邪恶精灵所追逐。死在格雷豪斯和贝克手下的人里有许多是他的亲戚，他们的鲜血在号叫着要求复仇。黄溪没有民事酋长，当洛根去往马斯金格姆河的瓦卡托米察的明戈-肖尼人混合村庄招募战队时，他是行进在肖尼酋长和卡亚舒塔说过的“不受控制的人群”中。[2]

肖尼人和明戈人酋长们无法阻止洛根复仇，但他们设法将复仇团体限制于瓦塔托米察人战士中，因为瓦塔托米察人与黄溪的人是亲戚。只有两个小团体跟随洛根，共13人。肖尼酋长甚至还让他们做出了些让步，那就是洛根的斧子只能落在莫农加希拉以西的弗吉尼亚人身上，不可攻击宾夕法尼亚人，而且，待他归来，他的战士们应当“乖乖坐好，听从他们的酋长”。[3]

洛根及其追随者以和挑起事端的人一样残忍的杀人方式进行了复仇。他们在泥溪（Muddy Creek）杀了一对夫妻和他们的三个孩子，俘虏了另外三个孩子。邻居发现威廉·斯皮尔（William Speir）和他的妻 362
子、四个孩子都死了，并被剥去头皮。洛根的人留下一把宽刃斧插在斯皮尔胸膛里。别处已派出单个的旅人和战争团体成员以求打倒洛根。尽管在这些攻击中印第安人都尽量只杀弗吉尼亚人而放走宾夕法尼亚人，但整个地区还是被恐惧包围。一群印第安人威胁说要使边远地区成为无人区。数百人逃走了，数千人建要塞自保。[4]

---

[1] 特拉华人及六大联盟做出的努力见Speech of Baby, July 19, 1774, with Lernoult to Gage, Aug. 1, 1774, Gage Papers, AS 122; Extract from Indian Transactions, May 5, 1774, *AA*, Series 4, 1: 476–477; Letter of The Cosh（John Bull）, May 24, 1774, *PA*, Series 1, 4: 499–500。

[2] 洛根见Devereux Smith to Dr. Smith, June 10, 1774, *AA*, Series 4, 1: 467–470。后来洛根告诉乔治·摩根，自己的母亲和妹妹在黄溪被杀，见Morgan Diary, June 17, 1776。

[3] 该问题及分歧见McKee Journal, May 26, June 1, June 5, *AA*, Series 4, 1: 481–482。摩拉维亚教徒称有20人反对英国人，见Letter of Zeisberger, May 28, 1774, *PA*, Series 1, 4: 498，但他们也赞同，所有这些人都来自瓦卡托米察。亦见Indian Intelligence, June 5, 1774, *PA*, Series 1, 4: 508–509; Richard Butler Account of the Rise of the Indian War, Aug. 23, 1774, *PA*, Series 1, 4: 568–570。

[4] 威胁要清除人口见St. Clair to Penn, May 29, 1774, *AA*, Series 4, 1: 463; June 12, 1774, *ibid.*, 466–467; Montgomery to Allen, June 3, 1774, *AA* Series 4, 1: 463–464。杀戮见Devereux Smith to Dr. Smith, June 10, 1774, *AA*, Series 4, 1: 467–470; Letter to Williamsburg, June 16, 1774, *AA*, Series 4, 1: 405; St. Clair to Penn, June 15, 1774, *AA*, Series 4, 1: 471–473。放走宾夕法尼亚人见St. Clair to Penn, June 16, 1774, *PA*, Series 1, 4: 519; Thompson to Penn, June 19, 1774, *PA*, Series 1, 4: 521–522。

不过这仍然不构成战争。直到7月，克罗根、麦基和肖尼酋长们都还相信和平是可能的。洛根带回来13张头皮，他宣称自己已经满意了——尽管他将在这个夏天和秋天再次发起突袭。他的宿怨针对克雷萨普和弗吉尼亚人，他们杀了他的人，他报复过去杀死他们的人。卡亚舒塔来到肖尼人中，以易洛魁联盟的名义（肖尼人一直不承认易洛魁联盟）命令他们等待奥内达加人是否参战的决定。更重要的是，怀特·爱回来了，宣布肖尼人正准备派他们的酋长去谈判。他说是时候让审慎的人来控制局势了。然而，康诺利倾向于战争。他宣布，洛根的突袭代表肖尼人已宣战。他试图拦截已经将商人安全送回家的肖尼护卫队，并取得了部分的成功。他继续准备发动全面战争，入侵印第安人的领地。弗吉尼亚行政长官邓莫尔爵士支持他。除非肖尼人被"严厉惩罚"，否则和平不会到来。弗吉尼亚方面承认已进入战争状态。盖·约翰逊继任他死去的岳父成为印第安事务最高长官，尽管他继续积极奔走以求孤立肖尼人，但不管英国军队还是宾夕法尼亚方面都无意卷入冲突。实际上，哈迪曼将军告诉盖奇，前方所有定居者加起来的价值都比不上与印第安人打一仗所付出的代价。[1]

---

[1] 洛根返回以及护卫人的尝试见Extract of Letter from Fort Pitt, June 19, 1774, *AA*, Series 4, 1: 429。对于伤口，见St. Clair to Penn, June 26, 1774, *PA*, Series 1, 4: 530。洛根满意见Montgomery to Penn, June 30, 1774, *PA*, Series 1, 4: 534–535。关于此后的突袭，见Christian to Preston, Thwaites and Kellogg（eds.）, *Dunmore' s War*, 304–305。五月底邓莫尔曾发言谴责印第安人是侵略者，但又向匹兹堡周边的特拉华人和六大联盟印第安人保证和平，见Message, May 29, 1774, *AA*, Series 4, 1: 482。六月底，他决心对肖尼人发动战争，见Letter of Dunmore, June 20, 1774, *PA*, Series 1, 4: 522–523。实际上每个明智的观察者都认为和平很可能持续到七月份，见Extract of Letter, May 30, 1774, in Maryland Journal, June 18, 1774, Thwaites and Kellogg（eds.）, *Dunmore' s War*, 28–29; Croghan to St. Clair, June 4, 1774, *AA*, Series 4, 1: 465–466; Letter of Mckee, June 10, 1774, *PA*, Series 1, 4: 511; Richard Butler Account of the Rise of the Indian War, Aug. 23, 1774, *PA* Series 1, 4: 568–570。圣·克莱尔谴责弗吉尼亚蓄意挑起战争，见St. Clair to Penn, June 22, 1774, *AA*, Series 4, 1: 472–474。宾夕法尼亚人希望和平，见Penn to Johnson, June 28, 1774, *JP* 8: 1182–1183。肖尼人做好了对话的准备，见Meeting with the Indians at Pittsburgh, June 29, 1774, *PA*, Series 1, 4: 531–533，又不得不备战，见Message from the Governor, July 18, 1774, *PCR* 10: 196–197。约翰逊否认肖尼人的援助，见Johnson to Gage, Aug. 26, 1774, *JP* 13: 673–675。

康诺利的消息见Letter, June 9, 1774, *AA*, Series 4, 1: 394。弗吉尼亚人想打仗见Devereux Smith to Dr. Smith, June 10, 1774, *AA*, Series 4, 1: 467–470。建立要害的等等一系列事，见St. Clair to Penn, July 4, 1774, *PA*, Series 1, 4: 539; Mackay to Shippen, July 8, 1774, *PA*, Series 1, 4: 540–542。邓莫尔对战争的描述（其中充满谎言）见Dunmore to Dartmouth, 24 Dec. 1774, Thwaites and Kellogg（eds.）, *Dunmore' s War*, 368–395。

哈迪曼见Haldimand à Gage, 12 juin 1774, Gage Papers AS 120, and juin le 23, 1774, *ibid*。肖尼人指望不了切罗基人帮忙，见Campbell to Preston, June 23, 1774, Thwaites and Kellogg（eds.）, *Dunmore' s War*, 48–49。

弗吉尼亚方面的战斗姿态加上肖尼酋长们求和失败，开战是确定 363
的了。7月英国人的冒犯行为和肖尼人护卫队遇袭事件使肖尼人中的主战派扩大，他们已经向邻居送出战争带。那时康诺利正在修筑要塞并招募突击连，而宾夕法尼亚方面必然开始采取防卫措施，因为他们谴责弗吉尼亚人，怪后者招致战争。8月，这个边远地区的民兵跨过俄亥俄河，摧毁了马斯京根的瓦塔卡米卡——它已废弃——和周围的五个村民。宾夕法尼亚方面仍然想限制战争的范围，派特拉华酋长皮佩到肖尼人中做调停者。当邓莫尔本人抵达边疆去领导一场对肖尼人的远征时，皮佩和怀特·爱（不顾肖尼人对他的威胁）见了邓莫尔，表示肖尼酋长们十分愿意谈判。然而，联盟酋长们努力维护和平的作用不过是将战争限定为肖尼人和弗吉尼亚人之间的战斗。在英国人的压力之下，底特律的休伦人拒绝了肖尼人转移到桑达斯基的请求，并送回了交给休伦人的战争带。在弗吉尼亚人和肖尼人不平等的力量较量中，弗吉尼亚人占了上风。为了防止弗吉尼亚人入侵赛欧托河地区，肖尼人攻打了聚集于卡纳惠的弗吉尼亚军队，结果导致了普安普莱曾特（Point Pleasan）战役，而肖尼人战败。[1]

这场战役意味着肯塔基可供白人定居，并且邓莫尔爵士和弗吉尼 364
亚精英阶层可以变得富有。邓莫尔展示了由朗姆酒和拓荒者引起的谋杀案是怎样服务于精明的人的欲望，并使他们变得富有的。对肖尼人来说，他们不情愿地参与战争，战败意味着损失了肯塔基的广大猎场。然而战役的发生总归说明，在赛欧托的村子里，年轻人复仇的欲望和

[1] 肖尼人送出战争带见Speech of Baby, July 19, 1774, with Lernoult to Gage, Aug. 1, 1774, Gage Papers AS 122。拒不允许见Speech of Sasteretsy, Aug. 19, 1774, Speech of 22 of the Principal Chiefs, Aug. 23, 1774和Lernoult to Gage, Aug. 31, 1774, Gage Papers, AS 122。威人、基卡普人和麦斯科顿人仍然敌视英国人-易洛魁人-休伦人保持和平的做法，但他们似乎已经回应了渥太华和福克斯的建议：阻止英国通往伊利诺斯的通道，见Council at Detroit, Sept. 11, 1774, with Guy Johnson to Gage, Nov. 10, 1774, Gage Papers, AS 124。

怀特·爱及肖尼人形成的威胁见Indian Speeches, July 23, 1774, *PA*, Series 1, 4: 552–554。袭击瓦塔卡米卡见St. Clair to Penn, Aug. 8, 1774, *PA*, Series 1, 4: 558–560; Letter from Redstone, Aug. 8, 1774, *AA*, Series 4, 1: 722–723; Extract McDonald to Connolly，载Thwaites and Kellogg（eds.）, Dunmore' s War, 151–156。皮佩见St. Clair to Penn, Aug. 25, 1774, *PA*, Series 1, 4: 573–575。皮佩和怀特·爱最后的努力见Council between Lord Dunmore and the Indians, Oct. 14, 1774, *AA*, Series 4, 1: 872–876。

努力强过了酋长们为和平做出的努力。不过那天肖尼人多半只是孤独地站立着，这也说明愤怒和复仇并非总是占上风；在高地其他地方及俄亥俄河上，尽管面对极端的挑衅，战士们还是安坐在自己的毯子上。民事酋长们胜利了。如果在普安普莱曾特有更多特拉华人，如果有基卡普人、麦斯科顿人、迈阿密人、皮安卡肖人、帕塔瓦米人或者威人在，如果当时有更多渥太华人、齐佩瓦人或怀安多特人，如果当时有切诺基人在——总之只要当时有联盟中肖尼人能想到的族群在——结果必然会大不一样。但是如果有盟军在，很可能也一样有宾夕法尼亚民兵和英国常备军在。谁不在普安普莱曾特，跟都有谁在一样重要。[1]

按邓莫尔的和平条件，肖尼人同意不得在肯塔基境内俄亥俄河以南狩猎，实际上等于承认了斯塔尼克斯堡割地协议，甚至更多。但是，由于殖民地人民聚集起来对抗波士顿英军和高地绝大多数印第安战士未卷入邓莫尔爵士之战，一个处在白人村民之首的殖民地长官能从一
365 个单独印第安族群那里获取的东西并不多。普安普莱曾特表明印第安人和白人村民争夺肯塔基的战争开始而不是结束。盖奇告知底特律的莱尔努特（Lernoult）上尉，他应当知会印第安人，国王并不赞同弗吉尼亚人的行径，已下令他们撤出肖尼人的领地。[2]

此时，高地再次变成村落世界。俄亥俄河北部的肖尼联盟已然惨败，六大联盟虚有其表，帝国不过只剩下蜷缩在森林中的散兵游勇。俄亥俄河南部，荒地村民受到的帝国控制本就非常微弱，而现在他们

[1] 有1100名弗吉尼亚民兵，见Fleming' s Journal, Oct. 17, 1774，载Thwaites and Kellogg（eds.）, *Dunmore' s War*, 288。弗吉尼亚人声称普安普莱曾特有800至1000名肖尼人、明戈人、特拉华人和渥太华人，但既然绝大多数特拉华人、多数明戈人和几乎所有渥太华人（只除了零散的几个）都保持中立，那在任何地方都不会达到上述人数，见Letter from Point Pleasant, Oct. 17, 1774, *AA*, Series 4, 1: 1016–1017。盖伊约翰逊，可能搜集了来自六个族群的信息，认为弗吉尼亚人比肖恩斯人数多出两个，一个战场将投入大约550个战士，见Johnson to Gage, Nov. 24, 1774, *JP* 13: 695。即使是这一数字也能很高，因为根据约翰逊的说法，俄亥俄肖尼人只有300名战士，他们在向密西西比移民的过程中遭受了相当大的损失，除了肖尼人，在战斗中只有一些明戈人和一些特拉华人和休伦人，见Johnson to Dartmouth Dec. 14, 1774, *NYCD* 8: 517。肖恩斯损失30人，其中包括3名明戈人，见Proceedings of Col.Guy Johnson, 20 Jan. 1775, *NYCD* 8: 535。有一些怀恩多特人和卡纳瓦加人也死在普莱点，见Treaty, Oct. 7, 1775, Reuben G.Thwaites and Louise P. Kellogg, *Revolution on the Upper Ohio, 1775–1777*（Port Washington, N.Y.: Kennikat Press, 1970）, 81。

[2] Gage to Lernoult, Dec. 28, 1774, Gage Papers AS 125.

所属的殖民地本身也很快就要造反了。11月，易洛魁人和盖·约翰逊会面。易洛魁人向肖尼人送信，要求他们放下战斧。易洛魁人希望帝国也告诉弗吉尼亚人同样的话，“他们是白人，应当要听指挥的”——这是空话，不管易洛魁人还是帝国都指挥不动俄亥俄地区。[1]

[1] Proceedings of a Congress with the Chiefs and Warriors of the Six Nations, Dec. 1, 1774, *NYCD* 8: 521.

366 第九章

村民的竞争

每个孩子在被养大时都学会了憎恨印第安人，因为他总是被当作敌人提起。还在摇篮里，他就经常听到关于野蛮人如何暴力的故事，熟悉那些描述土著如何狡猾和凶残的传说。每家都能数出几个在午夜大屠杀中受害的家人或亲戚……人们在被养育时，对印第安人的憎恨成为天性的一部分，复仇也成为本能的冲动。

——詹姆斯·霍尔《西部之历史、生命和生活方式速写》

（James Hall, *Sketches of History, Life, and Manners in the West*）

我们的白人弟兄（教友弟兄）与我们在同一片土地上长大，这座大岛是我们共同的母亲，我们和他们是一样的血肉。

——科恩斯多克（Cornstalk），1776年6月1日，摩根日记

我们由同一位母亲所生，我们都生于这座大岛；我们诚挚地渴望与你们栖息在同一棵和平之树上；我们请求与森林中所有印第安人生活在友谊中……请上帝见证，我们不盼别的，只是热切渴盼这个大岛上的白人和印第安人居民能培养出亲兄弟般的情谊，联结在最坚实的爱与友谊中。

——处理印第安事务的美洲委员会委员致特拉华人、塞内卡人、猛西人、明戈人，1776年于匹兹堡，摩根书信集

一

从某种意义上说，美国革命对高地的影响很单一。革命制造了另一个扩张性的国家，对该地区的阿尔冈昆村民来说，也就是重现了熟悉的危险和相似的机会。高地的欧-印联盟曾在帝国力量的竞争中兴起和繁盛，美国独立重使北美大陆回到激烈的帝国竞争中。阿尔冈昆人又可以测试一位“父亲”的爱并对多个“父亲”做比较了。在这个意义上，美国革命对高地来说就像大旱之后来了暴风雨。尽管它带来了一些喧哗和破坏，它还是在18世纪60年代和70年代早期的冲突中灌溉出了政治的中间地带。

对帝国与村落之间的政治动力学做出这种简单的、结构化的解读，尽管有一定作用，但它具有欺骗性，因为它把若干地方群体统合为三 367
个紧密的单元：英国人、美国人、印第安人。实际上，组成高地的是各不相同的村庄和定居点——有英裔美洲人的，有法国人的，也有印第安人的，至少到18世纪80年代中期仍是如此。美国革命和接下来的印第安战争都是帝国之间在争夺该区域的控制权，但同样是村庄之间的权力之争。村庄及村庄内部派系的特定利益很大程度上与极致的忠诚有关，与美国和英国之间的帝国竞争一样。

1781年，弗雷德里克·哈迪曼将军抱怨英裔美洲村民和阿尔冈昆人的独立，因为他们都在更大的斗争语境下追求地方利益。他报告说，许多退至边境的拓荒者“借口从革命中脱身，实际上侵占印第安人最丰美的猎场，自己变成富人”。但“当俘虏公开表明他们的效忠对象时”，这些人常常攻击英国人。至于印第安人，“即便是那些宣称维护我方利益的印第安人，对我们也不存在依赖，在那个民族也有一些我们的敌人……”，没有任何一个例子中印第安人能够完成他们的任务，但受到卡普里切（Caprice）和渴望延长战争的获得礼物的影响，他们会擅自离开部队。[1]

---

[1]　Haldimand to Clinton, Sept. 29, 1781, Clinton Papers, v.176, Clements Library.

如哈迪曼所暗示的那样，革命开头那几年对英国是试炼。尽管他们从肖尼人、明戈人、底特律村民、圣约瑟的帕塔瓦米人中组织突击队，哪怕是来自萨吉诺和麦基诺的人，其他的大多数印第安人要么中立，要么被证明是靠不住的盟友。那些作战最得力的印第安人是因为不想把肯塔基交给美国人，而不是出于对英国“父亲”的忠诚。而有很多法国人从来没有完全支持英国人的统治，他们欢迎革命，尤其是在美国与法国结盟后。[1]

然而，英国在西部的相对弱势对边疆美国人来说并没有马上变得
368 明显，印第安人把他们归并在弗吉尼亚人的旧名字之下——大刀人（the Big Knives）。美国人高估了反对他们的印第安人的数量。他们计算出有8500名战士聚集起来反对他们，而这还不包括索克人、福克斯人、温尼巴哥人、梅诺米尼人或其他伊利诺伊部落。他们估算出有这么多战士，是因为持英国装备的印第安突击队在边疆地区，特别是在肯塔基的新定居点伤亡惨重。面对这些突击队，美国人想要复仇和援助，但他们对这些人的来源不甚清楚。[2]

为了缓解这些袭击，美国人多次讨伐高地，构成了最初的村民和帝国之间的对抗。检视一下1778年乔治·罗杰斯·克拉克入侵高地的行动——这些征伐中的第一次也是最著名的一次，我们可以特别清晰地看见随之而来的争斗的复杂性。这次进攻揭示了在早期的战斗中，村民的忧虑如何使帝国的忧虑变得更加复杂化。并且，它也展示了战争本身如何迫使英国“父亲”及仇视印第安人的革命者都不断接受阿尔冈昆的习俗。[3]

---

[1] 高地的英国联盟见 letter to Hamilton, 19 July 1776, *MPHC* 10: 262; letter to De Peyster, 19 July 1776, *ibid.*; Gautier' s Journal of a Visit to the Mississippi, 1777–1778, *WHC* 11: 101–111; Hamilton to Dartmouth, Sept. 2, 1776, *MPHC* 10: 264–270; Council, 17 June 1777，载 Louise P. Kellogg（ed.）, *Frontier Advance on the Upper Ohio, 1779–1781*（Madison: State Historical Society of Wisconsn, 1917）, 7–13; Bowman to Clark, Oct. 14, 1778, *ibid*, 69–71; Clark' s Memoir, *ibid.*, 260. Hamilton to Carleton, Apr. 25, 1778, *MPHC* 9: 434; Gage to Haldimand, June 9, 1773, Haldimand Papers, Add. Mss., 21665.Abbott to Carleton, May 25, 1777, *IHC* 1: 313, Abbott to Carleton, April 25, 1778, *IHC* 1: 317; Abbott to Carleton, June 8, 1778, *IHC* 8: 46–47; Bentley to Carleton, 10 April 1777, *IHC* 1: 295。

[2] 克拉克相信攻击来自沃巴什河，这显然源于一队西迁来该地区定居的特拉华人提供的信息，见 Petition of Committee, Harrodsburg, June 20, 1776, *IHC* 8: 15。他的理由见 Clark to Patrick Henry, 1777, *IHC* 8: 30–32。美国人估算对方兵力见 Morgan to Zeisberger, Mar. 27, 1778, Morgan' s Letter Book, Book 3。

[3] 克拉克对于肯塔基的重要性的认识见 Clark' s Memoir, 1791, *IHC* 8: 215–218。

二

乔治·罗杰斯·克拉克恨印第安人，他后来告诉被俘的底特律英国总督亨利·汉密尔顿，他期待看到印第安人被整个灭族，并且“就他自己来说，他绝不会放过自己经手的任何一个印第安男女老少”。克拉克恨印第安人是因为他爱肯塔基，而印第安人反抗白人拓荒者占领肯塔基，使之变成一片黑暗的流血之地。克拉克这个肯塔基土地投机者在阿尔冈昆人的攻击中失去了朋友和邻人。1778年他想打一场战役来阻止印第安人的袭击——这些袭击差点使他财产和情感系之的新定居点变得空无人烟。[1]

和许多憎恨印第安人的人一样，克拉克相信自己了解印第安人，知道如何与他们打交道。这不是没有理由的，有时他也表现得像个印第安人。“我允许他们，”克拉克这么写他的小部队在温森斯的进展， 369
“在任何情况下射击猎物并尽情享用，就像印第安战舞，总是免不了邀请其他人加入盛宴，夜夜如此。”在克拉克带他们经过有排泄物的污水地时，他的手下犹豫起来，他们对此感到困惑，克拉克黑了脸，“发出了进号令，并一言不发地走到水中”。连印第安人都能理解的动机让克拉克小部队中的弗吉尼亚人穿过了暗淡的浸满水的土地。鲍曼少校记录：“从没有人像这支心心念念要为他们身后的定居者遭受的恶事复仇的小部队一样如此积极。”[2]

对印第安人的憎恨反而催生了通往中间地带的奇怪道路，但克拉克在高地纠缠不清的村庄政治中跌跌撞撞时也发现了其他的古老道路。如果说是为了解除肯塔基的压力，那克拉克的征伐就是一个错误的决策。只有极少数印第安袭击者来自伊利诺伊地区或沃巴什人。不过克

---

[1] John D. Barnhart（ed.）, *Henry Hamilton and George Rogers Clark in the American Revolution with the Unpublished Journal of Lieutenant Governor Henry Hamilton*（Crawfordsville, Ind.: R. E. Banta, 1951）, 25 Feb. 1779, 189.

[2] Clark' s Memoir, *IHC* 8: 269, 274. 引文见Bownman' s Journal, Feb. 23, 1779, *IHC* 8: 159。克拉克的军队见Clark to Mason, Nov. 19, 1779, *IHC* 8: 139, 142。

拉克足够精明，他意识到自己在伊利诺伊地区发现了机会，可以使大块疆域和大量人民从英帝国中分离，并向底特律敞开。

然而，一旦在卡斯卡斯基亚安定下来，克拉克就明白自己难以像一个征服者那样行事：“我面临的情况和自身弱点使我确信良好的行为举止比所有从故乡带来的部队更加有效，我的故乡位于法国人、西班牙人和大量的每个城镇都有的野蛮人之中。”恰当的行为会为他带来回报，从法国人那儿和阿尔冈昆人那儿都是，既然法国人“普遍在印第安人中有较大影响力，并且比其他的欧洲人更受他们（印第安人）喜欢”。克拉克便利用法国人与密西西比河上游、伊利诺伊地区、密歇根湖南部及沃巴什河的印第安人的贸易关系来扩大美国人在这一地区的影响力。做这些时，他有意识地借用了法国人的方法。他“用法国人和西班牙人的模式”与印第安人打交道：“那一定比我们的方式更受欢迎，否则他们不可能在印第安人中有这么大影响力。”[1]

370 克拉克对“法国模式”的依赖使他憎恶印第安人的情感显得更复杂。他试图将之解释为要让印第安人害怕他，但法国人的方法不可避免地让他有时候表现得好像很喜爱印第安人。结果，克拉克误解了自身胜利的性质和条件。他只是模糊地了解自己接触的印第安人，以及他们为何肯与他合作。他模仿法国人的方法，却并不完全认同；他在参与高地村庄政治时也不理解本地竞争者和他们的野心。不过，在短暂的黄金时期内，一切似乎都如他所愿。

在西部湖区、密西西比河的葛洪阿尔冈昆人和1778年来卡斯卡斯基亚谒见他的沃巴什人面前，克拉克精明且颇为准确地把“大刀人”表现得就像那些族群自身一样：“大刀人和红种人非常像，他们不知道

[1] 引文见Clark' s Memoir, *IHC* 8: 23。At Vincennes, Clark to Mason, Nov. 19, 1779, *IHC* 8: 122–123. 亦见Instructions to Clark from Virginia Council, Dec. 12, 1778, *IHC* 8: 78–82; Instructions from Gov. Patrick Henry to John Todd, Dec. 12, 1778, *IHC* 8: 83–87。法国人的影响力见Clark' s Memoir, *IHC* 8: 224。效仿法国人见Clark to Chief of the Winnebago, Aug. 22, 1778, *IHC* 8: 65; Clark' s Proclamation to the Fox Indians, Aug. 28, 1778, *IHC* 8: 66; Clark to Mason, Nov. 19, 1779, *IHC* 8: 124; Clark' s Memoir, *IHC* 8: 239。威人酋长克鲁克特·莱格丝（Grooked Legs）称在自己决定加入美国人阵营时，法国人是个关键因素，见Barnhart（ed.）, *Hamilton Journal*, Dec. 10, 1778, 142。

怎么制造黑火药、布匹。这些物品需要从英国人处购买，实际上他们（大刀人）本身就源于英国人，而且主要靠种玉米、打猎和贸易生存，就像你们和你们的邻居法国人一样。”他认为美国革命的起因是大刀人想自己造枪和织布，而英国人极力压制。他把美国革命说成是为了摆脱依赖，并且主张这是造成印第安人、法国人、弗吉尼亚人生活贫瘠的真正的共性的原因。据克拉克描述，沃巴什印第安人对他这个信息的反应是：“印第安人和弗吉尼亚人一样有极大的权利反抗英国人。”[1]

在克拉克确立某种共同生活时，他便已经开始在外交上的中间地带行动，但这个对印第安人既爱又恨的人免不了对现象的错误判断。克拉克认为对印第安人说话“太软”是个错误。在卡斯卡斯基亚与印第安人开会协商时，克拉克同时摆出“一条血红带子（代表战争）和一条白色带子（代表和平）”，让他们选择。克拉克不曾细说伊利诺伊地区的印第安人对他这种矛盾的做法做何反应，但同样的消息传达到皮安卡肖人那里就只得到了藐视。老烟草——他后来加入克拉克一方——“告诉美国人（并非为了求得美国人的理解），他从未见过或听过这样的事，即在会议上同时摆出好东西和坏东西，于是他把给他们的带子踢走了。”面对阿尔冈昆人对这种外交上的中间地带的轻蔑和无视，克拉克和美国人的反应是，宣称自己是战士而不是顾问，实际上他们确实就是战士。[2]

可以理解作为战士的克拉克，因为贫瘠地区的战争领袖角色在结 371
构上之于阿尔冈昆村庄中是如此熟悉，此外克拉克本人是个有经验的印第安战士，他对阿尔冈昆人来说同样是一个熟悉的形象。印第安人对作为战士的大刀人评价很高，直率、冷酷，往往还很残忍，似乎无所畏惧。克拉克十分招摇地鄙视他的敌人。他可以成功地应对和自己一样的战争领袖，但由于克拉克的胜利仅仅是战争领袖的胜利，是恐

---

[1] Clark’ s Memoir, *IHC* 8: 242–244. 反应见 Clark to Mason, Nov. 19, 1779, *IHC* 8: 124.

[2] Clark’ s Memoir, *IHC* 8: 243–244; Clark to Mason, Nov. 19, 1779, *IHC* 8: 124. 老烟草见 Barnhart（ed.）, *Hamilton Journal*, Oct. 14, 1778, III。当时老烟草（又叫格朗·科埃特［Grand Coete］）是反对弗吉尼亚方面的，见 Beaubin’ s Account...Sept. 27, 1778, Haldimand Papers, 21782。

惧、痛苦和机遇的产物，所以它们并不牢靠。克拉克的错误在于把它们当成联盟层面的更大胜利。[1]

西部阿尔冈昆人与克拉克的和解是很复杂的现象。伊利诺伊和沃巴什地区的村民一开始对他怀有畏惧，而正是这种恐惧，加上法国人的影响，以及底特律方面错误地认为从今往后美国人是物资供应的唯一来源，使得很多村民接受了与大刀人和平共处——只要以一种可以理解的方式提出它即可。这些村民几乎不在意停止效忠英国人之后会失去贸易机会，并使他们的妻子、儿女和家庭陷入危机，毕竟法国人——他们的亲戚和朋友——都已经加入美国人一方。[2]

不过除了眼前利益，还有别的东西在发挥作用。克拉克致力于高地政治，然而很多文献都缺乏记载。他支持由法国村民组成的共和式政体，实际上这是独立于英帝国的做法，他同样对野心勃勃的阿尔冈昆人很有用处——以阿尔冈昆派系政治的旧模式发挥影响，特别是对叫作大科埃特（或老烟草）的皮安卡肖酋长和他的儿子（叫作烟草之子或小烟草）。克拉克夸张地把小烟草比作庞蒂亚克，称"没有他的同意，沃巴什河上的联盟不能采取任何行动"。其实烟草之子只是个小酋长，并且与其他皮安卡肖领袖意见不合。[3]

372 尽管一开始老烟草藐视赫尔姆上尉送来的克拉克的消息，但他和儿子还是转向了美国人一方。他们与克拉克结盟的原因至少部分源于他们需要得到支持从而进行一桩土地买卖，他们早先与沃巴什公司做这笔买卖，但没有得到其他皮安卡肖人或威人的同意。烟草父子把自

[1] 关于高度评价，见Hamilton to Carleton, Nov. 30, 1775，载Reuben G. Thwaites and Louise P. Kellogg, *Revolution on the Upper Ohio, 1775–1777, STBZ*（Port Washington, N.Y.: Kennikat Press, 1970）, 129。克拉克这些策略的理据见Clark' s Memoir, *IHC* 8: 255, 257。克拉克称，除了皮安卡肖人和基卡普人，自己还和齐佩瓦人、渥太华人、帕塔瓦米人、密西沙加人、温尼贝戈人、索克人、福克斯人、欧塞奇、爱荷华人及迈阿密人打过交道，*IHC* 8: 125。一队"温和的印第安人"试图抓住克拉克。为了解决此事，并不完全清楚情况的克拉克与聚集起来的印第安人上演了一出惯常的投降、赦免的仪式，见*IHC* 8: 124–129。Clark' s Memoir, *IHC* 8: 249–252. 没能维护真实的联盟见Barnhart（ed.）, *Hamilton Journal*, 110–149。

[2] 加入美国联盟的理据见Barnhart（ed.）, *Hamilton Journal*, 131, 136–137, 142。

[3] Clark' s Memoir, *IHC* 8: 241. 尽管克拉克相信烟草之子一辈子都是忠诚的，他实际上还是试图与汉密尔顿恢复友好，并接受了英国人的战斧，见Barnhart（ed.）, *Hamilton Journal*, Jan. 6, 1779, 162。烟草之子与其他酋长的分歧及其从属地位见*ibid.*, Dec. 8, 1778, 143; Dec. 20, 1778, 153; Feb. 21, 1779, 176。

身的野心系于美国人身上，或许可以修复他们在沃巴什村庄政治中摇摇欲坠的地位。克拉克靠虚张声势赚来这么多东西，但同时自己也可能被别人的虚张声势迷惑。[1]

为了消除战争领袖克拉克的势力，“英国父亲”汉密尔顿踏上了征程——克拉克认为他应当为肯塔基的袭击负责。到1778年秋天，汉密尔顿已在底特律任职近两年，但他对克拉克的进军才是他第一次深入高地的冒险。正如克拉克依靠伊利诺伊法国人支持他一样，汉密尔顿依靠底特律法国人和印第安人。在1778年秋天汉密尔顿自底特律南下行进的过程中，熟悉的阿尔冈昆仪式设定着行军节奏，使之不时停顿，甚至最终控制了行程。这些仪式包括卡柳梅特庆典、战争宴会、“全部吃完”宴会、分发战争带、接受手斧、战舞、战歌、在磨石上加朗姆酒磨斧子以使之锋利、呼唤神灵许可的仪式，要么是中间地带的习俗（即高地阿尔冈昆人和法国人共有并联合举行的仪式），要么便是得到欧洲人长期承认和关注的阿尔冈昆仪式。汉密尔顿对它们并不陌生。他在底特律的工作使他稳重地主持会议，他在征召“阿尔冈昆孩子”为“英国父亲”而战这件事上也有丰富经验。他还有很棒的顾问——杰休·海（Jehu Hay），是个有经验的印第安中间人，他协助汉密尔顿进行工作；此处还有底特律村庄精英。阿古希韦（Agushiway）或埃古谢韦（Egushewai）是来自底特律的渥太华人战争领袖，对远征提供建议并扮演汉密尔顿和酋长会议之间的中间人；还有达瓦顿斯，他是统治休伦－佩图安人的萨斯塔勒奇，陪同汉密尔顿行进入温森斯。[2]

不过，一出底特律，汉密尔顿的整个表现就不合适了。他一度显得倨傲（“因为受这些无知得可怜却又好意的人谦逊而恭敬地膜拜所

[1]　做买卖见Barnhart（ed.）, *Hamilton Journal*, Nov. 28, 1778, 132, Nov. 30, 1778, 134, Dec. 20, 1774, 152。

[2]　Hamilton to Haldimand, c.Sept. 1778, Haldimand Papers, 21781; Haldimand to Hamilton, Aug.26, 1778, Haldimand Papers, 21781.汉密尔顿带着17个印第安人离开了底特律，他们全是酋长或经过挑选的人，见Hamilton to Haldimand, Oct. 1779, *MPHC* 9: 486–487。他一边行进一边挑选出更多的人。见Hamilton to Haldimand, Nov. 1, 1778, *WHC* 11: 180; Agushiway（or Egushewai）, Hamilton Journal, Oct. 27, 1778, 116, Dec. 2, 1778, 135, Dec. 8, 1778, 140。关于达瓦顿人，见Barnhart（ed.）, *Hamilton Journal*, Aug. 23, 1778, 104, Jan. 1, 1779, 159。

373 致”），行为令人震惊又徒劳地坚持英国军队的纪律，而这次远征中并没有英国士兵。他意识到应当允许阿尔冈昆战士举行庆典和仪式，但试图审查其中与军队命令相冲突的内容。整个征程不时退化为关于仪式的争吵。汉密尔顿愿意模仿跳战舞、呈送战争带并且唱他的战歌，他也做得很好，但他由于害怕失控而拒绝象征性地往磨石上洒些朗姆酒以磨利战斧。由于汉密尔顿不肯分发朗姆酒，于是14个来自大格莱兹（Grand Glaize）的渥太华村庄的战士裹足不前，直到汉密尔顿带上两瓶朗姆酒去道歉才作罢。但当汉密尔顿在陆路上一个迈阿密村庄参加底特律印第安人和迈阿密人之间的模拟战争的仪式时，他再次故意不去用酒润湿磨石。尽管他呈送战争带并唱了战歌，“由副手、诸酋长以及不同族群的主要战士做伴”，印第安人仍然抱怨缺了朗姆酒环节。行军中汉密尔顿干涉阿尔冈昆人的扎营地点，结果让迈阿密人落在最后，违背了他们应当把战争祭祀盒“朝向敌人的土地”的习俗，以致没人可以到他们前面去。迈阿密人对这种冒犯他们神灵的行为表示强烈不满，汉密尔顿最终让步了。[1]

迈阿密人自庞蒂亚克叛乱之后与英国人就只有零星的接触，这次远征让他们感到不安。为了缓和年轻战士的不满，迈阿密氏族酋长瓦斯皮金瓜（WaspiHngua）又叫作内卡康加伊（Necaquangai）发表了一番演讲，其潜台词便是汉密尔顿做的这类工作需要引入中间地带。

> 我们在这儿与英国人、法国人和各个不同的印第安部落共处，我们不要对任何可能提到的事物怀抱敌意，因为我们对他们的语言和习俗都不熟悉——当然，也不要让任何人用他的刀或战斧对我们做出威胁的姿势，哪怕是开玩笑的。这些人（基督教徒）的宗教和我们不同，我们信仰森林和河流之神，也信仰至上的主，而他们

[1]　汉密尔顿惊愕地观看了齐佩瓦人及后来的渥太华人举行“吃光”宴会，他们吃掉一整头熊，连皮都吃了，见Barnhart（ed.）, *Hamilton Journal*, Sept. 14, 1778, 111–112。关于格朗格莱兹，见*ibid.*, Oct. 19, 1770, 113; 关于迈阿密，见*ibid.*, Oct. 24, 1778, 114, Oct. 26, 115。战争材料包，见*ibid*, Nov. 15, 1778, 122，亦见Dec. 13, 1778, 145。

> 只信仰一个主导的神。我们发动战争的方式是出其不意，我们的“父亲”，英国人则有另一套方法。总之，让我们按自己的方式行事……不同族群有不同的习俗，我不会去求别人的诸位神灵，只会向我们本族的诸神灵祈祷，求他们保佑我的人民打胜仗。[1] 374

汉密尔顿在关于医疗祭祀盒的仪式下屈服了，此后在远征中开始更多地注意其言行是否符合中间地带的要求。夜里印第安萨满们对着药草束唱歌、跳舞，汉密尔顿承认这是神灵的象征。到达基亚特农后，汉密尔顿抽身出来，只是观看印第安习俗。此外，他的战术决策也被陪同的酋长们否定。在温森斯之外，他造访了印第安人的火堆，并向他们强调，他不是出于“无聊的好奇心才去打探他们的仪式”；事实上他称赞“他们向伟大的神灵祷告，他对他们这种崇敬之情感到非常高兴”。其中一位酋长对他表示感谢：“这世上谁不敬生命之主，万物的造物主，凡考虑大自然各种物产的人，都必须敬拜至上之主。”第二天，齐佩瓦战争领袖马什盖什的儿子做了个不吉利的梦，这本可能毁掉这次远征，而汉密尔顿无视他的声音，并在自己的日志中解释道：“必须努力找出一些方法来制止他们的迷信，而不是嘲笑或羞辱他们。”如同克拉克将战争领袖的角色整合进自身，汉密尔顿在磕磕绊绊地开头之后，也表现得像一位父亲了。[2]

和克拉克在卡斯卡斯基亚一样，汉密尔顿在温森斯发现，帝国政治不可避免地将他置于村庄政治的摆布之下。他的军队中绝大部分是法国人和印第安人，而他一路上和不同的村庄谈判，深深卷入阿尔冈昆政治之中。事实证明他在阿尔冈昆人中比在法国人中混得更好——他鄙视法国人这个群体。温森斯民兵不曾反对汉密尔顿，并恭顺地来到小教堂，宣布他们前不久对美国的誓言作废，并宣誓效忠大不列颠，

[1] 零星的接触见Lernoult to Gage, May 14, 1775, Gage Papers, AS 128，引文见Barnhart（ed.）, *Hamilton Journal*, Nov. 15, 1778, 121–122。

[2] 药草包见Barnhart（ed.）, *Hamilton Journal*, Nov. 24, 1778, 128。习俗见*ibid*., Dec. 8, 1778, 139。关于否决，见*ibid*., 140。生命之主见*ibid*., Dec. 13, 1778, 145。做梦见*ibid*., Dec. 14, 1778, 146。

尽管如此，汉密尔顿的到来还是吓坏了法国人。他代表着英国在沃巴什首次真正亮相。可是，汉密尔顿的小型部队一到该镇就开始瓦解。底特律民兵是被迫过来的，他们也无意长期服守卫之役，要求回家。汉密尔顿将他们中一半人解除武装后就解散了部队。很快，很多阿尔冈昆士兵因为在温森斯无所事事而感到厌倦，陆续离去。这让汉密尔
375 顿更加依赖来自底特律的法国志愿兵和新近效忠的温森斯民兵——他看不起他们，他们也看不起他，甚至怨恨他。[1]

克拉克那支由美国人加“伊利诺伊年轻人主力”组成的200人部队与汉密尔顿由英国人、法国人、印第安人构成的小军队的最终对决在1779年2月来临。小烟草带着100名奇卡布人和皮安卡肖人，愿意更进一步增加克拉克军队的多样性，但克拉克拒绝了。他希望表现出大刀人和其法国战友们并不需要印第安人帮忙的姿态。决定温森斯之战结果的并非战斗本身——它只占很小一部分，而是法国人和印第安人的选择。温森斯民兵厌恶汉密尔顿，马上就投靠了克拉克。法国志愿兵“表示很难对美军中那些自己的朋友和亲人作战”。之前没有撤退的英属印第安人现在则正在溃败。[2]

在汉密尔顿的日志和克拉克的各种讲述中，美军在温森斯的胜利被重述得好像一幕舞台剧。对事件的同一描述可以从两个层面解读：一种是作为由英裔美国人社会中更广泛的习俗和象征来赋予意义和组织的文本；另一种则无意识地勾画出了将高地人群联结在一起的真实社会纽带。

---

[1] 离开底特律时，汉密尔顿拥有3名军官及30名英国常备军、来自底特律的14名军官及71名普通民兵、拉莫特（La Mothe）上尉的志愿连队中的35人、3名炮手，以及70名印第安人。接手温森斯及民兵等事见Barnhart（ed.）, *Hamilton Journal*, Dec. 17, 1778, 147–149, Dec. 30, 1778, 159，以及Hamilton to Haldimand, Dec. 18, 1778, Haldimand Papers, 21781。亦见Helm to Clark, c.Dec. 1778, Haldimand Papers, 21782。阿尔冈昆人离开见*Hamilton Journal*, Jan. 19–25, 1779, 165–167; Hamilton to Haldimand, Jan. 24, 1779, *IHC* 1: 392。汉密尔顿同样不相信沃巴什村民的忠诚，见Hamilton to Haldimand, Dec. 18, 1778, Haldimand Papers, 21781。

[2] Clark’s Memoir, *IHC* 8: 269, 274.引文见Bowman’s Journal, Feb. 23, 1779, *IHC* 8: 159。克拉克的军队见Clark to Mason, Nov. 19, 1779, *IHC* 8: 139, 142。170人与克拉克同行，46人走水路，见Bowman Journal, *IHC* 8: 156。引文见Barnhart（ed.）, *Hamilton Journal*, Feb. 23, 1779, 178–183。阿古希韦、沙曼塔瓦（Chamintawa，渥太华人）、萨斯塔勒奇（休伦人）、珀蒂·格里斯（迈阿密人）及其他一些人在要塞之外，得以逃脱，见Hamilton, Apr. 1779, *IHC* 1: 424。

汉密尔顿试图将自己对于该场围困及投降的描述编排成惯常的二元性的话语——这种描述在后来的帝国中非常常见。英勇无畏、纪律严明却寡不敌众（一字排开的英军战线被突破）的帝国部队遭遇了叛军——“一群不道德的乌合之众、土匪”。但是，为了解释自己的败落，又必得引入第三方——法国人，是他们的“懦弱和背叛”，坑害了英勇的英军。不过这种编排方式遗漏了印第安人，在汉密尔顿的日志中本该是他们为那次围困负责。一旦白人需要去接受预设好的土匪或叛徒角色，印第安人就变得多余了。[1]

克拉克也以同样的结构性话语来讲述那次围困的故事，不过可以 376
想见在意义上是反过来的。他强调自己的部队规模有多么小，并且，虽然其中有部分是法国人，他也写成好像是他们共同决定制止“买头发的人”汉密尔顿在肯塔基发动的攻击，而要塞里的英国人及其法国同伙则是杀人犯、野蛮人。克拉克拒不使用汉密尔顿一开始提出的说法，因为他想要“一个借口来处死他们，或者以其他合适的方式处置他们，因为英国人造成了边疆孤儿寡母——他们的号哭声要求从我手上得到英国人的血”。温森斯人不肯支援汉密尔顿，这便表明他们多少是“真正的公民，希望享受自由”——克拉克带来的自由。[2]

当印第安人再次出现在关于那次围困的描述中时，汉密尔顿将他们置于舞台中央，说成是克拉克暴行的受害者。对克拉克来说，“印第安人是受害者”这件事令人尴尬，凸显了角色的转变。在描述一队印第安侦察员被美国人抓住杀死这件事时可以看出两位作者的叙事策略。在克拉克的回忆录里，这个事件只是略微一提，说美国人要了一群归来的印第安人，“当场杀死三个，带回来四个”，然后俘虏“被士兵用战斧砍死并扔到河里”。克拉克故意对这次事件轻描淡写。在很早的一

[1] Barnhart（ed.）, *Hamilton Journal*, Feb. 23, 1779, 185.他一向鄙视法国人，见Hamilton to Dartmouth, Sept. 2, 1776, *MPHC* 10: 264–270。英国最高指挥部一开始为汉密尔顿的策略和行动感到担忧，见Remarks on Lt. Governor Hamilton’s Letter, c.Dec. 1778, Haldimand Papers, 21782。

[2] Clark’s Memoir, *IHC* 8: 277, 284, 287.我将克拉克回忆录中的内容视为他对这场围攻最完备的讲述，在他1779年11月19日给梅森（Mason）的信中以及他1779年2月24日的日记中也有其他叙述，后两者在史实上更为准确，但它们不像回忆录那样包含了最完整的象征信息。

封信里，克拉克将处决作为核心方针，并且是复仇的一种实践。[1]

相反，汉密尔顿将这次处决作为“围攻”这出戏最后几幕中的重要事件：

> 他们甫一到来，就被放在盖奇要塞对面的街上，这些不幸的可怜人将在这里牺牲——其中一个年轻印第安人大约18岁，是庞蒂亚克的儿子，因为科洛尔的一个叫麦卡提的上尉说情而获释。克拉克斯·班迪提，他说自己以前欠印第安人之父一条命——他是其他被克拉克或其武官用战斧砍死的人之一。另外三人预见到自己的宿命，开始唱死亡之歌，并陆续被杀。尽管恰好这时停战
> 377 旗帜从要塞升起，双方也停止了射击。但是一名年轻的渥太华酋长，叫作马楚特·蒙格（Macutté Mong），他是这些人中最后一个被处决的，头部遭受了战斧的致命一击，他却把战斧拿出来，又交回行刑者手中，后者重复砍了第二下、第三下。这个悲惨的人，还没有死透，接着被拖到河边扔了进去，脖子上还带着绳子，他的生命和遭受的折磨都在这儿结束。这样可怖的情景就发生在大街上，就在后来我住的一所房子门前，房主向我讲述了上述细节。数天后被害者的血迹还历历可见——克拉克上校英勇和人道的见证。

这次行刑后克拉克约见了汉密尔顿。“他的脸和双手仍然散发着那次献祭的味道，其中他扮演了大祭司。他得意扬扬地向我讲述他是怎么做的。”[2]

对此次事件的不同描述，其中所有差异之处都运用了同样的象征符号。在克拉克的信件和日志中，他将自己的行为标榜为坚决替（“野

[1] Clark Memoir, *IHC* 8: 288.数字有所不同。见 Clark Journal, *IHC* 8: 167, Bowman Journal, *IHC* 8: 161。亦见 copy of Clark Journal in Haldimand Papers, 21782; Clark to Mason, Nov. 19, 1779, *IHC* 8: 144–145。

[2] Barnhart（ed.）, *Hamilton Journal*, 183.

蛮的买头发者”汉密尔顿造成的）孤儿寡母报仇。汉密尔顿则把克拉克说成主持“人牲”的“大祭司”。在现存所有汉密尔顿关于那次处死印第安人的记述中，他试图把他那位白人对手描绘成印第安人，也就是说，一个嗜血的野蛮人。克拉克后来试图对此事轻描淡写，显示汉密尔顿在这场“象征符号之战”中占了优势。汉密尔顿这个假想的买头发的“野蛮人”在克拉克这个沾满印第安受害者鲜血的人牲祭司面前相形失色。

不过，即便在这场由高地之外的观众安排的“象征符号之战”里，也总有更为复杂的社会世界掺入。二元叙事破灭了。杜夸尼（Ducoigne），一位伊利诺伊酋长，他是个混血的私生子，是尼亚加拉一名英国翻译的儿子，担任美国和沃巴什之间的信使。密奇利马的商人麦卡提救了庞蒂亚克的儿子，因为庞蒂亚克救过他。作为支持底特律一方的人，杜夸尼曾经伴随注定失败的被派遣的印第安战争团体，但被自己的父亲认出并救出，他的父亲来自伊利诺伊地区，追随克拉克。投降后，另一个疑似汉密尔顿支持者的人被他来自温森斯的姐姐说情救出。来自基亚特农（Quiatenon）的商人雷姆伯特（Raimbault）也被怀疑是印第安人一方的人，正在上绞刑架时被来自伊利诺伊的法国人加以干预救走。汉密尔顿的底特律志愿兵迈步回家，一路“高呼大陆会议”万岁。亲属关系、友谊、旧义务、新义务，处处侵入并颠 378
覆着克拉克和汉密尔顿相互冲突的简单叙事。[1]

三

美国革命期间，在塑造西部的事件过程中，克拉克和汉密尔顿在伊利诺伊和沃巴什所遭遇的复杂混乱的村庄世界发挥了主导作用，而

[1] 关于杜夸尼，见Hamilton to Haldimand, Aug. 7, 1778, *IHC* 1: 351。庞蒂亚克之子见Barnhart（ed.）, *Hamilton Journal*, Feb. 24, 1779, 182–183。法国“父亲”和“儿子”见*ibid.* 志愿兵，见Clark to Mason, Nov. 19, 1779, *IHC* 8: 146。关于雷姆伯特，见Barnhart（ed.）, *Hamilton's Journal*, 188。

共和的意识形态或帝国的行政命令则影响式微。阿尔冈昆人中依赖于肯塔基猎场的人，或者那些亲戚死于大刀人之手的人，奋不顾身地投入战斗，并且战功卓著；大多数没有这种切身忧虑的人，始终与战斗保持着若即若离的关系。法国居民和商人关心自己的眼前利益和地方特权并据此行事。边疆的英裔美国人、苏格兰-爱尔兰人以及德裔美国爱国者们，亲人和财产被印第安人夺去，他们多数人变得仇恨印第安人。他们杀戮印第安人——不管他是敌是友，不论何时何地，不考虑这会对革命事业造成什么后果。因为对边疆托利党人（忠于王室）来说，对国王的效忠往往比不上因为个人的不满而向革命邻居寻仇来得重要。[1]

在一场最终跨越大半个地球的战争中，在一场将要改变世界历史的革命中，高地仍然自成一个小世界，其中所有角色——阿尔冈昆人、法国人、易洛魁人、英国人（包括苏格兰人、德国人、英格兰人、爱尔兰人和英裔美国人）——人人之间都彼此认识。这个世界里仅有少数英国常备军是真正的士兵，也就是可被命令上战场的人。其他人，不管白人还是阿尔冈昆人，都只是战士，只在自愿时才打仗。他们英勇保卫自己的家园和家人，残忍地寻仇，并且缺乏纪律；英国官员和革命官员试图控制他们，结果无济于事。

主宰西部世界的人们往往极为精明，但缺乏目标。他们把村庄利
379 益置于帝国或革命的马车上，并赶得要多远有多远。被革命推上重要位置的阿尔冈昆领袖们就是典型。除了俄亥俄沿岸和底特律，老一辈联盟长官或酋长基本上不在位了。村庄领袖要么是长期被欧洲人忽视的年长男子，要么是比前一辈的联盟长官们思想偏狭、又不如他们圆滑世故的新一代。村庄世界在战士领袖、氏族领袖、萨满、议员、发

[1]　战争进行期间及刚结束时对战斗的描述见Randolph C. Downes, *Council Fires on the Upper Ohio*（Pittsburgh: University of Pittsburgh Press, 1969）, 179–310，以及Solon J. and Elizabeth H. Buck, *The Planting of Civilization in Western Pennsylvania*（Pittsburgh: University of Pennsylvania Press, 1939）, 175–203。保护那些即便是盟友的印第安人也存在困难，见Brodhead to Reed, Nov. 2, 1780, Neville B, Craig, Esq.（ed.）, *The Olden Time*（Pittsburgh: Dumars, 1846; Millwood, N.Y.: Kraus Reprint Co., 1976）, 2: 375。

言人、村庄头目这些人周围封闭了。他们曾经与魁北克、蒙特利尔、费城和新奥尔良熟稔，曾经与密西西比河与大西洋之间所有族群谈判，而现在他们只与近邻来往，比如几乎和他们自身一样孤立的法国人，也和英国商人有着稀少的接触。这些领袖从欧洲人那里借用来的东西只会让他们在欧洲人眼里被鄙弃。小特拉弗斯地区两个最富影响力的渥太华酋长之一，被麦基诺的助理官员帕特里克·辛克莱抱怨道："一个是酒鬼，另一个是贪心的商人。"[1]

阿尔冈昆人的疆域在缩小。1778年里，亨利·汉密尔顿发现沃巴什印第安人"几乎全部在黑暗中盼望着英国的权力，他们中只能看到极少数来自英格兰的可鄙叛徒，还有法国商人出于利益和令人窘迫的傲慢，在尽可能地公开谴责一切非法兰西的东西"。而在圣约瑟，当路易·舍瓦利耶悼唁已故的，主要是圣约瑟附近的帕塔瓦米村庄的老一辈联盟酋长时，他虽然傲慢，但也基于丰富的经验讲演道：

> 在我看来似乎……并非不能使这个民族保持依赖状态，如果他们团结在同一个酋长周围，却分成六个彼此相距15到20公里的村庄，那就很难施加这种束缚了。每个村都有自己的酋长，按照酋长各自的想法部署年轻人们。由于他们过于关注某些为了卑劣的利益可以牺牲荣誉和责任的叛徒的恶毒言论，他们对"父亲"的美善之言听而不闻，对他们分崩离析后我们为了维系他们所做的任何努力视而不见。[2]

英国人和（较小程度上的）美国人渴望利用这些人成立一个新的联盟。汉密尔顿为英国人开了个好头，但他的战败使高地进一步分崩离析。起初，美国人并不希求利用印第安人来反对英国人，而更愿意

[1] Sinclair to Haldimand, May 29, 1780, *WHC* 11: 152.

[2] Barnhart（ed.）, *Hamilton's Journal*, Nov. 27, 1778, 132; Chevallier to Haldimand, 28 Feb. 1779, *MPHC* 19: 375.

他们中立。曾有酋长希望合作，但多数美国人都误解了酋长的权力，不知道必须做什么才能给予他们影响力，倾向于高估他们遇到的这些
380 酋长能做的事。怀特·明戈抱怨道，美国人错误地认为酋长有权“管束和紧抓住年轻人而不管他们自身的意愿”。[1]

美国人，就像早期的欧洲列强一样，需要接受关于中间地带意义的说明。美国人不理解礼物是爱、奉献和美好信念的直观体现。怀特·明戈曾提醒美国的印第安事务委员会“依据我们祖先的古老习俗，祖先们不管在什么时候相遇都会款待对方”，但多数委员将此提醒理解为索贿。连带地，谈判也成了敲诈勒索。特拉华人中的“坏家伙”便是诉诸这种逻辑，他们声称美国商品要价太高，显得美国人和他们之间的友谊不够坚固。1777年，中立的特拉华人同样使用这种逻辑，抱怨美国人无法供应他们日常所需，使得他们“被你们的敌人嘲笑，说我们依附的人连一双袜子、一条毯子都不能给我们配备”。[2]

有个美国人理解印第安人所指的内容实质，他就是乔治·摩根，他曾经是商人，是沃顿在贝恩顿的搭档，他于1776年至1779年间有幸作为美国大陆会议驻匹兹堡的代表，但摩根本人在边疆很受质疑。定居者们将他等同于亚力山大·麦基和西蒙·格蒂：托利党人，熟知印第安人，1778年投奔英国人。1777年爱德华·汉德将军甚至把摩根当作托利党人抓了起来。摩根与军队的争执最终促使他反感地辞去了公职。作为一名中间地带的熟练操作者，摩根努力维系一些忠心的酋长，他们可以使特拉华人、肖尼人、猛西人、明戈人和怀恩多特人保持中立。摩根，被叫作泰门德兄弟（Brother Taimenen，或者坦马尼

[1] 怀特·明戈及引文见Intelligence received from the White Mingo, Oct. 18, 1776, Morgan Letter Book, Book 2。

[2] 得体的行为见White Mingo, Speech, Aug. 21, 1776, Morgan Letter Book, Book 2。将礼物视为贿赂见To the Honble Committee of Congress for Indian Affairs, July 39, 1776, Col. George Morgan Letter Book, Book 2。村庄中的代理人，Commissioners of Indian Affairs to Newcomer, Aug. 17, 1776, Morgan Letter Book, Book 2。贫困化见Captain Pipe to Morgan, Apr. 5, 1777, Morgan Letter Book, Book 1。缺乏毯子见Morgan to Delaware Council, Mar. 27, 1778.Morgan Letter Book, Book 3。友谊见Morgan Diary, July 28, 1776。美国人不仅没能很好地送礼，连贸易也做得不好，Speech to Congress and Washington, May 10, 1779, *WHC* 23: 318。

［Tammany］，如同美国人后来所描绘的特拉华酋长的原型），他对和平的祈求是发自内心的。1778年他告诉摩拉维亚牧师戴维·蔡斯贝格，使他留在匹兹堡的只有维护和平这个念头。他知道如何支持酋长们的工作，也懂得他们的工作是缓慢而渐进的。酋长们也很看重他。特拉华人约翰·基尔什克称他为“我遇见的人中最明智、最忠实、最优秀的”。摩根向之前在匹兹堡受过虐待的基沙纳萨（或者叫哈德曼［Hardman］）致以敬意，感动了肖尼人，他们告诉他：“你祭奠了我们死去、 381
被忽视的老酋长，你使他在所有族群面前彰显了纯洁，为此我们永远感激你。”[1]

摩根对和平的谋求和印第安人的中立，要求美国人除了送礼物，还要做出让步。以联盟长官的方式，摩根认为他的主要任务是管束“我们的人民”。比起“以征伐其土地使不同族群敬畏，那可能使我们陷入与各大族群的全面争斗，而且并不平等，他们尽管暂时安分，但对他们土地受到的一丁点侵犯都极其敏感”，摩根更想维持一种不完美的和平。摩根想以从肯塔基撤军换来和平，那样也能使革命的兵力和资源集中在东部，但实际上别人不愿意这么做。乔治·罗杰斯·克拉克和那些在匹兹堡外活动的沮丧的美国将军们强制推动一项军事解决方案，给了沃巴什村庄以及中立的特拉华人、肖尼人和阿勒格尼塞内卡人越来越多压力，要求他们必须选择阵营。大陆会议和弗吉尼亚州长帕特里克均支持他们，后者相信“必须利用野蛮人的恐惧来管理

---

[1] 1778年3月，麦基、马修·埃利奥特和西蒙·格蒂全都逃离匹兹堡并逃往英国，见Hand to Yeates, Mar. 30, 1778, Kellogg（ed.）, *Frontier Advance*, 249–250。摩根主要与特拉华人中的皮佩首领、乔治·怀特爱和约翰·基尔巴克打交道，特拉华老酋长居斯塔罗加和纽科默死于1776年秋季，见Council Pittsburgh, Oct. 15–Nov. 6, 1776。基尔巴克引文见Killbuck to Morgan, Jan. 20, 1779, *WHC* 23: 204。肖尼人的引文见Morgan Diary, Oct. 29, 1776。盼望和平见Morgan to Zeisberger, Mar. 27, 1778, Morgan Letter Book, Book 3。摩根被捕见Hand to Congress, Dec. 21, 1777, Kellogg（ed.）, *Frontier Advance*, 184–187。

麦金托什将军试图迫使特拉华人放弃中立，转而协助美国，摩根为此与他发生争执。这个分歧致使麦金托什精心策划，指控摩根渎职，见Charges Against George Morgan...c.May 1779, *WHC* 23: 328。由于摩拉维亚教徒反战、特拉华人中立，赫克韦尔德和蔡斯贝格尔非常意外地变成了麦金托什、吉布森、布罗德黑德（Brodhead）等美国军官的军事顾问，见Hackenwalder to Broadford（sic）, May 28, 1779, *PA* Series 1, 7: 516–518。摩根相信美国的印第安政策将会导致全面战争，他于1779年5月离职，见Morgan to Congress, May 28, 1779, *WHC* 23: 345。

他们”。[1]

382 摩根审慎精微的中间地带外交政策不得不满足于克拉克之流的军人对印第安仪式所做的粗糙急于求成的更改，他们企图即兴发挥自己根本不懂的外交话语。1778年，三位领头的特拉华人现身皮特要塞签订条约。约翰·基尔布克是乌龟胞族酋长；凯凯德加塔（或乔治·怀特·爱），他已让出他作为乌龟胞族首领的位置并成为乌龟，胞族的第一个上尉；皮佩上尉，狼胞族酋长，同样放弃了自己战争首领的职位。拉克伦·麦金托什将军在场，而乔治·摩根不在。所有这些特拉华酋长都努力使他们的人民保持中立，并希望重申他们的中立立场。但是，他们听到美国人的要求是，要他们参加麦金托什将军计划中的对底特律的讨伐。[2]

毕竟特拉华人希望避免“与那些和他们有关系的族群作战”，而且特拉华酋长们一直认为自己是调停者，防止美国人和高地其他村民打仗。约翰·基尔布克作为胞族首领和民事酋长来到皮特要塞，并无资格宣战，因为那权力属于他的首领们。但他事后解释，1778年在皮特要塞，当麦金托什拿出战争带后，“我被看作一名战士，而这在我的人民中引起了困惑”。由于麦金托什不懂中间地带的仪式及象征符号，基尔布克并没有明白麦金托什请求的实质，他以为美国人想让他们做调停者，而非战士。

[1] 摩根的话见Morgan to Hancock, Mar. 15, 1777, Morgan Letter Books, Book 1。摩根的处境见Morgan to Commissioner...in the Northern Department, Mar. 9, 1777, Morgan Letter Book, Book 1; Morgan and Nevill to Henry, Apr. 1, 1777, Morgan letter Book, Book 1。战争扩大的危险见Morgan Diary, Nov. 7, 1776; 亨利见Henry to Hand, July 27, 1777, Kellogg（ed.）, *Frontier Advance*, 30. Meeting, July 24, 1776, Morgan Diary。警告美国人撤出俄亥俄北部见A Message from the Chiefs of the Mohawks etc., Feb.2, 1777, in letter from Moorhead to Morgan, Mar. 24, 1777, Morgan Letter Book, Book 1。
入侵计划见Hand to Wharton, July 24, 1777 *PA*, Series 1, 5: 443–444; Wharton to Hand, Aug.22, 1777, *ibid*., 540–541。放弃见Hand to Washington, Nov. 9, 1777, Kellogg（ed.）, *Frontier Advance*, 154。随着美国人一村又一村，而克拉克的远征又暴露出英国人的虚弱，就连摩根最后也认为有必要进攻底特律了，见Morgan to Board of War, July 17, 1778, *WHC* 23: 112–113。

[2] John Heckewelder, The Names of all the different Indian Nations in North America（1777）, Mss.Moravian Archives, Box: Moravian Indian Missions, Heckewelder, copy, Ohio Valley–Great Lakes Ethnohistorical Archives, University of Indiana, hereafter cited as GLEHA. Treaty at Pittsburgh, Sept. 16, 1778, Virginia Historical Magazine 24（Jan.1916）: 175–176.
约翰·赫克韦尔德认为皮佩从来不想中立，不过赫克韦尔德和摩拉维亚教徒们主要基于印第安人对传教的态度来看待他们，并且喜欢怀特爱这样的人——他赞同基督教。皮佩和怀特·爱是对头，所以摩拉维亚教徒对该时期的描述是偏向怀特·爱的。事实上，皮佩即便在美国人杀了自己的亲戚后仍然保持中立。见John Heckewelder, *A Narrative of the Mission of the United Brethren Among the Delaware and Mohegan Indians, from Its Commencement in the Year 1740 to the Close of the year 1808*（Philadelphia: McCarty and Davis, 1820; Arno repr., 1971）, 171–172。

> 在皮特要塞，那把战斧递给了我，但并不是以象征战争的方式，我们都站着，没有议会篝火，我也不明白什么意思。我从不想要什么战争工具，我只同意引导军队，直到在我们的疆域之外。并且我们伟大的怀特·爱首领及其他人可以走到军队前面护送他们到 383
> 敌人那里去，为了双方所需，以备他们想要彼此交谈或招待。[1]

在中间地带犯下的大错，使得科肖克顿镇及其周边的两百名特拉华人投奔了英国人，但误解同样可以培养壮大中间地带，犯错则可以催生创新。1779年基尔布克带着一队特拉华使团面见华盛顿和大陆会议，提出对外交机制做些许改动。特拉华人“放弃使用贝珠带，他们希望得到阁下（华盛顿）的书面回复”。他们放弃通过带子来交流的做法，改为通过书面文字。虽然以前美国人曾故意向他们曲解书面文件，特拉华人显然还是更愿意在这种故意的欺骗中碰运气，而不用再忍受那些不懂如何使用贝珠带、卡柳梅特和战斧的美国人的无心之失。他们中已经有摩拉维亚教徒，胞族领袖也有亲族被送到东部的普林斯顿接受教育，所以不再存在不识字的问题。他们同时还请求大陆会议给他们派一位秘书。[2]

麦金托什尽管犯下大错，至少还是在中间地带犯的错；拓荒者们则希望干脆清除掉中间地带本身。怀特·明戈抱怨美国人用两种声音

---

[1] 特拉华人希望避免与自己同一肤色的人开战，见 Brodhead to Washington, Apr. 3, 1779, *WHC* 23: 272。只有首领才能宣战，见 George Henry Loskiel, *History of the Mission of theUnited Brethren among the Indians in North America...*（London: The Brethren' s Society for the Furtherance of the Gospel, 1794）, 1: 144。第一处引文，Zeisberger to Morgan, Jan. 20, 1779, *WHC* 23: 201。第二处引文，见 Killbuck to Morgan, Jan. 20, 1779, *WHC* 23: 204。特拉华人接受了美国人贝珠带的消息令他们深陷危机，见 Gibson to Morgan, Jan. 22, 1779, *IHC* 1: 386; 摩根认为麦金托什的行为将会树敌更多，见 Morgan to Jay, Mar. 8, 1779, Morgan Letter Books, Book 3, Speech to Congress and Washington, May 10, 1793, *WHC* 23: 320。不过，大陆会议坚称特拉华人帮了他们，见 Speech of Congress to Delaware Chiefs, 26 May 1779, *WHC* 23: 340–341。

[2] Morgan to Washington, May 9, 1779, *WHC* 23: 313. Speech to Washington and Congress, May 10, 1779, *WHC* 23: 319–320.Secretary, Delawares to Congress, May 29, 1779, *WHC* 23: 353.关于摩拉维亚教派，见 Heckewelder, *Narrative of the Mission*, 194。
摩根的华盛顿之旅不仅为了巩固和平以及与特拉华人贸易，也是为了使怀恩多特人、渥太华人、齐佩瓦人和其他族群脱离英国人，见 Taimenend to the Wise Men of the Delawares and Shawanese of Coohshoking: Jan.5, 1779, Haldimand Papers, 21782。亦见 Galalemend to Montour, Jan. 4, 1779, Haldimand Papers, 21782。

说话——一个好声音，一个坏声音。摩根代表好声音，坏声音则来自边疆那些仇恨印第安人者，也就是栅栏内和村子里的英裔美国居民。
384 摩根曾在1777年5月警告约翰·汉考克，他担心居住在边界的白人要和中立的印第安人开战，“为了这些可怜的人们拥有的丰饶土地”。摩根就像个阿尔冈昆酋长一样，管不住自己手下的年轻人，他们想打一场全面的印第安战争，还谋划着“屠杀一些友好到访者和另一些在自己的土地打猎的人，我们诸州公认的朋友”。[1]

边疆地区以鲜血宣布了自己的印第安政策，正像某些持异议的特拉华人和肖尼人战士以白人的鲜血写下了自身对怀特·爱、约翰·基尔布克和科恩斯多克政策的不服。特拉华人将异议者赶出科肖克顿周边主要村庄，但边疆地区却珍视——至少是保护——那些杀印第安人的人。特拉华酋长们承认他们族中有些人杀了白人，但他们以中间地带的方式请求白人承认他们是一个与其相似的社会。他们主张，正如诸州内有托利党，但大陆会议并不在诸州内部宣战，所以不应该因为部分叛徒的行为而攻打全部特拉华人。拓荒者们却把所有印第安人笼而统之，事实证明这对美国的印第安政策是灾难性的。仇视印第安族群的人杀死或孤立那些愿意为美国人进行斡旋、扮演联盟长官角色的人。1775年的俄亥俄河沿岸，存在一批有经验的酋长在以旧有模式形式，包括卡亚舒塔、科恩斯多克、基沙纳萨、乔治·怀特·爱，还有皮佩上尉。边疆居民继续谋杀这些酋长本人或是和他们关系密切的人。[2]

鉴于曾摧毁边疆地区的那些突袭的规模和成功，想要向一贯残忍的敌人报仇的欲望虽然可以理解，但仇视印第安族群的行动并不仅限于敌人身上。仇视印第安族群的人还杀死那些提醒他们将发生突袭的印第安人，杀死在他们远征中做侦察的印第安人，杀印第安女人和孩子，甚至杀害祈祷中的基督徒——和平主义的印第安人。杀戮逐渐不

[1]　两种声音、怀特·明戈见Intelligence received from the White Mingo, Oct. 18, 1776, Morgan Letter Book, Book 2。白人犯下的杀戮见Morgan and Nevill to Henry, Apr. 1, 1777, Morgan Letter Book, Book 1。

[2]　特拉华人的类比见Delaware Chiefs to Congress, May 29, 1779, *WHC* 23: 351–352。流放见Message of Delawares, May 1779, Morgan Letter Book, Book 3。

可阻挡地成了美国印第安政策中的主流，取代了摩根、大陆会议和军队的政策。

1777年至1778年间，很显然美国官员也无法控制边疆地区的居民了，而不管他们在不在民兵组织内。最著名的科恩斯多克遇害事件就是在民兵官员的反对下发生的，但1777年秋天爱德华·汉德将军那所谓的“印第安女人之役”却是民兵远征的杰作。民兵攻击中立的特拉 385
华人中妇女儿童的营地，杀死皮佩首领的兄弟、两个女人、一个孩子，并俘虏了另外两个女人。皮佩上尉被英国人视为亲美派，在得知汉德的袭击后，他以宽容之心对待自己的所失。他召回一个已经出发去为死者复仇的战争团体，说：“尽管他比其他人损失了更多的朋友，但他并没有复仇的念头，而是保持镇定，把握住友谊的链条。”特拉华人继续阻止他们所能够阻止的战争团体，并好心告诫其他美国人。[1]

这警告并没有震慑住仇视印第安族群的人。1777年，约翰·吉布森上校警告说，边疆地区的白人要谋杀乔治·怀特·爱了，而怀特爱则警告要攻打边境居民。1778年，怀特·爱被底特律和桑达斯基的印第安人谴责泄露了他们的突袭情报，并且极度渴求美国援助，他引导

---

[1] 袭击见Heckewelder, *Narrative of the Mission*, 159; Page to Hand, Kellogg（ed.）, *Frontier Advance*; 85–86; Gibson to Washington, Dec.5, 1777, *ibid*, 172–174; Gibson to Hand, Dec. 10, 1777, *ibid*., 178–181。

肖尼人和科恩斯多克见Arbuckle to Hand, Oct. 6, 1777, Kellogg（ed.）, *Frontier Advance*, 125–127; Arbuckle to Hand, 7 Nov. 1777, *ibid*., 149–150; Narrative of John Stuart, *ibid*.157–162; Hand to Henry, 9 Dec. 1777, *ibid*.175–177。摩根想安抚肖尼人并掩埋死者，见Morgan to Shawnees, Mar. 25, 1778, *ibid*., 234–237。即使这次杀人也没能促使所有梅卡哈克肖尼人转向战争。哈德曼一家、内姆瓦（Hardman Nemwha）一家和沃韦科宁（Woweconeen）一家与17个家庭一起搬走，暂时加入科肖克顿的特拉华人，见White Eyes and Killbuck to Morgan, March 14, 1778。Morgan Letter Book, Book 3. Meeting with Delaware Indians, Apr. 26, 1778, Morgan Letter Book, Book 3。他们是梅卡哈克人，见Treaty of Fort Pitt, Sept. 13, 1778, Virginia Historical Magazine, 24（Jan.1916）: 174，以及Kellelman to Maghingive Keeshuch, Sept. 21, 1779, Craig（ed.）, *The Olden Time*, 2: 316–317。大多数肖尼人拿起战斧，见Council at Detroit, Feb. 7, 1779, *WHC* 23: 220。

科恩斯多克被杀导致帕特里克·亨利对边民的谴责，这与盖奇和约翰逊早期的观点不符，见Henry to Fleming, Feb. 19, 1778, *ibid*., 206–209。关于印第安女人之役，见Hand to Ewing, Mar. 7, 1778, *ibid*., 215–216。皮佩的亲戚见Recollections of Samuel Murphy, *ibid*., 216–220。Morgan to Board of War, July 17, 1778, *WHC* 23: 112–113. 关于作为弗吉尼亚人的皮佩，见Morgan Diary, July 24, 1776。怀特·爱怀疑他对弗吉尼亚人的忠诚，*ibid*., Oct. 24, 1776。然而，他不光直到爱汉德的袭击时还保持中立，在那之后也仍然谋求和平，见Morgan to Zeisberger, Mar. 27, 1778, *ibid*., 244。White Eyes and Killbuck to Morgan, Apr. 6, 1778, Morgan Letter Book, Book 3. 美国对特拉华人遇袭的慰问，见U.S.to Delaware Council, Apr. 13, 1778, *ibid*, 269–270。

了麦金托什的远征，在塔斯卡拉沃斯河附近建了劳伦斯要塞。他希望美国人能保护特拉华人免于底特律部落的攻击，他认为后者正打算袭击他。据美国人当时发表的记录，怀特·爱在这次远征中感染了天花，随后死于皮特要塞。而乔治·摩根说，实际上是美国民兵杀害了他。[1]

386 到1779年，俄亥俄河上每个有地位的酋长都感受到了来自仇视印第安族群之人的盛怒，而这种打击一致持续着，不管是中立的还是与大刀人结盟的部落都无一幸免。李奥纳多上尉给克拉克写信说："如果杀害印第安朋友的行为不停止，我们就等着四面树敌吧。"1779年，美国人说服一个由特拉华酋长组成的使团造访费城，边境居民聚集在路边行刺他们，一名士兵杀死了一个特拉华年轻人——"特拉华族最好的年轻人之一"——这位年轻人曾经和年老失明的基尔布克上尉一同待在皮特要塞。当看上去宾夕法尼亚方面可以争取到一些肖尼人时，官员们报告了"针对印第安人的偏见是如此残暴"，以致边境居民不肯放与和平相关的印第安物品穿过山脉。第二年，布罗德黑德（Brodhead）上校发现有些曾任民兵官员的男人图谋杀害40个将要随他远征的特拉华人。[2]

美国军官们（包括克拉克本人）既控制不了仇视印第安族群的人，又不熟悉外交中间地带的复杂环节，手头也缺乏货物、礼物，他们在温森斯赢得的优势最终被浪费了。克拉克没有足够的补给和人力，无法向底特律进军，而其他美国人对印第安地区发动的袭击又只不过让肖尼人、明戈人和怀恩多特人更加依赖英国人罢了。很快，克拉克的印第安政策就变得和他说的"政治谎言"差不多了，加上一系列夸张

[1] 怀特·爱身陷危险见Gibson to Hand, July 31, 1777, Kellogg（ed.）, *Frontier Advance*, 35。怀特爱的警告见*ibid*, 54–68。White Eyes, Recollections of Stephen Burkam, *WHC* 23: 157。在底特律遭到谴责见White Eyes to Morgan, July 19, 1778, Morgan Letter Book, Book 3; Zeisberger to Morgan, Aug. 25, 1778, *WHC* 23: 132–133。
关于引导，见Brodhead to Washington, Apr. 17, 1779, *WHC* 23: 289。基尔巴克认为自己处于战争中见Kellelman to Brodhead, Sept. 21, 1774, *WHC* 24: 73。怀特爱之死见Downes, Council Fires, 217。

[2] 关于赫尔姆的引用，见Helm to Clark, May 9, 1779, *IHC* 8: 317; Brodhead to Washington, May 3, 1779, *WHC* 23: 306–307。Captain Killbuck the elder and Brodhead to Maginguapoos, Apr. 28, 1779, *WHC* 23: 296–297。商品、袭击见Reed to Brodhead, n.d., c.July 1779, *PA*, Series 1, 7: 569。计划杀死特拉华人见Brodhead to Reed, Nov. 2, 1780, *PA*, Series 1, 8: 596。

的威胁，仅仅只是使他更像个仇印者了。到1781年秋天，克拉克的成果荡然无存，这也源于美国在印第安人和法国人中的影响力全面衰落，美国人征收的供给税使印第安人和法国人苦不堪言。[1]

四

387

对印第安人的仇恨情绪破坏了摩根在中间地带内安抚印第安人的努力，但仇恨的情绪自身逐渐在中间地带占据了窄小的一角。高地爆发的这场革命使美国人和阿尔冈昆人觉得他们似乎是同胞，其存在就好似“一样的血和肉”。这是和平与友谊的隐喻。随着战争爆发和仇视印第安人情绪流行，“一母所生”的比喻让位于实际存在的暴力和死亡。但是，即便在战斗和死亡中，也同和平时期或谈判中一样存在接触，也需要解读意义，于是也要达成理解。[2]

当马楚特·蒙格在温森斯把战斧从自己头上拔出来并轻蔑地递回给行刑者时，他便化身为一个虐囚柱上的勇士。他死时相信会有人替自己报仇。杀死马楚特·蒙格的边境居民非常明白他这么做的意思，而且他们也模仿了这些做法。1779年，约翰·赫克韦尔德写信向布罗德黑德上校讲述了一名被怀恩多特人俘虏的美国人之死。英军上尉亨利·伯德千

[1] Clark' s Memoir, *IHC* 8: 293, 299; Helm to Clark, May 31, 1779, *IHC* 8: 324–326; Clark to Mason, Nov. 19, 1779, *IHC* 8: 146–149, 152–153; Clark to Nanaloibi, April 20, 1779, *IHC* 8: 313–314; Clark to Fleming, Oct. 22, 1779, George Rogers Clark Papers, Draper Mss., 23J93.
英国人的威胁会和美国人一样快速地使印第安人疏远，例如汉密尔顿对怀特爱的威胁，见William Wilson, Report, Sept. 26, 1776, Morgan Letter Book, Book 2; Hamilton to Dartmouth, Sept. 2, 1776, *MPHC* 10: 270。
Petition of Inhabitants of Vincennes, June 30, 1781, *IHC* 8: 430–433; Memorial of the Inhabitants of Vincennes to the French Minister, Aug. 22, 1780, *IHC* 8: 438–449; Robert George to Clark, Oct. 28, 1780, *IHC* 8: 461. 供给出现的问题等见Shelby to Clark, Oct. 10, 1779, *IHC* 8: 370; Dodge to Jefferson, Aug. 1, 1780, *IHC* 8: 437; Statement of Montgomery, Oct.10, 1780, George Rogers Clark Papers, Draper Mss., 60J335–60J337。Brodhead to Washington, Oct.17, 1780, *WHC* 24: 283–284。伊利诺伊的西班牙人自己都商品短缺，因而也帮不上美国人什么忙，见Lebya to Gálvez, July 13, 1779, Lawrence Kinnaird, *Spain in the Mississippi Valley, 1765–1794...Part I: The Revolutionary Period, 1765–1781*，见Annual Report of the American Historical Association for the Year 1945, vol.2,（Washington, D.C.: Government Printing Office, 1949）, 346–347. *Ibid.*, Oct.28, 1779, 361。

[2] 引文见headnotes, The Cornstalk, June 1, 1776, Morgan Diary; American Commissioners for Indian Affairs to Delawares, Senecas, Munseys，以及Mingos, Pittsburgh, 1776, Morgan Letter Book, Book 2。马楚特·蒙格之死见上文。

方百计救这个人，甚至敦促他拿起枪来，死个够本；伯德愤怒而无奈地斥责怀恩多特人，他希望那个年轻人反抗，把他们都杀光。但那位俘虏本人——他来自仇视印第安人的地区——表现得像个阿尔冈昆人，“泰然自若，只是告诉他们，时候一到，他们将为自己犯下的所有杀人罪行付出沉重代价；接着他就被女人们带走了，以惊人的速度被杀死”。阿尔冈昆战士和一个边疆战士在生命的最后时刻居然难以分辨。[1]

这种死亡所交换的意义——对敌人的藐视、复仇的决心——乃是中间地带含义，不过这些含义与纯粹的对印第安人的仇恨在中间地带
388 都在尽其所能地扩张然而仇恨只能达到中间地带那荒芜的边缘，在那里种下什么东西都会死。后来，讽刺的是，当中间地带本身几乎从人们视野中消失后，只有在表达了仇视印第安人的情感的文学作品和虚构故事中还能看到它的踪迹。赫尔曼·麦尔维尔（译者注：《白鲸》作者）、D. H.劳伦斯以及现代学者如R. W. B.刘易斯和理查德·斯洛特金清晰地辨认出，这些关于死亡的故事中隐含着一个共同的世界，心怀仇恨并杀死印第安人（或者被印第安人抓住杀死）在某种层面上意味着理解他们、模仿他们。[2]

纯粹的仇视印第安人的情绪深入中间地带，就像边疆斗士深入阿尔冈昆村庄，深入的程度只要够摧毁它就行。中间地带模糊了两者的边界，而纯粹的仇视印第安族群的人最希望的是保持边界明确。俘虏与改宗者——不管白人还是印第安人——被证明是仇恨情绪最大的敌人，因为他们跨过了边界。白人和阿尔冈昆人一样杀死俘虏，但不同的是白人实际上杀死所有男性俘虏，几乎从不收养或试图同化任何阿尔冈昆人。克拉克第一次为了复仇而攻打奇利科西和皮奎的肖尼人城镇时抓住了五六个男性俘虏，他们的命运不得而知；还有一个女人，

---

[1]　怀恩多特人见Hackenwelder（sic）to Brodhead, June 30, 1779, *PA*, Series 1, 7: 524–525。

[2]　Richard Warrington Baldwin Lewis, *The American Adam: Innocence, Tragedy, and Tradition in the Nineteenth Century*（Chicago: University of Chicago Press, 1955）; Richard Slotkin, *Regeneration through Violence: The Mythology of the American Frontier, 1600–1860*（Middle-town, Conn.: Wesleyan University Press, 1973）.

她被“割开肚子然后扎死”。在阿尔冈昆人和边境居民双方的攻击中，女人的尸体都是血腥的隐喻——印第安人和白人战士都很少杀女人，但一旦这么做，往往是残忍杀害女人。那些拒绝承认“有共同母亲的同胞”这个和平意象的战士现在可是真实地攻击母亲，甚至是割开她们的子宫。男人靠残害女人而否认了他们具有共同的人性。[1]

更常见的是男人之间的互相屠戮，这也是在否认“共同世界”，就和杀死女人的象征意义一样。1781年布罗德黑德进攻科肖克顿（Coshocton）时，他和手下的民兵释放了妇女儿童，但处决了全部没有大陆会议批文的男性俘虏。尽管布罗德黑德告诉印第安人，民兵“不听他的命令”，并迫使他处决俘虏，但杀人仍然是某种官方行为；仇视印第安族群的人在对印第安人的屠戮上走得更远。刘易斯·韦策尔（Lewis Wetzel）将自己的大半生用于猎杀印第安人，从很多方面看来他都是一个典型的仇视印第安族群之人，在一名特拉华酋长与布罗德黑德谈判时，他用战斧从背后砍死了这名印第安人。[2]

特拉华人此前曾让布罗德黑德成为乌龟胞族的一员，现在也期望 389
这个美国人像乌龟胞族成员一样行事；他们在旧有的中间地带寻求和解。但手持战斧的韦策尔和他那永不餍足的复仇欲望成了主角，他进入中间地带只是为了破坏它，他和他的支持者从不接受其背后的信念。后来赫尔曼·麦尔维尔抓住了他们那种仇恨情绪的精髓：“边境居民们对待红种人的态度仍然如同陪审团看待杀人犯，设陷阱捕兽者看待猎物，认为他们是一种动物，怜悯他是不明智的，也不必与之停战，必须处决他。”[3]和韦策尔一样，仇视印第安族群的人想要通过斧头来结束

[1] 原则上，白人将他们自己与印第安人区分开来是因为他们不杀女人和孩子，也不会虐囚，见e.g., Thomas Hartley to the Chiefs and principal Indians of Chimung...Oct. 1, 1778, Haldimand Papers, 21782。

[2] Homan to Bird, Aug. 15, 1780, *MPHC* 10: 418–419. 布罗德黑德远征见Butter-field' s narrative of Brod-head' s Coshocton Expedition, *WHC* 24: 376–381。布罗德黑德释放了妇女儿童以及4名有国会批文的男子，处决了其余俘虏，见Girty to De Peyster, May 4, 1781, *MPHC* 10: 478–479。

[3] 布罗德黑德成为乌龟胞族的一员见Brodhead to Killbuck, Feb.4, 1781, *WHC* 24: 329–331。Herman Melville, *The Confidence Man, His Masquerade*（Evanston and Chicago: North western University Press and the Newberry Library, 1984）, 144. 克拉克也俘虏了一些妇女，因为他被建议让一名妇女做和平使者，见Tardiveau to Clark, Mar. 12, 1783, GRC Papers, Draper Mss., 52J79。

寻求共同意义的那个更加复杂的过程。

然而，多数阿尔冈昆人仍持有中间地带的旧有观念，不仅相信社会和文化的边界可被渗透，也相信身份认同是可以变换的。也就是人们可以在文化之间游走，一个人也可以变成另一个人。在象征意义上，阿尔冈昆人认为四海之内皆亲戚。而仇视印第安族群的人认为出生和种族便使白人和印第安人成为永远的陌生人。

仇视印第安族群的人不相信所有跨越边界的人，不相信印第安人能够变得“文明”。对他们来说，变得文明从来就意味着变成白人，而这是印第安人绝对做不到的。他们也不如摩拉维亚人一样相信印第安基督徒，就像丹尼尔·布罗德黑德告诉赫克韦尔德的一样：“我想永远不能对肤色有太多信心，因为我相信最文明的印第安人变回野蛮状态都比任何印第安人变文明要来得容易。”[1]

美国人最臭名昭著的一次大屠杀是1782年在格纳德登胡腾（Gnaddenhutten）屠杀摩拉维亚印第安人，显示出美国人对文化边界的执念最终所导致的后果。1781年，大部分特拉华人加入英国人一方，摩拉维亚教徒开始了辛苦的传教工作。当时特拉华人的皮佩上尉和怀恩多特人的半王迫使特拉华人中的摩拉维亚教徒放弃他们的传教城市，退回桑达斯基周围的内陆。这些年里，传教士们（特别是约翰·赫克韦尔德）越来越坚定地支持美国，英国人和他们的盟友希望传教士们能够保持中立，不再做出对印第安战争团体进攻边境居民不利的事情。
390 但是，仇视印第安族群的人视所有印第安人都是一样的。他们一直认为摩拉维亚印第安人煽动乃至参与了对边境居民的攻击。早些时候还有人试图攻击和杀害这些和平主义的村民。[2]

1782年冬，一群约150人的摩拉维亚印第安人返回他们先前遗弃

[1] 布罗德黑德的话，见Brodhead to Heckewelder, Jan. 21, 1781, *WHC* 24: 321。

[2] 赫克韦尔德支持美国并提供帮助见Hackenwelder（sic）to Brodhead, May 28, 1779, Hackenwelder（sic）to Brodhead, June 30, 1779, Heckewelder to Brodhead, July 8, 1779, *PA*, Series 1, 7: 516–519, 524–526; 541–542。摩拉维亚教徒搬迁见Heckewelder, *Narrative of the Mission*, 223–306。赫克韦尔德说英国人和易洛魁人打算杀了摩拉维亚教徒，但除了他的指控之外似乎没有别的证据证明此事，见*ibid.*, 231。

的村庄去收集玉米。当时美国人已经释放一些早先抓住的特拉华人摩拉维亚教徒，并说如果他们回去收集玉米将不会被骚扰。而这些摩拉维亚教徒在他们的旧村子里遇到一个折返回来的战争团体，后者在俄亥俄杀死一名妇女和一个孩子，他们警告这些印第安基督徒，他们可能会被追杀。这些摩拉维亚教徒认为无须害怕美国人，于是耽搁了返回桑达斯基的行程。那些追逃的美国人杀死并肢解了两名正赶往格纳德登胡腾的印第安人，但格纳德登胡腾和萨莱姆的摩拉维亚教徒直到后来也没有从中吸取教训。他们认为某些美国人早先曾和平地帮助印第安基督徒迁移到匹兹堡；大体上，他们相信美国人所宣称的要把摩拉维亚教徒从桑达斯基的贫困中拯救出来。但是，一旦美国人将格纳德登胡腾的摩拉维亚教徒召集到一处，便指责教徒们做了战士和偷袭者。其证据乃是摩拉维亚教徒使用了特定的白人制品——斧子、锡盆、勺子、茶壶、罐子和茶碟，以及他们的马身上有记号。对仇视印第安族群的人来说，边界仍然十分明显。所有这些东西都是白人的标志，在印第安人手里发现它们只能意味着这些物品是偷来的。他们坚称，印第安人只能用木碗木勺。[1]

这些美国人（并非没有分歧）判处抓来的摩拉维亚教徒死刑——包括男人、女人和孩子。印第安人一晚上都在祷告、唱赞美诗，使自己符合上帝的意志。民兵一次驱赶两三名印第安人进入刑房，用箍桶匠的木槌杀死他们，然后一把火烧了房子。死了九十多个印第安人，主要是妇女儿童。[2]

仇视印第安族群的人采用了他们认为属于印第安人的特质——屠杀和虐待——来维持阿尔冈昆人和白人之间的清晰边界。在东部，易 391

[1]　消息见McKee to De Peyster, 10 Apr. 1782, Haldimand Papers, 21782。用具见Heckewelder, *Narrative of the Mission*, 317。

[2]　屠杀见Heckewelder, *Narrative of the Mission*, 310–325。肖布伦（Shonbrun）的印第安人发现了第一个被害的印第安人的尸体，于是他们警觉地逃跑了，见*ibid.*, 324–325, 327。Relation of Frederick Lineback, 1782, *PA*, Series 1, 9: 524–525。美国人的描述见Letter from Fort Pitt, Mar. 30, 1782, Craig（ed.）, *The Olden Time*, 2: 478–479。关于处理的分歧见Croghan to Dorsey, Apr. 28, 1782, GRC Papers, Draper Mss., 30J41; Cook to Moore, Sept. 2, 1782, *PA*, Series 1, 9: 629。

洛魁人抱怨，美国报纸上有很多关于印第安人如何残忍的不实报道，只是在为美国人残杀易洛魁妇女儿童提供借口罢了。易洛魁人指出，美国人抓住英国俘虏的时候，“反叛者并不会处死他们；但我们就不能指望怜悯了，一旦被抓，他们会立即处死我们，连妇女儿童也不放过”。仇视印第安族群的人就靠这样的杀戮行径来保持清晰的边界。[1]

阿尔冈昆人靠收养白人而模糊了边界。那些对印第安人恨得咬牙切齿的白人，不相信那些深入中间地带的人，他们不曾抵抗阿尔冈昆人对边界的渗透。乔治·罗杰斯·克拉克入侵奇利科西和皮奎的肖尼人时，对方抓住的俘虏中有一些成年男子。对这些人来说边界仍然是很清晰的，所以肖尼人不相信他们会保持对印第安人的忠诚，在克拉克赶到时已将他们杀死。但肖尼人留了约瑟夫·罗杰斯一命，因为他是乔治·罗杰斯·克拉克的表兄弟。罗杰斯做了两年俘虏，而他们“对他太好了以致他不曾想过”要逃走。最终罗杰斯没有逃跑，肯塔基人入侵皮奎时他与之作战，被克拉克的人抓住，身受重伤。克拉克看到自己的表兄弟奄奄一息，在亲情与一个仇视印第安族群的人对一个被污染者的谴责之间挣扎，最终对印第安人的仇恨胜利了。克拉克“飞身上马，并表示，既然罗杰斯知道大军将至，那就应该逃回到自己的乡亲中。罗杰斯说自己不能、也不愿这么做。”罗杰斯被带到后方，数小时后死去。若是仇视印第安族群的人被抓，他最好是死掉或者逃跑，继续活着就极有可能证明阿尔冈昆人观念的正确——那就是存在和解和身份转换的可能。[2]

印第安人抓住俘虏后，即便会折磨他们，界线仍然可能会被模糊，而草草处决和杀人则不会模糊边界。交流和共享意义的可能性增加了，
392 多重身份认同是可能的。许多俘虏成功地拒绝了被收养，但另一些人

[1]　易洛魁人的不满见 Council held at Niagara, 1 Apr. 1783, Haldimand Papers, 21779。引文见 Meeting of the principal Chiefs and Warriors...Dec. 11, 1782, Haldimand Papers, 21779, f110。

[2]　Homan to Bird, Aug. 15, 1780, *MPHC* 10: 418–419. 引文见 Henry Wilson, Account of the Campaign against the Shawnee Indians, in *IHC* 8: 452; Charles Talbert, *Benjamin Logan: Kentucky Frontiersman*（Lexington: University of Kentucky Press, 1962）, 114。说罗杰斯想逃跑但被误杀了，但威尔逊的描述与此完全相反。

却未能拒绝，其中包括最出名的反印第安斗士，收养成功减轻了他们仇恨印第安族群的情感。R. G.特威特斯，19世纪写作丹尼尔·布恩传记的历史学家，写布恩被俘后，“一同被俘的随从震惊地看到他们的之前的上级安然接受新生活，明显还很享受”。恩韦茨作为一个苛刻的维多利亚时代作者，不愿相信布恩居然能够愉快而卓有成效地生活在印第安村子里，但布恩确实做到了。作为俘虏，布恩暂时部分地变成了阿尔冈昆人，他是奇利科西的肖尼酋长黑鱼（Black Fish）的养子。收养行为玷污了他，伟大的布恩（great Boone）归来后，最终发现自己被当作叛徒审判。[1]

阿尔冈昆人同化或杀死俘虏的方式表明他们中不存在和仇视印第安族群情感相仿的思潮。阿尔冈昆人不信任大刀人，因此杀死他们，折磨他们，但阿尔冈昆人除了杀人，还收养了更多俘虏——特别是成年男性俘虏，并试图使他们中很多人融入自身社会。黑鱼是肯塔基定居者的劲敌，他却告诉汉密尔顿，他对布恩的爱“太深”了，舍不得让布恩走。布恩逃走之后，黑鱼在布恩斯堡之围中遇到布恩，他为这养子的忘恩负义流下了泪水。没有哪个纯粹的仇视印第安族群之人能够做到黑鱼这样，但问题是并非所有仇视印第安族群之人都那么纯粹。[2]

西蒙·肯顿被俘的传奇经历，即便印第安人一开始打算将他折磨致死，仍然显示出在阿尔冈昆人坚持不懈地追求更宽广的中间地带的过程中，肯顿和抓获他的阿尔冈昆人各自独立的逻辑和身份认同是如何融合到一起的。肯顿一开始准备好了赴死，后来活下来了，他超越了仇视印第安族群之人词典里的“坚忍”和“复仇”。

在一场战争中，肯顿参加盗马活动，肖尼人抓住了他，他们煞费苦心地向肯顿解释为什么要处死他，肯顿也同样费尽全力反驳。他

---

[1] Reuben Gold Thwaites, *Daniel Boone*（New York: D. Appleton, 1991）, 152–158.布恩所属团体中的一员，约瑟夫·杰克逊选择留在肖尼人中，见John Bakeless, *Daniel Boone*（New York: William Morrow, 1939）, 176。

[2] Thwaites, *Boone*, 161.美国革命末期，休伦人强烈反对归还俘虏，称英国人已经承诺说他们可以保留俘虏“以壮大自己的民族”，见McKee to Haldimand, Sept. 8, 1783, Haldimand Papers, 21783。

们诉诸经过自己加工的白人道义，他则诉诸对方行为中的自相矛盾之处：

> “年轻人，你难道不知道偷印第安人的马是不对的吗？”不，
> 我不知道，因为你们也偷我们的马。你们难道不知道伟大的神灵
> 393 不喜欢贼？不——你们曾经懂得吗？是的，20年前。印第安人不
> 像白人那样把牲畜关在门里——野牛就是我们的牲畜，但你们来
> 了，杀死它们；你们没有理由杀死印第安人的牲畜，你们知道这
> 个吗？不，我不知道。然后他狠狠抽打我，告诉我这是为偷印第
> 安人的马而打的。

在这场道德谴责与辩护的对话中，抓肯顿的伯纳（Bonah）和肯顿都以对方的信念和逻辑来刁难（prey）对方，就和他们捕获各自的马匹一样。[1]

肯顿的磨难一部分包括了仇视印第安族群情感的强硬和勇气：代表战士通常的磨难。在最后的行刑到来前，他遭受了极度痛苦的折磨，肯顿依然表现得像一个战士。肯顿这个俘虏以一种更多传奇色彩而更少血腥的方式，通过女性的身体传达出他希望表达的意义。一个女人嘲笑柱子边无助的肯顿，坐在他的脸上，结果“他的牙齿狠狠咬住女人不可名状的部位，嘴里塞满了她的血与肉，她开始像个傻瓜一样尖叫哀号。此时，印第安人群里充满了疯狂和野蛮的笑声，吵闹声、戏谑的叫喊和嚎叫声连成一片”。战士肯顿仍然很像个边境居民，就算在瓦塔托米察的麦德河（the Mad River）边做俘虏等死时，他还在想“有一天他会在这么好的地方拥有一块土地”。

然而，就在瓦塔卡米卡，界线开始溶解了。边疆斗士肯顿遇见了

[1] Edna Kenton, *Simon Kenton: His Life and Period, 1755–1836*（Garden City, N.Y.: Double-day, Doran, 1930）, 108.

老朋友西蒙·格蒂，最为臭名远扬的“白皮野蛮人”，在他身上界线毫无意义。格蒂自小被印第安人掳去，1778年他回到白人定居点只是为了投奔印第安人和英国人。格蒂请求放了肯顿，肖尼人起初同意了。他们马上称肯顿为兄弟，对他的勇气和技艺表示钦佩，并给他取名为库塔–霍塔（Cutta–ho–tha），意为变黑的人或被谴责的人，一个老妇用他取代了自己被杀的儿子的地位，肖尼人还告诉他：“你不再是白人，而是印第安人，是我们的兄弟。”后来肯顿告诉采访他的人：“他们说，如果一个人行进在一群严酷对待他的人之间，而这些虐待他的人转而温和待他，他就会更喜欢他们。而我信了。”肯顿抛弃了传统的仇视印第安族群情感。[1]

然而，对成年人来说，收养仍然是中间地带中的机制。不管阿尔冈昆人怎么说，收养也并不会使肯顿变成印第安人，其实双方都明白 394
这一点。肯顿图谋逃跑，而一队败军刚好归家，将他视为大刀人，要求杀了他为死去的兄弟们报仇。会议取消了对他的收养，不再称他为兄弟。他们判他在桑达斯基被处死。在去那里的路上，印第安人打断了他的胳膊和锁骨。刚巧一场风暴救了肯顿，使他免于第二次死刑——烧死。就在他正要被执行第三次死刑前，皮埃尔·德鲁亚尔（Pierre Drouilard）出现并赎出了他。德鲁亚尔应洛根之召而来，洛根看似最可能成为一个仇恨白人的人。不过洛根的情况复杂得多。他原本是白人之友，后来变成白人的死敌，并进行了复仇。洛根原先认识肯顿，现在想要救他。德鲁亚尔的计划是赎出肯顿交给英国人，在英国人榨取出了肯塔基的情况之后便会释放肯顿，然而英国人始终没有释放肯顿。最后，肯顿逃出底特律，回到肯塔基，继续和乔治·罗杰斯·克拉克一起进攻印第安人。[2]

不过，尽管遭受了痛苦，收养还是对肯顿起了作用，减轻了他仇

[1]　肯顿的话见 *Kenton*, 123, 124。
[2]　*Kenton*, 102–144.

视印第安族群的情绪。二十年后，有两个印第安家庭居住于肯顿在俄亥俄地区的土地上，而原先抓他的伯纳经常来看他，在他家吃饭。当有人问肯顿为何不杀了伯纳，他回答说现在是和平时期，而伯纳过去所做是战争期间的行为。这当然是白人传统的关于荣誉的说法，但这也拒斥了仇视印第安族群的严苛理念——依据该理念，伯纳生来就是个该被处死的杀人犯。后来，据说肯顿面对那些仇视印第安族群成性、试图杀死他周边的印第安人的人也毫不退缩。[1]

随着边界变得模糊，仇视印第安族群之人情绪自身也部分地消融了；但它也可能在阿尔冈昆人自身当中树立起仇视印第安族群之人热切寻求的藩篱。1781 年，帕查特希拉（Pachantschihilas，又叫布孔加希拉［Buckongahelas］）承认白人中也有好的，但“好白人并不能掩盖那些坏白人”，印第安人不能相信他们的话，因为他们“不像印第安人，只在战时是敌人，和平时期却是朋友”。布孔加希拉认识了大刀人，仇视印第安族群的人也以同样的方式认识印第安人。他们互相都认为对方不可靠。[2]

印第安人原本对俘虏相对仁慈，与美国人的大屠杀形成鲜明对比；但屠杀印第安摩拉维亚教徒事件使得特拉华人发誓不放过一个白人。接
395 下来一段时期内他们“尤为残忍地对待所有俘虏”，尽管他们已经释放了一些俘虏。在被虐杀的俘虏中最著名的受害者是威廉·克劳福德上校——宾夕法尼亚民兵远征的统帅，他们号称要去消灭怀恩多特人。[3]

但讽刺的是，克劳福德自己并不是仇视印第安族群之人，他曾试图摆脱自己的不幸命运。被判死刑后他派人去请万戈孟——一位印第安先

[1] *Kenton.*, 251–255.

[2] 关于帕查特希拉，见 John Heckewelder, *History, Manners, and Customs of Indian Nations Who Once Inhabited Pennsylvania and the Neighboring States*, new and rev.ed.（Philadelphia, 1876; repr.ed., New York: Arno Press, 1971）, 80–81。

[3] 相反的对待方式见 De Peyster to Haldimand, May 13, 1782, *MPHC* 10: 573–574。特拉华人见 Croghan to Davies, July 6, 1782, *IHC* 19: 71。肖尼人及其他部落继续释放俘虏，见 *ibid.*, 72–73; McKee to De Peyster, Apr. 10, 1782, Haldimand Papers, 21781。战役见 Caldwell to De Peyster, June 11, 1782, *MPHC* 20: 25。恢复虐囚见 De Peyster to Haldimand, June 23, 1782, Haldimand Papers, 21781。德佩斯特尔开始阻止肖尼人和特拉华人恢复虐囚的惯常做法，见 De Peyster to McKee, Aug. 6, 1782, *MPHC* 10: 623–624。根除威胁见 De Peyster to Haldimand, 18 Aug. 1782, *MPHC* 10: 628–629。

知，曾长时间和美国人一起为和平工作。克劳福德在匹兹堡结识并款待了他，他也曾热情接待来访的美国人。可现在这个特拉华人告诉克劳福德，由于印第安人复仇的怒火，将自己与杀害摩拉维亚教徒的人联系在一起，只会使自己丧失说情的能力。他们的交谈结束时，皮佩首领派遣的虐囚者们来了，克劳福德和旺戈门德都流下了眼泪，“依依不舍”。克劳福德在虐囚柱上死得很可怜，快死时还被受过洗礼的摩拉维亚教徒约瑟夫剥了头皮。仇视印第安情绪决定了克劳福德的命运，它划下了一道友谊也跨越不了的界线，它把和平的基督徒变成了复仇的行刑者。[1]

除了折磨之火以外的其他选择，如有共同母亲的同胞的象征画面，这些道路仍然依稀可见，但它是那条无人行走的道路，仇视印第安情绪控制了边疆地区居民的态度，并最终变成美国在革命中及革命后的政策。肯顿的经历表明仇视印第安族群的人并不总是能够清晰地维持阿尔冈昆人和白人之间那严格的界线。战士严苛的纪律要求也可能失败。阿尔冈昆人期待这种失败，并将其仪式化；对他们来说敌人也可能变成兄弟。但这种背弃很快就发生在了白人身上，至少当发生拓荒者突然强抢阿尔冈昆人的土地这种人间惨剧时，他们并没有为之辩护。在哈洛兹伯 396
格（Harrodsburg），安·哈罗德（Arm Harrod）梦见她的丈夫詹姆斯跑出去支援那些在要塞外面被印第安人攻打的人，结果印第安人射中了詹姆斯，当他倒下后，印第安人还俯下身去补刀。没有哪个印第安战士会忽视这个梦，但第二天印第安人真的攻击三个伐木工人时，哈罗德挣脱妻子的臂弯，跑去援助他们。哈罗德射中离他最近的那个印第安人，那个印第安人正沿着小溪跑了一小段路，随后倒下了；哈罗德俯下身去补刺他。现实中这位丈夫跟梦里的印第安人互换了位置，当他回家后，安·哈罗德回忆称，“他并不高兴，反而难过，说他希望再也不要杀死这些可怜

[1] 旺戈门德作为先知，见 Heckewelder *Narrative of the Mission*, 103–104。克劳福德和旺戈门德见 Heckewelder, *History*, 284–288; 旺戈门德对待美国人的例子见 Butler, Journal, Aug. 29, 1775; Cuchaghunk, etc., to Morgan, June 7, 1777, *PA*, Series 1, 5: 444–445; Big Cat to Brodhead, June 24, 1779, *WHC* 23: 381。克劳福德之死见 W. Croghan to Davies, July 6, 1782, *IHC* 19: 71–73; Letter to Washington, July 11, 1782, Craig（ed.）, *The Olden Time*, 2: 538。约瑟见 Eugene F. Bliss *Diary of David Zeisberger, A Moravian Missionary among the Indians of Ohio*, 2 vols.（Cincinnati: R. Clarke, 1885）, Aug. 2, 1788, 1: 431。

的原住民，他们只是在保卫自己祖先的土地。当他把刀子插进那个倒地的印第安人的心脏时，那个人可怜地看着他的脸，刀身的反弹使他产生了上述感受。他给我讲这些时流下了眼泪。”当白人村民和阿尔冈昆村民奋力而又悔恨地互相残杀之时，作为印第安女人的丈夫，作为“同胞兄弟”——古老的选择和中间地带的隐喻仍然萦绕在人们的脑海。[1]

五

印第安人的攻击使美国在高地的影响力式微，英帝国势力扩张，但英帝国同样难以向村庄施加自己的意志，不管是印第安人村庄还是法国村庄。这些村中仍然充满对昂提奥的怀念之情。美国联盟及法国人给予这些心怀不满的高地居民一种温和的武器，而高地居民们又将之用到了极致。他们促使从密西西比河到桑达斯基的阿尔冈昆村民相信，大革命是法国“父亲”将要回归的先兆。随着克拉克式微，法国村民与印第安人有亲属和贸易联系，再次变成一支独立力量。在伊利诺伊和沃巴什的法国人大多在西班人的资助下活动，因为西班牙人在战争中也反对英国。不过这些居民和商人是利用西班牙来保证自己的利益而已。1780年，法国人从伊利诺伊出动远征，受温森斯的法国人和西班牙人协助，他们控制并烧毁了英国人建的迈阿密哨所；底特
397 律的民众试图加入他们，不过失败了。所有这些——如乔纳森·道奇（Jonathan Dodge）所说——都是弗吉尼亚州愤怒的人干的，以法国国王之名“逃避美国的统治”。[2]

---

[1] Kathryn Harrod Mason, *James Harrod of Kentucky*（Baton Rouge: Louisiana State University Press, 1971）, 147–148.

[2] 法国人的许诺与不忠见Brehm to Haldimand, May 28, 1779, *MPHC* 9: 410。与法国人的亲属关系见De Peyster to Haldimand, 1 June 1779, *MPHC* 9: 382。法国“父亲”回归，见Haldimand to Clinton, Sept. 4, 1779, *MPHC* 19: 463。迈阿密的袭击见De Peyster to Haldimand, Nov. 16, 1780, *MPHC* 10: 448–449; De Peyster to Powell, 13 Nov. 1780, *MPHC* 19: 580–581。只有英国的礼物才引起迈阿密人袭击，见De Peyster to Haldimand, May 27, 1781。Haldimand Papers, 21781。道奇的话见Dodge to Cruzat, Nov. 11, 1780, Kinnaird, Spain, 2: 393。远征领袖德拉巴尔姆（Da La Balme）以及他缺乏权威见Cruzat to Gálvez, Nov. 12, 1780, *ibid.*, 395。

1780年至1781年间，另外两场“西班牙人”的远征袭击了圣约瑟。第一次是由伊利诺伊地区的法国商人经起的。麦基诺的行政官帕特里克·辛克莱（Patrick Sinclair）上尉，既不敏锐也并非特别精明，他怀疑路易·舍瓦利耶及圣约瑟的法国商人不忠心，便赶走了他们，代之以麦基诺的商人——大多数是英国人。其结果便是“西班牙人”袭击了圣约瑟。尽管第一次失败了，但紧接着发动了第二次。圣路易的西班牙指挥官弗朗西斯科·克鲁萨特（Francisco Cruzat）承认，在密尔沃基印第安人的坚持下他不得不同意发起征伐，密尔沃基印第安人是一个混合群体，一心想洗劫哨所。是帕塔瓦米酋长西格瑙克（Siggenuak）建议发起这次攻击的，他这么做显然得到路易·舍瓦利耶之子的支持，舍瓦利耶之子既想为父亲被英国人驱逐报仇，也想赶走那些取代了老舍瓦利耶的商人。在帕塔瓦米人帮助下，这次征伐偷走了所有英国商品“和这个季节的所有水果”。[1]

法国人认为，这些袭击要么帮助了他们厌恶的西班牙人，要么帮助了他们越来越痛恨的美国人；而他们则努力想要重新夺回受英国商人威胁的高地毛皮贸易。大革命中，英国商人拥有使用英政府在大湖区拥有的单桅帆船的特权，越来越深入俄亥俄谷地北部，而这原本是法国商人的贸易范围。高地大多数法国小商人缺乏资金开拓西北部新 398
的大生意，于是抓住高地贸易对他们来说尤为重要。沃巴什和伊利诺伊地区那些能够从新奥尔良进货的商人公开表示对英国人的敌意；麦基诺和底特律商人得从加拿大进货，就不得不小心谨慎，以防失去货源。当英国出于战略原因试图限制其贸易，或者法国伙伴的贸易区与

[1]　试图动员帕塔瓦米人、舍瓦利耶的忠诚以及伊利诺伊来的消息，见De Quindre á De Peyster, 14 juin 1780, Haldimand Papers, 21782。商人们撤出圣约瑟见De Peyster to Bolton, July 6, 1780, *MPHC* 19: 540; Sinclair to Haldimand, July 8, 1780, *MPHC* 9: 560。德佩斯特尔反对见De Peyster to Sinclair, Sept. 17, 1780, *MPHC* 9: 617。英国商人及其损失见Memorial and Petition, n.d., *MPHC* 10: 367。克鲁萨特与印第安人见Cruzat to Gálvez, Jan. 10, 1781, Kinnaird, Spain, 2: 415。来自卡霍基亚的一群人袭击圣约瑟，还有抢夺商品之事见De Peyster to Haldimand, Jan. 8, 1781, *MPHC* 10: 450–451; Cruzat to Gálvez, Aug. 6, 1781, Kinnaird, Spain, 2: 431–434; R. David Edmunds, *The Potawatomis: Keepers of the Fire*（Norman: University of Oklahoma Press, 1978）, 109–112。英国商人及其损失见Memorial and Petition, n.d., *MPHC* 10: 367。

英美势力范围相重合时，这些北部商人便不得不小心行事。[1]

按理说英帝国在高地仍然拥有很大权力，但实际上印第安人和法国人不断绕过英帝国机器行事。1780年，英—印组织的大型远征队攻打伊利诺伊地区的圣路易周围的西班牙前哨基地，结果失败，英国人断定这是由于约瑟夫·卡尔韦（Joseph Calvé）叛变——他的妻子是索克人让·玛丽·迪沙尔姆（Jean Marie Ducharme），“以及其他在此地区经商的人的洗劫”。据称这些法国人与索克人和福克斯人密谋摧毁这次远征，以保证他们自身“从铅矿和与伊利诺伊人贸易中获得的利益”。[2]

大多数印第安人和法国人一样，在做生意时坚决是地方性和独立的，极少数人以部落为单位行动。多数人既不忠于帝国，也不忠于美
399 国。特拉华人分裂了，而肖尼人即使在科恩斯多克死后仍是分裂的。当汉密尔顿来到沃巴什印第安人中，沃巴什印第安人便加入了英国一方；而当克拉克战胜汉密尔顿并占领温森斯时，他们又背弃了英国。在美国独立战争后期，沃巴什印第安人重新回到英国阵营。1780年前，圣约瑟的帕塔瓦米人几乎没有参与，他们一直追随舍瓦利耶，直到他被赶走，此后一直保持双重效忠。湖区西部的印第安人在1780年前一

[1] 1776年汉密尔顿报告：“此要塞（底特律）商人的勤奋和进取精神远超加拿大人，以至于我确信后者在数年内将靠前者养活，或者从前者那里买东西——大船航运完全掌握在新居民手里”，见Hamilton to Dartmouth, Sept. 2, 1776, *MPHC* 10: 270。
变动中的皮货贸易见Memorandum Relative to Trade in the Upper Country, n.d., c.1777（or 1778）, *MPHC* 10: 272–274; Memorandum for...Carleton, Jan. 1778, *MPHC* 19: 337–339; De Peyster to Haldimand, 14 June 1779, *WHC* 11: 133–135; Haldimand to Campbell, June 28, 1779, *MPHC* 19: 441; Grant to Haldimand, Apr. 24, 1780, *MPHC* 19: 508–511; Jeanne Kay, “The Land of La Baye: The Ecological Impact of the Green Bay Fur Trade, 1634–1836”（Ph. D. diss., University of Wisconsin, 1977）, Table 5.1。英法商人之间的冲突见Petitition of Daniel Murray, Apr. 10, 1777, *MPHC* 19: 321–322; Sinclair to Haldimand, July 8, 1780, *MPHC* 9: 561–562; Sinclair to Haldimand, n.d., c.July 1780, *MPHC* 9: 562–563。De Peyster to Haldimand, Sept. 21, 1778, *MPHC* 9: 371–373; Haldimand to Indians, July 2, 1779, *WHC* 11: 181–183; Sinclair to Brehm, Oct. 29, 1779, *MPHC* 9: 530–531; Sinclair to Haldimand, 2 Aug. 1780, *WHC* n: 157–158。
1778年4月至6月间，一系列走出麦基诺的许可证被颁发给了19名法国商人，仅5名英格兰或苏格兰商人获得许可。其中法国人平均拥有2.2条独木舟，英国人则是4条。不少英国商人如约翰·阿斯金（John Askin）是为法国人供货的批发商，见Askin to Barthe, June 26, 1778，载Milo Milton Quaife（ed.）, *The John Askin Papers, 1747–1820*, 2 vols.（Detroit: Detroit Library Commission, 1928–1931）, 1: 149。

[2] 关于控制商人的困难，见Sinclair to Haldimand, n.d., c.July 1780, *MPHC* 9: 562–563; Calvé et al., Sinclair to Haldimand, July 8, 1780, *WHC* 11: 155–157; Calvé to Haldimand, Aug. 23, 1780, *MPHC* 10: 422。关于铅矿，见Sinclair to Haldimand, Aug. 3, 1780, *MPHC* 9: 572–573。

直没有参战，而且直到那时索克人和福克斯人仍然不是可靠的盟友。攻打肯塔基人和宾夕法尼亚人的战争源于若干战士镇子，它们从奥伦丹吉的普卢吉小镇向北一直延伸到上桑达斯基（Upper Sandusky）的半王的村子；这场战争同样发源于肖尼村子，其村民从赛欧托河撤退至麦德河一带。从底特律和麦基诺招来的战士也参与其中，但在1776年至1781年间，英国要塞周边村庄对英国人的热情起起伏伏。迟至1780年——当年英国人及其盟友收获颇丰，哈迪曼将军认为不能再指望高地印第安人了。英国人只是逐渐利用自己在商业和礼物上的优势弥补损失并重建联盟。[1]

科肖克顿的特拉华人成为英国人最终成功团结起高地印第安人对抗美军的关键。

皮佩酋长对美国人的幻想逐渐破灭，加上他与约翰·基尔巴克（乌龟胞族首领，科肖克顿名义上的领袖）竞争，最终导致他撤出科肖克顿。随着英国人回归，皮佩引诱战士及其家人们离开了科肖克顿及其周边村庄。布罗德黑德上校从皮特要塞报告说，皮佩与“其他底特律的英国指挥官任命的印第安酋长都穿着得体，还得到其他值钱的礼物”。约 400
翰·基尔巴克及其他“我代表大陆议坐任命的酋长则赤身裸体，除了一点威士忌什么也没得到，遭到其他印第安的普遍嘲笑”。1781年，科肖克顿村庄会议态度转变，放弃中立；约翰·基尔巴克失去权力，而皮佩则促成科肖克顿加入英国联盟。1782年，沃巴什村庄及皮奥里亚人继

[1] 科恩斯多克死后，17户肖尼人搬迁到科肖克顿，见Account of Meeting, Apr. 26, 1778, Morgan Letter Book, Book 3。汉密尔顿曾许诺要像个父亲一样，见Hamilton to Haldimand, Sept. 22, 1778, *IHC* 1: 342，但他战败后，这和英国人的其他诺言一样落空了，见Brehm to Haldimand, May 28, 1779, *MPHC* 9: 410。英国人的麻烦见De Peyster to Campbell, May 13, 1779, *MPHC* 19: 411; McKee to Lernoult, May 26, 1779, *MPHC* 19: 423; Haldimand to Clinton, May 26, 1779, *MPHC* 19: 419; Chevallier to Lernoult, May 29, 1779, *IHC* 1: 443; Bennett to De Peyster, Aug. 9, 1779, *MPHC* 9: 392–393, Aug. 15, 1779, *MPHC* 19: 456。关于肖尼人，见Lernoult to Shawnees, July 19, 1779, Haldimand Papers, 21782。关于梅卡哈克肖尼人，见Kellelman to Brodhead, Sept. 21, 1774, *WHC* 24: 73。美国人拉拢怀恩多特人和渥太华人见Brodhead to Wyandot, Apr. 8, 1779, *WHC* 23: 278。怀恩多特人的反应见Heckenwalder to Broadford（sic）. May 28, 1779, *PA*, Series 1, 7: 516–518。Nonycondat to Maghenguia Kashuck, Sept. 17, 1779，以及reply, Sept. 18, 1779, Haldimand Papers, 21781。Discours d' un députe huron de Sandoské, 19 juillet 1779, Haldimand Papers, 21782. 美国人入侵印第安地区迫使此议题浮出水面，见Brehm to Haldimand, July 5, 1779, *MPHC* 9: 417–418。关于对印第安人的不信任，见Haldimand to Clinton, Jan. 31, 1780, *MPHC* 19: 497。

迈阿密人之后也加入英国联盟。到独立战争末期，只剩下卡斯卡斯基亚人、密尔沃基周边的杂居村庄、约翰·基尔巴克（他这时已退居乌龟胞族酋长之职）以及乌龟胞族个别战士仍然站在美国一边。[1]

不过，英国在高地成立一个真正的联盟的想法最终也没有实现。1782年，阿·特·德佩斯特尔（Arent De Peyster）认为自己送给印第
402 安人的“巨额”财富养成了一群无法无天之徒，他们不仅阻碍了英国在高地取得进展，同时，他们也拒不接受英国控制。“如果对他们太严厉，”德佩斯特尔告诉哈迪曼，“他们便告诉我们，我们过得很好是因为这块区域没有弗吉尼亚人。但这是他们违背自己意愿所换取的。”英国人为自己多年忽视高地的举措付出了代价。[2]

不过，尽管英国人在独立战争结尾时建立联盟有诸多失败之处，它却非常接近目前阿尔冈昆人理解中的联盟。英国的印第安事务部

---

[1] 布罗德黑德的话见 Brodhead to Reed, Jan. 22, 1781, Craig（ed.）, *The Olden Time*, 2: 383。人们离他而去见 Killbuck to McIntosh, Mar. 15, 1779。皮佩见 Killbuck to Brodhead, July 17, 1780, *WHC* 24: 217. Speech to Delawares, June 7, 1781, J. Watts De Peyster, *Miscellanies by an Officer*（*Colonel Arent Schuyler de Peyster*）, 1774–1813, 2 vols.（New York, A. E. Chasmar, 1888（vol.1）以及 C. H. Ludwig, 1888（vol.2））, 2: 8–9。易洛魁人想让俄亥俄特拉华人重新安置在杰纳西河，见 Proceedings of a General Meeting...20 Mar. 1780, Haldimand Papers, 21779, f.86。

科肖克顿及美国人见 William Penn and the councillors of Cooshockung to Brodhead, Jan. 13, 1781, *WHC* 24: 314–315; Heckewelder to Brodhead, Feb. 26, 1781, *WHC* 24: 337–338; Brodhead to Beeler, Mar. 4, 1781, Craig（ed.）, *The Olden Time*, 2: 389; Brodhead to Clark, Apr. 4, 1780, *IHC* 8: 408; Killbuck to Brodhead, Jan. 15, 1781, *WHC* 24: 316–317; Brodhead to Shepherd, Mar. 8, 1781, *WHC* 24: 342; Brodhead to Washington, Mar. 27, 1781, *PA*, Series 1, 9: 39. Brodhead to Reed, May 22, 1781, *PA*, Series 1, 9: 161–162; Speech to Delawares of Cooshawking, June 7, 1781，载 De Peyster, *Miscellanies*, 2: 8–9。

英国人赢得印第安人支持见 Clark to Todd, Mar. 1780, *IHC* 8: 404; Dodge to Jefferson, Aug. 1, 1780, *IHC* 8: 437–438; De Peyster to Bolton, June 27, 1780, *MPHC* 19: 536–537; Le Gras to Clark, Dec. 1, 1780, *IHC* 8: 469; Speeches to Crozat, 1780, Kinnaird, Spain, 2: 401–402; Linctot to Slaughter, Jan. 11, 1781, *ibid.*, 490–491; Linctot to Jefferson, Apr. 2, 1781, *ibid*, 518; Floyd to Clark, Apr. 26, 1781, *ibid*, 543; Linctot to Clark, July 18, 1781, *ibid*, 574–576; Dalton to Clark, Nov. 3, 1781, Clark Papers, Missouri Historical Society, copy in GLEHA; Williams to Clark, Jan. 12, 1782, *ibid*; Legrave（sic）to Clark, n.d.（c.Aug. 1782）, G. R. Clark Papers, Draper Mss, 5J31; Clark to Harrison, Nov. 30, 1782, *IHC* 19: 164–165; *ibid*, 8 Mar. 1783, 213; Indian Council, Detroit, Feb. 25, 1782, *MPHC* 10: 550; Council, 14 June 1782, *MPHC* 10: 587–591.Clark to Kentucky County Commissioners, Sept. 5, 1781, *IHC* 8: 596–598; Cruzat to Gálvez, Nov. 14, 1780, Kinnaird, Spain, 2: 398–399; Sinclair to Haldimand, June 15, 1781, *MPHC* 19: 639–640。

商品短缺见 Delawares to Brodhead, Feb. 17, 1780, *WHC* 24: 139; Brodhead to Washington, Oct. 17, 1780, *WHC* 24: 283–284; Brodhead to Washington, Jan. 23, 1781, *WHC* 24: 326. Dodge to Jefferson, Aug. 1, 1780, *IHC* 8: 437。1780年，忠诚的皮安卡肖人穷到只能用弓箭打猎，Dalton to Clark, May 16, 1780, Clark Papers, Missouri Historical Society, copy in GLEHA，而到了1782年，有四分之三的沃巴什部落用弓箭打猎、穿水牛皮衣服，见 Williams to Clark, Jan. 12, 1782, *ibid.*, 哈迪曼威胁说，若不赶走美国人，他就将全面断绝贸易，Haldimand' s Speech...to Michilimakinac...2 July 1779, Haldimand Papers, 21779。

[2] De Peyster to Haldimand, Jan. 26, 1782, *MPHC* 10: 547–548.

门在高地创造出一个联盟酋长的网络。事实上，早期英国选择的酋长很多都是从麦基诺和底特律有声望又可靠的法国商人中选拔而来。到1778年秋天，仅底特律的印第安事务部门就有24名在编职员，而这还不包括汉密尔顿或那些也和印第安人一起工作的军官。在旷日持久的战争中，英国的印第安机构仍然很庞大，但它与法国式的区别越来越大。1778年，亚历山大·麦基、马修·埃利奥特及西蒙·格蒂逃往底特律，随后格蒂的两个兄弟也去了，成为一群熟练的托利党酋长。但事实证明他们在俄亥俄河谷没什么价值。倒是麦基能够凭借魅力管理印第安人。在麦基诺，总督辛克莱试图使印第安人英国化，也收效甚微。辛克莱好辩论又固执己见，认为夏尔·朗格拉德及其侄子克劳德·夏尔·戈蒂埃（Claude Charles Gautier）——他们也许是英国职员中最机敏的了——是“缺乏理解力、不努力、不稳重的人”。辛克莱转而选择倚重一个当过兵的英国商人赫西（Hesse）。[1]

英国人想要迅速重建一套可靠的阿尔冈昆酋长网络，他们持有正确的 403
理论，但在把理论付诸实践时却大错特错。委任的“这些大酋长”是一个败笔，而“这些酋长是由他们的长官或领导荐举”。如同在法国联盟中一

[1] 培养酋长见Johnson to Gage, Mar. 31, 1775, Gage Papers, AS 127; Gage to Carleton, Aug. 18, 1775, Gage Papers, AS 134。蒙特利尔见Foy to De Peyster, Aug. 28, 1778, *MPHC* 19: 350。方法见Remarks on the Management of Indians in North America...end of Feb. 1777, Haldimand Papers, 21775; Claus' s Remarks on the Management of Northern Indian Nations, Mar. 1, 1777, *NYCD* 8: 702。战争之后，哈迪曼利用这些评论来规划他对威廉·约翰逊的儿子约翰·约翰逊爵士治理印第安事务的指示，见Haldimand to John Johnson, Feb. 6, 1783, Haldimand Papers, 21775。

选拔酋长见Letter of De Peyster, June 13, 1777, *MPHC* 10: 276–277; letter to Caldwell, 6 Oct. 1776, *MPHC* 10: 270; De Peyster to Carleton, 17 June 1777, *MPHC* 10: 278.Sinclair to Brehm, Oct. 29, 1779, *MPHC* 9: 530。朗格拉德和戈蒂埃，见De Peyster letter, June 4, 1777, *MPHC* 10: 275; De Peyster to Haldimand, Sept. 21, 1778, *MPHC* 9: 372; Gautier' s Journal, 1777–1778, *WHC* 1: 100–111; De Peyster to Haldimand, June 27, 1779, *WHC* 11: 136。

英国酋长见Haldimand to Lernoult, Aug. 29, 1779, *MPHC* 10: 357; Haldimand to De Peyster, Aug. 29, 1779, *MPHC* 10: 358; List of officers, Interpreters & C., Sept. 5, 1778, *MPHC* 9: 470; Brehm to Halidmand, May 28, 1779, *MPHC* 9: 410; Haldimand to De Peyster, July 6, 1780, *MPHC* 10: 409。

辛克莱见Sinclair to Haldimand, c.Feb. 1780, *WHC* 11: 149。赫西见Sinclair to Haldimand, Feb. 17, 1780, *WHC* 11: 147–148; Sinclair to Haldimand, May 29, 1780, *WHC* 11: 153。麦基、埃利奥特和西蒙·格蒂见Hamilton to Carleton, Apr. 25, 1775, *MPHC* 9: 435; De Peyster to McKee, Nov.2, 1777, Claus Papers, v.2: 139–140, *PA*C. McKee to De Peyster, Aug. 22, 1780, Haldimand Papers, 21782. 麦基的赞扬见Bird to De Peyster, June 11, 1780, *MPHC* 19: 533–534。

密歇根湖西部，法国商人承担了原本由法国军官扮演的角色，见Memorandum for Carleton, 1778, *MPHC* 19: 337–339; Sinclair to Haldimand, Feb. 5, 1782, *MPHC* 10: 549; Sinclair to Haldimand, Mar. 9, 1782, *MPHC* 10: 553–554。

一条由白色和紫色贝珠做成的带子，在独立战争期间被献给底特律指挥官德佩斯特尔。（英格兰，国家博物馆和默西塞德—利物浦［Merseyside–Liverpool］博物馆画廊董事会成员提供）

样，酋长们在两个世界之间游走。他们“听令于他（国王），同时获得自己族人的尊敬”。而在现实中，在战争之初，缺乏经验的英国官员往往把来到加拿大的阿尔冈昆战士误认为酋长，因而送给他们的礼物远超出其他人。[1]

不过，到了1783年，关于如何根据地位恰当送礼，英国官员就已总结出了足够的知识。哈迪曼将军在指示新任印第安事务监督官时做了详细说明：

> 应当向酋长们赠送超出其自身地位的礼物，这样他们就总是能获得荣誉，而取悦他们就能取悦他们的族人。一般是送银质小物件。如果会议中一位老酋长没有获得勋章，就应当授予他装饰着红色或蓝色缎带的大勋章——给年轻人的就是小些的勋章；至于战争酋长，就送他们饰领，上面刻着国王的武器。这些荣誉的标志只能由负责印第安事务的军官来授予，酋长们被告知他们得到这些由事务处送出的礼物是代表国王做出的，而父亲会希望他们履行自己的责任，需要一直提醒族中的战士和年轻人们坚定地忠于父亲。

哈迪曼还建议，不仅英国人要认可这些村中要人，而且每个军官都应当在哨所附近找到“一两个理智、聪明的酋长”，将之发展成为自己的“朋友和亲信”。这些酋长可以做军官的代言人——“他们说出来的话可比译员说的管用多了”。[2]

认可、选拔联盟酋长只不过是必须采取的第一步措施，只不过是英 404
国“父亲”用以标榜其慈爱的手段罢了。如同明戈酋长艾欧威安希（Ay-ou-wi-ainsh）告诉德佩斯特尔的那样，他必须“妥善调遣我们的战士，供应其所需，不然，他们将难以直接指挥我的战士”。在阿尔冈昆人仍

[1]　听令于国王并获得族人尊敬见Council held at Detroit, June 14, 1778, *MPHC* 9: 446–447, 451。巩固酋长的影响力见*ibid.*, 444, 447。1778年，齐佩瓦人、渥太华人、福克斯人、索克人、苏人、梅诺米尼人、温尼贝戈人的战士们都抵达蒙特利尔，见Raport général des sauvages arrive d' enhaut...printems 1778, Haldimand Papers, 21779。错误见Sinclair to Brehm, Oct. 7, 1779, *MPHC* 9: 526–527; Brehm to Sinclair, Apr. 17, 1780, *MPHC* 9: 536。

[2]　对陆军准将约翰·约翰逊爵士的指示见Feb. 6, 1783, Haldimand Papers 21776。

然有几分相信昂提奥将要回归的情况下，要想让联盟运转，就需要给他们大量真实的好处。威人声称曾经昂提奥送的礼物塞满了一间木屋，直触到屋顶。如德佩斯特尔上尉所说："印第安人一定要给予礼物才行，无论何时，只要我们不再送礼，他们便会离我们而去。"德佩斯特尔只是在解释，以便哈迪曼能够理解艾欧威安希讲述的中间地带的逻辑："父亲！我和我的族人希望你能给我们丰裕的生活必需品，而且这些装饰品很受年轻人欢迎，否则我们会猜想你们不是真心实意对待我们的。"[1]

要想真心实意，并让印第安人言听计从，英国人必须重复法国人的做法。他们必须恢复每年送礼，并在需要掩埋死者、组织会议、调解交战族群时再专门送礼。他们需要为他们打仗的印第安战士提供装备，至少在底特律，妇女总会在归家战士进入该要塞前脱下他们的衣服，因为"他们必须得到一件新衣服，并为自己的不管多么微小的业绩得到奖赏"。由于征战边境的战士们失去了打猎的收入，所以英国人还得供养他们的家人。当美国人反击易洛魁人和肖尼人，产生难民，英国人也得给这些难民食物。国王也恢复了法国人送给猎人和战士弹药的做法，并给来到要塞的所有人食物。为了供给食物，有时英国人还要从印第安人那儿购买玉米和鱼，报偿是配给和礼物。而且礼物只是一部分支出，他们还必须提供铁匠、译员和杂货店。而最终，这些并没有令英国军队的需求减少。这场战争是英国人的，若没有英国或法国的支持者和正规军加入，印第安人便总是拒绝战斗。[2]

---

[1] 昂提奥的礼物见Abbott to Carleton, May 25, 1777, *IHC* 1: 313; 关于艾欧威艾因希，见Council, Detroit, Dec. 1, 1784, *MPHC* 11: 326–327。关于送礼的必要性见De Peyster to Haldimand, Oct. 24, 1778, *MPHC* 9: 375; Brehm to Haldimand, May 8, 1779, *MPHC* 9: 405。

[2] 见Remarks on the Management of Indians...Feb. 1777, Haldimand Papers, 21775。礼物用途的例子见Gautier' s Journal, 1777–1778, *WHC* 11: 100–111。火药见Hamilton to Carleton, Apr. 25, 1778, *MPHC* 9: 438。供给见Askin to Day, June 9, 1778, Quaife（ed.）, *Askin Papers* 1: 121。商品见A List of Goods for Indian Department, Detroit, Sept. 5, 1778, *MPHC* 9: 471。印第安人的要求见De Peyster to Haldimand, Oct. 7, 1778, *MPHC* 9: 373。要求英国人陪同，见Hamilton to Cramhé, Aug. 12, 1778, *MPHC* 9: 462。需要供养他们见Brehm to Haldimand, May 9, 1779, *MPHC* 9: 405。难民见Haldimand to Clinton, Aug.29, 1779, George Rogers Clark Papers, Draper Mss., 58J38–58J39。解释见De Peyster to Haldimand, June 8, 1780, *MPHC* 10: 399–400。削减见Haldimand to De Peyster, July 6, 1780, *MPHC* 10: 408。被妇女脱掉衣服见De Peyster to Haldimand, May 27, 1781, *MPHC* 10: 482。

仅在底特律，朗姆酒消费就达到"惊人的"每年17520加仑，见Haldimand to Lernoult, 23 July 1779, *MPHC* 10: 345。

这些礼物总是相互往来的——印第安人也会送毛皮和食物——但这种往来并不平衡，并且维持印第安联盟往往使英国人陷入困境。由 405
于复兴联盟所需的花费逐渐明朗，一些英国官员又开始惧怕后果。1778年哈迪曼将军刚刚在加拿大上任，就吃惊地发现光是底特律就有30000英镑（NY）的账单在等着他，而且底特律还不断传来他所称的“这些惊人的需求”。哈迪曼抱怨说，印第安人变得“习惯于享有极大的自由，以致他们现在贪得无厌”。他敦促要在送礼时加以区分，只嘉奖那些提供过服务的人。尼亚加拉的博尔顿（Bolton）上校因为卷入美国边境居民与印第安人的战争而进退维谷。他认为让印第安人维持“好脾气”的花费比整个商业和高地的花费还多。哈迪曼本人也持有这种观点。印第安事务部门的花费已经在“国家支出中占极大部分”，但“它发挥的作用”却“非常不足”。他认为，印第安人希望延长战事，那样他们就能“懒散地生活，收受一开始不得不送给他们的礼物；而在和平时期，就没有礼物了”。[1]

英国人显然没有像父亲一样思考，不过阿尔冈昆人也从未要求他们那样做；他们要的是英国人懂得作为“父亲”应当如何行事，如同汉密尔顿所说，“扮演他们的父亲”。因此英国人就需要持续注意保持得体的行为。例如，1782年，哈迪曼考虑让手下的军官们停止与印第安人的礼品往来，以此削减开支。他推想这样能让印第安人不再那么 406
想到哨所来收礼，不仅可以削减供给他们食物的开支，还能让印第安人更加俭省地使用国王送的礼物。实际上，他正在切断整个互惠及父权制的逻辑——而正是基于此逻辑，印第安人和英国人才建立起了类

[1] 互惠往来见Outlines for a Reformation of Expenses, c.Feb.–Mar. 1782, *MPHC* 10: 555–557。账单见Haldimand to Robinson, 28 July, 1778, *MPHC* 10: 290。博尔顿的抱怨见Bolton to Haldimand, Feb. 8, 1779, *MPHC* 19: 371–372。花费见Hamilton to Carleton, Dec. 4, 1775, GRC Papers, Draper Mss., 45J101–45J104; Gage to McKee, Sept. 12, 1775, Gage Papers, AS 135; Letter to De Peyster, Aug. 21, 1776, *MPHC* 10: 263。需索无度见Haldimand to De Peyster, 10 Aug. 1780, *MPHC* 10: 416。引文见Haldimand to Germain, Sept. 17, 1780, *MPHC* 10: 431。1780年，他干脆形容印第安部门花费“庞大”，见Haldimand to De Peyster, Feb. 12, 1780, *MPHC* 10: 377。“惊人的”，见Haldimand to De Peyster, Apr. 10, 1781, *MPHC* 10: 465–466。花费/服务费，见Haldimand to Powell, June 24, 1781, *MPHC* 10: 492–493。

似于家庭形式的联盟。最终，哈迪曼还是让步了。不只是因为他手下的军官们能够在印第安礼物的有关事项中获取很大的利益，还因为印第安人“死守着他们的古老习俗”。所以改革只能逐渐进行。哈迪曼的意思是，这种变化仍然是中间地带的问题，而不是帝国统治的问题。[1]

到独立战争结束时，这种帝国—村庄的“父子”结合开始让高地恢复成一个一致的单元。对任何联盟来说，调解都是题中之义，因为未解决的战争会“极大地损害仪式，并对商业不利”。英国职员调解了温尼贝戈人与齐佩瓦人、帕塔瓦米人与迈阿密人、梅诺米尼人与齐佩瓦人、索克人及福克斯人与齐佩瓦人之间的矛盾。到1780年，哈迪曼已经对获取阿尔冈昆人的援助不再抱任何希望，他在阿勒格尼到密西西比河之间进行了几次大规模的远征，这冲击了美国人和西班牙人。而哈迪曼和联盟的关系仍然很脆弱，全靠仇视印第安族群的人从外部施加的压力才得以维持。尼亚加拉的博尔顿上校认为，如果美国的沙利文将军在入侵易洛魁亚时“更为审慎和更少严苛”的话，“在这个时候，我们就不能拥有六个族群三分之一的支持了”。同样的说法也适用于俄亥俄和沃巴什的大部分地区。[2]

联盟内关于曾创造了意义和恰当的行为的旧争论仍在继续。1780年，伯德上尉中间地带的“领导”了英—印联军远征肯塔基，但肖尼人和湖区居民拒不服从于他，而是遵循自己的“野蛮体制”，哈迪曼

---

[1] The Outlines for A Reformation of Expenses, c.Feb.–Mar. 1782, *MPHC* 10: 55–57. Instructions for Officers, Feb. 6, 1783, Haldimand Papers, 21775.

[2] 关于重建有效联盟须采取的必要步骤的建议见Claus' s Remarks on the Management of Northern Indian Nations, Mar. 1, 1777, *NYCD* 8: 702。扮演父亲见Hamilton to Haldimand, Sept. 22, 1778, *IHC* 1: 342。调解见Letter to De Peyster, Aug. 21, 1776, *MPHC* 10: 263。戈蒂埃在温尼贝戈人和齐佩瓦人中所做的努力见Gautier' s Journal, Jan. 25, 1778, *WHC* 11: 103。索克人、福克 斯人、齐佩瓦人之间仍然有发生战争的风险，*ibid*., May 26, 1778, 109，梅诺米尼人和齐佩瓦人之间亦如是，De Peyster to Carleton, May 30, 1778, *MPHC* 9: 365。引文见De Peyster to Carleton, June 29, 1778, *WHC* 11: 111–112。亦见De Peyster to Haldimand, June 8, 1780, *MPHC* 10: 400。迈阿密人袭击了一支帕塔瓦米战队，见Chevallier à De Peyster, 29 juin 1780, Haldimand Papers, 21782。

英国人的收获，见Pierre Prevost to Clark, Feb. 20, 1780, *IHC* 8: 394–396。袭击使边疆人口减少，见McClay to Council, Apr. 9, 1780, *PA*, Series 1, 8: 172–173。英国人调停冲突的政策将会与美国人挑动各部落为敌的政策相矛盾，见Washington to Brodhead, Jan. 10, 1781, *WHC* 24: 314。博尔顿的话见Bolton to Haldimand, May 16, 1780, *MPHC* 19: 521。关于联盟的脆弱性，见De Peyster to Haldimand, May 27, 1781, *MPHC* 10: 483–484。

谴责他们的行为“非常不明智”。尽管这次远征摧毁了两个肯塔基定 407
居点，俘虏了所有居民，并导致美国人放弃另外两个要塞，伯德归来时还是对印第安人采取的策略非常不满。因为印第安人不肯攻打俄亥俄河瀑布处的美国哨所，而且把抓来的牛都杀了，用掉了扫荡肯塔基、清空其定居点所必需的补给。[1]

正如伯德上尉和其他英国军官发现的，印第安人坚持其自身的战术和目标，这样固然能打胜仗，但并不能将美国人逐出肯塔基的驻地。随着美国人将越来越多的印第安人推向英国人，阿尔冈昆人的胜利便越来越多。1782年6月，阿尔冈昆人在桑达斯基打败了克劳福德和宾夕法尼亚的民兵，并彻底摧毁他们撤往俄亥俄的行动。莫霍克战争领袖约瑟夫·布兰特（Joseph Brant）1781年至1782年间在西部作战。1781年他在俄亥俄河附近伏击并打败了克拉克部队的一支大分遣队。1782年在布鲁林克斯（Blue Licks），阿尔冈昆人歼灭了肯塔基各驻地的精锐力量。1782年，卡亚舒塔将宾夕法尼亚的威斯特摩兰县（Westmoreland County）重镇汉纳斯敦（Hannastown）烧成平地，并洗劫了周边乡村。但胜利的成果并不持久。阿尔冈昆人是战士而不是军人，其胜利显示了他们的勇气、战斗力和曼尼通的神力，但他们并没能将美国人赶出去，因为阿尔冈昆战士不肯服从纪律，也不愿意在战场上待太久。他们打仗是为了杀敌和保卫家园，而非攻占领土。这导致了这场战争变成了小群体之间的战争，双方的定居点都易受攻击，但双方都没能得到长久的好处。[2]

随着比过去更多的战士加入英军，以及这些战士也带给美军巨大的经

---

[1] Haldimand to De Peyster, Aug. 10, 1780, *MPHC* 10: 416; Bird to De Peyster, July 1, 1780, *MPHC* 19: 538. 更为严谨的描述见McKee to De Peyster July 8, 1780, *MPHC* 19: 541–543。

[2] 一场远征分崩离析的例子见Thompson to De Peyster, 26 Sept. 1781, *MPHC* 10: 515–516; McKee to De Peyster, Sept. 26, 1781, *MPHC* 10: 517–518。英国人受挫见Letter of Haldimand, Nov. 1, 1781, *MPHC* 10: 534–535; Haldimand to Maclean, 10 Feb. 1783, *MPHC* 20: 92。美国人变得多么弱小的例子见Floyd to Nelson, Oct. 6, 1781, *IHC* 19: 1–3。

胜仗、布兰特见Macomb to Claus, Sept. 14, 1781, Haldimand Papers, 21774; Downes, Council Fires, 268–276。桑达斯基见Turney to De Peyster, June 14, 1782, Haldimand Papers, 21781。布鲁林克斯见Extract of letter of Captain Caldwell, Aug. 26, 1782, Haldimand Papers, 21783。汉纳斯敦见“The Destruction of Hanna’s Town, ”in Craig（ed.）, *The Olden Time*, 2: 354–359。

济损失，在接下来的1782年里，英国人则想要和平。英国人送信叫阿尔冈
408 昆人停战，只保留必要的防卫措施，大多数阿尔冈昆人也遵命了。不过，他们有一个特别要求，那就是即使在和平时期英国人也要记得他们。[1]

和平条款几乎将整个高地割让给美国人，加上英国送礼延迟，以及英国内部掌管印第安事务的部门减少，这些都威胁着那仍然脆弱的联盟。六大联盟忘了他们自己在斯塔尼克斯要塞的所作所为，抱怨英国人割让了并不属于自己的高地和易洛魁亚，这些全是只有基督徒才做得出来的背叛和残忍之举。威人发言人在得知割地后语气辛辣地不平道："我们努力帮助你们，好像反倒毁了我们自己。"英国文武官员对自己败于美国人的手下感到羞愧，加上他们认为他们签署的"这个臭名昭著的条约"背叛了自己的盟友——那不曾被美国人打败的人们。即使在"受印第安人骚扰而失去耐心"时，德佩斯特尔仍然希望"我们能有权宣称我们自己无罪，并且光荣地信守了对印第安人的承诺"。[2]

在战败的屈辱之下，英国军官们开始像父亲一样思考了。美国人竟然派密使与印第安人接触，这让尼亚加拉的艾伦·麦克莱恩（Allan Maclean）将军感到愤慨，他向德佩斯特尔抱怨时根本不像个败军之将，倒像个高地的旧式元老，或者印第安联盟的"父亲"。

---

[1] 阻止战队见De Peyster to McKee, Jan. 24, 1783, *MPHC* 11: 340–341; Robertson to McBeath, Apr. 25, 1783, *MPHC* 11: 360–361; De Peyster to Haldimand, *MPHC* 11: 362–363; Maclean to Washington, May 4, 1783, *MPHC* 20: 112。关于冲突中将要来的援助，见Haldimand to Johnson, Feb. 6, 1783, May 3, 1783, Haldimand Papers, 21775。印第安人希望自己在和平时期仍被照顾见Council, Lower Sandusky, Apr. 19, 1783, *MPHC* 11: 354–355。

[2] 条约、印第安人见Barbara Graymont, *The Iroquois in the American Revolution*（Syracuse: Syracuse University Press, 1972）, 259–271。对麻烦的担忧见Haldimand to J. Johnson, May 26, 1783, *MPHC* 20: 124。六大联盟的反应见Maclean to Haldimand, May 18, 1783, *MPHC* 20: 118。最先的和平消息见De Peyster to McKee, May 6, 1783, Claus Papers 3: 217, PAC。威人的怨言见Council, June 28, 1783, *MPHC* 11: 370–371。易洛魁人也有同样的怨言，见Extract of a Council held with the Chiefs & Warriors of the Six Nations, July 2, 1783, Haldimand Papers, 21779, f.116。德佩斯特尔抱怨沃巴什人无礼，见De Peyster to Haldimand, June 28, 1783, *MPHC* 11: 372。麦基诺的渥太华酋长们同样害怕遭到抛弃，见De Peyster to Haldimand, 7 Jan. 1783, Haldimand Papers, 21781。损失礼物见Haldimand to Johnson Nov. 13, 1783, Haldimand Papers, 21775。德佩斯特尔的话见De Peyster to Maclean, June 18, 1783, *MPHC* 20: 128。"臭名昭著"见J. Johnson to Haldimand, June 2, 1783, Haldimand Papers, 21775。在尼亚加拉，巴特勒上校希望离开，好逃掉把和平条件通知给印第安人这桩苦差事，见*ibid*。到年底就开始削减开支，Johnson to Haldimand, Dec. 11, 1783, Haldimand Papers, 21775。战争过后总会有削减开支的压力，见Haldimand to J. Johnson, Dec. 18, 1783, Haldimand Papers, 21775。

德佩斯特尔画像，他是底特律最成功的英国领袖之一
（底特律公共图书馆伯顿历史藏品）

409 麦克莱恩写道：

> 这些日子以来，印第安人从国王的商店里拿到第二天要吃的面包，从他的仓库中取得蔽体的衣物，总之，他们不仅是我们的盟友，还是我们的家人。而美国人可能也想（当我们占领诸哨所时）引诱我们的孩子兼仆人放弃自己的责任和忠诚，想召集所有印第安族群，但事先却没有跟陛下在加拿大的代表沟通。[1]

这种想法使接下来25年的英帝国政治变得非常复杂。哈迪曼将军认为英国人出于“利益、人道和感激”从而支持印第安人，加拿大的安全和毛皮贸易也有赖于英–印联盟。条约本身让撤出哨所的条件和时机都变得“含糊不明”了。哈迪曼敦促保留哨所直到美国同意在《斯塔尼克斯堡条约》中划定给印第安人的保留地成为不包括英国人和加拿大人的印第安人的永久居住地。其他英国军官和印第安官员也同意达到这个目标，他们开始“调整”帝国政策以保障印第安人的利益——或者说联盟的利益。他们积极奔走，减少条约中明确说明的割地。英国人向印第安人保证，他们仍然把印第安人视为高地的合法主人和国王的盟友。《斯塔尼克斯堡条约》划定的界线是国王的声明，而且他不会割让不属于自己的土地。他们告诉印第安人，他们也没想到美国人竟会“如此不公、不明智地打着占领的旗号妄图剥夺你们的土地”。印第安人进一步要求英国人保证会帮助他们，也相信如果美国人威胁到他们的土地，国王会帮助他们的。[2]

---

[1] MacLean to De Peyster, July 8, 1783, *MPHC* 20: 139.

[2] 这些方式最有可能将六大联盟和西部印第安人置于国王的利益之中，见c.1784, Haldimand Papers, 21779; Haldimand to Townshend, Oct. 23, 1782, *MPHC* 10: 662–664; A. L. Burt, “A New Approach to the Problem of the Western Posts, ”Canadian Historical Association, Report of Annual Meeting（Ottawa: Department of Public Archives, Canada 1931）, 61–75。关于调节，见Colin G. Calloway, *Crown and Calumet: British–Indian Relations, 1783–1815*（Norman: University of Oklahoma Press, 1987）, 71–72。英国人作出的保证见Council at Sandusky, Aug. 26, 1783, *MPHC* 20: 177; Meeting held at Niagara the 2 Oct. 1783, Haldimand Papers, 21779。在每个部落的会议上，英国人的发言似乎都大同小异，同样的话在约翰·约翰逊爵士对易洛魁人的发言中也有，见Proceedings...July 1783, Haldimand Papers, 21779, f.124。
条件变得含糊、哈迪曼的姿态见Wayne E. Stevens, *The Northwest Fur Trade, 1763–1800*, Illinois Studies in the Social Sciences, vol.14, no.3（repr., Urbana: University of Illinois Press, 1928）, 87, 92。亨利·汉密尔顿建议英国人保留哨所，见State of Trade with the Indian Countries, Shelburne Papers 88: 67, Clements Library。

当帝国和联邦继续谋求和平时，村庄继续自行其是。德佩斯特尔认识到，即使英国和美国反叛者之间达成和平了，边境居民也会继续攻击阿尔冈昆人并蚕食他们的土地，而印第安人也会报复。虽然阿尔 411
冈昆人对英国人施加的限制感到恼火，英国人还是惊异于他们的忍耐力。比如，1782年晚秋，克拉克趁猎人们外出时放火烧了斯坦丁斯通村（Standing Stone），肖尼人和易洛魁人渴望报仇，但他们却仍然安安静静地坐在自己的毯子上。仇视印第安族群的人则不太愿意结束战争。他们扬言要消灭“整个野蛮人部落”，定居者（有些人受克拉克资助）则将战线推到俄亥俄河对岸，他们想占领那儿。肯塔基人交换了一些俘虏，但他们告知肖尼人，与英国人的和平条约不包括肖尼人，因为他们是被“父亲”抛弃的杂种。肖尼人得单独与美国议和。英裔美国人和印第安村民之间又恢复了独立战争前那种长期杀戮、盗马和突袭的典型关系…的状态。在1783年减少的战斗在1784年又重新开始。[1]

1783年5月，关于美国会如何对待印第安人，乔治·罗杰斯·克

[1] 克拉克见Dowries, Council Fires, 278–279，以及Clark to Harrison, Nov. 27, 1782, *IHC* 19: 157。袭击见McKee to De Peyster, Nov. 15, 1782, Haldimand Papers, 21783。易洛魁人显然听到了对这次袭击的夸大描述，见Meeting of the Principal Chiefs and Warriors, Dec. 11, 1782, Haldimand Papers, 21779。Extract from letter from Capt. Joseph Brant to J. Johnson, Dec.25, 1782, Haldimand Papers, 21775。德佩斯特尔的话见De Peyster to Haldimand, Sept. 29, 1782, De Peyster, Miscellanies, 2: 11。德佩斯特尔指的是一场对斯坦斯通村的袭击，一个曾叫作阿辛克的地方，是特拉华人的村庄，但是他指的是肖尼人，见De Peyster to McKee, Apr.20, 1783, Claus Papers, 3: 213, Public Archives of Canada。该特拉华村庄见Helen Hornbeck Tanner（ed.）, *Atlas of Great Lakes Indian History*（Norman: University of Oklahoma Press, 1987）, 9。
交换俘虏见De Peyster to McKee, June 5, 1783, Claus Papers 3: 221–222, PAC。和平条约不包括肖尼人见Major Wall' s Speech to the Shawaneese...July 7, 1783, Haldimand Papers, 21779。关于那些因为英国斗争被割让的土地，见Extract of a Council held with the Chiefs & Warriors of the Six Nations...2 July 1783, Haldimand Papers, 21779。
据称五月里肖尼和特拉华年轻人实施了一次突袭，见Proceedings with the Indians of the Six Nations... July 1783, Haldimand Papers, 21779, f.124。忍耐力见to Johnson, Oct. 2, 1783, Haldimand Papers, 21775。定居及战斗见Pentecost to Dickinson, May 4, 1783, *PA*, Series 1, 10: 167–168; Lee to Clark, July 27, 1784, GRC Papers, Draper Mss., 53J12. Journal of General Butler, Oct. 1, Oct. 2, Oct. 9, Oct. 18, Oct. 31, 1785, Nov. 14, 1785，载Craig（ed.）, *The Olden Time*, 2: 437–438, 442–443, 451–452, 459, 481。塞缪尔·欣德曼（Samuel Hindman）参与过屠杀摩拉维亚教徒的行为，他宣称自己“认为劫掠印第安人的马匹天经地义”。不少肯塔基人也抱着这种想法，但丹尼尔·布恩显然并不这么想，见*ibid.*, Jan.1–2, 1786, 506–507。
克拉克的角色见Harrison to Clark, Aug. 17, 1784, Draper Mss. 53J14。布孔加希拉的镇子在迈阿密河流的上游以及显然是威人带头领导了边疆印第安人反抗白人的侵扰和袭击，见G. Girty to McKee, Sept. 5, 1784, Haldimand Papers, 21779; W. Croghan to G. R. Clark, Nov. 3, 1785, Draper Mss., 53J21; Journal of General Butler载Craig（ed.）, *The Olden Time*, 2: 436, 440, 444。

412 拉克总结了自己的观点。他意识到印第安人的独立性，“他们无意依附于英国或美国，但如果被任一一方侵犯，一定会与两边都开战”，但他认为他们在美国面前的优越感会被立即摧毁：

> 我们将会永久卷入与某个族群或其他族群的战争，直到我们最终为了减少流血和经济损失而让他们相信：我们随时可以摧毁他们，只要他们不听话就会这么做……要想制服他们，再没有比现在更好的时机了。

美国不会采取克拉克提出的立刻侵略印第安人的计划，但克拉克这种态度在美国建国后占了主导地位。高地在反抗这种思想的努力中将会出现联盟（confederations）。[1]

[1] Clark to Harrison, May 22, 1783, *IHC* 19: 237. 照例，乔治・摩根阐明了美国的一种较为温和、影响较小的态度。他告诉塞内卡人，美国人将会待印第安人亲如兄弟，见Morgan to She-qui-an-sah-que（All-Face）and Kiandenané（Big Tree）, Aug. 14, 1783, Haldimand Papers, 21983。美国政策见Reginald Horsman, *Expansion and American Indian Policy, 1783-1812*（East Lansing, Mich.: Michigan State University Press, 1967）, 1-15。

第十章

诸联盟

没有必要尽数抛弃关于“文化”差异的所有理论概念，特别是这种差异并非简单地源于传统、语言或环境，而是同样由新的全球关系下的政治—文化情境所创造。

——詹姆斯·克利福《文化的困境》

（James Clifford, *The Predicament of Culture*）

一

由于我们知道后来美国成了强国，而阿尔冈昆人遭遇了战败、死亡以及最后灭族，就很容易对1785年至1795年间俄亥俄河边那些复杂的对抗产生误解。更容易将那些彼此对抗的政治单位进行错误地归类。俄亥俄河边的冲突主要还是村庄层面的冲突；但也只是部分如此，因为双方都在形成更大的政治单位。直到1788年，美国才由在《十三州邦联宪法》下召开的大陆会议组成，而印第安联盟最早于1783年在桑达斯基初步成型。美国人将这个联盟理解为部落的结盟，但部落在高地的政治意义不如族群单位。对阿尔冈昆人来说，肖尼人、特拉华人或威人的身份认同决定他们的行为和政治效忠对象；就好像对边境居民来说是苏格兰-爱尔兰人、德国人或英裔美国人的身份影响他们的行为一样。但这也不是指威人、肖尼人和特拉华人比那些政治上各自独立的苏格兰-爱尔兰人、德国人或英裔美国人群体更能像一个统一的政治实体那样去行动。最基本的政治单位仍然是村庄，它有时等同于较小的部落分支比如半族、氏族，但多数时候并非如此。这些各不相同的族群、村落群体只有在共同抵抗其他群体时才会有统一的认同。同样，当抵抗阿尔冈昆人时，苏格兰-爱尔兰人、德国人、英裔美国人就都变成了“美国人”；抵抗边境居民时，肖尼人、特拉华人、皮安卡肖人和其他族群就都成了“印第安人”。

416 从某些方面来看，两个联盟惊人地相似。其议事机构都包含一批独立政治单位的代表，每个政治单位都号称拥有单独的疆域；两个联盟都不太能控制其成员；都喜欢发出它们并不能实施的宏大指令。双方联盟的领袖都认为自己站在历史前沿，他们的行为将永久塑造人民的命运。在仔细检视两个联盟之前，我将简述他们的冲突，并提供一份高地政治单位花名册。

在两个联盟接壤之处，它们又非常倾向于退回村庄层面。俄亥俄河两岸的村庄里，年轻人都不受更高权威的有效控制。对印第安族群的仇视及连年血战培植了深深的敌意和无止境的冤冤相报。白人社会和阿尔冈昆人在社会与政治组织上的相似之处仅仅使双方都更能无所顾忌地追求地方利益和报私仇。如同1787年夏天战争部长亨利·诺克斯（Henry Knox）向大陆会议总结汇报的那样：

> 白人和野蛮人彼此心怀根深蒂固的偏见和仇恨，还有你来我往的复仇行为，这将使他们永远无法睦邻友好相处。一方焦虑不安地保卫土地，另一方贪得无厌地索取土地。对这些早已充满仇恨的心灵来说，一丁点冒犯都会引起死亡复仇，然后双方互相报复，没完没了。于是无情的战争火焰被煽动起来，将无辜、无助者和罪人一道卷入。[1]

[1] Report of the Secretary at War to Congress, July 10, 1787, Clarence Carter（ed.）, *The Territorial Papers of the United States*, 28 vols.（Washington, D.C.: Government Printing Office, 1934–75）, 2: 31.

实际上不应该强调两个联盟的相似之处。美国邦联有财产和军队，它终归是个有中心的国家——不管多么弱小，加上俄亥俄河沿岸还有若干代理人。哈马（Harmar）将军及其手下军官统领着邦联军队。1787年6月，国会通过了《西北法令》（Northwest Ordinance）来治理俄亥俄北部的土地，还派阿瑟·圣·克莱尔（Arthur Saint Clair）任总督。阿尔冈昆联盟则既无军队、财产，也没有任何形式的强制性中央权威。它不是一个国家，也从未想要成为国家。然而，在18世纪80年代中期的俄亥俄，这样的差异作为抽象的政治类型比起它在实际权力层面更让人忧虑。美国邦联很弱小，其在俄亥俄河沿岸的平均军力为350人。联邦所拥有的财富，1788年5月亨利·诺克斯报告说，在过去两年里一天天减少，这是不会错的。国会募集起军队，又因为缺乏资 417
金而解散它们。[1]

诺克斯及其他中央政府官员渴望拥有更大的权力，既能够支配他们自己的公民，也能支配印第安人。诺克斯认为，政府要么"使用强力，使他们双方都心怀敬畏，以迫使他们温和、公正"，要么必须强迫任何一方让步。然而，这种强制力是不可能存在的。国会并不能调动足够的军队去实施这样的政策，各州政府也不会容忍这种行为。诺克斯已拿定主意，一场"在什么时候都不会被赞同"的印第安战争"在目前窘迫的公共财政状况下会带来特别大的压力"。中央政府试图唤起人们的敬畏之心，却总是被大家报之以藐视。国会打击不了印第安人，便也无法震慑边境居民，后者对国会颁布的一系列涉及他们占有俄亥俄北部的禁令报以嘲笑。[2]

美利坚合众国号称已占领高地大部分土地，实际上它只不过是此地众多政权中的一个。国会签订了三个条约——一个是1784年与易洛

[1] 见Horsman, *Expansion and American Indian Policy 1783–1812*（East Lansing: Michigan State University Press, 1967），32–52，引文，35–36。Report of the Secretary at War, Indian Affairs, Mar. 31, 1788, Carter（ed.）, *Territorial Papers*, 2: 101。

[2] Report of the Secretary at War to Congress, July 10, 1787, Carter（ed.）, *Territorial Papers*, 2: 31. 引文见Knox to Harmar, May 12, 1786, 3: 39, Harmar Papers，以及Knox to Harmar, Jan. 22, 1787, 5: 9, Harmar Papers。定居者见Armstrong to Harmar, Apr. 13, 1785, v. 2, Harmar Papers。

魁人在斯坦威克斯（Stanwix）要塞签的，一个是1785年在麦金托什签的，还有一个是1786年在大迈阿密河（Great Miami）河口签订——假如美国人征服了阿尔冈昆人，则可以获得大量割地。这些条约是美国人对自我认知错误的产物，使共和国陷入与西部印第安联盟及英国的争端之中。

"征服论"源于新成立的共和国的弱小。国会无法负担与印第安人开战的费用，还需要卖掉俄亥俄北部土地的收入作为国债基金，于是国会把土地卖给前国会会员约翰克利夫（John Cleve Symmes）及在新泽西的辛迪加，还卖给俄亥俄公司。1788年，美国打算重新对早先签订的条约进行谈判，但又无法真正交出条约中割让的土地。在1788年秋天大陆会议解散时，美利坚邦联和印第安联盟之间的谈判差点就举行了；而在1789年九个批准《宪法》的州建立他们的联邦政府之前，美国都没有新的政府。[1]

418 即便大陆会议已经反思了它与俄亥俄河北部印第安人的关系，西北部新任长官阿瑟·圣·克莱尔也承认，和平不只取决于大陆会议的意思，更取决于俄亥俄河沿岸边境居民的意思。来自原有各州的移民正在席卷边地。哈马将军及其手下军官统计了俄亥俄河上的船只，他报告说移民数量"简直难以置信"。1786年10月10日至1787年5月12日，总共有177条船载着2689人通过哈马要塞，顺俄亥俄河而下。1787年6月1日至同年12月9日，哈马的军官们统计共有146条船，3196人。接下来，从12月9日到1788年6月15日，共有308只船载着6320人通过要塞。这些居民名义上归宾夕法尼亚和弗吉尼亚管辖，但肯塔基居民正在自己组建一个独立的州。[2]

---

[1] Harmar Papers, and A. L. Burt, *The United States, Great Britain, and British North America from the Revolution to the Establishment of Peace after the War of 1812*（New Haven: Yale University Press, 1940）, 102–105。改变政策见Report of the Secretary at War: Indian Affairs, May 2, 1788, Carter（ed.）, *Territorial Papers*, 2: 103–105。

[2] St. Clair to the Secretary at War, Jan. 27, 1788, Carter（ed.）, *Territorial Papers* 2: 91. 哈马的统计见Harmar to Knox, May 14, 1787, and Dec. 9, 1987，均载Harmar Letter Book B, Harmar Papers。亦见Harmar to Knox, June 15, 1788, Letter Book C, Harmar Papers。

新移民和老居民形成了不稳定的混合体。他们四散在俄亥俄，并非法占据美国政府和印第安人双方都宣称归自己所有的土地。他们袭击印第安的领土，有单独行动的，也有以肯塔基民兵的身份行动的。如圣·克莱尔所说：“尽管我们听说了许多起印第安人打伤、抢劫白人的事，但我们有充分的理由相信，边境居民也对印第安人造成了伤害，就算他们受到的伤害没有超过白人，那至少和白人受到的伤害是一样多的。而后者我们很少得知。”[1]

不安分、攻击性强、渴求土地，这些居民马上成为新共和国一股不可忽视的力量，同时也成为共和国最大的威胁。数千人涌入肯塔基，却发现那儿的土地价格“遥不可及”。美国官员害怕这些“没有祖国”也“不归属于纳塔莱土地（natale Solum）”的人会渡过密西西比河，定居在西班牙领土内，并“为竞争国提供强大的力量基础”。确实有些人迁至密西西比河对岸的西班牙领土，西班牙一开始便承诺提供给他们比肯塔基更好的土地。[2]

边境民在土地所有权上与邦联和印第安人都有争执。1785年春， 419
在俄亥俄已经停止授予居住权利的土地上，大概有超过2，200户人家。他们无视张贴出来的禁止居住的命令。原本这里只被允许居住四、五户人家，约翰·阿姆斯特朗（John Armstrong）向哈马汇报称，他们是“土匪，其行为是对人性的侮辱”。哈马认为：

> 这些居住在边缘地区的人迄今为止已经习惯了占据最好的土地，他们抛光自己的战斧，在他们口中这被视为一种改进，他们认为自己有足够的权利能过“战斧”获得最好的土地。我相信他们都厌恶联邦的措施，他们也希望赶走所有阻碍他们拓宽西部疆

---

[1] 圣·克莱尔的话见St. Clair to the Secretary at War, Jan. 27, 1788, Carter（ed.）, *Territorial Papers*, 2: 89。类似的态度见Knox to Harmar, Dec. 19, 1789，载Gayle Thornbrough（ed.）, *Outpost on the Wabash, 1787–1791*, Indiana Historical Society Publications, vol. 19（Indianapolis: Indiana Historical Society, 1957）, 211。

[2] Burt, *The United States, Great Britain, and British North America*, 101, 104–106.

域的障碍物……我得注意打压这些无业游民的意见，支持国会的权威。

要“支持大陆会议的权威”就得“搞垮那些不服政府管束的家伙”。而这样做只会激起了他们的怨恨，并不能赶走他们。为了安抚这些人，使之仍然支持共和国，克莱尔想从阿尔冈昆人手中买下伊利诺伊地区，再以小块卖出去。[1]

边境居民罔顾政府的土地法令，同样无视印第安政策，并大放厥词说要无视其外交政策。他们对西班牙拒不向美国开放密西西比河的商业交易感到愤怒，密谋从西班牙手中抢走纳奇兹（Natchez）和新奥尔良，打开水路。还有人密谋建立一个独立的跨越阿巴拉契亚山脉的共和国，与法国、英国结盟。他们认为，国家最少能够保障他们的权利。这便是约翰·杰（John Jay）所担忧的“白种野蛮人”，怕他们“变得比现在居住在这儿的褐皮肤人更难对付”。[2]

新的联邦政府很有兴趣将自己的权威施加于“白种野蛮人”，就和制服阿尔冈昆人一样有兴趣。现在，制服白人和制服印第安村民这两件事联系在了一起。联邦政府既为印第安人的攻击头疼，也为边境居民对印第安人的报复而头疼。乔治·罗杰斯·克拉克讨伐沃巴什人，本杰明·洛根（Benjamin Logan）讨伐肖尼人，这不光威胁到印第安村庄，同样也威胁到联邦政权。据《马里兰周报》（Maryland Journal）
420 报道，克拉克不仅打算在沃巴什“把他能战胜的人尽数杀死再剥掉头皮”，还将终结那些仅仅使设计者受益的联邦条约。哈马批评克拉克

[1] 价格以及害怕移民越过密西西比河，见St. Clair to Secretary for Foreign Affairs, Dec. 13, 1788, Carter (ed.), *Territorial Papers* 2: 166–170。擅自占地者见Harmar to Settlers West of Ohio, Apr. 21, 1785, v. 2, Harmar Papers; Harmar to Knox, Aug. 4, 1786, Letter Book A, Harmar Papers。阿姆斯特朗的话见Armstrong to Harmar, Apr. 13, 1785, v. 2, Harmar Papers。哈马的话见Harmar to Knox, May 14, 1787, Letter Book B, Harmar Papers。

[2] Burt, *The United States, Great Britain, and British North America*, 101, 104–106.

“这种做法有违纲常”。[1]

哈马和他的军官们并不把边疆斗士看作盟友，而是视之为国家和公序良俗的敌人。哈马想要绞死其中一个人——帕特里克·布朗，因为他袭击了沃巴什河畔友好的村民。哈马愤怒于布朗居然“违抗合众国至高无上的权威”。负责指挥温森斯卫戍部队的哈姆特拉米克（John F. Hamtramck）少校“看到合众国的权威遭到如此蔑视而……感到非常羞愧”。边境居民丹尼尔·沙利文（Daniel Sullivan）和迈克尔·多夫（Michael Duff）拿棍子挑着威人的头皮在温森斯招摇过市，并与伊利诺伊的皮安卡肖人密谋偷法国人的马卖给西班牙人，这不仅仅破坏了印第安人的利益，同样也威胁到美国的权威。哈姆特拉米克认为必须要打压这些人。[2]

阿尔冈昆人拒不承认美国人因“征服权”（right of conquest）而宣称占有的土地，于是这便引发了一场联邦战争，并且是与边境村庄之间的战争同时进行。但联邦政府依靠这场战争确立了自己在白人和红种“野蛮人”中的权威。政府想要打压内部那些“有恃无恐地侮辱它的权威”的公民，还想将印第安人降格为臣民，并把底特律和密奇利马的英军赶出美国的土地。[3]

若将发生在俄亥俄的冲突简单描述为新生的美国与印第安部落之间的对抗，就会遗漏不同涉事集团之间的复杂关系；这样做忽略了冲突本身对重塑该地区的结构和关系起到了一定程度的作用。与其对1785年使高地遭殃的军事冲突进行另一番详细描述，更好的做法是去检视那些关系，以此开启一个更复杂的世界，而不只是通过哈马和

---

[1] Harmar to Knox, May 14, 1787, Letter Book B, Harmar Papers. 哈马认为遭到印第安人攻击的受害者违反规定擅自定居，“不值得同情”，见 Harmar to Knox, July 1, 1785, Letter Book A, Harmar Papers。条约见 *Maryland Journal*, Oct. 20, 1786, GRC Papers, Draper Mss., 11J118–11J120; Clark to Harmar, 25 June 1786, 3: 64, Harmar Papers; Harmar to Knox, May 14, 1787, Letter Book B, Harmar Papers。

[2] 引文见 Harmar to Hamtramck, Feb. 15, 1789, Thornbrough（ed.）, *Outpost*, 150。沙利文和多夫见 Hamtramck to Wyllys, May 27, 1789, *ibid.*, 171; Asheton to Hamtramck, May 31, 1789, *ibid.*, 17; Hamtramck to Harmar, Aug. 14, 1789, *ibid.*, 183; Edgar to Hamtramck, Oct. 28, 1789, *ibid.*, 198–199。

[3] 引文见 Putnam to Knox, Aug. 21, 1792, Rowena Buell（ed.）, *The Memoirs of Rufus Putnam and Certain Official Papers and Correspondence*（Boston: Houghton, Mifflin, 1903）, 325。

圣·克莱尔的失败以及安东尼·韦恩（Anthony Wayne）在伐木之战的胜利中所能看到的世界。这些年中战争无疑是高地上的一个重要色彩，但战争也掩盖了那些将双方将士送上战场（或让不让他们上战场）的错综复杂的政治和社会关系。

421 西部联盟的出现和衰落是这个复杂世界的核心特征，但不能将联盟孤立起来去理解。实际上，抛开联盟与外界的联系，联盟便无从存在。联盟并不统治任何村庄，其领袖也不能强迫任何人效忠。理解联盟演化的唯一方法是将其植入18世纪晚期高地多族群世界的环境下。

二

1785年，约翰·菲尔森（John Filson）沿沃巴什河逆流而上，准备去温森斯。他享受了一段田园诗般的航行。此前菲尔森“不了解印第安人”，这次“每天都见到有印第安人在独木舟里或在河岸扎营”。菲尔森必须与每个群体里的每个人握手并交换礼物。这名美国人送出“鲜花、盐和烟草，他们往往回赠以肉、鱼和禽类，这些友好的馈赠表达出友好和真诚的道别”。[1]

不到一年后的1786年春天，沃巴什村庄的战士们开始攻击沿河定居的美国人。5月末，在距离温森斯七英里的地方，他们杀死一个人并俘虏了另一个。他们将俘虏烧死，把遗骸挂在树上。没有酋长出来掩埋（cover）死者或对他们进行哀悼。相反，战士们不断地杀人。这些事在沃巴什发生得非常快，它标志着在革命之后的岁月里中间地带似乎已经无法纳入任何有组织的美国人了。菲尔森旅行时那种温和的交流已然消失了。菲尔森自己也于1788年死于印第安人之手，当

[1] Beverley Bond, Jr.（ed.）, “Two Journeys of John Filson, ” *Mississippi Valley Historical Review*9（1923）: 320–330.

时他正和贾奇西姆斯（Jadge Symmes）一道探索两条迈阿密河之间的土地。[1]

菲尔森来这“偏远危险之地”是要搞土地投资、做皮草生意，以及为“经常死人的惊险故事”搜集素材。这种混杂的动机及其结果弄得菲尔森有点像个共和国的巴伦·拉翁唐（Baran ahontan）。而菲尔森的故事也和拉轰丹一样延续了很长时间。拉轰丹自己在高地寻找财富，创造了阿达里奥——以后的高贵野蛮人的原型。菲尔森的寻觅之旅则 422
创造了其著作《肯塔基的发现、定居和现状》（*Discovery, Settlement, and Present State of Kentucky*）中的“科尔、丹尼尔·布恩”。菲尔森创造了文学形象布恩，而在这个被制造出的肯塔基人身上实现了在前线待得最持久的神话奇迹。菲尔森作为宾夕法尼亚的一名校长，将布恩塑造成一个深明大义杀了其他卑劣的印第安人的形象。菲尔森把仇视印第安情绪美化成了一种更吸引人、更好的东西。布恩身上没有印第安人的恶习，只有他们的美德，布恩从被他征服的印第安人中崛起。他们最好的东西都集中在了布恩身上。菲尔森笔下的布恩体现了某种不一样的中间地带，但那是神话般的中间地带，印第安人死去了，并不再存在，他们向吸纳他们的白人投降，不是在身体上，而是在日常生活中，就像温森斯的法国人那样，不过这只是精神上、神话性的投降。而现实中的印第安人只是个障碍。

菲尔森，持久的美国神话般的中间地带的缔造者之一，最适合他去的地方应该是历史的中间地带——温森斯。在18世纪80年代，温森斯大概比俄亥俄谷地其他任何一个地点都更加具备高地中间地带在社会、族群和政治上的多样性。如果阿尔冈昆人和美国人能够在俄亥俄边境建立一个后革命时代的中间地带，那么那个地方就应该是温森斯。

[1] Henry to Clark, June 12, 1786, GRC Papers, 53J32, Draper Mss. 菲尔森之死见 St. Clair to Knox, Oct. 26, 1788, William Henry Smith（ed.）, *The St. Clair Papers: The Life and Public Services of Arthur St. Clair*, 2 vols.（Freeport, N.Y.: Books for Libraries Press, 1970, repr. of 1881 ed.）, 2: 94。一种描述见 Narrative of John S. Gano, Frontier Wars, 2U144, Draper Mss。

当菲尔森到达温森斯时，那儿有“至少300所房子，大多数看起来都比较破旧；但总的来说还是干净舒适的”。这些房子看上去破旧是因为——如后来的访客解释的——它们“主要还是个框架……很多用树皮覆盖”。总之，它们是阿尔冈昆式和法式的混合风格。至于温森斯人，英国总督汉密尔顿曾经非常看不起他们，但菲尔森觉得他们很友善。“许多”法国人“像有素质的野蛮人那样”生活在温森斯，并与不少村民通婚，欧洲人把这些村民都归为沃巴什印第安人。住在沃巴什河及其支流附近的基卡普人、麦斯科顿人、皮安卡肖人、威人、特拉华人、肖尼人和迈阿密人与那些“并不会随着时间的推移而消失”的法国人“互相了解缔结友谊”法国人大多以做生意为生。但是到了1786年，这些法国人和印第安人遇到大约70户美国人，美国人宣称他们拥有哨所附近的土地。有的是弗吉尼亚在战争期间占领的区域，有的只不过是非法占有。[1]

423 在温森斯，美国人进入了政治上的悲惨世界，恰在帝国、联盟和国家之外。当1778年乔治·罗杰斯·克拉克征服这个市镇时，吓坏了沃巴什河边的印第安人，他让城中的法国人成为美国人，让他们与共和国相联系。在接下来十年里，他的政治和军事功绩却烟消云散。印第安人加入了英国一方，法国人变得中立，弗吉尼亚撤回了其卫戍部队，并于1784年停止对国会的效忠。战争过后，美国商人和农夫迁入这片地区，他们宣称这里是“无政府管辖的区域”，法国人也抱怨被置于“自然状态”。这些都是夸张的说法。弗吉尼亚在离开前让约翰·陶德（John Todd）代表他“任命了一些地方执法官组成法庭，并任命科

[1] Bond（ed.）, “Two Journeys of John Filson,” 326–328; L. C. Helderman, “The Northwest Expedition of George Rogers Clark, 1786–1787,” *Mississippi Valley Historical Review* 25（1938）: 318. Claims, Petition to Clark, Mar. 16, 1786, Petition to Clark, June 1, 1786, *Indiana Magazine of History* 34（1938）: 456–457. 关于印第安村落，见Helen Hornbeck Tanner（ed.）, *Atlas of Great Lakes Indian History*（Norman: University of Oklahoma Press, 1987），地图17和18。后来哈马提到一个“一半法国身份”的人，他娶了个声望极高的“威人姑娘”，见Harmar to Knox, Nov. 24, 1787, Letter Book B, Harmar Papers。一年以后，哈马将900人次的法国人和400人次的美国人安排住进400所房子，见Harmar to Knox, Aug. 7, 1787, Letter Book B, Harmar Papers。房屋见“A Military Journal Kept by Major E. Denny, 1781–1795,” *Memoirs of the Historical Society of Pennsylvania*（Philadelphia: J. B. Lippincott, 1860）, Sept. 15, 1787, 311。

尔勒格拉斯为该法庭总管和法官”。勒格拉斯（LeGras）在某种意义上像个酋长，或者如埃伯尼译·丹尼（Ebenozer Penng）少校所称呼他的那样，这个城市的“小总督”。他组织社区并裁决争端。地方执法官们实际上是他的顾问。[1]

族群混合，国家权力缺席，以及没有一个集团拥有压倒性的力量可以制约其他集团，在过去这些因素就可以兴起中间地带。为什么现在在沃巴什河畔却不能，哪怕是暂时的？或者说，既然在有法国人和印第安人生活的温森斯已经长期存在中间地带，为什么它未能将美国人纳入？菲尔森所见的田园风光，为何这么快就变成流血纷争？

原因之一就是酒精，另一个原因就是美国人的态度和野心。最初进入此地的美国人，就像二十年前俄亥俄河上他们的前辈一样，把玉米酿成酒，再卖给印第安人。法国执法官禁止酒类贸易，但并没有做到完全禁止；并且法国人自己也有在暗中卖酒的嫌疑，波及沾染它的每一个人。酒类贸易催生了暴力——主要是在美国人和印第安人之间。酒后杀人一直是美国边界的来源。酋长们有责任站出来掩埋死者并控制饮酒，但在1786年的沃巴什河边，没有酋长能够或者愿意采取行 424
动。1787年，哈马见到沃巴什印第安人仍然“酷爱”饮酒。[2]

在法国人及印第安人中还是有公认的酋长，但他们的权力正在衰落。酒类贸易之争削弱了勒格拉斯和地方执法官们的权力，他们“开始频繁遇到……有人不服从他们的情况”。而且既然勒格拉斯手上没有任何军权支撑，那么他就像个酋长一样，一旦人们拒不承认其权力，他便无计可施。[3]

结果证明沃巴什村民中的酋长们也无法叫停流血冲突以及调停争

---

[1] Helderman, “The Northwest Expedition,” 320–321; Bond, “Two Journeys of John Filson,” 327; Petition to Clark, Mar. 16, 1786, *Indiana Magazine of History* 34（1938）: 456–457. “Denny Journal, ” July 28, 1787.

[2] 见Gibault to the Bishop, June 6, 1786, *American Historical Review* 14（1908）: 552–556; Harmar to Knox, Nov. 24, 1787, Letter Book B, Harmar Papers。

[3] Bond, “Two Journeys of John Filson, ” 327; Gibault to the Bishop, June 6, 1786, *American Historical Review* 14（1908）: 552. Bond, “Two Journeys of John Filson, ” 327; Gibault to the Bishop, June 6, 1786, *American Historical Review* 14（1908）: 552.

端，既没有“父亲”给他们提供必要的礼品，也没有地位平等的美国酋长可与他们谈判。沃巴什河边的父权制已无法修复。有些酋长，比如老威人基夸普夸（Quiquaponghquáa，或叫克鲁克特莱格丝），在过去十年里认识好几位“父亲”。他曾在八年前接受克拉克的旗帜，只是为了在克拉克的美国同盟汉密尔顿来时顺理成章地进行忏悔，然而他在被克拉克打败后，又不承认与汉密尔顿之间的关系，后来又试图与西班牙人结盟，而不是美国人、法国人或英国人。威人在战争的最后几年加入英国人的阵营，却只落得被他们离弃的下场。1787年，这位曾经有这么多“父亲”的酋长，却没有一个“父亲”可服侍，也就得不到礼物来安抚他的战士们。权力转移到“傻瓜”手中，而基夸普夸则将自己隐匿起来。[1]

和威人一样，美国人也由“傻瓜”们领导，不再是睿智的老人，而是冲动的年轻人。当法国人试图从中调解，美国人则坚持认为他们是在保护印第安人免于被报复。在邻近的伊利诺伊地区，卡斯卡斯基亚附近的贝勒方丹（Bellefontaine）的美国人建起要塞；而沃巴什河上，美国人在温森斯建起碉堡以供自己藏身。他们的领袖是丹尼尔·沙利文（Daniel Sullivan），一个边境居民，哈马认为他会给共和国带来危险，而且勒格拉斯将他描述为一个“非常危险……对公共和平有害”的人。[2]

425 直到1786年6月，法国人仍然做到了不卷入村民和美国人的血仇中。然而，6月20日，印第安人伏击了沙利文和一伙美国人，当时沙利文和美国人正在玉米地里劳作。印第安人伤了两人，美国人认为其

[1] 他们就是1786年10月里与克拉克谈话的酋长，见Clark to Wabash Indians and Replies, Oct. 1786, GRC Papers, 11J108–11J117, Draper Mss. Crooked Legs见John D. Barnhart（ed.）, *Henry Hamilton and George Rogers Clark in the American Revolution with the Unpublished Journal of Lieutanant Governor Henry Hamilton*（Crawfordeville, Ind.: R. E. Banta, 1951）, Dec. 1, 1778, Dec. 4, 1778, 134–138; Talk to Cruzat, 1780, Lawrence Kinnaird, *Spain in the Mississippi Valley, 1765–1794... Part I: The Revolutionary Period, 1765–1781*, Annual Report of the American Historical Association for the Year 1945, vol. 2（Washington, D.C.: Government Printing Office, 1949）。

[2] Le Gras to Clark, July 22, 1786, *Indiana Magazine of History* 34（1938）: 465. Kinnaird, *Spain*，此处有这封信的另一版本，2: 175–181。

中一个必死无疑。沙利文和他的人尾随印第安人进入温森斯，抓住他们看见的第一个印第安人——一个由法国人照顾的病人——并杀了他。他们剥下那人的头皮，并把死尸“拴在马尾巴上，像头猪那样”拖行。之前印第安人杀人都是在森林和田野中，这次杀人事件却是发生在法国人居住区，于是把法国人扯了进来。[1]

杀人事件有可能将血仇升级为战争。勒格拉斯认为许多美国人都是亡命之徒，这都是他们咎由自取，勒格拉斯命令所有没有证件的美国人都离开温森斯。然而当拿出证件，勒格拉斯却命令他无论如何也得离开。而这些美国人明显并没有动身。7月里，有450到700名战士出现在温森斯，要消灭大刀人。这个数量超过了为受害者复仇的亲属应有的人数。“鳗鱼河边有个酋长”给皮安卡肖人送来一串黑带子，敦促他们加入“其他红种人”中，去“摧毁那些头戴帽子的占领了这个大洲的人，况且他们好像联合起来要把我们赶出这片生命之主赐予我们的土地”。印第安人要求法国人加入他们。在此番危机中，酋长们终于采取了有效行动。靠着卡柳梅特、旗帜、礼物、言辞和威胁，勒格拉斯和弗朗索瓦·博塞罗恩龙（François Bosseron）少校与沃巴什酋长们达成了停战协定，酋长把战士们劝走了。在离开之前，战士们朝沙利文的房子开枪，并破坏了他的庄稼，并扬言将在“烤耳朵的时候”再来。[2]

这场流产的战斗便是克拉克对沃巴什村民最后一次远征的前奏。法国人和美国人都认为前景“极其暗淡，并且这个是野蛮人的”行为，于是都呼吁克拉克的到来。在1786年，克拉克是个战争英雄，各州邦联的印第安事务长官，并且是“西部第一公民”。在政治真空地带，他

---

[1] Small to Clark, June 23, 1786, GRC Papers, 53J36, Draper Mss.; Helderman, “The Northwest Expedition,” 324–325; Small to Clark, GRC Papers, 53J36, Draper Mss. 见 *Indiana Magazine of History* 34（1938）: 459–460; Account in Le Gras to Clark, July 22, 1786, Kinnaird, *Spain* 2: 177。

[2] Helderman, “The Northwest Expedition, ” 324–325; Small to Clark, June 23, 1786, GRC Papers, 53J36, Draper Mss.; Spring to Clark, July 22, 1786, Clark Papers, Missouri Historical Society，载印第安纳大学俄亥俄河系－五大湖民族历史档案馆藏版本以下命名为 GLEHA）; Le Gras to Clark, July 22, 1786, 载 Kinnaird, *Spain* 2: 175–181。

也是主事者。大陆会议和新的邦联并未与印第安人作战，因而导致哈
426 默将军怀疑自己是否有权命令邦联军队参与攻打印第安人。于是主动权转移到了肯塔基民兵手里，弗吉尼亚政府授权其指挥官们自卫。这些官员任命克拉克为总指挥。这是一场村民与村民之间的冲突，就和美国革命之前一样。[1]

1786年秋，克拉克第二次也是最后一次征讨温森斯。这十年里他都没怎么变。他的性情像个战士领袖，认为武力即权力，而和解只不过是弱者才会采取的策略。克拉克并没有准备好转变成一位酋长，更不要说“父亲”了——即使是情势所需。他最初在温森斯赢得名声，也将在那儿失去名声。

克拉克朝温森斯进发，在其肯塔基民兵武装中加入了法国和美国志愿兵，一直朝沃巴什河上游的村庄行进。然而在大弗米利恩河河口，队伍中突然响起一声喊叫：“谁想回家？”就像印第安人在开战前做的不吉利的梦一般，克拉克的远征军分裂了。这场反叛是嫉恨克拉克的下属策划的，最后只剩下大约一半人，克拉克便撤至温森斯。使克拉克遭受双重羞辱的是，他曾以一贯的夸耀和威胁口吻向印第安人宣扬他此行的目的，但是印第安人嘲笑了他。克拉克威胁要进行血腥复仇，威人中一位不知名的军事酋长回应道：“你这美国人，我太喜欢听你说话了。你说得出这么糟糕的话来，大概不是一名酋长……盼望很快能再次听你说话。”一撤至温森斯，克拉克自己便被迫寻求谈判机会，但他没有签订条约的权力，而他找的酋长们也控制不了本族的战士。尽管勒格拉斯想从中调停，春天里碰面的酋长们也承诺进行调解，但结果还是没能成功签订条约。克拉克在温森斯驻扎下来，并转而留意肯

[1]　见Helderman, “The Northwest Expedition,” 324–325.哈马犹豫要不要让军队加入克拉克，见Petition to Clark, Mar. 16, 1786, Petition to Clark, June 1, 1786, Petition to Clark, June 12, 1788, *Indiana Magazine of History* 34（1938）: 456–459。

伊丽莎白·波斯苏马·西姆科，英国上尉、加拿大总督约翰·G·西姆科的妻子，可能是她为帕卡内画了这幅速写肖像。帕卡内是1780年至1790年期间迈阿密人中一个领头的联盟酋长，当时是1793年，他正在与英国人开一个会。（Elizabeth Posthuma Simcoe，安大略档案馆 175［e］）

塔基州的其他敌人。[1]

克拉克这个战士领袖不只引起了印第安战士领袖和酋长们的反感，也为新生的美国的官员们所不喜。和大部分边境居民一样，克拉克认为印第安人反叛背后有英国支持，于是派军队到卡斯卡斯基亚，驱逐了商人乔纳森·道奇，因为他认为该人作为英国代理人统治着卡斯卡斯基亚。接下来他夺取了温森斯三名法国商人的财产，理由是他们被指控是西班牙臣民，却在美国境内从事非法交易。这是在报复西班牙
427 拒不开放密西西比河供肯塔基出口商品。这次抓捕使得弗吉尼亚官员和国会都紧张起来，害怕西班牙进行报复。弗吉尼亚方面废除了克拉克的权力，哈马也夺去了他召集人员进行签约和戍守温森斯的权利，战争部长还命令哈马解散克拉克的部队。不过，到1787年冬，该部队便由于供给不足而自行解散了。克拉克可能会面临刑事犯罪指控，还将有民事指控会纠缠他数年。此事对他来说极其的不体面。他被压碎在帝国、邦联和村庄的可怕裂缝里。[2]

与其他在村庄、帝国和新生的美国之间尚存的裂缝中碰运气的人相比，克拉克的失败并没有什么特别。帕卡内通过职务之便进入了这个空隙。他生来就是个帕塔瓦米人，但他其实更可能是个混血帕塔瓦米人。他的名字是法国人对领头的迈阿密氏族中第二等酋长的称呼。但是，1785年他带着一队追随者离开了迈阿密人，然而战士们却出于对美国的敌意而抗命，这给他带来了麻烦。帕卡内住在温森斯附近，即使在肯塔基人杀死他的岳父及一些猎人并"将他们碎尸万段"后，他依然在沃巴什河边的纷争中保持中立。克拉克到来后，帕卡内做了

---

[1] Clark to Wabash Indians and Replies, Oct. 1786, GRC Papers, 11J108–11J117. Draper Mss.; Helderman, "The Northwest Expedition," 328–329. 嫉恨见"Denny Journal," July 38, 1787, 307。袭击及克拉克落败见Girty to McKee, Oct. 11, 1786, *MPHC* 24: 34; Letter of Ancrum, Oct. 13, 1786, *MPHC* 24: 35–39; Harmar to Secretary of War, Nov. 15, 1786, Smith（ed.）, *St. Clair Papers* 2: 18–19; Information from Lewis, Nov. 14, 1786, 4: 88, Harmar Papers, and Harmar to Knox, Dec. 7, 1786, Letter Book B, Harmar Papers。亦见Isabel Thompson Kelsay, *Joseph Brant, 1743–1806: Man of Two Worlds*（Syracuse: Syracuse University Press, 1984）, 401–402; Harmar to Irvin, Dec. 10, 1786, Letter Book B, Harmar Papers。

[2] Helderman, "The Northwest Expedition," 329–331. 解散驻军见Harmar to Knox, May 14, 1787, Letter Book B, Harmar Papers。

他和沃巴什部落之间的中介。他和一个叫拉蒂曼诗的酋长，就和早期另一个同名的低级迈阿密酋长与说英语的边境居民结成联盟一样，仍然是美国和沃巴什人之间的信息通道，尽管他们的人民曾被大刀人屠杀。[1]

克拉克的没落并未使帕卡内气馁，他发现还有其他美国人需要和沃巴什村民交涉。沃巴什人突袭肯塔基，哈马想在温森斯合法驻扎美 429
国军队，同时需要驱逐在印第安人并未割让、美国并未测绘的土地上非法居住的人，这些因素综合起来促使邦联军队于1787年北上。法国人和印第安人都将该部队与沙利文的边境居民区别开来，他们管邦联军队叫“真正的美国人”。帕卡内与勒格拉斯合作，成为哈马与沃巴什村民之间的中介，后来还陪同他前往伊利诺伊。[2]

哈马到访后召开了一场大会，到场的印第安人沉浸在“美国的和平与友谊”的气氛中，但哈马并未成功地把沃巴什印第安人变成美国“父亲”的“孩子”。他的失败部分源于他和克拉克一样蔑视中间地带，哪怕自己已经进入其中。当“旧式的酋长们来了，照例希望得到一些礼物”，哈马告知他们，美国人是战士，“用些廉价的物品并不能换取他们的友谊，而只有在他们愿意给予友谊时才能获得；如果他们不愿意，那也没什么大不了的”。这样的人，酋长们怎么能跟他有效地交流呢？这样怎能建立起井然有序的关系呢？[3]

---

[1] 年轻的帕卡内最初出现在庞蒂亚克叛乱之后的记载里，巴特勒称他是帕塔瓦米人，名叫皮埃特库奇卡。美国人怀疑他，见Butler Journal，载Neville B. Craig, Esq.（ed.）, *The Olden Time*（Pittsburgh: Dumars, 1846; Millwood, N. Y.: Kraus Reprint Co., 1976）, 2: 514; 关于次级长官小格里斯迁往温森斯，见Samuel Montgomery, “A Journey Through the Indian Country Beyond the Ohio, 1785, ” *Mississippi Valley Historical Review* 2（1915）: 267。关于猎人们被杀，见Spring to Clark, July 22, 1786, Clark Papers, Mo. Historical Society，载GLEHA; Le Gras to Clark, July 22, 1786, Kinnaird, *Spain*, 2: 180–181。关于传递克拉克的信息，见Clark to Wabash Chiefs, GRC Papers, 11J108–11J117, Draper Mss. A “Demoiselle” briefly appears as a messenger at this same time, *ibid.*; Le Gras to Clark, July 22, 1786, *Indiana Magazine of History* 34（1938）: 466。

[2] Harmar to Knox, May 14, 1787, Letter Book B, Harmar Papers. 关于驱逐非法居住的人，见Knox to Harmar, Apr. 26, 1787, 5: 67, Harmar Papers; Harmar to Knox, June 7, 1787, *ibid.*; Harmar to Knox, Nov. 24, 1787, *ibid*。关于勒格拉斯，见Speech addressed to all the Indian Nations on the Wabash, Harmar Papers 6: 54。关于真正的美国人，见“Denny Journal, ” July 25, July 28, 1787, 306–307。

[3] 会议见Harmar to Knox, Nov. 24, 1787, Letter Book B, Harmar Papers; Harmar to Knox, Dec. 22, 1787, Letter Book B, Harmar Papers; 与酋长谈判，见“Denny Journal, ” Sept. 8–10, 1787, 310–311。

哈马企图恐吓而不是安抚沃巴什人，意味着沃巴什地区仍然会是处于美国实际控制之外的纷扰之地，即便，1787年末在哈姆特拉米克少校于温森斯建立兵站之后，情况依旧如此。尽管酋长们、法国人和哈姆特拉米克做出了努力，沃巴什地区还是变成冲动的年轻人的领地，突袭和复仇之地。然而，这个暴力的世界仍然是个面对面的世界，有独立的村民和错综复杂的关系。1788年6月8日，让巴普蒂斯特·泰特尔（Jean Baptiste Taitre）已经举家迁到了珀蒂罗谢（Petit Pocher），他在沃巴什河边离温森斯三英里远的地方遇到八个印第安人。那群印第安人在日落后半小时进入泰特尔的营地。泰特尔只认识其中一个，拉格罗斯·泰特（La Grosse Tete），不过他们很熟。印第安人要他和他们一起渡过沃巴什河，他照做后，他们把他的工具和补给都抢走了。印第安人告诉泰特尔，他们那天已经在里托河（Little River）边杀了两个人，就在可恨的丹尼尔·沙利文的种植园附近。同时警告他，把家人快带回去，因为另外一个战争团体正在出动，他们可能不会对他这么
430 仁慈。泰特尔返回温森斯，将这番遭遇汇报给安托万·加默兰（Antoine Gamelin），温森斯的一个地方执法官。[1]

即便沃巴什河已被暴力所撕，裂发生在小罗彻的小事故及其结果揭示了沃巴什河上生活的本质。泰特尔认识泰特，还能够与他交谈，不管说法语还是皮安卡肖语。但是印第安人抢劫了泰特尔——因为法国人与大刀人合作，不过他们也提醒他保住自己和家人的性命。1788年，印第安人将法国人与他们想杀的大刀人区分开来，也把大刀人与“真正的美国人”——那些是驻守哨所的美国人区分开来。但泰特不敢保证所有印第安战争团体都会做这种区分。泰特尔也许对自身损失的愤恨超过了对美国人的关心，便在一个星期之后上报了这次遭遇，还把泰特牵连进来。当泰特尔在温森斯地方执法官面前咒骂时，安托

[1] 哨所见Hamtramck to Harmar, Jan. 1, 1788, 7: 4, Harmar Papers. Deposition of Jean Bapt. Taitre, July 14, 1788, 8: 23, Harmar Papers。尽管在温森斯有驻军，哈姆特拉姆克仍然阻止不了沃巴什人突袭肯塔基，见Hamtramck to Harmar, May 21, 1788, 7: 100, June 18, 1788, 7: 119, Harmar Papers。

万·加默兰为他的说法找到法国证人和美国证人，第二年冬天，当泰特如常出现在温森斯时，美国指挥官哈姆特拉姆克关押了他。转年春天，一个伊利诺伊人和沃巴什人组成的使团请求释放他，哈姆特拉姆克在不知不觉中遵循了旧式父权模式的悔悟与仁慈，表示愿意批准。不过他没能这么做，因为泰特已经逃跑了。美国人、法国人和印第安人仍然居住在一个共同的世界中，这些在他们中间发生的事件与一个世纪之前相仿。[1]

但是，这个共同的世界被杀人事件所撕碎，而哈姆特拉姆克和酋长们为它打的补丁又不起作用。无人能幸免于那些扩散的暴力。1789年夏，肯塔基人帕特里克·布朗（Patrick Brown）为了报复印第安人先前的袭击，攻击了代表友好的帕卡内法官和德莫瓦泽，就像其他肯塔基人做过的那样。他的人杀死九个印第安人并偷走马匹，包括那些替哈姆特拉姆克去莫米河办事的帕卡内的人。温森斯执法官拒绝让这些肯塔基人进入该城，怒不可遏的哈姆特姆位克想要逮捕布朗，但他什么也做不了，因为他只有九个人可用，而温森斯的美国民兵又拒绝与肯塔基人作战。肯塔基人反过来威胁要开进温森斯。哈姆特拉姆克向每一个肯听他说的印第安人解释，阻止布朗的抵赖行为，但他阻挡不了新一轮的复 431
仇。此时，许多沃巴什印第安人无论如何都不会再区分“真正的美国人”和大刀人了。300个基卡普人攻击了聚集在沃巴什河口的美军，造成惨重伤亡。大量皮安卡肖人和许多朱砂（Vermilion）河的印第安人撤退至卡斯卡斯基亚——他们与卡斯卡斯基亚的人长期通婚。在那儿他们突袭了美国居民，并将战利品卖给密西西比河对岸的西班牙人。[2]

皮安卡肖人的撤退只不过是温森斯所直面的世界衰落的一个标志。法国人害怕肯塔基人侵占他们的土地，便寻求美国的保护，同时试图

[1]　逮捕见Hamtramck to Harmar, Mar. 28, 1789, Thornbrough（ed.）, *Outpost*, 161–162。逃走见Hamtramck to Harmar, June 15, 1789, *ibid.*, 176。

[2]　袭击见Hamtramck to Harmar, Aug. 31, 1788, *ibid.*, 114–119; Hamtramck to Harmar, Oct. 13, 1788, *ibid.*, 124。布朗远征之初，死者的亲戚在比戈（Vigo）的农场杀死两个大人一个孩子，见Hamtramck to Harmar, Nov. 28, 1788, *ibid.*, 139。皮安卡肖人见*ibid*。

与迈阿密河上的英国人保持贸易关系。1787年6月，温森斯的法国人向国会递交请愿书，请求国会替他们测绘和分配土地——本是得到皮安卡肖人的许可拥有的土地，但还从未合法分配过。法国人不能再靠作为沃巴什村民“父亲和朋友”的身份来保障自身安全。他们被迫在印第安人和美国人中选择一方，勒格拉斯及其他领袖人物选择了美国，并想得到美国的职位，然而这些身处温森斯和伊利伊诺的法国人为了保护自身财产所采取的行动，却反过来威胁到他们自己。1787年的《西北法令》（Northwest Ordinance）禁止俄亥俄河以北地区蓄奴，国会也不肯透露这法令是否会保证释放法国人已经拥有的奴隶。许多法国蓄奴者害怕会变成这样，便退至西班牙领地，跟随那些为了其他目的去西班牙的特拉华人和肖尼人。[1]

对美国人共同的恐惧，甚至美国人的局部进攻，已经不再能使温森斯及伊利诺伊的法国人和印第安人团结一致了。随着1789年印第安人发动攻击的数量增加，哈姆特拉姆克声称在卡斯卡斯基亚，“对我来说法国人和英国人已经没有区别了”。法国人不满印第安人偷盗、威胁，以
432 及撤至西班牙领地。酋长们和那些与法国人直接打交道者最不喜欢这种倒退，但他们控制不了年轻的战士们。威人中的老酋长基夸普夸一开始威胁要抛弃战士们，然后果真这么做了，他带上自己的追随者——大约80名战士，在卫戍部队的保护之下于温森斯定居。在卡斯卡斯基亚，皮安卡肖人威胁要杀死卡斯卡斯基亚酋长杜夸尼，因为他是美国人的朋友，而且仍然与美国结盟。温森斯的皮埃尔·加默兰（Pierre Gamelin）试图替圣·克莱尔与大部分沃巴什村庄缔结和平条约，但失败了，讽刺

[1] Petition of the Inhabitants of Post Vincennes, July 26, 1787, Carter（ed.）, *Territorial Papers* 2: 58–60; Tardiveau to St. Clair, Mar. 20, 1788, *ibid*., 2: 99–100. 搬迁见Harmar to St. Clair, May 8, 1789, Letter Book E, Harmar Papers; Hamtramck to Harmar, Mar. 28, 1789，以及n. 6, Thornbrough（ed.）, *Outpost*, 160–161; Tardiveau to St. Clair, June 30, 1790, Smith（ed.）, *St. Clair Papers*, 2: 117–118; St. Clair to President, Report of Official Proceedings... Mar. 5 to June 11, 1790, *ibid*., 2: 175–176; Hamtramck to Harmar, Apr. 14, 1791, Thornbrough（ed.）, *Outpost*, 281。英国人和温森斯之间持续的贸易关系见George Sharp to Paul Gamelin, 7 July 1789，以及Adhemar St. Martin to Paul Gamelin, Aug. 18, 1789，均载Christopher Coleman（ed.）, “Letters from Eighteenth–Century Indiana Merchants, ” *Indiana Magazine of History* 5（1909）: 155–156, 158。

的是，他竟然是因为对印第安人太过熟悉才导致行动中止。在弗米利恩，有个私敌威胁他，迫使他返回。安托万·加默兰完成了使命，但没什么成果。有些帕塔瓦米人和威人的群体确实来议和，哈姆特拉姆克手头缺乏商品，告诉他们自己无权议和，但要求他们归还白人俘虏以显示诚意。帕塔瓦米人和威人“十分不满”地离开了。[1]

在温森斯，原有的纽带并未完全消失，但共同的世界缩小了。虽然法国人避免了被沃巴什村民大规模攻击，但贸易还是减少了，并且杀人案数量增多了。当1790年哈姆特拉姆克起兵去攻打沃巴什村庄，撤退时印第安人并未攻击他。他们“怀疑与我同行的法国人是被迫的，他们不会杀那些法国人”。但这终究只是个小小的恩惠。回顾过去，温森斯的法国人发现他们毁在了不得不与美国人结盟这件事上。正如他们告诉法国旅行者康斯坦丁-弗朗索瓦·沃尔内（Constantin-François Volney）的一样，印第安人“由于对过去友谊和结盟的记忆而心生怨恨”，杀了法国人的牛群，并使他们失去犁和锄头。同时，美国人骗走他们的土地。沃巴什村民遭受了和法国人一样的痛苦。一 433
个威人酋长告诉沃尔内：“战争之前……我们团结、和平，我们像白人那样种庄稼。但现在，我们很穷，只好猎鹿；四处漂泊，没有房子没有家；除非有人来帮助我们，否则我们将会消失得无影无踪。”[2]

---

[1] 关于歧视，见Hamtramck to Wyllys, May 27, 1789, Thornbrough（ed.）, *Outpost*, 169–170。1790年秋，印第安人两次在沃巴什河上袭击弗朗西斯的船只。头一次他们误以为该船载着总督圣·克莱尔，第二次该船由一条美国船陪同。印第安人放走幸存的船员，但警告后者，如果再看到他们和美国人在一起，就会弄死他们，见St. Clair to Secretary of War, Sept. 19, 1790, Smith（ed.）, St. Clair Papers, 2: 184; Secretary Sargent to Gov. St. Clair, Carter（ed.）, *Territorial Papers*, 2: 300–301。卡斯卡斯基亚，见Le Dru et al. to Hamtramck, Sept. 25, 1789, Thornbrough（ed.）, *Outpost*, 190–191; Edgar to Hamtramck, Oct. 28, 1789, *ibid.*, 198–199; Hamtramck to Harmar, Nov. 2, 1789, *ibid.*, 205。

威人见Hamtramck to Harmar, July 29, 1789, Thornbrough（ed.）, *Outpost*, 178–179; Hamtramck to Harmar, Nov. 2, 1789, *ibid.*, 205; Hamtramck to Harmar, Nov. 2, 1790, *ibid.*, 264。关于加默兰，见Hamtramck to Harmar, Mar. 17, 1790; *ibid.*, 222–227; Gamelin' s Journal, *American State Papers, Indian Affairs*, 2 vols.（Washington, D.C.: Gales and Seaton, 1832–1834）, 1: 92–93（hereafter cited as ASPIA）; St. Clair to Secretary of War, May 1, 1790, Smith（ed.）, St. *Clair Papers,* 2: 135–136。Hamtramck to Harmar, Aug. 20, 1790。Thornbrough（ed.）, *Outpost*, 247.

[2] Hamtramck to Harmar, Nov. 28, 1790, Thornbrough（ed.）, *Outpost*, 267. 法国人见Constantin-François Volney, *A View of the Soil and Climate of the United States of America*...（Philadelphia: T & G Palmer, 1804, repr.）, 33–34; 威人的话见382，亦见“Narrative of John Heckewelder' s Journey to the Wabash in 1792,” *Pennsylvania Magazine of History and Biography*, 12（1888）: 169–170。

三

温森斯一带的居民生活在战斗中，这些战斗预热并催生了西部联盟。这联盟起初只是一个纯粹的印第安政治组织，就像早期的共和国一样，逐渐被吸收进了欧洲联盟，尽管其早期领导者希望它能保持独立。约瑟夫·布兰特（Joseph Brant），一个受英国教育的莫霍克人，美国革命期间在西部参加斗争，早年他是联盟的指路明灯，而他这份令人难懂的忠诚在塑造联盟中起到了非常大的作用。将他效忠的对家粗略地按降序排列，分别有易洛魁联盟、印第安人这个种族以及大英帝国。

布兰特原本更希望西部联盟能够成为易洛魁契约链的延伸，但易洛魁人内部的分化和西方明显对六大联盟有所怀疑，使得这件事无法实现。在易洛魁亚召开联盟会议的企图落空了，布兰特转而同意在瓦卡托米察的肖尼村庄召开篝火会议。但1786年本杰明·洛根破坏了该城，联盟不得不搬到布朗斯顿的休伦村庄（或叫辛达顿村庄），这个村庄位于底特律河河口。而这次搬迁又强迫十三州邦联去面对与英国的关系问题。[1]

在约瑟夫·布兰特及易洛魁人统一在布朗斯顿举行篝火会议之前，他们明确要求休伦人与英国人分离，尽管休伦人是西部历史最悠久的族群，也是“我们在这地方最能干的兄弟”。

434 我们从没能正确分辨出你们的会议地点。不管何时我们其余五族为自己的事找到你们，你们都要请示英国人，而你们原本应该有自己的权力。现在我们让你的自由之火更加明亮，好远远的

[1] 1786年春天，易洛魁人试图在水牛溪召开联盟全体大会，但西部民族没有参加。不过，1786年6月时西部代表团参加了六大联盟的会议，希望在不得不抵抗美国时能得到援助；而六大联盟代表团也去西部回访了。见Speech of the Five Nations to the Western Indians, Nov. 1786, Frontier Wars, 23U39, Draper Mss; Heart to Harmar, 12 June 1787, 5: 120, Harmar Papers; Heart to Harmar, 2 Feb. 1788, 7: 20, Harmar Papers; Kelsay, *Joseph Brant*, 399–400; Saunders to Harmar, 30 July 1786, Harmer Papers。

能看见。如果你们自认为是自由人，就应当有自己的权力。[1]

在布朗斯顿举行新的篝火会议时，休伦人和酋长们总体上处于旧联盟的框架之外。亚历山大·麦基确实派了“亲信”赴会，但并未有英国官方代表出席。反而是会议结束后，大会派出代表去底特律见了英国人。他们要英国对于与联盟的关系给个“准话”，并且同意在联盟与美国发生冲突时给予援助。于是，联盟不仅表达了与美国达成新关系的意愿，同样也表达了与英国达成新关系的意思。在旧联盟中，英国与每个单独的“孩子”保持父子关系，而现在英国是与阿尔冈昆人的整体联盟保持关系。[2]

美国革命后，英国与阿尔冈昆人的关系暧昧不清。英国宣布与他们和平相处，但并未遵循任何阿尔冈昆与易洛魁的仪式并放下武器。英国对后来的事情也并未清晰表态。他们仍然保留高地的兵站，直到美国履行《巴黎条约》中保守派条例。而且，虽然英国从未保证会帮助阿尔冈昆人抵抗美国侵略，但是仍然留有余地，可能会帮助他们的印第安盟友对付美国。伦敦方面曾指示加拿大官员在紧急情况下给予秘密援助——虽然英国矢口否认此事，甚至在1787年允许印第安人接受必要的弹药用以自卫。英国赠送印第安人大量礼物：一次美国突袭肖尼人，破坏了他们冬季的食物，英国还向肖尼人送去物资。到1788年，英国的政策在某种意义上变成垂死挣扎，英国开始着手修复和加强兵站，并等着美利坚合众国解散，便好重新调整边界，并与内陆定居者单独达成新的协议，由于英国的意图模糊不清，缺乏明晰的指示，同时又希望未来形势变好，这使得内地相对低级的英国官员拥有极大

[1] Indian Council, Dec. 24, 1786, *MPHC* 11: 470–472.
[2] Indian Council, Dec. 24, 1786, *MPHC* 11: 128–129.

自由空间。在某些方面，他们就像肯塔基边境领袖一样独立。[1]

435 但联盟的诡异命运在于，虽然它没有靠英国多少帮助就在军事上战胜了美国，但是却让阿尔冈昆人更为依赖英国，因为从后者那里获得必需的补给才能发动战争。阿尔冈昆人越是打仗，他们就越加不独立。但若战败，又会失去联盟最大的政治成绩：联盟成员同意，土地共同属于高地上所有印第安人，若无联盟全体通过，则不可割让；也应当由全体共同保卫。

共同拥有土地的原则对联盟来说至关重要。在哈马要塞和大迈阿密河签订的条约都表明，若非如此，便会是那些因为美国革命而失势的村落酋长和领袖来将土地瓜分完，并且他们急欲得到美国的帮助来重建影响力。在整个高地，革命都削弱了酋长的权力，助长了战士和战争领袖的权力。而在革命之后，时而战争时而和平的模糊状态下，不管酋长还是战争领袖都无法重建政治秩序，也不能独自掌权。戴维蔡斯贝格称特拉华领袖小是"那些自封为酋长的人"。酋长们无法控制大多数肖尼人、怀恩多特人、明戈人以及前来避难的切诺基战士。在迈阿密村中，前来签订《大迈阿密条约》的美国使者塞缪尔蒙哥马利（Samue Mentgomery）见到，当时领头的迈阿密酋长小格里斯正在底特律，而第二酋长帕卡内面对"人们不平和不遵守秩序的行为的冒犯"而退缩了，有个叫沃森的人在主持大会，他不是酋长，他并没有能力阻止战士们抢

[1] 在底特律，英国人敦促印第安人达成和平，Zeisberger to Helpers Conference, Feb. 25, 1787, B 229, F 6, no. 2, Box 153, folder 10, Moravian Archives，载见GLEHA。约翰·赫克韦尔德指出，铸剑为犁的努力失败了，Heckewelder to Schweiniz, Sept. 21, 1786, B 215, F 4, no. 5, Moravian Archives, Box 153, folder 10载GLEHA；McKee' s speech to the Miamis, etc., Sept. 1787, Frontier Wars, 23U60, Draper Mss.; Transactions with Indians at Sandusky, Aug. 1783, *MPHC* 20: 174–183。稍后休伦人也指出这个失败，见Speech of the Five Nations to the Western Indians, Nov. 1786, Frontier Wars, 23U48, Draper Mss。类似的，美国革命末期麦基诺渥太华人似乎也留给了约翰·约翰逊先生一柄管斧，见Extract, James Goddard to Davison, 15 Dec. 1785, CO. 42/17; Burt, *The United States, Great Britain, and British North America*, 98–105。想知道英国代理人许下的诺言有多模棱两可，见McKee' s speech to the Miamis etc., Sept. 1787, Frontier Wars, 23U60, Draper Mss。1787年夏天，哈马将这些麻烦归罪于英国商人而非英国军官，见Harmar to Knox, July 7, 1787, Letter Book B, Harmar Papers。加拿大的英国官员们以为，最迟到1788年，印第安人就将与美国人划定满意的居住疆界，见Precis of Dispatches for Lord Dorchester, July 20, 1788, CO. 42/20: 97–98。哨所见Instructions to Capt. Mann, May 29, 1788, CO. 42/20: 44–46。

劫和威胁蒙哥马利的使团。沃巴什村子里的情况也差不多。[1]

1785年在麦金托什要塞及1786年在大迈阿密河签订条约的大酋长 436
们——特拉华人狼半族的皮佩首领，怀恩多特人的半王，还有梅卡哈克肖尼人中的莫朗西（Molunthy），他们都不是小领袖，也不是胆小怕事的人。皮佩上尉和半王曾大败美国人，击退了美国对他们领土的侵略；但是，正是他们，用肖尼人的话来说，“将他们的土地和他们自身”卖给了美国人。初具规模的联盟大会宣布那些条约无效，在大会看来，这些人出卖了他们所属的联盟组织。[2]

他们出卖联盟，既是出于个人的野心，也是为了争取自己村庄的利益。毕竟，特拉华人与怀恩多特人长久以来就试图与英国殖民者及商人达成和解，这是皮佩和半王无法轻易抛弃的传统。美国人不断挑衅，迫使皮佩上尉投入英国人的怀抱；但即便在战时，半王也愿意接受美国人的求和。这两人为美国的军事胜利所付出的代价是惨重的个人损失。半王的两个儿子战死，并且到1781年10月，怀恩多特人伤亡惨重，天花瘟疫还将他们的有生力量减至只剩下一百名战士。这些惨重的、明显不成比例的损失使半王与休伦人离心离德。1781年，戴维·蔡斯贝格称半王毫不关心休伦人，只关心桑达斯基的怀恩多特人。[3]

---

[1] 引文见Eugene, F. Bliss, *Diary of David Zeisberger, Moravian Missionary Among the Indians of Ohio*, 2 vols.（Cincinnati: R. Clarke, 1885）, Oct. 9, 1782, 1: 115。战争领袖行使酋长之职见*ibid*, Dec. 28, 1782, 1: 126。巴特勒的话见Butler’ s Journal, Jan. 17, 1786, Craig（ed.）, *The Olden Time*, 2: 515。Montgomery, “A Journey Through the Indian Country,” Sept. 17, 1785, 268–269. 巴特勒误以为帕卡内是反美分子，见Butler’ s Journal, Jan. 16, 1786, Craig（ed.）, *The Olden Time*, 2: 514。消息及回复见Clark to Wabash Indians, Oct. 1786, GRC Papers, 11J108–11J117, Draper Mss。
美国的政策见Horsman, *Expansion and American Indian Policy*, 16–24; Substance of what the Americans said to the Delawares, n.d., c. 1785, Frontier Wars, 23U20–23U21, Draper Mss。半王和皮佩首领的努力见Montgomery, “A Journey Through the Indian Country, ” 260–273; Butler Journal, Nov.– Jan. 1785, Craig（ed.）, *The Olden Time*, 2: 487–501。

[2] 肖尼人见Message to McKee, Apr. 14, 1785, Frontier Wars, 23U, Draper Mss。被出卖的感觉普遍存在，见McKee to Johnson, Apr. 24, 1785, Frontier Wars, 23U23, Draper Mss。议会的指责见Meeting held by the Several Nations of Lake Indians... 1785, Frontier Wars, 23U, Draper Mss。对皮佩的谴责，见Butler Journal, Jan. 24, 1786, Craig（ed.）, *The Olden Time*, 2: 512。

[3] 半王及求和姿态见Speech, Apr. 1, 1779, *WHC* 23: 265; Speech of Doonyontat, Sept. 17, 1779, *WHC* 24: 67。失去儿子见*Zeisberger Diary*, Oct. 10, 1781, 1: 22。只剩100人、毫不关心休伦人，见*ibid*, Oct. 18, 1781, 1: 25。想吸收摩拉维亚教徒见*ibid*, Oct. 3, 1781, 1: 20; Zeisberger to Helper’ s Conference, June 15, 1787, B 229, F. 7, no. 1, Moravian Archives, Box. 153, folder 10，载GLEHA。1785年底特律休伦人有250名战士，见Census, Claus Papers, 4: 65, Public Archives of Canada（hereafter cited as PAC）。

437 皮佩则遇到其他的麻烦。他在科肖克顿的斗争中熬赢了对手，于是开始忘记自己的原本的地位。1782年，他激怒了其他特拉华军事首领，因为他在关于特拉华摩拉维亚教徒离开传教村庄后该何去何从的漫长谈判中，“凡事不经其他首领同意，自行其是”。其他首领因此叫他在谈判中“不要再多说话，不要继续讲述”。这是很尖锐的指责了，而皮佩首领并未当回事。由于他在特拉华人中地位下滑，他后来更愿意用酋长而不是战争领袖的身份行事，而且宁愿选择和谈而不愿反抗步步进逼的美国人。皮佩做回氏族酋长——战争期间他曾放弃此职，于是得以挫败那些战争领袖，因为“首领无权缔结和平条约，就像酋长不能发动战争一样”。在和美国人达成和平这件事上，派普比他的对手更占优势。[1]

和平的代价是，美国人此前未能征服的大片土地都被割让给了他们。皮佩或半王都没有权力这么做。就算皮佩是酋长，他也只能合法地代表狼氏族行动，而不能代表全体特拉华人。乌龟胞族和火鸡胞族——由于革命、迁移而七零八落——在麦金托什要塞没有合适的代表，追随布孔加希拉的那些如今无比强大的战士村落也是如此。半王当时的地位更加不稳固。由于已经承认自己是底特律休伦市议会的合法附属人，他进而篡夺了后者议和的权利。联盟大会毫不留情地警告他，说他的角色只是“接收话语或信息，而不是代他们做决定”。而且，就算特拉华人和怀恩多特人都在，割地仍然是无效的，因为就像美国商人戴维·邓肯后来所写的，“怀恩多特人、特拉华人和肖尼人都

[1] 对皮佩的谴责见*Zeisberger Diary*, Mar. 3, 1782; Oct. 9, 1782, 1: 115。战争领袖行使酋长之职见*Zeisberger Diary*, Dec. 28, 1782, 1: 126。关于和平的引文见Archer Butler Hulbert and William N. Schwarze（eds.）, *David Zeisberger' s History of the Northern American Indians*（Ohio State Archaeological and Historical Society, 1910）, 100。布孔加希拉似乎承认了条约中酋长们的优越地位，见Minutes... of Commissioners, Jan. 20, 1786, Frontier Wars, 3U 181–203, Draper Mss。

没有一寸土地”。他们住在休伦人和迈阿密人所有的土地上。[1]

皮佩和半王通过改变了美国人对麦金托什要塞的实际逻辑而使高 438
地其他村子同意割地。由于皮佩和半王向肖尼人描述的条约是虚假的，这些描述诱导他们以为第二份《大迈职权密河条约》实际意义是：美国人请求印第安人“可怜”他们，给他们一席之地，就像特拉华人、猛西人和肖尼人早先提供给怀恩多特人和休伦人土地一样。美国人并未通过征服权宣称土地业已属于他们，而是支付了“一大笔美金”。最后，印第安人也没有失去土地所带来的好处，因为美国人将会“给你们的孩子他们想要的东西，而且会一直给下去”。关于条约的这些引人注目的解释，可能是特拉华人和怀恩多特人有意欺骗，然而也可能反映了他们一开始就是这样理解割地的。如果是后者，那就表明在阿尔冈昆人眼里可以接受的割地是怎么样的。那是一种善举，就像印第安人之间经常做的那样。他们为有需要的族群提供安身之处，并要求他们承担某种义务。而既然白人要永久使用土地，那么美国人也要永久履行对印第安人的义务。但是，阿尔冈昆人最初对条约的这种阐释很快被推翻了，因为维伦枉威（Weylord Weyhing）和布孔加希拉转达了美国人对英国人做出的不同阐释。他们说，美国人宣称自己征服了印第安人，而英国人必须割让出他们远至密西西比以内的所有土地。[2]

[1] 盖莱蒙（Glemund）（又叫约翰·基尔巴克）带领一派乌龟胞族的人撤退到美国人中，以及他对自己的族人作战，使他成为一个无足轻重的人。他放弃乌龟胞族酋长之职，改用比尔·亨利（Bill Henry）之名，加入摩拉维亚教徒中，见*Zeisberger Diary*, Jan. 26, 1790, 2: 81–82, Oct. 9, 1794, 2: 377–378。乌龟胞族的维拉帕琴（Welapachtschien，又叫约尼翰首领［Captain Johnny］、以色列［Israel］、或杰勒德［Gerard］也加入了摩拉维亚教徒中，很少见到关于他的记载。1788年他去世，其侄子继承了他的名字和酋长职位。见*Zeisberger Diary*, July 28, 1788, 1: 429。皮佩试图让所有特拉华部落（或胞族）参与谈判，见“Denny Journal,” Dec. 28, 1785, 269。训斥半王见Message to the Half King, Sept. 20, 1785, *MPHC* 11: 466。邓肯的话见Duncan to Harmar, Mar. 28, 1786, 3: 22, Harmar Papers。

割地似乎使半王确信了特拉华诸村仍然会围绕在桑达斯基的怀恩多特村庄周围。皮佩现在和他“用同一只耳朵听话、同一条舌头说话”，他俩实际上已经把自己在桑达斯基的村庄联合起来了。承接18世纪40年代的传统，一个新的多族群同盟正在形成。战争末期各村庄的位置见Tanner, Atlas of Great Lakes Indian History, map 18。引文见map 18. Quote, Montgomery, “Journey Through the Indian Country,” Sept. 1785, 264。

[2] Message from the Shawnees, Apr. 11, 1785, Frontier Wars, 23U, Draper Mss.; Substance of what the Americans said to the Delawares, Frontier Wars, 23U20–21, Draper Mss. 相反，哈马却将该条约描述为“纯粹基于长官自己的利益”见Harmar to Carleton, Jan. 24, 1785, Letter Book A, Hurmar Papers。

因为在大迈阿密河签订的条约，美国人敦促莫朗西和米夸查克的肖尼人承认在麦金托什要塞已经割让的土地。而这后来被证明已经是
439 最高级别的通融了。战士们对割地感到愤怒，扬言必要时将独立抵抗签约的酋长们。希米内图（Sheminetoo）（或者叫黑蛇）及其他肖尼酋长和战争领袖请求英国人和易洛魁人施以援手和战争腰带。战争领袖们说："元老和首领们将土地拱手让给大刀人，但是……战争领袖们并没有同意……如果有测绘员来测绘我们的土地，或者哪个白人胆敢来此居住……我们便会将元老们的做法抛诸脑后。"事情很快不受肖尼酋长们控制，战士们甚至不准他们召集议会，哪怕只是为了讨论美国人发出的信息。在这种紧张情势下，与美国人的和解破裂了。半王食言了，莫朗西马上找英国帮忙抵制美国，而接下来皮佩也被驱逐。怀恩多特、特拉华和肖尼战士们追求自己主张，没签条约的村民们威胁主和派酋长。半王后来向美国人解释，他"在两堆篝火之间，即害怕你们也害怕背后的族群"。在1788年6月半王死之前，他加入了西部联盟议会——专为推翻他之前参与制定的条约而设。不过后来西北区总督阿瑟·圣·克莱尔却认为他是"我们在怀恩多特人中最伟大的敌人"。[1]

---

[1] 对大迈阿密河条约会议最好的描述是the Journal of General Butler，载Craig（ed.）, *The Olden Time*, 2: 442–525, 529–531, and "Denny Journal, " 263–280。推动签订该条约的事件见Minutes of the Proceedings of the Commissioners, Frontier Wars, 3U181–203, Draper Mss。

美国人所说的资产，n.d., c. 1785, Frontier Wars, 23U 20–21, Draper Mss。条约无效见Meeting held by the Several Nations of Lake Indians, c. Sept. 1785, Frontier Wars, 23U, Draper Mss。

半王见"Denny Journal," Jan. 1, 1786, 278–280; Indian Council Detroit, Sept. 20, 1785, *MPHC* 11: 466。特拉华人的分歧见*Zeisberger Diary*, Apr. 25, 1789, 2: 29; *ibid*., Jan. 26, 1790, 2: 81–82。

惧怕特拉华和怀恩多特战士的敌意见Doughty to Knox, Oct. 21, 1785, Smith（ed.）, *St. Clair Papers*, 2: 10。怀恩多特盗马贼、引文，见*Zeisberger Diary*, July 4, 1787, 1: 354。关于谋杀，见Roberts to Harmar, 28 Aug. 1785, v. 2, Harmar Papers。

莫朗西见Montgomery, "Journey Through the Indian Country," Sept. 25, 1785, 272; letter of Obidiah Roberts, Sept. 25, 1786, 4: 43, Harmar Papers; Message of Malontha, Shade, and Painted Pole, Apr. 11, 1785 Frontier Wars, 23U, Draper Mss。该条约中也有皮奎（佩柯维）尼人的代表，见White Horse, Butler Journal, Jan. 12, 1786, Craig（ed.）, *The Olden Times*, 2: 511。黑蛇见Message to McKee, Apr. 11, 1785, Frontier Wars, 23U, Draper Mss。战争领袖们的宣言便标明他们根本没有批准该条约，引文见Duncan to Harmar, Mar. 28, 1786, 3: 22, Harmar Papers。禁止开会见Report of Unnamed Informant, Sept. 14, 1786, 4: 28, Harmar Papers。

肖尼人、切罗基人的袭击与敌意见Roberts to Harmar, 21 Aug. 1785, v. 2, Harmar Papers; Finney to Clark, Mar. 24, 1786, GRC Papers, 53J25, Draper Mss. Piqua（Pickaway）, Saunders to Harmar, c. July 1786, 3: 96, Harmar Papers; "Denny Journal," Oct. 3, 1786, 297。这些战士似乎来自卡托米察，所以他们好像蔑视自己那些签订了《大迈阿密河条约》的酋长。

皮佩、半王和莫朗西重新回到联盟，随着边境袭击事件数量的增加，他们签订的条约也被拒绝履行。明戈人、肖尼人、威人、迈阿密 440
人、帕塔瓦米人、皮安卡肖人、基卡普人、麦斯科顿人、猛西人、索克人、渥太华人和齐佩瓦人都攻击边境居民。这些袭击切断了白人和印第安人之间的其他交往，而杀戮变成他们之间的正常交流——就像以前一样。各方的杀人手段都层出不穷，通过死尸发布恐怖的信息。美国革命后，印第安人虐囚不再像过去那样是种仪式，而是变成随机的不可预测的个人残暴行为。处决原本是仪式化的公开杀戮，现在变成了纯粹杀人。1786年9月，一群切诺基人带了四个女囚回到瓦卡托米察的村子，阿尔冈昆人很少虐待女囚，但这些切诺基人把其中母女两名俘虏活活剥去头皮，割下耳朵和手臂，挑断脚筋，再扔到火中。商人们目睹了这残暴屠杀，消息很快传到美国人耳中。肯塔基人进行了报复，由本杰明·洛根进攻肖尼人。他的人们烧了梅卡哈克的村子，虽然它上面还飘着美国国旗。村庄酋长莫朗西拿着《大迈阿密河条约》去见他们，美国人杀了他。有传言说，“美国人放火烧地，并且在他旁边摆上火药炸他”。美国人以残杀回应残杀。[1]

到1786年，发动攻击的战士们取代了独立的村庄酋长成为联盟内部主要的危险因素。美国人无意与一个无法阻止边境袭击的联盟谈判。而边境袭击招致边境居民的报复，他们杀死印第安女人、孩子和老人，

---

[1] 焚烧见Deposition of George Brickell, c. Sept. 1786, 4: 28, Harmar Papers; letter of Obidiah Roberts, Sept. 29, 1786, 4: 43, Harmar Papers。大型屠杀见letter of Park, May 17, 1786, *MPHC* 24: 29–31; Duncan to Harmar, Mar. 28, 1786, 3: 22, Harmar Papers; Duncan to Harmar, May 16, 1786, 3: 48, Harmar Papers. Chiefs of the Delawares and Chief of Wiandott at Sandusky to Americans, June 1, 1786, 3: 54, Harmar Papers; Moses Henry to Clark, June 12, 1786, GRC Papers, 53J32, Draper Mss.; Sullivanto Clark, June 23, 1786, GRC Papers, 53J36, Draper Mss.; Small to Clark, June 23, 1786, GRC Papers, 53J36, Draper Mss.; Information of Capt Teacnise, a Delaware Indian...July6, 1786, 3: 75, Harmar Papers; “Extract of Major North, ” Aug. 23, 1786, Maryland Journal, Oct. 31, 1786, GRC Papers, 11J 121–122, Draper Mss.; letter of D. M. Christian, Mar. 22, 1786, Frontier Wars, 2U140, Draper Mss。伊利诺伊人，见Cruzat to Miró, July 19, 1786, Kinnaird, *Spain* 2: 173–174。白人同样也杀了少数印第安人，见e.g., Butler to Harmar, Mar. 11, 1787, 5: 48, Harmar Papers. For Molunthy’ s death, Account, n.d., Frontier Wars, 23U39, Praper MSS。关于奉献社会的讨论，Tzvetain Todorov, *The Conquest of America: The Question of the Other*（New York: Harper & Row, 1987, orig. ed., 1982）, 143–144。

这也困扰着联盟本身。[1]

441 1786年11、12月，来自易洛魁六大联盟、休伦人、迈阿密人、特拉华人、肖尼人、渥太华人、齐佩瓦人、帕塔瓦米人、避难的切诺基人还有沃巴什村庄的代表们齐聚布朗斯顿。他们代表村庄或村庄集团，而非代表部落。他们都强调团结，联盟成员们从未将自身视作由议会联结起来的单独族群或村庄。事实上联盟议会显然变成了一个村庄议会，但联盟缺乏紧密的纽带来联结各村，也没有“父亲”这个角色来调解争端。

六大联盟的酋长们给出了他们各自关于契约链的经验，成为联盟中主要的政治家。他们发问道，为什么“在我们现居地和盐水（Salt water）之间的大片地方，现在都住着白人，而不是由我们肤色的人居住？”答案是先辈们“缺乏现我们在这般强烈要求、反复推荐大家要有一致共识的意识”。这些酋长并未责怪他们口中对首批欧洲人心怀“敬畏和崇拜”的先辈们。但印第安人已经明白，白人是“和我们一样的人”，他们可以征服这片土地只是因为“明智地保持了团结一致……我们的祖先分散地反抗他们自然没什么效果了”。酋长们呼吁：“让我们也团结起来，从中获利，让我们也合理认识到自身价值，此后，如果伟大神灵（Great Spirit）想要其他肤色的人征服我们，我们就不至于因为行动不当而自责。如果我们与其他族群作战，那应当是出于伟大的篝火会议的决定；如果我们与对方媾和，那也应当出于我们统一的议会。但我们若还不团结，任何不便之事都会影响到我们。任一族群的利益都应当是我们全体的利益，一族的利益应当也是其他各族的利益。”稍后，莫霍克人约瑟夫·布兰特解释了高地的概念——它构成联盟准则之共同主权的基础。一百年前，“这片土地上有一个贝珠串成的月亮，有四条路通往其中心，让四方的印第安人可以来这儿居住或

[1] Speech of the Five Nations to the Western Indians, Nov. 1786, Frontier Wars, 23U48, Draper Mss. 在洛根的袭击中有十名肖尼人遇害，其中五人是酋长，他们很可能是来调解争端的，见Coon and Hair to Butler, Oct. 21, 1786, 4: 66, Harmar Papers。

打猎。贝珠月亮旁边还有一只盘子，里面放着一把勺子”。用同一只盘子吃饭，这是阿尔冈昆人对和平、结盟和友谊的标准说法。[1]

总之，易洛魁人的说法表明了中间地带是如何深深影响了“土著”的政治思想。印第安人和白人一样，开始通过他者来定义他们自身。正如美国革命前夕本杰明·富兰克林敦促各殖民地团结，他引用了六 442
大联盟的例子，如今六大联盟也引用前殖民地的例子来敦促印第安人要团结起来。双方都诉诸中间地带，其意义来源于他们感知到对方的经验。易洛魁发言人所说的从团结到不团结已经超出了“肤色”和种族的范围，这也是印第安人从中间地带发展出来的另一个概念。易洛魁酋长们催促着否定部落制度——因为它可以容纳多种分化；而酋长们主张在种族的基础上团结，这就几乎不接受分化。种族和“肤色”在当时的印第安语言里隐约出现频率如此之多，它们不可能是原有的本土概念，因为该大陆此前只有单一种族居住。[2]

这些讲话以及布兰特对于高地起源还有更多有趣的解释。酋长们和布兰特征引的世界很大程度上是个历史的世界，他们认为自己在历史时间中生活和行动。他们承认，情况并非总是如此。先辈们“敬畏和崇拜”白人，也就是把白人当作神灵；但现在印第安人知道白人只是“和我们一样的生物”。在历史时间里，意义是随情势变动的，而非连续的或神话性的。以行动来检验信仰的结果，这就是易洛魁人诉诸的意义。[3]

易洛魁人试图通过诉诸过去来为高地创造未来；这种未来图景与美国人所表达的意象十分相似。布兰特说的用同一只盘子吃饭的象征，

[1] Speech of the Five Nations to the Western Indians, Nov. 1786, Frontier Wars, 23U45–47, Draper Mss.; Kelsay, *Joseph Brant*, 410. 用同一只盘子吃东西，这是关于和平、结盟和友谊的通行比喻，见e.g., Le Gras, Speech addressed to all the Indian Nations of the Wabash, Aug. 7, 1787, Harmar Papers。

[2] 富兰克林的话，以及对于易洛魁人对美国宪法切实影响的精彩描述，见Elisabeth Tooker, “The United States Constitution and the Iroquois League,” *Ethnohistory* 35（1988）: 305–336。

[3] 时间的问题见Calvin Martin, “Time and the American Indian,” 载Calvin Martin（ed.）, *The American Indian and the Problem of History*（New York: Oxford University Press, 1987）, 192–220。马丁的评论见Michael Harkin, “History, Narrative, and Temporality: Examples from the Northwest Coast,” *Ethnohistory* 35（1988）: 120–122。

美利坚合众国与之对等的意向是：一片富足的共有土地，向所有移民开放，大家和谐、和平地生活在一起。但是美国人为了使自己的图景变成现实，却要破坏印第安人的图景。

在一个层面上，易洛魁人在布朗斯顿的发言成功获得大家对“联盟要团结”这个基本理念的赞同。联盟的纽带将村民紧紧联结在一起，只剩下“西部有个小缺口留给那些和我们同样肤色的族群，那将是我们联盟下一步要争取的”。村民们誓要以俄亥俄河为界划分印第安人领地和美国领地。由于他们承认所有印第安族群共同拥有土地，因此必
443 须经全体一致通过才可以割让。所有代表都保证协同合作以维护边界。想要对美国人采取任何行动，联盟必须“一条心，一个声音”，这样的行动才是合法的。因为之前的割地“不合法且无效”，必须重新签订条约，代表们也建议在1787年春天重新召开大会。[1]

不过，在原则上赞同并没能消除派系分化和斗争，酋长们依然没有能力控制战士。随着篝火会议在布朗斯顿的休伦－佩图安人村庄举行，以及莫霍克人布兰特这个联盟最强有力的支持者的存在，休伦人和易洛魁人之间的竞争几乎不可避免了。还有，虽然大会对割地条约的否认得到了战士们的支持，他们还许诺在下次谈判举行之前会暂时保持和平，但这诺言是有条件的。如果到春天还没有开展新的谈判，战士们就会重新袭击白人。[2]

布朗斯顿堪称联盟所能达到的政治高峰。1788年，在哈马要塞签订条约的一系列事件揭示了联盟在政治上永远无法克服的弱点。不知为何，联盟发往国会请求重新谈判的消息一直到1787年7月18日才送

[1] 皮佩、半王见Half King and Capt. Pipes Answer（c. 1787）, Frontier Wars, 23U58, Draper Mss.; Speech of the United Indian Nations, 28 Nov.–18 Dec. 1786 *MPHC* 11: 467–469; Speech of the Five Nations to the Western Indians, Nov. 1786, Frontier Wars, 23U44–55, Draper Mss。这并不意味着印第安人忽视村庄或种族在这片土地的不同之处。许多在底特律同意该说法的酋长只是最近才割让土地给英国军官或法国混血商人。并且，在布朗斯顿会议上，休伦人应易洛魁人之请，同意肖尼人在格莱兹定居，见Speech of the Five Nations to the Western Indians, Nov. 1786, Frontier Wars, 23U48, Draper Mss.; Treaty, Five Nations, etc. to the Congress of the United States of America, Dec. 18, 1786, *ASPIA* 1: 3–5。

[2] Speech of the Five Nations to the Western Indians, Nov. 1786, Frontier Wars, 23U49–51, Draper Mss.; Indian Council, Dec. 24, 1786, *MPHC* 11: 470–472.

到，显然已经过了原定的春天谈判的时间。到1787年12月，当理查德·巴特勒和阿瑟·圣·克莱尔邀请印第安人秋天在马斯金格姆召开会议时，新的边境突袭导致流言四起，称1788年春天将必有一战。联盟里的酋长们既希望与美国人谈判，又想让战士们相信他们是力图保卫土地的，于是他们更改了原定的以俄亥俄河作为边界的要求。他们决定"给美国人划定严格的区域（也就是马斯金格姆边界），如果他们同意，就会有永久的和平"，如果美国人不同意，印第安人则会团结起来作战。[1]

酋长们既没能让美国人息怒，也约束不住战士们，反而他们自己 444
内部的分歧更严重了。在等待布兰特从易洛魁亚到来的漫长时间里，议会结束了布朗斯顿的会议，重新在迈阿密城市召开大会。这场混乱的会议有1000到3000个印第安人参加，有流言说会上分歧严重，而且印第安人越发依赖英国人了，英国人现在在联盟的谋划中扮演非常重要的角色。亚历山大·麦基出席了会议，据说还带来了厚礼，但即便有英国"父亲"的支持，酋长们还是没能达成最后共识。[2]

1788年7月，当酋长们正在争执时，一队渥太华人和齐佩瓦人攻击了在马斯金格姆的会场上树立建筑物的美国士兵，杀死两人，己方也损失两人。沃巴什战士还对美军发起了第二次更为成功的袭击，一

[1] 推迟见Kelsay, *Joseph Brant*, 406; Resolution of Congress, Carter（ed.）, *Territorial Papers*, 1: 51; Butler to the Wyandots and other Indian chiefs, n.d., Frontier Wars, 23U57–58, Draper Mss.; Butler to Chiefs and Warriors...of the Shawano, Dec. 23, 1787, Cass Papers, Clements Library。印第安人的意向见David Duncan to Harmar, June 17, 1787, 6: 2, Harmar Papers。联盟的姿态见Zeisberger to General Helper' s Conference, June 15, 1787, B 229, F. 7, no. 1, Box 153, folder 10, Moravian Archives，载GLEHA。酋长、首领们控制不住年轻人见Zeisberger to Ettwein, Oct. 1, 1787, Box 153, Folder 10, Moravian Archives，載GLEHA。会议见St. Clair to Knox, Jan. 27, 1788, Smith（ed.）, *St. Clair Papers*, 2: 40–41。战争的流言见Heart to Harmar, 5 Dec. 1787, 6: 119, Harmar Papers。

[2] 推迟见St. Clair to Secretary at War, July 5, 1788, Carter（ed.）, *Territorial Papers*, 1: 119–120; Butler to St. Clair, July 18, 1788, Smith（ed.）, St. Clair Papers, 2: 60–61; Brant to Butler, July 8, 1788, *ibid.*; Heart to Harmar, July 20, 1788, 8: 26, Harmar Papers。

联盟见Butler to St. Clair, July 14, 1788, St. Clair Papers, 2: 51–52; St. Clair to Knox, Oct. 26, 1788, *ibid.*, 2: 92–93; Zeisberger to Ettwein, Nov. 5, 1787, Box 153, Folder 10, Moravian Archives载GLEHA。关于1000人，见Spear to Harmar, Dec. 4, 1788, 9: 40, Harmar Papers。

我并未发现关于底特律或迈阿密河上发生之事的准确描述，但谣言广泛流传，见Hamtramck to Harmar, Apr. 15, 1788, 6: 2, Harmar Papers; St. Clair to Secretary of War, Aug. 17, 1788, Smith（ed.）, *St. Clair Papers*, 1: 81–82; St. Clair to Knox, Oct. 26, 1788, *ibid*, 1: 92–95。

个36人的美军分遣队去温森斯向哈姆特拉姆克市运送补给，他们中有一半的被打伤或杀死。圣·克莱尔愤怒地向联盟发信，宣称如果大会要继续召开的话，它将会是在哈马要塞的枪下举行，据说布兰特（他终于到了）一收到信，便把它扔进了火里。不到秋末，美国人便收到联盟的回信，信中告知尽管持续有突袭发生，印第安人还是希望谈判，实现和平。[1]

445 然而还没等开始谈判，联盟那脆弱的团结便破裂了。布兰特在桑达斯基停留并与圣·克莱尔交换了意见。他要求“秋天在马斯金格姆……国会指定的地方”召开议会。他还要求美国否定原先的条约，因为那“只是和极少数族群签订的，而它们无权处理涉及整体的交易”。印第安人自认为是高地上土地的“主人，并且是唯一的拥有者”，英国人无权割让这些土地。但是，他们“为了避免未来的麻烦……而将马斯金格姆东面的所有土地给了美国”。[2]

作为回应，圣·克莱尔下了最后通牒，我在里面充分讨论了他们用来推卸此前条约中规定的义务的借口——向他们表明，这些借口元首，并且分析了和、战对他们自身的影响。这犯了一个愚蠢而不必要的错误。布兰特“一收到该信便决定与族人取道底特律回家去”。他劝说沃巴什村民、肖尼人、大多数特拉华人和一些休伦人跟随他。不过，大多数休伦-怀恩多特人反而从布兰特的拒绝中看到了机会，那就是，如果他们能设法使美国人妥协，他们就能变成联盟里无人可敌的领袖，

[1] 袭击见McDowell to Harmar, c. July 1788, 8: 25, Harmar Papers; St. Clair to Secretary of War, July 13, 1788, Smith（ed.）, *St. Clair Papers*, 2: 50–51。袭击军队见Harmar to Knox, Sept. 14, 1788, Letter Book D, Harmar Papers。撤退见Harmar to Secretary of War, July 23, 1788. Smith（ed.）, *St. Clair Papers,* 1: 64。圣·克莱尔的消息见St. Clair to Indians in Council, July 13, 1788, Carter（ed.）, *Territorial Papers*, 1: 127–28。
布兰特及其消息见Proceedings between a part of the Six Nations Indians and a part of the Western Confederate Indians and Governor St. Clair at Fort Harmar on the Muskingum River to the treaty made at that place on the 9th of Jan. 1789, Frontier Wars, 23U75–175, Draper Mss., 94（hereafter cited as Fort Harmar Proceedings）。
Willys to Harmar, 8 Aug. 1788, 8: 54, Harmar Papers' Harmar to Knox, Oct. 26, 1788, Letter Book D, Harmar Papers; St. Clair to Knox, Sept. 14, 1788, Smith（ed.）, *St. Clair Papers*, 2: 88.

[2] Address of the Six Nations and Western Confederacy to Governor St. Clair, 19 Nov. 1788, Frontier Wars, 23U66–23U74, Draper Mss.

并可以在布朗斯顿举行篝火会议。尽管只有特拉华人中的狼氏族、底特律肖尼人代表、帕塔瓦米人及齐佩瓦人，还有零星的索克人跟随休伦人去了哈马要塞，谈判还是开始了。[1]

休伦-怀恩多特人争夺联盟领导权的结果是，签订了一个灾难性的条约，不过它却很有意义。在谈判中，休伦—怀恩多特人既变相使用了布朗斯顿易洛魁人的说法，也试着（用高地的通行方式）利用与外人的谈判来解决村庄内部竞争。休伦—怀恩多特人的发言人迪扬腾特 446
（Dyentente）和辛达顿（T' sindatton）在会上花了很多时间否定易洛魁人宣称的优势，并宣布休伦人的所有权。辛达顿是布朗斯敦的领袖酋长，在一次长篇发言中，他使用了中间地带的全套逻辑来维护休伦人在联盟中的优势，并驳斥美国人对土地的要求，这篇发言体现了以上谈判的双重性质。他提到梦境，诉诸共同的上帝，引用此前的条约。他搬出印第安人的权利，请求美国人同情“这个可怜无助的族群”。最后，他建议美国人接受联盟提出的以马斯金根河为界的建议。圣·克莱尔指出，这和他已经拒绝的布兰特的提议一模一样。[2]

既然圣·克莱尔拒绝接受提议，休伦-佩图安人的策略便失败了。他们本是为着达成联盟目标兼获取其统治权而来，但美国人与西部联盟代表在哈马要塞签订的条约却使之前的割地生效了。美国人自然相信自己已经破坏了联盟，并巩固了旧条约。但仍然存在两件不吉利的事。由于美国人犯的错，圣·克莱尔并没有白色贝壳串珠来做条约的带子——白色代表和平。他只有黑贝壳串珠，因此他拿不出带子来确认条约或使之生效——在中间地带的礼仪中，这就等于一方没能签署条约。在阿尔冈昆人这边，辛达星顿最有创造力的印第安谈判者，他

---

[1] Address of the Six Nations and Western Confederacy to Governor St. Clair, Nov. 19, 1788, and Answer of Brant, Nov. 30, 1788, Frontier Wars, 23U66–23U74, Draper Mss.; St. Clair to the Secretary at War, Carter（ed.）, *Territorial Papers* 1: 164–165. 迈阿密印第安人应该同意了不越过马斯金根河瀑布，见 Speer to Harmar, Dec. 4, 1788, 9: 40, Harmar Papers。特拉华人的分歧见 Fort Harmar Proceedings 82, 111。代表团折返见 *ibid.*, 93。那些参与者——怀恩多特人、特拉华人、渥太华人、齐佩瓦人、猛西人、帕塔瓦米人、索克人，见 St. Clair to Knox, Dec. 13, 1788, Smith（ed.）, *St. Clair Papers*, 2: 106–107; Harmar to Knox, Jan. 13, 1789, Letter Book E, Harmar Papers。

[2] Fort Harmar Proceedings, 119–121; Great Spirit, *ibid.*, 83, 89, 92, 105, 108, 125–126，割让见 126。

试图在中间地带创造新的和平，然而他却没有在条约上签字。布朗斯顿的酋长们没能将辛达顿的标志签在条约上，这是个不祥的暗示，表明这条约收效甚微。除了特拉华人中狼族的酋长迪扬腾特（Dyentente）和其他一些休伦-怀恩多特酋长以外，签字的多数人都是第一次与欧洲人谈判，他们并不是得到认可的酋长或战争领袖，他们的签名无足轻重。那些签字的休伦人和怀恩多特人这么做是出于一个在美国人看来不太重要的原因：在关于该条约的一份备忘录中，美国承认休伦人和怀恩多特人在他们给肖尼人住所拥有优先居住的权利。埃伯尼泽丹尼少校目睹了整个过程，他称之为一场闹剧。[1]

447 该条约造成的真正后果是使休伦人和易洛魁人都丢脸了。他们共同的失败让那些并未在哈马要塞出席的西部村庄的战士掌握了主动权。联盟现在依然会在凯基翁加（或迈阿密城［Miami Town］）周围的村落群中举行篝火会议，伟大会议在那儿存在了一个夏天和秋天。住在该地的迈阿密人和肖尼人成为联盟的主导力量。1790年，安托万·加默兰以美国使者的身份，想让沃巴什人和迈阿密人参与温森斯的签约会议，沃巴什河边的皮安卡肖人、威人和基卡普人告诉他，没有“兄

[1] Fort Harmar Proceedings, 143, 152. 亦见Treaty of Fort Harmar, Carter（ed.）, *Territorial Papers* 1: 174–179，该签名被用来与美国革命爆发时那张含有所有谈判者的名单相比较。签名者中怀恩多特人最多，但到五月，亚伯拉罕·库恩（Abraham Coon）代表没有签名的怀恩多特人发文，警告美国人休想占有土地，见Spear to Harmar, May 5, 1789, Harmar Papers 10: 32。又见St. Clair to President, May 2, 1789, Smith（ed.）, *St. Clair Papers* 2: 112; Fort Harmar Proceedings, 129–133; Indian Speech to Sir John Johnson, Aug. 16, 1790, *MPHC* 20: 308。迈阿密酋长勒格里斯也称几乎没有合法的酋长签署该条约，见Gamelin Journal, Apr. 29, 1790, Smith（ed.）, *St. Clair Papers*, 2: 159。闹剧见“Denny Journal,” Jan. 11, 1789, 334。该条约的其他相关文件见compilation Document number 1, The Six Nations, The Wyandots, and Others communicated to the Senate, May 25, 1789, *ASPIA* 1: 5–12。

美国人并非没有潜在的盟友，见Hamtramck to Harmar, Oct. 13, 1788, Thornbrough（ed.）, Outpost, 122; Hamtramck to St. Clair, Apr. 19, 1790，以及St. Clair to the Secretary of War, May 1, 1790，均载Smith（ed.）, *St. Clair Papers* 2: 135–137。

突袭见Wyllys to Harmar, Apr. 15, 1789, 10: 15, Harmar Papers。1789年5月，看上去除了所有沃巴什村庄、肖尼人、迈阿密人、俄亥俄河北部的切罗基人准备作战，还有一些怀恩多特人和众多齐佩瓦人也打算作战。但秋天时，美国人收到报告，称齐佩瓦人打算保持和平，见McDowell to Harmar, Nov. 1, 1789, 11: 79, Harmar Papers; Spear to Harmar, May 31, 1789, 10: 55; Harmar Papers。塞内卡人和猛西人尽管打算保持和平，但无法阻止他们的年轻人突袭盗马，见Heart to Harmar, June 1, 1789, 1: 57, Harmar Papers。

有关美国政策，见Harmar to Asheton, Nov. 13, 1789, Letter Book F, Harmar Papers; Secretary of War to St. Clair, Dec. 19, 1789, Carter（ed.）, *Territorial Papers*, 1: 224–226。总结，见Horsman, *Expansion and American Indian Policy*, 84–98。

长迈阿密人的同意”他们是不会行动的。而当加默兰到达凯基翁加时，当地议会称，除非通知了所有邻居及“湖区民族”以及底特律的英国人才会行动。[1]

易洛魁人的影响力和休伦–佩图安人一样陡然下降。布兰特在离 448
开东部前，已经委托凯基翁加附近的肖尼人为他做事。肖尼人已经送出战争带，但却被在哈马要塞签订过条约的怀恩多特酋长泰纳达特（Teynadat' on' tic）截下了其中一条，不过其他的带子还在流转。1789年夏末，肖尼人感到他们已经有了共识要团结起来抵抗。9月，一队战争领袖到达水牛溪（Buffalo Creek），向易洛魁人解释他们的行动，并请求援助。布兰特或其塞内卡竞争者无法保证提供援助，这种回应表明了易洛魁人已不再是西部的重要力量。[2]

《哈马要塞条约》（Treaty of Harmar Fort）并未终结联盟，愤怒的情绪高涨，战士们的突袭次数徒增，并让联盟进入了第二阶段，在此阶段，领导权转移到了莫米河边的肖尼人、迈阿密人和特拉华人村庄。在此阶段英国人扮演了更重要的角色。列安东尼·韦恩发起抗争的时候，该联盟在某种程度上变得和一个英国联盟没有区别。[3]

四

如果说温森斯是美国进入中间地带失败的象征，那么成为联盟驻地的凯基翁加则是中间地带在英国人和法国人中坚持存在的见证。虽然联盟议会内部有人倾向于强调肤色并抵制白人，联盟本身却并未变成种族分离主义性的。印第安人的团结并不是将白人排斥在外，印第

[1] 迈阿密人见 Gamelin Journal, Apr. 1790, Smith（ed.）, *St. Clair Papers* 2: 157–159; 圣·克莱尔认为，沃巴什人与迈阿密人推迟期限，则“相当于声明他们将继续持敌对态度”，见 St. Clair to President, May 1, 1790, Carter（ed.）, *Territorial Papers*, 2: 245; Proceedings of a Council Held at Buffalo Creek, Frontier Wars, 23U172, Draper Mss. Tayendeght = Tyeandat' on' tic。

[2] Proceedings of a Council Held at Buffalo Creek, Frontier Wars, 23U172, Draper Mss.

[3] 印第安人突袭情况汇总见 Document no. 14, Northwestern Indians, communicated to Congress...9th of Dec., 1790, *ASPIA* 1: 84–104。亦见 The Causes of the existing Hostilities, Jan. 26, 1792, Carter（ed.）, *Territorial Papers*, 2: 359–366。

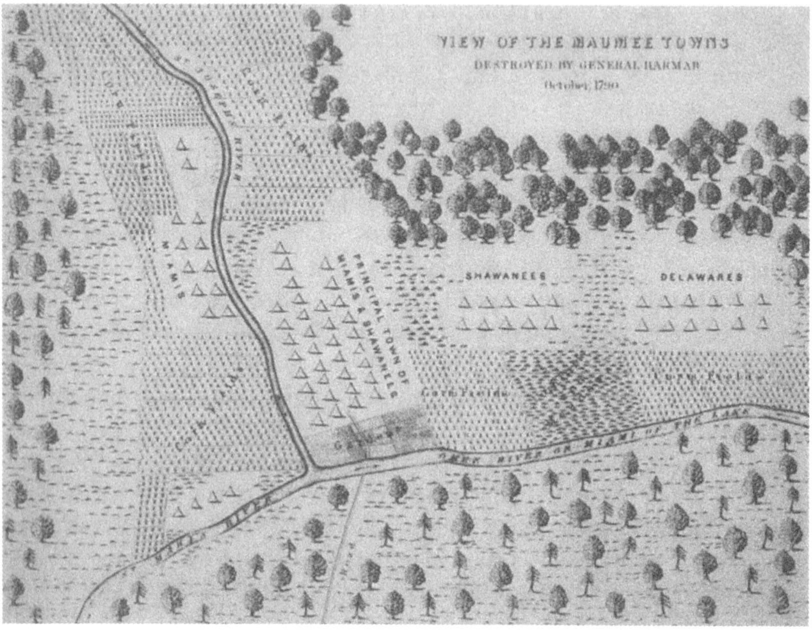

这幅莫米河边的城市地图显示了村庄周边绵延的庄稼地。
（埃伯尼丹尼泽、少校的日志）

安人仍然收养白人，与白人通婚。他们与白人一同饮酒，并肩作战，一起吃饭，发生性关系，交换商品。白人亲密地生活在阿尔冈昆人中，一如他们过去一个多世纪以来亲密地生活在高地印第安人中一样。

联盟的篝火会议迁到凯基翁加，这并非是到了某个偏远的“印第安”驻点。凯基翁加处于圣玛丽河和圣约瑟河汇入莫米－沃巴什水系的枢纽位置。作为底特律的一个商业前哨，此地是俄亥俄河谷的毛皮贸易中心，其商业、军事上的战略地位只比底特律或麦基诺稍低。凯基翁加的白人比底特律要少，在底特律城外南部数英里之外，沿底特律河的房屋几乎组成了一个连绵的村庄。但上迈阿密就和底特律或温森斯一样，长期以来便是多人种、多族群混居。法国和英国商人生活在此，而且到1790年，附近大约有六个肖尼人、特拉华人和迈阿密人村子。就在其西北方，圣约瑟周围有四个较大的帕塔瓦米人村子。从
449 政治上来说，联盟与旧的英国联盟仍有区别，但凯基翁加的日常生活

揭示了联盟本身是如何从中间地带汲取营养，并积极与白人互动。[1]

1789年，联盟第一次欲与美国谈判但未能达成，亨利·海（Henry Hay）出发去凯基翁加过冬。他准备进入该地的不同社区。他的父亲是杰休·海。杰休·海在美国革命期间担任底特律的印第安事务官助理，后来在温森斯被克拉克俘虏，在弗吉尼亚的牢狱里熬了数年。杰休获释后，于1784年担任底特律首席总督，不过第二年他就死了。儿子亨利的名字本来叫皮埃尔，但他自认为是英国人，于是把法国名字用作英文的中间名。不过亨利的母系是法国人，舅舅是底特律的雷奥姆（Reaume）兄弟。亨利在孩提时就与珀蒂·格里斯一家很熟，勒格里斯是凯基翁加最高阶的迈阿密酋长和村庄酋长。亨利是勒格里斯已去世女儿的“亲密好友”。勒格里斯又把亨利介绍给自己的儿子，亨利把他称作自己的“兄弟和老玩伴”。在底特律或温森斯，印第安人的村子和法国人的村子泾渭分明，而在凯基翁加则不一样，法国人、英国人和迈阿密人杂居生活，在这个社会中权力也无法分清。当勒格里斯的同辈男性亲戚、战争领袖小乌龟带领一支战队回到凯基翁加时，勒 450
格里斯以村中民事酋长的身份“命令岸边的一些法国小伙子清出一艘独木舟（刚好从河流岔道运木头来），并派其中一人驻守它”，然后让战士们临时住在法国人中间，“尽量不惊扰当地家庭”。“他下命令时表现得彬彬有礼，但同时又非常像个将军或指挥官。”[2]

在凯基翁加，欧洲人听从一位迈阿密酋长，不过在河对岸的是帕卡内的村子，那里的迈阿密人认可一位法国混血酋长——让·巴普蒂斯特·理查德维尔（一个商人，父亲是法国人，母亲是帕卡内的姊妹），代替他的舅舅行酋长之职，帕卡内则迁居到沃巴什河畔了。理查德维尔在此地居民中非常明显地扮演了两个世界之间的桥梁。他爸爸在蒙

[1] Thomas Hughes, *A Journal by Thos. Hughes for his Amusement & Designed only for his Perusal by the time he attains the Age of 50 if he lives so long*（*1778–1789*）（Port Washington, N.Y.: Kennikat Press, 1970）, 155. 毛皮贸易中心见Merchants Trading at Detroit to Johnson, Aug. 10, 1791, *MPHC* 24: 305–306。

[2] M. M. Quaife, “Henry Hay’ s Journal from Detroit to the Mississippi River, ” State Historical Society of Wisconsin, *Proceedings*, 62: 214, 221–222.

特利尔，但他母亲玛丽·路易则“非常聪明”，她是一个商人同时她也是儿子的发言人，因为他太害羞了，不能在议会上发言。正是混血酋长的缘故，迈阿密女人像欧洲商人一样做事，而战士们也像法国村子里的士兵一样住宿，在这里，各群体明显是独立的，他们创造了一个共同的社会和政治世界。[1]

这个社会世界的轮廓呈现在亨利的访问里，呈现在他吃饭时，以及他平时在日记中评论人物时。或许因为这个世界里的重叠之处如此之多，人们便严格区分来源：谁是谁，以及他原先是谁。亨利本人对种族甚至阶层的区隔是十分敏感的。他挑选法国女人时眼睛扫过帕耶（Paillets）的女儿，因为她“肤色深棕”，但他对里瓦尔（Rivard）的女儿却不予考虑，因为“她看上去像个农民”而帕耶的女儿之所以会是棕皮肤，是因为她是通婚的产物。在其他情境下，亨利在社交中并不考虑种族。当他乘坐小型马车去凯基翁两英里之外的詹姆斯·格蒂家去看他时，他是与混血酋长让·巴普斯特一同去的。他们在詹姆斯·格蒂家时，乔治·格蒂带着他的“妻子以及两个印第安小姨子”一起来了。[2]

451 这个共同的世界是有边界的，并非做什么都可以。比如说，如果有白人要完全地“变成土著”，那就是不体面的。亨利驱逐了一个叫蒙罗尔的人，因为他“完全放纵自己，完全生活在印第安人中，那些人最坏了，对贸易有害，他往印第安人脑子里灌输坏的观念，也从不考虑商人的财产……应当在印第安地区完全杜绝这种恶心的人”。蒙罗尔跨越了那条隐形的界线。[3]

这种界线开始之处——也就是社会世界分离及融合之处——是在社会行动的日常过程中决定的。人们做什么、不做什么，他们看见谁、无视谁，他们赞扬谁、谴责谁，这些都揭示了界线所在。亨利发现凯基翁加几乎无利可图，因为那儿“几乎每个人（除了被雇佣的人）都是印第安商人，每

[1] Quaife（ed.）, “Hay’ s Journal, ” 220–221, 230. 要么是本应父系继嗣的迈阿密人实际上是母系继嗣，要么就是帕卡内没有孩子，否则理查德维尔不可能继承他的位置，见 *HBNI* 15: 685。

[2] Quaife（ed.）, “Hay’ s Journal,” 219, 221–222, 244。

[3] Quaife（ed.）, “Hay’ s Journal,”257.

个人都尽力靠各种手段得到自己能得到的”，不过他还是很享受在那儿的时光。一部分原因是他参加了一轮盛大的有法国人和英国人参加的宴会、舞会和派对。欧洲人比印第安人喝酒的次数更频繁，不过同样喝得很多。另一部分原因是他吃得很好，“小牛腰肉——这一整个冬天都吃的一种野味沙拉……一些很好的酸黄瓜奶酪，等等……全都是法式烹饪”。[1]

但这种社会生活只有一部分是欧洲人的，印第安人也参与这个世界。亨利的日记只坚持了一个冬天，当时绝大多数印第安人都离开去狩猎营地了，这就限制了他们参与克空加的全部日常生活。但当印第安人在村里时，他们便进入了一个共同的社会，虽然只在特定时刻、以特定方式参加。比如，小乌龟和勒格尔斯经常同海和乔治·艾恩塞德（George Ironside）一起吃东西，但并不一起用正餐。他们在晚上来，“喝茶，也喝马德拉酒”，更多的是和白人一起吃早餐。勒格里斯和他的儿子——亨利的“兄弟”——给他送鹿肉和火鸡肉。勒格里斯希望偶尔能得到几瓶朗姆酒做回礼。过新年时，根据“通行的习俗”，年轻的武士及其家人聚集在克空加“致以问候，当然还希望得到一点小东西”。新年那天，亨利吃惊地发现好多女人凌晨三点来到他家，挤满一屋子，他都没法睡觉了。喧闹声吵醒了亨利，一个女人来到床边与他握手。随着冬天逐渐过去，更多印第安人参与到亨利的日常活动中来。“蛇”，一位领头的肖尼酋长，和亨利一起待了三天；在玛丽·路易莎回去时，亨利去看了她，说“她是个美女”。同时，玛丽·路易莎的儿子理查德·维尔 452
（Richard Ville）加入了亨利的修士会社（Most Light Honorable Society of Monks），修士们在理查德维尔的房子里庆祝狂欢节（Mardi Gras）。[2]

当地的政治同社会生活一样混杂。12月里传来一个后来被证明是假警报的消息，说威人抓住了安托万拉塞尔（Antoine Lasselle），一个克空加商人，当他政治造访小皮科涅村。据说威人指责拉塞尔向美国

[1] Quaife（ed.），“Hay’ s Journal,” 224, 226–227. 关于这个小型的底特律复制品，汤姆·休斯说这里“一周一次大型派对以及各种各样的聚会使人们觉得时间过得难以想象的快”，见 Hughes, *Journal*, 159。

[2] Quaife（ed.），“Hay’ s Journal,” 228–229, 232, 235, 239–240, 242. 黑蛇和玛丽·路易莎见 *ibid.*, 246。关于理查德·维尔，见 *ibid*, 246, 250。

人出卖了一个威人战争团体。凯基翁加的混合社群为了救他而奔走。玛丽派来的信使带来了警报，珀蒂格里斯也派出三名战士去解救他。珀蒂·格里斯哀叹拉塞尔之前没有找他帮忙："因为……我可以派我们最好的一个酋长陪同他，或者给他一条带子，作为信物，可以防止任何这类事发生。"迪弗雷斯（M.Dnfresene）给了勒格里斯让拉塞尔获释必要的礼物。亨利为拉塞尔感到难过，认为他是自找麻烦。[1]

结果，1790年1月初，拉塞尔一头雾水地回到凯基翁加，什么也没带来。原来是有个叫富歇（Fouché）的商人出卖了一个威人团体。原本替拉塞尔难过的印第安人转而责备他。他们本已叫威人混血儿拉谢（La Lache）用勒格里斯名义传播消息，要求为拉塞尔报仇。[2]

以拉塞尔的名义发动的与美国人的战斗几乎持续了1789至1790年的整个冬天，这也凸显了在这一地区不同的政治和社会关系的联结。印第安人，包括那些来自凯基翁加的，在俄亥俄河边发动突袭，俘虏有的被杀死，有的被收养，或被用去赎出英国商人，在亨利达到的一个星期内，他见到其中一个俘虏，是个爱尔兰人，印第安人已经放了他，还许诺会在春天带他回俄亥俄。亨利还见到另一个美国人的风干的心脏，他被一个最近失去亲人的战士抓住并杀死。杀死美国人的战士把该名受害者的心脏和头皮放入自己的祭祀盒中。[3]

453 1789年，双方之间的战斗还只是村庄层面的复仇和劫掠。如同亨利所写的，杀人和虐囚是印第安人因为自身损失而进行"报复的方式"，而印第安人所报复的事情里有时也包括白人的损失。1789年秋，一个迈阿密战争团体打了美国人，那些美国人在逃跑时经过一个来自密西西瓦的肖尼人的狩猎营，他们杀死若干妇女儿童，还有一个"叫约瑟夫·索夫林（Joseph Sovereighs）的人，他从小便是俘虏"。为了替这

[1] Quaife（ed.），"Hay' s Journal," 230–232; 假警报见 *ibid*, 233。阴谋见 *ibid*, 23–39。

[2] *Ibid*, 236–239。

[3] 俄亥俄河沿岸的袭击及某些遇害者的命运见 Wiley Sword, *President Washington' s Indian War: The Struggle for the Old Northwest, 1790–1795*（Norman: University of Oklahoma Press, 1985）, 69–78。亨利见"Hay' s Journal," 219–220, 222。

个被收养的白人报仇，肖尼战士攻击了一群在俄亥俄河边狩猎的美国人，“几乎就在他们自己人被杀的同一地点”。他们俘获了一名叫麦克马伦（McMullen）的年轻人，他最近从弗吉尼亚来，此前并未卷入边境战斗中。密西西瓦人将麦克马伦交给奇利科西肖尼人，他们将他涂成黑色，通常表明这个囚犯将被虐待至死。他手里一直转着“一个希舍基亚（Shishequia）（用鹿角做成），大声唱出‘噢，肯塔基’”。不过，麦克马伦很幸运，奇利科西的民事酋长黑鸟决定将他收养到自己家中。法国和英国的商人们向大惑不解、吓坏了的麦克马伦解释说，他现在安全了，“而且非常幸运的是在他目前所在的人手里”。这些英国和法国商人替一个美国人做了翻译，这个美国人即将变成肖尼人，取代另一个被美国人杀死的美国肖尼人。可见这个世界并不简单，种族界线也不牢固。[1]

在思考与美国人直接冲突那些年时，有必要记住这个世界的复杂性及其强烈的村庄取向。小乌龟成为联盟中最能干的战争领袖。他在1790年打败了哈马将军，并在1791年打败圣·克莱尔总督。这个与亨利共进早餐的小乌龟，当他带领战士们反击美国时，并未变成一个残忍凶恶的本土主义者。与亨利在一起舞蹈、唱歌、吃饭、喝酒的商人及其家人之所以没有立马变成简单的英帝国代理人因为美国人，那是希望那样。

当1790年哈马将军最终调动起美国的兵力向克空加进攻时，他在实际意义上和象征意义都在讨伐中间地带。实际意义上是因为克空加是混合社区；象征意义上是因为到1790年，联盟自身也不再是纯粹的印第安政治组织。它已经与英国臣民和大英帝国代表们发展出错综复杂的关系。

五 454

美国决定使用武力解决之前谈判没能解决的问题，这刚好帮助英国在印第安联盟内部获得了之前只能幻想的影响力。阿尔冈昆人战胜了美

---

[1] “Hay’ s Journal,” 248–249.

国则出乎所有人的预料。1790年哈马将军战败以及1791年圣·克莱尔的军队遭屠，使边境居民和国会都大为震惊。论及所涉及的人数，圣·克莱尔战败堪称美军有史以来最惨重的一次失败。美国人丢掉装备和伤兵逃离战场。印第安战士们杀死很多俘虏，还虐待其中一些人。他们往死者嘴里塞满泥土——成全他们对印第安土地的贪欲。圣·克莱尔的1，400多人中大约有三分之二的人都死伤了——其中600个被杀，而印第安人的死亡数只有21人。埃伯尼泽·丹尼少校曾两度遭遇印第安战士，认为他们“可能比同等数量的最精锐对手还要厉害”。[1]

不过，这些胜利的代价却加深了印第安人对英国人的依赖。当联盟议会在奥格莱兹（Auglaize）集结军队去对战圣·克莱尔时，这一举动并没有满足印第安人。1791年6月，大约两千名战士到达莫米河上游。联盟军队没找到什么食物，却发现有很多酒，因为英国人选了这个不凑巧的时间来放开酒类贸易。由于缺乏食物，500名索克战士和福克斯战士被迫在四天后打道回府。其他村子里的战士赶来替代他们，但同样缺乏补给。到圣·克莱尔到来时，联盟只能召集起1000多名战士。而沃巴什战士们由于为肯塔基人攻打村庄而感到羞愧，所有都待在家里。[2]

455 圣·克莱尔和哈马之败凸显了阿尔冈昆战士在战场上有多难对付，但也表明了他们在长期战役中的弱点。印第安人欠缺在战场上组织大量人员的运筹能力，也没有必需的大炮来猛攻对方的防御工事。即便

---

[1] 对战斗的描述见Richard Kohn, *Eagle and Sword: the Federalists and the Creation of the Military Establishment in America, 1783-1802*（New York: Free Press, 1975）, 91–128; Sword, *President Washington's Indian War*, 107–116; Paul A. Hutton, “William Wells: Frontier Scout and Indian Agent,” *Indiana Magazine of History*; 74（Sept. 1978）: 187–189。

圣克莱尔战败的人数，见Girty to Mckee, Oct. 28, 1791, *MPHC* 24: 329–330。没有在沃巴什，见McKee to Johnson, Nov. 1, 1791, *MPHC* 24: 330–331。其中大约只有十来个六大联盟的战士，见McKee to Johnson, Dec. 5, 1791, *MPHC* 24: 336–337。

圣·克莱尔军队后勤出问题、缺乏纪律，见St. Clair to Hodgdon, Oct. 21, 1791, St. Clair to Knox, Nov. 1, 1791, Diary of Denny, Sept.–Nov., 均载Smith（ed.）, *St. Clair Papers*, 2: 248–262; 关于丹尼的引述，见262。

[2] 管束战队见Answer of Missass, July 3, 1791, Claus Papers C1478, M. 6. 19, FI, v. 4, PAC。估计，见Smith to Clarke, June 5, 1791, *MPHC* 24: 248。食物见Journal, Detroit, June 8, 1791, *MPHC* 24: 251; Brant to Johnson, June 23, 1791, *MPHC* 24: 270。奥格莱兹见Reginald Horsman, *Matthew Elliott, British Indian Agent*（Detroit: Wayne State University Press, 1964）, 69; Mckee to Johnson, Jan. 28, 1792, *MPHC* 24: 366。对奥格莱兹社区的精彩描述见Helen Hornbeck Tanner, “The Glaize in 1792: A Composite Indian Community,” *Ethnohistory* 25（Winter 1978）: 15–40。

即使他们有了上述能力，但他们的战士还是像民兵一样，想的是打完仗然后回家。一场战役，不管它是不是决定性的，只要一结束，印第安军事力量便会瓦解。时间站在美国人这边，他们不必赢得单独的战役，只需要避免严重的失败即可。

而阿尔冈昆人弥补这弱项的唯一方式便是寻求英国援助。其必要性以及共同生活的纽带自然使英国在联盟内影响力逐渐增加。底特律地区的英国代理人——亚历山大·麦基、马修·艾略特、格蒂一家，他们在早期联盟会议中缺席，现在却强烈鼓吹阿尔冈昆人要团结一致，比很多阿尔冈昆人更积极。这并没什么奇怪的，麦基的母亲很可能是被肖尼人收养的白人俘虏，他的妻子也是肖尼人；艾略特和格蒂也娶了或曾经娶过肖尼妻子。他们全都和肖尼人生了孩子，麦基的儿子似乎还为联盟战斗过。他们也全都在印第安人中生活了多年。

不过，直到1794年，联盟才完全被吸收进英国联盟中。当1793年艾略特逾越本分向特拉华酋长们打听参加享德里克·奥帕穆特（Hendride Aupoumut）主持的西部大会的斯托克布里奇印第安人代表团的有关事项时，特拉华酋长大猫回应道：

> 你看我有没有在底特律或尼亚加拉你们举行的会议上，过问那些白人从哪来、干什么吗？你能四处去看谁来找我们、干什么吗？你不知道这是我们自己的事吗？[1]

不过，大猫在责备艾略特时并不算是一个印第安民族主义者，艾

[1] 雷金纳德·霍斯曼（Reginald Horsman）不同寻常的精妙作品提供了优秀的描述，见“The British Indian Department and the Abortive Treaty of Lower Sandusky, 1793,” *Ohio Historical Quarterly* 70（July 1961）: 189–213; Reginald Horsman, “The British Indian Department and the Resistance to General Anthony Wayne, 1793–1795, ” *Mississippi Valley Historical Review* 49（Sept. 1962）: 269–290; Horsman, *Matthew Elliott*, passim。
1792年秋天在格莱兹的那场重要会议，显然只有西蒙·格蒂出席了，见Kelsay, *Joseph Brant*, 481。麦基的家世见*ibid.*, 484，和第8章奥帕穆特称麦基有一半肖尼人血统，见*A Narrative of an Embassy to the Western Indians from Original Manuscript of Hendrick Aupaumut*, Memoirs of Historical Society of Pennsylvania 2（1827）, 105; 大猫见*ibid*, 103。麦基之子见*ibid*, 125。

略特也只是帝国的潜在的代理人。英国代理人在边境做商人，还与印第安人有亲戚关系，于是对遥远的帝国的忠诚并不牢固。这在法兰西帝国中也非常普遍，印第安人和白人的村庄政治成为“帝国”这条狗
456 身上摇动的尾巴。如同雷金纳德·霍斯曼（Reginald Horsman）所观察到的那样：“泛泛地谈‘英国政府的政策’或‘英国权力在加拿大的政策’毫无意义，除非意识到从长远意义上来说这些政策有赖于那些长期生活在印第安人中的人，他们从印第安人中娶妻，也非常能理解印第安人的想法。”在与美国谈判时，英格兰人和印第安人，麦基及其他人扮演了英国的酋长。他们既做中间人，又谋求自身的地位和利益。[1]

圣·克莱尔战败后，美国人和联盟之间纠结的谈判以及同时英国人的影响力上升，除去讨论中表面上重大的问题以及探究双方如何构建他者的形象时它们的意义只有才能变得清晰。表面上美国人和阿尔冈昆人的分歧在于达成和平的条件：边界、土地价格、联盟及各个村庄的法律地位。但在常规的外交论坛上都没有讨论这些主题。外交会谈并未专门谈判双方之前认定的分歧，而是关于形象的争论，而且是在群体内部而非群体之间的争论。这是一种镜子外交，形象塑造成为谈判的基础。敌人作为他者的形象一旦建立，便要求进行特定的回应，不管这个他者说了什么或做出了什么让步。例如，联盟如何对待美国人，最终视乎美国人是谁——他们的本质上到底是什么，一如美国人如何对待印第安人和英国人，要看他们到底是谁。解读他者的行为、弄清那些行为意义何在，这是双方的重要功课。他者的形象也并非铁板一块，它必须在行动和变化的形象世界中不断接受检验。这过程并不新鲜，但使之变得极其复杂的原因是美国人和印第安人不再有面对面的交往了。共同的世界让位于边界，人们若想跨越边界唯有流血。当印第安战士杀死两个美国使者，亚历山大·特鲁曼（Alexander Trueman）少校和约翰·哈丁（John
457 Hardin）上校，及其团队中大部分人，在他们到达奥格莱士之前，此次

[1] 引文见 Horsman, “The British Indian Department and the Resistance to General Anthony Wayne,” 270。

谋杀便代替了使团本要提出的和平建议成为外交议题。[1]

这种形象之争发生在双方的战线上。18世纪90年代早期，国会和族群被一场代价极其巨大而又毫无用处的战争严重分裂。“印第安战争，”亨利·诺克斯写道，“对人类的共同福祉是毁灭性的，从此事中既不能收获尊严也不能收获利益。”据国务卿托马斯·杰斐逊所说，该战争不得人心，迫使政府诉诸谈判，除非我们能“向我们的公民证明，按他们中任何人所能承认的条件是无法达成和平的”。[2]

谈判的意愿几乎不涉及边界问题的实质，但确实关系到美国形象的改变。这个新生的共和国不管在自己的公民眼里还是欧洲人眼里都像是个贪婪的侵略者。为了扭转这种形象，美利坚合众国甘愿放弃曾作为其印第安政策基石的东西。官员们不情愿地承认，美国并未在革命期间征服印第安人，也就不因征服权而拥有其土地；英国也无权拥有印第安人的土地，也没有得到割让的权力。土地是印第安人自愿卖给美国或者自己保存的。

美国人摆出追求和平、和解的新姿态，而不再是征服者，这是种精明的策略。现有条约中割让的土地只威胁到肖尼人、切罗基难民、特拉华人、怀恩多特人、明戈人以及东部来的零散移民，比如猛西人。如美国谈判代表鲁弗斯·帕特南（Rufus Putnam）所说，美国宣称征服了印第安人以及要求新的割地，印第安联盟借此极大地增强了武装力量，以此说服其他印第安人“美国人想夺走你们的土地，把你们赶出这个国家……他们不得到全部土地是不会罢休的”。美国谈判代表放弃征服印第安人的主张，也放弃马上索要更多土地，希望以此让联盟分裂。美国政策的最终目的仍然是获得俄亥俄河以北的土地。联邦官员相信，既然美国定居者已经在印第安土地上狩猎，并侵占了那些土地，那么如果印

---

[1] 美国使者遭印第安人杀害见 An Account of the Fate of Col. Hardin, Major Trueman, and several other persons... Frontier Wars, 5U28, Draper Mss。

[2] Horsman, *Expansion and American Indian Policy*', 90–96. 杰斐逊的话见 Horsman, “The British Indian Department and the Abortive Treaty of Lower Sandusky,” 195。条约说明，见 Instructions to Rufus Putnam, May 22, 1792，载 Buell（ed.）, *Memoirs of Rufus Putnam*, 258–267。诺克斯的话见 *ibid.*, 267。

458 第安人同意和平，割地就是水到渠成的事。但如果印第安人拒绝和平，那这场谈判至少会为安东尼·韦恩赢得时间，他正在招募和训练一支新的军队；谈判还能分裂印第安联盟，使美国人更容易获得军事胜利。

当美国人在重塑自身形象时，他们对印第安人的印象却是矛盾的。为了达成和平，美国人必须相信印第安人的行为是由于——用亨利·诺克斯的话说——“坏人的歪曲说法使他们产生了隔阂，而非真正铁石心肠的狠毒”。另一方面，为了挑起战争，又必须顽固地认为他们是野蛮的。印第安人必须成为极端的他者——嗜血的野蛮人。而不是有些美国人和欧洲人描绘的另一种形象：被迫参战以保卫家园免受侵略的人群。若印第安人真是野蛮人，其嗜血性格便得到了解释；但其目标不一定是美国人，为了这种说法能说得通，英国人就必须作为他者——买头皮，靠无辜者的鲜血获利的人。韦恩急切地要与印第安人一战，他说他们是“好胜、傲慢、阴险的敌人，受英国人蛊惑准备长期打仗”，认为他们的和平条件“对美国人格是种侮辱”。[1]

对印第安人自身来说，为形象而受的挣扎在1792年亨德里克·奥帕穆特于奥格莱兹的村子里写的日记中体现得最为明显。奥帕穆特这人有时精明有时糊涂，他是个斯托克布里奇印第安人，一群康涅狄格莫希干人、哈得孙河印第安人和长岛印第安人，因遭白人侵犯而寻求他的庇护。他是个基督徒，也会读写文字，在西部议会中扮演美国使者，他和其他斯托克布里奇人一样，相信农耕、基督教和效仿美国人的性别分工就能让印第安人和平地融入美国社会。接下来二十年，奥帕穆特都将鼓吹这种相互适应的生活方式，但他从未在斯托克布里奇人中成功实施，因为斯托克布里奇人为了躲避与白人和其他印第安人的冲突而频繁迁徙。[2]

当奥帕穆特在传达美国人敦促和谈的消息时，他也记录和参与了阿尔冈昆人关于形象的争论。该消息本身便包含了美国人的矛盾形象，因

[1] Instructions to Rufus Putnam from Henry Knox, May 22, 1792, Buell（ed.）, *Memoirs of Rufus Putnam*, 261, 267. 韦恩的语录，见 Wayne to Wilkinson, Aug. 5, 1792, *ibid.*, 331。

[2] 斯托克布里奇人见 *HBNI*, 15: 181, 209–211。

为它将美利坚合众国其象征形象是十五堆篝火和乔治·华盛顿与大刀人（它现在包括大多数而非全部边境白人）区别开来。奥帕穆特劝说皮佩（他现在移居到莫米河边）、大猫，甚至还劝说了布孔加希拉（他现在是最有影响力的特拉华领袖），劝他们支持以乔治·华盛顿为代表的美国人形象。肖尼人、迈阿密人和部分休伦人及怀恩多特人对美国人则持有与大 459
刀人相反的印象。未来行动及谈判的进程视乎印第安人将如何对待使要塞“沾满鲜血”的大刀人或华盛顿和他的“好消息”。不管是奥帕穆特还是他的竞争对手都不是为了说服对方而相信真正的美国人形象，而是想争取那些“背后族群”——渥太华人、齐佩瓦人、帕塔瓦米人、索克人、福克斯人以及沃巴什村民——他们构成了联盟主要的潜在力量。[1]

奥帕穆特在结束自己和对手的发言时，清晰地意识到，核心问题是：美国人到底是谁？肖尼人认为，美国人必然“在和我们印第安人打交道时行骗”。那些仁慈的许诺是他们最强有力的武器。美国人向印第安人传教，“以抓住其注意力，然后好杀死他们，几年前一天之内在科斯基克（Consuhkeck）杀了96个人”。美国人向肖尼酋长莫朗西许诺，他们的旗帜永远会保护他，但当他升起旗帜时，“大刀人却不认，杀死了这位酋长和他的几个朋友”。大刀人“说得好听，但不会对印第安人做好事”。大刀人嘴上说的什么也不算。[2]

奥帕穆特的反驳方式是把大刀人和美国领袖们或乔治·华盛顿区分开来。如果所有美国人都是大刀人，那他和他的族人们“早就被歼灭了”，但美国人激励了他们，“我们可以站起来，靠自己走路。我们印第安人到现在为止都是平躺在地上，这样是看不见大道的”。从全国选出来的美国领袖们，“一定非常诚实、明智，会公正对待所有人民”。大刀人则是“小偷、劫匪和杀人犯”，四处流窜以逃避法律惩罚，和肖尼人中的切诺基叛徒没有两样。美利坚合众国的扩张正在抑制大刀人。“现

[1] Aupaumut, *Narrative*, 92–110, 121, 124. 布孔加希拉见Account of the fate of Col. Harden, Major Trueman, etc., Frontier Wars, 5U28, Draper Mss。

[2] Aupaumut, *Narrative*, 122–131, quotations, 126–127.

在法律约束了他们”。虽然约瑟夫·布兰特和奥帕穆特一样追求和平，他也想以出卖奥帕穆特为代价巩固自己正在消逝的威信。布兰特唯恐自己之前受美国人之邀，造访费城的行为会被人视为对联盟的背叛，所以他现在告诉议会，不管华盛顿还是奥帕穆特都不可信，他想以此重建自己的威信。即便在和解派中也有竞争对手。奥普默特不得不提醒阿尔冈
460 昆人，布兰特是个莫霍克人，而“莫霍克人曾经多次欺骗你们”。[1]

肖尼人和迈阿密人赢了这场争论。战士们引用大刀人的说法来为杀死特鲁曼和哈丁正名：他们已经受过美国人的骗了，不想再次上当。杀死和谈使者并继续突袭自己人，战士们谴责美军士兵在1792年夏秋的做法，就像大刀人的行为一样。美国人嘴上一面说着和平，一面却在为战争做准备。即使奥帕穆特赞扬了美国人的和平意愿，大刀人还是杀了一些特拉华人。特拉华酋长大猫和皮佩上尉无法召开议会缔结和平，但他们给华盛顿带信，说如果美国人表现出可以“治理敌对的大刀人”，让他们撤出“设在我们土地上的要塞”，那么他们就可以促成和平，因为“战争团体就会无话可说”。[2]

1792年的和平努力仅仅促成了在温森斯的沃巴什村民（因为此时很多皮安卡肖人和所有的基卡普人都撤退到伊利诺伊地区了）和皮奥里亚人、卡斯卡斯基亚人及伊利诺伊的帕塔瓦米人签订了鲁弗斯·帕特南条约。这些村民签订条约主要是为了救回被肯塔基突袭者们抓走的妻子儿女，不过也不乏真正想要和平的人。在场的帕塔瓦米人让美国人做他们的“父亲”；威人氏族的一位夫人在议会上发言，希望停战，并责备她的儿子更重视联盟议会而不是温森斯的签约会议；沃巴什村民让卡斯卡斯基亚人中的亲美派酋长让巴普蒂斯特杜夸尼（Jame Baptiste DuCoigne）做议会上的发言人。这些行动都意味着这是一场

[1] Aupaumut, *Narrative*, 113. 布兰特造访费城及其表态见Kelsay, *Joseph Brant*, 458–482。

[2] 辩护见Wayne to Putnam, Aug. 6, 1792, Buell（ed.）, *Memoirs of Rufus Putnam* 312。和平的消息见Speech of Knox to Indians, Apr. 4, 1792, *MPHC* 24: 394–396。春天时特拉华人答应了肖尼人和迈阿密人，但接着又犹豫了，见Extract from the Speech of the Shawanoes, Delawares and Miamis, Apr. 15, 1792, Wayne Papers, Clements Library。战士们的胜利见Proceedings of a General Council of Indian Nations, 30 Sept. 1792... until the 9th day of Oct., *MPHC* 24: 483–981。

趋向和平而不必进一步割地或越过俄亥俄河定居的运动。当帕特南不再要求获得土地并承认印第安人的权利时，一些酋长甚至同意去费城——显然是冒着生命危险。这些酋长躲过了肯塔基人的谋杀，但其中多半人死于天花。不过剩下的人称华盛顿为“父亲”，并以旧联盟的礼仪请求他的怜悯和保护。特别是杜夸尼还描绘出一幅模仿原有法国联盟的美国联盟图景：“在我的镇子里，时光是灰暗的。我们没有指挥官，没有士兵，没有神父。你不关心我们吗，父亲？如果你还惦记我 461
们，就派一位执法官来我们中维持和平。我无法再这样生活下去，我有法国血统。”然而这个愿望落空了，参议院否决了条约，因为它没有保证今后美国有购买印第安土地的专有权。代表团两手空空地回家。不过，美国人还将有另一个获得和平的机会。美国收到联盟议会发出的邀请，将于第二年到访下桑达斯基（Lower Sandusky）。[1]

桑达斯基会议从未召开。由本杰明·林肯（Benjamin Lincoln）、蒂莫西·皮克林（Timothy Pickering）、贝弗利·伦道夫（Beverley Randolph）组成的美国代表团到达马修·埃利奥特（Matthew Elliott）的农庄，在经过底特律时，他们停下了，当时莫米河边的联盟议会正

[1] 袭击和俘虏见Wabash Indians... Oct. 27, 1791, no. 20, *ASPIA* 1: 129–135。基卡普人撤退见Articles of Agreement with the Wabash Indians, Mar. 14, 1792, Carter（ed.）, *Territorial Papers*, 1: 375。威人及伊尔河（Eel River）见Putnam to Knox, July 5, 1792, Buell（ed.）, *Memoirs of Rufus Putnam*, 276。会议见Journal of the Proceedings at a Council Held with the Indians of the Wabash and Illinois at Post Vincents（Sept. 24, 1792）, *ibid.*, 335–367, particularly 339–340, 342–343; Speech of Rufus Putnam, Oct. 5, 1792, *ASPIA* 1: 319; A Treaty of peace and friendship...Sept. 27, 1792, *ASPIA* 1: 338–340。关于威尔斯，见Instructions to Wells, Oct. 7, 1792, *ibid*, 370。酋长们到费城见Putnam to Knox, Dec. 20, 1792, *ibid*, 372。按条约俘虏将被放回印第安人中，Putnam to Knox, Feb. 14, 1793, *ibid*, 379; “Narrative of John Heckewelder’ s Journey,” 40, 167–182; Knox to President, Jan. 2, 1794, ASPIA 1: 470。也见R. David Edmunds, “‘Nothing Has Been Effected’ : The Vincennes Treaty of 1792, ” *Indiana Magazine of History* 74（1978）: 25–35。埃德蒙兹（Edmunds）断言沃巴什和伊利诺伊酋长们已经是亲美的，这在拉热斯（La Gesse）和杜夸尼身上成立，但威人、皮安卡肖人、基卡普人及其他族群中的绝大部分人是反美的。数年来他们都袭击肯塔基人和美国军队。签订条约的群体和酋长们见List of Signers of 1792 Treaty, Putnam Papers, v. 2, no. 142，载GLEHA。
西北地区秘书长认为杜夸尼只不过掌控着几十个卡斯卡斯基亚人，他被选为发言人令人意外。印第安人很有可能是因为他的亲美立场而选中他，而不知道that Sargent thought him “of no consequence or Influence and... a monstrous beggarly rascal even for an Indian and an Arrent Paltroon,” 见Sargent to Secretary of War, Oct. 29, 1792, Carter（ed.）, *Territorial Papers*, 1: 413。他在费城对华盛顿的发言见Speeches of John Baptist de Coigne 载H. A. Washington（ed.）, *The Writings of Thomas Jefferson*（New York: Derby & Jackson, 1859）, 8: 178。代表中有两人陪同塞内卡人到下桑达斯基参加计划举行的会议，见Isaac Craig to Henry Knox, June 7, 1793, Isaac Craig Collection, v. 11 A, Carnegie Library, Pittsburgh, GLEHA。下桑达斯基的会议见Proceedings of a General Council of Indian Nations, 30 Sept. 1792... until the 9th day of Oct. *MPHC* 24: 495。

在争论要不要接待他们。焦点在于俄亥俄河界线，最初的易洛魁使者和后来由布兰特领导的联盟酋长代表团都忽略了把它告知美国人，现在它再次成为达成和平的先决条件。布兰特想以马斯金格姆河为界，似乎“有意放弃俄亥俄河北部一些已经开垦的定居点”，据说他已经向国会许诺过要这么做。首席行政官约翰·西姆科（John Simcoe）将布
462 兰特的说法告诉了麦基，并敦促麦基“让布兰特确信团结是必要的”。[1]

界线问题作为美国人和联盟之间的分歧基本上没什么意义，因为美国人将会立即否定以马斯金根河为界，就像他们否定俄亥俄河界线一样。但界线作为联盟内部的派系斗争标志，却非常关键。联盟已经缩小了，现在它更是将自己撕碎。帕特南的条约有效地分裂了沃巴什各村，而由于沃巴什人保持中立，索克人和福克斯人也从联盟里消失了。实际上，联盟已经失去了西侧力量，虽然远处的克里人、切罗基人和加拿大的七大联盟将会给予帮助，但也弥补不了这个损失。在剩下的联盟成员中，莫米河村民愤恨易洛魁人没能在和哈马和圣克莱尔打仗时施以援手，因而反对布兰特。特拉华战争领袖布孔加希拉在会议上“非常粗鲁”地打断布兰特发言——实际上他管布兰特叫骗子——不过他打断别人发言这种公然违背会议礼仪的行为最能说明他的态度。原有的礼仪和象征符号已无法应对联盟内部的紧张状态。稍后，易洛魁人制造了联盟本身的象征，那是“一个贝珠串成的月亮和放有一把勺子的盘子……象征这片土地是大家共有的”，但它没什么

[1] Horsman, “The British Indian Department and the Abortive Treaty of the Lower Sandusky,” 189–213; Horsman, *Expansion and American Indian Policy*, 96–98; Horsman, *Matthew Elliott*, 69–91. 美国的委员会，见 Benjamin Lincoln, Journal of a Treaty Held in 1793 with the Indian Tribes North–West of the Ohio, by Commissioners ofthe United States, *Collections of Massachusetts Historical Society*, 3rd Series, 5: 131–170; Instructions... 26 Apr. 1793, *ASPIA* 1: 340–342; Journal, *ibid*., 342–361; Message to Commissioners, July 31, 1793, *ibid*., 579–585。布兰特原本在界线问题上有些含糊，见 Brant to Clinton, Jan. 1793, Brant Papers 11F133, Draper Mss.; Captain Brant’ s Journal, July 1–23, 1793，载 E. A. Cruikshank（ed.）, *The Correspondence of Lieutenant Governor John Graves Simcoe*, 5 vols.（Toronto: The Society, 1923–31）, 2: 6。引文及西姆科见 Simcoe to Clarke, July 10, 1793, *MPHC* 24: 568–569。此后与英国人和美国人开会的会议记录见 Minutes of a Council ... at Free Masons Hall, Niagara, Sunday the 7th of July, *MPHC* 24: 560。大会和界线见 Speech of Confederate Nations at the Glaize, Feb. 17, 1793, *Simcoe Papers*, 5: 34–35。西姆科的愿望，见 Simcoe to Hammond Aug. 24, 1793, *MPHC* 24: 599–605。肖尼人及界线见 Speeches, Buffalo Creek, Nov. 16, 1792, *ASPIA* 1: 323–324; Speech of Cornplanter and New Arrow to Major Wayne, 8 Dec. 1792, *ASPIA* 1: 337。

用，在一片争吵过后还是没有得到承认。[1]

莫米村民越发自信，反过来疏离了湖区印第安人，也就是底特律 463
村民（除了休伦人）、萨吉诺印第安人、从阿尔布尔克罗什到麦基诺的村庄，还有圣约瑟周边的帕塔瓦米人。他们支持布兰特，主要是他们自己认为莫米村民过于主宰联盟了。实际上，很多湖区印第安人更关注英国"父亲"而不是联盟内的兄弟。萨吉诺印第安人一开始干脆拒不加入议会，后来在英国人的邀请下才加入。布兰特自己将这广泛的分歧归罪于麦基。他援引的说法——布孔加希拉据说宣称麦基中止了派系之间的和解，并说服莫米村民拒绝和解而不是坚持俄亥俄界线。[2]

在把美国人制造为他者的同时，阿尔冈昆人还重新把英国人奉为"父亲"。尽管他们这么做时是带着警惕和犹豫的，但他们别无选择。他们唯一的希望便是英国的援助。卡尔顿长官（Governor Caneton），和他的助理西姆科（Simcoe）以及麦基相信战争不可避免，像父亲该做的那样，努力团结和支持自己的"孩子"。麦基积极干预联盟议会，并反对那些被新英格兰与法国打仗的消息所刺激的法国商人，插手进来敦促与美国议和。安托万·拉塞尔是性情乖僻又常常喝醉的肖尼战争领袖蓝夹克（Blue Jacket）的女婿。他成功说服蓝夹克私自与美国人

[1] 布兰特关于沃巴什印第安人的忧虑见Brant to McKee, May 17, 1793, *Simcoe Papers*, 5: 41。索克人、福克斯人、沃巴什人的缺席见confederation signatories, Lincoln, Journal of a Treaty... 1793, 154–167。克里人和切罗基人代表带来他们已经着手准备向南作战的消息，还得到肖尼人许诺说将会获得英国援助，见Letter to McKee, Feb. 6, 1793, McKee Collection, PAC; McKee to Simcoe, July 15, 1793, *Simcoe Papers*, 5: 58–59。西姆科担心克里人和切罗基人加入联盟会致使和平无望，见Simcoe to Hammond, July 24, 1793, *Simcoe Papers*, 2: 64–65; Simcoe to Clarke, July 29, 1793, *MPHC* 24: 573–575; Simcoe to McKee, July 23, 1793, *Simcoe Papers*, 5: 62–63; Brant to Simcoe, July 28, 1793, *Simcoe Papers*, 1: 401。
反对布兰特及反对易洛魁人的情绪见Brant Journal, June 9, 1793, *Simcoe Papers*, 2: 6。特拉华人对易洛魁人的原本就深怀敌意，这个冬天更是火上浇油，因为有塞内卡人杀死两名特拉华猎人，见McKee to Simcoe, Jan. 30, 1793, *MPHC* 24: 528; Brant to McKee, Mar. 27, 1792, Claus Papers 5: 3, PAC。布孔加希拉见Brant Journal, July 23, 1793, *Simcoe Papers*, 2: 23。关于盘子，见Brant Journal, July 25, 1793, *Simcoe Papers*, 2: 12。

[2] 分歧见Brant Journal, July 23–25, 1793, *Simcoe Papers*, 2: 8–11; Porter to Littlehales, July 5, 1793, *Simcoe Papers*, 1: 376。萨吉诺印第安人见*Simcoe Papers*, 1: 376。萨吉诺印第安人见Schefflin to McKee, Mat 7, 1793, Claus Papers 5: 111–112, PAC。布兰特的分析见Brant to McKee, Aug. 4, 1793, *Simcoe Papers*, 5: 66–67; Brant Journal, Aug. 5, 1793, *Simcoe Papers*, 2: 15–16。

开放和谈，迫使麦基监视着蓝夹克。[1]

464 阿尔冈昆居民要求和谈的先决条件是坚持俄亥俄边界，这搞砸了桑达斯基的大会，但严重分化的联盟本身也无力发动战争。肖尼人唱起战歌并复述英国援助的诺言，但湖区酋长们悄悄去找了布兰特，请他基于马斯金格姆边界向美国人求和。莫米村民确实说服了渥太华人加入他们，请求英国提供援助，但英国人虽然先前做过保证，现在却不想承诺提供援助了。正当西姆科在政策问题上举棋不定时，阿尔冈昆人的迟疑、分歧和无能为力却逐渐加重。韦恩军队的前进及重新发起进攻，使一些湖区印第安战士重回战场，但令英国人失望的是，1794年秋天只有700名印第安人聚集起来对抗韦恩。尽管肖尼人请求他们留下，一听说韦恩的军队由于严冬将至已经撤退，大多数战士便散去了。中尉理查德·英格兰（Richard England）从底特律人中发来消息，以前从来不知道印第安人“这么不团结，韦恩的军队简直没有遇到任何阻碍”。1794年1月，由于一个特拉华派系派使者向韦恩询问和平的条件，莫米河边村民的团结便破裂了。[2]

---

[1] 蓝夹克见England to McKee, July 6, 1793, Claus Papers, 5: 215–216, PAC; England to McKee, July 15, 1793, *Simcoe Papers*, 5: 59; Duggan to McKee, July 17, 1793, Claus Papers 5: 259–260, PAC。关于拉塞尔，见McDonell to McKee, May 3, 1794, *Simcoe Papers*, 2: 227; Journal, Aug. 5, 1793, *Simcoe Papers*, 2: 17。英国政策见Clarke to Simcoe, May 19, 1793, *Simcoe Papers*, 1: 331; Simcoe to Clarke, May 31, 1793, *Simcoe Papers*, 1: 339; Simcoe to Clarke, June 14, 1793, *Simcoe Papers*, 1: 354–355; Simcoe to McKee, June 23, 1793, *Simcoe Papers* 5: 50–51; McKee to Simcoe, July 5, 1793, *Simcoe Papers*, 5: 56; McKee to Simcoe, July 28, 1793, *MPHC* 24: 572–573; McKee to Simcoe, Aug. 22, 1793, *Simcoe Papers*, 2: 34–35; Simcoe to Hammond, Sept. 8, 1793, *MPHC* 24: 507–509。布兰特认为坚持俄亥俄界线的事怪麦基，Brant to Chew, Sept. 26, 1793, *MPHC* 24: 614。西姆科则相信麦基，见Simcoe to Dorchester, Nov. 10, 1793, *Simcoe Papers*, 2: 101–105。

[2] Chiefs of Western Nations to Simcoe, n.d., c. Aug. 1793, *MPHC* 24: 597–599; Simcoe to Hammond, Aug. 24, 1793, *MPHC* 24: 599–605. 英国人显然不愿意冲突，见Dundas to Simcoe, Oct. 2, 1793, *Simcoe Papers*, 2: 81–82。布兰特在回程时想从美国人那里获得和平条件，见Simcoe to Dundas, Sept. 20, 1793, *Simcoe Papers*, 2: 59; Proceedings of a Council, Oct. 10, 1793, *MPHC* 24: 615。齐佩瓦人等见Simcoe to Dundas, Nov. 10, 1793, *MPHC* 24: 623; Meeting... Indians of the Six Nations and their Confederates... Oct. 8 1793, ASPIA 1: 473。湖区印第安人援助奥格拉兹印第安人，见Journal of McKee, Sept. to Dec. 1793, *Simcoe Papers*, 2: 126–129。Smith to McKee, Oct. 22, 1793, Claus Papers 6: 49, PAC。700人见Dorchester to Dundas, Nov. 22, 1793, *MPHC* 24: 625–626。英格兰的话见England to Simcoe, Dec. 14, 1793, *MPHC* 24: 628。特拉华人见McKee to England, Jan. 28, 1794, *MPHC* 24: 631; McKee to Chew, *Simcoe Papers*, 2: 138–139; England to Simcoe, Feb. 2, 1794, *MPHC* 24: 632。肖尼人和迈阿密人拒不听从特拉华代表团，见Report of Captain Elliot, Feb. 11, 1794, *Simcoe Papers*, 2: 152。这是由怀特爱领导的，见Wayne to Indians, Jan. 14, 1794, *Simcoe Papers* 2: 131; Wayne to Delany, Jan. 21, 1794, Wayne Papers, Clements Library。三月，韦恩认为和平是由于间谍的功劳，见Wayne to Knox, Mar. 20, 1794, Richard C. Knopf（ed.）, *A Name in Arms: The Wayne–Knox–Pickering–McHenry Correspondence*（Pittsburgh: University of Pittsburgh Press, 1960）, 311。

由于联盟无法组织起有效的抵抗，这重担便落到英国人身上，而联盟也越来越像个父权制的联盟。1793年秋天，卡尔顿总督向加拿大境内的七大联盟发表了一番日后非常著名的演讲。他说，他认为美国和英国之间的战争已无法避免，而战士们需要划定新的界线。2月中 465
旬，卡尔顿下令在莫米河湍流处重新修建和占领一座要塞，并命令西姆科准备会见韦恩"他将要用武力占领这片土地"，西姆科原先认为，只要印第安人仍然分裂，反抗美国就是不现实的；现在他也想，"也许形势会促使他们团结"。[1]

形势从阿尔冈昆人和欧洲人彼此的边境的中间地带中生起。有个印第安人——多半是个萨满——梦见"他们将获得胜利，就像在此之前一直伴随他们的人一样，并且他们有最高神灵的支持"。导致齐佩瓦人"处在超乎寻常的自信之中……一致决定参战"。阿古希韦，底特律渥太华人中领头的酋长，不再与布兰特站在同一边，并保证抵抗美国；而到了5月，布兰特本人也放弃了谈判，敦促湖区印第安人团结起来抵抗。同时，西姆科首次清楚地表示英国将提供军事援助。四月，部队准备好在布罗德克的村子与皮佩村子之间的迈阿密河湍流处建一座新要塞。这同样将印第安人置于"伟大神灵中"。四月中旬在格兰瑟，艾略特向加拿大的七大联盟重申了卡尔顿的演讲，预测英美之间必有一战以及将会有新的界线。"你们必须，"他们告诉艾略特，"把你们的心思放到正事上，现在我们也很高兴看到你们站在我们的国土上。"来自特拉华人的消息传至密西西比河对岸，说将要出现一个新联盟，西班牙人、南部印第安人，所有人都准备好了团结在联盟周围反抗大刀人。人们的热情重新被唤起，尽管格兰瑟的法国商人劝告印第安人，他们的旧"父亲"昂提奥正在与英国交战，并且很快就会回来。就连很多沃巴什印第安人也

[1] Dorchester to the Seven Nations of Canada, Feb. 10, 1794, *Simcoe Papers*, 2: 148–149; Dorchester to Simcoe, Feb. 17, 1794, *MPHC* 24: 642–643. 二月底，多切斯特认为联盟"破裂"了，见Dorchester to Dundas, Feb. 24, 1794, *Simcoe Papers*, 2: 163，同见*ibid*.. Feb. 28, 1794, *MPHC* 24: 646，但西姆科仍然指望重新团结他们，见Simcoe to Dorchester, Mar. 14, 1794, *Simcoe Papers*, 2: 181–184。迈阿密堡的军队见Simcoe to Dorchester, Apr. 29, 1794, *Simcoe Papers*, 2: 220–222。齐佩瓦人见Simcoe to Dorchester, Apr. 29, 1794, *MPHC* 24: 659–660。

重新考虑他们与美国的和平条约，也打算重新加入联盟。[1]

466 5月初，麦基向印第安事务秘书长约瑟夫·丘（Joseph Chew）汇报说，事情“大幅度地好转”，“印第安族群广泛团结……是即将要发生的事情”。但是，这种团结只是一种重建的欧洲联盟。随着韦恩接近，显然印第安人希望英国人加入他们。事实上，正如奥格莱兹的特拉华人告诉迈阿密要塞指挥官的那样，他们有赖英国人召集起“孩子们”齐聚格莱兹，因为特拉华人自己的联盟已经完全做不到这点了。在麦基诺，指挥官召集起来自阿布尔·克罗什的印第安人和来自麦基诺海峡附件的奥吉布瓦人，并提供装备给他们抵抗美国人。指挥官甚至还召集了一小队从未加入过联盟的梅诺米尼人。[2]

然而该联盟是个幻觉，因为卡尔顿和西姆科并没有什么权力在手，也没准备好满足阿尔冈昆人的期待。西姆科告知卡尔顿：“印第安人仍然暗示他们希望得到英国‘父亲’的协助。”短短几天之内，阿尔冈昆人便不再暗示，而是强迫奥格莱兹的商人和英国官员随他们攻打美国人。他们的努力在里卡弗里堡（Fort Recovery）攻打韦恩的前哨失败。尽管在底特律和奥格莱兹之间大约聚集了2000名战士，但由于特拉华人和其他人拖延，只有1100人可参战。印第安人在要塞外打败了一支美国先遣队，但没能攻下围场。麦基试图把里卡弗里堡之败形容得“无关紧要”，但这次挫败是灾难性

---

[1] 梦·阿古施威见Simcoe to Dorchester, Mar. 16, 1794, *Simcoe Papers*, 2: 189。布兰特并不认为阿古施威的回答是在与自己决裂，见Simcoe to Dorchester, Mar. 26, 1794, *Simcoe Papers*, 2: 194–195。对于布兰特提议的马斯金根河界线，美国人无论如何都只给予“模棱两可”的回答，见Brant to Chew, Mar. 25, 1794, *Simcoe Papers*, 2: 193–194。五月布兰特已经支持开战了，见Brant to McKee, May 8, 1794, *Simcoe Papers*, 5: 86–87。伟大神灵见Duggan to Chew, Apr. 6, 1794, *Simcoe Papers*, 2: 209; Speech of the Shawanese, etc. Apr. 14, 1794, *MPHC* 24: 656。西班牙人见Speeches of the Western Indians, May 7, 1794, *Simcoe Papers*, 2: 231–233。不太妙的是，这个消息将皮安卡肖人和伊利诺伊人单列出来视为大刀人的朋友。法国人见Ironside and Ranald McDonell to McKee, May 3, 1794, *Simcoe Papers*, 2: 227–228。沃巴什人和基卡普人要求重回联盟见McKee to Simcoe, 26 July 1794, *Simcoe Papers*, 2: 344–345。关于要塞，见地图*MPHC* 24: 689。

[2] McKee to Chew, May 8, 1794, *Simcoe Papers*, 2: 234–235. 军队见Duggan to?, May 24, 1794, *Simcoe Papers*, 2: 247–348。英国人的角色见Message Delivered by two Delaware Chiefs, May 25, 1794, McKee Papers, PAC; 麦基诺见Entrés aux conseil les Court Oreilles de l’ Arbre Croches et les Sauteux de la bande de Matchekioieh...28 mai 1794, Claus papers, C–1470, MG 19, F1, v. 6, PAC。Entrés... Conseil les Folles Avoines...11 juin 1794, *ibid*。亦见Doyle to Chew, June 9, 1794, *Simcoe Papers*, 2: 262–263。底特律之外的征兵见England to Simcoe, May 29, 1794, *Simcoe Papers*, 2: 252; McKee to Chew, June 10, 1794, *Simcoe Papers*, 2: 263。

的。不管韦恩怎么说，印第安人的伤亡实际上极少；实际上是美国人的伤亡更重——但正是这一点削弱了印第安人，因为湖区印第安人获得的头皮和俘虏已经“满足了战争带的召唤”，于是印第安人便回家了。这次战役使得印第安人的力量大幅削弱，当时韦恩已经准备重新进攻。[1]

尽管没有人知道，实际上战争在里卡弗里堡结束了。英国的政策在 467
伦敦被阐明，而加拿大的政策由卡尔顿总督、西姆科、麦基和埃利奥特阐明，二者现在完全分道扬镳。在英国，约翰·杰伊（John Jay）打算促成英国撤离各哨所。他向英国人保证，韦恩不会攻击他们，而且这些指令正被送往加拿大以避免他们心生敌意。但在加拿大，阿尔冈昆人的要求变得具体起来，而且西姆科越来越坚信与美国终有一战。小乌龟从里卡弗里堡归来后，就去见底特律的首席英格兰上校（Lieutenant Colonel England）。英格兰认为小乌龟印是“我交谈过的最得体、谦逊和明智的印第安人”，小乌龟要两尊大炮、20个人，好重新攻打里卡弗里堡，并说，没有这些的话，印第安人就“只好放弃阻止美军前进的计划”。西姆科通知英国内阁的战争部长亨利·邓达斯（Henry Dundas），“绝对必须加大援助，好攻下里卡弗里堡，可以的话还要攻下杰斐逊堡”。[2]

随着韦恩向莫米河开进，显然他所做的比不上英国人做的事那么管用，因为只有英国人能够联合印第安人并装备他们。跟随小乌龟到达底特律的怀恩多特人要求英国人兑现承诺：“让你们的战士来帮助我们，如果你们不这么做，我们就再也不能上战场了。”几天后，这些印第安人放弃了奥格莱兹的村庄，重新居住在迈阿密河急流的英国的新要塞附近。现在美国人的新一轮攻击几乎要发生在英国卫戍部队眼皮

---

[1] Diary of an Officer, *Simcoe Papers*, 5: 90–94. 其他观点见 England to Simcoe, June 19, 1794, *Simcoe Papers*, 2: 278–279; Simcoe to Dorchester, June 15, 1794, *Simcoe Papers*, 2: 228; McKee to Simcoe, July 5, 1794, *Simcoe Papers*, 8: 95–96; McKee to Chew, July 7, 1794, *Simcoe Papers*, 2: 310。伤亡见 Duggan to Chew, July 10, 1794, *Simcoe Papers*, 2: 317. La Mothe to Chew, July 19, 1794, *WHC* 18: 442。关于韦恩的辩解，见 Wayne to Knox, July 7, 1794, Knopf（ed.），*A Name In Arms*, 345–349。

[2] Dundas to Simcoe, July 4, 1794, *MPHC* 24: 679; Dundas to Dorchester, July 5, 1794, *MPHC* 24: 679–682. 确保安全见 Grenville to Hammond, July 15, 1794, *MPHC* 24: 691。小乌龟见 England to Simcoe, July 22, 1794, *Simcoe Papers*, 2: 334。要塞见 Simcoe to Dundas, Aug. 5, 1794, *Simcoe Papers*, 2: 353–354。必有一战见 Simcoe to McKee, Aug. 6, 1794, *Simcoe Papers*, 5: 99; Simcoe to England, Aug. 19, 1794, *Simcoe Papers*, 2: 392–393。

子底下了，印第安人希望在底特律民兵的帮助下反击美国人。[1]

联盟的终结，以及当时似乎包括英国联盟的终结，是一个令人扫兴的结尾。1794年8月20日上午，几百名印第安人和一些英国民兵与
468 亚历山大·麦基领导的美军在莫米河边的住处附近交战。印第安人主力离后勤供给处有几英里远。印第安人击退了美军的先遣部队，给他们造成严重伤亡，但当他们遭遇美军主力时却不得不因为缺乏增援而撤退。印第安人队伍发现自己被侧翼包抄了。小水獭和阿古希韦以及两个领头的渥太华领袖受伤了，还有几个休伦酋长死了，印第安人士气大跌，于是撤退。但真正的失败是在撤退之后，当印第安人退回迈阿密堡时，卫戍部队让他们吃了闭门羹，并拒不增援。

在10月份的会议上，酋长们请求英国人帮助他们攻打美国哨所；西姆科并未保证提供援助，只是许诺下次美军接近英国哨所时英军会开火。有些远征队出动了，但人们认为，虽然西姆科许下诺言，但英国人根本不会援助印第安人了，因此印第安人越发泄气。一个肖尼人说，在欧洲，法国很可能要打英国了。蓝夹克认为英国人一点也不顶用。别的印第安人也怀疑英国与美国合谋要将印第安人赶出这片土地。印第安人打算与美国人妥协。[2]

---

[1] A speech delivered to Colonel England, Aug. 6, 1794, *Simcoe Papers*, 2: 357. 突袭见McKee to England, Aug. 10, 1794, *Simcoe Papers*, 2: 365; Examination of a Shawnee Prisoner, Aug. 11, 1794, *Simcoe Papers*, 2: 366–367。英格兰确实召集了民兵，见England to Simcoe, Aug. 14, 1794, *Simcoe Papers*, 2: 374–376; England to Baby, Aug. 20, 1794, *Simcoe Papers*, 2: 395。

[2] Fallen Timbers, Campbell to England, Aug. 20, 1794, *Simcoe Papers*, 2: 395–396; McKee to Chew, Aug. 27, 1794, *Simcoe Papers*, 3: 7–8. 法国民兵结果不听话又无用，见England to Simcoe, Aug. 23, 1794, *Simcoe Papers*, 2: 414; Wayne to Knox, Aug. 28, 1794, Knopf（ed.）, *A Name In Arms*, 351–355。英格兰谴责印第安人留下毫无防护的迈阿密堡，见England to Simcoe, Aug. 24, 1794, *Simcoe Papers*, 2: 419。有些白人确实与印第安人并肩作战，见Simcoe to Hammond, Nov. 10, 1794, *Simcoe Papers*, 3: 179–180。请求援助见Simcoe to Duke of Portland, Oct. 24, 1794, *Simcoe Papers*, 3: 147。西姆科的许诺见Simcoe' s Reply to the Indian Nations, Oct. 13, 1794, *Simcoe Papers*, 3: 121–125。肖尼人见Smith to McKee, Oct. 11, 1794. *Simcoe Papers*, 5: 112–113。士气大跌见England to Simcoe, Aug. 30, 1794, *Simcoe Papers*, 3: 20–22; Simcoe' s Diary of a Journey to the Miami' s River, Sept. 28, 1794, *Simcoe Papers*, 3: 99–100。Brant to Chew, Oct. 22, 1794, *Simcoe Papers*, 3: 140–141; W. Chew to J. Chew, Oct. 24, 1794, *Simcoe Papers*, 3: 150; Smith to McKee, Oct. 28, 1794, *Simcoe Papers*, 5: 118。远征队见Smith to McKee, Oct. 14, 1794, *Simcoe Papers*, 3: 106–107。合谋见Simcoe to Duke of Portland, Oct. 24, 1794, *Simcoe Papers*, 3: 145–146。法国人积极奔走，想让印第安人反对英国人，见McKee to England, Nov. 18, 1794, *Simcoe Papers*, 3: 183–184。韦恩请求谈判见Wayne to Western Indians, Sept. 12, 1794, *Simcoe Papers*, 3: 79–80。

第十一章

善　政

直到18世纪末……本土印第安族群仍然被相互竞争的欧洲列强视为盟友来争取……印第安人仍然是独立的军事和政治行动者——按照当时的说法，得到这些民族的支持必须向他们供应货物结果，印第安人和欧洲人之间的商品及服务交换更像是送礼而非商品买卖。

——埃里克·沃尔夫《欧洲与没有历史的人民》

（Eric Wolf, *Europe and the Pebple Without Mistory*）

既然我们比他们更强大、更开化，我们的民族就有责任仁慈乃至慷慨地对待他们。值得反思的是，比起墨西哥和秘鲁的殖民者来，我们的种群模式对印第安土著更具毁灭性。证据就是在美国人口最多的地方，几乎所有印第安人都完全消失了。对于这种种族灭绝的原因，未来的历史学家可能会在记录的时候带有沉重的色彩。

——亨利·诺克斯致总统，1794年12月29日

（Henry Knox to the president, December 29, 1794）

根本上，白人的同情心比他们的敌意更加致命。慈善铭记了整个种族的消失。

——伯纳德·西恩《灭绝的种子》

（Bernard Sheehan, *Seed of Extinction*）

一

本杰明·林肯于1793年写了一份日志，在他试图与印第安联盟缔结和约无果后，他还记录了《圣经》是如何印证了高地的未来。林肯是新英格兰人，他在美国革命中表现卓越，还粉碎了随后的夏依叛乱，但他对印第安人的事没什么经验。他其实不知道印第安人如何生活。诸多村庄周围广大的玉米地、牛群、马群和猪群对他来说是陌生的。印第安人是猎人。他也不知道高地的印第安人数量在18世纪晚期很可能在增长，而根据他所理解的《圣经》，林肯推断印第安人一定是消失了。林肯并不讨厌印第安人；他认为不必怀有厌恶情绪。他的逻辑预
470 示了针对19世纪正在消失的印第安人的惯常逻辑。上帝已经预言了地上必住满人类，并且“在高质量的土地上打猎将不被允许”。因此，“如果野蛮人不能变得文明，并抛弃他们现有的追求，他们便会因为自身的顽固而渐趋衰落”。印第安人是以实玛利（Ishmael）的孩子；美国人则是亚伯拉罕（Abraham）的孩子，他们并没有共同的父亲。[1]

林肯的推论基于一种帝国的仁慈，使得在协调、拯救印第安人的同

---

[1] Lincoln, Journal of a Treaty... 1793, Collections of the Massachusetts Historical Society, 3rd Series, 5: 139. 继17世纪的瘟疫之后，湖区周边及上密西西比河谷的族群实际上人口增加了。至少在18世纪70年代至80年代，迈阿密联盟中的各个族群人口似乎已经稳定下来，当时英国人统计了774名威人和迈阿密人的战士，外加200名皮安卡肖人。奇怪的是——并且这对人口进一步增长不是个好兆头——他们以及所有高地族群，男人比女人多。18世纪前半叶，随着迈阿密人稳定下来以及新的族群（特拉华人、肖尼人、明戈人、麦斯科顿人、基卡普人，还有少量渥太华人、怀恩多特人和帕塔瓦米人）迁入，这一带的人口仍然在增长。俄亥俄河谷及迈阿密人的数据见De nombrement des Indiens résidents des le district du Détroit pour l' année 1782, Haldimand Papers 21783。这次人口调查共计人11, 403名印第安人，包括休伦人、渥太华人、齐佩瓦人、帕塔瓦米人、迈阿密人、威人、皮安卡肖人、明戈人、特拉华人、基卡普人、麦斯科顿人，涵盖地区包括自底特律至俄亥俄河南岸的圣约瑟和自底特律西至沃巴什地区。

鉴于战争中男人死亡率更高，女性的数量就更令人吃惊了。这也许是人为因素，可能是调查员更多地关注战士；也可能揭示了其他因素，比如女性死亡率更高、杀死女性，或者是她们普遍外嫁给欧洲人。只有奥吉部瓦人中女性明显多于男性，而他们也是这些族群中接下来两个世纪中里人口保持得最均衡的。

提及玉米余粮、怀恩多特人，见Gladwin to Amherst, Dec. 3, 1763, Amherst Papers, Clements Library, 7: 96。圣约瑟见Burnett to Meldrum, May 14, 1786, Burnett to Hands, May 25, 1786, Wilbur M. Cunningham（ed.）, *Letter Book of William Burnett*（Fort Miami Heritage Society of Michigan, n.d.）。阿尔布尔克罗什的渥太华人，见see Burnett to Hand, Feb. 6, 1791, *ibid*。

正在消失的印第安人见Brian W. Dippie, *The Vanishing American: White Attitudes and U.S. Indian Policy*（Middletown, Conn.: Wesleyan University Press, 1982）。

时，夺走他们的土地成为可能。不同于仇视印第安族群的人，林肯假设印第安人能够改变，但改变只能是单向的。印第安人无权拒绝进步，他们除非能够变得“更加勤劳”，不然就要面对死。他们的死亡会成为万物注定的神圣秩序的一部分，因此林肯能够平静地看着他们灭绝。[1]

伐木之战之后十多年里，打着林肯个人烙印的帝国仁慈已在高地全面展开。尽管伐木之战后英国立即支援印第安人，英国在高地的影响力还是 472
陡降。英国物资并不能抹去国王的士兵对撤退的印第安人关闭迈阿密要塞的记忆。英国的援助并不能弥补法国人大规模叛逃到美国人一方的事实，也不能弥补《杰伊条约》的影响，正是该条约保证了英国撤离迈阿密河、底特律和麦基诺的哨所。韦恩利用《杰伊条约》来使印第安人同意《格林维尔条约》，《格林维尔条约》割让了除俄亥俄州西北角的所有领土给美国人，并在仅存的印第安保留区内保障了美国的军事用地。[2]表面上韦恩与印第安联盟谈判，使篝火会议恢复到了布朗斯敦，但实际上他是与争吵不休、不断恶化的村民群体谈判，这导致不同村庄派出各自的使团想要与韦恩谈判。大会内部不断产生分歧。尽管桑达斯基的怀安多特人领袖塔尔希和肖尼人领袖红柱都声明“伟大神灵授权我们共同拥有这片土地”，会上的印第安人还是公开争夺各自的所有权。会上的印第安人要求韦恩选择哪个族群能够代表他们整体，并争论将要割让的土地的所有权，怀安多特人、特拉华人和肖尼人甚至要求韦恩监督他们划分土地。到这次缔约会议结束时，

---

[1] Lincoln, Journal of a Treaty... 1793, 141. 对这种仁慈的复杂性所做的最佳评述是Bernard Sheehan, *Seeds of Extinction: Jeffersonian Philanthropy and the American Indian*（Chapel Hill: University of North Carolina Press, 1973）。

[2] 对谈判的描述可见Harvey Carter, *The Life and Times of Little Turtle: First Sagamore of the Wabash*（Urbana: University of Illinois Press, 1987）, 145–155。条约及大会见*American State Papers, Indian Affairs*, 2 vols.（Washington, D.C.: Gales and Seaton, 1832–1834）, 1: 562–583，此后被称为 *ASPIA*。《杰伊条约》见*ibid.*, 573。单独的求和姿态以及分歧，塔尔河下的怀安多斯，见Wayne to Knox, Dec. 23, 1794, Richard C. Knopf（ed.）, *A Name in Arms: The Wayne–Knox–Pickering–McHenry Correspondence*（Pittsburgh: University of Pittsburgh Press, 1960）, 370。与齐佩瓦人、渥太华人、帕塔瓦米人、索克人、迈阿密人初步签订的条款见Wayne to Knox, Feb. 12, 1795, Knopf（ed.）, *A Name in Arms*, 384。亦见Wayne to Pickering, Mar. 8, 1794, *ibid.*, 386–387。酋长们要求美国立即承认其地位，韦恩提到这件事但他并不能完全理解，见*ibid.*, 390。法国人见Information of Paul St. Bernard, Jan. 24, 1795, E. A. Cruikshank（ed.）, *The Correspondence of Lieutenant Governor John Graues Simcoe*, 5 vols.（Toronto: The Society, 1923–1931）, 3: 272; Burke to Little Hales, May 27, 1795, *Simcoe Papers*, 4: 19–23; Brant to Butler, June 28, 1795, *Simcoe Papers*, 4: 33。R. G.英格兰上校仍然想让印第安人效忠英国，见England to Simcoe, Sept. 8, 1795, *Simcoe Papers*, 4: 91–92。

当美国人到来时，休伦和底特律（如图中所示1804年的景象）已经是欧洲-印第安人一个多世纪以来在中间地带调解的产物（威廉·克莱门茨图书馆藏）

红柱、布孔加希拉以及齐佩瓦酋长马希平纳希维均乐意美国人做他们的红柱"父亲"。尽管美帝国释放善意，它也至多是个吃人的"父亲"，会吞噬它的印第安"孩子"，但对多数阿尔冈昆人来说，让美国人像个阿尔冈昆"父亲"那样行事似乎是重新团结高地的唯一手段。[1]

然而阿尔冈昆人已经失去了迫使美国人扮演他们"父亲"的能力。尽管乔治·华盛顿接受了"父亲"的称号，以及美国人设立了年金制度和开始看到调停印第安人争端的好处，但美国人再也不怕印第安人了。联 473
邦政府将"爱国"机制用到了其他地方：官员想要在村民中建立统治，包括印第安人和白人村民，然后将村落世界当作更长远进程中的暂时阶段。那些村民，不管是不食人间烟火的处在神话边缘的村民，还是拒绝变成农夫的印第安人，都将如林肯所预料的那样，无可选择，只能消失或迁移他处。国会通过《贸易通商法令》（Trade and Intercourse Laws）控制边境白人，同时依靠和平条约和政府的贸易屋来转化印第安人。尽管这些措施没有发挥此处预期的作用，尽管边境的仇视印第安族群人士造成了严重恶果，而且愤怒的印第安战士们反抗割让并为了杀戮复仇，然而联盟对印第安人的这些政策还是一直持续到了19世纪20年代。[2]

---

[1] 父亲见Minutes of Treaty, 10 June... 10 Aug. 1795, *ASPIA* 1: 581–582; Letter of Simcoe, Mar. 2, 1794, CO 42/22。美国愿意承认不同村庄的利益都是"混在一起"的，因而必须把他们作为一个整体对待，见Pickering to Wayne, Apr. 8, 1795, Knopf（ed.）, *A Name in Arms*, 396–397。遴选发言人见Minutes of Treaty, 10 June... 10 Aug. 1795, *ASPIA* 1: 568; 土地见569–571, 581。分歧见A Sketch of a Speech from the Wyandot Chiefs... 10 Oct. 1794, *ASPIA* 1: 548, Messages, Speeches and letters from Sandusky and replies, Sept. 17–27, 1794, *ASPIA* 1: 525–527。

[2] 华盛顿做"父亲"见Washington to Chiefs and Warriors... of the Wiandots, etc., Nov. 9, 1796, Wayne Papers, Clements Library。调解，见McHenry to Confederated Indian Nations, Dec. 2, 1796, Cass Papers, Clements Library; St. Clair to Secretary of War, Apr. 8, 1801, Clarence Carter（ed.）, *The Territorial Papers of the United States*, 28 vols.（Washington, D.C.: Government Printing Office, 1934–1975）, 3: 129; Dearborn to Harrison, July 3, 1802, National Archives, War Department, Records of the Office of the Secretary of War, Letters Sent, Indian Affairs, Volume A, M 15, roll 1（hereafter cited as National Archives, WD, SO, LS, IA）。1800年，驻军指挥官收到命令，不要供给印第安人物资，只除了"对于旅人的必要施舍"见Secretary of War to St. Clair, Apr. 25, 1800, Carter（ed.）, *Territorial Papers*, 3: 83。
美国政策的含义见Francis Paul Prucha, *The Great Father: The United States Government and the American Indians*（Lincoln: University of Nebraska Press, 1984）, 89–114。
关于仇视情绪及杀害印第安人有一个臭名昭著的案例，见Harrison to Secretary of War, July 15, 1801，载Logan Esarey（ed.）, *Messages and Letters of William Henry Harrison*, in vol. 7 of *Indiana Historical Collections*（Indianapolis: Indiana Historical Commission, 1922）, 25。印第安人对杀人事件感到愤怒，见Harrison to Pierce, July 1806, *ibid*., 191–192; Harrison to Jefferson, July 5, 1806, *ibid*., 195–196。亦见*Moses Dawson, A Historical Narrative of the Civil and Military Services of Major General William H. Harrison*（Cincinnati, Orio: Moses Dawson, 1824）, 45。联邦的挫败见Secretary of War to Harrison, July 17, 1806, National Archives, WD, SO, LS, IA, B: 240。

杰斐逊对印第安的政策是主张印第安人和白人在高地共存，但不是在中间地带共存。杰斐逊想让印第安人变成美国人的一分子，并且在文化上与美国人一致。其中关键就在于劳动和财产。他这样告诉特拉华人：

> 一旦你们有了财产，你们就会想要法律和执法官员来保护你
> 474 们的财产和人身安全，并惩罚犯罪的人。你们将会发现，我们的法律切合于这个目标。你们将会希望生活在其之下，将会与我们团结在一起，并加入我们伟大的议会，与我们成为同一种人民——我们都是美国人。你们将会与我们通婚，你们的血将在我们的血管里奔流，并随之遍满这个大洲。

这是融合政策加上帝国态度的善政，它在某种程度上是圆了一些早期法兰西帝国主义者的梦。这让杰斐逊“相信我们是在尽力为了他们好”，即便他要求越来越多的土地。在杰斐逊主导下，原先在格林维尔划定的永久界线变成暂时性的存在。1800年后，总统鼓励他手下的新印第安纳区（Indiana Territory）长官威廉·亨利·哈里森从印第安人那里接收更多土地，哈里森也很乐意这么做。哈里森玩弄村民们使之互相争斗，从而获得大量割地。因为一个村往往包括几个不同部落，而不同部落又可能共同拥有一块地方，所以几乎不存在一个集团能够专有一块土地的情况。如果哈里森成功劝说一个集团的代表们同意割地，除非其他集团也一并同意，不然很可能得不到任何土地补偿。[1]

---

[1]　见Sheehan, *Seeds of Extinction*, 119–128; 关于土地，见171。对杰斐逊观点的简明概述见Jefferson, Message to Congressman. 18, 1803, *ASPIA* 1: 685。亦见Jefferson to Miamis, Powtewatamies, and Weeauks, Jan. 7, 1802, H. A. Washington（ed.）, *The Writings of Thomas Jefferson*（New York: Derly & Jackson, 1859）, 8: 34–35。长段引文见Jefferson to Delawares, Dec. 1808, Esarey（ed.）, *Harrison Messages*, 333。哈里森的条约见*ASPIA* 1: 687–697。这些条约中最著名的是和杜夸尼率领的卡斯卡斯基亚人残部签订的，据美国人说1796年他们总共只有30名男子、女人和孩子，但他们却在1803年将南伊利诺伊割让给美国，见Articles of a Treaty between... the United States.... and the head chiefs and warriors of the Kaskaskia tribe of Indians, Aug. 13, 1803, *ASPIA* 1: 687; Sargent to Secretary of State, Sept. 30, 1796, Carter（ed.）, *Territorial Papers*, 1: 576; Harrison to Secretary of War, Feb. 26, 1802, Esarey（ed.）, *Harrison Messages*, 45。杰斐逊将这种割让说成是美国人施惠于印第安人，让后者可以用岁入来更好地发展他们剩下的土地。见Jefferson to Little Turtle, Dec. 1808, National Archives, WD, SO, LS, IA, B: 201。

在英国人最初尝试把他们的盟友置于加拿大界线一边的尝试失败后，他们便相对镇静地看着美国人以印第安人为代价进行扩张。英国人希望与大湖区的美国邻居保持良好关系。1795年初，亚历山大·麦基看出了英国政策的逐渐变化，担心“为我们长期作战、抛洒热血的可怜的印第安人处于困难境地，面对美国的和解将毫无防御能力，被迫自我改变——但那些居住了较长时间的人很可能有理由反对如此目光短浅的政策措施”。老一辈代理人如埃利奥特、格蒂家族、麦基都已失去影响力。总督西姆科中尉批评他们“缺乏教育，只在乎各自部落 475
的事务，并且将其与自己的事务相关联，他们不道德的习惯，懒散和堕落似乎源于跟他们关系密切的人”。如同曾经发生在法国人身上的那样，战败使得英国高级官员对中间地带感到幻灭。他们削减了礼物和物资供应，尽量使印第安人保持分崩离析的状态，并将和旧盟友们的接触频率减至最低，以削减开支。旧盟友们则自比为孤儿，然而他们仍然需要英国从中调停以及英国的礼物。[1]

打破这种政治平静的危机发生在该世纪的最后几年。受到路易斯安那州卖给法国的激励，1798年至1799年间传出昂提奥已经归来的谣言，还说他跟南部印第安人一道沿密西西比河上溯至高地。英国人认为自己是这桩莫须有的阴谋的目标，美国人则认为这是英国人在谋划发动一场针对他们的印第安战争。肖尼村民召开会议，以求重振联盟

---

[1]　这段时期的英国政策见Reginald Horsman, *Matthew Elliott, British Indian Agent*（Detroit: Wayne State University Press, 1964）, 104–156，尤其是155。亦见Prescottto Russell, Sept. 28, 1797, Lt. Governor' s Office, Upper Canada, 1796–1816, 1: 92, Public Archives of Canada（hereafter cited as PAC）。1797年10月只有167名印第安人重新定居，见Return of Indians... at the Chenail Ecarte, Oct. 26, 1797, *MPHC*20: 564。麦基的话见McKee to Chew, Mar. 27, 1795, *Simcoe Papers*, 3: 335。西姆科的话见Simcoe to Duke of Portland, Feb. 17, 1795, *Simcoe Papers*, 3: 302。布兰特发现，他同意老对头麦基的说法，即印第安人再度“陷于困境”，见Brant to Chew, Jan. 19, 1796, *Simcoe Papers*, 4: 178。英国的印第安部门首长约翰·约翰逊先生认为印第安人是咎由自取，他们“卖掉了国土，也无法向我们索赔”，见Chew to McKee Oct. 17, 1796, Supt. General' s Office, v. 10, Sir John Johnson Correspondence, PAC, IA, RG 10。开始削减物资见Johnson to Selby, Dec. 30, 1796, Claus Papers 7: 296–297, PAC; McLean to Johnson, May 24, 1799, *MPHC*20: 633; Claus to Green, Sept. 14, 1801, Lt. Governor' s Office of Upper Canada, 1796–1816, v. 1, Indian Affairs, RG 10, PAC。保持分裂见Duke of Portland to Hunter, Oct. 4, 1798, *MPHC*20: 665。起初美国人怀疑英国人的动机，Sargent to Secretary of State, Sept. 30, 1796, Carter（ed.）, *Territorial Papers*, 1: 579–580。孤儿见Message of Ottawas to John Johnson, June 17, 1797, with Prescott to Russell, June 22, 1797, Lt. Gov. of Upper Canada Correspondence, 1796–1806, 1: 48, PAC。

并要求更改《格林维尔条约》。美国人谴责麦基挑起了这场危机，但麦基在1799年1月去世。由于法国军队从未成形，拿破仑又将路易斯安那割州让给美国，风波遂平。[1]

476 在接下来的几年里，政治上风平浪静，但《格林维尔条约》还是造成经济和环境方面的广泛变迁。在俄亥俄州美国居民是这些变迁的主要推动者。而在高地深处，是英国贸易公司在改造它的土地和人民。由于社会，经济和环境的巨变，自易洛魁战争创造了这片区域以来《格林维尔条约》签订后的十年里高地发生的变化比任何时候都大。

二

联盟和商业早就联系在一起，并且长期以来都是高地中间地带的支柱之一。起初欧洲人同意结盟与贸易相结合，因为印第安人只会跟盟友做生意，但到18世纪早期，这种结合的根本逻辑已经改变。欧洲诸帝国之所以还维持着这种结合，是因为没有贸易的话联盟就会冲散。英国帝国主义者和以前的法国一样，发现维持这种结合的代价很大。所以，革命后英国谈判者放弃了他们的盟友和哨所，转而接受了预期中的牺牲与阿尔冈昆人直接交易，因为“与每年兵站和卫戍部队的花销比起来，每年从毛皮贸易中获得的利润微不足道”。尽管目前是美国人获得毛皮，但英国人相信毛皮自会流入伦敦的百货商场。加上美国本身缺乏工业，因此英国商品在印第安村庄仍然会有市场。尽管放弃了一部分贸易利益，但英国人认为他们把自己从昂贵的负担中解放出

[1]　针对加拿大的阴谋，见Prescott to Russell, Oct. 5, 1798, Lt. Governor' s Office, Upper Canada 1796–1816, v. 1, PAC。麦基确曾试图在美国印第安人中重建联盟，但它反对这种法国和西班牙的威胁，见McKee to Selby, Jan. 10, 1799, Dept. Superintendent General' s Office, v. 26, IA, RG 10, PAC; Instructions to Joseph Jackson, Jan. 15, 1799, Claus Papers 8: 71–72, PAC。肖尼人与联盟，见Brant to Russell, Jan. 27, 1799, Lt. Governor' s Office, Upper Canada, 1796–1816, v. 1, PAC。麦基之死见J. Selby to Russell, Jan. 18, 1799, *ibid*。1799年的危机见Secretary of State to British Minister, Apr. 30, 1799, Carter（ed.）, *Territorial Papers*, 3: 22; St. Clair to Pickering, *ibid*., 3: 28–29。亦见*ibid*., n. 97。割地与谣言见Powell to Askin, May 11, 1798，载Milo Milton Quaife（ed.）, *The John Askin Papers, 1747–1820*, 2 vols.（Detroit: Detroit Library Commission, 1928–1931）, 2: 139。

来了。[1]

尽管英帝国整体层面不太在乎失去了直接的毛皮贸易，但将高地大部分土地割让给美国还是威胁到了搜集毛皮的人们。其中最受影响的是蒙特利尔商人，大部分的苏格兰商人——麦吉尔人弗罗比舍人，麦克雷人，麦克塔维什人等——加拿大被征服后他们就住在了那里。他们与英格兰的商行的上高层联系，获取许可的商品，使得他们在蒙 477
特利尔的法国竞争者面前获得不可估量的优势，并很快取代法国人成为大湖区的供货商。在这贸易链条的中间一环——较小的商人及他们在麦基诺和底特律的上级——也鲜有法国人。其中不只是苏格兰人，还有苏格兰-爱尔兰人、英国人和少量犹太商人也被纳入法国人的阵营。只有在这链条的最后一环——把商品带到印第安村庄，法国商人才仍占优势。[2]

美国革命后，蒙特利尔商人徒劳地敦促英国政府改变条约并保留哨所，当情势愈加不利时，他们就拖延着不肯搬出哨所，并支持印第安人反抗美国。英国人迟迟不撤出底特律和麦基诺，这并未保护高地南部的毛皮贸易。战争中断了狩猎，毛皮贸易量逐渐减少，牵涉其中的商人承受了巨大损失。[3]

毛皮贸易的核心部分逐渐朝北部和西部迁移，并且新兴的贸易公司主导了密西西比河上游地带。长久以来这里是高地上最边缘的地区，但也是毛皮资源最丰盛的地方，这里的毛皮昂贵且难以收集。因而小

---

[1] 讨论见A. L. Burt, *The United States, Great Britain, and British North America from the Revolution to the Establishment of Peace after the War of 1812*（New Haven: Yale University Press, 1940）, 21–35, 83–85, dust quote 34。对于美国人的贸易与联盟之间的持续联系，见Extract of James Madison' s Speech... Opposing the Ratification of the Treaty with Great Britain, Apr. 6, 1796, *Simcoe Papers*, 4: 236。

[2] 英国与苏格兰的商人见E. E. Rich, *The Fur Trade and the Northwest to 1857*（Toronto: McClelland & Stewart, 1967）, 133。Wayne E. Stevens, *The Northwest Fur Trade,* 1763–1800, Illinois Studies in the Social Sciences, vol. 14, no. 3（repr., Urbana: University of Illinois Press, 1928）, 122–125。

[3] Burt, *The United States, Great Britain and British North America*, 84–105. Stevens, *The Northwest Fur Trade*, 68–98, 168. 18世纪70年代贸易运行的情况见Memorandum relative to the Fur Trade in the Upper Country, c. Mar. 1777, *MPHC*10: 272–274。在美国革命最后几年里扩大规模见Stevens, *The Northwest Fur Trade*, 65。1778年至1782年的数据见Annual Imports of Skins from Canada, CO. 42/17: 91。到1784年，麦基诺及其所有附属地每年共产出毛皮约4000包，见Robertson to Haldimand, Aug. 5, 1784, *MPHC*11: 442。战争造成的损失见Merchants Trading at Detroit to Johnson, Aug. 10, 1791, *MPHC*24: 305–306; Simcoe to Dundas, Aug. 12, 1791, *Simcoe Papers*, 1: 50。

商人很难开发这些地区。蒙特利尔的商人们彼此合作，也和麦基诺最重要的商人合作，试图在此地乃至资源更为丰富的加拿大地区形成垄断。蒙特利尔商人既是商品和信贷流向西部的阀门，也是毛皮流向英国的管道。高地所有实际意义上的商人，从亚历山大·亨利这样的英国人到法国商人，都仰赖蒙特利尔商人，至少周期性地向他们借债。1783年至1784年那个冬天，领头的蒙特利尔商人与领头的麦基诺商人整合资源，成立西北公司（Noth West Company）——与其说它是个公司，不如说它更像是扩大化的合作关系。

478 西北公司及其盟友、竞争对手们的成长最终改变了高地西北部村落中英国人、法国人和阿尔冈昆人的社会关系。最终西北公司在作为商业公司的同时也会像政府一样行事，但一开始它还是需要英帝国的协助。1787年10月，为了终结阻碍密西西比河上游毛皮贸易的战争，英国官员及其代理人应商人之请，将苏人、福克斯人、索克人、梅诺米尼人、齐佩瓦人和渥太华人召集起来，举行会议。尽管这次大会最终演变为商人和英国官员之间的混乱纠葛——他们都指责对方使诈，为了自身利益而企图操纵村庄政治——这仍然是一位“父亲”在努力调解他的“孩子们”。不过，商人们需要英帝国的服务，并不意味着他们欢迎英帝国的监管——尽管它并没有多大的作用。1790年，蒙特利尔商人设法废除了1777年的贸易法令，由此终结了贸许可制度，酒类贸易实际上不再受限。[1]

只有高地边缘——苏必利尔湖区和密西西比河上游的排水地带——属于西北公司的影响范围，不过西北公司希望成为这些北方土地的最高统治者。1793年该公司在苏必利尔湖上有三艘轮船，在休伦湖、伊利湖和密歇根湖上还有若干单桅帆船。这些船只将货物运往大

[1] 调解见Indian Council Michilimackinac, July 11, 1787, *MPHC*11: 490–496; Representation of Merchants, Aug. 10, 1787, *MPHC*11: 497–499; Extracts from Mr. Dease' s Journal, *MPHC*11: 499–501; Report of Joseph Ainse, Aug. 16, 1787, *MPHC*11: 501–506; Proceedings of Court of Inquiry, Junes–July 1788, *MPHC*11: 541–577。西北公司见Stevens, *The Northwest Fur Trade*, 140–141。废除法令见Stevens, *The Northwest Fur Trade*, 118–119; An Act... to Promote the Trade in the Western Country, *MPHC*24: 204–205。亦见Memorial of Montreal Merchants, Oct. 26, 1790, *MPHC*24: 111–113。

波蒂奇（Grand Portage），再由独木舟队将货物运至北部和西部。1795年，西北公司控制着加拿大近八成的毛皮贸易，只留下两成给较老的更北部的哈得孙湾公司（Hudson' s Bay Company）；剩下的就是独立商人的份额。1798年重组时，西北公司有50名职员、71名翻译、1120名船工及35名向导，其中多数是法国人或法裔混血儿。[1]

西北公司的崛起也促使其他联合公司出现。其中最重要的是1798年由独立的蒙特利尔商人和意见不同的西北公司职员组建的XY公司（XY Company）。这些不同公司表明了同一种巩固贸易意愿。他们从未做到完全赶走竞争者，但他们确实把竞争拓展到了规模更大的集团之
间。1777年至1790年间，获得许可从蒙特利尔运送货物到上游地区的 479
个人和公司数量减少了大约一半。这种现象已经持续了一个世纪，一个世纪前，只拥有一条独木舟装货的小商人占了贸易的绝大多数，但是到1790年，这种商人仅剩一个。[2]

随着各公司涌入联盟衰落留下的真空地带，对交易进行巩固和理性化就显得越来越重要。理性化的意思是，首先要使毛皮贸易从错综复杂又花费不菲的社会关系中脱离出来。西北公司那些雇用了法国船工和翻译的中产阶级经常抱怨他们的雇员对印第安人太温柔了。他们认为船工和翻译对自己的亲友太慷慨，很容易地满足他们的需求。亲属关系促进了交易，但也同样使商品作为礼物流向亲属。公司高层向一线销售人员施压，要求削减礼物开支。他们希望把贸易伙伴清楚的作为顾客而不是亲戚来对待。公司试图将礼物算作借贷，还想用信贷制度迫使猎人用劳役偿债，但在1812年前这些举措都没有成功。[3]

这些公司只取得了有限的成功，首先，因为公司之间存在竞争；其

[1] 贸易详情见Stevens, *The Northwest Fur Trade*, 120–143。雇员见*ibid*., 141。

[2] 执照、公司见Stevens, *The Northwest Fur Trade*, 141–143; Rich, *The Fur Trade*, 190–191。

[3] 这种关系与抱怨见Malhoit' s Journal, *WHC* 19: 182–184, 194, 200–201。*WHC*日志尚在翻译中，法文原文见j L. R. Masson, *Les bourgeois de la Compagnie du Nord–Ouest*（New York: Antiquarian Press, 1960）, 227–263。雇员与印第安人通婚见Malhoit' s Journal, July 24, 1804, *WHC* 19: 178; Aug. 3, 1804, 184; Nov. 30, 1804, 204; May 24, 1805, 211。抱怨通婚的旅人过于大方的例子见Jean Baptiste Bazinet, *ibid*., Sept. 28, 1804, 200; 他的印第安亲属关系，Oct. 18, 1804, 204。

次，在1812年后，即便是在遥远的高地，英帝国并不愿完全忽视自己在联盟中的义务。19世纪早期西北公司和XY公司之间的商战导致商品供过于求，价格下跌。然而礼物却增多了，因为彼此想撬对方的顾客。商战中这些公司依靠朗姆酒——1800年至1803年间朗姆酒在该区域的进口量翻了一番——还有暴力。直到1804年两个公司合并，商战才停止。[1]

即使竞争减弱，各公司也发现很难将毛皮贸易变成一种更为简单直接的市场交换。除了酒，大多数印第安集团的需求仍然相对单一。
480 与撤销酒类管制之前麦基诺的毛皮收益相比，印第安贸易在1767年至1788年之间的总量几乎一样。只有往苏必利尔湖西部扩张，哨所的贸易才能够扩大。印第安人想要特定数量、特定种类的商品，以获得预期的价格。迟至19世纪30年代，威斯康星的商人还在抱怨印第安人一旦“得到了必要的少量生皮”，他们“便不再继续狩猎”。印第安人狩猎是为了供家人吃食，以及获取数量有限的毛皮来交易。当这些要求得到满足，他们就停止了密集狩猎。[2]

除了朗姆酒，商人们还使用信贷来增加印第安人的需求，但印第安人往往把信贷当作礼物。英国政府并未使用特定手段去收账，无意中有效地保护了印第安人免于承担潜在的债务。除非商人们可以确保将礼物转化成债务，并且确保执行收账，否则他们便不能将这个体系变成纯粹的市场交换。商人们逐渐设法利用英国法庭以保证通过法国人收账，但他们无法使印第安人相信信贷是必须偿还的债务——除非使用暴力。为了达到这个目的，他们需要英帝国的协助，即使英帝国愿意协助，但在1796年后，帝国协助在威斯康星和密歇根就无法提供了。直到19世纪

[1]　Rich, *The Fur Trade*, 190–191. Stevens, *The Northwest Fur Trade*, 141–142. 迈阿密公司和一个商人达成一致的例子见 Instructions for Gabriel Hunct, Sept. 13, 1787. Quaife（ed.）, *Askin Papers*, 1: 298–299。

[2]　E.g., Jeanne Kay, “Wisconsin Indian Hunting Patterns, 1634–1836,” *Annals the Association of American Geographers* 69（Sept. 1979）: 403. 需求可能是非常独特的，见 Barthelemi Tardiveau, Mémoire concernant le commerce avec differentes nations sauvages... mars 1784, Chicago Historical Society。回归见 Jeanne Kay, “The Land of La Baye: The Ecological Impact of the Green Bay Fur Trade, 1634–1836”（Ph. D. diss., University of Wisconsin, 1977）, 155–156。英国毛织品仍然构成了底特律贸易的核心，见 Letter to Lean Neapeau, Detroit, Sept. 1, 1784, *MPHC*., 24: 19。在酒类上的花费见 Edwin James（ed.）, *A Narrative of the Captivity of and Adventures of John Tanner*（New York: Garland, 1975）, 84, 93。

初，除了减免更多信贷，公司仍然无力掌握印第安债务。尽管有强大的新公司崛起，所谓毛皮贸易实际上仍然只是从礼物到信贷交易、直接的物品交换、敲诈勒索、偷窃的一堆不稳定因素的混合物。暴力行为仍然不断出现。诸公司给旧体系施加了很大压力，但由于英国仍然想维持印第安人势力以抗衡美国人，所以那些最大程度卷入大型毛皮贸易公司的高地阿尔冈昆人仍然保持着微弱的经济独立。[1]

在麦基诺南部经营的商人们也试图巩固毛皮贸易，但是在此处重新 481
组织贸易和将商业从联盟分离出来的努力所取得的进展比在威斯康星和明尼苏达还要小。1785年，向南部和西部扩展生意的麦基诺商人组织了杂货店（General Store）的公会（General Society），这重现了1780年早期的行为。1787年公司失败前，他们短暂的垄断和想把贸易变成纯粹商业交易的努力已经极大触怒了邻近的阿尔布尔克罗什的渥太华人。在更远的南部底特律，公会催生了一个模仿者，也是潜在的竞争者，那就是1786年底特律商人成立的迈阿密公司。但是这家公司也倒闭了。没有了强大的蒙特利尔商人的带领，高地各公司虚弱且脆弱。然而，1792年，底特律的主要商人——陶德、麦吉尔（McGill）及其公司；福赛思（Forsyth）、理查德森及其公司；亚历山大·亨利和公司；格兰特、坎皮恩（Campion）及其公司——都与强大的蒙特利尔商行联合了。他们同意使用麦克塔维什、弗罗比舍及其公司，麦克塔维什、弗雷泽及其公司提供的服务来出口商品以及把它们的毛皮卖到伦敦。由于这两家公司是西北公司内部实权掌握者，所以底特律贸易在某种意义上涉及更大的问题。不过这种局部的巩固是为了控制底特律毛皮贸易的下滑趋势，美

[1] 搜集债务的困难见 Archer Butler Hulbert and William N. Schwarze（eds.）, *David Zeisberger' s History of the Northern American Indians*（Ohio State Archaeological and Historical Society, 1910）, 117; Todd and McGill to Askin, Dec. 29, 1786, *Askin Papers*, 1: 278–279。礼物建立的是一种互助关系，而非一方的欠债，见 *ibid.*, 124。E.g., François Malhoit' s unhappy winter at Lac du Flambeau in 1804, Malhoit' s Journal, *WHC* 19: 163–233. 亦见 Stevens, *The Northwest Fur Trade*, 155–156。这片大陆上大多存在赊欠的问题，见 Colin G. Calloway, *Crown and Calumet: British–Indian Relations, 1783–1815*（Norman: University of Oklahoma Press, 1971）, 152–153。底特律的早期问题及其结果见 Hamilton to Dartmouth, Sept. 2, 1776, *MPHC*10: 264–269; 麦基诺见 Sinclair to Haldimand, Aug. 3, 1780, *WHC* 11: 158–159。强买强卖见 Langlade to Robertson, Mar. 5, 1783, *WHC* 11: 164; Burnett to Hands, Feb. 2, 1790, Cunningham（ed.）, *Letter Book of William Burnett*, 34; Baubin to Smith, Feb. 18, 1792, *MPHC*24: 378。

国的竞争及毛皮动物数量减少是导致贸易下降的一个原因，但主要原因是1789年至1794年间的战争对毛皮贸易的波及，因为战争限制了狩猎，而且美国的征伐和袭击不仅打击印第安人也打击了商人。[1]

482 到18世纪90年代中期，联盟的失败及毛皮贸易的巩固威胁到了阿尔冈昆人的经济独立。他们长期使用欧洲商品，阿尔冈昆人人穿的衣服，他们画脸的朱红颜料，戴的首饰都包含欧洲产品。大多数印第安人日常脚上只穿莫卡辛，而做这种鞋时他们要用欧洲锥子。战士携带的武器也是欧洲制品。他们的家用器具——切割食物的刀子，煮食物的壶，还有妇女缝衣服或做木碗木勺的工具，都来自欧洲商人。[2]

不过，仅仅是依赖欧洲工业制品并不意味着对欧洲存在依附。若人们如果没有了另一人群提供的物质商品便无法生存，那明显是依赖。不言而喻，阿尔冈昆人非常想要欧洲工业制品，并且狩猎以换取它们，但并非没有这些他们就会挨饿或死亡。1779年，一位索克人酋长面临失去贸易的威胁，他回应道："他和其他所有人都用箭来谋生……他们并不会因此而紧张。"无须凭空讨论索克酋长说的这种可能是否现实。1783年，沃巴什村民远离美国人，转而亲近英国人，部分原因是美国人未能保障他们生活。这些阿尔冈昆人显然想得到商品，但在头两年里他们基本上不靠欧洲贸易生活。他们也并没有挨饿，而是回归到旧有的生活方

[1] 1780年见Sinclair to Haldimand, c. July 1780, *MPHC*9: 562–563; Sinclair to Haldimand, July 8, 1780, *MPHC*9: 561–562; Rich, *The Fur Trade*, 189; Stevens, *The Northwest Fur Trade*, 101。1784年英国商人参与掠夺西班牙贸易，见Letter to Lean Nepeau, Sept. 1, 1784, *MPHC*24: 19。Ottawas, Council, Aug. 3, 1787, *MPHC*11: 493–95。感到皮货贸易衰落，见Christopher Coleman（ed.）, "Letters from Eighteenth–Century Indiana Merchants," *Indiana Magazine of History* 5（1909）: 137–159。战争的冲击见Burnett to Hand, Feb. 6, 1791, Burnett to Todd, Feb. 10, 1792，均载Cunningham（ed.）, *Letter Book of William Burnett*, 47–48, 52。弗朗索瓦在1804年的日记里这样说齐佩瓦人："如果他们去（打仗），我就得不到毛皮了。"毛皮马略特Malhoit' s Journal, Aug. 31, 1804, *WHC* 19: 195。美国革命期间印第安人戴德里克·布雷姆（Dederic Brehm）上尉报告哈迪曼将军，希望得到"供应他们自己及家人的食物、弹药和衣物"，因为战争期间他们既不能打猎，也保证不了收成，见Brehm to Haldimand, May 28, 1779, *MPHC*9: 405。在麦基诺，德佩斯特尔上尉报告称："印第安人从战争伊始就变得十分懒散，即便是在狩猎季。"见De Peyster to Haldimand, June 1, 1779, *MPHC*9: 383。美国革命中，英国人要求肖尼人放弃狩猎，好让战士们上战场，见Speech of the Chavenous to Capt. Lernoult, Sept. 26, 1779, *MPHC*19: 468。For war disrupting hunt on Mississippi, see Memorandum for Sir John Johnson, Apr. 4, 1786, *MPHC*11: 486–487. 怀特河上的情况见Lorimer to Askin, Nov. 24, 1786, *Askin Papers*, 1: 271。地区之内的过度竞争见Burnett to Young, Oct. 7, 1792, *ibid*。

[2] 关于印第安贸易中的商品以及阿尔冈昆人如何使用它们有很好的描述，见Barthelemi Tardiveau, Mémoire concernant le commerce avec differentes nations sauvages... mars 1784, Chicago Historical Society。

式。早在1780年，皮安卡肖人就恢复使用弓和箭来狩猎。到1782年，四分之三的沃巴什村民都在使用弓箭，穿的是水牛皮而不是披毯子。阿尔冈昆人并不喜欢没有欧洲商品的生活，但在至少一段时间内，他们也能如此生活。因此当商品昂贵的时候，印第安人就不肯购买。[1]

不过，依附还有更复杂的含义。历史学的依附理论与马克思主义对 483
资本扩张的研究尽管有着显著的不同，但他们都认为边缘地带——比如高地——逐渐丧失了独立性，这一进程体现在欧洲核心文明的代表深入边缘，榨取其剩余价值，并阻挠边缘地带的居民重新掌控剩余产品之中。首先是商人，而后是资本家以不平等交换窃取了初级生产者的劳动果实，获取的利润供给核心文明的进一步发展。马克思主义对这一过程的描述是，商人抓住一种亲属关系的生产模式，并将其转换为本质上的纳贡模式，这就是生产者降格为做工抵债，从而依赖外部人群来获取必要的生存资源。马克思主义者相应的理论都把毛皮贸易作为这种不平等交换的例子，认为它导致现存劳动模式和社会关系转变，使得一个地区衰落，使其人民依附于别人。总之，对这些理论家和史学家来说，边缘地区的历史取决于核心国家的决策。[2]

[1] 索克酋长见Gautier to De Peyster, 19 Apr. 1779, *MPHC*19: 397–398; Piankashaws, Dalton to Clark, May 16, 1780, Clark Papers, Missouri Historical Society, copy in Ohio Valley–Great Lahes Ethnohistorical Archives, University of Indiana（hereafter cited as GLEHA）。沃巴什村庄见Williams to Clark, Jan. 12, 1782, *ibid*; 对那些并未驱逐美国人的村庄，哈迪曼已经切断和他们的贸易，见Haldimand' s Speech... to Michilimakinac... 2 July 1779, Haldimand Papers, 21779。赫克韦尔德强调，这些印第安人仍然有能力自己做衣服，见John Heckewelder, *History, Manners, and Customs of Indian Nations Who Once Inhabited Pennsylvania and the Neighboring States*, new and rev. ed.（Philadelphia, 1876; Repr. ed., New York: Arno Press, 1971）, 202。迟至1807年，摩拉维亚教徒仍然说起有“老寡妇”用大麻和火鸡羽毛做外套，见“她们按照过去的样式做外套”。见Gottfried Oppelt and Christian F. Denke, Diary, Mar. 31, 1807, 1: 55, Box 157, Folder 4, Moravian Archives, copy and trans, in GLEHA。不买贵价货见Burnett to Patterson, Apr. 3, 1788, Cunningham（ed.）, *Letter Book of William Burnett*, 26。

[2] 此处我想到Eric Wolf, *Europe and the People Without History*（Berkeley: University of California Press, 1982），特别是 21–23, 86–88。沃尔夫的很多说法我都同意，原则上他把印第安人视为独立的行动者，但他对皮货贸易的具体描述很有问题，他忽略了宣称要重视的共同历史。他对毛皮贸易的描述，见161–175，在前文中得不到什么史实支持关于边缘地带的影响力这一类似问题的争论见Steven J. Stern, “Feudalism, Capitalism, and the World System in the Perspective of Latin America and the Caribbean,” *American Historical Review* 93（Oct. 1988），以及其后斯特恩（Stern）和伊曼纽尔·沃克斯坦（Immanuel Wallerstein）的交流。
弗朗西斯·詹宁斯在18世纪中期声称印第安人是附庸，但他没有看过第一手法语文献，而他的证据主要来自这样的论断：印第安人使用了自己无法制造的商品，这一定使他们陷于对他人的依赖中，见Francis Jennings, *Empire of Fortune: Crown, Colonies, and Tribes in the Seven Years' War in America*（New York: W. W. Norton, 1988）, 50。

在高地大部分地区显然是如此，但问题是转变发生的时间。1812年的战争之前，已有模式和社会关系基本上尚未发生这种转变。用埃里
484 克·沃尔夫的话来说，印第安人仍然是独立的政治行动者。独立的政治行动者仍然可能在经济上被剥削。英国人可能从毛皮贸易中攫取大量剩余价值并将利润输送至蒙特利尔和伦敦。但是，我们无法确认这种情况是否真的发生。要计算利润就得把高地复杂的交换关系简化为一种单一的价值关系。确实到18世纪末，中间地带创造出一种公共的交换体系甚至是单位价值体系。比如，高地南部的商人采用“巴克”——一种大型白尾公鹿的皮——作为标准单位来计算其他毛皮或欧洲工业制品的价值。巴克又被作为一种美国银元来使用。类似的，在北部地区，“普卢斯”——一种河狸皮——成为标准价值单位。但巴克和普卢斯的使用范围仍然相对狭窄：它只涵盖一个商人与其印第安消费者之间的直接交易，但这种直接交易在整个交易体系里只占一小部分。[1]

商业贸易仍然存在于一系列复杂的礼物交换、敲诈勒索和偷盗中。印第安人在直接的贸易中吃了亏，但靠收礼物、赖账以及（未受惩罚的）偷盗弥补了损失。1794年中尉长官西姆科视察肖尼人，他震惊于“他们的穿着和装饰之奢侈（平均每个男人身上有价值40至50英镑的物品）”。贸易肯定没有使他们贫困。这么说来，“依赖”主要表现在政治方面。在1812年战争之前的贸易大危机实际上是政治危机。正如威廉·亨利·哈里森（William Henry Harrison）在1810年指出的：“在欧洲带给世界广大地区的麻烦中，这些偏远地区的野蛮人充分领教了那部分不幸。”如果切断了大陆（Continental）市场，英国人就无法卖掉毛皮，“那些东西的价格”也“几近于无”。不过，在此关头，英国赠予的礼物戏剧性地增长，因为英国想要更多地争取盟友以防战争的发生。只有当他们不再给予赠礼，并且美国和英国政府开始集中力量收债以及制止偷盗时，印第安人才会变成附庸。[2]

---

[1] 普卢斯皮见Stevens, *The Northwest Fur Trade*, 145. For buck equals dollar, 见 Jeffry to Harmar, Dec. 1789, Harmar Papers 111: 99。

[2] Simcoe to Privy Council on Trades & Plantation, Dec. 20, 1794, *Simcoe Papers*, 3: 228. 哈里森的话见Harrison to Secretary of War, June 14, 1810, Esarey, *Harrison Messages*, 426。

只要英帝国（出于政治考虑）还愿意提供礼物或其他服务来保障贸易，那么商人和印第安人双方都还是有利可图的。在18世纪末和19 485 世纪初的较长时期内，贸易的总支出——把英帝国、蒙特利尔商人和地方商人的花费都计入——超出了商人从贸易中获得利润和国王从中征的税。由此看来，中心和边缘之间的净交易未必是不平等的。既然声称附属关系是基于不平等交易产生的结果，但除非不平等交换能显现出来，否则这个说法就毫无意义。[1]

---

[1] 尽管礼物很重要，但它几乎不可能满足印第安人对商品的总需求。以1778年秋天为例，英国人向阿尔布尔克罗什和基什卡肯（Kishkacom，是附近一个村子）的渥太华人送礼。这两个村有250战士，或者说875人（英国人估计平均2.5人对应一名战士）。这份年中礼物基本上占整年礼物的一半，尽管个别人也许还会收到其他礼物。以两种普通商品为例，这次印第安人收到178条毯子（假定货物清单中的“一对”指两条）和120件衬衫，这甚至不够每个战士分到一件衬衫、一条毯子，尽管每个战士可能收到其中之一。由于这是一年两次的礼物，整年算下来一名战士可能收到一条毯子或一件衬衫，但这仍然会让他的家人没有衣服穿，使打猎成为必须。见List of Goods... fall of 1778, *MPHC*9: 655。

这个基本比率显然适用于整个麦基诺地区。1781年8月，麦基诺的英国人收到1832条毯子（仍假定“一对”毯子代表两条）用于下一年送礼。1782年，有4020名印第安人依赖麦基诺的礼物，但这仍然低估了总人口，因为除了格兰德河、阿尔布尔克罗什、麦基诺及它们之间的渥太华人和齐佩瓦人，英国人只计算了来到哨所的酋长和一家之主们。例如，150名温尼贝戈人收到的商品将会被再分配给更多的人口。如果修改此清单，只计算成年人，那么有2660人收到毯子。这意味着直接收受礼物者甚至不能每人分得一条毯子，于是，猎人仍然需要打猎供养家人。此外，还有些毯子由商人赠送，记在国王账上，但此种礼物一般只在物资供应不足时才有。这种规模的礼物在对欧洲商品的有限需求中占了相当一部分，但印第安人仍然必须打猎。见Invoice of Goods, Aug. 31, 1781, *MPHC*19: 658–661。Number of Indians Resorting to Michilimackinac, Sept. 10, 1782, *MPHC*10: 635.

底特律的礼物数量就大得多了——1782年有9400条（或者说4700对）毯子，但是依赖该哨所的印第安人数量同样有这么多。1782年的人口调查结果为11403名印第安人。底特律分发的礼物快要接近全年需求，但当时这些印第安人更多地卷入战争中。见Estimate of Merchandise Wanted for Indian Presents... to 20 Aug. 1782, *MPHC*10: 632–633; De nombrement des Indiens résidents des le district du Détroit pour l’ année 1782, Haldimand Papers, 21783。

这些论证只适用于高地这样的地方，这里有两个条件：第一，印第安人仍然是独立的政治行动者，能够迫使相互竞争的强权送给他们必要的礼物，以保持和平和结盟；第二，他们面对的不是一个大垄断者，甚至不是几家大公司，而是许多相互竞争的小商人，他们将后者部分纳入了自己的亲属系统中。在哈得孙湾这样的地方不存在上述条件，贸易就可能采取不同的形式，也更容易判定赢利与亏损。见Arthur J. Ray and Donald Freeman, *Give Us Good Measure: An Economic Analysis of Relations Between the Indians and the Hudson’ s Bay Company Before 1763*（Toronto: University of Toronto Press, 1978）, passim。

哈迪曼抱怨商人需要频繁付账，以及“哨所的商人要价过高”，见Haldimand to De Peyster, May 8, 1781, Haldimand Papers, 21781; Haldimand to De Peyster, Apr. 20, 1781, *MPHC*10: 471; 亦见Henry Hamilton, State of the Trade with the Indian Countries, Shelburne Papers, 88: 67, Clements Library; Hamilton to Haldimand, c. Sept. 1778, Haldimand Papers, 21781; De Peyster to Haldimand, May 27, 1781, Haldimand Papers, 21781。

在论证将高地大部分让给美国人的合理性时，谢尔本伯爵（Lord Shelburne）反复强调早先法国人的说法：政府为了维护这疆域所花的钱比皮货贸易赚的钱还多，见Stevens, *The Northwest Fur Trade*, 76–78。这个说法非常有价值，见A. L. Burt, “A New Approach to the Problem of the Western Posts,” Canadian Historical Association, *Report of the Annual Meeting*（Ottawa: 1931）, 71。

1793至1801年间，英国政府平均每年从皮货贸易中收税22021英镑，见Harold A. Innis, *The Fur Tradein Canada: An Introduction to Canadian Economic History*（Toronto: University of Toronto Press, 1956）, 178。

486

三

依赖是种经济、政治、社会性的关系，但同样可能是环境的关系。经济变化可能造成环境变化，削弱人们谋生的能力。尽管19世纪的阿尔冈昆人并不在乎经济独立这回事，他们仍然需要面对周边物质环境的恶化。1807年，渥太华先知鲑鱼（Trout）向生活在麦基诺的印第安人传达了来自伟大神灵的消息（和当时其他先知的消息很相似），他告诉渥太华人和齐佩瓦人："你们抱怨森林里的动物变得稀少且分散，如果不是你们自己为了获取毛皮而杀死它们，留下尸体自行腐烂，并把最好的部分都给了白人，怎么可能会变成这样。我对此感到不满，即便将它们重新送回地上后，它们也不可能回到你们身边。从今以后，除了衣食必需，你们不可猎杀更多动物。"[1]

鲑鱼及其他先知所不满的自然环境恶化并不一定是毛皮贸易造成的，更可能是贸易性质变化产生的后果。比如，18世纪80年代的猎物稀少、饥荒并不能简单归因于毛皮贸易造成的损耗。并非所有环境变化都是人类活动的直接后果，也并非人类社会的所有饥荒都表明环境恶化。气候异常——干旱或冬季大雪可以直接影响猎物数量，尽管通常是暂时的。毛皮贸易的利润不仅受猎物丰富程度影响，也受天气和
487 市场影响。若是温暖的冬天，鹿并不在荫蔽之处群居，也没有雪的覆盖，使猎人无法追踪或发现鹿和其他猎物，于是毛皮贸易利润自然会减少。在偏南地区，那儿的印第安人一般不穿雪鞋，因此大雪会妨碍狩猎。当自然因素影响狩猎时，很可能猎物丰富但却所获甚少。同样，18世纪70年代和80年代俄亥俄谷地长期战乱，使得好多地区根本没有猎人，也限制了狩猎时长，损害了食物产出，但这却可能使猎物总量

[1] Substance of a Talk delivered at Le Macouitonong... by the Indian Chief Le Maigaouis or the Trout coming from the first man created... May 4, 1807, PAC, M.G. 19, F 16. 亦见"一位印第安老妇人"看到的幻象，见Oct. 24, 1803, Lawrence H. Gipson, *The Moravian Indian Mission on White River*, in vol. 23 of *Indiana Historical Collections*（Indianapolis: Indiana Historical Bureau, 1938）, 262，以及坦斯克瓦特瓦看到的幻象，Dec. 3, 1805, *ibid.*, 392。

增加。中尉长官西姆科认为鹿群数量由于战争而得到“惊人的”增长，摩拉维亚教徒也反映说，由于马斯金根河和俄亥俄河之间的地区变成战争地带，使猎物变得“非常充足”。18世纪80年代至90年代早期，许多旅行者也说猎物丰足。当人类自相残杀时，动物们便得以喘息。[1]

然而，在受战争影响较小的地方，确实出现了资源枯竭。这种枯竭一般是地方性的，或只见于特定物种，但它仍然影响了那些经常成 488
为动物栖息地的边缘区域。到了在18世纪晚期，密歇根和威斯康星北部的松林地带已无法狩猎了。阿布尔克罗什的渥太华人哀叹道：“已经没有动物呼唤我们到森林里去了。”他们只能靠捕鱼和农业生活。由于邻近绿湾地区的河狸和鹿已经被耗尽，从而迫使这里的梅诺米尼人、温拿巴哥人和齐佩瓦人选择，是靠冬季捕鱼维持村庄，还是继续参加

---

[1] 18世纪80年代，俄亥俄地区饥荒和贫困盛行，但这是战争、庄稼歉收以及恶劣天气造成的，而非猎物枯竭导致的。1782年俄亥俄河谷发生饥荒，1784年又发生饥荒，庄稼歉收，而接下来的严冬又使鹿群数量减少。1787年，自底特律至迈阿密的印第安地区再次发现普遍饥荒；1788年冬天，俄亥俄河到伊利湖一带积雪6英尺深，接下来又发生大规模饥荒，印第安人说这是记忆以来最恶劣的冬天。1789年，严重的饥荒令此事雪上加霜，当时印第安人由于害怕美国人入侵而拖延了种植庄稼，然后害虫吃了庄稼——从尼亚加拉到迈阿密的印第安镇子以及底特律的白人定居点都有遭殃，最后，霜冻又冻死了大部分幸存的庄稼，印第安人只好吃自己的马。有饿死人的消息，而且大范围的疾病夺走了底特律许多人的生命。到第二年，情形也几乎没有什么缓解，戴维·蔡斯贝格形容：“这里到处是穷乏饥饿。”

这些全都不代表永久性的猎物枯竭，例见Beverley Bond, Jr.(ed.), “Two Western Journeys of John Filson, 1785, ” *Mississippi Valley Historical Review* 9 (1923) : 324, 328; Butler' s Journal, Oct. 12–13, Oct. 17, 1785, 载Neville B. Craig, Esq. (ed.) , *The Olden Time* (Pittsburgh: Dumars, 1846; Millwood, N.Y.: Kraus Reprint Co., 1976) , 445–447, 450; “Narrative of John Heckewelder' s Journey to the Wabash in 1792, ” *Pennsylvania Magazine of History and Biography*, 12 (1888) : 37, 51, 165, 173–174, 176; Sargent to Symmes and Putnam, Aug. 5, 1792, 载Rowena Buell (ed.), *The Memoirs of Rufus Putnam and Certain Official Papers and Correspondence* (Boston: Houghton, Mifflin, 1903), 310; Speeches... Feb. 1, 1793, 载H. A. Washington (ed.) , *The Writings of Thomas Jefferson* (New York: Derby & Jackson, 1859) , 8: 181。“惊人的”增长见Simcoe to Committee of the Privy Council, Sept. 1, 1794, 载*Simcoe Papers*, 3: 55。猎物丰足见Gipson, *Moravian Mission*, Sept. 30, 1802, 以及Autobiography of Abraham Luckenbach, 载Gipson, *Moravian Mission*, 484, 599; Constantin–François Volney, *A View of the Soil and Climate of the United States of America* ... (Philadelphi, a: T & G Palmer, 1804, repr.) , 341。

威廉·伯纳特报告称1789年至1790年坎卡基的猎物稀少，见Burnett to Hands, Feb. 2, 1790。这是在1790年代早期狩猎情况相对良好之后，接着就是1795年至1796年猎物非常少，见Burnett to Chaboiller & Young, May 17, 1796。两年后，他报告指出情势好转，见Burnett to Parker Gerrard & O' Gilivy (sic) , Burnett to John O' Gilvie & Co., May 26, 1798。但接下来是1798年至1799年，冬季温暖，打猎不佳，见Burnett to Robt. Innes & Co., Dec. 20, 1798，均载Cunningham (ed.) , *Letter Book of William Burnett*, 32, 70, 89, 94–95, 113。

在底特律周边，1784年至1785年冬季气候温暖，按说不利于打猎，但底特律以南猎获颇丰，见John MacPherson to Gray, Mar. 23, 1785。1786年至1787年，另一次暖冬毁了迈阿密的狩猎，见Ironside to Gray, Feb. 10, 1787，均载Coleman (ed.) , “Indiana Merchants,” 142–143, 149。大雪见Message from Chiefs at the Glaize, c. Apr. 1792, *MPHC*24: 401。

毛皮贸易。秋季和冬季狩猎区域之间必须要有一定距离，否则二者不可得兼。其结果便是秋季渔获和冬季鱼类产卵量均大为减少，以及每年都必须向密西西比河上游的狩猎地带迁徙。尽管河狸只在密西西比河上游大量存在，但是绿湾附近的白尾鹿（white-tailed deer）和浣熊却还很多，它们变成了该地毛皮贸易的主要来源。[1]

河狸减少是毛皮贸易造成的最为显著的后果，但即使是这种情况，说枯竭也比说灭绝要更准确，但凡稍稍放松，河狸数量就能够恢复。巴泰勒米·塔尔迪沃断言，美国革命后在俄亥俄和沃巴什地区河狸数量仍然很大，而在密歇根和威斯康星，尽管19世纪时河狸数量逐渐下降，但还是有的，只是数量不足以吸引猎人。当一种动物数量减少，猎人和商人就会转而寻求其他物种。随着时间流逝，毛皮贸易从依赖河狸变成依赖白尾鹿和浣熊。到18世纪80年代，从俄亥俄起，北至麦基诺，白尾鹿已经是毛皮贸易中最主要的猎物。实际上，连浣熊皮数
489 量都超过了河狸皮。河狸皮贸易基本上已经转到五大湖区西北部。19世纪晚期，由于鹿和浣熊减少，麝鼠成为毛皮贸易的主要来源。[2]

提供毛皮的小型动物数量减少，对印第安人生存所造成的影响不如大型猎物例如鹿、熊、驼鹿和水牛的数量减少大。先知们在19世纪早期描述的危机其核心就是指大型猎物的减少。在俄亥俄谷地，这些动物的减少最为明显，也延伸至五大湖区西部。这是栖息地的变化、白种猎人以及印第安人狩猎方式变化共同造成的结果。

---

[1] Ottawas of Arbre Croche, Council at Arbre Croche, Aug. 3, 1787, *MPHC*11: 494. 在绿湾和密尔沃基，部落的名字会被作为一个简单的参照物，但这些族群大多广泛通婚，其村中也总有其他族群的成员，见 Kay, “Hunting Patterns,” 412。Kay, “The Land of La Baye,” 156（数据来自 Lart 1922, O’ Callaghan 1851）, 158, 160. 捕鱼见 Charles Cleland, “The Inland Shore Fishery of the Northern Great Lakes: Its Development and Importance in Prehistory,” *American Antiquity* 47（1982）: 761–784。德佩斯特尔说麦基诺的渔业不可靠，见 De Peyster to Haldimand, June 1, 1779, *MPHC*9: 383。关于狩猎物地和贸易的描述，见 R. Dickson to Hamilton, July 14, 1793, *Simcoe Papers*, 1: 387–391; Simcoe to Dundas, Sept. 20, 1793, *Simcoe Papers*, 2: 59; Gottfried S. Oppelt, Diary, Sept. 30, 1805, Box 157, Folder 2, Moravian Archives, copy and translation in GLEHA。再往北，那些并未西迁的苏圣玛丽和麦基诺的齐佩瓦人更多依靠渔业而不是狩猎来生存。见 Robertson to Matthews, Sept. 7, 1783, *MPHC*11: 394。

[2] 河狸见 Kay, “Hunting Patterns,” 402–417。早在18世纪40年代，威斯康星东部河狸数量便开始减少，但并没有完全消失，见 “Land of La Baye,” 156, 158, 160; Barthelemi Tardiveau, Mémoire concernant le commerce avec differentes nations sauvages... mars 1784, Chicago Historical Society。

只有在18世纪末及19世纪早期，大型动物大规模减少的问题才开始凸显。在印第安纳南部、俄亥俄和伊利诺伊，主要是白人而非印第安人在猎杀大型动物。威廉·亨利·哈里森绝非印第安人的朋友，但连他也说白人对印第安人土地上水牛、鹿、熊和驼鹿的屠杀是"可怕的滥杀与虐杀"。哈里森不满道，一个白种猎人杀死的猎物"比五个普通印第安人还多，后者的捕获量一般只要满足当下生存就满足了"，而白人的目的是为了获取兽皮。[1]

使这种猎杀变得复杂的原因之一是动物栖息地的变化。通过建造定居点边境地区的美国人破坏了猎物的栖息地，从而将印第安村庄限制在越来越狭窄的有限地区内。印第安人通常在村庄周围猎杀动物，然后遗弃该村庄，搬迁到新的地方，以使猎物休养生息。摩拉维亚教徒在18世纪90年代报告中所提到的猎物丰足的地方，事实上在70年代就耗竭了。随着美国人定居，猎物永久地失去了栖息地，而原有的"损耗–休养"的循环现在只在极其有限的范围内还存在。损耗更像是永久的损失，而狩猎带给剩下的那些土地的压力则更大了。[2]

即使在白人并未定居的地区，白人也改变了猎物的栖息地，减少了猎物的数量。到1805年，白人定居者施加给印第安人极大压力，阻止他们每年焚烧森林——焚烧森林可以保障鹿群来年有嫩枝吃。阿尔 490
冈昆猎人抱怨道："如果不允许我们放火，我们就无法生存……我们放火烧种子和草类，是在靠猎物生存，而我们没有其他生存方式。造物主置于地上的东西都可以用来维生，我们只是想像祖先一样生活。为什么你们要阻止我们放火？"随着定居点不断被侵入，印第安人不再

[1] 哈里森的描述见Harrison to Secretary of War, July 15, 1801, Esarey（ed.）, *Harrison*, 25–30。印第安人的怨言，见Conference with the Delaware and Shawanoe Deputation, Secretary of War, Letters Sent, Indian Affairs, v. A, National Archives, M 15, roll 1。特拉华人以及生活在他们中的切罗基人打猎是为了取得兽皮，见Gipson, *Moravian Mission*, Dec. 1, 1801, Oct. 26, 1804, 132, 315。

[2] 马斯金根河因其盛产驼鹿而获得"驼鹿之眼"（Elk' s Eye）这个别称，但到1780年，这种动物数量下降，虽然还剩下一些，见Hulbert and Schwarge（eds.）, *Zeisberger' s History*, 44。到1780年，野牛离开了马斯金根河上的印第安定居点，见*ibid.*, 59。早在1793年，英国人就提出底特律猎人必须去比过去更远的地方寻找猎物，见Smith to McKee, Oct. 22, 1793, Claus Papers 6: 49, PAC。

能用以往的方式处理周围的土地。[1]

最后一个导致这种损耗模式的因素是印第安猎人的狩猎习惯的改变。哈里森谴责白种猎人，但在1804年时已经有很多印第安猎人也在模仿他们。最先市场化的猎人是特拉华人。戴维·蔡斯贝格尔描述了18世纪80年代俄亥俄特拉华人捕猎造成的巨大浪费：

> 由于兽皮贸易巨大，人们猎鹿主要是为了皮，印第安人又只能消耗一定量的肉，于是，捕猎时大部分的肉都留在了森林里让野兽吃了……一个印第安人一个秋天能射杀50到150头鹿，显然猎物总量一定会减少。

在18世纪80年代，特拉华人也因此遭到大部分猎人的排挤。其他印第安人认为他们挥霍、危险，厌恶看到他们的猎人出现。1787年，迈阿密人拒绝特拉华人进入他们的领地，“因为特拉华人射鹿只为了取皮，而把肉扔在树林里”。奥吉布瓦人也讨厌摩拉维亚特拉华人破坏他们的猎物。18世纪90年代，由于特拉华猎人坚持我行我素，因此遭到其他猎人的攻击。但是从鲑鱼对渥太华人和齐佩瓦人的谴责中可以看出，在世纪之交后，特拉华人的做法在猎人群体中已经很普遍了。[2]

阿尔冈昆人获得马匹之后，他们的狩猎次也因此增加。他们在18世纪末期的战争中获得马匹，马极大地帮助了他们在伊利诺伊、威斯康星及爱荷华的平原地带捕猎野牛。索克人和福克斯人与其他族群不同，他们还保留着冬季居住的大型村庄，同时也开始依赖野牛来维持这些村庄。尽管印第安猎人无疑也促成了野牛的减少，但还是为了市场而狩猎的白种猎人——这里是用船把肉运往新奥尔良的法国猎

---

[1] The Answer of Pawatamo, Chasso, and Oulaqua... Dec. 16, 1805, Esarey（ed.）, *Harrison Messages*, 179.

[2] 蔡斯贝格尔的话见Hulbert and Schwarze（eds.）, *Zeisberger' s History*, 14。迈阿密人的话见Eugene F. Bliss, *Diary of David Zeisberger, A Moravian Missionary Among the Indians of Ohio*, 2 vols.（Cincinnati: R. Clarke, 1885）, May 26, 1787, 1: 346。袭击见*ibid.*, Sept. 24–25, 1795, 2: 421。摩拉维亚教徒、蔡斯贝格尔、赫克韦尔德见Edwards to Ancrum, Feb. 26, 1786, *Askin Papers*, 1: 218–221。浪费见Gipson, *Moravian Mission*, Oct. 26, 1804, 315。

人——最可能是使得动物减少的主要因素。在18世纪晚期和19世纪早 491
期，西至威斯康星，另一种畜牧动物驼鹿的数量也大量减少。[1]

猎皮（skin hunting）——猎杀大型动物，但只为了获取其毛皮——的流行源于多种原因，但其中酒类贸易扮演了重要角色。联盟战争结束，英国贸易站被废弃，使得礼物减少，增加了贸易的负担。由于英国不再管制酒类贸易，这也使印第安人的需求增加，特别是五大湖区周边那些船只可以运输大桶酒的地方。白人在俄亥俄地区定居之后，印第安人也很容易在白人定居点获取到酒。[2]

在悲叹毛皮贸易带来的改变时，鲑鱼也描绘了一个鹿、驼鹿、河狸以及所有大型猎物都很少的物质世界；但他同样描绘了一个社会世界，对应了莫里斯·戈德利耶（Maurice Godelier）的说法，在那里鹿不只意味着肉和皮，河狸也不仅仅是毛皮的来源。动物也像人一样，人类与它们保持着社会关系，而鲑鱼、坦斯克瓦特瓦（Tenskwatawa）这样的印第安先知，和此前的内奥林一样，谴责毛皮贸易改变了人与动物的关系。为了恢复动物和人之间恰当的仪式关系，他们用伟大先知一样的口吻说话，并且用和以前的保有动物的人一样的方式来管理猎物，听从大先知的启示，就像第一个被创造出来的人又复活一样，然后那第一个人“使动物们又像我创造它们一样，重新来到地球上。”[3]

---

[1] 索克人和福克斯人见Kay, “The Land of La Baye,” 169–170; James Clifton, “From Bark Canoe to Pony Herds: The Lake Michigan Transportation Revolution, 1750–1755”（文章发表于1984年芝加哥海事会议）。在18世纪末的高地，所有牲畜——驼鹿的情况和野牛一样——都减少了。驼鹿见Kay, “Wisconsin Indian Hunting Patterns, ” 403。

[2] 美国革命期间，朗姆酒作为礼物在底特律达到“惊人的”数量。1779年，印第安人一年喝掉17520加仑朗姆酒，见Haldimand to Lernoult, July 23, 1779, Haldimand Papers, 21781。1793年，R. G. 英格兰抱怨两艘运载朗姆酒的商船抵达底特律，见England to Simcoe, July 18, 1793, *Simcoe Papers*, 1: 392。其他参考资料见Simcoe to McKee, July 23, 1793, *Simcoe Papers* 5: 63; Perrault, 1795, Cass Lake Chippewa, *MPHC*37: 574; McKee to Johnson, June 20, 1791, *MPHC*24: 263–264。由于酒类体积庞大，运输的条件限制了其应用，至少在那些只能使用独木舟或马匹的地方是如此，见Memorial of Montreal Merchants, Apr. 23, 1792, *MPHC*24: 406。

欧洲人直接卖酒给印第安人，但正因为商人们见识过喝醉的印第安人有多危险，所以阿尔冈昆人中主要的承办商往往是妇女，见Hulbert and Schwarge（eds.）, *Zeisberger' s History*, 90, 117; *Zeisberger Diary*, Sept. 28, Oct. 29, 1790, 2: 126–127, 133; Gipson, *Moravian Mission*, Aug. 17, 1801, Apr. 13, 1802, July 27, 1803, Aug. 1, 1804, Feb. 26, 1806, 121, 158, 247, 305, 409。

[3] 引文见Substance of a Talk, May 4, 1807, PAC, M.G. 19, F 16。亦见Gipson, *Moravian Mission*, Dec. 3, 1805, 392; Maurice Godelier, *The Mental and the Material: Thought, Economy and Society*（Norfolk, England: Verso, 1986）: 35。

坦斯克瓦特瓦和鲑鱼试图在理念上阻碍过度捕猎和毛皮贸易。他们谴责过度捕猎，但是，这正表明现存的阿尔冈昆宗教信仰不足以阻
492 过度捕猎。坦斯克瓦特瓦明确地把猎物减少归结于毛皮贸易和印第安人在贸易中的行为，但他的说法仍只是众多解释中的一种。正因为狩猎是一项神圣的工作，是神灵力量的展示，其中动物在猎物之主的同意下将自己给予猎人，所以对许多阿尔冈昆人来说，不杀动物是不可思议的。猎人诚然不应该无缘无故地杀戮，但阿尔冈昆猎人若杀死一头鹿，取走皮，扔下肉，会很简单地视其为满足自己需求的一种方式而已。猎人还相信，这样的杀戮并不一定对鹿群有害。例如在坦斯克瓦特瓦传播自己的思想很长一段时间后，肖尼猎人仍然相信只要用恰当的方式杀鹿，那么每头鹿有四条命，它会很快转世归来。在他们眼里，白人要为鹿群的消失负责，因为白人用不恰当的方式杀鹿，鹿就不再归来了。特拉华人是最早、最无情的市场化的猎人，当他们用尽必要的手段和药物也捕不到鹿时，便将自己的失败归罪于白人传教士破坏了猎药或诱饵。[1]

实际上，对所有阿尔冈昆人来说，猎物减少都可以用仪式上的疏忽来解释。因而，保护猎物只在敌人之间或有人以不恰当的方式捕猎时才有意义。为了保护密西西比河上游的猎场，苏人与入侵的齐佩瓦猎人作战，并攻击他们在争议领地上发现的苏人猎人。不过，这种战斗的目的并不在于保护猎物。双方都允许梅诺米尼人和温尼贝戈人在争议区域打猎，因为这两者既不是任何一方的敌人，也懂得恰当地杀死猎物。同样的，底特律北部的某些齐佩瓦人也责怪涌入的摩拉维亚特拉华人“狩猎时造成了巨大的伤害和损失”，是因为摩拉维亚教徒放

[1] 这是20世纪初肖尼人的信仰，见C. F. Voegelin, *The Shawnee Female Deity*, Yale University Publications in Anthropology, no. 10（repr., New Haven: Human Relations Area Files Press, 1970），20，但它与早期肖尼人的宇宙观一致。亦见Jeanne Kay, “Native Americans in the Fur Trade and Wildlife Depletion,” *Environmental Review* 9（1985）: 118–130。特拉华人及贝森人（besons）还有其他狩猎仪式见Hulbert and Schwarze（eds.）, *Zeisberger' s History*, 84。

弃了狩猎时的仪式。[1]

赖以生存的猎物大规模减少，高地南部的印第安人开始饲养家畜， 493
比如马、牛、猪和鸡。摩拉维亚特拉华人和底特律休伦人最先开始这项活动。印第安人很容易把猪引入他们的生计圈，因为猪可以自己在树林里找吃的。但是养牛就要难一些，印第安人在冬季狩猎时不得不把牛留在原来的地方。住得离摩拉维亚教徒近的特拉华人付钱给这些印第安基督徒，请他们在冬天帮忙养牛；其他人便把牛留在森林里让它们自己找吃的。但是，这样放养会威胁到夏季的田地，所以底特律的休伦人——他们有"大量的牛"——便把他们的田地围起来，以防备游荡的牲畜。印第安人养马比养牛多，马不仅能在某些种类的狩猎中起作用，还能帮猎人把毛皮驮出去，再把食物和给养驮回来。[2]

家畜增多而狩猎减少，这成为19世纪早期印第安人的变化的主要标志。改变是逐渐的。一个摩拉维亚教徒家庭有"若干匹马，可能同样多的牛，一些猪，还有一些狗，狗可以用于狩猎"。而布朗斯敦的休伦人在1804年则与他们的邻居不同，只有"很少的牛以及很多头野猪"，他们还想扩大牛群规模。鹿、牛和熊、猪，分别成为不同生计模式的标志，也是印第安人和白人之间新的社会联系结构的标志。[3]

四

酋长们试图掌控这快速的变迁，从一开始对此漠不关心到要求父亲们有所行动，但他们的努力失败了。特别是在俄亥俄谷地及南部湖

[1] 梅诺米尼人和温尼贝戈人见Kay, "The Land of La Baye," 158–160; Kay, "Hunting Patterns," 412。放弃狩猎仪式见John Heckewelder, *A Narrative of the Mission of the United Brethren Among the Delaware and Mohegan Indians, from Its Commencement in the Year 1740 to the Close of the Year 1808*（Philadelphia: McCarty and Davis, 1820; Arno repr., 1971）, 123。齐佩瓦人对摩拉维亚教徒的不满见*Zeisberger Diary*; Nov. 9, 1784, 1: 215–216。

[2] 最早饲养家畜的情况见Hulbert and Schwarze（eds.）, *Zeisberger' s History*, 45–46。养牛见*Zeisberger Diary*, Nov. 12, 1789, 2: 65。休伦人见*ibid*., May 9, 1791, 2: 181。

[3] Autobiography of Luckenbach载Gipson, *Moravian Mission*, 598。Joseph E. Walker（ed.）, "Plowshares and Pruning Hooks for the Miami and Potawatomi: The Journal of Gerard T. Hopkins, 1804," *Ohio History* 88（Fall 1979）: 402–403。

区他们失败得一塌糊涂，在高地西北部的温尼贝戈人、齐佩瓦人、索克人、福克斯人和梅诺米尼人村庄，这种失败还不那么明显。作为中间人他们失败了，他们没能支撑自己的人民，没能保住自己城镇的和
494 平。不少酋长被自己的亲戚和战士所害，中间地带最后的政治危机沾染着酋长们的鲜血。

《格林维尔条约》似乎预示了酋长们的未来。60个帕塔瓦米人——其中多数是酋长，在与韦恩开完会后很快就都去世了。帕塔瓦米人指控美国人毒杀了他们的酋长。签约后死了这么多酋长，以致英国人也怀疑有人下毒，但他们认为是反对条约的人干的。在肖尼人中，谈判领头者红柱及另一位肖尼人之死引来了巫术之争，紧接着便是谋杀及报仇。[1]

多位酋长之死只是加剧了“到底谁才是首领”这一棘手问题。战争领袖与和平酋长之间的争斗导致激烈的竞争和分化。在经历了几乎持续不断的战争之后，许多村庄的战争领袖认为他们才应该是与外人打交道的中间人。1795年，安东尼·韦恩带着些许疑惑说，肖尼战争领袖蓝夹克造访了他，“他似乎对一张印有特定内容的纸念念不忘，这张纸有着不可估量的价值，可以让他顺理成章地成为战争领袖并能堵悠悠众口”。纸上的日期是1784年，由约翰·约翰逊爵士签发。当韦恩向他展示一张有装饰的美国委任状后，蓝夹克表示“在他带来和平后”也想要一张，因为美国委任状是一张有装饰的羊皮纸，而他自己的“只是张纸而已”。韦恩不懂酋长头衔的实质，蓝夹克想要这么“微不足道”的东西，在韦恩看来是印第安人幼稚的表现，他乐于见此。他认为，委任状能使他毫不费力地操纵印第安人。[2]

然而事实却是蓝夹克操纵了韦恩，因为韦恩相当于承认他是个酋

[1] 肖尼酋长老谢德（Old Shade）的侄子维维（Wainway）预言了红柱和皮梅尼瓦（Pemenewa）之死，于是基拉瓦（Quilawa）将维维作为巫师处死，然后老谢德杀了基拉瓦，威斯拉威（Wessillawy）又杀了老谢德，见Elliott to McKee, Sept. 30, 1797, Deputy Supt.' s Office, IA, RG 10, PAC。毒杀酋长们见McKee to Chew, Jan. 29, 1796, *Simcoe Papers*, 4: 186。帕塔瓦米人见Selby to Chew, Oct. 13, 1795, *Simcoe Papers*, 4: 104。

[2] Wayne to Pickering, March 8, 1795, Knopf（ed.）, *A Name in Arms*, 390.

长。消息传开来，称韦恩已经承认蓝夹克是“肖尼酋长之首，并可以在肖尼人中做任何他同意的事”。梅卡哈克村的酋长们把这些都归咎于英国的认证，并谴责英国人：就各肖尼人分支的传统责任来说，梅卡哈克村酋长的抱怨实质上是对地位的追求，而不是对维护旧有的方式。 495
肖尼人认为，是卡拉卡和哈撒韦凯拉分支而不是梅卡哈克在负责政治事务。梅卡哈克人在药物和健康方面很擅长。不过迁往密西西比河西边的肖尼移民，以及在俄亥俄地区和莫米河畔有长期的混合村庄历史，这已经改变了各分支在自己村庄的旧模式。现在村庄往往是混合的，而离开高地的肖尼人是梅科斯人和梅卡哈克和卡拉卡人（Calaka，也叫奇利科西人），旧的责任分配模式难以为继。梅科斯人想增加自身的影响力。紧接着此事，梅卡哈克人的村庄酋长黑蹄（Black Hoof）鼓吹与美国和解也是蓝夹克的主要竞争者。黑蹄对外宣称，沃帕科内塔（Wapakeneta）的肖尼人想像美国人那样生活，还指责蓝夹克及其追随者从肖尼人的年金中分走了很大一部分。[1]

在别处也有类似的竞争。布孔加希拉是怀特河边的特拉华人中最著名的战争领袖，比胞族酋长们更有影响力，而他在美国人面前也表现得像个酋长。“态度和蔼可亲，友善而充满人情味，诚挚地为他的人民谋福祉”，他符合酋长的形象。特拉华人用中间地带的话说，“他之于他们就像华盛顿之于白人”。不过，他“相貌高古”，震惊了不熟悉阿尔冈昆习俗的白人。布孔加希拉的耳垂长长地垂下来，这源于阿尔冈昆人穿耳、戴耳环的习俗。耳环的重量逐渐拉长耳垂，最后都垂到肩上了。当布孔加希拉仔细倾听时，还会习惯性地舔舐自己的耳垂[2]。

最终，迈阿密人中的小乌龟——或许是最伟大的阿尔冈昆战争领袖，从勒格里斯光环下脱颖而出，成为带领部族与美国人打交道的酋长。世袭的酋长特别是潘卡因和理查德维对他的主导地位感到愤恨。

---

[1] *HBNI*, 15: 624; Ironside to McKee, Feb. 6, 1795, *Simcoe Papers*, 3: 288–289. 也见 R. David Edmunds, *Tecumseh and the Quest for Indian Leadership*（Boston: Little Brown, 1984）, 47。黑蹄的态度见 Talk to the Shawnee Nation, Feb. 19, 1807, National Archives, WD, SO, LS, IA, B: 279。

[2] 引文见 Gipson, *Moravian Mission*, Dec. 9, 1799, 32, Description, June 27, 1801, 108–109。

或许他们比小乌龟更忠于迈阿密群体，但事实证明小乌龟在与美国人打交道时表现得更像一个成熟的政治家。美国人与迈阿密人的谈判总好像小乌龟和猫头鹰在竞争影响力，后者是帕卡内和理查德维尔的代
496 言人。[1]

19世纪早期，关于酋长领导的理念并没有显著改变，渴望做酋长的战争领袖仍然像酋长一样行事。而酋长则照料他的人民。有时，特拉华人一个胞族的酋长特塔普斯卡（Tetapuska）竟然连一匹马也没有："所以说，酋长多半比很多印第安人都要穷，尽管后者称他们为王。"小乌龟因此必须提防自己氏族中每一个成员。他有白人的衣服、茶叶和咖啡，还养了头母牛，他的妻子则能够制作黄油。但他不可"沉溺于这些东西，而是必须留着以备白人需要"。一个战士杀死了小乌龟的第一头母牛，而他"有义务对此视而不见，并说母牛是自己死掉的"。酋长不可"打或惩罚最坏的战士，即便在田地里也不行；在家里，除了自己的妻子和孩子之外没人听他的"。[2]

酋长并不能够实施统治，但他可以说服和影响很多人。酋长及其代言人使用"酋长语言"即一种特殊的仪式用语说话，在特拉华人中也是如此。他们提供建议、咨询，并送出礼物来巩固自己的影响力；他们懂得其他人不懂的知识；他们能够调停争端；他们在白人中有地位。但是与酋长制度在联盟中的兴起相伴随的是这制度变得愈加依赖欧洲人的礼物，并且随着英国人逐渐变成一个遥远而吝啬的"父亲"，酋长们转而依赖美国人。但是美国人只给酋长极其有限的商品来分发给众人，并且美国人要求他们拿土地做交换。由于酋长们代表着那些反对进一步割让土地的人的利益，因此有时酋长们也抵制欺诈性的割让。但在原则上他们难以反对这种割让，因为事关他们自身的利益即

---

[1]　政治策略见Harrison to Secretary of War, March 3, 1803, Esarey（ed.）, *Harrison Messages*, 76–84。亦见Journal of the Proceedings at the Indian Treaty at Fort Wayne and Vincennes, Sept. 1 to Oct. 27, 1809, *ibid*., 370–375。

[2]　特塔普斯卡及其引文见Gipson, *Moravian Missions*, July 31, 1801, 116–117。关于权力的引文见Volney, *A View of the Soil and Climate*, 355。关于财产，见 *ibid*., 378。

他们当酋长的经济基础有赖于这些割让土地条约所赋予的年金。随着哈里森给他们施加更大的压力，酋长们害怕如果自己拒签哈里森所列的条款，别村的酋长就会代替自己签署，于是便不得不签署。那些无地的群体，特别是特拉华人和肖尼人，将这种谈判看作美国人给予他们土地的方式。黑蹄要求美国人给他一份地契，很快其他酋长也催促美国人在各酋长领地之间划定界线。[1]

除了上述来自美国人的压力，还有大量的酒的涌入冲击着离美国
边境最近的村庄，它瓦解了村庄礼仪。许多村庄陷入一种病态社会的 497
巨网，一些酋长反对酒类贸易，另一些酋长则参与其中，还有些酋长摇摆不定。但他们都是受害者。酗酒的问题在村里一直存在，某个时期，比如18世纪60年代末、18世纪70年代初，酗酒和暴力一度成为非常危险的活动，但很少出现像18世纪90年代末、19世纪初沃巴什河和怀特河边那样的情况。威人、皮安卡肖人和鳗鱼河（Eel River）边的迈阿密人成天群聚在温森斯，去往温森斯的道路上总是躺着三四十个喝醉的印第安人。他们把枪拿去换酒——就像把其他财产都拿去换了酒一样，他们蹒跚着走过村庄，只有刀防身——他们曾用这刀来刺、砍野猪、牛、美国人、法国人以及（多数时候是）彼此。早上总有几十个印第安人“和猪一起在污物里打滚”。多数人最后醒过来了，但也往往有一两个由于受伤或受冻而再也醒不过来。最糟的一次，温森斯居民醒来发现街上有四具尸体。据哈里森估计，商人们每年卖往村庄

---

[1] “Language of the Chiefs,” Jan. 8, 1802，载Gipson, *Moravian Mission*, 54。对这样一个酋长的描述见Carter, *Little Turtle*, 156–208。酋长们的不满见Dearborn to Harrison, Feb. 21, 1803, Secretary of War, Letters Sent, Indian Affairs, v. A, M 15, roll 1, National Archives。酋长、割地、年金的例子见Journal of the Proceedings at the Indian Treaty at Fort Wayne and Vincennes, Sept. 1–Oct. 27, 1809, Esarey（ed.）, *Harrison Messages*, 362–378; 在1802年的年金清单全是以下印第安族群的付款，见National Archives, WD, SO, LS, IA, v. A, M 15, roll 1。其他年份里也有类似的年金清单，想知道年金是如何增加的，见A Statement of Indian Annuities showing in what they are to be paid in 1809, Jan. 1809, National Archives, WD, SO, LS, IA, B: 419。Secretary of War to Wells, Apr. 24, 1807, National Archives, WD, SO, LS, IA, B: 310。
酋长们及部落疆域见Conference Held with the Delaware and Shawanoe Deputation, Feb. 5, 1802, National Archives, WD, SO, LS IA, v. A; Dearborn to Harrison, Feb. 23, 1802, *ibid.*; Talk to Chiefs of Shawanee，Feb. 19, 1807, National Archives, WD, SO, LS, IA, B: 279。

6000加仑的酒，但是这些村子里仅有不到600名战士。[1]

酒精在一步步摧毁村庄。亲戚相残，对村庄和平负首要责任的酋长们最先被杀。威人酋长小海狸的儿子杀了他的父亲。小海狸则死于自己的人民之手。哈里森相信，温森斯附近村庄里几乎没有一个酋长还活着。酗酒、疾病和暴力导致的死亡带来“每年人口数量以惊人的速度下降”，造成对“美国国民性的玷污”联邦和地方政府禁止酒类贸易，却
498 彻底失败，商人、边境居民和印第安中间人很容易就能规避法律。[2]

酒给沃巴什河沿岸造成极大危害，那儿的印第安村庄紧挨着温森斯，很容易获得酒。但酒也同样祸害了怀特河沿岸村庄（可以取道格林维尔进入），那儿居住着很多特拉华人和一些肖尼人，还有迈阿密村庄、肖尼人村庄以及底特律东部加拿大境内的猛西人、莫霍克人和齐佩瓦人村庄。约瑟夫·布兰特出于自卫杀死了自己的儿子，因为这名年轻人喝醉酒后愤怒的攻击他。怀特河边的摩拉维亚教徒讲述了在与沃巴什共存的印第安村庄里那些详细的、令人难受的醉酒杀人致死、致残事件，印第安人中做中间商的人们引进几百加仑之多的威士忌，村民们喝到一滴不剩。这导致兄弟相残，还有一些人死于酒精中毒。一个接着一个地，老年人发牢骚说他们失去了年轻人。在四年的时间里，摩拉维亚教徒目睹了这些放纵行径，总结道：“若不流血，这股饮酒之风是不会停止的。他们中很多人看起来都好像得了重病，这是自取灭亡”[3]

[1] Harrison to Secretary of War, July 15, 1801, Esarey（ed.）, *Harrison Messages*, 28–30; Volney, View, 354. 迈阿密人、帕塔瓦米人和基卡普人这些生活在沃巴什河对岸的族群就没有从贸易中特别遭殃，见 Harrison to Secretary of War, July 15, 1801, *ibid.*。基卡普人有从不喝酒的名声见 The Kickapoos had the reputation of not drinking at all, Oppelt Diary, Aug. 14, 1804, Moravian Archives, box 157, Folder 1, 收入GLEHA。

[2] Proclamation: Forbidding Traders from Selling Liquor to Indians In and Around Vincennes, 1801, Esarey（ed.）, *Harrison Messages*, 31. 试图管控酒类运输见 Francis Paul Prucha, *American Indian Policy in the Formative Years: The Indian Trade and Intercourse Acts, 1790–1834*（Cambridge, Mass.: Harvard University Press, 1962）, 102–138。

[3] Gipson, *Moravian Mission*, Aug. 17, 1801, 121; May 18, 1802, 165; June 23, 1801, 107; May 31, 1802, 167; June 4, 1803, 235; Oct. 5–6, 1804, 314; July 10, 1805, 367. 引文见 *ibid.*, Sept. 9, 1807, 378。加拿大的猛西人见 Christian Father Denke Diary, Feb. 8, 1808, box 157, Folder 5, Moravian Archives, GLEHA Transcription。布兰特见 Isabel Thompson Kelsay, *Joseph Brant, 1743–1806: Man of Two Worlds*（Syracuse: Syracuse University Press, 1984）, 564–565。

酋长们几乎一致敦促人们停止饮酒，并呼吁政府叫停酒类贸易。小乌龟甚至成功地使迈阿密人在狩猎营地禁酒，尽管还不是在村子里禁酒。但是，这些酋长中有不少人自己也喝酒，有的还变成酒商。酒已经嵌入特拉华人的仪式——特别是年度大房子（Big House）仪式——在吊唁仪式中，酒成为招待和分享的一部分。摩拉维亚教徒说，他们无法拒绝饮酒，因为这违反了相互依存和分享的法则。特拉华酋长们反对在仪式上饮酒，才加入了酒神节。因为酋长们需要商品来维持自己的影响力，所以有些酋长比如特塔普斯卡就变成了酒商，利用酒以及酒换来的商品来履行自己的义务。[1]

不管酋长们如何处理土地耗竭、礼仪沦丧，他们的影响力似乎都 499
在下降。特拉华酋长特塔普斯卡的陨落就是个悲剧。他在美国革命前就是村中的酋长及顾问，还曾邀请摩拉维亚教徒在怀特河边开放传教所。他取得了一些成功，使某些迈阿密人承认特拉华人在怀特河边的权利，由此终结了特拉华人没有土地的状况。但他遭遇了酋长权力的更大危机。1801年他召集年轻人赴宴，在他们吃饭时发表了演讲：

> 孩子们，你们看到我有多老了，我的头发已经花白；我仍然没有走上上帝要我们走的正道。我们经常劝诫你们不要喝酒，不要做任何恶事，但毫无成效。我们不曾有所改变。我们这些酋长现在知道你们没有改变的原因，因为我们叫你们做的那些事连我们自己都没做到。

这番言论并没有改变特塔普斯卡自己的行为。他告诉摩拉维亚教徒，酋长们已经同意，但凡有威士忌酒进入村庄，就要打烂那装酒的

[1] 限制酒类见Dearborn, Circular, 14 Sept. 1802, Secretary of War, Letters Sent, Indian Affairs, v. A, M15, roll 1, National Archives; Conference held with Little Turtle and other Chiefs, Jan. 7, 1802, *ibid*。分享及酒类见Christian Father Denke Diary, Feb. 8, 1808, box 157, Folder 5, Moravian Archives, GLEHA Transcription。特塔普斯卡见下文，猫头鹰把酒带到迈阿密人中见 Gibson and Vigo to Harrison, July 6, 1805, Esarey（ed.）, *Harrison Messages*, 145。

桶；但同时就有两桶威士忌被捆上了他的马背。[1]

1804年，特塔普斯卡试图否认在温森斯向哈里森割地，被迫向美国人割地这件事使他的处境十分危险。由于害怕被年轻人抛弃，他失去了自己最重要的盟友布孔加希拉；后来他被指责施行巫术致使布孔加希拉死亡，由此他的影响力进一步下降。从酋长的位置上退下来后，他继续卖威士忌，还一度想要到摩拉维亚教徒中居住。1806年5月，特拉华战士们抓住了他，在拷打之下他承认了巫术之罪，还牵连出约书亚（Joshua）——怀特河地区唯一的男性摩拉维亚教徒。尽管后来特塔普斯卡推翻了自己的供述，肖尼先知坦斯克瓦特瓦仍然判定他和约书亚是巫师。战士中还包括他自己的儿子，他儿子憎恨他离开自己的母亲去找了一个年轻女人，他们把特塔普斯卡带到摩拉维亚教徒的城市，用战斧砍向他，还没断气就被扔进行刑的火堆中。[2]

500 别的酋长在整治村庄的混乱状况中起到了更加有力的作用，但他们同样陷入危机。在反对酒类运输和与美国人寻求妥协的酋长中，迈阿密酋长小乌龟是最著名的。他具有领导才能，被美国领导人广泛赞誉，并在康斯坦丁—弗朗索瓦·沃尔内（Constantin-François Volney）的美国游记中被提及，他足够明智，从而避免了庞蒂亚克的命运。他明白他在自己的社会里的影响力和权力很有限。小乌龟大胆接受了杰斐逊对西北部做出的规划，他幻想迈阿密人可以逐步放弃狩猎和园艺农业，并饲养家畜和以男人犁地式的农业代替妇女锄地式的农业。既

[1] 特塔普斯卡邀请摩拉维亚教徒见Gipson, *Moravian Mission*, Apr. 14, 1800, 33。引文见*ibid.*, July 9, 1801, III。运输威士忌见*ibid.*, March 22, 1803, 218。赢得迈阿密人的承认见Harrison to Secretary of War, March 3, 1803, Esarey（ed.）, *Harrison Messages*, 82–83。

[2] 否认割地见Delaware Indians to Wells, March 30, 1805, Esarey（ed.）, *Harrison Messages* 117–118; Patterson to Wells, Apr. 5, 1805, *ibid.*, 121–123。动机与恐惧见Gibson and Vigo to Harrison, July 6, 1805, *ibid.*, 142–146。被指控为巫师见Gipson, *Moravian Mission*, May 24, 1805, 357–358。售卖威士忌见*ibid.*, Dec. 22, 1805, 394–395。求居住见*ibid.*, Jan. 8, 1806, 399–401。指控特塔普斯卡为巫师以及处决他见*ibid.*, March 14–17, 1806, 411–415; Kluge to Loiskel, Apr. 1, 1806, *ibid.*, 556–564。另一位胞族老酋长大猫也被指控为巫师，但他自己氏族中的武装战士救了他一命，*ibid.*, March 15, 1806, 414; Apr. 9–10, 1806, 420。

大卫·埃德蒙兹说特塔普斯卡曾经皈依摩拉维亚教派，见R. David Edmunds, *The Shawnee Prophet*（Lincoln: University of Nebraska Press, 1983）, 44，但当摩拉维亚教徒把他当朋友时，他却反对基督教教义，见Gipson, *Moravian Mission*, Apr. 14, 1800, Apr. 3, 1805, 32, 344。

然白人像“油滴到毯子上”一样扩张，而印第安人像“阳光下的雪”一样消融，那就必须在他的族人消失之前有所作为。小乌龟成功地找到贵格会（Quakers）教徒来帮忙协助这项工程，同时努力在自己的族人中实施酒类贸易管制。[1]

在努力实施自己的计划时，小乌龟与威廉·韦尔斯（William Wells）密切合作，韦尔斯和一高地人一样深爱中间地带的影响韦尔斯小时候被迈阿密人俘虏并收养，在他充满变故的一生中，最先与哈马作战，然后加入韦恩的美军，带领伪装成印第安作战的白人侦察员。韦尔斯娶了小乌龟的女儿甜蜜的微风（Sweet Breeze），并在战争结束后回到迈阿密人中生活。但他这个人备受争议，而争议则源自他所担任的众多职位。在《格林维尔条约》签订至1812年战争期间，他大部分时候在做迈阿密联盟、帕塔瓦米人和特拉华人的印第安调停人。他与英国调停人麦基、格蒂和埃利奥特走得很近。他是英帝国的仆人，但又深深地忠诚于他所侍奉的国家想要征服的族群。他死于1812年印第安人攻打芝加哥。那些战士们撕裂了他的心脏，并分成几块吃了下 501
去。即便死了，他也是印第安人的一部分。[2]

小乌龟和韦尔斯的所有努力都没能阻止哈里森哄骗印第安人割让土地，也没能说服迈阿密人进行农耕。1804年哈里森的《特拉华－皮安卡肖条约》（Delaware–Piankashaw Treaty）让迈阿密人割让了他们的土地，小乌龟和韦尔斯努力让哈里森取消这一条约，但因为杰斐逊的扩张企图而失败。贵格会教徒的努力在迈阿密人中毫无成效，旧有的性别观依然根深蒂固——印第安男人拒绝农耕。美国国务卿亨利·迪尔伯恩（Henry Dearborn）认为小乌龟具有非凡的才能，美国人的青睐引起了其他酋长对他的嫉恨。1808年，小乌龟意识到自己面临死亡

---

[1] Volney, *A View of the Soil and Climate*, 334–335. 小乌龟与其他印第安酋长举行的会议，见Jan. 7, 1802, Secretary of War, Letters Sent, Indian Affairs, v. A, National Archives, M 15, roll 1。

[2] 关于韦尔斯和小乌龟有两份叙述，见Paul A. Hutton, “William Wells: Frontier Scout and Indian Agent,” *Indiana Magazine of History* 74（Sept. 1978）: 183–222，以及Carter, *Little Turtle*，韦尔斯之死见231–233。忠诚见Gibson and Vigo to Harrison, July 6, 1805, Esarey（ed.）, *Harrison Messages*, 145。但又见Harrison to Secretary of War, Dec. 3, 1809, *ibid.*, 395。

的威胁，但这位衰老虚弱的酋长蔑视他的对手们，并向他们郑重宣告，如果杀了他，他们也得付出血的代价。[1]

小乌龟及其同侪——肖尼酋长黑蹄、帕塔瓦米人中的五大王牌、亚当布朗和在水中行走的怀安多特人，甚至还有小乌龟的竞争者猫头鹰——都希望向美国人妥协。这种妥协是中间地带酋长的标志。他们敦促族人采用新技术和新的性别观念，他们不害怕通婚，因为通婚早已是高地的一部分。他们意识到自己的族群存在危机，并请求“父亲”帮助解决危机。但是，这位“父亲”无视他们的局限，他根本不懂酋长制度，他期望酋长们做成他们做不到的事。1812年，高地已处于战争边缘，西部帕塔瓦米人酋长哥莫（Gomo）当时住在皮奥里亚湖（Lake Peoria）边，他想与美国人妥协。他在大会上向伊利诺伊区长官尼尼安·爱德华兹（Ninian Edwards）进言。他的演讲在150年间以这样或那样的形式被发表过：

> 酋长能卖土地吗？我是个酋长，虽然我很穷但是值得同情，而且我想在我们自己的土地上和平地生活。我的父亲，如果在我们中能找出这样一位有足够影响力酋长，他有足够的权威交出一位杀人犯，我
> 502 会非常高兴。我的父亲，你大概认为我是个伟大的酋长，但我不是。我不能随心所欲地控制我们的年轻人。我的父亲，我是个红种人，我不是伟大的酋长，只有在年轻人的成长过程中我才是他们的酋长，但当他们长大了，我便不再是他们的导师。我的父亲，伟大的神灵创造了我们所有人，我们没有你那样的权力，你们有军队和法律，当一个人做了恶事，你可以逮捕他、惩罚他，但我不能。我的父亲，我可以很容易地逮捕或杀死你提到的杀人犯——但只能在我们所有酋长和年轻人一致同意的情况下，否则被杀死的就是我了。[2]

---

[1] 嫉恨见Dearborn to Harrison, Feb. 23, 1802, Secretary of War, Letters Sent, Indian Affairs, v. A, National Archives, M 15, roll 1。见Hutton, “William Wells,” 203–215; Carter, *Little Turtle*, 156–209。贵格会教徒见 Walker（ed.）, “Hophins Journal,” 361–407。关于割地，小乌龟轻率地以战争相威胁，其回应见Secretary of War to Wells, Dec. 24, 1804, National Archives, WD, SO, LS, IA, B: 35。

[2] Council held at Cahokia, Apr. II, 1812, Ninian Edwards Papers, Chicago Historical Society.

一个半世纪以来，无权的酋长们从某种意义上说是有权力的，因为欧洲人为了达到自己的目的而帮助酋长们，并依赖酋长们的工具：礼物、劝说、慈爱和责任感。欧洲人之所以会采取印第安人的手段，是因为印第安人作为一个整体赢得了足够的力量，迫使欧洲人妥协。但当哥莫发表讲话时，那种日子已经结束了。酋长们只好哀叹一个时代的逝去——事后看来那是个黄金时代。哈里森长官，这个不称职的“父亲”，他写道：

> 他们与法国人来往时享受的欢乐是他们永恒的主题——那是他们的黄金时代。上了年纪的人依旧会着迷地谈起那时候的事情；而年轻人则被教育崇敬那个时代，就像古人怀念农神（Saturn）的统治。“你管我们叫你的孩子，”一个年老的印第安酋长对我说：“但你为何不像法国‘父亲’那样让我们高兴呢？他们从不夺走我们的土地，事实上他们和我们一样——他们在自己喜欢的地方种地，在自己喜欢的地方伐木，我们也一样。而现在，如果一个可怜的印第安人想从树上剥点皮来挡雨，就会冒出来一个白人威胁要枪杀他，说那棵树是白人的。”[1]

村庄的多重危机催生了民族主义，但是特库姆塞（Tecumseh）和他的兄弟坦斯克瓦特瓦与内奥林和庞蒂亚克一样，都是矛盾的民族主义者。只有在中间地带才能恰当地理解他们。从某种意义上说，他们是阿尔冈昆人对本杰明·林肯关于以实玛利之子们的沉思最强有力的回应，他们是对美国的杰斐逊式帝国善政和边境地区仇视印第安族群情绪的混合体的回应。他们拒绝了美国人对未来的承诺，那些承诺只会让他们从另一条路走向毁灭，于是他们重新把父辈的传统拿了出来。由于两兄弟都成长于高地欧洲和阿尔冈昆文化密切混合的世界，他们

[1] Harrison to Secretary of War, July 5, 1809, Esarey（ed.）, *Harrison Messages*, 353–354.

提倡的“传统”也根植于已有的阿尔冈昆人和白人生活方式的混合体
503 之中。他们是中间地带最终和最奇特的文化及政治产物。

当时美国的论者以及后来的学者，比如R.大卫·埃德蒙兹和格雷戈里·多德（Gregory Dowd），都高估了那两个人的独特性，特别是特库姆塞。坦斯克瓦特瓦作为先知出现，当时边境的阿尔冈昆村庄和白人村庄遍布先知，上帝似乎在这片土地上肆意地广布启示。而特库姆塞，以他所有的才能和胆识，本质上和18世纪90年代的印第安联盟追求的政治目标是一样的，同时他对村庄世界的设想在很多方面都和早期共和国一样。就连他将联盟向南部扩张，也只是在其他肖尼特使的努力之下进行的。[1]

特库姆塞和坦斯克瓦特瓦的影响力波及甚广，1805年初怀特河地区，坦斯克瓦特瓦来到，当时诸村庄充斥着疾病和酗酒。拉拉威什卡（Lalawethika）是个酒鬼，一个贫穷而不灵验的萨满，三胞胎之一——他的族人认为多胞胎是不祥的，在一个以产生战士著称的家庭里他是个败笔。他属于奇伯克（Kispoko）肖尼人，只有极少数奇伯克肖尼人还留在高地的族群，其他人都迁移到密西西比河对岸了。拉拉威什卡坐在火堆边吸烟的时候看到那幅景象。他向后跌了一跤，好像死了一样躺着。醒过来后，他讲述了一个有关死亡、天堂和重生的故事。这故事明显有基督教色彩，其中拉拉威什卡瞥见了天堂和地狱，他看到罪人们在受火刑赎罪。这位先知醒来后便立誓戒酒，并改名“坦斯克瓦特瓦”，意为“打开的门”。[2]

对附近的摩拉维亚教徒来说，坦斯克瓦特瓦及其传达的信息一开始看起来跟怀特河边其他的先知有所不同。后来融入这位先知（the

[1] 最近一些关于特库姆塞和坦斯克瓦特瓦的研究排除了详细重述这两兄弟生平的必要，R. 大卫埃德蒙兹将坦斯克瓦特瓦从他兄弟的阴影中释放出来，见 Edmunds, *The Shawnee Prophet*. Edmunds, *Tecumseh*，以及 Gregory Dowd, “Paths of Resistance: American Indian Religion and the Quest for Unity, 1745–1815”（Ph. D. diss., Princeton University, 1986）, 2: 537ff. 不再强调特库姆塞的独特性。

[2] 我关注了埃德蒙兹对坦斯克瓦特瓦背景的描述，他看到的幻象是多种说法的混合物，多数说法出现的日期明显在看到幻象本身之后，见 Edmunds, *Shawnee Prophet*, 28–33。关于先知的诉求有很好的分析，见 Dowd, “Paths of Resistance, ” 2: 597–600。

Prophet）的幻象的事物已经出现了。一位能看到幻象的“印第安老妇人”将猎物减少归罪于印第安人模仿白人的生活方式。“你们应当像白人到来之前一样生活。”“有些异教徒”敦促摩拉维亚教徒将天堂、地狱、罪恶教义画在鹿皮上，以便更好地记忆。此时，摩拉维亚教徒不得不直视内奥林的回忆。“他们说，有个印第安人看到幻象并将之详细画 504
在一张皮上，很多印第安人看见了，便信以为真。”1805年春天，坦斯克瓦特瓦自己的幻象似乎不如另一个印第安女人有影响，“那位老师”禁止“一切恶事、通奸、偷盗、杀人等等”。这位女先知监督着一年一度的特拉华大屋仪式。印第安人信服她，却“无法放弃她所禁止的那些事”。迟至1806年1月，坦斯克瓦特瓦仍有一个难对付的竞争者，一个曾经信奉摩拉维亚教的女人，叫碧德（Beade）（她也有可能和前面那位“导师”是同一个人），她宣称见过上帝本人，而自己是个天使。她预知坦斯克瓦特瓦将来会成为巫师——后来被证实了。即便后来这位先知已经掩盖了怀特河边其他先知的光芒，其他有影响的导师——帕塔瓦米人梅因·波克（Main Poc），塞内卡人汉桑姆·莱克（Handsom Lake），还有先知的伙伴渥太华人鲑鱼——也会与他竞争或补充他的启示。[1]

其他这些先知明显影响了这位肖尼先知，但是白人的宗教理念和宗教变动也在影响他。1802年，有消息传至怀特河边，说迈阿密和俄亥俄河边的白人会突然倒下，并“像死人一样躺两三个小时”。当他们重新清醒过来，就会为之前的罪恶生活感到悔恨。当类似的情况在印第安人中逐渐显现，贵格会教徒更愿意视之为典型的圣灵显现。[2]

那位先知和贵格会教徒之间的联系很微弱，但也很奇特。坦斯克

[1] Gipson, *Moravian Mission*, Nov. 7, 1803, 252; Aug. 21, 1804, 308., May 14, 1805, 355. 碧德见 *ibid.*, Feb. 13, 1805, 333–334; Jan. 25, 1806, 402–403; Oct. 25, 1805, 383。亦见 Kluge to Loiskel, *ibid.*, Apr. 28, 1805, 531。关于女先知的其他参考资料见 Shane’s Statement, 1821, Tecumseh Papers 12YY 18, Draper Mss。梅因波克见 Thomas Forsyth, Main Poque, Tecumseh Papers, Draper Mss. 8YY57。梅因波克在帕塔瓦米人、索克人、齐佩瓦人、渥太华人、福克斯人和基卡普人中有极大影响力。汉桑姆·莱克见 Anthony Wallace, *The Death and Rebirth of the Seneca*（New York: Vintage, 1972）。汉桑姆·莱克试图把自己的教导向西扩散，见 William Kirk to Daniel Drake, May 10, 1807, Tecumseh Papers 3YY, Draper Mss。

[2] Gipson, *Moravian Mission*, July 14, 1802, 176.

瓦特瓦搬去格林维尔后，贵格会找到他，尽管在他的告解中发现有天主教的痕迹，贵格会还是相信“上帝就在此地”。此后，先知与贵格会保持着零星的联系。迟至1810年，先知宣布“除了独身的誓言，在一切方面追随贵格会的准则”，贵格会一位领袖向哈里森保证，他相信先知“与他在同样的神圣引导之下”，哈里森认为“这并非不可能”。先
506 知在1808年向哈里森保证，他只是渴望“把白人信奉的那些好的宗教准则介绍给印第安人”。由于先知保持与白人亲近，所以提前获知了关于1806年日食的知识。由此他预见到日食并宣称是自己触发了它，以此证明自己的神力。[1]

坦斯克瓦特瓦针对边境村庄的状况出了社会和神学的应对办法。其内容十分明确，体现在如下的社会工程：禁酒；减少商业依赖；禁止为了获取毛皮的狩猎；不允许妇女与白人同居，并在肖尼人中提倡一夫一妻制。不过这项社会工程依赖于坦斯克瓦特瓦对美国人与阿尔冈昆人、白人与印第安人之间关系本质的解释。[2]

坦斯克瓦特瓦、他的兄弟特库姆塞和伙伴鲑鱼使用的语言是一种不同的语言。他们用一种强调性别差异、野性与驯服、旧与新、主人与奴隶的话语将阿尔冈昆人与美国人相区别。最初的表述强调印第安道路与白人道路的对立，印第安人之于白人就相当于“野性”之于“驯服”。这种表述使得坦斯克瓦特瓦看到的启示轻松融入怀特河边村庄内正在进行的进程。

到19世纪初，印第安人道路和白人道路的对立是由同一位伟大神

---

[1] 早期接触见 Richard McNemar, *The Kentucky Revival or a Short History of the Later Extraordinary Outpouring of the Spirit of God in the Western States of America...*（New York: Edward Jenkins, 1846; repr. New York: AMS Press 1974）, 123–132。同时见 J. P. MacLean, “Shaker Mission to the Shawnee Indians,” *Ohio Archaeological and Historical Publications* II（1903）: 215–229。先知的话见 Prophet to Harrison, Aug. 1, 1808，载 Esarey（ed.）, *Harrison Messages*, 300。日食见 Shane’ s Statement, 1821, Tecumseh Papers 12 YY18, Draper Mss.; Edmunds, *Shawnee Prophet*, 48。贵格会教徒，见 Harrison to Secretary of War, May 15, 1810, Esarey（ed.）, *Harrison Messages*, 421–422。

[2] 社会工程见 Substance of a Talk... by Le Maigouis, May 4, 1807, MG 19, F. 16, PAC; Thomas Forsyth’ s “An Account of the Manners and Customs of the Sauk and Fox Nations of Indians...,” 载 Emma Helen Blair（ed.）, *The Indian Tribes of the Upper Mississippi Valley and Region of the Great Lakes*, 2 vols.（Cleveland: Arthur H. Clark, 1912）, 2: 276–279。Forsyth’ s “Account” is a letter to William Clark, Dec. 23, 1812。同样见 Edmunds, *Shawnee Prophet*, 34–41。

灵或生命之主造成的，这种说法至少已流传了半个世纪。这已成为针对改宗基督教的常用回应。帕查特希拉不断重申，他的族人需要延续祖先“从上帝那里得来”的习俗和仪式。摩拉维亚教的说法只适用于白人，而“你们自己能看到，我们拥有另一种的肤色”。中间地带有赖于印第安人和白人之间的区别，但也有赖于二者之间松散的界线。布孔加希拉的主张像是脱胎于他们看似反对的宗教及文化融合论。到19 507
世纪早期，这种融合论在很多方面都已成为高地的传统。[1]

坦斯克瓦特瓦希望制造更为稳固的边界，这么做和那些忙着重新将印第安人发明为异族、他者的美国人一样。坦斯克瓦特瓦靠重新强调高地上印第安人-白人的区别来建立边界。他和他之后的鲑鱼把美国人（不过不包括英国人、法国人或西班牙人）变成了“非人”。在阿尔冈昆宇宙观中，“巨蟒”代表了邪恶力量，并且阿尔冈昆人将它与海洋相联系。坦斯克瓦特瓦认为美国人来自海洋，他们是巨蟒的后代。白人本已作为神灵的形象进入高地，坦斯克瓦特瓦实际上将他们变成了魔鬼。正如仇视印第安族群的人将阿尔冈昆人想象为魔鬼的崇拜者以及“红种魔鬼”，美国人同样也变成了巨蟒的孩子。[2]

在阿尔冈昆人的想法中，印第安人和白人的差异——以肤色考虑——是另一种差异：与驯化相对立。为了反抗这种转变，印第安人显示出不被“驯化的样子”。在这种语境下，改宗的印第安人便是“驯服的”，而一旦“驯服”，印第安人便如同家畜一般可供白人屠杀。实际上这已经在德登胡滕发生过了，正如布孔加希拉提醒摩拉维亚教徒的那样。[3]

阿尔冈昆先知们将驯服之于基督徒和野性之于印第安人的意义扩

[1] 布孔加希拉见 Gipson, *Moravian Mission*, Sept. 4, 1803, 256. 亦见 *ibid.*, Sept. 3, 1805, 3775 July 4, 1806, 437–438; Autobiography of Abraham Luckenbach, *ibid.*, 616。见 Substance of a Talk... by Le Maigouis, May 4, 1807, MG 19, F. 16, PAC。

[2] 在关于先知所见幻象的最早描述中，美国人是一只螃蟹，出现在波士顿的海面，见 Gipson, *Moravian Mission*, Dec. 6, 1805, 392–393。见 Edmunds, *Shawnee Prophet*, 28–41。鲑鱼见 Substance of a Talk... by Le Maigouis, May 4, 1807, MG 19, F. 16, PAC。

[3] 驯化、格纳登哈的屠杀见 Gipson, *Moravian Mission*, Sept. 4, 1803, 256。亦见 *ibid.*, Nov. 25, 1801, 131。不会被驯化见 *ibid.*, Apr. 5, 1802, 155。

这张图题为“印第安人和他的妻子”，取自1810年的游记。男人穿的破衣服和手上的酒瓶便是特库姆塞及其兄弟坦斯克瓦特瓦所反对的社会状况的标志。（National Archives of Canada/C-14488）

大为同一套准则。为了重建野性，印第安人必须与“驯服”划清界限。为了恢复鹿群，就必须杀掉牛群。战士们表示对摩拉维亚教徒充满敌意，因为他们“当着我们的面射杀我们最好的野猪”。由此，坦斯克瓦特瓦命令印第安人杀掉他们的牛群。[1]

这种依据差异推理的下一步就是认为美国人想把印第安男人降低到女人的地位。这种削弱男子气概的话语有着特殊的意义。因为与黑 508
蹄手下的肖尼人接触的美国代理人威廉·柯克（William Kirk）是贵格派信徒——一个反战者，先知认为，派他来“证明总统想让印第安人变成女人”。在这个意义上，“让印第安人变成女人”就和易洛魁人让特拉华人穿衬裙一样，让印第安人成为在战争中没有发言权的男人，也不再是战士。先知对此的反应是呼吁印第安人团结起来，以“像男人那样被总统尊重”。先知顺理成章地同样推崇视觉上的男子气概，指出阿尔冈昆人应当重新采用旧式发型，剃掉头发，只留下头顶一块盖住。但他更重要的创新是强调一种性别秩序，就是印第安女人要从属于印第安男人。阿尔冈昆战士当家做主的地位要体现在他们对待阿尔冈昆女人的方式上。值得注意的是，1806年后，一开始占据先知主导的女人基本上都消失了。她们的影响力让给了坦斯克瓦特瓦、梅因·波克和鲑鱼。[2]

与妇女从属地位相伴随的是，坦斯克瓦特瓦否定她们作为文化中介的角色。他毫不含糊地谴责通婚：“所有与白人一起生活的印第安妇

[1] Gipson, *Moravian Mission*, Nov. 24, 1803, 262. 野猪见*ibid.*, July 3, 1805, 364。先知见*ibid.*, Dec. 3, 1805, 392。这也顺理成章地延伸到饮食方面的限制，强调印第安人吃的食物和白人的食物之分，见Substance of a Talk... by Le Maigouis, May 4, 1807, MG 19, F. 16, PAC。

[2] 引文见Wells to Secretary of War, Apr. 20, 1808, Carter（ed.）, *Territorial Papers*, 7: 560。在托马斯·福赛恩对先知教诲的描述中，对性别的强调也一样明显，见“An Account of the Manners and Customs of the Sauk and Fox,” 载Blair, *Indian Tribes*, 2: 276–279。亦见Shane’s Statement, 1821, Tecumseh Papers 12YY 8–12, Draper Mss。同样应当指出，当时阿尔冈昆村庄中显然普遍存在对女人的暴力行为，对此鲑鱼和先知都略有谴责，见Substance of a Talk... by Le Maigouis, May 4, 1807, MG 19, F. 16, PAC。有一份公认经过修饰且歪曲了的特库姆塞演讲，但它很可能传达了他修辞的本质，其中特库姆塞谴责美国人“把我们的战士变成女人，把我们的女人变成娼妓”。见John Francis Hamtramck Claiborne, *Mississippi as a Province, Territory, and State*（Jackson, Miss.: Power and Barkside, 1880; repr. LSU, 1964）1: 317。怀特人称特库姆塞蔑视“一切看起来娇气的行为方式”，见Draper’s note of communication with John Johnston, Tecumseh Papers 11YY, Draper Mss。

女都应当被带回家，回到她的朋友和亲人当中，同时她们的孩子应当交给父亲，这样我们的族群就会变成纯正的印第安人。”妇女在许多方面都是中间地带最重要的创造者，现在她们实际上退出了中间地带。[1]

最后，也是最令人惊奇的一点，尽管提倡回归祖先的生活方式，先知和鲑鱼却都重视年轻人甚于老年人。先知告诉索克人和福克斯人，“药物”或力量“过去是好的，但现在失效了；……它们在岁月中失去了效力”。如鲑鱼所教导的，世界“崩坏并倾倒了，随着它的衰落，（齐
509 佩瓦人）将会衰落和死去”。1806年怀特河边追随先知的人们相信：“我们现在找到了新东西……老年人没分量了，因为他们已经没什么可说的了。现在是年轻人掌权的时代。”[2]

这些意识形态和神学的结构并非在先知的第一次幻象中就完全成形，而是随着不同的情况和挑战而演进、变化。由于先知想将之应用于政治和社会生活，于是他的教诲便在与其他理论的斗争及实践中不断接受考验。在现实生活中要决定什么是印第安人的、什么是白人的，什么是野性的、什么驯服的，什么是男性的、什么是女性的，就变得非常困难并且需要折中处理。于是，由于北部渥太华猎人、克里猎人和奥吉布瓦猎人所拥有的唯一家畜就是狗，先知的教诲对他们来说就变成“杀死你们的狗”，这令他们感到惊愕又幻灭。再往南，先知的教诲命令人们杀死牛，却没有影响马的地位，因为马已经成为狩猎所必需。实际上，战士们骑着马捕猎野猪。[3]

先知和鲑鱼对待农业的态度中藏有着重要的调整。最终他们主张严格的性别劳动分工。应当由女人而不是男人种植庄稼；但最初，在

[1] 通婚见 Edmunds, The *Shawnee Prophet*, 39。

[2] 关于药物的话见 *Narrative of an Expedition to the Source of St. Peter's River, Lake Winnepeeke, & Lake of the Woods... Performed in the Year 1823*（Philadelphia: H. C. Carey & I Lea, 1824）1: 223–224。类似的对于新药物的重视见 Radin Notes, Winnebago Informant, APS Freeman guide, no. 3857, Radin, Shawnee Prophet, American Philosophical Society; Substance of a Talk... by Le Maigouis, May 4, 1807, MG 19, F. 16, PAC。怀特河见 Gipson, *Moravian Mission*, Mar. 10, 1806, 411–412。年轻人仍然有义务照顾老人，见 Shane's Statement, 1821, Tecumseh Papers 12YY 8–12, Draper Mss。

[3] 马带来困惑以及先知并不声讨马，见 Gipson, *Moravian Mission*, Dec. 3, 1805, 392。野猪和马见 *ibid.*, July 3, 1805, 364。先知和狗见 James（ed.）, *Tanner Narrative*, 125, 155–158。

由猎物缺乏引发的生存危机中，先知和鲑鱼的想法并非如此："你们必得种植庄稼，为了你们自己，为了你们的女人和孩子，这么做是在互相帮助。"1807年鲑鱼如是告知密奇利马周边的渥太华人和奥吉布瓦人。1808年，先知的一位追随者将他的启示理解为男人应当"劳作并种植庄稼"，他们并不"羞于劳作和为我们的女人和孩子种植庄稼。"先知本人也支持这样的说法。[1]

1805年至1809年间，尽管美国人普遍怀疑先知是英国的代理人，510
他的改革仍然主要在内部，他的敌人也以外围村庄的酋长们为主，而非美国人。先知是作为驱巫者介入村庄政治的。早先的先知们中也有驱巫者，这位先知的同时代人，塞内卡先知汉桑姆·莱克，就在易洛魁人中驱巫。在某个物资短缺、充满疾病与死亡的冬天，村民们自然而然地怀疑有巫师在作祟。但是一般不会认为酋长就是巫师。现在不仅先知证实酋长们就是巫师，而且上学由于年轻的特拉华战士对土地交易、被白人杀害、猎物减少等事的愤怒，人们已经对酋长们十分不满。先知证实了他们的怀疑，并站在年轻人一边反对老年人，从而成为酋长们的敌人——整个1812年战争中他都保持这个立场。并非所有主要村庄的酋长都天然反对先知，但外围村庄的酋长们还是从特塔普斯卡身上瞥见了自己可能的命运。[2]

先知确立起谴责酋长、捍卫年轻人反对长老的形象，最终变成法

---

[1] Substance of a Talk... by Le Maigouis, May 4, 1807, MG 19, F. 16, PAC. 德雷克认为特库姆塞及其兄弟反对使用白人农具，见Drake' s Notebooks 1: 25, Tecumseh Papers, Draper Mss.; Prophet to Harrison, June 24, 1808，载Esarey（ed.），*Harrison Messages*, 295; Prophet to Harrison, Aug. 1, 1808, *ibid.*, 300。1816年，先知反对印第安人采用美国人的任何农作方法及性别角色，见Speeches in Council of the Shawawnee Chiefs Yealabahca and the Prophet, 1–4, 1816, Cass Papers, Clements Library。

[2] Edmunds, *TheShawnee Prophet*，很好地讲述了猎巫事件，42–48。特拉华人中兴起猎巫运动见Gipson, *Moravian Mission*。酋长们自己指责最初的受害者，那是两个老妇人，她们一个是明戈人，另一个是楠蒂科克（Nantikoke）人，*ibid.*, Oct. 19, 1802, 194–195。酋长们的指控见*ibid.*, May 24, 1805, 358; July 3, 1805, 365; Mar. 12, 1806, 412; March 17, 1806, 415–416。Apr. 9–10, 1806, 420。年轻人见March 10, 1806, 411; Apr. 9–10, 1806, 420。疾病与妖术见Apr. 9, 1802, 156; June 7–8, 1805, 360,（Shawnees）June 19–20, 1805, 362。亦见Shane' s Statement, 1821, Tecumseh papers, 12YY14–18, Draper Mss。

国人一开始说的“共和者”。[1]

他先在格林维尔、后来在蒂珀卡努（或先知城）建立起若干跨部落的村庄，置于自己和兄弟特库姆塞的领导下。约翰·约翰斯顿继任威廉·韦尔斯成为韦恩要塞的印第安中间人，他对这些居住了“印第安无业游民”的村庄不当回事——这些村庄大体上（但并非完全）处于美国联盟酋长的网络之外。其中唯一的美国酋长是蓝夹克，这位肖尼战争领袖显然想利用先知的影响力来巩固自己反对黑蹄和沃帕科内格酋长的势力。[2]

蓝夹克与先知及特库姆塞合作，使这对兄弟卷入一场微弱却持续的运动，肖尼人试图重新吹燃布朗斯敦（The Brownstown，或称 Big Rock）的联盟会议之火留下的灰烬。但是，1806 年，联盟复兴的希望
511 看起来相当渺茫。1801 年蓝夹克试图在布朗斯顿盟友切罗基人、苏克人和福克斯人之间重建联盟，重燃篝火，但他失败了。然而特库姆塞和坦斯克瓦特瓦发现蓝夹克是个经验丰富的联盟酋长，他仍然梦想在英国人支持下重建阿尔冈昆联盟。[3]

莫米河和沃巴什河边的村庄、底特律和桑达斯基的村庄再次成为布朗斯顿篝火会议的主力，而在 19 世纪早期，他们是前景黯淡的反美力量，被酒精、疾病和饥饿所困扰，被亲美的酋长如小乌龟、怀安多特人塔尔希、肖尼人黑蹄所支配。坦斯克瓦特瓦及其教导只是加剧了这些村庄之间的分化，而他和特库姆塞想要的并不是统一它们，而是从中获取自己的信徒。

---

[1] 怀恩多特战争领袖朗德·黑德（Round Head）加入先知阵营，反对黑蹄，见 Joseph Vance to Draper, n.d., Tecumseh Papers, 2YY, Draper Mss. Proceedings of Council Held at Springfield, June 24–25, 1807, Frontier Wars, 5U183–5U184, Draper Mss。

[2] 蓝夹克见 Virginia Argus, Sept. 6, 1806, Tecumseh Papers, 3YY, Draper Mss; Johnston to Drake, n.d., Tecumseh Papers 11YY, Draper Mss。

[3] 蓝夹克与英国人保持着联系，尽管他靠美国人给的年金维持声望，见 McKee to Claus, Aug. 15, 1800, Claus Papers, 8: 117, PAC。
布朗斯敦（或大石头\［Big Rock\］）的篝火议会也吸纳了肖尼人、怀恩多特人（以及休伦人）、底特律渥太华人和齐佩瓦人，很可能还有帕塔瓦米人。他们之间、他们与英国人之间有许多重要问题亟待解决。见 Ironside to Claus, June 11, 1801, Dept. Supt. General’ s Office, IA, RG 10, PAC。蓝夹克试图扩大这议会篝火并重建联盟，见 Ironside to Claus, June 12, 1801, Dept. Supt. General’ s Office, v. 26, IA, RG 10, PAC; Ironside to Selby, June 15, 1801, Claus Papers 8: 150, PAC。

主要的反美力量——也是特库姆塞可以利用的力量——并不在布朗斯顿，而是在伊利诺伊、密歇根和威斯康星的村庄。这里来自美国的直接压力比较小，同时他们有对美国人的仇恨。奇卡布人、索克人及福克斯人、齐佩瓦人、温拿巴哥人、梅诺米尼人以及西部帕塔瓦米人都亲眼见证了美国在别处的蚕食鲸吞。美国人对路易斯安那的购买、向密西西比河上游的迁徙、从卡斯卡斯基亚人中对伊利诺伊南部的购买以及新的美国要塞的建造，这些都让他们心生恐惧。这些群体和美国人接触时发生的杀人案件大多无疾而终，未被报仇的死亡折磨着死者的亲属们。还有，因为这些群体大多数没有签署《格林维尔条约》或割地给美国，酋长们也就没有收到年金以用来缓和年轻人的愤怒之情。最后，他们持续从英国商人处获得物资，与美国关系恶化，并迫切希望证实印第安人最担心的事情。当美国人真的开始要求土地时，从萨吉诺齐佩瓦人，到芝加哥周边的帕塔瓦米人，到密西西比河边的温尼贝戈人和索克人都变得更加敌视美国了。[1]

在1812年战争中美国将遭遇的联盟，其缘起既不在布朗斯顿旧的会 512
议篝火中，也不在于英国人的阴谋诡计，也并非出于特库姆塞最初的努力。与始于北部和西部，且在坦斯克瓦特瓦的幻象出现过的运动相比，这些反而都只是插曲。一个反对密西西比河西边的欧塞奇的联盟构成了最初的反美核心力量。1805年6月，一个由索克人、福克斯人、北部渥太华人和帕塔瓦米人组成的使团来到阿默斯特堡（Amherstburg）的英国总部。索克酋长作为发言人解释说，苏人送来战争烟斗，希望索克人及其盟友停止与密西西比河对岸的欧塞奇人作战，改为一致对付“那个新的侵占我们土地、还想做我们父亲的白人民族”，现在他们需要征求英国“父亲”的意见。苏人继续使用旧式的联盟语言，用同一个盘子、同一把勺子，象征他们共同拥有土地，还比较说生活在英国治下的人们多

[1] 西部群体的态度见Johnston to Drake, Sept. 24, 1840, Tecumseh Papers 11YY, Draper Mss.; Edmunds, The *Shawnee Prophet*, 78。对麦基诺以西至密西西比河、南至皮奥里亚的族群的村庄有精彩的描述，见Hays to Edwards, May 31, 1812, Ninian Edwards Collection, Chicago Historical Society。

么快活，而生活在美国治下的人们多么不安。[1]

伴随着这些战争烟斗的，是苏人酋长们送给英国人的和平烟斗。苏人声称想组织十个族群结盟，与英国联盟联合。这个联盟已经包括索克人及福克斯人、一些齐佩瓦人和渥太华人、奇卡布人，还有芝加哥的帕塔瓦米人，那里的战士"已经接手了我们民族的事务，我们必须服从战争酋长的决定"。为了反抗"张大嘴巴千方百计打算占有我们土地的白种魔鬼"，这些西部村庄已经准备好参与联合行动。到第二年，尽管美国人害怕与奇卡布人和索克人开战，但英国人明确谢绝了加入联盟的邀请，并敦促印第安人与美国保持和平。1806年，这些西部村民再次表示希望得到英国援助，此后几乎每年提出一次，但都被拒绝了，并被敦促维持和平。即使苏人与西部的阿尔冈昆人之间恢复了战争，西部印第安人村民仍然敌视美国人。[2]

先知并没有制造这种敌意，而是利用了它。他的教诲传播遍至五大
513 湖区再到西边的平原，传到许多已经组织起来抵抗美国的人中。实际上，先知的教诲中越来越多的政治倾向很可能来自1807至1808年间到访格林维尔和先知城（Prophetstown）的齐佩瓦人、索克人及福克斯人、帕塔瓦米人及其他人群。他在1808年首次提到各族群要停止单独割地的行为。他预言，到秋天，"每个来自西部的族群"都将团结在他周围并停止割地行为。当韦尔斯警告可能的战争行动时，先知提及了其对西部村民（索克人、福克斯人、爱荷华人、温尼贝戈人和梅诺米尼人）的召唤，以及他对梅因·波克的依赖，波克是西部帕塔瓦米人的战争酋长，先知需要他的帮助。但先知自己却无意破坏了他所参与的统一体。他未能为生活在

[1] Meeting of Sauks, Foxes, northern Ottawas and Potawatomis held at Amherstburg, June 8, 1805, Sir John Johnson Correspondence, Supt. General' s Office, v. 10, IA, RG 10, PAC; Secretary of War to Harrison, June 20, 1805, National Archives, WD, SO, LS, IA, B: 56. 到1806年，美国开始担心这些西部印第安人对他们的仇恨，见 Secretary of War to Harrison and Hull, June 11, 1806, National Archives, WD, SO, LS, IA, B: 233; Secretary of War to Johnston, Feb. 18, 1811, NA, WD, SO, LS, IA, C: 64。

[2] Meeting of Sauks, Foxes, northern Ottawas and Potawatomis held at Amherstburg, June 8, 1805, Sir John Johnson Correspondence, Supt. General' s Office, v. 10, IA, RG 10, PAC. For alliance, see Claus to Green, July 24, 1805, Supt. General' s Office, v. 10, IA, RG 10, PAC. 苏人对索克人的一次攻击显而易见地终止了（至少是暂时的）他们与联盟的联系，见 Wells to Secretary of War, Apr. 20, 1808, Carter（ed.）, *Territorial Papers*, 7: 559。
害怕开战见 Harrison to Jefferson, July 5, 1806, Esarey（ed.）, *Harrison Messages*, 195。请求答复及援助见 Claus to Grant, July 30, 1806, Lt. Governor' s Office, Upper Canada, v. 1, IA, RG 10, PAC。

蒂珀卡努的人及访客争取到足够的补给，饥荒又引起了疾病，导致超过160名来自阿布尔克罗什及其他密歇根村庄的渥太华人和齐佩瓦人死于先知城。其中还包括重要的渥太华酋长小国王（Little King），而幸存者们指责先知，说他如果不是骗子，就一定是个巫师。1809年4月，一个由渥太华人和齐佩瓦人组成的小型军事团体杀死了一名妇女和一个孩子，只为了挑战先知所宣称的“生命之主将会杀死任何破坏他村庄和平的人”。他们大张旗鼓地宣扬此事，并且什么坏事也没降临在他们身上。[1]

先知已经使他周围的美国酋长和畏惧他的美国人牵涉其中，如今又面临着与北部印第安村民开战的可能，而他们曾经对先知的教诲持赞同态度。但是到了1809年，他有机会可以寻求英国的帮助了。村庄之间的冲突再次与更大层面的帝国冲突混在一起，这是由于现在美国和英国处于有开战的危险。1807年英国袭击了美国的切萨皮克号（Chesapeake），美国和英国宣战的边缘。此后，双方都寻求印第安人的帮助，希望他们至少能够在双方预期的冲突中保持中立。村庄中发生的事对英帝国“父亲”无比重要。尽管一开始英国不理解先知与肖尼酋长们的紧张关系，他们还是放弃了指责先知是法国代理人的说法，并坚持不懈地请求他帮忙。[2]

---

[1] Edmunds, The *Shawnee Prophet*, 74–78. 埃利奥特之死见Elliott to?, May 19, 1809, Lt. Governor' s Office, UC 1790–1816, v. 3, IA, RG 10, PAC。杀人案见Harrison to Secretary of War, 26 Apr. 1809, Esarey（ed.）, *Harrison Messages*, 342–343，亦见May 3, 1809, *ibid.*, 345。西部村庄见Wells to Secretary of War, 6 Mar. 1808, Carter（ed.）, *Territorial Papers*, 7: 531。关于西部民族的引文见Wells to Secretary of War, *ibid.*, 7: 558–560。

[2] 索克人、福克斯人、齐佩瓦人、基卡普人到访见Information had of Letourneau... 21 May 1807, McKee Papers, MG 19 F 16, PAC。同样请注意其中对售卖土地的重视。这段时间梅因波克成为先知的重要盟友，见Edmunds, The *Shawnee Prophet*, 63–65。美国酋长们的敌意见Wells to Secretary of War, Apr. 20, 1808, Carter（ed.）, *Territorial Papers*, 7: 558–560。

先知作为法国代理人见Johnson to Craig, Nov. 1807, Supt. General' s Office, v. 11, John Johnson Corespondence, IA, RG 10, PAC。策略与请求见Instructions to William Claus, Jan. 29, 1808, Supt. General' s Office, v. 11; IA, RG 10; Claus to Lt. Governor Gore, Feb. 27, 1808, Claus Papers 9: 177, PAC。Craig to Gore, May 11, 1808, Lt. Governors Office, UC. 1796–1816, v. 2, IA, RG 10, PAC.

请求其他肖尼酋长——约翰尼船长黑胡子和水牛（Buffalo），见Claus to Selby, March 25, 1808, Claus Papers 9: 184, PAC。关于承认对先知的敌对，见Claus to Selby, May 3, 1808, Claus Papers 9: 192. PAC; Claus Diary, July 1–9, 1808, Claus Papers 9: 207–210, PAC。亦见Horsman, Matthew Elliott, 157–191。美国人见Jefferson to Chiefs of the Ottaways, Chippeways, Poutewattamies, Wiantos & Senecas of Sandusky, National Archives, Apr. 22, 1808, WD, SO, LS, IA, 6: 369; Wiandotts, Ottawas, Chippeways, Poutewatamies & Shawanese, Jan. 1809, National Archives, WD, SO, LS, IA, B: 410。

514 特库姆塞先是作为先知的代理人，然后作为一个印第安联盟的领袖而发挥影响力，1808年后，他逐渐盖住了兄弟的光芒，成为高地最重要的阿尔冈昆人物。他通常被人视作独特又难以理解的存在，他成了中间地带复杂的村庄政治和帝国政治的权威。在他身上，高地政治的多股力量联合在了一起。他是个共和者，想要聚集起多个部落村庄的战士。他否定酋长们，实际上他威胁要以出卖族人、私自出售土地之罪处死他们。从这个意义上说，他是村庄政治的颠覆者、破坏者，不过他同样力图修复村庄联盟。他想把西部村庄团结到旧的布朗斯顿联盟中来，同时在1808年英国人开始着手使之能够恢复往夕容貌。英国人在布朗斯顿大会上请求把一根超大带子传往西部，怀安多特人则将之托付给特库姆塞。并且，1810年，特库姆塞及其兄弟说服怀安多特人将旧联盟的带子送往先知城。特库姆塞最终想要联合北部和南部印第安人的做法也并非他独创，这是肖尼人早就有的雄心。早在1808年，肖尼酋长布莱克黑胡子（Black Beard）便去南方给切罗基人“把脉”，试图确认若发生战争他们会持何种态度。特库姆塞用一个源于中间地带的反讽向哈里森解释这一切：“白人不必对他所做的事感到紧张，除了和平，他们别无他意。美国已经给他做出了示范，在所有的议会篝火之上组成一个严格意义的联合体，这也是联盟的基础。”[1]

515 渐渐地，特库姆塞不情愿地变成了一个英国式的联盟领袖。他并未忘记英国人在倒树之战之后向阿尔冈昆战士关闭迈阿密要塞入口的背叛行径，但此刻出于现实需要，还是再次与英国士兵结盟。他穿英

[1] 英国人与布朗斯敦联盟见Lt. Gov. Gore' s Speech to Western Confederation, July 11, 1808, Supt. General' s Office, v. 11, IA, RG 10, PAC。Gore to Craig, July 27, 1808, Supt. General' s Office, v. 10, IA, RG 10, PAC。特库姆塞拿着一条带子从布朗斯敦向西去，见Elliott to?, May 19, 1809, Lt. Governor' s Office, UC 1790–1816, v.3, IA, RG 10, PAC。

1810年，在先知城的战士主要是基卡普人、温尼贝戈人、帕塔瓦米人和肖尼人，还有一些齐佩瓦人和渥太华人，见Harrison to Secretary of War, Apr. 25, 1810, Esarey（ed.）, *Harrison Messages*, 417。联盟的带子见Harrison to Secretary of War, June 14, 1810, *ibid.*, 423–424。特库姆塞反对酋长们所做的著名讲话见Tecumseh' s Speech to Governor Harrison, Aug. 20, 1810, Esarey（ed.）, *Harrison' s Messages,* 465–466。

南部见Gore to Craig, July 27, 1808, Supt. General' s Office, v. 10, IA, RG 10, PAC; Black Fox' s Speech to Black Beard, March 26, 1809, McKee Papers, MG 19, F 10, PAC。关于美国的话见Harrison to Secretary of War, Aug. 6, 1811, Esarey（ed.）, *Harrison' s Messages*, 541。

式制服，并且不情愿地要求手下战士用欧洲惯例对待俘虏。[1]

特库姆塞在1809年后迅速登上高位，却是以酋长们为代价的。在《韦恩堡和温森斯条约》中，沃巴什人和特拉华人的酋长们再次向哈里森割让了土地。怀安多特人同时也发现他们村庄所在的地区面临被美国人侵占的风险，更不可能对被白人杀死的人而无动于衷。特库姆塞和他的兄弟对此的回应是，重申原先联盟的原则：各族群共同拥有土地，高地就像一碗汤，只能配一把勺。他威胁处死割让土地的村庄酋长们，而远至温尼贝戈人的地域，各村庄都已把老酋长晾在一边，而让战士和战争酋长处理村庄事务。布朗斯顿大会于1810年召开，酋长们立誓不再割让土地。而在1806年的遥远记忆里，怀安多特酋长莱瑟利普斯（Leatherlips）反对先知，被当作巫师处死。[2]

到1810年，阿尔冈昆人和英国人各自遵循独立又交汇的轨迹，走 516
向了对美国的战争。英国人担心印第安人会过早与大刀人开战。尽管有特库姆塞的努力克制，但在哈里森进攻蒂珀卡努时，因为特库姆塞外出前往南方，交战还是不可避免地发生了。哈里森在蒂珀卡努的胜利使印第安人损失惨重，到后来，与其说是印第安人的失败，不如说是坦斯克瓦特瓦的失败，他使用自己的超能力抗击美军，然而并没能奏效。按说美国人在他神奇力量的攻击下应该立即死亡，至少也是垂

---

[1] 迈阿密堡，见Gore to Craig, July 27, 1808, Supt. General's Office, v. 10, IA, RG 10, PAC。

[2] 这些割地见Journal of the Proceedings at the Indian Treaty at Fort Wayne and Vincennes, Sept.1 to Oct. 27, 1809, Esarey（ed.）, *Harrison's Messages*, 362–378。酋长们与土地见Tecumseh's Speech to Governor Harrison, Aug. 20, 1810, *ibid.*, 465–466。Harrison to Secretary of War, Aug. 22, 1810, *ibid.*, 459–563. Harrison to Secretary of War, July 4, 1810, *ibid.*, 438–440. 温尼贝戈人见Harrison to Secretary of War, Aug. 28, 1810, *ibid.*, 470–471; Elliott to?, July 11（?）, 1811, Deputy Supt.'s Office, v. 27, IA, RG 10, PAC; Speech of Tehkumthai... Nov. 15, 1810, Deputy Supt.'s Office, v. 27, IA RG 10, PAC; Speech of Little Chief, Aug. 16, 1811, Ninian Edwards Papers, Chicago Historical Society。布朗斯敦见Harrison to Secretary of War, Dec. 24, 1810, *ibid.*, 497–500。Hull's Speech to the Different Nations, Sept. 3, 1810, Cass Papers, Clements Library. 怀恩多特人、土地，见Jefferson to Ottoways, Chippeways, Poutewatomies, Wiandots and Shawanese, c. Jan. 1809, National Archives, WD, SO, LS, IA, B: 418.; Speech of the principle chief of the Wiandots... 30 Sept. 1809（sic）, Cass Papers, Clements Library。Wyandots to Governor Hull, n.d., Cass Papers, Clements Library; Harrison to Secretary of War, June 14, 1810, Esarey（ed.）, *Harrison Messages*, 422–426. 赫克韦尔德对皮唇之死描述有误，塔希是先知的敌人而不是代理人，见Heckewelder, *History*, 298–299。美国人抵制任何剥夺酋长割地的权力的企图，见Secretary of War to Hull, Dec. 5, 1810, NA, WD, SO, LS, IA O53。埃德蒙兹对特库姆塞及先知的活动进行了精彩的综述，见*Shawnee Prophet*, 67–93。

死挣扎，但他们击退了阿尔冈昆人，忙乎他们自身也伤亡惨重。坦斯克瓦特瓦把这归因于他妻子正处于经期，她的不洁净污染了他的药物，削弱了他的力量。愤怒的战士们差点杀了坦斯克瓦特瓦，只是惮于在外的特库姆塞才放了他一马。蒂珀卡努之战后，坦斯克瓦特瓦的影响力直线下降。特库姆塞想要通过与美国人和解重建联盟的力量，但他也通过怀安多特密使伊萨多·谢纳（Isadore Chene）与英国人加强了联系。伊萨多是个混血酋长，美国人认为他“更像个法国人而不是印第安人”。在西部，帕塔瓦米人对边境居民发起了攻击。帕塔瓦米人的攻击和特库姆塞重建联盟的企图融合到一起，一同汇入1812年战争中的英国联盟。[1]

在1812年和1813年的短暂时间内，随着美国革命走向尾声，英国人和阿尔冈昆人在中间地带重建了一个联盟。特库姆塞杰出的形象深得英国将军伊萨克·布洛克（Isaac Brock）赏识：“一位无比睿智、英勇的战士，我很难相信有这样的人存在。每个和他交谈过的人都会敬佩他。”曾经帝国保卫加拿大的战略一度也是英国人和阿尔冈昆人的共同战略。但是，布洛克死于尼亚加拉，对梅格斯（Meigs）要塞的两次围攻都失败了，加上佩里（Perry）切断了英军的补给，导致特库姆塞
517 眼看着阿尔冈昆人阻挡美国扩张的目标让位于英国保卫加拿大。最后能够与英军的无能、补给和更大的帝国目标相抗衡的只剩下特库姆塞的雄辩了。而中间地带所要求的是比那更为行之有效的平衡。[2]

---

[1] 1810年6月，哈里森考虑对先知采取主动，先发制人，见Harrison to Secretary of War, June 14, 1810, Esarey（ed.）, *Harrison Messages*, 422–426。1811年，他确信了众人对他的敌意，见Harrison to Secretary of War, June 19, 1811, *ibid.*, 518–519; Harrison to Clark, June 19, 1811, Ninian Edwards Papers, Chicago Historical Society。哈里森有明确的权力采取行动，并得到总统支持，总统认为能够袭击先知并避免全面战争，见Secretary of War, July 21, 1811, NA, WD, SO, LS, IA, C: 90; Secretary of War to Harrison, Sept. 18, 1811, NA, WD, SO, LS, IA, C: 112。提佩卡诺之战及其后果见Edmunds, The *Shawnee Prophet*, 94–142。印第安人的战斗力，见Elliott to Claus, July 9, 1810, Deputy Supt.' s Office, v. 27, IA, RG 10, PAC; Elliott to Claus, June 10, 1810, Deputy Supt.' s Office, v. 27, IA, RG 10, PAC; Horsman, *Matthew Elliott*, 179–180。

先知战败见Snelling to Harrison, Nov. 20, 1811, Esarey（ed.）, *Harrison Messages*, 643–646; Edmund, The *Shawnee Prophet*, 115。关于谢纳，见Stickney to Hull, May 25, 1812, Esarey, *Harrison Messages*, 54。

[2] Brock to Lord Liverpool, 29 Aug. 1812, William Wood（ed.）, *Select British Documents of the Canadian War of 1812*, 3 vols.（Toronto: Champlain Society, 1920）, 1: 508。

如果说莫尔登之战时中间地带就和特库姆塞一起死亡了，那未免有些夸张；中间地带是一点一点的消亡的，但随着特库姆塞之死，重振中间地带的努力也终告失败。随着1812年战争，高地的帝国竞争结束了，印第安人在政治上的重要性也降低了。对帝国或共和国来说，印第安人不再构成主要的威胁或资源，甚至他们在经济上的重要性也随着毛皮贸易下降了。特库姆塞之死对他自身来说是件好事，他不用活着看到接下来的逃亡岁月，以及战败与被统治的命运。[1]

[1] 特库姆塞最后的日子及英国人、印第安人一方的失败见John Sugden, *Tecumseh' s Last Stand* (Norman: University of Oklahoma Press, 1985)。

后记

同化与他者

19世纪，英裔美国人和阿尔冈昆人分别以不同的方式颠覆了中间地带。中间地带固有的妥协特质让位于“同化”或“他者”两种极端。美国人把特库姆塞和坦斯克瓦特瓦变成了两个可供选择的不同符号。特库姆塞是个矛盾的本土主义者，他反抗美国人，却变成了披着印第安人外衣的白人。如他的首位美国传记作家所说，他“从自己族人的偏见与习俗中崛起”。[1]

特库姆塞被英裔美国人社会以神话的方式再造和同化，这在经久不衰的丽贝卡·加洛韦（Rebecca Galloway）的故事里体现得最为充分。在这个传奇故事里，深色皮肤黑头发的特库姆塞爱上了金发碧眼的丽贝卡，她读《圣经》和莎士比亚故事给他听，还教他世界历史。特库姆塞知道了摩西、哈姆雷特还有亚历山大大帝，后来他的英裔美国敌人便是将他比作亚历山大。特库姆塞向丽贝卡求婚，她答应了，但条件是他得放弃印第安人的生活方式，转而采取她族人的“生活方式和服饰”。他伤心地拒绝了，自此他们再也没有见面。

在俄亥俄州的奇利科西镇，每年夏天，加洛韦的故事仍然在露天剧里呈现给游客。它“解释”了特库姆塞，一个具有如此视野、如此德行的人，一个如此能力超群、智慧敏锐的人，是如何从“野蛮人”

[1] 对特库姆塞神话有优秀的综述，见R. David Edmunds, *Tecumseh and the Quest for Indian Leadership*（Boston: Litde, Brown, 1984）, 216–225。引文见Benjamin Drake, *Life of Tecumseh*（New York: Arno Press, 1969）, 226。

中崛起的。他便是摩西，他便是亚历山大，最终，他是哈姆雷特，死于复仇，不只为他那在波因特普莱森特被杀的父亲复仇，更为他的族人复仇。美国人以他的名字命名他们的城市和孩子，他们从他身上看到了自己的一部分，这确实没错。英国少校约翰·理查森（John Richardson）干脆说他“是个野蛮人，但文明女神不会羞于将他认作自己的孩子”，这无意中间接地认可了造就他的那个共同世界。但是在美国人将特库姆塞捧上神坛时，这个共同世界消失了。特库姆塞变成一个奇迹，野蛮人中涌现的天才人物。他从丽贝卡·加洛韦身边获得 519
的灵感来自欧洲传统。杰出的民族学家詹姆斯·穆尼（James Mooney）称颂特库姆塞的才能，他将其辩才比作亨利·克莱（Henry Clay），将其逻辑能力比作丹尼尔·韦伯斯特（Daniel Webster）[1]。可以解释特库姆塞其人的中间地带消失了，美国人在文化上“吃掉”了他，就和阿尔冈昆人会吃掉他们崇敬的敌人的心脏一个道理。而一旦美国人同化了特库姆塞，造就他的那个世界便不再重要。

坦斯克瓦特瓦体现了残存的中间地带的命运。他变成了终极的他者，非我族类的野蛮人。在坦斯克瓦特瓦的鼎盛时期，杰斐逊把他看作无赖而不是愚夫，但到了19世纪20年代，刘易斯·卡斯（Lewis Cass）认为他“被自己的感觉欺骗了……他的行为显然不符合任何理性的方针政策”。特库姆塞死了，并且被同化；坦斯克瓦特瓦活着，与自身的他者性对抗。

坦斯克瓦特瓦发展出了他者性，尽管他生于高地那个共同世界，尽管他的教导中有贵格会及其他基督教痕迹，尽管他早年曾追求和解。他致力于分离白人社会和印第安人社会，试图限制共同世界的影响。不过，他似乎一点也不知道美国人将要加在他身上的异域特性。1812年战争后，坦斯克瓦特瓦试图避免逃亡加拿大的命运，为此愿意与刘易斯·卡斯谈判。卡斯结交坦斯克瓦特瓦是为了让他支持分享政策，

[1]　亨利·克莱（1777—1852）、丹尼尔·韦伯斯特（1782—1852），均为美国著名政治家。——译注

该政策基于如下假定，即白人与印第安人无法毗邻共处，除非印第安人准备好了完全融入美国社会。坦斯克瓦特瓦变成分享政策的鼓吹者，他这么做有自己的原因，那就是依循中间地带的传统，利用白人来巩固自己的地位，以对抗他的老对头黑蹄——后者反对分离。[1]

近两个世纪来，发生在坦斯克瓦特瓦、卡斯以及卡斯年轻的私人秘书特罗布里奇（Trowbridge）之间的这种谈判和对话都是发生在中间地带。而现在，虽然美国人对待先知很客气，他对他们来说还是变成了异域异族般的存在。1824 年，坦斯克瓦特瓦与查尔斯·特罗布里奇坐下来交谈，后者同时在印第安部门担任助理秘书，负责记录肖尼人的“传统”。特罗布里奇不太有兴趣与这位上了年纪的独眼肖尼人攀谈，他的兴趣在于调查他、从他身上获得信息，在于记录那几乎已经逝去的过往。是特罗布里奇而非坦斯克瓦特瓦来决定哪些信息是必要
520 的、有意义的。特罗布里奇使用了发给全国范围内印第安事务长官的标准问卷，他向坦斯克瓦特瓦盘问肖尼人的亲属关系、政治组织和习俗。坦斯克瓦特瓦不由得想要打断这些美国人的奇怪问题（有肖尼人从来不吃的动物吗？会在独木舟上作战吗？肖尼人会互相走访并交谈吗？），改为自己讲述故事。他利用传统肖尼素材来编织故事，但这些故事很大程度上是讲述者本人的创作，它们并没有反映特罗布里奇想知道的肖尼人对世界的永恒理解，而是反映坦斯克瓦特瓦自己对肖尼生活的理解，以及肖尼人当下的生存状况。[2]

坦斯克瓦特瓦这个年老的独眼人，被他的大多数族人视为巫

[1] 杰斐逊见 quotation in Drake, Tecumseh, 219。卡斯的话见 Vernon Kinietz and Erminie W. Voegelin（eds.）, *Shawnee Traditions: C. C. Trowbridge' s Account*, *Occasional Contributions from the Museum of Anthropology of the University of Michigan*, no. 9（Ann Arbor: University of Michigan Press, 1939）, xvi。

[2] James Clifton *Star Woman and Other Shawnee Tales*（Lanham, Md.: University Press of America, 1984）, 63–68 一书优秀的后记中指出了这一点。坦斯克瓦特瓦对卡斯问卷的回答，其综述见 Kinietz and Voegelin（eds.）, *Shawnee Traditions*, 1–59。特罗布里奇据之工作的问卷见 C. A. Weslager, *The Delaware Indian Westward Migration with the Texts of Two Manuscripts（1821–22）Responding to General Lewis Cass' s Inquiries About Lenape Culture and Language*（Wallingford, Pa.: Middle Atlantic Press, 1978）, 89–191。特罗布里奇见 Vernon Kinietz（ed.）, *Meearmeear Traditions: Occasional Contributions from the Museum of Anthropology of the University of Michigan*, no. 7（Ann Arbor: University of Michigan Press, 1938）, Kinietz（ed.）, *Meearmeear Traditions*, ix–x。

师——而那些族人现在也已四散飘零，现在他仅能向一个好奇却缺乏理解力的白人讲述故事。自然，他的故事里诸多人物的经历都反映出了特库姆塞和坦斯克瓦特瓦的经历。这些故事图景并不简单——实际上它们在不同故事中还颠倒反转了，但这使它们更为引人关注。因为这两人本就不简单。这两兄弟都是肖尼人中的流放者，也是肖尼人的领袖；是肖尼人的救星，也是杀他们的凶手。他们分别作为英雄和巫师被人们铭记。[1]

有两个故事不光唤起了对坦斯克瓦特瓦和特库姆塞的讨论，还同样激发了一种尝试，即寻求美国革命后戏剧性变化的意义。第一个是“帕奇拉瓦”（Pakilawa）的故事，或者叫作“弃儿的故事”，一个关于遗弃和回归的传奇。小男孩帕奇拉瓦被父亲、亲戚和族人遗弃，只好住在一个废弃的村庄里。只有他的小妹妹偷偷给他火种，还有他的守护灵“狗兄”（Brother Dog）可怜他。不过，在他们的帮助下，加上使用村里人扔掉的垃圾物品，这孩子最终长成一个强壮的猎人。他回到原来的村庄，族人没认出他来，也对他的守护灵一无所知，他们嘲笑他的武器（那是村里人用旧了的），后来却发现帕奇拉瓦猎获的肉和毛皮堆成了一 521
座山，他做到了他们做不到的事。虽然父亲也想接纳帕奇拉瓦，但他却只认妹妹做亲人。在守护灵的帮助下，帕奇拉瓦成为一名成功的战争领袖。而父亲为自己犯下的罪过而悔恨，加上帕奇拉瓦对他的排斥，他便将酋长之位让予帕奇拉瓦。不过，战士们仍然坚持让帕奇拉瓦做战争领袖。于是帕奇拉瓦身兼二职，做到了“非凡之事”。[2]

在第二个“哈默塔尔尼瓦·马内托（Hamotaleniwa Maneto）”的故事里，坦斯克瓦特瓦将帕奇拉瓦传奇中的基本元素进行了颠倒。主人公同样是个小男孩，不过他和祖母、舅舅生活在一起。这个家庭受

---

[1] 肖尼人对坦斯克瓦特瓦和特库姆塞的记忆见 Kinietz and Voegelin（eds.）, *Shawnese Traditions*, xi–xii。现代肖尼人见 James H. Howard, *Shawnee!: The Ceremonialism of a Native American Indian Tribe and Its Cultural Background*（Athens: Ohio University Press, 1981）, 198。

[2] 故事来自 James Clifton, *Star Woman*。我感谢乔治·康奈尔（George Cornell）指出了故事中的男孩与坦斯克瓦特瓦和特库姆塞之间的联系。肖尼人会从“男孩与狗”这个母题立即联想到女性创世者帕图特奎（Papoothkwe）的孙子与他的狗。

到一个独眼食人怪和他的狗的威胁，食人怪会把受害者带到一个远离亲戚、族人的岛上，逼这些受害者们去猎取根本不可能抓到的猎物，如果抓不到，自己就会变成猎物，食人怪会吞食他们。只有主人公帕拉奇瓦在心灵助手——一只鷦鹩的帮助下，使用某种独特的武器，才能抓到猎物。他不仅救出了自己的舅舅和其他俘虏，还复活了被食人怪吃掉的人。他们跟随他的亲戚成为同一个氏族。

在坦斯克瓦特瓦能够讲给白人的故事里，孤立或是被族人遗弃之人，又以胜利的姿态归来；被胁迫又得到救赎的人们，还有独眼怪物，以不同的形式反映了独眼讲述者自身的故事。因为在帕奇拉瓦的故事中，主人公的困境及其胜利反映了特库姆塞和坦斯克瓦特瓦自己被父母多次“抛弃”；被他们自己所属的肖尼分支基斯波克抛弃，其成员迁移至密西西比河对岸；被剩下的肖尼人抛弃，他们背弃了1795年的反美抗争。但主人公仍然得到神圣的恩赐，因为那个男孩及其如卫士般的狗不只影射了特库姆塞和坦斯克瓦特瓦，还影射了哈波奇基勒韦塔（Haapochkilaweetha），肖尼神话中创世女神的孙子，他也总是有一条狗相伴。这故事还传达了另一层意思。不只是特库姆塞和坦斯克瓦特瓦被抛弃，在更大意义上是阿尔冈昆人被英国“父亲”抛弃，英国人留下他们独自反抗美国人。面对特库姆塞的崛起，这位父亲同样将领导权交给了他，特库姆塞于是身兼战争领袖和民事领袖。

在第二个故事中，问题也解决了，但是付出了代价，在某种意义上这代价便是坦斯克瓦特瓦自己。食人怪只有一只眼，使人联想到独
522 眼的坦斯克瓦特瓦。怪物和狗的形象是传统故事中造物主的孙子及其狗的形象的颠倒。坦斯克瓦特瓦实际上变成了肖尼神话中的另一个角色，哈波奇基勒韦塔邪恶的双胞胎兄弟。吃自己族人的独眼怪，邪恶的双胞胎兄弟，这个形象特别合适坦斯克瓦特瓦，因为很多美国人误以为坦斯克瓦特瓦是特库姆塞的双胞胎兄弟。如果坦斯克瓦特瓦是个巫师，那为了肖尼人的生存他就必须消失，正如食人怪必须消亡一样。他消失于帕普克瓦克之手，和哈波奇基勒韦塔一样跟祖母一起生活，

也像哈波奇基勒韦塔一样不顾祖母的忠告。但帕普克瓦克拥有与科孔泰纳相连的力量，或者说“我们的祖母”，那造物主——例如他烹煮的食物实际上永远吃不完。[1]

然先知的故事包含了灵性的元素，那么它们在他的生活中就像梦之于战士。约翰·赫克韦尔德曾经问年迈的特拉华老战士如何采取行动，他们“一致回答说，既然他们已经预先知道（也就是从梦境和幻象中知道）可以做什么，当然就会据此行动”。于是同理，坦斯克瓦特瓦知道他讲的故事镜射了创世故事，也暗含了关于他自身的真相，以及他和他兄弟生活的真相。[2]

然而，坦斯克瓦特瓦讲的故事同样在另一个层面具有启发意义和令人唏嘘。故事是讲给白人听的，而讲述者坦斯克瓦特瓦成了异域性的存在。尽管白人已在印第安人中生活了近两个世纪，并且在多重意义上，他们都有亲缘关系，但他都已不再是白人所熟悉的形象。反之，坦斯克瓦特瓦被重新野蛮化。特罗布里奇试图通过对他的研究，将他和他的民族的资料保存下来，从而避免他们在历史中的彻底消失。阿尔冈昆人不再是中间地带的创造者，不再是力求为一个共同世界保留必要理解的族群，而是变成了白人的学术研究对象。难怪坦斯克瓦特瓦试图打破特罗布里奇对孤立事件按部就班、没完没了的研究，改为讲述传达意义的故事——也难怪他的做法没有取得成功。

故事和梦失去了曾有过的力量。这个衰落过程是坦斯克瓦特瓦及
其之前的人们在极力反对的同时所无意中促成的。对阿尔冈昆人来 523
说，历史一直是这样一个领域：梦和神话是以可见的形式呈现。但历史——由于欧洲人的出现和中间地带的存在——同样是这样一个领域：其中梦必须在突发事件和拥有与之对立的世界观的人群中经受检验，

[1] 见 James H. Howard, *Shawnee!*, 166。科孔泰纳又叫云女（Cloud Woman）。19 世纪早期科孔泰纳成为最重要的肖尼神祇，她似乎取代了另一位男性创世者，见 Howard, *Shawnee!*, 166–170。霍华德说现代肖尼人将坦斯克瓦特瓦等同于“邪恶的孪生子”，198。
帕普克瓦克，也就是云女，见 C. F. Voegelin, *The Shawnee Female Deity*, Yale University Publications in Anthropology, no. 10（repr., New Haven: Human Relations Area Files Press, 1970）。

[2] Heckewelder, *History*, 246.

然而，梦境对这群人来说无关紧要。[1]

在中间地带，高地的景象长期以来只是梦中的风景，在那里梦有了实际的形状。随着18世纪的逝去，高地越来越变成这样一个地方：梦永远不会成真。阿尔冈昆人仍然在继续做梦，但他们似乎只是梦见了死者——再也不会回来的人。现在他们梦着曾经熟悉的动物和地方，但那些动物和地方只能存在于梦境中。在许多村庄，梦见河狸和鹿最后并不会使现实中的河狸和鹿丰产，因为到19世纪早期时河狸和鹿已经从高地大部分地区消失。他们消失于白人之手，也消失于阿尔冈昆人自己的猎人之手，为了毛皮他们猎杀了它们，只留下腐烂的尸体喂狼。

曾经有一个复杂的世界，既是梦境，也是真实的风景，那个世界里有狩猎能手和毛皮贸易，有先知和传教士，有底特律这样的村庄，也有如蒂珀卡努这样的村庄。这个世界由欧洲人和印第安人共同推进，但已从曾经被称为高地的大部分地方消失了。中间地带自身枯萎凋零了，美国人主宰了此地。坦斯克瓦特瓦被要求坐下来讲述那些杂乱无章的事实，来回答白人提出的奇奇怪怪的问题，尽管在这不久之前，那些事实是印第安人与白人构筑的共同世界的一部分。法国学者沃尔尼（Volney）不同于法国居民和法国商人，他在编纂他的词汇表、收集阿尔冈昆人生活资料的时候，他就已经预见到了这个世界。他总结道："这些人还处在野兽的状态，而他们已经成年了，无法再被驯化。"沃尔尼已经宣告了野性的回归。坦斯克瓦特瓦一度还是一个白人可以与之交谈、倾听、争论并让白人害怕的人，而现在他只是一个研究对象。当坦斯克瓦特瓦想要打破这种状况，去讲述自己的故事时，就如同在曾经的中间地带那样，特罗布里奇只是忠实地记录下来并存档，然后便忘掉了它们。他将问卷提交给华盛顿方面，资料在那里被整理编辑。[2]

[1]　有些梦作为"上帝的启示"的意义见 Zeisberger, *History*, 140。

[2]　Volney, *A View of the Soil and Climate*, 377.

索 引

（本书边码即原书页码）

图书在版编目（CIP）数据

中间地带：大湖区的印第安人、帝国和共和国：1650—1815 年 /（美）理查德·怀特著；黄一川译. -- 北京：中信出版社，2021.1

书名原文：The Middle Ground: Indians, Empires, and Republics in the Great Lakes Region, 1650–1815

ISBN 978-7-5217-0297-2

Ⅰ. ①中… Ⅱ. ①理… ②黄… Ⅲ. ①世界史—近代史—通俗读物 Ⅳ. ① K141-49

中国版本图书馆 CIP 数据核字（2019）第 057177 号

中间地带：大湖区的印第安人、帝国和共和国（1650—1815 年）

著　　者：[美] 理查德·怀特
译　　者：黄一川
出版发行：中信出版集团股份有限公司
　　　　（北京市朝阳区惠新东街甲 4 号富盛大厦 2 座　邮编　100029）
承 印 者：三河市中晟雅豪印务有限公司

开　　本：880mm × 1230mm　1/16　　印　　张：39　　字　　数：524 千字
版　　次：2021 年 1 月第 1 版　　印　　次：2021 年 1 月第 1 次印刷
京权图字：01-2018-3367
书　　号：ISBN 978-7-5217-0297-2
定　　价：118.00 元